WILLIAM PRESCOTT · DIE EROBERUNG VON MEXIKO
Der Untergang des Aztekenreiches

HERNANDO CORTEZ

Nach einem Stich von D. J. A. Carmona

WILLIAM PRESCOTT

DIE EROBERUNG VON MEXIKO

DER UNTERGANG DES AZTEKENREICHES

MIT 23 BILDTAFELN UND EINER LANDKARTE

PARKLAND VERLAG

2000 Lizenzausgabe für Parkland Verlag, Köln
© MECO Buchproduktion, Dreieich
Alle Rechte vorbehalten
Umschlagentwurf: Klaus Dempel
Druck und Bindung: GGP Media, Pößneck

ISBN 3-88059-993-9

Printed in Germany

ERSTES BUCH

ERSTES HAUPTSTÜCK

Spanien unter Karl V. / Fortschritt der Entdeckung / Verwaltungs-grundsätze für die Pflanzstaaten / Eroberung von Kuba / Züge nach Yukatan

1516—1518

Im Anfange des sechzehnten Jahrhunderts nahm Spanien vielleicht die hervorragendste Stelle auf dem Schauplatze von Europa ein. Die vielen Staaten, worin es so lange geteilt gewesen, wurden in ein Königreich vereinigt. Der mohammedanische Halbmond, der daselbst acht Jahrhunderte lang geherrscht hatte, verschwand von seinen Grenzen. Das Vorrecht der Krone verdunkelte noch nicht, wie in späteren Zeiten, die unteren Stände des Reiches. Das Volk genoß das unschätzbare Vorrecht einer staatlichen Vertretung und machte davon mit mannhafter Unabhängigkeit Gebrauch. Das Volk im ganzen konnte sich eines ebenso hohen Grades verfassungs-mäßiger Freiheit rühmen, wie irgend ein anderes damaliger Zeit in der Christenheit. Unter dem Einfluß heilsamer Gesetze und einer rechtlichen Verwaltung war die innere Ruhe gesichert, das öffentliche Vertrauen befestigt, begannen Handel, Gewerbefleiß und selbst die feineren Künste zu blühen, während eine höhere Erziehung die ersten Blüten der wissenschaftlichen Tätigkeit her-vorrief, die noch vor dem Schluß des Jahrhunderts zu einer so reichen Ernte reifen sollten. Nach außen hielten die Waffen Schritt mit den Künsten in der Heimat. Das spanische Reich fand sich plötzlich vergrößert durch wichtige Erwerbungen in Europa und Afrika, während eine neue Welt jenseits des Meeres Schätze unzähligen Reichtums in seinen Schoß ergoß und ehrenvollen Unternehmungen ein unbegrenztes Feld eröffnete.

Dies war der Zustand des Königreiches am Ende der langen und glorreichen Regierung Ferdinands und Isabellas, als am 23. Januar 1516 das Szepter in die Hände ihrer Tochter, Johanna, oder viel-mehr ihres Enkels, Karls des Fünften, überging, der während des langen und hinfälligen Daseins seiner unglücklichen Mutter das Königreich allein regierte. Während der zwei Jahre, die auf den Tod Ferdinands folgten, führte in Karls Abwesenheit der Kardinal Ximenes die Regentschaft, ein Mann, dessen Unerschrockenheit, außerordentliche Naturgaben und Fähigkeit zu großen Unternehmungen von einem hochmütigen Sinne begleitet waren, der ihn gegen die Mittel, sie auszuführen, zu gleichgültig machte. Deshalb war seine Verwaltung, trotz der Geradheit seiner Absichten, bei seiner gänzlichen Mißachtung der äußeren Formen, der verfassungsmäßigen Freiheit nicht günstig; denn Achtung vor Formen ist ein wesentlicher Bestandteil der Freiheit. Indes bei allen seinen Fehlern war Ximenes doch ein Spanier, und der Gegenstand, den er im Herzen hatte, war das Wohl seines Vaterlandes.

Anders war es bei der Ankunft Karls, der nach langer Abwesenheit als Fremder in das Land seiner Väter kam. (November 1517.) Seine Sitten, Neigungen, selbst seine Sprache waren fremd, denn er sprach das Kastilianische nur mit Mühe. Er kannte wenig von seinem Geburtslande, von dem Charakter des Volkes und seinen Einrichtungen. Er schien sich noch weniger darum zu bekümmern, während die ihm natürliche Zurückhaltung jene Freiheit der Mitteilung ausschloß, die wenigstens einigermaßen den Fehlern der Erziehung hätte entgegenwirken können. Kurz, er war in allen Stücken ein Fremder und überließ sich der Leitung seiner flämischen Ratgeber mit einer Gefügigkeit, die wenig Aussicht für seine künftige Größe gewährte.

Bei seinem Eintritt in Kastilien war der junge König von einem Schwarm höfischer Schmeichler begleitet, welche, gleich Heuschrecken, jede einträgliche und ehrenvolle Stelle im ganzen Königreiche einnahmen. Ein Flamländer wurde zum Großkanzler von Kastilien gemacht; ein anderer Flamländer auf den erzbischöflichen Stuhl von Toledo gesetzt. Sie versuchten es sogar, die Heiligkeit der Cortes zu entweihen, indem sie sich bei deren Beratungen eindrängten. Allein diese Körperschaft unterwarf sich nicht schüchtern diesen Mißbräuchen, sondern machte ihrer Entrüstung in einer Sprache Luft, wie sie den Vertretern eines freien Volkes geziemt.

Das Benehmen Karls, so verschieden von dem, an welches die Spanier unter der milden Regierung Ferdinands und Isabellas gewöhnt waren, verschloß ihm die Herzen aller, und da man seinen Charakter erkannte, fand er statt des unwillkürlichen Ergusses von Untertanentreue, der sich gewöhnlich bei der Thronbesteigung eines jugendlichen Herrschers kundgibt, überall Widerstand und Unwillen. In Kastilien und später in Aragonien, Katalonien und Valencia nahmen die Gemeinen Anstand, ihm bei Lebzeiten seiner Mutter den Königstitel zu geben, und obgleich sie später hierin nachgaben und seinen Namen dem ihrigen in der oberherrlichen Macht beigesellten, so bewilligten sie doch mit Widerstreben die von ihm verlangten Abgaben, und wenn sie es taten, wachten sie doch mit einer solchen Aufmerksamkeit über die Verwendung derselben, daß ihm wenig übrig blieb, die Habsucht der Flamländer zu befriedigen. Die Sprache des gesetzgebenden Körpers bei solchen Gelegenheiten, wenn sie auch gemäßigt und ehrfurchtsvoll war, atmete doch einen Geist entschlossener Unabhängigkeit, den man wahrscheinlich in keinen Urkunden volksvertretender Versammlungen eines anderen Volkes damaliger Zeit wiederfindet. Man darf sich daher nicht wundern, daß Karl schon frühzeitig eine Abneigung gegen diese volkstümlichen Versammlungen faßte — die einzigen Körperschaften, aus denen so widerwärtige Wahrheiten ihren Weg zum Ohre des Herrschers finden konnten. Unglücklicherweise hatten sie keinen Einfluß auf sein Betragen, bis das Mißvergnügen, das man lange im geheimen sich hatte nähren lassen, in jenen traurigen Krieg der Comunidades ausbrach, der den Staat bis in seine Grundfesten erschütterte und mit der Unterjochung seiner Freiheiten endigte.

Denselben verderblichen fremden Einfluß fühlte, wiewohl weit weniger empfindlich, die Verwaltung der Pflanzstaaten. Diese war in der vorangegangenen Regierung der unmittelbaren Sorge der beiden großen Gerichtshöfe, dem Rate von Indien und der Casa de Contratacion, oder dem indischen Hause zu Sevilla anvertraut. Es war ihre Aufgabe, den Fortschritt der Entdeckung zu befördern, über die neuen Ansiedlungen zu wachen und die Streitigkeiten zu schlichten, welche in denselben entstanden. Aber die einzelnen Abenteurern erteilte Erlaubnis tat mehr für die Sache der Entdeckung, als der Schutz der Krone und ihrer Beamten. Der lange Friede, dessen sich Spanien mit nur geringer Unterbrechung im ersten Teile des sechzehnten Jahrhunderts zu erfreuen hatte, war dazu sehr förderlich, und der unruhige Ritter, der keine Lorbeeren mehr auf den Schlachtfeldern Afrikas und Europas erringen konnte, ergriff begierig die glänzende Laufbahn, die sich ihm jenseits des Weltmeeres eröffnete.

Es ist schwer für unsere Zeitgenossen, die von Kindheit an mit den entferntesten Teilen des Erdballes so bekannt sind wie mit denen in ihrer Nachbarschaft, sich die Gefühle der Menschen im sechzehnten Jahrhundert vorzustellen. Das furchtbare Geheimnis, welches so lange das Weltmeer umschwebt hatte, war in der Tat gelöst worden. Es war nicht mehr umringt von den unbestimmten Schrecken wie damals, als Kolumbus auf seinem kühnen Fahrzeuge die finsteren und unbekannten Gewässer beschiffte. Es war eine neue und herrliche Welt entdeckt worden. Aber über die genaue Lage dieser Welt, ihre Größe, ihre Geschichte, ob sie eine Insel oder ein Festland sei — von all diesem hatten sie sehr unsichere und verworrene Begriffe. Viele nahmen in ihrer Unwissenheit blindlings den irrigen Schluß an, in den der große Admiral durch seine höhere Kenntnis geraten war — daß die neuen Länder einen Teil von Asien ausmachten, und da der Seemann, wenn er zwischen den Bahamas hinzog oder sein leichtes Fahrzeug durch das Karibische Meer steuerte, meinte, die köstlichen Gerüche der Gewürzinseln im indischen Weltmeere einzuatmen, so diente jede neue Entdeckung, die man sich auf Grund der früheren Täuschung erklärte, nur dazu, ihn in seinem Irrtum zu bestärken oder wenigstens seinem Verstande neue Verwirrung zu bereiten.

Die so eröffnete Laufbahn hatte ganz das Verführerische des waglichen Zufalles, auf den der Abenteurer alle seine Hoffnungen für Glück, Ruhm und selbst für das Leben setzte. Allerdings hat er nicht oft den großen Preis errungen, nach dem er am meisten strebte; aber dann war er sicher, den Lohn des Ruhmes zu verdienen, der für seinen ritterlichen Sinn kaum weniger Wert hatte, und wenn er es erlebte, in seine Heimat zurückzukehren, hatte er wunderbare Geschichten zu erzählen, von gefährlichen Wagnissen unter dem fremden Volke, das er besucht, und den brennenden Himmelstrichen, deren üppige Fruchtbarkeit und prachtvolles Pflanzenleben alles das so weit übertrafen, was er in seinem Vaterlande jemals gesehen. Diese Berichte trugen der Einbildungskraft neue Nahrung zu, die schon durch das Vertiefen in Rittergeschichten erhitzt war, welche die Lieblingsschriften der Spanier damaliger Zeit gewesen sind. So wirkten Dichtung und Wahrheit aufeinander, und das Gemüt des Spaniers wurde zu jener Begeisterung gesteigert, die ihm Kraft verlieh, die schrecklichen Prüfungen zu bestehen, die sich auf der Bahn des Entdeckers fanden. Das Leben des Ritters damaliger Zeit war verwirklichte Dichtung. Die Erzählung seiner Abenteuer in der Neuen Welt bildet eins der merkwürdigsten Blätter in der Geschichte der Menschen.

Bei diesem ritterlichen Unternehmungsgeiste hatte sich der Fortschritt der Entdeckung zu Anfang der Regierung Karls des Fünften vom Meerbusen von Honduras, den geschlängelten Küsten Dariens, und dem südamerikanischen Festlande entlang bis zum Rio de la Plata erstreckt. Die mächtige Schranke der Landenge war erklimmt und das Stille Meer erspäht worden von Nunez de Balboa, der nur Kolumbus in dieser tapferen Schar der „Weltmeer-Ritterschaft" nachstand. Die Bahamas und Karibischen Inseln, sowie die Halbinsel Florida auf dem nördlichen Festlande waren durchforscht worden. Bis zu diesem letzten Punkte war Sebastian Cabot bei seiner Hinabfahrt längs der Küste von Labrador aus im Jahre 1497 gekommen, so daß vor 1518, dem Zeitraume, wo unsere Erzählung beginnt, die östlichen Grenzen der beiden großen Festlande fast ihrer ganzen Ausdehnung nach in Augenschein genommen waren. Die Ufer des großen Mexikanischen Meerbusens, welche sich in einem weiten Umkreis tief ins Innere hineinziehen, mit den prächtigen Reichen, die jenseits lagen, blieben indes dem Auge des Seefahrers noch verborgen. Die Zeit ihrer Entdeckung war jetzt gekommen.

Das Geschäft der Anlegung von Pflanzstaaten hatte gleichen Schritt gehalten mit dem der Entdeckung. Auf verschiedenen der Inseln und mehreren Teilen von Terra firma und in Darien waren Ansiedlungen entstanden unter der Leitung von Statthaltern, die den Rang und die Macht von Vizekönigen in Anspruch nahmen. Es wurden den Ansiedlern Ländereien verliehen, auf welchen sie die Naturerzeugnisse des Bodens anbauten, ihre Sorgfalt aber noch mehr auf das von den Kanarischen Inseln eingeführte Zuckerrohr richteten. Denn Zucker, die schönen Farbhölzer und edlen Metalle des Landes waren fast die einzigen Ausfuhrgegenstände in der Kindheit der Pflanzstaaten; jene anderen westindischen Handelsgegenstände, die in der gegenwärtigen Zeit ihren Hauptreichtum ausmachen, waren noch nicht eingeführt. Doch würden die edlen Metalle, die man nur mühsam aus wenigen dürftigen Quellen zusammenbrachte, ohne die unentgeltliche Arbeit der Indianer nur einen geringen Ertrag geliefert haben.

Die grausame Einrichtung der Repartimientos, oder Verteilung der Indianer als Sklaven unter die Eroberer, war durch Isabella aufgehoben worden. Obgleich sie nachher wieder von der Regierung unterstützt ward, so geschah dies doch unter sorgsamer Beschränkung. Aber es ist unmöglich, das Verbrechen durch halbe Maßregeln abzuschaffen, zu Ungerechtigkeiten im ganzen zu berechtigen und zu hoffen, das Maß derselben bestimmen zu können. Die beredten Ermahnungen der Dominikaner, die sich dem guten Werke der Bekehrung in der Neuen Welt mit dem nämlichen Eifer widmeten, den sie bei Verfolgungen in der Alten zeigten, doch vor allem die des Las Casas, vermochten den Regenten Ximenes, Bevollmächtigte auszuschicken, um die vorgebrachten Beschwerden zu untersuchen und ihnen abzuhelfen. Sie hatten auch außerdem die Befugnis, das Betragen der bürgerlichen Beamten zu erforschen und jeden Mißbrauch in ihrer Verwaltung abzustellen. Dieser außerordentliche Auftrag wurde drei hieronymitischen Mönchen und einem ausgezeichneten Rechtsgelehrten, alle Männer von Kenntnis und untadelhafter Frömmigkeit, erteilt. Sie leiteten die Untersuchung auf eine sehr leidenschaftslose Weise, aber nach langer Überlegung kamen sie zu einem den Forderungen Las Casas (der auf die gänzliche Freiheit der Eingeborenen bestand) höchst ungünstigen Beschluß. Diesen rechtfertigten sie durch den Grund, daß die Indianer ohne Zwang nicht arbeiten würden, und daß, wenn sie nicht arbeiteten, sie mit den Weißen nicht in Verbindung gesetzt und nicht zum Christentum bekehrt werden könnten. Was wir auch von diesem Grunde denken mögen, so war er doch ohne Zweifel aufrichtig gemeint von denen, die ihn angaben, deren Benehmen während ihrer ganzen Verwaltung ihre Beweggründe über jeden Verdacht erhebt. Sie begleiteten ihn mit mancher sorgfältigen Maßregel zum Schutze der Eingeborenen; allein vergebens. Das einfache, von jeher an ein untätiges und bequemes Leben gewöhnte Volk sank unter dem Druck seiner Herren danieder, und die Bevölkerung wurde mit einer noch schrecklicheren Schnelligkeit aufgerieben, als dies mit den Urbewohnern unseres Vaterlandes durch die Wirkungen anderer Ursachen der Fall war. Ich brauche diese Einzelheiten nicht weiter zu verfolgen, auf die ich durch den Wunsch geführt worden bin, den Leser mit der allgemeinen Staatsklugheit und dem Zustande der Dinge in der Neuen Welt, zur Zeit, wo die gegenwärtige Erzählung beginnt, genau bekannt zu machen.

Von den Inseln war Kuba die zweite entdeckte, aber es war kein Versuch gemacht worden, daselbst einen Pflanzstaat zu begründen, solange Kolumbus lebte, der, nachdem er die südliche Küste derselben ihrer ganzen Länge nach beschifft hatte, in der Überzeugung starb, daß sie ein Teil des Festlandes sei. Endlich im Jahre 1511, als Diego, der Sohn und Nachfolger des „Admirals", der noch den Sitz der Regierung auf Hispaniola beibehielt, daselbst die Gruben sehr erschöpft fand, machte er den Vorschlag, die benachbarte Insel Kuba oder Fernandina, wie sie zu Ehren des spanischen Königs genannt wurde, zu besetzen. Er rüstete eine kleine Kriegsmacht zur Eroberung aus, die er unter den Befehl von Don Diego Velasquez stellte, einem Manne, der von einem Zeitgenossen geschildert wird als „im Besitz ansehnlicher Erfahrung in Kriegsangelegenheiten, da er siebzehn Jahre in den europäischen Kriegen gedient habe; als rechtlich, berühmt durch Herkunft und Ruf, lüstern nach Ruhm und noch etwas lüsterner nach Reichtum". Das Bild ist von keiner unfreundlichen Hand entworfen.

Velasquez, oder vielmehr sein Stellvertreter, Narvaez, der es auf sich nahm, das Land zu durchstreifen, stieß auf keinen ernsthaften Widerstand von seiten der Bewohner, die von derselben Familie wie die verweichlichten Eingeborenen von Hispaniola waren. Vermittels der mitleidsvollen Fürsprache Las Casas', „des Beschützers der Indianer", der das Heer auf seinem Zuge begleitete, ward die Eroberung ohne vieles Blutvergießen bewirkt. Ein Häuptling jedoch, namens Hatuey, der ursprünglich von St. Domingo geflohen war, um der Bedrückung der Eindringlinge zu entgehen, leistete einen verzweifelten Widerstand, für welchen er von Velasquez verurteilt ward, lebendig verbrannt zu werden. Es war derselbe, welcher jene denkwürdige Antwort gab, die mehr sagt als ein ganzer Band voll Schmähungen. Als er, schon an den Pfahl gebunden, aufgefordert ward, sich zum Christentume zu bekennen, damit seine Seele in den Himmel komme, fragte er, ob die weißen Männer dorthin kämen. Als man dies bejahte, rief er aus: „Dann will ich kein Christ werden, denn ich möchte nicht wieder da hingehen, wo ich so grausame Menschen finden würde!"

Nach der Eoberung war Velasquez, nun ernannter Statthalter, eifrig mit Maßregeln zur Beförderung der Wohlfahrt der Insel beschäftigt. Er richtete eine Anzahl von Ansiedlungen ein, welche gleiche Namen mit den neueren Städten trugen, und machte St. Jago, am südöstlichen Ende, zum Sitze der Regierung. Er lud, durch freigebige Bewilligungen von Land und Sklaven, Ansiedler ein, munterte sie auf, den Boden zu bebauen, und schenkte dem Zuckerrohr, diesem so nützlichen Handelsgegenstande späterer Zeiten, besondere Aufmerksamkeit. Vor allem war er darauf bedacht, die Goldgruben zu bearbeiten, die einen besseren Ertrag zu liefern versprachen als die von Hispaniola. Die Angelegenheiten seiner Verwaltung verhinderten ihn nicht, während der Zeit manchen ernsten Blick auf die auf dem Festlande fortschreitenden

DIE KRÖNUNG MOTECUZOMAS (MONTEZUMAS).

Aus „Duran, Historia de las Indias de Nueva Espana".

Entdeckungen zu werfen, und er sehnte sich nach einer Gelegenheit, sich selbst bei diesen goldenen Unternehmungen zu beteiligen. Der Zufall verschaffte ihm die erwünschte Gelegenheit.

Ein Hidalgo von Kuba, namens Hernandez de Cordova, unternahm mit drei Schiffen einen Zug nach einer der benachbarten Bahama-Inseln, um Sklaven zu suchen. (8. Februar 1517.) Es trafen ihn nacheinander mehrere schwere Stürme, die ihn weit von seiner Fahrt abtrieben, und nach Verlauf von drei Wochen befand er sich an einer fremden, unbekannten Küste. Als er beim Landen nach dem Namen des Landes fragte, antworteten ihm die Eingeborenen „Tectetan", wodurch sie sagen wollten, „ich verstehe dich nicht," was aber die Spanier fälschlich für den Namen des Ortes hielten und leicht in Yukatan verdrehten. Einige Schriftsteller geben eine andere Herleitung. Solche Irrtümer waren bei den früheren Entdeckern nichts Ungewöhnliches und sind der Ursprung mancher Namen auf dem amerikanischen Festlande gewesen.

Cordova war am nordöstlichen Ende der Halbinsel, am Kap Catoche, gelandet. Er war erstaunt über die Größe und die festen Bestandteile der aus Stein und Lehm erbauten Häuser, die so verschieden waren von den schwachen Baulichkeiten aus Schilf und Binsen, welche den Inselbewohnern zum Obdach dienten. Auch war er überrascht von der höheren Bebauung des Bodens und von dem feinen Gespinst der baumwollenen Kleidung und den goldenen Schmucksachen der Eingeborenen. Alles zeigte eine weit höhere Bildung, als die er bisher in der Neuen Welt irgendwie gesehen hatte. Auch sah er einen Beweis für einen Unterschied des Stammes in dem kriegerischen Geist des Volkes. Vielleicht waren ihnen schon Gerüchte von den Spaniern vorangegangen, da man sie wiederholt fragte, ob sie aus dem Osten kämen, und wo sie auch landen mochten, wurden sie mit tödlicher Feindschaft empfangen. Cordova selbst erhielt in einem seiner Scharmützel mit den Indianern mehr als ein Dutzend Wunden, und nur einer von seinen Gefährten kam unbeschädigt davon. Endlich, nachdem er der Halbinsel entlang bis Campeche gesegelt war, kehrte er nach

Kuba zurück, das er nach einer Abwesenheit von mehreren Monaten erreichte, während welcher Zeit er alle die Unglücksfälle durchgemacht hatte, denen diese Meereshelden zuweilen ausgesetzt waren, und die nur der mutigste Sinn zu überstehen vermochte. Auf diese Weise kam die Hälfte der ursprünglichen, aus hundertzehn Mann bestehenden Anzahl von Leuten ums Leben, ihren Befehlshaber eingeschlossen, der bald nach seiner Rückkehr starb. Die Berichte über das Land, die er zurückgebracht hatte, und noch mehr die Proben von merkwürdig gearbeitetem Golde überzeugten Velasquez von der Wichtigkeit dieser Entdeckung, und er bereitete sich eiligst vor, Nutzen daraus zu ziehen.

Er rüstete daher ein kleines Geschwader von vier Schiffen nach den neuentdeckten Ländern aus und stellte es unter den Befehl seines Neffen, Juan de Grijalva, eines Mannes, auf dessen Rechtlichkeit, Vorsicht und Anhänglichkeit an ihn er sich verlassen zu können sicher war. Die Flotte verließ den Hafen von St. Jago de Kuba am 1. Mai 1518. Sie schlug den von Cordova verfolgten Weg ein, wurde aber etwas nach Süden getrieben, da das erste Land, auf das sie stieß, die Insel Cozumel war. Aus dieser Gegend schiffte Grijalva bald nach dem Festlande über und segelte an der Halbinsel entlang, indem er dieselben Orte berührte wie sein Vorgänger. Überall ward er, gleich ihm, von den Beweisen einer höheren Sittigung überrascht, vorzüglich in Absicht auf Baukunst, wozu er auch Ursache hatte, da dies die Gegend jener merkwürdigen, neuerdings so vielfach durchforschten Überreste ist. Er war auch erstaunt über den Anblick großer, steinerner Kreuze, augenscheinlich Gegenstände des Gottesdienstes, die er an verschiedenen Orten antraf. Durch diese Umstände an sein Vaterland erinnert, gab er der Halbinsel den Namen „Neuspanien", ein Name, der seitdem einem weit größeren Landgebiet beigelegt wurde.

Überall, wo Grijalva landete, erfuhr er denselben unfreundlichen Empfang wie Cordova, obgleich er weniger darunter litt, da er besser darauf vorbereitet war. Im Rio de Tabasco oder Grijalva, wie er oft nach ihm genannt wird, hielt er eine freundschaftliche

Besprechung mit einem Häuptling, der ihm eine Anzahl goldener Platten schenkte, die zu einer Art von Rüstung geformt waren. Als er die mexikanische Küste umschiffte, fuhr einer seiner Schiffshauptleute, Pedro de Alvarado, der sich nachher in der Eroberung berühmt machte, in einen Fluß ein, dem er auch seinen eigenen Namen hinterließ. Auf einem nahe liegenden Strom, genannt Rio de Vanderas oder „Strom der Banner" wegen der Fahnen, welche die Eingeborenen an den Ufern desselben entfalteten, hatte Grijalva die erste Unterredung mit den Mexikanern selbst.

Der Kazike, der über diese Landschaft regierte, hatte Nachricht vom Herannahen der Europäer und von ihrem ungewöhnlichen Aussehen erhalten. Er war ängstlich bemüht, alle möglichen Erkundigungen über sie und die Beweggründe ihres Besuches einzuziehen, um sie seinem Herrn, dem aztekischen Kaiser, mitzuteilen. Es fand eine freundliche Unterredung zwischen beiden Teilen an der Küste statt, wo Grijalva mit seiner ganzen Streitmacht landete, um einen angemessenen Eindruck auf den wilden Häuptling zu machen. Die Zusammenkunft währte einige Stunden, obgleich sie, in Ermangelung sprachkundiger Dolmetscher, sich nur durch Zeichen verständlich machen konnten. Indes tauschten sie gegenseitig Geschenke aus, und die Spanier hatten das Vergnügen, für wenige wertlose Spielzeuge und Schmucksachen einen reichen Vorrat von Edelsteinen, goldenen Zieraten und Gefäßen von der wunderbarsten Form und Arbeit zu erhalten.

Nun glaubte Grijalva, daß er durch diesen vorteilhaften Handel — der vorteilhafter als seine kühnsten Erwartungen war — den Hauptzweck seiner Sendung erreicht habe. Er wies die Bitten seiner Begleiter beharrlich zurück, an diesem Ort eine Ansiedlung zu errichten, — ein Unternehmen, das in einem so volkreichen und mächtigen Lande, wie dieses zu sein schien, keine geringe Schwierigkeit hatte. Er war allerdings geneigt dazu, hielt es aber für seinen Befehlen zuwiderlaufend, die sich darauf beschränkten, mit den Eingeborenen Tauschhandel zu treiben. Er sandte daher Alvarado auf einem der leichten Fahrzeuge mit dem Schatze und den Nachrichten, die er über das große Reich im Innern gesammelt hatte, nach Kuba zurück und setzte dann seine Reise längs der Küste fort.

Er legte zu St. Juan de Ulua und an der Isla de los Sacrificios an, die so von ihm wegen der blutigen Überreste menschlicher Opfer benannt ward, die er in einem der Tempel fand. Hierauf setzte er seine Fahrt bis zur Landschaft Panuco fort, und da er beim Umschiffen eines stürmischen Vorgebirges auf einige Schwierigkeit stieß, kehrte er auf seinem Wege um und gelangte nach einer fast sechsmonatigen Abwesenheit wieder glücklich in Kuba an. Grijalva gebührt der Ruhm, der erste Seefahrer gewesen zu sein, der den Fuß auf mexikanischen Boden gesetzt und einen Verkehr mit den Azteken eröffnet hat.

Als er die Insel erreichte, war er überrascht, zu erfahren, daß eine andere und furchtbarere Kriegsflotte ausgerüstet worden sei, um seine Entdeckungen zu verfolgen, und zu gleicher Zeit Befehle vom Statthalter, in nicht sehr höflicher Sprache abgefaßt, vorzufinden, er solle sich sogleich nach St. Jago begeben. Er wurde von diesem Herrn nicht nur mit Kälte, sondern mit Vorwürfen darüber empfangen, daß er eine so schöne Gelegenheit versäumt habe, einen Pflanzstaat in dem von ihm besuchten Lande zu errichten. Velasquez war einer von jenen tadelsüchtigen Leuten, die, wenn die Dinge nicht genau nach ihrem Sinne gehen, allemal die Verantwortlichkeit des Fehlschlagens von ihren Schultern auf die der anderen wälzen. Er hatte ein „ungroßmütiges Herz", sagt ein alter Schriftsteller, war leichtgläubig und zum Mißtrauen geneigt. Im gegenwärtigen Falle war es höchst unverdient. Grijalva, von Natur ein bescheidener, anspruchsloser Mann, hatte den ihm vor dem Absegeln von seinem Befehlshaber erteilten Anweisungen gemäß gehandelt, und dies gegen seine eigene Meinung und die dringenden Bitten seiner Begleiter. Sein Benehmen verdiente keineswegs den Tadel seines Auftraggebers.

Als Alvarado mit seiner goldenen Ladung nach Kuba zurückgekeht war und seine Berichte von dem prächtigen Reiche Mexiko, die er von den Eingeborenen gesammelt, abgestattet hatte, geriet das Herz des Statthalters in Entzücken, da er die Erfüllung seiner ehrgeizigen Träume mit solcher Wahrscheinlichkeit vor sich sah. Ungeduldig über die lange Abwesenheit Grijalvas, sandte er ein Schiff, ihn aufzusuchen, unter dem Befehl von Olid aus, einem Ritter, der nachher bei der Eroberung eine wichtige Rolle spielte. Endlich beschloß er, eine andere Kriegsflotte von hinreichender Stärke auszurüsten, um die Unterjochung des Landes zu sichern.

Vorher suchte er seine Erlaubnis dazu bei dem hieronymitischen Ausschusse zu St. Domingo nach. Hierauf schickte er seinen Hausgeistlichen nach Spanien mit dem königlichen Anteil an dem Golde aus Mexiko und einem umständlichen Bericht von den daselbst gesammelten Nachrichten. Er rühmte seine mannigfachen Dienste und erbat sich vom Hofe genügende Vollmacht, die Eroberung und Ansiedlung der neu entdeckten Gegenden weiter zu betreiben. Noch ehe er eine Antwort erhielt, fing er schon an, die Kriegsflotte auszurüsten, und vor allen Dingen suchte er einen passenden Mann, der einen Teil der Kosten und den Befehl übernehmen sollte. Einen solchen fand er nach einiger Mühe und Zeit in Hernando Cortez, einem Manne, der besser als alle anderen dazu geeignet war, dieses große Unternehmen auszuführen; jedoch der letzte, dem sie Velasquez anvertraut haben würde, wenn er die Folgen hätte voraussehen können.

ZWEITES HAUPTSTÜCK

Hernando Cortez / Sein früheres Leben / Er geht nach der neuen
Welt / Sein Aufenthalt in Kuba / Unannehmlichkeiten mit Velasquez
Die Kriegsflotte wird Cortez anvertraut

1518

Hernando Cortez war geboren zu Medellin, einer Stadt im südöstlichen Winkel von Estremadura, im Jahre 1485. Er stammte aus einer alten und achtungswürdigen Familie, und Geschichtschreiber haben der Volkseitelkeit dadurch geschmeichelt, daß sie dieselbe bis zu den lombardischen Königen zurückgehen lassen, deren Nachkommen über die Pyrenäen gingen und sich in Aragonien unter der gotischen Herrschaft niederließen. Diese königliche Abstammung wurde nicht eher aufgefunden, als bis Cortez sich einen Namen erworben hatte, der jeder Abstammung, wie hochadelig sie auch sein mochte, zur Auszeichnung gereicht haben würde. Sein Vater, Martin Cortez de Monroy, war ein Hauptmann beim Fußvolk, von mäßigen Vermögensumständen, aber ein Mann von unbefleckter Ehre, und sowohl er als seine Frau, Dona Catalina Pizarro Altamirano, scheinen wegen ihrer treflichen Eigenschaften in hohem Ansehen gestanden zu haben.

In seiner Kindheit soll Cortez eine schwache Leibesbeschaffenheit gehabt haben, die sich stärkte, als er älter wurde. Im vierzehnten Jahre ward er nach Salamanca geschickt, da sein Vater, der große Hoffnungen auf seine lebendigen und glänzenden Geistesfähigkeiten baute, ihn zum Rechtskundigen bestimmte; ein Beruf, der dem vorwärtsstrebenden jungen Manne bessere Aussichten eröffnete als jeder andere. Der Sohn teilte indes diese Ansichten nicht. Er zeigte wenig Liebe für Bücher, und nachdem er zwei Jahre auf der Hochschule verschwendet hatte, kehrte er zum großen Verdruß seiner Eltern nach Hause zurück. Doch war diese Zeit nicht gänzlich verloren, da er einige lateinische Kenntnisse gesammelt und gelernt hatte, gut in ungebundener Rede zu schreiben, und selbst in Versen „von einigem Wert", wie ein alter Schriftsteller spitzfindig bemerkt, „wenn man bedenkt, daß Cortez sie verfaßt hat". Hierauf verbrachte er seine Zeit auf die müßige und unnütze Weise, wie einer, der, zu eigensinnig sich von anderen leiten zu lassen, sich selbst kein eigenes Ziel stellt. Seine heftige Gemütsart brach beständig in losen Streichen und eigensinnigen Grillen hervor, ganz im Gegensatz zu der regelmäßigen Lebensart seines Vaters. Er zeigte besondere Neigung für den Kriegerstand, oder vielmehr für ein Abenteuerleben, zu welchem jener in damaliger Zeit sicher führte. Und als er im Alter von siebzehn Jahren sich unter den Fahnen des „großen Feldherrn" anwerben lassen wollte, wendeten seine Eltern nichts dagegen ein, wahrscheinlich weil sie dachten, daß ein Leben voll Beschwerde und Wagnis außerhalb einem müßigen in der Heimat vorzuziehen sei.

Indes der junge Herr schwankte noch, ob er sein Glück unter jenem siegreichen Befehlshaber oder in der Neuen Welt versuchen solle, wo sowohl Gold als Ruhm zu gewinnen und wo gerade mit den Gefahren etwas Geheimnisvolles und Abenteuerliches verbunden war, das einen unaussprechlichen Reiz für eine jugendliche Einbildungskraft hatte. Es machten sich daher die feurigen Gemüter damals nach dieser Richtung hin Luft, besonders die aus der Gegend des Landes, wo Cortez lebte, der Nachbarschaft von Sevilla und Cadix, dem Mittelpunkt der Rüstungen zu Seezügen. Er entschied sich für diese letztere Laufbahn, und es bot sich dazu eine Gelegenheit dar in der prächtigen Kriegsflotte, die unter Don Nicolas de Ovando, dem Nachfolger Kolumbus, ausgerüstet ward. Ein unglücklicher Zufall vereitelte Cortez' Vorhaben.

In einer Nacht, beim Ersteigen einer hohen Mauer, die zu dem Zimmer einer Dame führte, mit der er ein Liebesverhältnis hatte, gaben die Steine nach; er stürzte gewaltsam herunter und ward unter den Trümmern verschüttet. Eine bedeutende Quetschung, die jedoch keine anderen ernsten Folgen hatte, fesselte ihn ans Bett bis nach der Abfahrt der Flotte.

Er blieb noch zwei Jahre zu Hause und hat, wie es scheint, die empfangene Lehre nur wenig benutzt. Endlich bediente er sich einer anderen Gelegenheit, die sich ihm durch die Abfahrt eines kleinen Geschwaders nach den indianischen Inseln darbot. Er war neunzehn Jahre alt, als er im Jahre 1504 seinem Vaterlande Lebewohl sagte, in demselben Jahre, in welchem die Spanier die beste und größte Zierde ihrer langen Herrscherreihe verloren, Isabella die Katholische.

Das Schiff, auf welchem Cortez fuhr, wurde von einem gewissen Alonso Quintero befehligt. Die Flotte legte bei den Kanarischen Inseln an, wie es bei Fahrten nach dem Auslande gebräuchlich war. Während die anderen Schiffe daselbst durch Einnehmen von Vorräten zurückgehalten wurden, stahl sich Quintero bei Nacht von der Insel fort, in der Absicht, Hispaniola zu erreichen und sich vor Ankunft seiner Gefährten den Markt zu sichern. Ein wütender Sturm, der ihn traf, entmastete aber sein Schiff, und er sah sich genötigt, in den Hafen zurückzukehren und auszubessern. Das Geschwader willigte darein, auf seinen unwürdigen Genossen zu warten, und nach einem kurzen Aufenthalt segelten sie alle miteinander wieder ab. Aber als sie sich den Inseln näherten, benutzte der treulose Quintero noch einmal die Dunkelheit der Nacht, das Geschwader in der nämlichen Absicht wie vorher zu verlassen. Zum Unglück für ihn traf ihn eine Reihe schwerer Stürme und Gegenwinde, die ihn von seinem Wege abtrieben, und er verlor gänzlich seine Ortsberechnung. Mehrere Tage lang wurde das Schiff umhergestoßen, und alle an Bord waren von Besorgnis erfüllt und nicht wenig entrüstet über den Veranlasser ihres Mißgeschickes. Endlich wurden sie eines Morgens vom Anblick einer weißen Taube erfreut, die, von ihrem Fluge ermüdet, auf der Stenge ausruhte. Cortez' Lebensbeschreiber sprechen davon als von einem Wunder. Glücklicherweise war es kein Wunder, sondern ein sehr natürliches Ereignis, das unbestreitbar zeigte, daß sie nahe am Lande waren. In kurzer Zeit, der Richtung des Vogelfluges folgend, erreichten sie die Insel Hispaniola, und als sie in den Hafen einfuhren, hatte der würdige Schiffsherr die Genugtuung, seine Gefährten vor ihm angekommen und ihre Ladungen schon verkauft zu finden.

Unmittelbar nach der Landung begab sich Cortez nach dem Hause des Statthalters, mit dem er in Spanien persönlich bekannt gewesen war. Ovando war auf einer Unternehmung ins Innere abwesend, aber der junge Mann wurde von dem Schreiber freundlich aufgenommen, der ihm versicherte, daß es keine Schwierigkeiten haben werde, eine reichliche Bewilligung von Land zu erlangen, um sich darauf anzusiedeln. „Ich bin aber gekommen, um mir Gold zu schaffen," erwiderte Cortez, „nicht, um wie ein Bauer den Acker zu pflügen."

Bei der Zurückkunft des Statthalters entschloß sich Cortez, wenigstens eine Zeitlang, seine unruhigen Gedanken aufzugeben, da jener sich bemühte, ihn zu überzeugen, daß er seine Wünsche wahrscheinlicher durch den zwar langsamen, aber sicheren Ertrag des Landbaues da erreichen werde, wo der Pflanzer Boden und Arbeiter als ein freies Geschenk erhalte, als indem er dem Glücksspiele des Zufalles vertraue, in welchem sich so viele Nieten gegen einen Gewinn befinden. Er erhielt daher eine Anweisung auf Land mit einem Repartimiento von Indianern und wurde zum beglaubigten Schreiber der Stadt oder Ansiedlung von Acua ernannt. Seine ernsteren Bestrebungen hielten ihn indes nicht von den verliebten Neigungen ab, die dem warmen Himmelstriche eigen sind, unter welchem er geboren war, und dies verwickelte ihn häufig in Ehrensachen, aus denen er, obgleich er mit den Waffen vertraut war, Narben davontrug, die ihn bis zum Grabe begleiteten. Überdies fand er Mittel, die Einförmigkeit seines Lebens dadurch zu unterbrechen, daß er an kriegerischen Unternehmungen Anteil nahm, welche unter dem Befehl von Ovandos Stellvertreter, Diego Velasquez, ausgesendet wurden, die Empörungen der Eingeborenen zu unterdrücken. In dieser Schule lernte der junge Abenteurer zuerst die wilden Kriegskünste der Indianer kennen; er wurde mit Mühe und Gefahr und solchen Greueltaten vertraut, welche leider nur allzuoft die glänzenden Schilde der kastilischen Ritterschaft in der Neuen Welt befleckt haben. Nur Krankheit — und in diesem Fall eine höchst glückliche — hielt ihn ab, an dem Unternehmen Nicuessas teilzunehmen, welches eine Reihe von

Leiden bildete, deren nicht viele in den Jahrbüchern der spanischen Entdeckung vorkommen. Die Vorsehung hatte ihn zu höheren Zwecken aufgespart.

Endlich im Jahre 1511, als Velasquez die Eroberung von Kuba unternahm, vertauschte Cortez freiwillig sein ruhiges Leben gegen die daselbst bevorstehenden Aufregungen und nahm an dem Unternehmen teil. Er entwickelte bei dem ganzen Angriff eine Tätigkeit und einen Mut, die ihm das Lob des Befehlshabers erwarben, während sein offenes und herzliches Wesen, seine gute Laune und seine munteren, witzigen Einfälle ihn zum Liebling der Krieger machten. „Er ließ", sagt ein Zeitgenosse, „wenig von den großen Eigenschaften merken, die er später zeigte." Wahrscheinlich kannte er diese Eigenschaften selbst nicht; während einem gewöhnlichen Beobachter sein heiteres Wesen und seine scherzhaften Antworten nicht gut verträglich mit Ernst und Tiefe zu sein scheinen mochten, so wie man die wirkliche Tiefe des Stromes unter dem leichten Spiel und sonnigen Funkeln der Oberfläche nicht ahnt.

Nach der Unterwerfung der Insel scheint Cortez bei Velasquez, der nun zum Statthalter derselben ernannt war, in großer Gunst gestanden zu haben. Las Casas zufolge wurde er zu einem seiner Geheimschreiber gemacht. Er behielt noch immer dieselbe Neigung zu Liebesabenteuern, zu welchen seine schöne Persönlichkeit ihm augenscheinlich günstig war, die ihn aber mehr als einmal in seinem früheren Leben in Verdrießlichkeiten verwickelt hatte. Unter den Familien, welche ihren Wohnsitz in Kuba aufgeschlagen hatten, war auch eine namens Xuarez aus Granada in Altspanien. Sie bestand aus einem Bruder und vier Schwestern, die merkwürdig wegen ihrer Schönheit waren. In eine derselben, Catalina, verliebte sich das erregbare Herz des jungen Kriegers. Wie weit dies Verhältnis gegangen, ist nicht ganz gewiß. Es scheint jedoch, daß er ihr versprochen habe, sie zu heiraten — ein Versprechen, das als die Zeit herankam und vielleicht die Vernunft über die Leidenschaft gesiegt hatte, er eben keine Eile zeigte zu erfüllen. Er widerstand allen Vorstellungen der Familie der Dame, die von dem Statthalter unterstützt und von diesem ohne Zweifel dringender gemacht wurden wegen des besonderen Anteils, den er an einer der schönen Schwestern nahm, die denselben, wie man sagt, auch nicht mit Undank vergolten haben soll.

Entweder Velasquez' Tadel oder irgend eine andere Ursache des Mißmutes reizte Cortez; er wurde nun kälter gegen seinen Gönner und verband sich mit einer auf der Insel ziemlich zahlreichen Partei von Mißvergnügten. Sie pflegten Versammlungen in seinem Hause zu halten und über ihre Ursachen zum Mißvergnügen zu brüten, das sich hauptsächlich, wie es scheint, darauf gründete, was sie als eine schlechte Vergeltung für ihre Dienste in der Verteilung von Land und Ämtern betrachteten. Man kann sich wohl denken, daß es keine leichte Aufgabe für den Verwalter einer dieser Ansiedlungen gewesen sein mag, wie besonnen und wohlgesinnt er auch war, die unbestimmten gierigen Forderungen von gewinnsüchtigen Abenteurern zu befriedigen, die wie hungrige Harpyien die Spur der Entdeckungen in der Neuen Welt umschwärmten.

Die Mißvergnügten beschlossen, ihre Beschwerden vor die vorgesetzten Behörden von Hispaniola zu bringen, von welchen Velasquez seine Vollmacht erhalten hatte. Die Reise war mit einiger Gefahr verbunden, da sie in einem offenen Boote über einen Meeresarm, achtzehn Leguas weit, gemacht werden mußte, und sie richteten ihr Auge auf Cortez, dessen furchtlosen Sinn sie wohl kannten, als den am besten Geeigneten, sie zu unternehmen. Die Verschwörung wurde verraten und kam vor der Abfahrt des Gesandten dem Statthalter zu Ohren, der ihn augenblicklich festnehmen, in Ketten legen und in strenges Gefängnis setzen ließ. Man sagt sogar, daß er ihn habe wollen hängen lassen, wenn seine Freunde sich nicht für ihn verwendet hätten. Die Sache ist nicht unglaublich. Da die Statthalter solcher kleinen Gebiete das Schicksal ihrer Untertanen ganz in ihrer Hand hatten, so genossen sie ein weit umschränkteres Ansehen als der Landesherr selbst. Sie waren gewöhnlich Leute von Rang und persönlichem Gewicht; die Entfernung vom Mutterlande entzog ihr Verfahren der genauen Nachforschung; trat jedoch eine solche ein, so standen ihnen gewöhnlich hinreichende Bestechungsmittel zu Gebote, um

sie vor Strafe zu schützen. Die Geschichte der spanischen Pflanzstaaten liefert in ihren frühen Anfängen auffallende Beispiele von
der außerordentlichen Anmaßung und dem Machtmißbrauch dieser
kleinen Gewalthaber, und das traurige Geschick von Vasquez
Nunez de Bilbao, dem berühmten Entdecker des Stillen Meeres,
obgleich das merkwürdigste, ist keineswegs ein einzelnes Beispiel
davon, daß die größten Dienste durch Verfolgung und schmählichen Tod vergolten werden konnten.
Indes der Statthalter von Kuba, obgleich er von Natur zornmütig
und argwöhnisch war, scheint weder rachsüchtig noch besonders
grausam gewesen zu sein. Im gegenwärtigen Falle ist es wirklich
zweifelhaft, ob die Schuld nicht mit größerem Recht den unge-
gründeten Erwartungen seiner Begleiter als ihm selbst beizumessen
gewesen.
Cortez blieb nicht lange verhaftet. Er versuchte, einen der Bolzen
seiner Fesseln zurückzuschieben, und, nachdem er seine Glieder
daraus losgemacht, gelang es ihm, mit dem Eisen ein Fenster zu
erbrechen und so seine Flucht zu bewerkstelligen. Er saß im
zweiten Stockwerk des Gebäudes und machte es möglich, sich
unbemerkt und unbeschädigt bis auf das Steinpflaster hinabzu-
lassen. Hierauf begab er sich eilends in eine nahe gelegene Kirche,
wo er das Recht der Freistatt für sich geltend machte.
Obgleich Velasquez aufgebracht über sein Entkommen war,
scheute er sich doch, die Heiligkeit des Ortes durch Anwendung
von Gewalt zu verletzen. Er stellte aber eine Wache in der Nähe
auf, mit dem Befehl, den Flüchtling zu ergreifen, wenn er sich so
weit vergessen sollte, die Freistatt zu verlassen. Dies geschah nach
wenigen Tagen. Als Cortez unbedachtsam außerhalb der Vor-
dermauer des Gebäudes stand, sprang ein Alguacil plötzlich von
hinten auf ihn los und band ihm die Arme fest, während andere
zu seinem Beistande herbeieilten. Diesen Mann, dessen Name Juan
Escudero war, ließ Cortez später wegen irgend eines Vergehens in
Neuspanien hängen.
Der unglückliche Gefangene wurde wieder in Fesseln geschlagen
und an Bord eines Schiffes gebracht, das am nächsten Morgen

nach Hispaniola abgehen sollte, um ihn daselbst zur Untersuchung zu stellen. Das Glück begünstigte ihn noch einmal. Es gelang ihm mit nicht geringer Mühe, seine Füße durch die Ringe zu streifen, welche sie gefesselt hielten. Er gelangte vorsichtig auf das Verdeck und, beschirmt von der Dunkelheit der Nacht, stahl er sich leise die Seitenwand des Schiffes hinab in ein Boot, das unten schwamm. Er stieß mit so geringem Geräusch als möglich vom Schiffe ab. Als er der Küste nahe kam, wurde die Strömung rasch und unruhig. Er nahm Anstand, ihr sein Boot zu vertrauen, und da er ein trefflicher Schwimmer war, schickte er sich an, ihr selbst zu trotzen, und stürzte sich kühn ins Wasser. Die Strömung war stark, aber der Arm eines um sein Leben Kämpfenden noch stärker, und nachdem er mit den Wellen gerungen hatte bis er fast erschöpft war, gelang es ihm, das Land zu erreichen, wo er dann in der nämlichen Freistatt Schutz suchte, die ihm solchen vorher gewährt hatte. Die Leichtigkeit, womit Cortez seine Flucht ein zweites Mal bewirkte, läßt an die Treue seiner Wache zweifeln, die ihn vielleicht als ein Opfer der Verfolgung betrachtete und den Einfluß jenes volksbeliebten Wesens empfand, das ihm in jeder Gesellschaft, in welche ihn der Zufall brachte, Freunde erwarb.

Nun gab er, aus welchem Grunde ist nicht erklärt — vielleicht aus Klugheit — seine Einwendungen gegen die Heirat mit Catalina Xuarez auf. Auf diese Weise sicherte er sich die guten Dienste ihrer Familie. Bald darauf ließ sich der Statthalter erweichen und mit seinem unglücklichen Freunde versöhnen. Man bringt eine sonderbare Geschichte mit diesem Ereignisse in Verbindung. Man sagt, sein stolzer Sinn habe die Versöhnungsversuche von Velasquez abgelehnt, und er habe eines Abends seine Freistatt verlassen und sich ihm unerwartet in seinem Lager vorgestellt, als er eben auf einem Kriegszuge in einiger Entfernung von der Stadt begriffen war. Der Statthalter erschrack beim plötzlichen, ganz bewaffneten Erscheinen seines Feindes vor ihm und fragte mit einiger Bangigkeit, was dies zu bedeuten habe. Als Antwort darauf bestand Cortez auf eine vollständige Erklärung seines früheren Benehmens. Nach einer etwas heftigen Erörterung endigte die Zusammenkunft auf eine freundschaftliche Weise; beide umarmten sich, und als ein Bote kam, Cortez' Entweichung zu melden, fand er ihn im Gemache seiner Exzellenz, wo sie sich zur Ruhe begeben hatten und beide in demselben Bette schliefen! Dies Geschichtchen wird ohne Mißtrauen von mehr als einem der Lebensbeschreiber Cortez' wiederholt. Es ist indes nicht sehr wahrscheinlich, daß ein stolzer, zornmütiger Mann, wie Velasquez, so ungewöhnliche Beweise von Herablassung und Vertraulichkeit gegen einen Mann gegeben haben sollte, der an Rang so tief unter ihm war, und mit dem er noch vor so kurzer Zeit in tödlicher Feindschaft gestanden hatte; noch anderenteils, daß Cortez die unvernünftige Keckheit gehabt haben sollte, dem Löwen in seiner Höhle zu trotzen, wo ein einziger Wink ihn an den Galgen bringen konnte, und dies mit ebensowenig Gewissensbissen oder Furcht vor den Folgen davon, als bei der Hinrichtung eines indianischen Sklaven.

Die Versöhnung mit dem Statthalter, wie auch zustande gebracht, war aber dauerhaft. Wenn auch Cortez nicht wieder in seine Stelle als Geheimschreiber eingesetzt wurde, erhielt er doch ein zahlreiches Repartimiento von Indianern und großen Landbesitz in der Nachbarschaft von St. Jago, wovon er bald darauf zum Alkalden gemacht ward. Nun lebte er fast gänzlich auf seinem Landgute und widmete sich dem Ackerbau mit größerem Eifer als vorher. Er versah seine Pflanzungen mit verschiedenen Arten von Hornvieh, deren einige von ihm zuerst in Kuba eingeführt wurden. Er bearbeitete auch die Goldgruben, die auf seinen Anteil kamen und die auf dieser Insel besseren Ertrag verhießen als in Hispaniola. Durch diesen Erwerbsbetrieb sah er sich nach wenigen Jahren im Besitz von etwa zwei- bis dreitausend Castellanos, einer großen Summe für einen Mann in seiner Lage. „Gott, der allein weiß, auf Kosten von wie vielen Indianerleben sie erlangt wurde," sagt Las Casas, „wird Rechenschaft darüber fordern!" Seine Tage flossen in diesen ruhigen Beschäftigungen und in Gesellschaft seiner schönen Frau sanft dahin, die, wie unpassend auch seine Wahl in Betracht ihres niederen Standes gewesen sein mag, alle Pflichten einer treuen und liebevollen Gefährtin erfüllt zu haben scheint. Er soll, wie der oben angeführte gute Bischof bemerkt, in dieser Zeit oft gesagt haben, „er lebe so glücklich mit ihr, als wenn sie die Tochter einer Herzogin gewesen wäre". Das Schicksal verschaffte ihm im späteren Leben die Mittel, die Wahrheit dieser Versicherung zu bestätigen.

So standen die Dinge, als Alvarado mit der Nachricht von Grijalvas Entdeckungen und den reichen Früchten seines Handels mit den Eingeborenen zurückkehrte. Die Nachrichten verbreiteten sich blitzschnell über die Insel; denn alle sahen darin die Verheißung von noch wichtigeren als den bisher erlangten Erfolgen. Der Statthalter beschloß, wie schon erwähnt, die Spur der Entdeckung mit einer beträchtlichen Kriegsflotte zu verfolgen, und er sah sich nach einem Manne um, der geeignet wäre, die Kosten derselben zu teilen und den Befehl darüber zu übernehmen.

Es meldeten sich mehrere Hidalgos, die er, teils wegen ihrer dazu mangelnden Befähigung, teils aus Furcht, sie würden sich unabhängig von ihm erklären, einen nach dem anderen verwarf. Es fanden sich zwei Männer in St. Jago, in die er großes Vertrauen setzte, Amador de Lares, der Contador oder königliche Schatzmeister, und sein eigener Geheimschreiber, Andres de Duero. Cortez stand mit beiden auf sehr vertraulichem Fuße, und er benutzte dies, sie zu vermögen, ihn als einen zu dieser Unternehmung passenden Mann zu empfehlen. Man sagt, er unterstütze den Vorschlag dadurch, daß er ihnen einen reichlichen Anteil an dem Ertrage versprach. Wie dem nun sein mochte, die Beteiligten drangen mit aller Beredsamkeit, deren sie fähig waren, auf seine Wahl bei dem Statthalter. Dieser hatte hinreichende Kenntnis von dem Mut und den Fähigkeiten des Bewerbers. Auch wußte er, daß derselbe ein Vermögen erworben hatte, wodurch er imstande sein würde, ihm bei der Ausrüstung der Flotte wesentlichen Beistand zu leisten. Seine Beliebtheit auf der Insel würde ihm schnell Anhänger für seine Fahnen erwerben. Alle vergangenen Feindseligkeiten waren seitdem lange in Vergessenheit begraben worden, und durch das Vertrauen, das er jetzt auf ihn setzen wollte, würde er sich seine Treue und Dankbarkeit sichern. Er lieh daher der

Empfehlung seiner Ratgeber ein williges Ohr und verkündete Cortez seine Absicht, ihn zum Oberbefehlshaber der Kriegsflotte zu ernennen.

Cortez hatte nun den Gegenstand seiner Wünsche erreicht — den Gegenstand, nach welchem seine Seele geschmachtet, seitdem er den Fuß auf den Boden der Neuen Welt gesetzt hatte. Er war nun nicht länger zu einem Leben lohnsüchtiger, niedriger Arbeit verurteilt, auch nicht innerhalb der Grenzen einer unbedeutenden Insel abgesperrt; sondern er sollte auf eine neue, unabhängige Schaubühne der Tätigkeit gestellt und seinem Blicke eine grenzenlose Aussicht eröffnet werden, nicht nur das ungemessenste Begehren der Habsucht, sondern das für einen kühn aufstrebenden Geist, wie dem seinigen, weit wichtigere Begehren des Ehrgeizes zu befriedigen. Er wußte die Bedeutung der letzten Entdeckungen ganz zu würdigen und erkannte darin das Dasein des Reiches im fernen Westen, von welchem dunkle Andeutungen von Zeit zu Zeit nach den Inseln herübergedrungen und von dem bestimmtere Anzeichen durch diejenigen erlangt waren, welche das Festland erreicht hatten. Dies war das dem „großen Admiral" angedeutete Land, als dieser im Jahre 1502 in Honduras gewesen war, und das er erreicht haben würde, wenn er sich nördlicher gehalten hätte, statt gegen Süden eine eingebildete Meerenge zu suchen. Er hatte, wie er sich selbst bitter auszudrücken pflegte, „das Tor geöffnet, durch das andere einziehen sollten". Die Zeit war endlich gekommen, wo sie dadurch einziehen sollten, und der junge Abenteurer, dessen Wunderlanze den Zauber lösen sollte, der so lange über diese geheimnisvollen Gegenden geschwebt hatte, stand jetzt bereit, das Unternehmen zu vollführen.

Von dieser Stunde an schien in Cortez' Benehmen eine Veränderung einzutreten. Seine Gedanken, statt sich in leeren Leichtfertigkeiten oder unnützen Witzfunken zu verflüchtigen, waren jetzt gänzlich auf den großen Gegenstand gerichtet, zu dem er bestimmt war. Sein spannkräftiger Geist zeigte sich nun darin, daß er die Gefährten seiner beschwerlichen Pflichten ermunterte und anspornte, und er ward zu einer edlen Begeisterung entflammt, deren

ylıyocan.

CORTEZ, IN DER ERSTEN TLAXCALTEKISCHEN ORTSCHAFT,
ILIYOCAN,

eingelangt, erhält von den tlaxcaltekischen Führern Gastgeschenke. Neben dem Baum
in der Mitte, einem Sinnbilde der Bevölkerung, steht Marina.

Lienzo de Tlaxcala.

ihn selbst die, welche ihn am besten kannten, nicht fähig gehalten hatten. Er verwendete mit einem Male alles Geld, das er besaß, zur Ausrüstung der Kriegsflotte. Er nahm noch mehr gegen Verpfändung seiner Güter auf und dadurch, daß er einem reichen Kaufmanne des Ortes Schuldverschreibungen ausstellte, der für deren Einlösung auf den Erfolg der Unternehmung rechnete, und als sein eigener Kredit erschöpft war, machte er von dem seiner Freunde Gebrauch.

Die auf diese Weise angeschafften Gelder verwendete er zum Ankauf von Schiffen, Lebensmitteln und Kriegsvorräten, während er Mannschaften durch Anerbieten von Unterstützungen an solche anwarb, die zu arm waren, sich selbst zu versorgen, und denen er noch überdies einen reichlichen Anteil an dem Nutzen im voraus versprach.

In der kleinen Stadt St. Jago war nun alles voller Gewühl und Aufregung. Einige waren beschäftigt, die Schiffe auszubessern und sie in reisemäßigen Stand zu setzen; andere, für Schiffsvorräte zu sorgen; noch andere, ihre Güter zu Geld zu machen, um sich selbst auszurüsten; jeder schien eifrig bemüht, auf eine oder die andere Weise zum Gelingen des Unternehmens etwas beizutragen. Sechs Schiffe, darunter zwei von bedeutender Größe, waren schon angeschafft worden, und im Laufe weniger Tage hatten sich dreihundert Mann zum Dienst gemeldet, die begierig waren, ihr Glück unter dem Banner dieses kühnen und volkstümlichen Anführers zu versuchen.

Wie viel der Statthalter zu den Ausgaben der Ausrüstung beitrug, ist nicht ganz klar. Wenn man Cortez' Freunden glauben darf, so fiel fast die ganze Last auf ihn, da, während er das Geschwader unentgeltlich versorgte, der Statthalter viele seiner eigenen Vorräte mit ungeheurem Nutzen verkaufte. Dennoch ist es nicht wahrscheinlich, daß Velasquez, dem so reiche Mittel zu Gebote standen, auf seinen Stellvertreter die Last der Unternehmung gewälzt haben sollte, auch nicht, daß der letztere — wenn er sie übernommen — sich in einer Lage befunden haben dürfte, diese Ausgaben zu bestreiten, die, wie man sagt, sich auf mehr als zwanzigtausend

Dukaten in Gold belaufen haben. Es kann aber auch nicht geleugnet werden, daß ein ehrgeiziger Mann wie Cortez, dem es bevorstand, den ganzen Ruhm des Unternehmens zu ernten, weniger ängstlich den Gewinn dabei berechnet haben mag als sein Absender, der, untätig zu Hause und ohne Lorbeeren dabei gewinnen zu können, den Geldnutzen als seine einzige Belohnung betrachten mußte. Einige Jahre später erzeugte diese Frage einen wütenden Streit zwischen den Parteien, mit dem wir jetzt den Leser nicht zu belästigen brauchen.

Man ist Velasquez die Anerkennung schuldig, daß den von ihm zur Leitung des Unternehmens erteilten Verhaltungsbefehlen kein engherziger oder habgieriger Geist zur Last gelegt werden kann. Der erste Zweck der Reise war, Grijalva aufzufinden, wonach dann die beiden Befehlshaber gemeinschaftlich verfahren sollten. Cordova hatte bei seiner Rückkehr von seinem ersten Aufenthalt in Yukatan die Nachricht mitgebracht, daß im Innern des Landes sechs Christen in Gefangenschaft schmachten sollten. Man vermutete, daß sie zur Mannschaft des unglücklichen Nicuessa gehörten, und es wurde Befehl erteilt, sie womöglich aufzufinden und wieder in Freiheit zu setzen. Aber der große Zweck der Unternehmung war, mit den Eingeborenen Tauschhandel zu treiben. Bei Verfolgung desselben wurde besondere Sorgfalt empfohlen, daß ihnen kein Leid geschehe, sondern daß sie mit Güte und Menschlichkeit behandelt würden. Cortez sollte vor allen Dingen stets daran denken, daß der Zweck, welcher dem Könige von Spanien am meisten am Herzen liege, die Bekehrung der Indianer sei. Er sollte ihnen die Großmut und Güte seines königlichen Herrn einprägen, sie auffordern, „ihm ihre Huldigung zu leisten, und als Zeugnis derselben ihn mit schönen Geschenken an Gold, Perlen und Edelsteinen zu erfreuen, so daß sie durch Bezeigung ihres guten Willens sich seine Gunst und seinen Schutz sichern möchten". Er sollte eine genaue Besichtigung der Küste vornehmen und deren Meerbusen und Durchfahrten zum künftigen Besten der Seefahrer ergründen. Er sollte sich mit den natürlichen Erzeugnissen des Landes, mit dem Charakter der verschiedenen

Stämme, ihren Einrichtungen und ihrem Fortschritt in der Sittigung bekannt machen; über alles dieses habe er umständliche Berichte nebst solchen Gegenständen nach der Heimat zu senden, die er im Verkehr mit ihnen erlangen könne. Endlich sollte er auf das sorgfältigste bedacht sein, nichts zu versäumen, was zum Dienste Gottes und seines Landesherrn gereichen könne.

Dies war der allgemeine Inhalt von den Cortez erteilten Befehlen, und man muß gestehen, daß sie auf das beste der Wissenschaft und der Menschlichkeit dienten, sowie darauf Bedacht nahmen, was bloß auf kaufmännischen Gewinn Bezug hat. Es mag auffallend sein, wenn man an die Unzufriedenheit denkt, welche Velasquez über seinen früheren Befehlshaber, Grijalva, deshalb geäußert, weil dieser nicht eine Ansiedlung veranstaltete, hier keine Anweisung zu deren Gründung zu finden. Aber er hatte von Spanien noch keine genügende Ermächtigung erhalten, seine Beauftragten mit solchen Vollmachten zu versehen, und die, welche er von den hieronymitischen Mönchen in Hispaniola erlangt hatte, gestanden nur das Recht zu, mit den Eingeborenen Handel zu treiben. Die Vollmacht bestätigte zugleich Cortez als Oberbefehlshaber der Unternehmung.

DRITTES HAUPTSTÜCK

Velasquez' Eifersucht / *Cortez schifft sich ein* / *Ausrüstung seiner Flotte* / *Seine Persönlichkeit und sein Charakter* / *Verabredete Zusammenkunft in Havanna* / *Stärke seiner Flotte*

1519

Die Wichtigkeit, welche Cortez durch seine neue Stellung erhielt, und vielleicht sein etwas hochmütigeres Betragen beunruhigten nach und nach das von Natur argwöhnische Gemüt Velasquez'; denn dieser fing an zu fürchten, daß sein Untergebener, wenn er weit genug weg wäre, die Macht dazu in Händen zu haben, auch die Neigung fühlen werde, seine Abhängigkeit von ihm gänzlich abzustreifen. Ein zufälliger Umstand steigerte damals diesen Argwohn. Ein toller Bursche, sein Spaßmacher, einer jener verrückten Witzbolde, die halb witzig, halb närrisch waren, und in damaliger Zeit ein gewöhnliches Zubehör zum Haushalt eines jeden großen Herrn bildeten, rief dem Statthalter zu, als dieser eines Morgens seinen gewöhnlichen Spaziergang mit Cortez nach dem Hafen machte: „Nimm dich in acht, Meister Velasquez, daß wir nicht irgend einmal auf diesen unseren Anführer Jagd machen müssen!" „Hört Ihr, was der Bube sagt?" fragte der Statthalter seinen Begleiter. „Achte nicht auf ihn," sagte Cortez; „er ist ein unverschämter Kerl und verdient tüchtig ausgepeitscht zu werden." Die Worte machten indes auf Velasquez einen tiefen Eindruck — so wie denn überhaupt spaßhaft gesagte Wahrheiten leicht festsitzen bleiben.

Es fehlte in der Umgebung Sr. Gnaden nicht an Leuten, welche die verborgene Glut der Eifersucht zur Flamme anfachten. Diese würdigen Herren, von denen einige Velasquez' Verwandte waren, die wahrscheinlich ihre eigenen Verdienste durch Cortez' aufsteigendes Glück einigermaßen in den Schatten gestellt sahen, erinnerten Velasquez an seinen alten Streit mit jenem, und wie es nicht wahrscheinlich sei, daß die damals so bitter empfundenen

Beleidigungen jemals vergessen werden könnten. Durch diese und ähnliche Einflüsterungen, so wie durch Entstellungen von Cortez' gegenwärtigem Benehmen, wirkten sie auf Velasquez' Leidenschaften so sehr, daß er beschloß, die Unternehmungen anderen Händen anzuvertrauen.

Er teilte seine Absicht seinen vertrauten Ratgebern, Lares und Duero, mit, und diese zuverlässigen Leute hinterbrachten sie Cortez unverzüglich; „obgleich ein Mann von halb so großem Scharfblick als dem seinen", sagt Las Casas, „die Sache sogleich durch des Statthalters verändertes Benehmen erraten haben würde." Die beiden Beamten rieten ihrem Freunde, die Angelegenheit so viel als möglich zu beeilen und keine Zeit zu verlieren, um seine Flotte segelfertig zu machen, wenn er den Befehl darüber behalten wolle. Cortez zeigte bei dieser Gelegenheit dieselbe rasche Entschlossenheit, welche später mehr als einmal in ähnlichen, entscheidenden Augenblicken sein Geschick leitete.

Er hatte weder Mannschaft noch Schiffe vollständig beisammen und war noch mit keinerlei Art von Vorräten gehörig versorgt. Aber er beschloß, noch in derselben Nacht die Anker zu lichten. Er ging zu seinen Offizieren, teilte ihnen seine Absicht mit und wahrscheinlich auch die Veranlassung dazu, und um Mitternacht, als die Stadt in Schlaf versunken war, gingen sie alle still an Bord, und das kleine Geschwader lief aus dem Meerbusen aus. Vorher war Cortez indes zu dem Manne gegangen, dessen Geschäft es war, den Ort mit Nahrungsmitteln zu versorgen, und, indem er ihm alle seine Vorräte abnahm, obgleich dieser klagte, daß die Stadt morgen darunter leiden würde, ließ er ihm zugleich als Bezahlung eine schwere goldene Kette von hohem Wert zurück, die er um den Hals trug.

Groß war das Erstaunen der guten Bürger von St. Jago, als sie in der Morgendämmerung sahen, daß die Flotte, die sie so schlecht vorbereitet zur Reise wußten, die Reede verlassen und sich eilig auf den Weg gemacht hatte. Die Nachricht gelangte bald zu den Ohren Sr. Gnaden, der aus dem Bette springend, sich rasch ankleidete, sein Pferd bestieg und, von seinem Gefolge begleitet, eiligst ans Ufer ritt. Sobald Cortez die Nahenden entdeckte, bestieg er ein bewaffnetes Fahrzeug und näherte sich der Küste in Sprachferne. „Auf solche Weise scheidet Ihr von mir?" rief Velasquez; „wahrlich, eine höfliche Art Abschied zu nehmen!" „Verzeiht," antwortete Cortez, „die Zeit drängt, und es gibt Dinge, die geschehen sein müssen, ehe man daran denkt. Haben Eure Gnaden noch einige Befehle?" Aber der gekränkte Statthalter hatte keine zu geben; Cortez, höflich mit der Hand winkend, kehrte nach seinem Schiffe zurück, und die kleine Flotte ging augenblicklich nach dem Hafen von Macaca, ungefähr fünfzehn Leguas davon, unter Segel. (18. November 1519.) Velasquez ritt nach Hause zurück, um seinen Verdruß so gut als möglich zu überwinden, überzeugt, daß er nun wenigstens zwei Fehler begangen habe; den einen, Cortez den Befehl zu übertragen, — den anderen, durch den Versuch, ihm denselben wieder zu nehmen. Denn, wenn es wahr ist, daß wir durch nur halb geschenktes Vertrauen schwerlich hoffen können, uns einen Freund zu schaffen, so ist es ebenso wahr, daß wir durch Entziehung desselben uns einen Feind machen.

Diese heimliche Abreise von Cortez ist von einigen Schriftstellern streng getadelt worden, besonders von Las Casas. Doch kann vieles zu seiner Rechtfertigung angeführt werden. Er war von dem Statthalter aus freiem Willen zum Befehlshaber ernannt und dies von den Behörden auf Hispaniola vollständig bestätigt worden. Er hatte schnell alle seine Hilfsquellen der Unternehmung gewidmet und außerdem noch eine lästige Schuld übernommen. Er sollte nun seines Auftrages beraubt werden, ohne daß irgend ein Vergehen ihm bewiesen werden konnte.

Ein solches Ereignis mußte ihn in unvermeidliches Verderben stürzen, ganz abgesehen von den Freunden, denen er so große Summen entlehnt hatte, und den Anhängern, die seiner Leitung ihr Glück bei der Unternehmung anvertraut hatten. Wahrscheinlich würden unter diesen Umständen nur wenige sich berufen gefühlt haben, sich gelassen unter Aufopferung ihrer Hoffnungen in eine grundlose und willkürliche Laune zu fügen. Das Höchste,

was man von Cortez erwarten konnte, war das Gefühl der Verpflichtung, treulich für den Vorteil seines Auftraggebers bei der
Leitung des Unternehmens zu sorgen. Wie sehr ihn die Stärke
dieser Verpflichtung durchdrang, wird sich aus dem Folgenden
ergeben.

Von Macaca, wo Cortez so viel Vorräte als möglich aus den
königlichen Pachtgütern einnahm, und die, wie er sagte, er „als
ein Darlehen vom Könige" betrachtete, ging er nach Trinidad,
einer ansehnlicheren Stadt auf der südlichen Küste von Kuba.
Hier landete er, und unter Aufrichtung seiner Fahne vor seiner
Wohnung erließ er einen Aufruf mit freigebigen Anerbietungen
für alle, welche sich dem Unternehmen anschließen wollten. Es
meldeten sich täglich Freiwillige, und über hundert von Grijalvas
Leuten, die eben von ihrer Reise zurückgekehrt, waren bereit, unter
einem unternehmenden Anführer die Entdeckung weiter zu verfolgen. Cortez' Ruf zog auch eine Anzahl Herren von Rang und
Familie an, von denen einige, da sie Grijalva begleitet hatten, viele
schätzbare Nachrichten für das gegenwärtige Unternehmen mitbrachten. Unter diesen Hidalgos verdienen besonders erwähnt zu
werden Pedro de Alvarado und seine Brüder, Cristoval de Olid,
Alonso de Avila, Juan Velasquez de Leon (ein naher Verwandter
des Statthalters), Alonso Hernandez de Puertocarrero und Gonzalo de Sandoval — sämtlich Männer, welche einen höchst bedeutenden Anteil an der Eroberung nahmen. Ihre Anwesenheit
war von großer Wichtigkeit, da sie dem Unternehmen Achtung
verschaffte, und als sie in das kleine Lager der Abenteurer einzogen, zog dieses ihnen unter lebhaften Klängen von Musik und
Freudenschüssen zur Bewillkommnung entgegen.

Unterdes war Cortez tätig bemüht, Mund- und Kriegsvorräte ein-
zukaufen. Da er hörte, daß ein Handelsschiff, mit Getreide und
anderen Bedürfnissen für die Bergwerke beladen, auf der Höhe
der Küste sich befinde, schickte er eines seiner leichten Fahrzeuge
ab, sich desselben zu bemächtigen und es in den Hafen zu bringen.
Er bezahlte dem Eigentümer Schiff und Ladung in Wechseln und
überredete sogar den Mann, namens Sedeno, der reich war, sein

Vermögen in der Unternehmung anzulegen. Er sandte auch einen seiner Offiziere, Diego de Ordaz, ab, ein anderes Schiff, von dem er Nachricht hatte, aufzusuchen, mit der Anweisung, sich desselben auf gleiche Weise zu bemächtigen und ihn damit auf der Höhe vom Kap St. Antonio, dem westlichsten Punkte auf der Insel, einzuholen. Hiedurch erreichte er noch einen anderen Zweck, den, Ordaz loszuwerden, der einer von des Statthalters Hausleuten und ein lästiger Späher seiner eigenen Handlungen war. Während er so beschäftigt war, kamen Briefe von Velasquez an den Befehlshaber von Trinidad an, worin dieser aufgefordert ward, sich der Person von Cortez zu bemächtigen und ihn festzuhalten, da er von dem Befehl der Flotte abgesetzt und derselbe einem anderen übertragen sei. Dieser Beamte teilte seine Aufträge den Hauptoffizieren bei der Unternehmung mit, die ihm rieten, die Ausführung nicht zu versuchen, da dies ohne Zweifel zu einem Aufruhr unter den Soldaten führen würde, der mit Niederbrennung der Stadt endigen könnte. Verdugo erachtete es der Vorsicht angemessen, sich nach diesem Rate zu richten.

Da Cortez noch mehr Verstärkungen an sich ziehen wollte, befahl er Alvarado, mit einem kleinen Trupp quer durch das Land nach der Havanna zu ziehen, während er selbst rings um die westliche Spitze der Insel segeln und ihn daselbst mit dem Geschwader treffen werde. In diesem Hafen entfaltete er wiederum seine Fahne und erließ den gewöhnlichen Aufruf. Er ließ alle großen Geschütze ans Ufer bringen und samt den kleinen Waffen und Kolbenbogen instand setzen. Da hier in der Nähe sich eine Menge Baumwolle vorfand, ließ er damit die Wämser der Soldaten dick polstern, als Schutz gegen die indianischen Pfeile, durch welche die Truppen bei den früheren Unternehmungen arg gelitten hatten. Er teilte seine Leute in elf Hauptmannschaften, eine jede unter dem Befehl eines erfahrenen Offiziers, und man hat bemerkt, daß, obgleich einige der im Dienst befindlichen Herren persönliche Freunde und selbst Verwandte von Velasquez waren, er sie alle mit vollkommenem Vertrauen behandelte.

Seine Hauptfahne war von schwarzem Samt mit Gold gestickt

und hatte als Wappen ein rotes Kreuz in blauen und weißen Streifen, mit der Unterschrift in lateinischer Sprache: „Freunde, laßt uns dem Kreuze folgen, und unter diesem Zeichen, wenn wir gläubig sind, werden wir siegen." Nun führte er größere Pracht in seiner äußeren Erscheinung und seiner Lebensweise ein, indem er eine größere Anzahl von Dienstleuten und Beamten in seiner Haushaltung anstellte, die er für einen Mann von hohem Stande passend einrichtete. Diese Pracht behielt er für sein ganzes übriges Leben bei.

Zu der Zeit war Cortez dreiunddreißig oder vielleicht vierunddreißig Jahre alt. Er war von mehr als mittlerer Größe, seine Gesichtsfarbe bleich, und sein großes, dunkles Auge gab ihm einen Ausdruck von Ernst, den man bei jemand von seiner heiteren Gemütsart nicht erwartet haben sollte. Seine Gestalt war schlank, wenigstens bis zu seinem höheren Alter, aber seine Brust gewölbt, seine Schultern breit, sein Körperbau muskelstark und ebenmäßig. Er zeigte den Verein von Behendigkeit und Kraft, welcher ihn zum trefflichen Fechten, Reiten und anderen ritterlichen Übungen tüchtig machte. In seiner Nahrung war er mäßig, legte keinen Wert auf Essen und trank wenig, während ihm Beschwerde und Entbehrung völlig gleichgültig zu sein schienen. Seine Kleidung, denn er verschmähte nicht den Eindruck, den man durch solche unwesentliche Dinge hervorbringt, war von der Art, daß sie seine schöne Persönlichkeit vorteilhaft hervortreten machte; weder glänzend, noch auffallend, aber reich. Er trug wenig Schmuck, und gewöhnlich denselben, aber von hohem Wert. Sein offenes und soldatisches Benehmen verbarg einen höchst kalten und berechnenden Geist. In seine fröhlichste Laune mischte sich ein bestimmtes, entschlossenes Wesen, welches denen, die ihm nahten, das Gefühl gab, daß sie gehorchen müßten, und das der Anhänglichkeit seiner ergebensten Gefährten etwas der Furcht Ähnliches beimischte. Eine solche Vereinigung, worin Liebe sich mit Würde paarte, war wahrscheinlich die einzige und am besten darauf berechnete, um den rauhen und unruhigen Gemütern, unter welche ihn seine Bestimmung trieb, Hingebung einzuflößen.

Cortez' Charakter scheint sich mit den Umständen verändert zu haben, oder, um richtiger zu sagen, die neuen Auftritte, die ihm bereitet wurden, riefen Eigenschaften hervor, die vorher in seiner Brust geschlummert hatten. Es gibt einige kühne Naturen, welche der Wärme aufgeregter Tätigkeit bedürfen, um ihre Kräfte zu entfalten; gleich den Pflanzen, welche sich dem milden Einfluß einer gemäßigten Breite verschließen und nur in dem brennenden Himmelstrich der Wendekreise zu ihrem vollen Wachstum gelangen und ihre Früchte zutage bringen. — Dies ist das Bild, das uns seine Zeitgenossen von diesem merkwürdigen Manne hinterlassen haben; von dem Werkzeuge, das die Vorsehung sich erwählte, Schrecken unter die Herrscher der westlichen Welt zu verbreiten und ihre Reiche in Staub zu verwandeln.

Ehe die Vorbereitungen in der Havanna ganz beendigt waren, erhielt der Befehlshaber des Platzes, Don Pedro Barba, eine Botschaft von Velasquez, welche die Weisung enthielt, Cortez zu verhaften und die Abfahrt seiner Schiffe zu verhindern; während ein anderer Brief, aus der nämlichen Quelle, Cortez selbst zugestellt ward, mit der Aufforderung, seine Reise aufzuschieben, bis der Statthalter, wie er sich vorgenommen, persönlich mit ihm Rücksprache nehmen könne. „Niemals", sagt Las Casas, „habe ich so wenig Geschäftskenntnis verraten gesehen, als in diesem Briefe von Diego Velasquez — indem er sich einbilden konnte, daß ein Mann, der ihn erst vor kurzer Zeit so beleidigt hatte, seine Reise auf seinen Befehl aufschieben werde!" Es war in der Tat, als wenn man hoffen wollte, durch ein Wort den Pfeil aufzuhalten, nachdem er den Bogen verlassen.

Der Oberbefehlshaber hatte während seines kurzen Aufenthaltes sich gänzlich die Zuneigung von Barba erworben. Und wenn dieser Beamte auch geneigt gewesen wäre, die Befehle seines Vorgesetzten mit Gewalt durchzuführen, so wußte er doch, daß er nicht die Macht dazu hatte, in Gegenwart einer entschlossenen Kriegerschaft, die über diese ungroßmütige Verfolgung ihres Befehlshabers entrüstet war und von der, nach den Worten des ehrlichen Zeitgeschichtschreibers, der die Unternehmung mitmachte,

„alle, sowohl Offiziere als Gemeine, willig ihr Leben für ihn hingegeben hätten". Barba begnügte sich daher, Velasquez die Unausführbarkeit des Versuches zu erklären und bemühte sich zugleich, seine Befürchtungen zu beruhigen, indem er ihm versicherte, daß er selbst Vertrauen in Cortez' Treue setze. Dieser letztere fügte noch seine eigene Mitteilung hinzu, „in den sanftesten Ausdrücken abgefaßt, die er so wohl zu gebrauchen verstand," worin er Se. Gnaden ersuchte, sich auf seine Ergebenheit für ihn zu verlassen, und mit der erfreulichen Versicherung schloß, daß er und die ganze Flotte, so Gott wolle, am folgenden Morgen absegeln werden.

Demgemäß machte sich am 10. Februar 1519 das kleine Geschwader auf den Weg und nahm seine Richtung auf Kap St. Antonio, den verabredeten Sammelplatz. Als alle beisammen waren, bestand die Anzahl der Schiffe aus elf; eines derselben, auf dem Cortez selbst fuhr, war von hundert, drei andere von siebzig bis achtzig Tonnen Last, die übrigen waren leichte Fahrzeuge und offene Rennschiffe. Das ganze ward der Leitung Antonio de Alminos' als Hauptlotsen anvertraut, eines erprobten Seemannes, der Kolumbus auf seiner letzten Reise und Cordova und Grijalva bei den früheren Unternehmungen nach Yukatan als Lotse gedient hatte.

Als er auf dem Kap gelandet und seine Streitmacht gemustert hatte, fand Cortez, daß sie bestand: aus hundertzehn Seeleuten, fünfhundertdreiundfünfzig Soldaten, davon zweiunddreißig Kolbenbogenschützen und dreizehn Büchsenschützen, außer zweihundert Indianern von der Insel und wenigen indianischen Frauen zu geringen Diensten. Er hatte zehn schwere Geschütze, vier leichtere, Feldschlangen genannt, und einen guten Vorrat an Schießbedarf. Überdies hatte er sechzehn Pferde. Diese anzuschaffen war nicht leicht; denn die Schwierigkeit, sie in den schwachen, damaligen Schiffen über das Meer zu bringen, machte sie auf den Inseln selten und unglaublich teuer. Aber Cortez würdigte die Wichtigkeit der Reiterei, wie gering an Zahl sie auch sein mochte, ganz richtig, sowohl wegen ihres wirklichen

Dienstes als wegen des Schreckens, den sie den Wilden einflößen sollte. Mit einer so geringfügigen Streitmacht ließ er sich auf eine Eroberung ein, vor der selbst sein standhaftes Herz mit solchen Mitteln zurückgebebt wäre, hätte er nur die Hälfte der Schwierigkeiten dabei vorhergesehen!

Vor der Einschiffung wendete sich Cortez an seine Soldaten in einer kurzen, aber lebhaften Rede. Er sagte ihnen, sie seien im Begriff, ein edles Unternehmen zu beginnen, das ihren Namen für kommende Zeitalter berühmt machen werde. Er wolle sie in größere und reichere Länder führen, als wohin Europäer jemals gekommen seien. „Ich biete euch einen ruhmwürdigen Preis an", fuhr der Redner fort; „allein er ist nur durch unaufhörliche Mühe zu erringen. Große Dinge werden nur durch große Anstrengungen vollbracht, und Ruhm war nie der Lohn für Trägheit. Wenn ich keine Mühe scheute und mein alles an dieses Unternehmen setzte, so geschah es aus Liebe zu jenem Ruhme, der die edelste Belohnung für einen Mann ist. Doch wenn viele unter euch mehr nach Reichtümern streben, so seid mir nur treu, wie ich es euch und dem Vorhaben sein will, und ihr sollt in den Besitz von solchen kommen, wovon unsere Landsleute nie geträumt! Ihr seid nur gering an Zahl, aber stark an Entschlossenheit, und wenn diese nicht wankt, so zweifelt nicht, daß der Allmächtige, der den Spanier in seinem Kampfe mit den Ungläubigen niemals verließ, euch schützen werde, wenn ihr auch von einem Schwarm von Feinden umringt seid; denn eure Sache ist eine gerechte Sache, und ihr werdet unter dem Banner des Kreuzes kämpfen. Vorwärts denn", so schloß er, „mit heiterem Mut und Vertrauen, bringt das Werk, das so heilverkündend begann, zu einem glorreichen Ende."

Die rauhe Beredsamkeit des Befehlshabers, welche die verschiedenen Seiten des Ehrgeizes, der Habsucht und des religiösen Eifers berührte, durchzuckte mit ihrem Laute die Herzen seiner kriegerischen Zuhörerschaft, und indem sie dieselbe mit Freudenruf begrüßten, schienen sie begierig, unter einem Anführer aufzubrechen, welcher sie nicht so sehr zur Schlacht, als zur Siegesfreude führen sollte.

44

Cortez war sehr erfreut, daß seine Gefährten seine eigene Begeisterung in so hohem Grade teilten. Hierauf ward eine Messe mit den bei den spanischen Seefahrern gebräuchlichen Feierlichkeiten, wenn sie eine Entdeckungsreise unternahmen, begangen. Die Flotte ward unter den unmittelbaren Schutz des heiligen Petrus, Cortez' Schutzheiligen, gestellt, und die Anker lichtend, segelte sie am 18. Februar 1519 nach der Küste von Yukatan ab.

VIERTES HAUPTSTÜCK

Reise nach Cozumel | Bekehrung der Eingeborenen | Jeronimo de Aguilar | Ankunft des Heeres in Tabasco | Große Schlacht mit den Indianern | Das Christentum wird eingeführt

1519

Den Schiffen war Befehl erteilt, sich so nahe als möglich beisammenzuhalten und die Richtung der Capitana oder des Admiralsschiffes zu nehmen, welches während der Nacht ein Leuchtfeuer im Spiegel mit sich führte. Aber das Wetter, das günstig gewesen war, änderte sich bald nach ihrer Abfahrt, und es erhob sich einer jener Stürme, die in den Breitegraden von Westindien zu dieser Jahreszeit oft vorkommen. Er traf die kleine Flotte mit furchtbarer Gewalt, trieb sie auseinander, entmastete einige von den Schiffen und lenkte sie alle bedeutend südlich von ihrer Bestimmung ab.

Cortez, der zurückgeblieben war, um ein beschädigtes Schiff zu geleiten, erreichte die Insel Cozumel zuletzt. Als er gelandet war, erfuhr er, daß einer seiner Schiffsanführer, Pedro de Alvarado, die kurze Zeit, die er daselbst gewesen, benutzt habe, in die Tempel zu gehen, sie ihrer Ausschmückungen zu berauben, und durch dieses gewaltsame Benehmen die einfachen Eingeborenen so zu erschrecken, daß sie, um sich zu schützen, ins Innere der Insel entflohen seien. Cortez, höchst aufgebracht über dieses unbesonnene Verfahren, das der Handlungsweise, die er zu befolgen sich vorgenommen hatte, so zuwider war, konnte sich nicht enthalten, seinen Offizier in Gegenwart des Heeres streng zu tadeln. Er befahl, zwei von den Indianern, die Alvarado gefangen hatte, zu holen, und erklärte ihnen die friedliche Absicht seines Besuches. Dies tat er mit Hilfe seines Dolmetschers, Melchorejo, eines Eingeborenen aus Yukatan, der von Grijalva mit zurückgebracht worden war und der während seines Aufenthaltes in Kuba sich einige Kenntnis des Kastilianischen gesammelt hatte. Alsdann entließ er sie mit Geschenken überhäuft und mit einer Einladung an ihre Landsleute, in ihre Heimat, ohne Furcht vor weiterer Störung, zurückzukehren. Diese menschliche Staatsklugheit gelang. Die beruhigten Flüchtlinge säumten nicht, zurückzukommen, und es wurde ein freundschaftlicher Verkehr eingerichtet, bei welchem spanische Messerschmiedwaren und Schmucksachen gegen goldene Zieraten von den Eingeborenen eingetauscht wurden; ein Handel, bei dem sich beide Teile Glück wünschten — ein Philosoph mag denken, mit gleichem Recht —, den anderen angeführt zu haben. Cortez' erste Sorge war, Nachrichten über die unglücklichen Christen einzuziehen, die den Berichten zufolge noch auf dem benachbarten Festlande in Gefangenschaft schmachteten. Durch einige Handelsleute auf der Insel erhielt er eine solche Bestätigung jener Berichte, daß er Diego de Ordaz mit zwei Rennschiffen nach der gegenüberliegenden Küste von Yukatan mit der Anweisung sandte, acht Tage daselbst zu verweilen. Einige Indianer gingen als Boten mit, um den Gefangenen Briefe zu überbringen, die sie von der Ankunft ihrer Landsleute mit einem reichen Lösegeld zu ihrer Befreiung unterrichten sollten. Während der Zeit beschloß der General, einen Ausflug nach den verschiedenen Teilen der Insel zu machen, um den unruhigen Geistern der Soldaten Beschäftigung zu geben und sich über die Hilfsquellen des Landes Gewißheit zu verschaffen.

Es war dünn und dürftig bevölkert. Doch überall erkannte er die Spuren einer höheren Sittigung, als er bisher auf den indianischen Inseln wahrgenommen hatte. Einige von den Häusern waren groß und oft aus Lehm und Steinen gebaut. Besonders war er erstaunt über die Tempel mit Türmen, mehrere Stockwerke hoch, aus demselben festen Baustoffe.

In dem Hofe eines derselben geriet er in Verwunderung über den Anblick eines aus Lehm und Steinen bestehenden, ungefähr zehn Palmen hohen Kreuzes. Es war das Sinnbild des Regengottes. Diese Erscheinung veranlaßte die ausschweifendsten Vermutungen nicht nur bei den ununterrichteten Soldaten, sondern nachher auch bei den europäischen Gelehrten, die die Eigentümlichkeit der

Volksstämme zu erforschen suchten, welche daselbst das heilige Zeichen des Christentums eingeführt hatten. Aber keine solche Folgerung konnte, wie wir später finden, verbürgt werden. Dennoch muß es als eine merkwürdige Tatsache betrachtet werden, daß das Kreuz als Gegenstand religiöser Anbetung sowohl in der Neuen Welt verehrt wurde, als in Gegenden der Alten, wo das Licht der Christenheit niemals aufgegangen war.

Es war ein Hauptzweck des Cortez, die Eingeborenen von ihrem groben Götzendienst abzubringen und eine reinere Form des Gottesdienstes an die Stelle zu setzen. Um dies zu erreichen, war er darauf gefaßt, Gewalt zu gebrauchen, wenn mildere Maßregeln ohne Erfolg bleiben sollten. Nichts lag der spanischen Regierung ernstlicher am Herzen als die Bekehrung der Indianer. Sie kommt in allen ihren Verhaltungsbefehlen von neuem vor und gab den kriegerischen Unternehmungen in dieser westlichen Halbkugel einigermaßen das Ansehen eines Kreuzzuges. Der Ritter, welcher Anteil daran nahm, überließ sich ganz diesen ritterlichen und frommen Gefühlen. Man hegte keinen Zweifel über die Wirksamkeit der Bekehrung, wie plötzlich auch der Übergang erfolge und wie heftige Mittel auch dazu angewendet würden. Das Schwert war ein guter Beweis, wenn die Zunge ihn nicht geben konnte, und die Ausbreitung des Islams hatte gezeigt, daß der mit Gewalt ausgestreute Samen, weit entfernt, im Boden unterzugehen, in späteren Zeiten aufkeimen und Früchte tragen werde. Wenn dies bei einer schlechten Sache der Fall sei, um wie viel mehr müsse es in einer guten geschehen! Der spanische Ritter fühlte, daß er als ein Krieger des Kreuzes eine hohe Sendung zu erfüllen habe.

Niemand teilte diese Gefühle vollständiger als Hernando Cortez. Er war in der Tat der wahre Spiegel der Zeit, in welcher er lebte, indem er deren buntscheckige Eigentümlichkeiten, deren tiefsinnende Frömmigkeit und zügelloses Betragen, jedoch mit einer ihm allein beiwohnenden Wirksamkeit, widerstrahlte. Er nahm das größte Ärgernis an den öffentlich geübten götzendienstlichen Gebräuchen des Volkes von Cozumel, obgleich

ycmon avatecque .tlaxcallā.

INRI

CORTEZ ERRICHTET AN DER STELLE DER BEGEGNUNG MIT
DEN HERREN VON TLAXCALA EIN GROSSES KREUZ.

Hinter Cortez Marina und Fray Bartolomé de Olmedo mit einer Fahne.
Lienzo de Tlaxcala.

dieselben, wie es schien, nicht mit Menschenopfern befleckt waren. Er bemühte sich, sie zur Annahme eines besseren Glaubens zu bewegen, wozu er sich der Vermittlung zweier Geistlicher bediente, die zu der Unternehmung gehörten, des Lizentiaten Juan Diaz und des Paters Bartholomé de Olmedo. Der letztere dieser gottseligen Männer lieferte das in jedem Zeitalter seltene Beispiel von der Vereinigung eines inbrünstigen Eifers mit Wohltätigkeit, indem er durch sein eigenes Handeln die Vorschriften, welche er lehrte, auf eine schöne Weise erläuterte. Er blieb während der ganzen Unternehmung bei dem Heere, und es gelang ihm oft, durch seine weisen und wohlwollenden Ratschläge die Grausamkeiten der Eroberer zu mildern und die Schärfe des Schwertes von den unglücklichen Eingeborenen abzuwenden.

Diese beiden Bekehrer bemühten sich vergebens, das Volk von Cozumel zur Abschaffung ihrer Greuel zu bereden und zu gestatten, daß die indianischen Götzenbilder, in welchen die Christen die wahren Züge des Teufels erkannten, hinabgeworfen und vernichtet würden. Die einfachen Eingeborenen riefen, voll Abscheu über diese ihnen zugemutete Entheiligung, diese seien die Götter, welche ihnen Sonnenschein und Sturm schicken, und die, wenn man irgend eine Gewalt gebrauchte, solche ganz gewiß durch Herabschleudern ihrer Blitze auf die Köpfe der Frevler rächen würden.

Cortez liebte wahrscheinlich nicht sehr zu streiten. Jedenfalls zog er in dem gegenwärtigen Falle das Handeln den Beweisen vor und dachte, daß das beste Mittel, die Indianer von ihrem Irrtume zu überzeugen, sei, die Unrichtigkeit ihrer Vorhersagung zu beweisen. Er ließ daher ohne weitere Umstände die verehrten Götzenbilder die Treppen des großen Tempels unter dem Heulen und Wehklagen der Eingeborenen hinabstürzen. Es wurde eiligst ein Altar und darüber das Bild der Jungfrau mit dem Kinde errichtet und vom Pater Olmedo und seinem ehrwürdigen Gehilfen zum ersten Male eine Messe innerhalb der Mauern eines Tempels in Neuspanien gefeiert. Die beharrlichen Kirchendiener versuchten noch einmal, das Licht des Evangeliums über die nachtumwölkten

Häupter der Inselbewohner leuchten zu lassen und ihnen die Geheimnislehre des katholischen Glaubens auseinanderzusetzen. Die indianischen Dolmetscher müssen wohl ein sehr unsicheres Leitrohr für die Übertragung so dunkler Lehren abgegeben haben. Sie fanden jedoch zuletzt Gunst bei ihren Zuhörern, die, entweder in Furcht gesetzt durch das kühne Benehmen der Eindringlinge, oder von der Ohnmacht von Gottheiten überzeugt, die ihre eigenen Altäre nicht vor Gewalt zu schützen vermochten, nun einwilligten, das Christentum anzunehmen.

Während Cortez auf solche Weise mit dem Siege des Kreuzes beschäftigt war, erfuhr er, daß Ordaz ohne Nachrichten über die spanischen Gefangenen von Yukatan zurückgekehrt sei. Obgleich der General sehr mißmutig darüber war, so wollte er doch seine Abfahrt von Cozumel nicht länger aufschieben. Die Flotte war durch die wohlgesinnten Einwohner mit Vorräten gut versorgt worden, und nach Einschiffung seiner Truppen nahm Cortez, Anfang März, Abschied von den gastfreundlichen Küsten. Das Geschwader war indes noch nicht weit vorwärts gelangt, als es durch ein Leck, das eines seiner Schiffe bekam, genötigt ward, in den Hafen zurückzukehren. Der Aufenthalt war von so wichtigen Folgen begleitet, daß ein Schriftsteller damaliger Zeit darin „ein großes Geheimnis und ein Wunder" erkennt.

Bald nach der Landung sah man ein Kanu mit mehreren Indianern von den benachbarten Küsten Yukatans herüberkommen. Als es die Insel erreicht hatte, fragte einer von den Leuten in gebrochenem Kastilianisch, „ob er sich unter Christen befinde", und als man darauf bejahend antwortete, warf er sich auf die Knie und dankte dem Himmel für seine Befreiung. Er war einer von den Gefangenen, für deren Schicksal man so große Teilnahme empfand. Er hieß Jeronimo de Aguilar und war aus Ecija in Altspanien gebürtig, wo er vorschriftsmäßig für die Kirche erzogen worden war. Er war bei der Ansiedlung in Darien angestellt und hatte auf einer Reise von dort nach Hispaniola in der Nähe der Küste von Yukatan Schiffbruch gelitten. Er entkam mit mehreren seiner Gefährten im Schiffsboote, wo einige durch

Hunger und Elend umkamen, während andere, als sie ans Land stiegen, von den menschenfressenden Eingeborenen der Halbinsel geopfert wurden. Vor diesem traurigen Schicksal wurde Aguilar dadurch gerettet, daß er ins Innere entfloh, wo er einem mächtigen Kaziken in die Hände fiel, der, obgleich er sein Leben schonte, ihn doch anfangs mit der strengsten Härte behandelte. Indes die Geduld des Gefangenen und seine besondere Demut rührten das bessere Gefühl des Häuptlings, der Aguilar bewegen wollte, sich eine Frau aus seinem Volke zu nehmen; aber der Geistliche, seinem Gelübde treu, verweigerte es standhaft. Diese wunderbare Beharrlichkeit erregte das Mißtrauen des Kaziken, der durch verschiedene Versuchungen, von denen viele denjenigen glichen, womit der Teufel den heiligen Antonius bestürmt haben soll, seine Tugend auf eine harte Probe stellte. Aus allen diesen Feuerproben ging er indes, gleich seinem geistlichen Vorgänger, unversehrt hervor. Enthaltsamkeit ist eine zu seltene und schwere Tugend bei rohen Völkern, als daß sie nicht ihre Verehrung herausfordern sollte, und die Ausübung derselben hat den Ruf von mehr als einem Heiligen sowohl in der Alten als in der Neuen Welt begründet. Nun ward Aguilar die Sorge für seines Herrn Haushalt und seine zahlreichen Weiber übertragen. Er war ein weltkluger und tugendhafter Mann, und seine Ratschläge bewährten sich als so heilsam, daß er bei allen wichtigen Angelegenheiten befragt wurde. Kurz, Aguilar wurde bei den Indianern zu einem großen Manne.

Deshalb empfing sein Herr mit großem Bedauern den Antrag zur Rückkehr seiner Landsleute, zu welcher nichts als der reiche Schatz von Glasperlen, Falkenglöckchen und anderem Geschmeide von gleichem Wert, den man als Lösegeld für ihn schickte, ihn verführen konnte, seine Einwilligung zu geben. Als Aguilar zur Küste gelangt war, gab es so viele Verzögerungen, daß die Rennschiffe schon abgesegelt waren, und er verdankte es nur der glücklichen Rückkehr der Flotte nach Cozumel, daß es ihm möglich ward, sich ihr anzuschließen.

Als er vor Cortez erschien, begrüßte der arme Mensch ihn auf indianische Weise, indem er die Erde mit der Hand berührte und sie dann zu seinem Kopf erhob. Der Befehlshaber hob ihn auf, umarmte ihn zärtlich und bedeckte ihn zugleich mit seinem eigenen Mantel, da Aguilar einfach, in dem für ein europäisches Auge etwas zu dürftigen Anzuge des Landes gekleidet war. Es währte lange, ehe sich die Neigungen, die er in der Freiheit des Waldes angenommen hatte, mit dem Zwange sowohl in Absicht der Kleidung als der Sitten versöhnen konnten, den die künstlichen Formen der Bildung gebieterisch erheischten. Aguilars langer Aufenthalt im Lande hatte ihn mit den mayanischen Mundarten Yukatans vertraut gemacht, und da nach und nach das Kastilianische wieder in ihm auflebte, wurde er als Dolmetscher von größter Wichtigkeit. Cortez sah den daraus entstehenden Nutzen sogleich ein, er vermochte jedoch nicht, alle Folgen zu schätzen, welche daraus entstehen würden.

Als endlich die Ausbesserungen der Schiffe vollendet waren, nahm der Befehlshaber noch einmal Abschied von den freundlichen Eingeborenen von Cozumel und ging am 4. März unter Segel. Sich so nahe als möglich an der Küste von Yukatan haltend, umschiffte er das Kap Catoche und fuhr mit schwellenden Segeln den breiten Meerbusen von Campeche hinunter, der mit den reichen Farbhölzern umgeben ist, welche seitdem einen so wichtigen Handelsgegenstand für Europa geliefert haben. Er fuhr an Potonchan vorbei, wo Cordova von den Eingeborenen so übel aufgenommen worden war, und gelangte bald darauf zu der Mündung des Rios de Tabasco oder Grijalva, auf dem dieser Seefahrer einen so einträglichen Handel getrieben hatte. Obgleich er des großen Zweckes seiner Reise — des Besuches des aztekischen Gebietes — eingedenk war, wünschte er doch sehr, die Hilfsquellen dieses Landes kennenzulernen, und beschloß, den Fluß hinaufzufahren und die große Stadt an seinen Ufern zu besuchen.

Das Wasser war so seicht durch die Anhäufung von Sand an der Mündung des Stromes geworden, daß der Befehlshaber sich genötigt sah, die Schiffe vor Anker zu legen und sich mit nur einem Teile seiner Streitkräfte in den Booten einzuschiffen. Die Ufer waren dicht mit Mangrovebäumen bewachsen, die mit ihren

52

Wurzeln aneinander aufschossen und sich zu einer Art von un-
durchdringlichem Schirm oder Netzwerk miteinander verflochten,
hinter welchem die dunklen Gestalten der Eingeborenen mit den
bedrohlichsten Blicken und Gebärden hin und wieder sich flüchtig
sehen ließen. Cortez, sehr überrascht von diesen unfreundlichen
Zeichen, die dem so wenig glichen, was er mit Recht erwartet
hatte, fuhr vorsichtig den Strom aufwärts. Als er zu einem
offenen Platze gelangte, auf welchem eine große Anzahl Indianer
versammelt war, bat er vermittels seines Dolmetschers um Erlaubnis
zu landen, indem er zugleich seine freundschaftlichen Absichten
kundgab. Aber die Indianer, ihre Speere schwingend, antworteten
nur durch Gebärden zorniger Herausforderung. Obgleich Cortez
hiedurch sehr aufgebracht war, hielt er es doch für das Ratsamste,
die Sache an jenem Abend nicht weiter zu treiben, und zog sich
auf eine nahe liegende Insel zurück, wo er seine Truppen aus-
schiffte, entschlossen, am folgenden Morgen eine Landung zu unternehmen.
Bei Anbruch des Tages sahen die Spanier die gegenüberliegenden
Ufer mit einer weit zahlreicheren Kriegsschar als am vergangenen
Abend besetzt, während die Kanus längs der Küste mit Haufen
bewaffneter Krieger angefüllt waren. Nun traf Cortez seine Anstalten zum Angriffe. Er setzte zuerst eine Abteilung von hundert
Mann unter Alonso de Avila ans Land, auf einem etwas niedriger
liegenden Punkte des Stromes, der von einem dichten Palmenhain
geschützt war, von wo, wie er wußte, ein Weg zu der Stadt
Tabasco führte, indem er seinen Offizieren befahl, auf den Ort
loszugehen, während er selbst vorrückte, um ihn von vorn anzugreifen.
Hierauf schiffte Cortez seine übrigen Truppen ein und setzte über
den Fluß angesichts des Feindes; ehe er jedoch die Feindseligkeiten
begann und „um mit voller Gerechtigkeit und den Verhaltungsbefehlen des königlichen Rates gemäß zu handeln," erließ er durch
den Dolmetscher einen Aufruf, daß er nur einen freien Durchzug
für seine Leute verlange, und daß er vorschlage, die freundlichen
Verhältnisse, welche ehemals zwischen seinen Landsleuten und den

Eingeborenen bestanden haben, wiederherzustellen. Er versicherte ihnen, daß, wenn Blut vergossen werde, die Sünde auf ihre Häupter falle, und daß Widerstand nutzlos sein würde, da er entschlossen sei, es koste was es wolle, diese Nacht in der Stadt Tabasco sein Standlager aufzuschlagen. Dieser in einem stolzen Tone erlassene Aufruf, der von dem Beglaubiger gehörig vermerkt ward, wurde von den Indianern, die von zehn Worten möglicherweise nur eines verstanden haben, mit herausforderndem Jubelgeschrei und einem Hagel von Pfeilen erwidert.

Nachdem nun Cortez allen Erfordernissen eines ehrenhaften Ritters genügt und die Verantwortlichkeit von seinen Schultern auf die des königlichen Rates gewälzt hatte, brachte er seine Boote Seite an Seite mit den indianischen Kanus. Sie kämpften heftig miteinander, und beide Teile waren bald im Wasser, das ihnen bis über den Gürtel ging. Der Kampf war nicht lang, aber verzweifelt. Die überwiegende Stärke der Europäer behielt die Oberhand, und sie drängten den Feind auf das Land zurück. Hier wurde dieser indes von den Landsleuten unterstützt, welche Wurfspieße, Pfeile und brennende Holzscheite auf die Eindringlinge herabschleuderten. Die Ufer waren glatt und schlüpfrig, und es wurde den Soldaten schwer, festen Fuß zu fassen. Cortez verlor einen Halbschuh im Schlamm, focht jedoch barfuß weiter, indem er seine Person großer Gefahr aussetzte, so daß die Indianer, welche bald den Anführer unterschieden, sich einander zuriefen: „Schlagt auf den Anführer los!"

Endlich erreichten die Spanier das Ufer und waren imstande, sich einigermaßen in Ordnung aufzustellen, als sie ein rasches Feuer aus ihren Hakenbüchsen und Kolbenbögen eröffneten. Der Feind, erschrocken über das Krachen und den Blitz der Feuerwaffen, das er noch nicht gekannt hatte, wich und zog sich hinter eine Brustwehr von Baumstämmen zurück, die über den Weg hingeworfen waren. Die Spanier, hitzig in der Verfolgung, bemächtigten sich bald dieses rohen Befestigungswerkes und trieben die Tabascaner vor sich hin gegen die Stadt, wo sie wiederum hinter ihren Schanzpfählen Schutz suchten.

Unterdes war Avila von der entgegengesetzten Seite angekommen, und die überrumpelten Eingeborenen machten keinen ferneren Versuch zum Widerstand, sondern überließen die Stadt den Christen. Vorher hatten sie ihre Familien und Sachen entfernt. Einige Vorräte fielen den Siegern in die Hände, aber wenig Gold; „ein Umstand," sagt Las Casas, „der ihnen zu keiner besonderen Freude gereichte." Es war eine sehr volkreiche Stadt. Die Häuser bestanden meistenteils aus Moor; die besseren aus Lehm und Stein, was bei den Einwohnern von größerer Verfeinerung zeigte, als die, welcher man auf den Inseln begegnete, sowie ihr beharrlicher Widerstand einen Beweis von größerem Mute geliefert hatte.

Als sich Cortez auf diese Weise der Stadt bemächtigt hatte, nahm er förmlich Besitz davon für die Krone von Kastilien. Er machte mit seinem Schwerte drei Einschnitte in einem großen Ceibabaum, der in dem Orte wuchs, und verkündete laut, daß er im Namen und zugunsten der katholischen Herrscher Besitz von der Stadt nehme und denselben mit Schwert und Schild gegen alle behaupten und verteidigen wolle, die demselben widersprechen sollten. Die nämliche prahlerische Erklärung wurde auch von den Soldaten abgegeben, und das ganze von dem Beglaubigten förmlich niedergeschrieben und bescheinigt. Dies war die gebräuchliche einfache, aber ritterliche Form, auf welche die spanischen Ritter den königlichen Anspruch auf die eroberten Ländereien in der Neuen Welt gründeten. Ohne Zweifel war dies ein gültiges Recht gegen die Ansprüche irgend eines anderen europäischen Machthabers.

Der Befehlshaber schlug diese Nacht sein Standlager in dem Hofraume des Haupttempels auf. Er stellte seine Schildwachen aus und traf alle in Kriegen mit einem gebildeten Feinde üblichen Vorsichtsmaßregeln. Es bedurfte derselben auch in der Tat. Ein verdächtiges Schweigen schien in der ganzen Stadt und ihrer Umgebung zu herrschen, und es ging die Nachricht ein, daß der Dolmetscher Melchorejo entflohen sei, indem er seinen spanischen Anzug, an einem Baum aufgehängt, zurückgelassen habe. Cortez fühlte sich durch die Flucht des Mannes beunruhigt, der nicht nur seine Landsleute von der geringen Anzahl der Spanier unter-

richten, sondern auch jede Täuschung über ihre überlegene Beschaffenheit zerstreuen dürfte.

Am folgenden Morgen, als keine Spur von dem Feinde sichtbar
war, sandte Cortez eine Abteilung unter Alvarado und eine andere
unter Francisco de Luja zum Kundschaften aus. Der letztere
Offizier hatte kaum eine Legua zurückgelegt, als er die Stellung
der Indianer durch einen heftigen Angriff inne ward, der ihn
nötigte, in einem großen steinernen Gebäude Schutz zu suchen,
in welchem er streng belagert wurde. Glücklicherweise drang das
laute Geheul der Angreifenden, die gleich den meisten rohen
Völkern durch ihr wildes Geschrei Schrecken einzujagen suchten,
zu den Ohren Alvarados und seiner Mannschaft, die, rasch ihren
Gefährten zu Hilfe eilend, es diesen möglich machte, sich einen
Durchgang durch die Feinde zu erzwingen. Beide Abteilungen
zogen sich, dicht verfolgt, nach der Stadt zurück, bis Cortez, der
zu ihrer Unterstützung ausrückte, die Tabascaner zum Rückzuge
nötigte.

Es wurden einige Gefangene bei diesem Scharmützel gemacht.
Durch diese fand Cortez seine ärgsten Befürchtungen bestätigt.
Das Land stand überall in Waffen. Es hatte sich eine aus vielen
Tausenden bestehende Streitmacht aus den benachbarten Landschaften gesammelt, und ein allgemeiner Angriff auf den nächsten
Tag war beschlossen. Auf die Frage des Befehlshabers, warum
er auf eine so ganz andere Weise empfangen worden sei wie sein
Vorgänger Grijalva, antworteten sie, daß „das damalige Benehmen
der Tabascaner den anderen indianischen Horden sehr mißfällig
gewesen sei, die sie der Verräterei und Feigheit beschuldigten, so
daß sie versprochen hätten, wenn die weißen Männer jemals
wiederkämen, ihnen gleichen Widerstand zu leisten wie ihre Nachbarn getan".

Cortez mochte es nun wohl bereuen, daß er sich erlaubt hatte,
von dem geraden Ziele seiner Unternehmungen abzuweichen und
sich in einen zweifelhaften Krieg verwickelt zu haben, der zu
keinem ersprießlichen Ende führen dürfte. Die Reue kam indes
zu spät. Er hatte einmal den Schritt getan, und es blieb ihm keine

andere Wahl, als weiter vorwärts zu gehen. Ein Rückzug würde seine Leute gleich vom Anbeginn entmutigt, ihr Vertrauen zu ihrem Anführer geschwächt und die Anmaßung seiner Feinde bestärkt haben, wenn die Nachrichten von deren Erfolgen ihm auf seinem Zuge vorangingen. Er schwankte nicht über den Weg, den er einzuschlagen hatte, sondern rief seine Offiziere zusammen und kündigte ihnen seinen Entschluß an, am folgenden Morgen eine Schlacht zu liefern.

Er sandte die, welche durch Wunden dienstunfähig geworden waren, nach den Schiffen zurück und befahl dem Rest der Streitkräfte, sich im Lager einzufinden. Auch wurden sechs der schweren Geschütze aus den Schiffen genommen sowie alle Pferde. Die Tiere waren durch die lange Einsperrung an Bord steif und starr geworden, aber wenige Stunden Bewegung waren hinreichend, ihnen ihre Kraft und den alten Mut zurückzugeben. Er gab den Befehl über das Geschützwesen — wenn es mit diesem Namen beehrt werden darf — einem Krieger namens Mesa, der als Kriegsbaumeister in den italienischen Kriegen sich einige Erfahrung erworben hatte. Das Fußvolk stellte er unter die Befehle von Diego de Ordaz und die Reiterei übernahm er selbst. Diese bestand aus einigen der tapfersten Edelleute seiner kleinen Schar, unter denen Alvarado, Velasquez de Leon, Avila, Puertocarrero, Olid, Montejo genannt zu werden verdienen. Nachdem er so alle nötigen Einrichtungen getroffen und seinen Schlachtplan festgestellt hatte, zog er sich zur Ruhe — jedoch nicht zum Schlummer zurück. Sein fieberischer Geist war, wie man sich denken kann, mit Besorgnis wegen des folgenden Morgens erfüllt, der über das Schicksal seiner Unternehmung entscheidend sein konnte, und nach seiner Gewohnheit bei solchen Gelegenheiten sah man ihn häufig während der Nacht die Runde machen und die Schildwachen besuchen, um zu sehen, daß keine auf ihrem Posten schlafe.

Beim ersten Morgendämmern musterte er seine Schar und erklärte seine Absicht, nicht eingeschlossen in der Stadt den Angriff des Feindes abzuwarten, sondern ihm sofort entgegenzugehen. Denn er wußte wohl, daß der Mut mit der Tätigkeit wächst, und daß der angreifende Teil eben aus dem Vorschreiten Vertrauen schöpft, welches der nicht empfindet, der geduldig, vielleicht ängstlich, den Angriff erwartet. Man hatte gehört, daß die Indianer sich auf einem ebenen Boden, wenige Meilen von der Stadt, die Ebene von Ceutla genannt, gelagert hätten. Der Anführer befahl Ordaz, mit Fußvolk und Geschütz gerade durch das Land zu gehen und den Feind von vorn anzugreifen, während er selbst mit der Reiterei einen Umweg machen wollte, um ihn während dieses Angriffes von der Seite oder von hinten zu überfallen.

Als diese Anordnungen vollständig getroffen waren, hörte die kleine Schar eine Messe und brach alsdann aus den hölzernen Umwallungen Tabascos hervor. Es war am 25. März, dem Feste Mariä Verkündigung, ein ewig denkwürdiger Tag in den Jahrbüchern Neuspaniens. Die Umgebung der Stadt war mit Maisäckern und die niedrigere Gegend mit Kakaopflanzungen besetzt, welche das Getränk und vielleicht, wie in Mexiko, die Landesmünze lieferten. Diese Pflanzungen, welche beständige Anfeuchtung erforderten, empfingen dieselbe aus zahlreichen Gräben und Wasserbehältern, so daß das Land nicht ohne große Mühe und Beschwerde durchschritten werden konnte. Es war indes von einem schmalen Pfade oder Dammweg durchquert, auf welchem das Geschütz fortgeschafft werden konnte.

Die Truppen rückten mehr als eine Legua weit auf ihrem beschwerlichen Wege vor, ohne den Feind zu entdecken. Das Wetter war schwül; jedoch waren nur wenige von dem schweren Panzer belästigt, welche die europäischen Ritter damals trugen. Ihre dickgepolsterten, baumwollenen Wämser gewährten einen leidlichen Schutz gegen die Pfeile der Indianer und beschränkten nicht die Freiheit der Bewegung, die für ein abenteuerliches Wanderleben in der Wildnis so wesentlich erforderlich ist.

Endlich erblickten sie die weiten Ebenen von Ceutla und die dunklen Reihen des Feindes, die sich, so weit das Auge reichte, längs dem Rande des Gesichtskreises erstreckten. Die Indianer hatten in der Wahl ihrer Stellung einige Klugheit bewiesen, und als die müden Spanier langsam durch das Moor heranwateten, erhoben die Tabascaner ihr greuliches Schlachtgeschrei und schossen Ladungen von Pfeilen, Steinen und anderen Wurfgegenständen ab, welche wie Hagel auf den Schilden und Helmen der Angreifenden rasselten. Viele wurden schwer verwundet, bevor sie festen Boden fassen konnten, wo sie bald einen freien Raum für sich schafften und ein heftiges Geschütz- und Gewehrfeuer auf die dichten Heeressäulen des Feindes eröffneten, die den Kugeln ein sicheres Ziel darboten. Nach jeder Ladung wurde eine Menge niedergestreckt, aber die kühnen Horden, weit entfernt, in Furcht gesetzt zu sein, warfen Staub und Blätter auf, um ihre Verluste zu verbergen, und schossen, beim Schalle ihrer Tonwerkzeuge, frische Ladungen von Pfeilen auf den Feind ab.

Sie drangen selbst dichter auf die Spanier ein, und wenn sie durch einen kräftigen Angriff zurückgeworfen wurden, kehrten sie bald wieder um, und wie zurückflutende Meereswogen schienen sie im Begriff, die kleine Schar durch überlegene Anzahl zu bewältigen. Auf diese Weise eingeklemmt, hatten die letzteren kaum Raum, ihre nötigen Schwenkungen auszuführen oder selbst ihre Geschütze mit Erfolg wirken zu lassen.

Das Gefecht hatte nun schon über eine Stunde gewährt, und die hartbedrängten Spanier blickten mit großer Ängstlichkeit auf die rettende Ankunft der Reiterei, die durch irgend ein unberechenbares Hindernis aufgehalten sein mußte. In diesem entscheidenden Augenblick sah man die entferntesten Heeressäulen der Indianer beunruhigt und in Verwirrung gesetzt, die sich bald der ganzen Masse mitteilte. Es währte nicht lange, als das Ohr der Christen von dem fröhlichen Kriegsruf „San Jago und San Pedro" berührt ward, und sie sahen die glänzenden Helme und Schwerter der Kastilianer die Strahlen der Morgensonne zurückblitzen, wie sie unter Streichen nach rechts und links durch die Reihen der Feinde brachen und rings um sich Schrecken verbreiteten. Das gläubige Auge konnte den Schutzheiligen Spaniens selbst unterscheiden, wie er auf seinem grauen Kriegsrosse an der Spitze der Hilfsschar über die Leichname der gefallenen Ungläubigen hinwegschritt.

Cortez' Ankunft war durch die durchbrochene Beschaffenheit des Bodens sehr verzögert worden. Als er kam, waren die Indianer so hitzig im Gefecht, daß er auf sie eindrang, noch ehe sie sein Herannahen bemerkt hatten. Er befahl seinen Leuten, ihre Lanzen auf die Gesichter ihrer Gegner zu richten, die, von der ungeheuren Erscheinung in Staunen gesetzt — denn sie hielten den Reiter und das Pferd, was sie niemals vorher gesehen hatten, für ein und dasselbe Wesen —, von einem panischen Schrecken ergriffen wurden. Ordaz benutzte denselben, einen allgemeinen Angriff auf die ganze Linie zu befehlen, und die Indianer, von denen viele ihre Waffen fortwarfen, flohen, ohne weiteren Widerstand zu versuchen.

Cortez war zu sehr vom Siege befriedigt, als daß er sich hätte darum kümmern sollen, sie zu verfolgen und sein Schwert in das Blut der Flüchtlinge zu tauchen. Er zog seine Leute in einem Palmengehölz zusammen, das den Ort umgab, und unter dessen großen Laubdache brachten die Soldaten dem Allmächtigen ihre Dankgebete dar für den Sieg, den er ihnen verliehen hatte. Das Schlachtfeld wurde zur Grundstelle einer Stadt gemacht, die man zu Ehren des Tages, an welchem das Ereignis stattfand, Santa Maria de la Vittoria nannte, die lange nachher die Hauptstadt der Landschaft war. Die Anzahl derjenigen, die im Gefechte fochten oder fielen, ist gänzlich zweifelhaft; auch ist in der Tat nichts ungewisser, als die Zahlenangaben roher Völker. Und sie gewinnen nichts an Wahrscheinlichkeit, wenn sie, wie im gegenwärtigen Falle, den Berichten ihrer Feinde entnommen sind. Die meisten Nachrichten stimmen indes darin überein, daß die indianische Streitmacht aus fünf Schlachthaufen, ein jeder von achttausend Mann, bestand. In Rücksicht auf die Anzahl der Erschlagenen herrscht größerer Widerstreit, da sie zwischen eintausend bis dreißigtausend schwankt! Bei dieser ungeheuren Abweichung dürfte die gewöhnliche Neigung zum Übertreiben uns veranlassen, die Wahrheit in der Nähe der kleinsten Zahl zu suchen. Der Verlust der Christen war unbeträchtlich und überstieg nicht — wenn wir ihre eigenen Berichte, als wahrscheinlich aus denselben Gründen die Wahrheit sehr vermindernd, annehmen

— zwei Getötete und noch nicht hundert Verwundete! Wir können leicht die Gefühle der Sieger begreifen, wenn sie erklärten, „der Himmel müsse ihnen zur Seite gefochten haben, da ihre eigene Stärke niemals gegen eine solche Menge von Feinden hingereicht haben würde".

Es wurden in der Schlacht verschiedene Gefangene gemacht, darunter zwei Häuptlinge. Cortez schenkte ihnen die Freiheit und sandte durch sie eine Botschaft an ihre Landsleute: „er wolle des Vergangenen nicht mehr gedenken, wenn sie sofort hereinkommen und ihre Unterwerfung anbieten wollten. Sonst werde er das Land durchziehen und alles, was darin lebe, Mann, Weib und Kind, über die Klinge springen lassen!" Mit dieser furchtbaren Drohung, die ihren Eindruck nicht verfehlte, gingen die Gesandten ab.

Aber die Tabascaner hatten keine Lust zu weiteren Feindseligkeiten. Am nächsten Tage erschien eine Anzahl untergeordneter Häuptlinge, in dunkle, baumwollene Anzüge gekleidet, um dadurch ihren niedergeschlagenen Zustand anzudeuten, und flehten um Erlaubnis, ihre Toten zu begraben. Diese wurde von dem Befehlshaber mit vielen Versicherungen seiner freundlichen Gesinnung gewährt; aber zu gleicher Zeit sagte er ihnen, er erwarte ihre Hauptkaziken, da er mit niemand anderem unterhandeln wolle. Diese stellten sich bald ein, begleitet von einem zahlreichen Zuge von Untergebenen, die mit zaghafter Neugierde ins christliche Lager folgten. Es befanden sich zwanzig Sklavinnen unter ihren Versöhnungsgeschenken, ein Umstand, der durch den Charakter einer derselben sich unendlich folgenreicher erwies, als weder die Spanier noch die Tabascaner hatten voraussehen können. Das Vertrauen war bald wiederhergestellt und hatte einen freundschaftlichen Verkehr zur Folge, wie auch den Austausch spanischer Spielzeuge gegen die rohen Erzeugnisse des Landes, Nahrungsgegenstände, Baumwolle und wenige goldene Schmucksachen von geringem Wert. Als man sie fragte, woher die edlen Metalle kämen, zeigten sie nach Westen und antworteten: „Culhua" = „Mexiko". Die Spanier sahen, daß dies kein Ort für sie zum Handeltreiben oder Bleiben sei. — Hier waren sie jedoch nicht

viele Leguas weit von einer mächtigen und reichen Stadt, wenigstens
einer, die es ehemals war, dem alten Palenque. Aber ihr Glanz
mag selbst damals schon verschwunden und ihr Name von den
umgebenden Völkern vergessen gewesen sein.

Vor seinem Abgange versäumte der spanische Befehlshaber nicht,
für einen großen Zweck seiner Unternehmung zu sorgen, die Bekehrung der Indianer. Er stellte zuerst den Kaziken vor, daß er
von einem mächtigen Herrscher jenseits des Meeres zu ihnen gesandt sei, in dessen Namen er jetzt ihre Huldigung zu verlangen
das Recht habe. Hierauf veranlaßte er die ehrwürdigen Geistlichen Olmedo und Diaz, ihren Geist so viel als möglich in bezug
auf die großen Wahrheiten der Offenbarung zu erleuchten und sie
zu vermögen, dieselben statt ihrer heidnischen Greuel anzunehmen.
Die Tabascaner, deren Begriffe durch den Unterricht, den sie
empfangen, ohne Zweifel wesentlich belebt worden waren, leisteten
den beiden Vorschlägen nur schwachen Widerstand. Der nächste
Tag war Palmsonntag, und der Befehlshaber beschloß, ihre Bekehrung durch einen jener pomphaften Kirchengebräuche zu feiern,
der einen bleibenden Eindruck auf ihre Gemüter machen sollte.

Es ward ein feierlicher Zug des ganzen Heeres, die Geistlichen an
der Spitze und jeder Soldat einen Palmzweig in der Hand, angeordnet. Hiezu drängten sich Tausende von Indianern beiderlei
Geschlechtes, die dem Schauspiel mit neugierigem Erstaunen folgten. Die langen Reihen richteten ihren Weg durch die blühenden
Wiesen, welche die Ansiedlung umgrenzten, zu dem Haupttempel,
worin ein Altar aufgerichtet und aus dem das Götzenbild der
Schutzgottheit entfernt worden war, um dem Bilde der Jungfrau
mit dem Heilandkinde Platz zu machen. Pater Olmedo feierte
eine Messe und die Soldaten, die dazu fähig waren, stimmten in
den feierlichen Gesang ein. Die Eingeborenen hörten in tiefem
Schweigen zu und wurden, wenn wir dem Zeitgeschichtschreiber
glauben dürfen, der Zeuge dieser Begebenheit war, bis zu
Tränen gerührt, während ihre Herzen von Ehrfurcht für den Gott
jener schrecklichen Wesen durchdrungen waren, welche Donner
und Blitz mit ihren Händen zu regieren schienen.

Als diese Feierlichkeiten zu Ende waren, schickte sich Cortez an, zu seinen Schiffen zurückzukehren, sehr befriedigt von dem Eindruck, der auf die Neubekehrten hervorgebracht war, und von den Eroberungen, die er so für Kastilien und die Christenheit gemacht hatte. Die Soldaten nahmen Abschied von ihren indianischen Freunden, bestiegen die Boote mit Palmzweigen in den Händen, und den Fluß hinabfahrend, schifften sie sich an Bord ihrer Fahrzeuge ein, welche an der Mündung desselben vor Anker lagen. Es wehte ein günstiger Wind; ihre Segel ihm entgegen ausgebreitet, befand sich die kleine Flotte bald wieder auf ihrem Wege zu den goldenen Küsten von Mexiko.

Reise längs der Küste | Dona Marina | Die Spanier landen in Mexiko | Zusammenkunft mit den Azteken

1519

Die Flotte hielt sich so nahe an der Küste, daß man die Bewohner darauf sehen konnte, und da sie längs der sich windenden Ufer des Meerbusens fuhr, bezeichneten die Soldaten, die mit Grijalva bei der früheren Unternehmung gewesen waren, ihren Gefährten die denkwürdigen Stellen auf der Küste. Hier war der „Rio de Alvarado", nach dem tapferen Abenteurer so genannt, der auch an der gegenwärtigen Unternehmung teilnahm; dort der „Rio de Vanderas", auf dem Grijalva einen so einträglichen Handel mit den Mexikanern getrieben hatte; und dort die „Isla de los Sacrificios", wo die Spanier zuerst die Spuren von Menschenopfern auf der Küste wahrgenommen hatten. Als Puertocarrero diese Erinnerungen der Matrosen anhörte, wiederholte er die Worte des alten Sanggedichtes von Montesinos: „Hier ist Frankreich, dort Paris, und dort die Fluten des Duero" usw. „Aber ich rate Euch," fügte er, an Cortez sich wendend, hinzu, „nur nach den reichen Ländereien zu forschen und nach der besten Art, sie zu regieren." „Fürchte nichts," erwiderte sein Befehlshaber, „wenn mich das Glück so begünstigt wie Orlando und ich so tapfere Männer wie dich zu Gefährten haben, werde ich mich sehr gut stehen."

Die Flotte war nun auf der Höhe von St. Juan de Ulloa, der so von Grijalva benannten Insel, angelangt. Das Wetter war mild und heiter, und Haufen von Eingeborenen waren an der Küste des festen Landes versammelt, die fremdartige Erscheinung anstaunend, wie die Schiffe unter leichtem Segel auf dem glatten Schoße der Gewässer dahinschwebten. Es war am Donnerstag abend der Marterwoche. Der Wind wehte angenehm von der Küste her, und da Cortez an der Stelle Gefallen fand, glaubte er, unter dem Winde der Insel sicher Anker werfen zu können, die

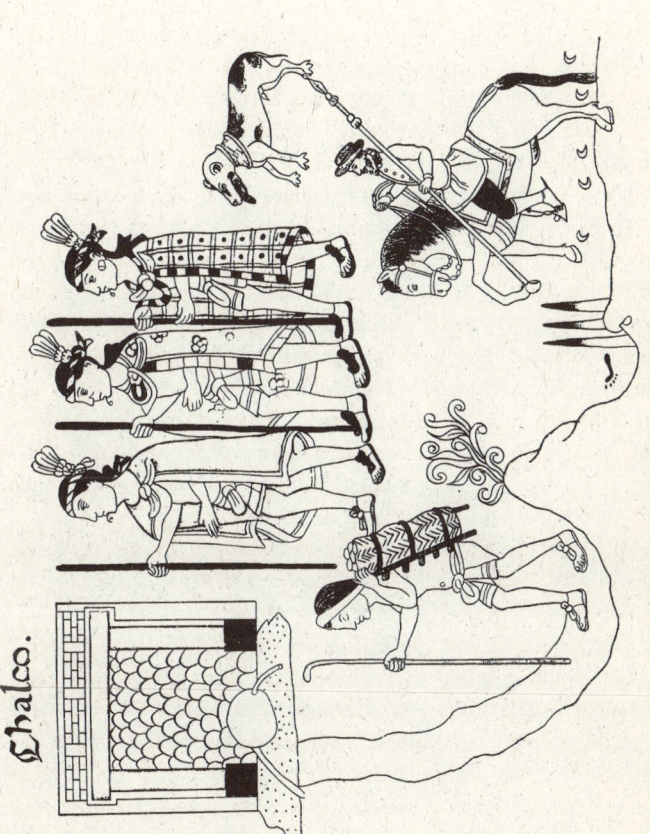

HERNAN CORTEZ ZU PFERDE

auf dem Wege nach Chalco über den Paß von San-Nicolas am Fuße des Popocatepetl.

Lienzo de Tlaxcala.

ihn vor den Nortes schützen würde, welche über diese Meere im Winter, zuweilen selbst noch spät im Frühjahre, hinstreichen.

Die Schiffe lagen noch nicht lange vor Anker, als ein leichter Ruderkahn, mit Eingeborenen besetzt, von dem nahen Festlande abstieß und auf des Befehlshabers Schiff zusteuerte, welches sich durch das vom Mast herabwehende königliche Wappen Kastiliens auszeichnete. Die Indianer kamen mit einem offenen Vertrauen an Bord, das ihnen durch Erzählungen von den Spaniern eingeflößt war, die ihre Landsleute, welche mit Grijalva Handel getrieben, verbreitet hatten. Sie brachten Geschenke an Früchten und Blumen und kleinen goldenen Schmucksachen, die sie gern gegen die gewöhnlichen Spielereien vertauschten. Cortez' Versuch, sich mit den Fremdlingen vermittels des Dolmetschers Aguilar zu unterhalten, ward vereitelt, da dieser die Sprache nicht kannte; denn die mayanische Mundart, mit welcher er vertraut war, hatte zu wenig Ähnlichkeit mit der aztekischen. Die Eingeborenen ersetzten diesen Mangel, so gut als möglich, durch die ungewöhnliche Lebhaftigkeit und das Ausdrucksvolle ihrer Gebärden — die Bilderschrift der Sprache —, aber der spanische Befehlshaber sah zu seinem Verdruß, welche Verlegenheiten ihm für die Folge der Mangel eines vollkommeneren Sprachmittels bereiten werde. In dieser Verlegenheit hörte er, daß eine von den Sklavinnen, die ihm die tabascanischen Häuptlinge geschenkt hatten, eine geborene Mexikanerin sei und die Sprache verstehe. Ihr Name — nämlich der, den ihr die Spanier gegeben — war Marina, und da sie einen sehr bedeutenden Einfluß auf ihr Schicksal auszuüben bestimmt war, ist es nötig, den Leser mit ihrem Charakter und ihrer Geschichte einigermaßen bekannt zu machen.

Sie war in Painalla, in der Landschaft Coatzacualco an der südöstlichen Grenze des mexikanischen Reiches, geboren. Ihr Vater, ein mächtiger und reicher Kazike, starb, als sie noch sehr jung war. Ihre Mutter verheiratete sich wieder, und da sie einen Sohn bekam, faßte sie den schändlichen Gedanken, diesem Sprößling ihrer zweiten Ehe Marinas rechtmäßiges Erbteil zu sichern. Sie gab daher vor, die letztere sei gestorben, übergab sie aber heimlich einigen herumziehenden Handelsleuten von Xicallanco. Sie benutzte zu gleicher Zeit den Tod des Kindes einer ihrer Sklavinnen, die Leiche desselben statt ihrer Tochter unterzuschieben, und hielt das Leichenbegängnis mit trügerischer Feierlichkeit. Diese Nachrichten werden von dem ehrlichen, alten Krieger Bernal Diaz erzählt, der die Mutter kannte und Zeuge davon war, wie edelmütig Marina sie später behandelt. Das indianische Mädchen wurde nachher von den Kaufleuten an den Kaziken von Tabasco verkauft, der sie, wie wir gesehen haben, den Spaniern überlieferte. Von ihrem Geburtsorte her war sie mit der mexikanischen Sprache wohlbekannt, welche sie auch wirklich mit großer Feinheit gesprochen haben soll. Ihr Aufenthalt in Tabasco machte sie mit den Mundarten dieses Landes vertraut, so daß sie mit Aguilar eine Unterhaltung führen konnte, welche dieser wieder ins Kastilianische übersetzte. Auf diese Weise eröffnete sich für Cortez ein sicherer, wiewohl etwas weitläufiger Weg, sich mit den Azteken in Verbindung zu setzen; ein Umstand von höchster Wichtigkeit für das Gelingen seines Unternehmens. Es währte indes nicht lange, bis Marina, die einen lebhaften Geist hatte, sich das Kastilianische so aneignete, daß sie jeden anderen Sprachkundigen überflüssig machte. Sie lernte es um so schneller, da es für sie die Sprache der Liebe war.

Cortez, der vom Anfang an den Wert ihrer Dienste zu schätzen wußte, machte sie zu seinem Dolmetscher, dann zu seinem Schreiber und, von ihren Reizen eingenommen, zu seiner Geliebten. Sie hatte einen Sohn von ihm, Don Martin Cortez, Comendador des Kriegsordens des heiligen Jakob, weniger ausgezeichnet durch seine Geburt, als durch seine unverdienten Verfolgungen.

Marina war zu dieser Zeit in der Blüte ihres Lebens. Sie soll ungewöhnliche Reize gehabt haben, und ihre offenen, ausdrucksvollen Züge verkündeten ihr edles Gemüt. Sie blieb den Landsleuten ihrer Wahl stets treu, und durch ihre Kenntnis der Sprache und Sitten der Mexikaner, oft auch ihrer Absichten, gelang es ihr mehr als einmal, die Spanier aus den verwickeltsten und gefährlichsten Lagen zu befreien. Sie hatte ihre Fehler, wie wir sehen werden. Aber diese fallen mehr den Mängeln früherer Erziehung und dem bösen Einflusse des Mannes zur Last, zu dem sie, in der Dunkelheit ihres Geistes, mit einfachem Vertrauen als zu ihrem leitenden Lichte aufblickte. Alle stimmen darin überein, daß sie voll trefflicher Eigenschaften war, und die wichtigsten Dienste, welche sie den Spaniern leistete, haben diesen ihr Andenken mit Recht teuer gemacht; während der Name Malinche — unter welchem sie noch in Mexiko bekannt ist — von den besiegten Stämmen, über deren Mißgeschick sie ein unwandelbares Mitleid zeigte, mit Liebe genannt wurde.

Mit Hilfe seiner beiden gescheiten Dolmetscher ließ sich Cortez mit seinem Besuche in eine Unterhaltung ein. Er erfuhr, daß sie Mexikaner oder vielmehr Untertanen des großen mexikanischen Reiches seien, von welchem ihre Landschaft eine der neuesten Eroberungen ausmachte. Das Land wurde von einem mächtigen Herrscher, Moctheuzoma oder von den Europäern häufiger Montezuma genannt, regiert, der auf den Hochebenen des Innern, nahe an siebzig Leguas von der Küste entfernt, wohnte; ihre Landschaft wurde von einem seiner Edelleute, namens Teuhtlile, regiert, dessen Wohnsitz acht Leguas weit entfernt lag. Cortez machte sie seinerseits mit seinen freundlichen Absichten bei dem Besuch ihres Landes und mit seinem Wunsche bekannt, mit dem aztekischen Statthalter eine Zusammenkunft zu haben. Alsdann entließ er sie mit Geschenken beladen, nachdem er sich versichert hatte, daß es im Innern einen Überfluß an Gold gebe, gleich den Proben, die sie mitgebracht hatten.

Cortez, dem die Sitten des Volkes und die günstigen Berichte vom Lande gefielen, beschloß fürs erste, dort zu bleiben. Am nächsten Morgen, den 21. April, dem Stillen Feiertag, landete er mit seiner ganzen Streitmacht an derselben Stelle, wo jetzt die neue Stadt Vera Cruz steht. Der Eroberer ahnte es wohl nicht, daß auf dem dürren Strande, auf den er zuerst den Fuß setzte, einst eine blühende Stadt stehen sollte, der große Marktplatz des europäischen und morgenländischen Handels, die Handelshauptstadt Neuspaniens.

Es war eine weite offene Ebene, ausgenommen da, wo der Sand durch das beständige Wehen des Norte in Hügel zusammengetrieben war. Auf diesen Sandhügeln stellte er seinen kleinen Geschützstand auf, so daß er damit das Land beherrschte. Hierauf gebrauchte er die Soldaten zum Fällen kleiner Bäume und Büsche, welche in der Nähe wuchsen, um einen Schutz gegen das Wetter zu gewähren. Bei dieser Arbeit war ihm das Landvolk behilflich, das, wie es schien, vom Statthalter des Bezirkes zum Beistand der Spanier abgeschickt worden war. Mit ihrer Hilfe wurden Pfähle fest in die Erde gesteckt und mit Zweigen, Matten und baumwollenen Decken behangen, die ihnen die freundlichen Eingeborenen mitbrachten. Auf diese Weise sicherten sie sich in wenigen Tagen einen guten Schutz gegen die brennenden Sonnenstrahlen, welche mit unerträglicher Stärke auf den Sand herabschossen. Der Ort war von stehenden Sümpfen umgeben, deren Ausdünstungen, durch die Hitze zu pesterzeugender, böser Luft gesteigert, in späteren Zeiten unter den Europäern größere Sterblichkeit verursachten, als alle wütenden Stürme auf der Küste.

Während diese Einrichtungen getroffen wurden, strömten die Eingeborenen von dem angrenzenden, im Innern ziemlich bevölkerten Bezirk herbei, von einer natürlichen Neugier angezogen, die wunderbaren Fremdlinge zu sehen. Sie brachten Früchte, Gemüse, Blumen in Menge, Wildpret und viele Gerichte, nach der Sitte des Landes bereitet, mit, auch kleine Gegenstände von Gold und andere Schmucksachen. Einige verschenkten sie, andere vertauschten sie gegen die Waren der Spanier, so daß das Lager, von einer bunten Menge jedes Alters und Geschlechtes wimmelnd, das Ansehen einer Messe hatte. Durch einige der Anwesenden erfuhr Cortez die Absicht des Statthalters, ihm am folgenden Tage seinen Besuch zu machen.

Dies war am Ostertage. Teuhtlile kam, wie er angekündigt hatte, vormittags an. Er hatte ein zahlreiches Gefolge bei sich, Cortez ging ihm entgegen und geleitete ihn mit vielem Gepränge in sein Zelt, wo seine vornehmsten Offiziere versammelt waren. Der aztekische Häuptling erwiderte ihre Begrüßungen mit feiner, aber förmlicher Höflichkeit. Zuerst ward vom Pater Olmedo eine Messe gelesen, und diese von Teuhtlile und seinem Gefolge mit gebührender Ehrfurcht angehört. Hierauf ward eine Mahlzeit aufgetragen, wobei der Befehlshaber seine Gäste mit spanischem Wein und eingemachten Früchten bewirtete. Alsdann wurden die Dolmetscher eingeführt, und es begann eine Unterhaltung zwischen den Anwesenden.

Die ersten Fragen Teuhtliles betrafen das Land der Fremden und die Absicht ihres Besuches. Cortez sagte ihm, „er sei der Untertan eines mächtigen Herrschers jenseits der Meere, der über ein ungeheures Reich gebiete und Könige und Fürsten zu seinen Untergebenen habe; daß, da ihm die Größe des mexikanischen Kaisers bekannt sei, sein Herr gewünscht habe, mit ihm in Verbindung zu treten und ihn als seinen Gesandten abgeschickt habe, Montezuma als Zeichen seiner Zuneigung ein Geschenk zu überbringen und eine Botschaft, die er persönlich ausrichten müsse." Er schloß mit der Frage an Teuhtlile, wann er Sr. Majestät aufwarten könne.

Hierauf antwortete der aztekische Edelmann etwas hochmütig: „Wie kommt es, daß, da Ihr erst zwei Tage hier seid, Ihr schon den Kaiser zu sehen verlangt?" Alsdann fügte er höflicher hinzu, „er höre zu seinem Erstaunen, daß es noch einen so mächtigen Herrscher wie Montezuma gebe, daß aber, wenn dem so sei, er nicht zweifle, es werde seinem Herrn angenehm sein, mit ihm in Verbindung zu treten. Er wolle seine Eilboten mit dem königlichen Geschenke, das der spanische Befehlshaber bringe, absenden, und sobald er Montezumas Entschluß erhalten, denselben mitteilen."

Hierauf befahl Teuhtlile seinen Sklaven, das für den spanischen Befehlshaber bestimmte Geschenk herbeizubringen. Es bestand aus zehn Lasten feiner Baumwolle, verschiedenen Mänteln von der merkwürdigen Federarbeit, deren prachtvolle und zarte Färbung mit der schönsten Malerei wetteifern kann, und einem Weidenkorb voll goldener Schmucksachen, alle darauf berechnet, den Spaniern einen hohen Begriff von dem Reichtume und der handkünstlichen Geschicklichkeit der Mexikaner einzuflößen.

Cortez empfing diese Geschenke mit geziemender Anerkenntnis und befahl seinen Dienern, dem Häuptling die für Montezuma bestimmten Gegenstände vorzulegen. Diese bestanden aus einem reich geschnitzten und gemalten Armsessel, einer karmesin Tuchmütze, worauf sich eine goldene Schaumünze mit dem Bilde des heiligen Georg mit dem Drachen befand, und einer Menge von Hals- und Armbändern und anderen Zieraten aus geschnittenem Glase, die in einem Lande, wo Glas nicht zu haben war, wirklichen Edelsteinen gleichgeachtet wurden, und bei den unerfahrenen Mexikanern auch ohne Zweifel für solche galten. Teuhtlile bemerkte einen Soldaten im Lager mit einem glänzend vergoldeten Helme auf dem Kopfe, der ihn, wie er sagte, an einen erinnerte, den der Gott Quetzalcoatl in Mexiko trage, und er äußerte den Wunsch, daß ihn Montezuma sehen möge. Die Ankunft der Spanier stand, wie der Leser bald sehen wird, mit einigen Sagen von derselben Gottheit in Verbindung. Cortez erklärte sich bereit, dem Kaiser den Helm zusenden zu lassen, indem er die Hoffnung zu verstehen gab, er werde mit Goldstaub aus dem Lande angefüllt zurückgesandt werden, damit er die Eigenschaft desselben mit der desjenigen in seinem Lande vergleichen könne! Er sagte ferner dem Statthalter, wie wir von seinem Hausgeistlichen erfahren, „daß die Spanier an einer Herzkrankheit litten, gegen welche Gold ein besonders geeignetes Mittel sei". „Kurz," sagt Las Casas, „er suchte seinen Wunsch nach Gold dem Statthalter sehr klarzumachen."

Während dies vorging, bemerkte Cortez einen aus Teuhtliles Gefolge mit einem Pinsel beschäftigt, augenscheinlich, um irgend etwas abzumalen. Als er auf seine Arbeit sah, fand er, daß es ein Entwurf auf Leinwand war, von den Spaniern, ihren Kleidungen, Waffen, kurz von verschiedenen auffallenden Gegenständen, wovon jeder die geeignete Form und Farbe erhielt. Dies war die berühmte Bilderschrift der Azteken, und, wie Teuhtlile ihm sagte, war dieser Mann angewiesen, die verschiedenen Gegenstände für Montezuma zu zeichnen, der auf diese Weise eine lebendigere Vorstellung von ihrer Erscheinung erhalten würde, als durch jede mündliche Beschreibung. Cortez gefiel dieser Gedanke, und da er wußte, wie sehr die Wirkung gesteigert werden müsse, wenn er das Stilleben in Tätigkeit verwandelte, ließ er die Reiterei auf den Strand ausrücken, dessen feuchter Sand den Pferden ein festes Auftreten gestattete. Die kühnen und schnellen Bewegungen der Truppen, als sie ihre kriegerischen Übungen durchmachten, die augenscheinliche Leichtigkeit, womit sie die feurigen Tiere, auf denen sie ritten, tummelten, der Glanz ihrer Schwerter und der gellende Laut der Trompete, alles erfüllte die Zuschauer mit Erstaunen; aber als sie den Donner der Kanonen hörten, die Cortez zu gleicher Zeit abfeuern ließ, und die Rauch- und Feuermassen sahen, die aus diesen schrecklichen Werkzeugen herausfuhren, und den pfeifenden Ton der Kugeln hörten, die durch die Bäume des nahe liegenden Waldes rauschten und deren Zweige in Stücke zerschellten, da ergriff sie Bestürzung, von welcher der aztekische Häuptling selbst nicht ganz frei blieb.

Nichts von all diesem ging für die Maler verloren, die nach ihrer Art jede Kleinigkeit getreulich wiedergaben; auch die Schiffe der Fremden vergaßen sie nicht, „die Wasserhäuser", wie sie dieselben nannten, welche mit ihren dunklen Rumpfen und schneeweißen Segeln, vom Wasser zurückgespiegelt, auf der ruhigen Fläche des Meerbusens vor Anker sanft geschaukelt wurden. Alles war mit einer Treue gemalt, welche wiederum die Bewunderung der Spanier erregte, die, unvorbereitet auf solchen Beweis von Geschicklichkeit, auch gewiß das Verdienst der Ausführung gar sehr überschätzten.

Als dies alles geschehen war, entfernte sich Teuhtlile mit seinem Gefolge aus dem spanischen Lager mit der nämlichen Förmlichkeit, mit der er ausgezogen war, und ließ Befehle zurück, daß seine Leute die Truppen mit Vorräten und anderen zu ihrer Einrichtung nötigen Gegenständen, bis auf weitere Verhaltungsbefehle aus der Hauptstadt, versehen sollten.

SECHSTES HAUPTSTÜCK

Nachricht über Montezuma / Zustand seines Reiches / Sonderbare Vorzeichen / Gesandtschaft und Geschenke / Spanisches Lager

1519

Wir müssen nun vom spanischen Lager in der Tierra caliente Abschied nehmen und uns in die entfernte Hauptstadt von Mexiko versetzen, wo die Ankunft der wunderbaren Fremden auf der Küste kein geringes Aufsehen erregte. Damals saß Montezuma der Zweite, ein Neffe des letzten und Enkel eines vorhergegangenen Herrschers, auf dem aztekischen Throne. Er war 1502 zur königlichen Würde erwählt worden, vorzugsweise vor seinem Bruder, wegen seiner höheren Begabung, sowohl als Krieger wie als Priester — eine Vereinigung von Berufen, die sich zuweilen bei den mexikanischen, häufiger bei den ägyptischen Thronbewerbern findet. In seiner Jugend hatte er tätigen Anteil an den Kriegen des Reiches genommen, später jedoch sich ausschließender dem Tempeldienste gewidmet, und er war gewissenhaft in seiner Beobachtung aller der lästigen Gebräuche des aztekischen Gottesdienstes. Er hatte ein ernstes und gehaltenes Wesen, sprach wenig und mit vorsichtiger Überlegung. Sein Benehmen war darauf berechnet, die Meinung überlegener Heiligkeit einzuflößen.

Als ihm seine Wahl angekündigt ward, ging er eben die Stufen im großen Tempel des volkstümlichsten Gottes, des des Krieges, hinab. Er empfing die Abgesandten mit geziemender Demut, indem er seine Untauglichkeit zu einer so verantwortlichen Stellung bekannte. Die bei dieser Gelegenheit, wie gewöhnlich, übergebene Zuschrift war von seinem Verwandten Nezahualpilli, dem weisen Könige von Tezcuco, abgefaßt. Sie ist glücklicherweise erhalten worden und liefert einen günstigen Beweis von indianischer Beredsamkeit. Gegen das Ende sagt der Redner: „Wer kann zweifeln, daß das aztekische Reich den Scheitelpunkt seiner Größe erreicht hat, da der Allmächtige einen Mann über dasselbe gesetzt hat, dessen Erscheinen schon allein jeden mit Ehrfurcht erfüllt? Freue dich, glückliches Volk, daß du jetzt einen Herrscher hast, der dir eine feste Stützsäule sein wird; ein Vater in der Trübsal und mehr als ein Bruder in Liebe und Mitgefühl; einen, dessen hohe Seele alle niedere Sinnenlust und das verderbliche Brüten der Trägheit verschmähen wird. Und Du, glorwürdiger Jüngling, zweifle nicht, daß der Schöpfer, der Dir eine so schwere Last aufbürdet, Dir auch die Kräfte verleihen werde, sie zu tragen; daß er, der in vergangenen Zeiten so freigebig war, noch mehr Segen auf Dein Haupt ergießen und Dich viele lange und glorreiche Jahre fest auf Deinem königlichen Throne erhalten werde." Diese schönen Prophezeiungen, welche den königlichen Zuhörer bis zu Tränen rührten, waren nicht dazu bestimmt, in Erfüllung zu gehen. Montezuma entwickelte zu Anfang seiner Regierung alle Kraft und Entschlossenheit, die man von ihm erwartet hatte. Seine erste Unternehmung gegen eine aufrührerische benachbarte Landschaft wurde mit Erfolg gekrönt, und er führte eine Menge Gefangene im Siegesgepränge heim zu den blutigen Opfern, welche seiner Krönung Glanz verleihen sollten. Diese wurde mit ungewöhnlicher Pracht gefeiert, Spiele und gottesdienstliche Feierlichkeiten fanden mehrere Tage hindurch statt, und unter den Zuschauern, die aus fernen Gegenden herbeiströmten, befanden sich einige vornehme Tlascalaner, die Erbfeinde Mexikos. Sie waren verkleidet und hofften so der Entdeckung zu entgehen. Sie wurden indes erkannt und vor den König gebracht. Aber er benutzte die Entdeckung nur dazu, für ihre anständige Bewirtung und für einen guten Platz zum Anschauen der Spiele zu sorgen. Dies war eine edelmütige Handlung in Betracht der lange gehegten Feindseligkeit zwischen beiden Völkern.

Während der ersten Regierungsjahre war Montezuma fortwährend in Kriege verwickelt und stand oft persönlich an der Spitze seiner Heere. Man sah die aztekischen Banner in den fernsten Landschaften am Mexikanischen Meerbusen und in den entlegensten Gegenden von Nikaragua und Honduras. Die Unternehmungen waren im allgemeinen glücklich, und die Grenzen des Reiches wurden weiter ausgedehnt als zu irgend einer früheren Zeit. Unterdes entzog der Herrscher den inneren Angelegenheiten des Königreiches nicht seine Aufmerksamkeit. Er bewirkte einige wichtige Veränderungen bei den Gerichtshöfen und wachte sorgfältig über die Handhabung der Gesetze, die er mit ernster Strenge erzwang. Er hatte die Gewohnheit, die Straßen seiner Hauptstadt verkleidet zu durchwandeln, um die Mißbräuche darin persönlich kennenzulernen. Mit bedenklicher Klugheit, sagt man, soll er zuweilen die Rechtlichkeit seiner Richter auf die Probe gestellt haben, indem er sie durch große Bestechungen in Versuchung führte, von ihrer Pflicht abzuweichen, worauf er dann den Verbrecher zur Rechenschaft zog, daß er der Versuchung unterlegen.

Er belohnte alle, die ihm dienten, reichlich. Einen ähnlichen freigebigen Sinn zeigte er in seinen öffentlichen Bauwerken, indem er Tempel errichtete und verschönerte, Wasser durch neue Leitungen seiner Hauptstadt zuführte und ein Krankenhaus oder Ruhesitz für dienstunfähige Soldaten in der Stadt Colhuacan stiftete.

Diese eines großen Fürsten so würdigen Handlungen wurden durch andere von entgegengesetzter Art aufgewogen. Die vor seiner Erhebung so sichtbar zur Schau getragene Demut schlug in unerträgliche Anmaßung um. In seinen Lustschlössern, seiner häuslichen Einrichtung und Lebensweise waltete eine von seinen Vorgängern ungekannte Pracht. Entweder entzog er sich der öffentlichen Beobachtung oder, wenn er ausging, forderte er die sklavischste Untertänigkeit, und im Palaste ließ er sich selbst die geringsten Dienste nur von vornehmen Personen leisten. Er verabschiedete ferner verschiedene Leute niederen Standes, besonders arme, verdienstvolle Soldaten, aus den Ämtern, die sie in der Umgebung seines Vorgängers bekleidet hatten, da er ihre Bedienung als eine Entehrung der königlichen Würde betrachtete. Vergebens machten ihm seine ältesten und weisesten Räte Vorstellungen gegen ein so unkluges Verfahren.

Während er so seine Untertanen durch sein hochmütiges Benehmen gegen sich einnahm, entfremdete er ihre Zuneigung auch durch die Auflage schwerer Abgaben. Diese wurden durch die verschwenderischen Ausgaben seiner Hofhaltung nötig. Besonders drückten sie die eroberten Städte schwer. Dieser Druck führte häufig zu Widerstand, Empörung und Feindseligkeit, wobei die Streitkräfte der einen Hälfte des Reiches zur Unterdrückung der Aufstände der anderen gebraucht wurden. Unglücklicherweise herrschte kein Grundsatz der Verschmelzung, wodurch die neuen Eroberungen dem alten Königreiche als Teile eines Ganzen einverleibt werden konnten. Ihre Vorteile sowie ihre Neigungen waren verschieden. So wurde das aztekische Reich je umfangreicher, desto schwächer; es glich einem großen, unverhältnismäßigen Gebäude, dessen zerstückelte Baustoffe, da sie keinen Zusammenhang miteinander haben und unter ihrem eigenen Gewicht wanken, bei dem geringsten Windstoß den Einsturz drohen. Im Jahre 1516 starb der tezcucanische König Nezahualpilli, in welchem Montezuma seinen gescheitesten Ratgeber verlor. Wegen der Thronfolge stritten sich seine beiden Söhne, Cacama und Ixtlilxochitl. Der erstere wurde von Montezuma unterstützt. Der letztere, der jüngere der Prinzen, ein kühner, hochstrebender Jüngling, wandte sich an das Vaterlandsgefühl seines Volkes und suchte dasselbe zu überzeugen, daß sein Bruder zu sehr den Vorteil Mexikos wahrnehme, um seinem eigenen Vaterlande treu zu sein. Ein Bürgerkrieg entstand und endete mit einem Vergleiche, vermöge welchem die eine Hälfte des Königreiches mit der Hauptstadt für Cacama und der nördliche Teil für seinen ehrgeizigen Nebenbuhler bestimmt ward. Von der Zeit an wurde Ixtlilxochitl der tödliche Feind Montezumas.

Ein noch furchtbarerer Feind war der kleine Freistaat Tlascala, der in der Mitte zwischen dem mexikanischen Tale und der Küste lag. Er hatte mehr als zwei Jahrhunderte lang seine Unabhängigkeit gegen die vereinten Streitkräfte des Reiches behauptet. Seine Hilfsquellen waren ungeschwächt, seine Sittigung kaum unter der seiner großen Nebenbuhlerstaaten, und an Mut und kriegerischer Tapferkeit hatte er sich einen Ruf erworben, der dem von keinem der Völker Anahuacs nachstand.

So war die Lage des aztekischen Königreiches bei Cortez' Ankunft; das Volk mißmutig über die Anmaßung des Herrschers; die Landschaften und entfernten Städte entrüstet über Erpressungen der Regierung; während mächtige Feinde in der Nachbarschaft auf die Stunde lauerten, wo sie ihren furchtbaren Nebenbuhler mit Vorteil angreifen konnten. Noch war das Königreich stark durch seine inneren Hilfsquellen, durch den festen Willen seines Herrschers, durch die lang gewohnte Achtung vor seiner Machtbefugnis, — kurz, durch den Schrecken seines Namens und durch den Mut und die Kriegszucht seiner Heere, die in tätigem Dienste ergraut und in allen Künsten der indianischen Kriegführung wohl eingeübt waren. Jetzt war die Zeit gekommen, wo diese unvollkommene Kriegskunst und die rohen Waffen der Wilden sich mit der Wissenschaft und Geschützkunst der gebildetsten Völker des Erdballes messen sollten.

In seinen letzten Regierungsjahren hatte Montezuma selten an seinen kriegerischen Unternehmungen teilgenommen, die er seinen Feldherren überließ, während er selbst sich hauptsächlich mit priesterlichen Verrichtungen beschäftigte. Unter keinem Fürsten hatte der Priesterstand ein größeres Ansehen und größere Vorrechte genossen. Die gottesdienstlichen Feste und Gebräuche wurden mit einer beispiellosen Pracht gefeiert. Bei den unbedeutendsten Gelegenheiten wurden die Göttersprüche um Rat gefragt, und die blutdürstigen Gottheiten machte man sich durch Hunderte von Schlachtopfern geneigt, die aus den eroberten oder empörten Landschaften im Siegesgepränge nach der Hauptstadt geschleppt wurden. Die Religion oder, richtiger gesagt, der Aberglaube Montezumas erwies sich als eine Hauptursache seiner Mißgeschicke.

Ich habe die Volkssagen über Quetzalcoatl erwähnt, jene Gottheit mit einer schönen Gesichtsfarbe und einem herabwallenden Bart, so ungleich der indianischen Gesichtsbildung, der, nachdem er seine wohltätige Sendung unter den Azteken erfüllt hatte, sich auf dem Atlantischen Meere nach den geheimnisvollen Küsten von Tlapallan einschiffte. Er versprach bei seiner Abfahrt, eines künftigen Tages mit seiner Nachkommenschaft zurückzukehren und sein Reich wieder in Besitz zu nehmen. Diesem Tage sah man mit Hoffnung oder Besorgnis entgegen, je nach dem Vorteil, den der Gläubige davon erwartete, aber durch den ganzen weiten Bereich Anahuacs mit allgemeinem Vertrauen. Selbst nach der Eroberung harrten seiner noch die indianischen Stämme, die ihn so sehnlichst herbeiwünschten, wie die Portugiesen die Ankunft ihres Königs Sebastian, oder die Juden die des Messias.

Es scheint zur Zeit Montezumas ein allgemeines Gefühl vorgeherrscht zu haben, daß die Zeit der Rückkehr der Gottheit und die vollständige Erfüllung seines Versprechens nahe sei. Diese Überzeugung soll durch verschiedene übernatürliche Ereignisse, die mehr oder weniger umständlich von allen ältesten Geschichtschreibern berichtet werden, Grund gefaßt haben. Im Jahre 1510 wurde der große See von Tezcuco ohne Eintritt eines Sturmes, eines Erdbebens oder irgend eine andere sichtbare Veranlassung heftig bewegt, überströmte seine Ufer, ergoß sich in die Straßen von Mexiko und riß viele Gebäude durch die Gewalt seiner Wasser mit fort. Im Jahre 1511 geriet einer der Türme des großen Tempels in Brand, ebenfalls ohne eine wahrnehmbare Ursache, und das Feuer währte trotz aller Löschungsversuche fort. In den folgenden Jahren sah man drei Schweifsterne, und nicht lange vor der Ankunft der Spanier wurde ein fremdartiges Licht im Osten sichtbar. Es erschien am Gesichtskreise mit einer breiten Grundlinie, erhob sich in spitzsäuliger Form und lief ganz spitz am Scheitelpunkte aus. Es glich einer großen Feuerfläche oder Feuerflut, sprühte Funken aus, oder, wie ein alter Schriftsteller es bezeichnet, „schien dick mit Sternen bestreut". Zu gleicher Zeit wurden leise Stimmen und schmerzliches Wehklagen in der Luft gehört, als sollte dadurch irgend ein fremdartiges, geheimnisvolles Unglück verkündet werden! Der aztekische Herrscher, erschrocken über die Erscheinungen am Himmel, suchte Rat bei Nezahualpilli, der es in der geheimen Wissenschaft der Sterndeutung sehr weit gebracht hatte. Aber der königliche Weise umwölkte seinen Geist noch mehr, da er in diesen Wundern den baldigen Sturz des Reiches las.

So lauten die wunderbaren, von den Zeitgeschichtschreibern be-
richteten Erzählungen, in welchen es nicht unmöglich ist, einen
Schimmer von Wahrheit zu entdecken. Es waren seit der Zeit, wo
Kolumbus die Inseln entdeckt hatte, nahe an dreißig Jahre verflossen, und mehr als zwanzig, seitdem er das amerikanische Festland besucht. Mehr oder weniger bestimmte Gerüchte von dieser
wunderbaren Erscheinung der weißen Männer, die den Donner
und den Blitz in ihren Händen trugen, in vielen Rücksichten den
Sagen von Quetzalcoatl so ähnlich, mußten sich natürlich überall
unter den indianischen Völkerschaften verbreiten. Solche Gerüchte
fanden ohne Zweifel lange vor dem Landen der Spanier in Mexiko
ihren Weg nach der großen Hochebene und erfüllten die Gemüter der Menschen mit Vorgefühlen von dem Herannahen der
Zeit, wo die große Gottheit zurückkehren und ihr Eigentum wieder
erlangen werde.

Als im vorhergegangenen Jahre in der Hauptstadt die Nachricht
von der Landung Grijalvas an der Küste anlangte, wurde Montezumas Herz von Schrecken ergriffen. Es war ihm, als wenn das
Schicksal, das so lange über dem königlichen Hause von Mexiko
drohend geschwebt hatte, nun erfüllt und das Szepter seinem Hause
auf immer entrissen werden sollte. Obgleich er sich durch das Fortgehen der Spanier etwas erleichtert fühlte, ließ er doch Schildwachen auf die Höhen stellen, und als die Europäer unter Cortez
zurückkehrten, erhielt er ohne Zweifel die schleunigste Nachricht
von dem unwillkommenen Ereignis. Es war jedoch auf seinen
Befehl, daß der landschaftliche Statthalter ihnen eine so gastfreundliche Aufnahme bereitet hatte. Der bilderschriftliche Bericht über
diesen fremdartigen Besuch, der nun nach der Hauptstadt gesandt
worden war, erneuerte alle seine Besorgnisse. Er rief unverzüglich
seine vornehmsten Ratgeber zusammen, wozu auch die Könige von
Tezcuco und Tlacopan gehörten, und legte ihnen die Sache vor.

In dieser Versammlung scheinen die Meinungen sehr geteilt gewesen zu sein. Einige waren für sofortigen Widerstand gegen die
Fremden, sei es durch List oder offene Gewalt. Andere stritten
dagegen, da, wenn sie übernatürliche Wesen seien, List und Ge-

walt gleich nutzlos sein würden. Wären sie, wie sie behaupteten, Abgesandte eines fremden Fürsten, so wäre ein solches Verfahren feige und ungerecht. Daß sie nicht zur Familie von Quetzalcoatl gehörten wurde daraus geschlossen, daß sie sich feindlich gegen seine Religion gezeigt hatten; denn, wie es scheint, waren schon Nachrichten von dem Verfahren der Spanier in Tabasco nach der Hauptstadt gelangt. Unter denen, die dafür stimmten, ihnen eine freundschaftliche und ehrenvolle Aufnahme zu gewähren, befand sich Cacama, König von Tezcuco.

Aber Montezuma, seinen eigenen unbestimmten Besorgnissen nachgebend, zog einen Mittelweg, wie gewöhnlich den unklugsten, vor. Er beschloß, eine Gesandtschaft mit so prachtvollen Geschenken an die Fremden abzusenden, daß dieselben ihnen hohe Begriffe von seiner Größe und seinen Hilfsquellen einflößen sollten; zu gleicher Zeit aber wollte er ihnen verbieten, sich der Hauptstadt zu nahen. Dies hieß ebensowohl seinen Reichtum als seine Schwäche verraten.

Während der aztekische Hof durch die Ankunft der Spanier in so große Aufregung versetzt war, brachten diese ihre Zeit in der Tierra caliente zu, nicht wenig belästigt von der ungemeinen Hitze und dem erstickenden Dunstkreise der Sandwüste, auf welcher sie lagerten. Es wurde ihnen jede Erleichterung zuteil, welche die Aufmerksamkeit der freundlichen Eingeborenen ihnen gewähren konnte. Diese hatten auf Befehl des Statthalters mehr als tausend Hütten oder Buden von Zweigen und Matten erbaut, welche sie in der Nachbarschaft des Lagers bezogen. Hier bereiteten sie verschiedene Nahrungsmittel für die Tafeln von Cortez und seinen Offizieren, ohne irgend eine Vergeltung; während die gemeinen Soldaten sich ihre Bedürfnisse leicht durch Eintausch gegen die Spielereien verschafften, die sie mitgebracht hatten. So war das Lager reichlich versehen mit schmackhaft bereiteten Fleisch- und Fischspeisen, mit Kuchen aus Korn, Bananas, Ananas und verschiedenen süßen Gemüsen der Wendekreise, welche die Spanier früher nicht gekannt hatten. Es gelang den Soldaten außerdem, sich kleine Stückchen Gold, allerdings von geringem Wert, von den Eingeborenen zu verschaffen; ein Handel, der den Anhängern des Velasquez sehr mißfiel, da sie ihn als einen Eingriff in seine Rechte betrachteten. Cortez hielt es indes nicht für klug, hierin den Neigungen seiner Begleiter entgegenzutreten.

Nach Verlauf von sieben oder höchstens acht Tagen stellte sich die mexikanische Gesandtschaft vor dem Lager ein. Dies muß als eine unglaublich kurze Zeit erscheinen, wenn man bedenkt, daß die Hauptstadt ungefähr siebzig Leguas entfernt war. Aber man muß sich erinnern, daß, wie schon erwähnt, Nachrichten dahin vermittels Posten in der kurzen Zeit von vierundzwanzig Stunden befördert wurden, und vier oder fünf Tage waren hinreichend zum Herabkommen der Gesandten nach der Küste, da die Mexikaner an langes und schnelles Reisen gewöhnt waren. Jedenfalls gibt kein Schriftsteller die bei dieser Gelegenheit von den indianischen Abgesandten gebrauchte Zeit länger als die oben erwähnte an.

Die aus zwei vornehmen Azteken bestehende Gesandtschaft war begleitet von dem Statthalter Teuhtlile und hundert Sklaven, welche die fürstlichen Geschenke Montezumas trugen. Einer von den Abgesandten war wegen der großen Ähnlichkeit gewählt worden, die er, nach dem Bilde zu urteilen, welches das Lager darstellte, mit dem spanischen Befehlshaber hatte, und es spricht für die Treue des Bildes, daß die Soldaten die Ähnlichkeit erkannten und den Häuptling immer durch den Namen „mexikanischer Cortez" bezeichneten.

Als die Abgesandten in das Zelthaus des Befehlshabers traten, begrüßten sie ihn und seine Offiziere mit den für Personen von großem Ansehen üblichen Zeichen der Ehrerbietung, indem sie den Boden mit ihren Händen berührten und sie dann zu ihren Köpfen erhoben, während die Luft mit Weihrauchwolken erfüllt ward, die von den Räuchergefäßen ihrer Diener aufstiegen. Alsdann wurden fein gearbeitete Matten (Petates) entrollt, auf welchen die Sklaven die verschiedenen Gegenstände ausbreiteten, die sie mitgebracht hatten. Sie bestanden aus den verschiedenartigsten Dingen; Schilde, Helme, Panzer aus getriebener Silber-

HEERESZUG DURCHS GEBIRGE.
Aus „Duran, Historia de las Indias de Nueva Espana".

arbeit mit Verzierungen von reinem Golde; Hals- und Armbänder aus dem nämlichen Metall, Halbschuhe, Fächer, Federbüsche und Helmschweife von bunten Federn mit Gold- und Silberfäden vermischt und mit Perlen und Edelsteinen durchsprenkelt; nachgemachte Vögel und Tiere aus fein gearbeitetem und gegossenem Gold und Silber von vorzüglicher Arbeit; Vorhänge, Bettdecken und Kleider von Baumwolle, so fein wie Seide, von reicher und mannigfaltiger Färbung mit Federarbeit durchwebt, welche der Zartheit von Malerei gleichkam. Außerdem waren noch mehr als dreißig Lasten baumwollener Zeuge dabei. Unter den Gegenständen befand sich auch der nach der Hauptstadt gesandte Helm, der jetzt bis an den Rand mit Goldkörnern angefüllt war. Aber was die größte Bewunderung erregte, waren zwei runde Schüsseln von Gold und Silber, „so groß wie Wagenräder". Die eine, welche die Sonne vorstellte, war reich mit Pflanzen und Tieren ausgeschnitten, ohne Zweifel eine bildliche Darstellung des aztekischen Jahrhunderts. Sie hatte dreißig Palmen im Umfang und wurde auf zwanzigtausend Pesos de oro geschätzt. Das silberne Rad, von derselben Größe, wog fünfzig Mark.

Die Spanier konnten ihr Entzücken bei der Vorzeigung von Schätzen nicht verbergen, welche alle die Träume, denen sie sich hingegeben hatten, so weit übertrafen. Denn wie reich auch die Stoffe waren, so wurden sie doch, nach dem Zeugnisse derer, welche diese Gegenstände später in Sevilla sahen, wo sie dieselben ruhig untersuchen konnten, von der Schönheit und der Pracht der Arbeit übertroffen.

Als Cortez und seine Offiziere mit der Besichtigung zu Ende waren, richteten die Gesandten höflicherweise die Botschaft Montezumas aus. „Es gereiche ihrem Herrn zu großer Freude," sagten sie, „diese Verbindung mit einem so mächtigen Herrscher, wie der König von Spanien, anzuknüpfen, vor welchem er die größte Achtung hege. Er bedauere es sehr, nicht persönlich mit den Spaniern zusammenkommen zu können, aber die Entfernung seiner Hauptstadt sei zu groß, da die Reise mit großen Schwierigkeiten und mit zu vielen Gefahren wegen furchtbarer Feinde verbunden sei, um sie möglich zu machen. Alles, was er daher tun könne, sei, die Fremden mit den ihnen gewährten Zeichen seiner freundlichen Gesinnungen in ihr Vaterland zurückkreisen zu lassen."

Obgleich Cortez über diese bestimmte Weigerung Montezumas, seinen Besuch anzunehmen, sehr entrüstet war, so verbarg er doch seinen Verdruß so gut als möglich und drückte höflich seine Erkenntlichkeit für die Freigebigkeit des Kaisers aus. „Sie mache es ihm nur noch wünschenswerter," sagte er, „eine persönliche Zusammenkunft mit ihm zu haben. Es sei ihm in der Tat unmöglich, sich wieder vor seinem Landesherrn sehen zu lassen, ohne diesen großen Zweck seiner Reise erreicht zu haben, und jemand, der eine Seereise von zweitausend Leguas gemacht, werde leicht die Gefahren und Mühseligkeiten einer kurzen Landreise bestehen." Er ersuchte sie noch einmal, ihrem Herrn diese Botschaft, zugleich mit einem geringen ferneren Zeichen seiner Hochachtung, zu überbringen.

Dieses bestand in einigen holländischen Hemden, einem ausgelegten Florentiner Becher mit einigen Spielereien von geringem Wert, — ein dürftiges Gegengeschenk für die gediegene Pracht der königlichen Gabe. Die Gesandten mögen wohl dasselbe gedacht haben. Wenigstens zeigten sie keinen großen Eifer, das Geschenk und die Botschaft zu übernehmen, und als sie das kastilianische Lager verließen, versicherten sie noch einmal, daß die Bitte des Befehlshabers unnütz sein werde.

Der glänzende Schatz, welcher jetzt die Augen der Spanier blendete, erregte sehr verschiedene Gefühle bei ihnen, je nach der Verschiedenheit ihrer Gemütsarten. Bei einigen erregte er den heißen Wunsch, sogleich ins Innere zu dringen und sich in den Besitz eines Landes zu setzen, das so ungemessene Reichtümer in sich barg. Andere betrachteten ihn als Beweis von einer zu furchtbaren Macht, um sie mit ihren gegenwärtigen Streitkräften zu bekämpfen. Sie hielten es daher für das Klügste, zurückzukehren und dem Statthalter von Kuba Bericht von ihren Verrichtungen abzustatten, wo alsdann angemessene Vorbereitungen zu einem so ausgedehnten Unternehmen getroffen werden könnten. Es läßt sich

über den Eindruck nicht zweifeln, den dies alles auf Cortez'
kühnen Geist machte, bei dem Schwierigkeiten als Reizmittel zu
einem Unternehmen wirkten, statt ihn zu entmutigen. Aber vor-
sichtigerweise sagte er gar nichts — wenigstens nicht öffentlich —,
da er vorzog, daß ein so wichtiges Unternehmen lieber von dem
Entschluß des ganzen Heeres, als von seinem eigenen einzelnen
Antriebe ausgehe.

Unterdessen litten die Soldaten bedeutend unter der Unbequem-
lichkeit ihrer Stellung mitten in brennendem Sande und den verpesteten Ausflüssen der nahe gelegenen Sümpfe, während die
giftigen Insekten dieser heißen Gegenden ihnen weder Tag noch
Nacht Ruhe ließen. Dreißig von ihnen waren schon erkrankt und
gestorben; ein Verlust, den die kleine Schar hart empfand. Zur
Vermehrung ihrer Leiden hatte sich die Kälte der mexikanischen
Häuptlinge auch ihrem Gefolge mitgeteilt, und die Zufuhren für
das Lager nahmen nicht nur sehr ab, sondern die dafür geforder-
ten Preise waren übertrieben hoch. Gleich ungünstig war die
Lage für die Schiffe, welche an einem offenen Ankerplatze der
Wut des ersten Norte ausgesetzt lagen, der den Mexikanischen
Meerbusen treffen konnte.

Durch diese Umstände sah sich der Befehlshaber veranlaßt, zwei
Schiffe unter Francisco de Montejo, mit dem erfahrenen Alaminos
als Lotsen, abzusenden, um die Küste in nördlicher Richtung zu
untersuchen und zu sehen, ob sich nicht ein mehr Sicherheit ge-
währender Hafen und ein bequemeres Standlager für das Heer
dortselbst finden lasse.

Nach Verlauf von zehn Tagen kehrten die mexikanischen Abgesandten zurück. Sie zogen mit der nämlichen Förmlichkeit wie bei
dem ersten Besuche in das spanische Lager ein; sie brachten noch
ein Geschenk an reichen Stoffen und metallenen Zieraten mit,
welche, wenn auch geringer an Wert als die vorher gebrachten,
doch auf dreitausend Unzen Gold geschätzt wurden. Außerdem
befanden sich dabei vier seltene Steine von beträchtlicher Größe,
Smaragden ähnlich, von den Eingeborenen Chalchuites genannt,
von denen ein jeder, wie sie den Spaniern versicherten, mehr als

eine Ladung Gold wert und als ein Zeichen besonderer Hochachtung für den König von Spanien bestimmt sei. Unglücklicherweise waren sie in Europa nicht so viele Ladungen Erde wert.
Montezumas Antwort lautete wesentlich wie vorher. Sie enthielt ein bestimmtes Verbot für die Fremden, der Hauptstadt näher zu kommen, und drückte das Vertrauen aus, daß sie jetzt, wo sie erhalten, was sie am meisten gewünscht, ohne weiteren Verzug in ihr Vaterland zurückkehren würden. Cortez nahm diese unerfreuliche Antwort zwar höflich, aber etwas kalt auf, und sich gegen seine Offiziere wendend, sagte er: „Dies ist allerdings ein reicher und mächtiger Fürst, aber es müßte hart hergehen, wenn wir ihm nicht doch einst einen Besuch in seiner Hauptstadt machten!"
Während sie sich unterhielten, läutete die Glocke zur Abendmesse. Bei diesem Klange warfen sich die Soldaten aufs Knie und verrichteten ihre Gebete vor dem großen, im Sande eingepflanzten hölzernen Kreuze. Da die aztekischen Häuptlinge diesem Schauspiele mit neugierigem Erstaunen zusahen, hielt dies Cortez für eine günstige Veranlassung, sie damit bekannt zu machen, was er als den Hauptzweck seines Besuches im Lande betrachtete. Daher setzte Pater Olmedo so kurz und so klar als er es vermochte die großen Lehren des Christentums auseinander, indem er die Versöhnung, die Leiden und die Auferstehung berührte und damit schloß, seiner erstaunten Zuhörerschaft zu erklären, daß es ihre Absicht sei, den Götzendienst des Volkes auszurotten und an dessen Stelle die reine Anbetung des wahren Gottes einzuführen. Hierauf übergab er ihnen ein kleines Bild der Jungfrau mit dem Heilandkinde und forderte sie auf, dasselbe statt ihren blutdürstigen Gottheiten in ihren Tempeln aufzustellen. Inwiefern die aztekischen Herren die Geheimnisse des Glaubens verstanden, wie sie ihnen durch die doppelte Übersetzung von Aguilar und Marina überliefert wurden, oder in welchem Maße sie den feinen Unterschied zwischen ihren Bildern und denen der römisch-katholischen Kirche begriffen, ist uns nicht bekannt. Es ist indes zu fürchten, daß der Samen auf unfruchtbaren Boden fiel; denn als der gute Pater seine geistliche Rede geendigt hatte, entfernten sie sich mit einer Art

zweifelhafter Zurückhaltung, ganz verschieden von dem freundlichen Benehmen bei ihrer ersten Zusammenkunft. Noch in derselben Nacht wurden die Hütten von den Eingeborenen verlassen,
und die Spanier sahen sich plötzlich mitten in einer einsamen
Wildnis, von Lebensmitteln abgeschnitten. — Dieser Schritt hatte
ein so verdächtiges Ansehen, daß Cortez einen Angriff auf sein
Lager befürchtete und seine Vorsichtsmaßregeln danach traf. Man
hatte aber keinen solchen beabsichtigt.

Das Heer hatte endlich die Freude, Montejo von seiner Unter-
suchungsreise nach einer Abwesenheit von zwölf Tagen zurückkehren zu sehen. Er war den Meerbusen hinab bis nach Panuka
gelangt, wo ihn bei dem Versuch, dieses Vorgebirge zu umschiffen,
so schwere Stürme trafen, daß er zurückgetrieben wurde und beinahe Schiffbruch gelitten hätte. Auf seiner ganzen Fahrt hatte er
nur einen einzigen, gegen die Nordwinde leidlich geschützten Platz
gefunden. Glücklicherweise bot das angrenzende Land, das durch
süße Ströme reich bewässert war, eine günstige Örtlichkeit für das
Lager dar, und nach einiger Überlegung beschloß man, es dorthin
zu verlegen.

SIEBENTES HAUPTSTÜCK

Unruhen im Lager | Plan zu einem Pflanzstaat | Cortez' kluges Verfahren | Marsch nach Cempoalla | Benehmen mit den Eingeborenen | Gründung von Vera Cruz

1519

Es gibt keine Lage, welche die Geduld und Kriegszucht des Soldaten auf eine härtere Probe stellt, als ein müßiges Leben im Lager, wo seine Gedanken, statt auf unternehmende Tätigkeit oder ein Treffen, sich auf ihn selbst und die unvermeidlichen Entbehrungen und Gefahren seines Standes richten. Dies war ganz besonders gegenwärtig der Fall, wo, außer den Übeln eines dürftigen Lebensunterhaltes, die Truppen noch von der entsetzlichen Hitze, von Schwärmen giftiger Insekten und den anderen Plagen eines heißen Himmelstriches zu leiden hatten. Überdies waren sie weit entfernt, die Eigenschaft einer regelmäßigen Streitmacht zu besitzen, die an Gehorsam gewöhnt ist unter einem Feldherrn, dem zu folgen und den zu verehren man sie lange Zeit hindurch gelehrt hat. Sie waren Glücksritter, die sich mit ihm in ein Abenteuer eingelassen hatten, woran alle gleichen Anteil zu haben schienen, und sie betrachteten ihren Feldherrn — den Eintagsfeldherrn — als wenig mehr denn als ihresgleichen.

Bei ihrem längeren Aufenthalte in diesem fremden Lande erzeugte sich ein immer zunehmendes Mißvergnügen unter den Leuten. Sie wurden noch unzufriedener, als sie die Absicht des Befehlshabers erfuhren, sich nach dem benachbarten, von Montejo entdeckten Hafen zu begeben. „Es sei Zeit, zurückzukehren", sagten sie, „und dem Statthalter darüber, was sie getan, Bericht zu erstatten, und nicht so lange auf diesen dürren Küsten zu verweilen, bis sie sich das ganze mexikanische Reich auf den Hals gezogen hätten!" Cortez wich ihrem Ungestüm aus, so gut er konnte, indem er ihnen die Versicherung gab, es sei kein Grund zur Mutlosigkeit vorhanden. „Es sei ihnen alles bisher glücklich gegangen, und wenn sie nur erst eine günstigere Stellung eingenommen haben würden, sei kein Grund zu zweifeln, daß sie noch ferner den einträglichen Verkehr mit den Eingeborenen fortsetzen würden."

Während dies vorging, erschienen eines Morgens fünf Indianer im Lager und wurden nach dem Zelte des Befehlshabers gebracht. Ihre Kleidung und ihr ganzes Äußere war von dem der anderen Mexikaner verschieden. Sie trugen Ringe von Gold und Zieraten von glänzend blauen Steinen in den Ohren und Nasenlöchern, während ein sauber gearbeitetes Goldblatt an der Unterlippe befestigt war. Marina war nicht imstande, ihre Sprache zu verstehen, aber als sie dieselben in der aztekischen anredete, fanden sich zwei von ihnen, die sich darin unterhalten konnten. Sie sagten, sie seien aus Cempoalla gebürtig, der vornehmsten Stadt der Totonaken, eines mächtigen Volkes, das vor vielen Jahrhunderten auf die große Hochebene gekommen und an deren östlichen Abhange niedersteigend, sich längs der Gebirgsketten und breiten Ebenen angesiedelt hätte, welche den Mexikanischen Meerbusen gegen Norden umgürten. Ihr Land war eine der neuesten Eroberungen der Azteken, und sie erfuhren so arge Bedrückungen von ihren Besiegern, daß sie deren Joch mit großer Ungeduld ertrugen. Hievon und von anderen Einzelheiten benachrichtigten sie Cortez. Der Ruf der Spanier war bis zu ihrem Herrn gedrungen, der diese Boten absandte, um die wunderbaren Fremden nach seiner Hauptstadt einzuladen.

Dieser Mitteilung hörte der Befehlshaber aufmerksam zu, der, wie man sich erinnern wird, nichts von jenen, dem Leser bereits bekannten Dingen wußte, die sich auf den inneren Zustand des Königreiches bezogen, das er keine Ursache hatte, sich anders als stark und einig vorzustellen. Eine wichtige Wahrheit leuchtete jetzt in ihm auf; sein durchdringender Blick entdeckte in diesem Geist des Mißvergnügens einen mächtigen Hebel, vermittels welchen er hoffen durfte, dieses ungesittete Reich umzustürzen. Er empfing die Botschaft der Totonaken sehr freundlich, und nachdem er sich so viel als möglich von ihren Gesinnungen und Hilfsquellen unterrichtet hatte, entließ er sie mit Geschenken und versprach, ihrem Landesherrn bald einen Besuch abzustatten.

Unterdessen waren seine persönlichen Freunde, unter welchen Alonso Hernandez Puertocarrero, Christoval de Olid, Alonso de Avila, Pedro de Alvarado und dessen Brüder besonders genannt zu werden verdienen, eifrig bemüht, die Truppen zu solchen Schritten zu bereden, die Cortez in den Stand setzen könnten, jene ehrgeizigen Pläne weiter zu verfolgen, zu denen ihn die von Velasquez erhaltenen Vollmachten nicht berechtigten. „Jetzt umzukehren," sagten sie, „heiße das Unternehmen auf der Schwelle aufgeben, das unter einem solchen Anführer zu Ruhm und unberechenbaren Reichtümern leiten müsse. Nach Kuba zurückkehren, das heiße dem habgierigen Statthalter die kleinen Gewinne ausliefern, die sie bereits gemacht. Das einzige Mittel sei, den Befehlshaber zu vermögen, eine stehende Ansiedlung im Lande zu begründen, deren Verwaltung die Leitung der Angelegenheiten zu übernehmen und für den Vorteil der Mitglieder derselben zu sorgen habe. Es sei allerdings wahr, daß Cortez nicht dazu von Velasquez befugt sei, aber der Vorteil der Herrscher, der jedem anderen voranstehe, erheische es gebieterisch."

Diese Besprechungen, obgleich sie bei Nacht stattfanden, konnten nicht so geheim gehalten werden, daß sie nicht zu den Ohren von Velasquez' Freunden hätten dringen sollen. Sie machten Einwendungen gegen dieses Verfahren, als ein hinterlistiges und treuloses. Sie beschuldigten den Befehlshaber, daß er dazu anreize, und indem sie ihn aufforderten, unverzüglich Maßregeln zur Rückkehr der Truppen nach Kuba zu treffen, kündigten sie ihm ihre Absicht an, mit den Anhängern, die dem Statthalter noch treu geblieben, abzureisen.

Statt an diesem entschiedenen Verfahren Anstoß zu nehmen, oder auch nur in demselben hochfahrenden Tone zu antworten, erwiderte Cortez sanft: „Nichts stehe seinen Wünschen ferner, als seine Verhaltungsbefehle zu überschreiten. Er ziehe allerdings vor, im Lande zu bleiben und seinen einträglichen Verkehr mit den Eingeborenen fortzusetzen. Da aber das Heer darüber anders denke, so wolle er sich in seine Meinung fügen und wie es wünsche, Befehl zur Rückkehr erlassen." Am folgenden Morgen ward den Truppen bekanntgemacht, sie hätten sich sofort zum Einschiffen an Bord der Flotte bereit zu halten, die nach Kuba segeln sollte. Groß war das Aufsehen, welches der Befehl ihres Feldherrn erregte. Sogar viele von denen, die ihn vorher laut verlangt hatten, bereuten dies jetzt, mit der gewöhnlichen Laune von Menschen, deren Wünsche zu leicht erfüllt werden. Cortez' Anhänger machten laut Vorstellungen dagegen. „Sie seien vom Feldherrn verraten," riefen sie, sich um sein Zelt drängend, und forderten ihn auf, seine Befehle zu widerrufen. „Wir kamen hieher", sagten sie, „in der Hoffnung, uns hier anzusiedeln, wenn der Zustand des Landes es gestatte. Jetzt scheint es, daß Ihr dazu vom Statthalter nicht befugt seid. Aber es gibt höhere Rücksichten als die auf Velasquez, die es erheischen. Diese Länder sind nicht sein Eigentum, sondern wurden für die Herrscher entdeckt, und es ist notwendig, einen Pflanzstaat zu gründen, um über ihren Vorteil zu wachen, statt die Zeit in trägem Tauschhandel zu verschwenden, oder noch schlimmer, in der gegenwärtigen Lage der Dinge, nach Kuba zurückzukehren. Wenn Ihr es verweigert," sagten sie zuletzt, „so werden wir gegen Euer Benehmen, als treulos gegen ihre Hoheiten, Einspruch tun."

Cortez nahm diesen Vorwurf mit dem verlegenen Wesen von jemand auf, dem er ganz unerwartet zukommt. Er erbat sich bescheidentlich Zeit zum Überlegen und versprach eine Antwort auf den folgenden Tag. Zur bestimmten Zeit rief er seine Truppen zusammen und hielt ihnen eine kurze Anrede. „Es gebe niemand," sagte er, „wenn er sein eigenes Herz kenne, der mehr als er selbst das Wohl seines Landesherrn und den Ruhm des spanischen Namens beherzige. Er habe nicht nur sein ganzes Vermögen geopfert, sondern schwere Schulden gemacht, um die Unkosten dieser Unternehmung zu bestreiten, und habe gehofft, sich durch die Fortsetzung seines Handels mit den Mexikanern zu entschädigen. Wenn jedoch die Soldaten es für rätlich hielten, einen anderen Weg einzuschlagen, so sei er bereit, seinen eigenen Vorteil dem

Wohle des Staates zum Opfer zu bringen." Er schloß mit der Erklärung, daß er willens sei, einen Pflanzstaat im Namen der spanischen Herrscher zu errichten und eine Obrigkeit darüber zu ernennen.

Zu Alkalden wählte er Puertocarrero und Montejo; der erstere sein vertrauter Freund, der letztere der Freund von Velasquez, und eben aus diesem Grunde gewählt; ein kluger Streich, der vollkommen gelang. Alsdann wurden die Regidores, Alguacil, Schatzmeister und andere Beamte ernannt, die alle seine persönlichen Freunde und Anhänger waren. Sie wurden zu ihren Ämtern regelmäßig vereidigt, und die neue Stadt erhielt den Namen Villa Rica de Vera Cruz, „die reiche Stadt des wahren Kreuzes"; ein Name, der zu einem glücklichen Ausdruck jener Vereinigung geistlicher und zeitlicher Zwecke galt, welchen die Waffen der spanischen Abenteurer in der Neuen Welt gewidmet sein sollten. So ward, gleichsam durch einen einzigen Federstrich, das Lager in eine bürgerliche Gemeinde umgewandelt und das ganze Äußere und selbst der Name der Stadt angeordnet, noch ehe die Lage derselben bestimmt war.

Die neue Obrigkeit säumte nicht, zusammenzutreten, worauf sich auch Cortez mit entblößtem Haupte bei jener hohen Körperschaft einfand, und Velasquez' Vollmachten auf die Tafel legend, ehrfurchtsvoll seine Entlassung von seiner Stelle als Oberbefehlshaber einreichte, „die in der Tat", sagte er, „notwendig erloschen sei, da jetzt die Macht des Statthalters durch die der Obrigkeit von Villa Rica de Vera Cruz ersetzt sei." Hierauf entfernte er sich mit einer tiefen Verbeugung.

Der Rat zog die Sache eine gehörige Zeit lang in Erwägung und ersuchte ihn dann wieder, vor ihm zu erscheinen. Sie sagten: „Nach reiflicher Überlegung wüßten sie niemand, der ihnen so gut wie er dazu geeignet schiene, für das Beste der Gemeinde sowohl im Kriege als im Frieden zu sorgen," und sie ernannten ihn einstimmig, namens der katholischen Majestäten, zum Oberbefehlshaber und Oberrichter des Pflanzstaates. Er ward ferner ermächtigt, ein Fünftel von dem Gold und Silber für sich selbst zu beziehen, das von nun an durch Handel oder Eroberung von den Eingeborenen zu erlangen sein werde. Auf diese Weise mit bürgerlicher und soldatischer Gerichtsbarkeit bekleidet, säumte Cortez nicht, von seiner Befugnis Gebrauch zu machen. Er fand bald Gelegenheit dazu.

Die oben beschriebenen Verhandlungen waren so rasch aufeinander gefolgt, daß die Partei des Statthalters förmlich überrumpelt zu sein schien und keinen Plan zum Widerstand gemacht hatte. Indes als diese letzte Maßregel ausgeführt war, brachen sie in die unwilligsten und schimpflichsten Vorwürfe aus, indem sie das ganze für eine wohlverabredete Verschwörung gegen Velasquez erklärten. Diese Beschuldigungen führten zu Gegenklagen der Soldaten der anderen Partei, bis es von Worten beinahe zu Tätlichkeiten gekommen wäre. Einige der vornehmsten Ritter, darunter Velasquez de Leon, ein Verwandter des Statthalters, Escobar, sein Edelknabe, und Diego de Ordaz, waren so eifrig bemüht, diese unruhigen Bewegungen noch mehr zu reizen, daß Cortez die kühne Maßregel ergriff, sie alle in Ketten legen und an Bord der Schiffe bringen zu lassen. Die Gemeinen zerstreute er dadurch, daß er viele von ihnen mit einer starken Abteilung unter Alvarado abschickte, in der Nachbarschaft umherzuziehen und einige Vorräte für das entblößte Lager mit zurückzubringen.

Während ihrer Abwesenheit wurde jedes Mittel, das Habgier oder Ehrgeiz gewähren konnte, angewendet, um die Widerspenstigen für seine Absichten zu gewinnen. Versprechungen und selbst Gold sollen nicht gespart worden sein; bis allmählich ihr Verstand sich klareren Ansichten von dem Verdienstlichen des Vorhabens öffnete. Und als der nach Lebensmitteln ausgesandte Haufe mit einer Menge Geflügel und Gemüse zurückkehrte und das ungestüme Verlangen des Magens — dieser großen Werkstätte für Unzufriedenheit, sowohl im Lager als in Hauptstädten — befriedigt war, kehrte mit der guten Mahlzeit auch die gute Laune zurück, und die streitenden Parteien umarmten einander als für eine gemeinschaftliche Sache verbundene Waffengefährten. Selbst die heftigsten Hidalgos an Bord der Schiffe widerstrebten nicht dem allgemeinen Versöhnungsdrange, sondern gaben einer nach dem anderen ihre Zustimmung zur neuen Regierung. Noch merkwürdiger ist es, daß diese erzwungene Umkehr keine falsche war, sondern daß von der Zeit an gerade diese Herren die beständigsten und ergebensten Anhänger von Cortez wurden.

So groß war die Geschicklichkeit dieses außerordentlichen Mannes, und so groß der Einfluß, den er sich in wenigen Monaten über diese rohen und unruhigen Geister erworben hatte! Durch diese kluge Umwandlung einer kriegerischen Gemeinde in eine bürgerliche, hatte er sich eine neue und wirksame Grundlage zu künftigen Unternehmungen gesichert. Er konnte nun vorwärtsschreiten ohne Furcht vor Hemmung oder strenger Beaufsichtigung durch einen Vorgesetzten, wenigstens einen anderen Vorgesetzten als die Krone, von welcher er allein seine Vollmacht hatte. Indem er dies durchsetzte, hatte er, statt sich mit der Schuld eines Gewaltmißbrauches oder der Überschreitung seiner rechtlichen Befugnisse zu belasten, die Verantwortlichkeit größtenteils auf die übertragen, die ihm die Notwendigkeit zum Handeln auferlegt hatten. Durch diesen Schritt hatte er überdies das Schicksal seiner Anhänger unauflöslich an sein eigenes gefesselt. Sie hatten mit ihm gemeinschaftlich einen entscheidenden Schritt getan und mußten nun, im Guten wie im Bösen, die Folgen davon erwarten. Er war nun nicht mehr auf die engen Grenzen eines schmutzigen Handels beschränkt, sondern durfte nun, ihrer Mitwirkung gewiß, kühn über jene hochstrebenden Pläne zur Eroberung eines Reiches, die er in seinem Innern gebildet hatte, nachdenken und sie allmählich offenbaren.

Nachdem so das gute Vernehmen wiederhergestellt war, sandte Cortez sein schweres Geschütz an Bord der Flotte und befahl derselben, nördlich längs der Küste bis nach Chiahuitsala hin zu segeln, der Stadt nahe, bei welcher der bestimmte Hafen der neuen Stadt lag. Er selbst nahm sich vor, an der Spitze seiner Truppen auf dem Marsche Cempoalla zu besuchen. Der Weg ging einige Meilen lang durch die traurigsten Ebenen in der Nähe des neuen Vera Cruz. In dieser Sandwüste berührte kein Zeichen des Pflanzenwachstums ihr Auge, das indes zuweilen durch den

Schimmer des blauen Atlantischen Meeres erfrischt wurde, sowie durch den entfernten Anblick des prachtvollen Orizaba, der mit seiner fleckenlosen Schneekrone weit über seine Riesenbrüder der Andenkette hervorragte. Als sie weiter vorwärts kamen, gewährte das Land allmählich ein grüneres und reicheres Ansehen. Sie setzten mit Mühe auf Flößen und einigen zerbrochenen Kanus, welche an den Ufern lagen, über einen Fluß, wahrscheinlich einen Zufluß des Rio de la Antigua. Nun eröffnete sich ihnen ein ganz anderes Schauspiel — weit hingestreckte Ebenen mit reichem Wiesenteppich bedeckt und von Kakao- und Federpalmenhainen überschattet, durch deren hohe, schlanke Stämme man Hirsche und anderes Wild sah, das die Spanier nicht kannten. Einige von den Reitern machten Jagd auf die Hirsche, verwundeten sie, konnten sie aber nicht erlegen. Auch sahen sie Fasane und andere Vögel; unter diesen den wilden kalkutischen Hahn, den Stolz des amerikanischen Waldes, den die Spanier als eine Art von Pfau beschrieben.

Auf ihrem Wege kamen sie durch einige verödete Dörfer mit indianischen Tempeln, worin sie Rauchpfannen und andere heilige Gefäße fanden, und Handschriften aus Agavefasern, Bilderschriften enthaltend, worin wahrscheinlich ihre religiösen Gebräuche beschrieben waren. Nun berührte sie der gräßliche Anblick (mit dem sie später vertraut wurden) verstümmelter Leichname von Menschenopfern, die den abscheulichen Gottheiten des Landes dargebracht worden waren. Die Spanier wendeten sich mit Ekel und Entrüstung von dem Schauplatze der Metzelei, die einen so traurigen Gegensatz zu dem schönen Naturschauspiel bildete, das sie rings umgab.

Sie hielten sich längst der Ufer des Flusses, gegen seine Quelle hin gerichtet, als sie zwölf Indianer trafen, welche der Kazike von Cempoalla abgesandt hatte, um ihnen den Weg nach seinem Wohnsitze zu zeigen. Die Nacht lagerten sie im Freien auf einer offenen Wiese, wo sie von ihren neuen Freunden reichlich mit Lebensmitteln versorgt wurden. Am folgenden Morgen verließen sie den Fluß, und quer durch das Land nach Norden zuschreitend,

gelangten sie auf eine weite Ausdehnung üppiger Ebenen und
Waldgegenden, die in der ganzen Pracht der Gewächsfülle der
Wendekreise prangten. Die Zweige der herrlichen Bäume waren
mit Rebenbüscheln des dunkelroten Weines, bunten Winden und
anderen Schmarotzerpflanzen von glänzendster Farbe festlich um-
rankt. Der Unterwuchs von stachliger Aloe, mit wilden Rosen
und Geißblatt durchflochten, bildete an manchen Stellen ein fast
undurchdringliches Gebüsch. Mitten in dieser Wildnis von süß-
duftenden Knospen und Blüten flatterten zahlreiche Vögel vom
Geschlechte der Papageien und Schwärme von Schmetterlingen,
deren prachtvolle Farben, nirgends so ausgezeichnet wie in der
Tierra caliente, mit denen der Pflanzenschöpfung wetteiferten; während ausgezeichnete Singvögel, der scharlachene Kardinalfink und
die wunderbare Spottdrossel, die in ihrem eigenen Gesange die
ganze Musik des Waldes vereinigt, die Luft mit süßen Tönen
erfüllten. Die Herzen der ernsten Eroberer waren nicht sehr empfänglich für die Schönheiten der Natur. Aber der Zauberreiz der
Erscheinung rief Ausdrücke des Entzückens bei ihnen hervor, und
als sie durch dieses „irdische Paradies", wie sie es nannten, wanderten, verglichen sie es liebevoll mit den schönsten Gegenden
ihres sonnigen Vaterlandes.

Als sie sich der indianischen Stadt näherten, bemerkten sie häufige
Zeichen von Bildung in den schön aufgeputzten Blumen- und
Obstgärten, welche beide Seiten des Weges einfaßten. Nun begegneten ihnen Haufen von Eingeborenen beiderlei Geschlechtes,
deren Anzahl mit jedem Schritte, den sie vorwärts taten, zunahm.
Frauen sowohl als Männer mischten sich furchtlos unter die Sol-
daten; sie trugen Blumenbüschel und Kränze, womit sie den Hals
vom Schlachtrosse des Befehlshabers schmückten, und wanden einen
Rosenkranz um seinen Helm. Blumen waren die Freude dieses
Volkes. Sie wandten große Sorgfalt auf die Zucht derselben, wobei sie von einem Himmelstriche unterstützt wurden, in welchem
Hitze mit Feuchtigkeit abwechselt, den Boden zum freiwilligen
Erzeugen jeder Form von Pflanzenleben reizte. Der nämliche
feine Geschmack herrschte, wie wir sehen werden, bei den

kriegerischen Azteken und hat die Erniedrigung des Volkes in ihren Nachkommen bis auf den heutigen Tag überlebt.

Viele von den Frauen schienen, nach ihrer reichen Kleidung und zahlreichen Dienerschaft zu urteilen, von hohem Range zu sein. Sie hatten Kleider aus feiner Baumwolle, von ausgezeichnet schöner Farbe, welche vom Halse — bei geringeren Ständen vom Leibe — bis zum Knöchel reichten. Die Männer trugen eine Art von Mantel aus dem nämlichen Stoffe, à la Morisca, nach der Mode der Mauren über den Schultern und Gürtel oder Binden um die Lenden. Beide Geschlechter hatten Juwelen oder goldene Schmucksachen um den Hals, und in den durchbohrten Ohren und Nasenflügeln trugen sie Ringe von demselben Stoff.

Kurz vor der Stadt kehrten einige Reiter, welche vorangeritten waren, mit der überraschenden Nachricht zurück, „daß sie schon ganz nahe genug gewesen seien, um durch die Tore zu sehen, und sie hätten die Häuser ganz mit blankem Silber ausgelegt gefunden!" Als man in die Stadt einzog, fand es sich, daß das Silber nichts anderes war, als ein glänzender Überzug von Stuck, womit die Hauptgebäude bedeckt waren; ein Umstand, der große Heiterkeit bei den Soldaten, auf Unkosten ihrer leichtgläubigen Gefährten, erregte. Eine solche schnelle Leichtgläubigkeit ist ein Beweis von dem aufgeregten Zustande ihrer Einbildungskraft, die geneigt war, in allen Gegenständen, die sie umringten, Gold und Silber zu sehen. Die Gebäude der besseren Art waren aus Stein und Lehm oder an der Sonne getrockneten Ziegeln erbaut; die ärmeren waren aus Ton und Erde. Alle waren mit Palmblättern gedeckt, welche, obgleich offenbar eine schwache Bedachung für solche Gebäude, doch so dicht verflochten waren, daß sie einen hinreichenden Schutz gegen das Wetter gewährten.

Die Stadt soll zwanzig- bis dreißigtausend Einwohner gehabt haben. Dies ist die mäßigste Schätzung und keine unwahrscheinliche. Langsam und stillschweigend zog das kleine Heer durch die engen und mit Menschen angefüllten Straßen von Cempoalla und flößte den Eingeborenen kein größeres Erstaunen ein, als die Spanier selbst über den Anblick einer Bildung und Verfeinerung empfanden, die alles so weit überstieg, was sie bis dahin in der Neuen Welt gesehen hatten. Der Kazike trat vor seinen Palast, um sie zu empfangen. Er war ein großer und sehr wohlbeleibter Mann und näherte sich, auf zwei seines Gefolges gestützt. Er empfing Cortez und seine Begleiter mit großer Höflichkeit, und nachdem man sich gegenseitig einige Artigkeiten gesagt, wies er der Kriegerschar ihren Aufenthalt in einem nahe gelegenen Tempel an, auf dessen geräumigen Hof eine Anzahl von Gemächern hinausging, welche den Soldaten alle Bequemlichkeiten gewährten. Daselbst wurden die Spanier mit Lebensmitteln hinreichend versorgt, mit Fleisch, nach der Sitte des Landes bereitet, und mit Maisbroten. Auch empfing der Befehlshaber ein Geschenk von beträchtlichem Wert vom Kaziken, bestehend aus goldenen Zieraten und feinen Baumwollzeugen. Trotz dieser Freundschaftsbezeigungen ließ Cortez nicht von seiner bisherigen Wachsamkeit nach und vernachlässigte keine Vorsicht eines guten Soldaten. So war er auf dem Wege stets in Schlachtordnung marschiert und auf einen Überfall vorbereitet. In seinem jetzigen Standlager stellte er seine Schildwachen mit gleicher Sorgfalt auf, richtete seinen kleinen Geschützstand so, daß dieser den Eingang bestrich, und verbot jedem Soldaten bei Todesstrafe, sich ohne Erlaubnis aus dem Lager zu entfernen.

Am folgenden Morgen stattete Cortez, begleitet von fünfzig Mann seiner Truppen, dem Herrscher von Cempoalla einen Besuch in seinem Palaste ab. Dieser war ein Gebäude aus Stein und Lehm, das auf einem steilen Erdwalle stand, zu dem man vermittels einer Freitreppe von steinernen Stufen gelangte. Er mag in seiner Bauart wohl Ähnlichkeit mit einigen der alten Gebäude, die man in Mittelamerika findet, gehabt haben. Cortez ließ seine Leute im Hofe zurück und trat mit einem seiner Offiziere und seinem schönen Dolmetscher, Dona Marina, in den Palast. Es erfolgte eine lange Unterredung, aus welcher der spanische Befehlshaber viel Licht über den Zustand des Landes schöpfte. Er kündigte dem Häuptling an, daß er der Untertan eines großen, jenseits des Meeres wohnenden Herrschers sei, daß er nach den aztekischen

Tenochtitlan.

UNTERREDUNG HERNANDO CORTEZ' MIT MOTECUZOMA

im Palaste. Rechts Cortez mit Marina, vor ihm der König und drei indianische Heerführer in tlaxcaltekischer Tracht. Unten Tributgaben (Mais, Vögel, gefesseltes Wild). Oben in der Mitte der Name der mexikanischen Hauptstadt.

Lienzo de Tlaxcala.

Küsten gekommen, den daselbst herrschenden unmenschlichen Gottesdienst abzuschaffen und die Kenntnis des wahren Gottes einzuführen. Der Kazike erwiderte, daß ihre Götter, die ihnen Sonnenschein und Regen sendeten, gut genug für sie seien, daß auch er der Untergebene eines mächtigen Herrschers sei, dessen Hauptstadt am See, weit entfernt in den Bergen, stehe; eines strengen Fürsten, schonungslos in seinen Forderungen, und im Falle einer Widersetzlichkeit oder irgend eines Vergehens nie verfehlend, seine Rache durch Fortführung ihrer Jünglinge und Mädchen als Schlachtopfer für seine Gottheiten auszuüben. Cortez versicherte ihm, daß er dergleichen Frevel niemals zugeben werde; er sei von seinem Landesherrn abgeschickt, den Mißbräuchen abzuhelfen und den Unterdrücker zu strafen, und wenn ihm die Totonaken treu blieben, dann wolle er sie in den Stand setzen, das verhaßte Joch der Azteken abzuschütteln.

Der Kazike fügte hinzu, daß das totonakische Gebiet über dreißig Städte und Dörfer enthalte, die an hunderttausend Krieger — eine sehr übertriebene Zahl — ins Feld stellen könnten. Es gebe noch andere Landschaften des Reiches, sagte er, wo die aztekische Regierung ebenso verhaßt sei, und zwischen ihm und der Hauptstadt liege der kriegliebende Freistaat Tlascala, der stets seine Unabhängigkeit von Mexiko behauptet habe. Den Spaniern sei ihr Ruf vorangegangen, und ihr fürchterlicher Sieg bei Tabasca sei ihm wohlbekannt. Aber doch könne er nur mit Zweifel und Besorgnis an einen Bruch mit „dem großen Montezuma“, wie er ihn stets nannte, denken; dessen Heere bei der mindesten Herausforderung, von den bergigen Gegenden des Westens herabströmend und über die Ebenen gleich einem Wirbelwinde hinsausend, das unglückliche Volk zu Sklaverei und Opfern fortschleppen werde! Cortez bemühte sich, ihn dadurch zu beruhigen, daß er äußerte, ein einziger Spanier sei stärker, als ein ganzer Schwarm von Azteken. Zugleich sei es wünschenswert zu wissen, welche Völker sich ihm beigesellen würden, nicht sowohl seinet- als ihretwegen, damit er Freund und Feind unterscheiden könne und wisse, wen er in diesem Vertilgungskriege zu schonen habe. Nachdem er durch diese beruhigende und kluge Prahlerei das Vertrauen des erstaunten Häuptlings gesteigert hatte, nahm er einen freundlichen Abschied, mit der Versicherung, daß er binnen kurzem zurückkehren und mit ihnen Maßregeln für ihre künftigen Unternehmungen verabreden werde, sobald er seine Schiffe im nahe gelegenen Hafen besucht und daselbst eine bleibende Niederlassung gegründet haben werde.

Das was Cortez erfahren, gewährte ihm große Genugtuung. Es bestätigte seine früheren Ansichten und zeigte in der Tat, daß das Innere des Königreiches in einem weit verworreneren Zustande sei, als er geglaubt. Wäre ihm vorher kaum bange gewesen, das aztekische Reich, im wahren Geiste eines irrenden Ritters, gleichsam mit seiner alleinigen Hand anzugreifen, was hatte er jetzt zu fürchten, wo eine Hälfte des Volkes so gegen die andere geführt werden konnte? In der Aufregung des Augenblickes wurde sein lebhaftes Gemüt von einer Begeisterung entflammt, die jedes Hindernis übersprang. Er teilte seine Gefühle seinen ihn umgebenden Offizieren mit, und ehe noch ein Schlag getan war, war es ihnen schon, als wehten die Banner Spaniens siegreich von Montezumas Türmen! Aber es mußte so manche blutige Schlacht geliefert, so manche Gefahr und Entbehrung bestanden werden, ehe dieses Ziel erreicht werden konnte.

Nachdem die Spanier am folgenden Morgen von dem gastfreundlichen Indianer Abschied genommen, schlugen sie den Weg nach Chiahuitzlan ein, ungefähr vier Leguas davon entfernt, in dessen Nähe der von Montejo entdeckte Hafen sich befand, in dem ihre Schiffe nun vor Anker lagen. Sie wurden vom Kaziken mit vierhundert indianischen Trägern, Tamanes, wie sie genannt wurden, versehen, zur Fortschaffung ihres Gepäckes. Diese Leute trugen mit Leichtigkeit fünfzig Pfund fünf oder sechs Leguas weit in einem Tage. Man bediente sich derselben im ganzen mexikanischen Reiche, und den Spaniern leisteten sie seitdem sehr gute Dienste, indem sie den Truppen diesen Teil ihres Dienstes erleichterten. Sie kamen durch ein Land von derselben reichen und wollüstigen Natur, wie das, welches sie kürzlich durchschritten hatten, und gelangten früh am nächsten Morgen nach der indianischen Stadt, die gleich einer Festung auf einer schroffen, felsigen Höhe lag, welche den Meerbusen bestrich. Die meisten der Einwohner hatten die Flucht ergriffen, nur fünfzehn der vornehmsten Leute waren zurückgeblieben, die sie auf eine freundliche Weise mit ihrer gewöhnlichen Begrüßung durch Blumen und Weihrauch empfingen. Als die übrige Einwohnerschaft ihre Furcht verloren hatte, kehrte sie allmählich zurück. Während die Spanier sich mit den Häuptlingen unterhielten, erschien der würdige Kazike von Cempoalla, von seinen Leuten auf einer Sänfte getragen. Er nahm eifrigen Anteil an ihren Beratschlagungen. Was Cortez hier erfuhr, bestätigte die bereits über die Stimmung und die Hilfsquellen des totonakischen Volkes gesammelten Berichte.

Mitten in ihrer Besprechung wurden sie durch eine Bewegung unter dem Volke gestört, und bald darauf erschienen fünf Männer auf dem großen Marktplatze, wo sie eben standen. Ihrer stolzen Haltung, ihrer eigentümlichen und reichen Kleidung nach schienen sie nicht von demselben Stamme dieser Indianer zu sein. Ihr dunkles, glänzendes Haar war auf dem Scheitel in einen Knoten gebunden. Sie hatten Blumenbüschel in der Hand und mehrere Diener mit sich, von denen einige Stäbe mit Stricken, andere Fächer trugen, womit sie ihren hohen Herren die Fliegen und andere Insekten abwehrten. Als diese Leute durch die Stadt gingen, warfen sie einen stolzen Blick auf die Spanier und würdigten sie kaum einer Erwiderung ihres Grußes. Die totonakischen Häuptlinge folgten ihnen unmittelbar in großer Verwirrung und schienen ängstlich bemüht, sie durch jede Art von Aufmerksamkeit zu gewinnen.

Sehr erstaunt darüber, fragte der Befehlshaber Marina, was dies zu bedeuten habe. Sie sagte ihm, es seien aztekische Edelleute, die den Auftrag hätten, die Steuer für Montezuma in Empfang zu nehmen. Bald darauf kehrten die Häuptlinge, mit dem Ausdruck des Schreckens in ihren Zügen, zurück. Sie bestätigten die Angabe Marinas und fügten hinzu, daß die Azteken die ohne Erlaubnis des Kaisers den Spaniern erwiesene Höflichkeit sehr übel aufnehmen und zur Sühne dessen zwanzig junge Männer und Frauen als Opfer für die Götter forderten. Cortez bezeigte die größte Entrüstung über diese Anmaßung. Er forderte die Totonaken auf, nicht nur das Verlangen zu verweigern, sondern auch die Steuererheber festzunehmen und ins Gefängnis zu werfen. Die Häuptlinge waren unschlüssig, aber er bestand mit solcher Bestimmtheit darauf, daß sie endlich nachgaben, und daß die Azteken ergriffen, an Händen und Füßen gebunden und unter Bewachung gestellt wurden.

In der Nacht war der spanische Befehlshaber zweien von ihnen zum Entkommen behilflich und ließ sie heimlich zu sich bringen. Er drückte ihnen sein Bedauern über die unwürdige Behandlung aus, die ihnen von den Totonaken widerfahren, sagte ihnen, er werde ihnen Mittel zur Flucht verschaffen und sich morgen bemühen, die Befreiung ihrer Gefährten zu erlangen. Er bat sie, dies ihrem Herrn zu berichten, mit den Versicherungen der hohen Achtung, welche die Spanier vor ihm hegten, trotz seines ungroßmütigen Benehmens, sie auf seinen unfruchtbaren Küsten vor Mangel umkommen zu lassen. Hierauf sandte er die mexikanischen Edelleute nach dem Hafen hinab, von wo sie zu Wasser nach einem anderen Teile der Küste, aus Furcht vor den Gewalttätigkeiten der Totonaken, gebracht wurden. Diese waren über die Flucht der Gefangenen sehr aufgebracht und würden die übrigen sofort abgeschlachtet haben, wenn nicht der spanische Befehlshaber den größten Abscheu gegen dieses Vorhaben geäußert und befohlen hätte, sie der Sicherheit halber an Bord der Flotte zu bringen. Bald nachher ward ihnen gestattet, sich mit ihren Gefährten zu vereinigen. Dieses schlaue Verfahren, so bezeichnend für Cortez' Staatskunst, hatte, wie wir später sehen werden, die ganze beabsichtigte Wirkung auf Montezuma. Es kann gewiß nicht, als zum wahren Geiste der Ritterlichkeit gehörend, gelobt werden; dennoch hat es an Lobrednern dafür unter den Volksgeschichtschreibern nicht gefehlt.

Auf Cortez' Befehl wurden Boten nach den totonakischen Städten abgesandt, um zu berichten, was vorgefallen, und sie aufzufordern, die fernere Zahlung von Steuern an Montezuma zu verweigern. Aber es bedurfte der Boten nicht. Die erschrockene Dienerschaft der aztekischen vornehmen Herren war nach jeder Richtung hin geflohen, mit der Erzählung von der verwegenen Beleidigung gegen die mexikanische Majestät, welche sich nun wie Feuer im ganzen Lande verbreitete. Die erstaunten Indianer, von der süßen Hoffnung geschmeichelt, ihre ehemalige Freiheit wieder zu erlangen, kamen haufenweise nach Chiahuitzlan, die furchtbaren Fremdlinge zu sehen und sich mit ihnen zu besprechen. Die Zaghafteren, von dem Gedanken erschreckt, der Gewalt Montezumas zu trotzen, empfahlen eine Gesandtschaft, um sein Mißfallen durch zeitige Zugeständnisse abzuwenden. Aber Cortez' gewandtes Benehmen hatte sie schon zu sehr in Schuld verwickelt, als daß sie vernünftigerweise auf Nachsicht von dieser Seite hoffen durften. Nach einigem Schwanken ward daher beschlossen, sich in den Schutz der Spanier zu begeben und einen kühnen Schritt zur Wiedererlangung der Freiheit zu tun. Es wurden den Häuptlingen Huldigungseide für die spanischen Herrscher abgenommen und von Godoy, dem königlichen Beglaubigten, pflichtgemäß aufgezeichnet. Cortez, zufrieden mit der wichtigen Erwerbung so vieler Untergebenen für die Krone, machte sich bald darauf nach dem bestimmten Hafen auf den Weg, nachdem er vorher versprochen hatte, wieder nach Cempoalla zu kommen, wo sein Geschäft nur teilweise abgemacht war.

Die für die neue Stadt ausgewählte Stelle war nur eine halbe Legua weit entfernt in einer großen fruchtbaren Ebene und mit einem erträglichen Hafen für die Flotte versehen. Cortez säumte nicht, den Umfang der Mauern und die Stellen für die Feste, den Kornspeicher, das Stadthaus, die Kirche und andere öffentliche Gebäude zu bestimmen. Die freundlichen Indianer leisteten eifrigen Beistand durch Herbeibringen von Baustoffen, an Steinen, Lehm, Holz und von an der Sonne getrockneten Ziegeln. Ein jeder legte Hand ans Werk. Der Befehlshaber arbeitete mit den gemeinsten Soldaten, indem er ihre Tätigkeit durch sein Beispiel sowohl wie durch seine Stimme anfeuerte. In wenigen Wochen war die Aufgabe vollbracht, und es erhob sich eine Stadt, die, wenn auch des vielversprechenden Namens, den sie trug, nicht ganz würdig, doch den meisten Zwecken, wozu sie errichtet wurde, entsprach. Sie diente zu einem guten Stützpunkte für künftige Unternehmungen; zu einem Ruheplatze sowohl für Dienstunfähige als für das Heer in Unglücksfällen; zu einem Aufbewahrungsort für Vorräte und für solche Gegenstände, welche vom Mutterlande oder nach demselben gesandt werden sollten; zu einem Hafen für die Flotte; zu einer Stellung von hinreichender Stärke, um das angrenzende Land in Furcht zu halten.

Es war die erste Pflanzstadt — die fruchtbare Erzeugerin so vieler anderen — in Neuspanien. Sie wurde mit Jubel begrüßt von den einfachen Eingeborenen, welche unter ihrem schützenden Schatten sicher zu ruhen hofften. Ach, sie konnten nicht in der Zukunft lesen, sonst würden sie keinen Grund gefunden haben, sich über diese Vorboten einer Staatsumwälzung zu freuen, die schrecklicher war, als irgend eine ihnen von ihren Barden und Propheten vorhergesagte. Es war nicht der gute Quetzalcoatl, der, Frieden, Freiheit und Bildung mitbringend, heimgekehrt war, um sein Eigentum zurückzufordern. Ihre Fesseln sollten allerdings gesprengt und ihre Unbilde an dem stolzen Haupte des Azteken gerächt werden, aber dies sollte durch den starken Arm geschehen, der den Unterdrücker wie den Unterdrückten auf gleiche Weise niederbeugen würde. Das Licht der Bildung sollte sich über ihr Land verbreiten, aber es sollte das Licht eines verzehrenden Feuers sein, vor welchem ihr wilder Ruhm, ihre Staatseinrichtungen und selbst ihr Dasein und ihr Name als Volk vergehen und erlöschen sollte! Ihr Urteil war gesprochen, sowie der weiße Mann den Fuß auf ihren Boden gesetzt hatte.

ACHTES HAUPTSTÜCK

*Eine zweite aztekische Gesandtschaft / Zerstörung der Götzenbilder
Berichte nach Spanien gesandt / Verschwörung im Lager / Die
Flotte wird versenkt*

1519

Während die Spanier mit ihrer neuen Niederlassung beschäftigt
waren, wurden sie durch das Erscheinen einer Gesandtschaft aus Mexiko überrascht. Die Nachricht von der Einkerkerung
der königlichen Steuereinnehmer hatte sich schnell durch das Land
verbreitet. Als sie nach der Hauptstadt gelangte, setzte sie alles in
Erstaunen über die beispiellose Verwegenheit der Fremdlinge. In
Montezuma ging jedes Gefühl, selbst das der Furcht, in dem der
Entrüstung unter, und er zeigte seine gewohnte Willensstärke in
den kräftigen Anstalten, die er sogleich traf, seine aufrührerischen
Untergebenen zu bestrafen und den der Würde seines Reiches zugefügten Schimpf zu rächen. Als aber die durch Cortez befreiten
aztekischen Offiziere nach der Hauptstadt zurückgekommen waren
und die freundliche Behandlung erzählt hatten, die ihnen von dem
spanischen Befehlshaber geworden, wurde Montezumas Zorn besänftigt, seine abergläubische Furcht gewann wieder die Oberhand
und veranlaßte ihn, zu seinem früheren zaghaften und versöhnlichen
Verfahren zurückzukehren. Er schickte daher eine aus zwei Jüng-
lingen, seinen Neffen, und vier alten Edelleuten seines Hofes bestehende Gesandtschaft in das spanische Standlager. Er versah sie
nach seiner gewöhnlichen freigebigen Art mit einem fürstlichen
Geschenk an Gold, reichen baumwollenen Stoffen und schönen
Mänteln von Plumaje oder Federstickerei. Als die Gesandten vor
Cortez erschienen, überreichten sie ihm diese Gegenstände und
drückten ihm zu gleicher Zeit die Erkenntlichkeit ihres Herrn für
die Freundlichkeit aus, die er durch die Befreiung seiner gefangenen
Edelleute an den Tag gelegt habe. Er sei indes überrascht und
betrübt darüber, daß die Spanier seine treulosen Lehnsleute in

ihrer Empörung unterstützt haben sollten. Er zweifle nicht, sie seien die Fremden, deren Ankunft schon so lange durch die Göttersprüche angekündigt gewesen, und von derselben Abstammung wie er selbst. Aus Achtung vor ihnen wolle er, solange sie anwesend wären, die Totonaken verschonen, aber die Zeit der Rache werde kommen.

Cortez bewirtete die indianischen Häuptlinge mit offener Gastfreundschaft. Zu gleicher Zeit war er darauf bedacht, seine Hilfsquellen so zur Schau zu stellen, daß sie, während er ihnen dadurch Unterhaltung verschaffte, einen tiefen Eindruck von seiner Macht zurückließen. Hierauf entließ er sie mit einigen unbedeutenden Geschenken, einer versöhnenden Botschaft an ihren Herrn und der Versicherung, daß er ihm bald in seiner Hauptstadt die Aufwartung machen werde, wo dann alle Mißverständnisse zwischen ihnen schnell beseitigt werden würden.

Die totonakischen Verbündeten konnten ihren Sinnen kaum trauen, als sie die Art dieser Zusammenkunft erfuhren. Trotz der Anwesenheit der Spanier hatten sie mit Besorgnis an die Folgen ihrer raschen Tat gedacht, und ihre Bewunderung steigerte sich zur Ehrfurcht vor den Fremden, die in solcher Entfernung imstande waren, einen so geheimnisvollen Einfluß auf den schrecklichen Montezuma zu üben.

Nicht lange nachher erhielten die Spanier eine Aufforderung von dem Kaziken von Cempoalla, ihm in einem Streite beizustehen, in den er mit einer benachbarten Stadt verwickelt war. Cortez marschierte mit einem Teile seiner Streitmacht zu seiner Hilfe. Auf dem Wege raubte ein gemeiner Soldat, namens Morla, einem Eingeborenen ein paar Vögel. Cortez, entrüstet über die Verletzung seiner Befehle unter seinen Augen und durchdrungen von der Wichtigkeit, bei seinen Verbündeten einen Ruf von Rechtlichkeit aufrecht zu erhalten, befahl den Menschen sofort am Rande des Weges angesichts des ganzen Heeres aufzuhängen. Glücklicherweise für diesen war Pedro de Alvarado, der künftige Eroberer von Quiché, zugegen und nahm es sich heraus, den Erhängten abzuschneiden, während noch Leben in ihm war. Er dachte wahrscheinlich, des Beispieles wegen sei genug geschehen und der unnötige Verlust eines Lebens sei mehr, als die kleine Schar ertragen könne. Diese Geschichte ist sehr bezeichnend, denn sie zeugt von der strengen Mannszucht, die Cortez über seine Leute übte, und von der Freiheit, die sich seine Hauptleute nahmen, indem sie ihn fast wie ihresgleichen, als einen ihrer Abenteuergefährten betrachteten. Dieses Gefühl von Kameradschaft führte unter ihnen zu einem Geiste des Ungehorsams, der seine Stelle als Befehlshaber nur noch bedenklicher und schwieriger machte.

Als sie die nur wenige Leguas von der Küste entfernte feindliche Stadt erreicht hatten, wurden sie auf eine freundschaftliche Weise empfangen und Cortez, der von seinen Verbündeten begleitet war, hatte die Genugtuung, diese verschiedenen Zweige der totonakischen Familie ohne Blutvergießen miteinander zu versöhnen. Er kehrte darauf nach Cempoalla zurück, wo er mit Freude vom Volke bewillkommt wurde, das jetzt eine ebenso günstige Meinung von seiner Mäßigung und Gerechtigkeit empfangen, als vorher von seiner Tapferkeit gehabt hatte. Als Zeichen seiner Dankbarkeit überlieferte der Kazike dem Befehlshaber acht reichgekleidete indianische Mädchen, mit goldenen Halsbändern und anderen Zieraten geschmückt, nebst einer Anzahl von Sklavinnen zu ihrer Bedienung. Sie waren die Töchter vornehmer Häuptlinge, und der Kazike bat, daß die spanischen Hauptleute sie zu Frauen nehmen mögen. Cortez nahm die Mädchen höflich auf, sagte aber dem Kaziken, sie müßten erst getauft werden, da die Söhne der Kirche keinen Umgang mit Götzendienern haben könnten. Alsdann erklärte er, daß der große Zweck seiner Sendung der sei, die Eingeborenen von ihren heidnischen Greueln zu entwöhnen und ersuchte den Kaziken, zu gestatten, daß die Götzenbilder zerstört und die Sinnbilder des wahren Glaubens an ihre Stelle gesetzt würden.

Hierauf antwortete jener wie vorher, daß seine Götter gut genug für ihn seien; auch war alle Überredung des Befehlshabers, sowie das Predigen des Paters Olmedo, ihn zur Einwilligung zu bringen, vergeblich. Neben seiner Vielgötterei hatte er auch Begriffe von einem höchsten, unendlichen Wesen, einem Schöpfer des Weltalls, und sein umwölkter Verstand konnte nicht begreifen, wie ein solches Wesen sich herablassen konnte, eine menschliche Gestalt mit menschlichen Gebrechen und Übeln anzunehmen und auf Erden wandelnd, ein freiwilliges Opfer derer zu werden, die sein Atem ins Dasein gerufen hatte. Er erklärte den Spaniern einfach, daß er jeder seinen Göttern angetanen Gewalt Widerstand zu leisten entschlossen sei, und daß diese Götter die Tat auch selbst durch augenblickliche Vernichtung ihrer Feinde rächen würden.

Aber der Eifer der Christen war zu hoch gestiegen, als daß er durch Widerspruch oder Drohung hätte abgekühlt werden können. Sie waren während ihres Aufenthaltes im Lande mehr als einmal Zeugen von den rohen Gebräuchen der Eingeborenen, ihren grausamen Menschenopfern und ihren ekelhaften menschenfresserischen Mahlzeiten gewesen. Ihr Inneres empörte sich über diese Greuel, und sie beschlossen einstimmig, ihrem Befehlshaber beizustehen, als dieser ihnen sagte, daß „der Himmel ihrer Unternehmung niemals lächeln würde, wenn sie solche Gräßlichkeiten begünstigten, und daß er seinerseits beschlossen habe, die indianischen Götzenbilder noch in der nämlichen Stunde zu stürzen, und wenn es ihm sein Leben koste". Das Werk der Bekehrung aufzuschieben, war eine Sünde. In der Begeisterung des Augenblickes blieben die Gebote der Klugheit und der gewöhnlichen Vorsicht gleich unbeachtet.

Seine Befehle kaum erwartend, brachen die Spanier nach einem der Hauptteocallis oder Tempel auf, der auf einem spitzsäuligen Grunde, mit einem steilen Aufgange von steinernen Stufen in der Mitte, emporstieg. Der Kazike, ihr Vorhaben ahnend, rief sogleich seine Leute zu den Waffen. Von allen Seiten versammelten sich die Krieger mit gellendem Geschrei und Waffengeklirr; während die Priester, in ihren dunklen, baumwollenen Gewändern, mit aufgelösten, blutbefleckten Haarflechten, die ihnen wild über die Schultern flogen, rasend unter den Eingeborenen umherliefen und sie aufforderten, ihre Götter vor Gewalt zu schützen! Alles war jetzt Verwirrung, Aufruhr und kriegerische Drohung, wo noch so kurz vorher Friede und die süße Brüderschaft der Völker gewaltet hatten.

Cortez traf seine gewöhnlichen raschen und entschiedenen Maßregeln. Er ließ den Kaziken und einige der vornehmsten Einwohner und Priester durch seine Soldaten festnehmen. Hierauf befahl er ihnen, das Volk zu beruhigen; denn würde ein einziger Pfeil gegen einen Spanier abgeschossen, so sollte dies einem jeden von ihnen das Leben kosten. Marina stellte ihnen zugleich die Tollheit des Widerstandes vor und gab dem Kaziken zu bedenken, daß, wenn er jetzt die Gunst der Spanier verscherze, er ohne Schutz gegen die fürchterliche Rache Montezumas bleiben würde. Diese weltlichen Betrachtungen schienen bei dem totonakischen Häuptling von größerem Gewicht gewesen zu sein, als die von mehr geistlicher Art. Er bedeckte sich das Gesicht mit den Händen, indem er ausrief, die Götter würden selbst das ihnen zugefügte Leid rächen.

Die Christen zögerten nicht, von dieser stillschweigenden Einwilligung Gebrauch zu machen. Auf ein Zeichen ihres Befehlshabers stürzten fünfzig Soldaten die große Tempeltreppe hinauf, öffneten oben das Gebäude, dessen Mauern schwarz von Menschenblut waren, rissen die ungeheuern hölzernen Götzenbilder von ihren Gestellen und schleppten sie bis an den Rand der Anhöhe. Die seltsamen Formen und Züge derselben, die eine den Spaniern unbekannte sinnbildliche Bedeutung hatten, erschienen ihren Augen nur als die scheußlichen Züge des Teufels. Mit großer Behendigkeit rollten sie die riesenmäßigen Ungeheuer die Stufen der Spitzsäule hinab, unter frohlockendem Jauchzen ihrer Gefährten und Geheul und Wehklagen der Eingeborenen. Das ganze schloß mit dem Verbrennen derselben in Gegenwart der versammelten Menge. Es erfolgte dieselbe Wirkung wie in Cozumel. Da die Totonaken ihre Gottheiten außerstande sahen, diese Entweihung ihrer Tempel zu verhüten oder zu bestrafen, faßten sie eine minder günstige Meinung von deren Macht, in Vergleich zu jener der geheimnisvollen und furchtbaren Fremden. Alsdann wurden Fußboden und Wände des Teocalli auf Cortez' Befehl von ihrem garstigen

Schmutz gereinigt, mit einer frischen Decke von Stuck durch die indianischen Maurer belegt, und ein Altar errichtet, auf dem sich ein hohes Kreuz, mit Rosenkränzen umhangen, erhob. Hierauf wurde ein feierlicher Umzug gehalten, bei dem einige der vornehmsten totonakischen Priester, nachdem sie ihre dunklen Gewänder gegen weiße vertauscht hatten, angezündete Lichter trugen; während ein Bildnis der Jungfrau, fast erdrückt unter der Last von Blumen, hoch getragen, und als der Zug die Stufen des Tempels erstiegen hatte, über dem Altar befestigt. Pater Olmedo hielt eine Messe, und die eindrucksvolle Art der Feierlichkeit, sowie die feurige Beredsamkeit des guten Priesters sprachen das Gefühl der bunten Zuhörerschaft so sehr an, daß Indianer sowohl als Spanier, wenn wir dem Zeitgeschichtschreiber glauben dürfen, bis zu Tränen und hörbarem Schluchzen gerührt wurden.

Ein alter Soldat, Juan de Torres, durch körperliche Schwäche dienstunfähig, bequemte sich, dort zu verbleiben, das Heiligtum zu bewachen und die Eingeborenen im Dienste desselben zu unterrichten. Alsdann umarmte Cortez seine totonakischen Verbündeten, die nun seine Religions- und Waffenbrüder waren, und brach noch einmal nach Villa Rica auf, wo er vor seiner Abreise nach der Hauptstadt noch einige Einrichtungen zu treffen hatte.

Zu seiner Überraschung fand er, daß daselbst während seiner Abwesenheit ein spanisches Schiff angekommen war, das zwölf Soldaten und zwei Pferde an Bord hatte. Es stand unter dem Befehl eines Hauptmannes, Saucedo genannt, eines Seeritters, der, um Abenteuer zu suchen, der Spur von Cortez gefolgt war. Sie gewährten, wenn auch eine schwache, doch eine sehr willkommene Verstärkung für das kleine Heer. Durch diese Leute erfuhren die Spanier, das Velasquez, der Statthalter von Kuba, vor kurzem von der spanischen Regierung bevollmächtigt worden war, eine Ansiedlung in den neuerlich entdeckten Ländern zu begründen.

Nun beschloß Cortez, einen Plan in Ausführung zu bringen, über den er schon einige Zeit nachgedacht hatte. Er wußte, daß alle die kürzlich vorgenommenen Handlungen des Pflanzstaates, sowie sein eigenes Ansehen, ohne die königliche Genehmigung ohne allen

Halt waren. Er wußte auch, daß Velasquez, der sehr angesehen bei Hofe war, sobald er seine Lossagung erfahren, alles aufbieten würde, ihn zu überlisten und zu vernichten. Er entschloß sich, seinen Absichten zuvorzukommen und ein Schiff, mit einer Botschaft an den Kaiser selbst gerichtet, nach Spanien abzusenden, worin er ihm die Art und den Umfang seiner Entdeckungen verkündete, um womöglich die Genehmigung seines Verfahrens zu erlangen. Um die Zuneigung seines Herrschers zu gewinnen, beabsichtigte er ferner, ihm ein Geschenk der Art zu senden, daß es ihm einen hohen Begriff von der Wichtigkeit seiner der Krone geleisteten Dienste einflößen sollte. Dies zu bewerkstelligen, hielt er das königliche Fünftel für unzureichend. Er besprach sich mit seinen Offizieren und überredete sie, auf ihren Anteil am Schatze zu verzichten. Auf seine Bitte wendeten sie sich in derselben Absicht an die Soldaten, indem sie denselben vorstellten, es sei der ernstliche Wunsch des Befehlshabers, der durch die Verzichtleistung auf sein eigenes Fünftel, das dem Anteil der Krone gleichkomme, ihnen ein Beispiel gebe. Das, was von jedem einzelnen gefordert werde, sei nur wenig, aber das ganze werde ein des Herrschers, für den es bestimmt sei, würdiges Geschenk bilden. Durch diese Opfer dürften sie hoffen, sich Nachsicht für die Vergangenheit und seine Gunst für die Zukunft zu erwerben; ein augenblickliches Opfer, das sich durch die sichere Aussicht auf die reichen Besitztümer, die sie in Mexiko erwarteten, wohl bezahlt machen würde. Es wurde dann ein Blatt bei den Soldaten herumgeschickt, welches alle, die ihren Anteil aufzugeben geneigt wären, zu unterzeichnen aufgefordert wurden. Die Ansprüche derer, welche es ablehnten, sollten berücksichtigt und der ihnen gebührende Anteil ihnen zugestellt werden. Kein einziger weigerte sich zu unterzeichnen und so lieferten sie noch einmal ein Beispiel von der außerordentlichen Gewalt, die Cortez über diese habgierigen Gemüter erlangt hatte, die auf sein Verlangen die Schätze aufgaben, welche das große Ziel ihres waghalsigen Unternehmens gewesen waren!

Er begleitete dieses Geschenk mit einem Briefe an den Kaiser, worin er alles ausführlich berichtete, was ihm seit seiner Abreise von Kuba begegnet war; seine verschiedenen Entdeckungen, seine Schlachten und seinen Handel mit den Eingeborenen; ihre Bekehrung zum Christentume; seine eigentümlichen Gefahren und Leiden; viele Einzelheiten über die Länder, die er besucht, und was er über das große mexikanische Königreich und dessen Beherrscher hatte erfahren können. Er schilderte seine Schwierigkeiten mit dem Statthalter von Kuba, das Verfahren des Heeres in Rücksicht auf Ansiedlung, und ersuchte den Kaiser, alles, was sie getan, sowie seine eigene Macht zu bestätigen, indem er die vollständige Gewißheit ausdrückte, daß er imstande sei, mit Hilfe seiner tapferen Gefährten die kastilianische Krone in Besitz dieses großen indianischen Reiches zu setzen.

Dies war der berühmte erste Brief, wie er genannt wird, von Cortez, der bis jetzt jeder danach in den Büchersammlungen Europas angestellten Nachsuchung entgangen ist. Daß er vorhanden war, steht ganz fest durch die Bezugnahme auf ihn sowohl in Cortez' späteren Briefen als in den Schriften von Zeitgenossen. Sein Inhalt im allgemeinen wird von seinem Hausgeistlichen Gomara gegeben. Die Wichtigkeit dieser Schrift ist ohne Zweifel sehr überschätzt worden, und sollte dieselbe jemals ans Licht kommen, wird man wahrscheinlich finden, daß sie zu dem in dem Briefe von Vera Cruz enthaltenen Stoffe, der die Grundlage des vorhergehenden Teiles unserer Erzählung bildet, wenig Bedeutendes hinzufügt. Er konnte aus keinen anderen Quellen schöpfen, als aus denen, welche den Verfassern der letzteren Schrift offenstanden. Er war selbst weniger vollständig und aufrichtig in seinen Mitteilungen, wenn es wahr ist, daß er jede Nachricht von den Entdeckungen seiner beiden unmittelbaren Vorgänger verschwieg. Die obrigkeitlichen Personen von Villa Rica verarbeiteten in ihrem Schreiben dieselbe Geschichte wie Cortez und schlossen mit einer nachdrücklichen Darstellung der schlechten Verwaltung Velasquez', dessen Käuflichkeit, Erpressung, selbstsüchtiges Sorgen für seinen eigenen Vorteil, mit Hintansetzung dessen seiner Herrscher und seiner Anhänger, sie in das klarste und ungünstigste Licht setzten.

Sie flehten die Regierung an, seine Einmischung in die neue Ansiedlung, der sie verderblich sein würde, nicht zu genehmigen, sondern das Unternehmen Hernando Cortez zu übertragen, als dem Manne, der durch seine Erfahrung und sein Benehmen am besten dazu geeignet sei, sie zu einem ruhmwürdigen Ende zu bringen.

Mit diesem Briefe zugleich ging auch ein anderer im Namen der Bürgersoldaten von Villa Rica ab, der ihre schuldige Unterwerfung unter die Herrscher ausdrückte und die Bitte enthielt, ihre Anordnungen überhaupt, besonders aber Cortez als ihren Anführer zu bestätigen.

Die Wahl der Überbringer dieser Botschaft war eine bedenkliche Sache, da von dem Erfolge das künftige Schicksal des Pflanzstaates und dessen Befehlshabers abhängen konnte. Cortez vertraute die Sache zwei Edelleuten, auf die er sich verlassen konnte; Francisco de Montejo, Velasquez' ehemaligem Anhänger, und Alonso Hernandez de Puertocarrero. Der letztere Offizier war ein naher Verwandter des Grafen Medellin und man hoffte, daß seine hohen Bekanntschaften ihm einen günstigen Einfluß am Hofe sichern würden.

Zugleich mit dem Schatze, der die Behauptung zu bestätigen schien, daß „das Land ebenso von Gold strotzte, wie das, aus dem Salomon dieses kostbare Metall für seinen Tempel bezog," wurden verschiedene indianische Handschriften abgeschickt. Einige waren von Baumwolle, andere von der mexikanischen Agave. Ihre unverständlichen Zeichen, sagt ein Zeitgeschichtschreiber, erregten bei den Eroberern wenig Teilnahme. Als ein Beweis von der geistigen Bildung waren sie indes für einen denkenden Verstand wichtigere Gegenstände als jene kostbaren Kunsterzeugnisse, die nur von der Handgeschicklichkeit des Volkes zeugten. Vier indianische Sklaven wurden, als Proben von den Eingeborenen, mitgeschickt. Sie waren aus den Käfigen befreit worden, worin sie zu Opfern eingeschlossen waren. Es ward eines der besten Schiffe der Flotte zur Reise gewählt, mit fünfzehn Seeleuten bemannt und unter die Leitung des Lotsen Alaminos gestellt. Er ward angewiesen, seine Fahrt durch die Bahama-Wasserstraße, nördlich von Kuba oder Fernandia, wie es damals genannt wurde, zu nehmen und um keinen Preis jene Insel oder irgend eine andere in dem indianischen Meere zu berühren. Mit diesen Verhaltungsbefehlen fuhr das gute Schiff am 26. Juli ab, beladen mit den Schätzen und guten Wünschen der Gemeinde von Villa Rica de Vera Cruz.

Nach einer raschen Fahrt erreichten die Abgesandten die Insel Kuba und gingen, gegen ihre bestimmten Befehle, vor Marien an der nördlichen Seite der Insel, vor Anker. Dies war aus Rücksicht für Montejo geschehen, der eine Pflanzung, die er in der Nähe besaß, zu besuchen wünschte. Als sie sich auf der Höhe des Hafens befanden, ging ein Matrose ans Ufer und quer durch die Insel nach der Hauptstadt St. Jago, wo er überall die Nachricht von dem Unternehmen verbreitete, bis sie Velasquez zu Ohren kam. Dies war die erste Kunde, welche man von der Flotte seit ihrer Abfahrt erhalten hatte, und es würde nicht leicht sein, die gemischten Empfindungen von Neugier, Erstaunen und Zorn zu schildern, die das Innere des Statthalters bewegten, als er den Bericht vernahm. Im ersten Aufbrausen der Leidenschaft ergoß er sich in einen Strom von Schmähungen über seinen Geheimschreiber und seinen Schatzmeister, Cortez' Freunde, die diesen zum Anführer der Unternehmung empfohlen hatten. Nachdem er sich auf diese Weise etwas erleichtert hatte, fertigte er zwei schnellsegelnde Fahrzeuge nach Marien mit dem Befehle ab, das Aufrührerschiff festzuhalten und im Fall es sich schon entfernt habe, es zu verfolgen und einzuholen.

Aber ehe die Schiffe den Hafen erreichen konnten, war der Vogel ausgeflogen und schon weit auf seiner Fahrt über das breite Atlantische Meer. Von dieser neuen Täuschung gekränkt, schrieb Velasquez Briefe voll unwilliger Klagen an die heimatliche Regierung und nach Hispaniola an die ehrwürdigen Väter des heiligen Hieronymus mit Bitten um Abhilfe. Von den letzteren erlangte er wenig Genugtuung. Er beschloß indes, sich selbst eine solche zu verschaffen und machte furchtbare Anstalten zu einem

DIE VERTEIDIGUNG DER SPANIER IM PALASTE AXAYACATLS.

Auf dem Dache Motecuzoma. / Lienzo de Tlaxcala.

anderen Geschwader, welches demjenigen unter seinem aufrührerischen Offiziere mehr als gewachsen sein sollte. Er war unermüdlich in seinen Anstrengungen, begab sich nach jedem Teile der Insel und bot alle seine Kräfte auf, seinen Zweck zu erreichen. Die Anstalten waren so großartig angelegt, daß notwendig mehrere Monate dazu gebraucht wurden.

Unterdes setzte das kleine Fahrzeug seinen Weg glücklich und rasch über das Meer fort, und nachdem es eine von den Azoren berührt, lief es im Monat Oktober wohlbehalten in den Hafen von St. Lucar ein. Wie lang die Reise bei der vervollkommneteren Schiffahrtskunde unserer jetzigen Zeit auch scheinen mag, so wurde sie damals für eine schnelle erachtet. Was den Botschaftern bei ihrer Ankunft begegnete, ihren Empfang am Hofe und den Eindruck, den ihre Nachricht machte, werde ich in einem späteren Hauptstücke berichten.

Kurz nach der Abreise der Botschafter fand ein sehr unangenehmes Ereignis statt. Eine Anzahl von Leuten, der Priester Juan Diaz an ihrer Spitze, aus irgend einer Ursache gegen Cortez' Verwaltung mißgestimmt oder weil die bevorstehende gewagte Unternehmung keinen Beifall bei ihnen fand, machten den Plan, sich eines der Schiffe zu bemächtigen, so schnell als möglich nach Kuba zu eilen und den Statthalter vom Schicksal der Flotte zu unterrichten. Dies ward mit solcher Heimlichkeit betrieben, daß man Mundvorräte, Wasser und alles zur Reise Erforderliche zusammengebracht hatte, ohne entdeckt zu werden, als die Verschwörung von einem Mitgliede derselben, der es bereute, daran teilgenommen zu haben, gerade in der Nacht, wo man absegeln wollte, verraten ward. Der Befehlshaber ließ die Beteiligten augenblicklich verhaften. Es ward ein Verhör angestellt, wodurch die Schuld der Angeklagten sich deutlich herausstellte. Gegen zwei der Rädelsführer wurde Todesstrafe verhängt; ein anderer, der Lotse, zum Verlust der Füße, und einige andere wurden zu Peitschenhieben verurteilt. Der Priester, wahrscheinlich der Schuldigste von allen, nahm die herkömmliche Rechtswohltat der Geistlichkeit in Anspruch und man ließ ihn entwischen. Einer von den zum Galgen

Verurteilten hieß Escudero und war der nämliche Alguacil, der, wie sich der Leser erinnern wird, Cortez so hinterlistig vor der Freistatt in Kuba angriff. Als der Befehlshaber die Todesurteile unterzeichnete, hörte man ihn ausrufen: „Ich wollte, daß ich nie schreiben gelernt hätte!" Es war nicht das erstemal, bemerkt man, daß eine solche Äußerung bei ähnlichen Veranlassungen geschah. Nachdem die Vorbereitungen in Villa Rica vollständig getroffen waren, sandte Cortez Alvarado mit einem großen Teile des Heeres nach Cempoalla voraus, wohin er bald nachher mit dem übrigen nachfolgte. Die letzte Empörungsgeschichte scheint einen tiefen Eindruck auf ihn gemacht zu haben. Sie lehrte ihn, daß es zaghafte Gemüter im Lager gebe, auf die er sich nicht verlassen könne und die, wie er fürchtete, den Samen des Mißvergnügens unter ihren Gefährten ausstreuen möchten. Selbst die Entschlosseneren möchten bei irgend einer künftigen Veranlassung zum Mißmut oder bei getäuschter Erwartung in ihrem Vorhaben wankend werden und, wenn sie sich in den Besitz von Schiffen setzten, das Unternehmen aufgeben. Dies war ohnehin schon zu umfassend und die Übermacht zu furchtbar, als daß bei einer Verminderung der Anzahl ein Gelingen zu erwarten gestanden hätte. Die Erfahrung bewies, daß diese so lange stets zu befürchten stehe, als noch Mittel zum Entkommen vorhanden wären. Der beste Weg zum Gelingen war, diese Mittel abzuschneiden. Er kam zu dem kühnen Entschlusse, die Flotte ohne Wissen des Heeres zu zerstören.

Als er in Cempoalla angekommen war, teilte er wenigen seiner treuen Anhänger seine Absicht mit und durch Vermittlung derselben bewog er schnell die Lotsen, vermöge jener goldenen Gründe, welche bei niedrigen Seelen schwerer als alle anderen wiegen, einen solchen Bericht von dem Zustande der Flotte zu machen, wie er für seine Absicht paßte. Sie sagten, die Schiffe seien durch die schweren Stürme, die sie bestanden, bedeutend beschädigt, und, was noch ärger, die Würmer hätten sich so in Seitenwände und Boden eingefressen, daß die meisten derselben nicht mehr seetüchtig und einige sogar kaum noch flott zu erhalten seien.

Cortez empfing diese Mitteilung mit Verwunderung; „denn er verstand es gut, sich zu verstellen," bemerkt Las Casas mit seiner bekannten freundlichen Auslegung, „wenn es sein Vorteil verlangte." „Ist dem so," rief er aus, „so müssen wir wenigstens retten, was wir können! Des Himmels Wille geschehe!" Hierauf befahl er, fünf der schlechtesten abzutakeln, das Tauwerk, die Segel, das Eisenwerk und alles, was beweglich war, ans Land zu bringen und die Schiffe zu versenken. Auch die anderen wurden untersucht und nach einem ähnlichen Berichte noch vier auf gleiche Weise verurteilt. Nur ein kleines Schiff blieb zurück!

Als die Truppen in Cempoalla diese Nachricht erhielten, versetzte sie dieselbe in die größte Bestürzung. Sie sahen sich durch einen einzigen Schlag von Freunden, Verwandten und Vaterland abgeschnitten! Den standhaftesten Herzen entsank der Mut bei der Aussicht, so auf einer feindlichen Küste, eine Handvoll Leute gegen ein furchtbares Reich, sich verlassen zu sehen. Als die Nachricht von der Zerstörung der zuerst verurteilten fünf Schiffe ankam, hatten sie sich, als in eine notwendige Maßregel, darein gefügt, da ihnen die unselige Geschäftigkeit der Insekten auf diesen tropischen Meeren bekannt war. Aber als nun auch der Verlust der vier anderen nachfolgte, blitzte eine Ahnung der Wahrheit in ihnen auf. Sie fühlten sich verraten. Ein anfänglich leises Murren wurde immer lauter und lauter und es drohte offene Empörung. Sie sagten, „ihr Befehlshaber hätte sie wie Vieh zur Schlachtbank getrieben". Die Sache gewann ein höchst beunruhigendes Ansehen. In keiner Lage war Cortez jemals so der Gefahr von seiten seiner Soldaten ausgesetzt.

Seine Gegenwart des Geistes verließ ihn in diesem entscheidenden Augenblicke nicht. Er rief seine Leute zusammen und mehr in der Sprache der Überredung als der Macht versicherte er sie, daß eine Untersuchung der Schiffe ihre Dienstunfähigkeit gezeigt habe. Wenn er die Zerstörung derselben befohlen, so sollten sie auch bedenken, daß er selbst dabei das größte Opfer gebracht habe; denn sie wären sein Eigentum, ja alles, was er in der Welt besessen. Die Truppen, ihrerseits, würden einen großen Vorteil daraus

ziehen, indem sie sich dadurch um hundert tüchtige Männer verstärkten, die bisher zur Bemannung der Schiffe erforderlich gewesen. Aber selbst, wenn die Flotte gerettet worden wäre, würde sie ihnen bei ihrer gegenwärtigen Unternehmung von geringem Nutzen gewesen sein, da sie dieselbe nicht brauchten, wenn ihr Unternehmen gelänge und wenn es mißlänge, sie sich zu tief im Innern befinden, um sie benutzen zu können. Er bat sie, ihre Gedanken auf etwas anderes zu richten. Auf Mittel zum Entfliehen zu sinnen, sei tapferer Gemüter unwürdig. Sie hätten nun einmal Hand ans Werk gelegt; rückwärts zu blicken, indem sie vordrängen, würde ihr Verderben sein. Sie sollten nur ihr früheres Vertrauen zu sich selbst und ihrem Befehlshaber wiedergewinnen und dann sei der Erfolg gewiß. „Was mich betrifft," fügte er schließlich hinzu, „so habe ich mein Teil erwählt. Ich werde hier ausharren, so lange nur noch einer bei mir bleibt. Gibt es einige Feige unter euch, die Anstand nehmen, die Gefahren unseres ruhmwürdigen Unternehmens zu teilen, so laßt sie in Gottes Namen nach Hause gehen. Es ist noch ein Schiff übrig, mögen sie es nehmen und nach Kuba zurückkehren. Sie mögen dort erzählen, wie sie ihren Befehlshaber und ihre Gefährten verlassen haben und ruhig warten, bis wir, mit der Beute der Azteken beladen, heimkehren."
Der kluge Redner hatte die rechte Saite im Herzen der Soldaten angeschlagen. So wie er sprach, verschwand nach und nach ihr Mißmut. Die erblichenen Traumbilder von künftigem Reichtum und Ruhm schwebten, neubelebt durch seine Beredsamkeit, ihrer Einbildungskraft wieder vor. Nachdem der erste Stoß vorüber war, schämten sie sich ihres Mißtrauens. Die Begeisterung für ihren Anführer wurde wieder entflammt; denn sie fühlten, daß sie nur unter seinem Banner zu siegen hoffen konnten, und sie taten die Änderung ihrer Gefühle dadurch kund, daß sie die Luft von dem Ruf erschallen ließen: „Nach Mexiko! Nach Mexiko!"
Die Zerstörung der Flotte durch Cortez ist vielleicht das merkwürdigste Ereignis in dem Leben dieses ausgezeichneten Mannes. Die Geschichte liefert allerdings Beispiele von ähnlichen Auswegen bei dergleichen Bedrängnissen, aber keines, wobei die Aussicht

auf Erfolg so ungewiß war und das Mißlingen hätte so schrecklich werden können. Wäre er unterlegen, so würde man die Tat als eine tolle bezeichnet haben. Sie war indes die Frucht überlegter Berechnung. Er hatte Vermögen, Ruf, ja das Leben selbst aufs Spiel gesetzt und mußte den Ausgang abwarten. Er hatte keinen anderen Gedanken als seinen Zweck zu erreichen oder unterzugehen. Die Maßregel, die er beschlossen, vermehrte die Hoffnung auf Erfolg bedeutend. Aber sie angesichts eines aufgebrachten verzweifelten Kriegsvolkes auszuführen, war eine Handlung der Entschlossenheit, deren die Geschichte wenige aufzuweisen hat.

ZWEITES BUCH

ERSTES HAUPTSTÜCK

Ereignisse in Cempoalla / Die Spanier erklimmen das Tafelland
Malerische Umgebung / Unterhandlungen mit den Eingeborenen
Gesandtschaft nach Tlascala

1519

Während sich Cortez zu Cempoalla befand, erhielt er von Escalante, seinem Unterbefehlshaber zu Villa Rica, eine Botschaft mit der Nachricht, daß daselbst vier fremde Schiffe längs der Küste auf- und abführen und daß dieselben seine wiederholten Zeichen nicht beachteten. Diese Anzeige beunruhigte den Befehlshaber sehr, da er fürchtete, es möchte ein vom Statthalter von Kuba abgesandtes Geschwader sein, um ihn an seinem Vorhaben zu verhindern. In großer Hast machte er sich an der Spitze weniger Reiter auf, befahl einem Trupp leichten Fußvolkes ihm zu folgen und eilte nach Villa Rica zurück. Den übrigen Teil des Heeres ließ er unter dem Befehl von Alvarado und Gonzalo de Sandoval, einem jungen Offizier, der angefangen hatte, Beweise von den ungewöhnlichen Eigenschaften zu geben, die ihm einen so ausgezeichneten Rang unter den Eroberern von Mexiko gesichert haben. Escalante wollte den Befehlshaber, als dieser die Stadt erreicht hatte, bewegen, sich einige Ruhe zu gönnen und ihm zu erlauben, die Fremden aufzusuchen, aber Cortez antwortete ihm mit dem einfachen Sprichwort: „Ein verwundeter Hase macht kein Schläfchen," und ohne daß weder er selbst, noch seine Leute eine Erfrischung nahmen, jagte er drei oder vier Leguas nach Norden zu, wo, wie er gehört, die Schiffe vor Anker lagen. Auf dem Wege stieß er auf drei soeben ans Land gesetzte Spanier. Auf seine dringenden Fragen, woher sie kämen, antworteten sie, daß sie zu einem von Francisco de Garay, Statthalter von Jamaika, ausgerüsteten Geschwader gehörten. Dieser hatte ein Jahr vorher die Küsten von Florida besucht, und von Spanien, wo er einigen Einfluß am Hofe hatte, ein Recht auf die Länder erlangt, die er in dieser Gegend entdecken würde. Die drei Leute, aus einem Beglaubigten und zwei Zeugen bestehend, waren ans Land geschickt worden, um ihre unter Cortez stehenden Landsleute zu warnen, nichts vorzunehmen, was als ein Eingriff in das Gebiet von Garay angesehen werden könnte. Wahrscheinlich hatten weder der Statthalter von Jamaika noch seine Offiziere irgend eine bestimmte Vorstellung von der Lage und den Grenzen dieses Gebietes.

Cortez sah sogleich, daß von dieser Seite nichts zu fürchten sei. Indes würde es ihm doch lieb gewesen sein, wenn er die Bemannung dieser Schiffe auf irgend eine Weise hätte bestimmen können, sich seiner Unternehmung anzuschließen. Den Beglaubigten und dessen Begleiter zu überreden, wurde ihm nicht schwer. Aber als er von den Schiffen aus gesehen ward, traute die Schiffsmannschaft dem guten Vernehmen nicht, worin ihre Gefährten mit den Spaniern zu stehen schienen und weigerte sich, ihr Boot ans Land zu schicken. In dieser Verlegenheit nahm Cortez zu einer List seine Zuflucht.

Er befahl dreien seiner Leute, mit den neu Angekommenen die Kleider zu wechseln. Hierauf zog er mit seinem kleinen Trupp angesichts der Schiffe ab, als ob er nach der Stadt zurückkehren wollte. In der Nacht kehrte er indes an den nämlichen Ort zurück und legte sich in einen Hinterhalt, indem er die verkleideten Spanier anwies, bei Tagesanbruch, wann man sie erkennen könnte, denen an Bord Zeichen zu geben. Die List gelang; ein Boot voll Bewaffneter stieß ab und drei oder vier sprangen ans Ufer. Aber sie entdeckten sogleich den Betrug und Cortez, der aus seinem Hinterhalte hervorbrach, machte sie zu Gefangenen. Erschrocken machten sich ihre Gefährten im Boote sogleich nach den Schiffen davon, welche bald unter Segel gingen und die am Ufer ihrem Schicksale überließen. So endete diese Sache; Cortez kehrte um ein halbes Dutzend tüchtiger Leute verstärkt und, was noch wichtiger war, von der Besorgnis, in seinen Unternehmungen behindert zu werden, befreit, nach Cempoalla zurück.

Nun traf er Anstalten zu seiner eiligen Abreise aus der Hauptstadt der Totonaken. Die für die Unternehmung bestimmte Streitmacht belief sich auf ungefähr vierhundert Mann Fußvolk und fünfzehn Reiter, mit sieben Stück Geschütze. Er bekam auch von dem Kaziken von Cempoalla dreizehnhundert indianische Krieger und tausend Tamanes oder Träger, die Kanonen und das Gepäck fortzuschaffen. Außerdem nahm er noch vierzig ihrer vornehmsten Leute als Geiseln mit, die ihm zugleich als Führer auf dem Wege und mit ihrem Rate bei den fremden Horden dienen sollten, zu denen er sich begeben wollte. Sie waren ihm wirklich auf dem ganzen Marsche von wesentlichem Nutzen.

Den Rest seiner spanischen Mannschaft ließ er als Besatzung von Villa Rica de Vera Cruz zurück, deren Befehligung er dem Alguacil Juan de Escalante, einem seiner Sache ergebenen Offizier, anvertraute. Er hatte eine vernünftige Wahl getroffen; denn es war wichtig, einen Mann daselbst anzustellen, der einerseits jedem feindlichen Eingriff von seiten seiner europäischen Nebenbuhler Widerstand leisten und andererseits die jetzigen freundlichen Verhältnisse mit den Eingeborenen aufrecht erhalten könnte. Cortez empfahl den totonakischen Häuptlingen sich an diesen Offizier in jeder schwierigen Angelegenheiten zu wenden, indem er sie versicherte, daß, solange sie ihrem neuen Herrscher und ihrer neuen Religion treu blieben, sie bei den Spaniern sicheren Schutz finden sollten.

Vor dem Aufbruch sprach der Befehlshaber einige ermutigende Worte zu seinen Leuten. Er sagte ihnen, sie seien jetzt im Begriff, ein Unternehmen ernstlich zu beginnen, das der große Gegenstand ihrer Wünsche gewesen sei, und daß der heilige Erlöser sie siegreich durch jede Schlacht mit ihren Feinden führen werde. „Diese Versicherung", fügte er hinzu, „muß jetzt unsere Stütze sein; denn jede andere Hilfe als die uns die göttliche Vorsehung und eure standhaften Herzen gewähren, ist uns abgeschnitten." Zum Schlusse verglich er ihre Taten mit denen der alten Römer, „in Ausdrücken honigsüßer Beredsamkeit, die alles weit übertreffen, was ich wiedergeben könnte," sagt der redliche und treuherzige Zeitgeschichtschreiber, der sie mit angehört hat. Cortez war in der Tat Meister in solcher Beredsamkeit, die den Soldaten zu Herzen ging. Denn ihre Neigungen waren auch die seinigen und er teilte ihren ritterlichen Sinn für Abenteuer. „Wir sind bereit, euch zu folgen," riefen sie wie aus einem Munde. „Unser Schicksal, sei es gut oder schlimm, bleibt mit dem eurigen verbunden." Das kleine Heer, nachdem es von seinen indianischen Gastfreunden Abschied genommen, machte sich voll hoher Hoffnungen und stolzer Eroberungspläne auf den Marsch nach Mexiko.

Es war am 16. August 1519. Den ersten Tag führte sie ihr Weg durch die Tierra caliente, das schöne Land, worin sie so lange aufgehalten worden waren, das Land der Vanille, des Kakao, der Cochenille (erst später der Pomeranze und des Zuckerrohres), Erzeugnisse, welche, in Mexiko einheimisch, jetzt Luxusgegenstände für Europa geworden sind; das Land, worin Früchte und Blüten sich das ganze Jahr hindurch einander ununterbrochen folgen; worin die Winde mit Wohlgerüchen geschwängert sind, so daß die Sinne von ihrem süßen Dufte betäubt werden; wo in den Hainen bunte Vögel schwärmen und Insekten, deren mit Schmelz bedeckte Flügel in der strahlenden Sonne der Wendekreise wie Juwelen funkeln. So ist der Zauberglanz dieses Paradieses für die Sinne. Indes die Natur, die gewöhnlich in ihrer Schöpfung Ausgleichung walten läßt, hat auch hier für eine solche gesorgt; denn dieselbe brennende Sonne, welche diese Wunder in der Pflanzen- und Tierwelt ins Leben ruft, erzeugt auch die Malaria, mit ihrem Gefolge von Gallenkrankheiten, die in den kühleren Himmelstrichen des Nordens unbekannt sind. Die Jahreszeit, worin die Spanier sich daselbst befanden, die Regenmonate des Sommers, war gerade die, in welcher das Vomito in seiner größten Stärke wütet, wo der Europäer kaum wagt, einen Fuß an die Küste zu setzen, geschweige denn auch nur einen Tag daselbst zu verweilen. Die Berichte der Eroberer machen keine Erwähnung davon, auch sprechen sie von keiner ungewöhnlichen Sterblichkeit. Die Behauptung derjenigen, welche das Erscheinen des gelben Fiebers lange nach der Eroberung des Landes durch die Weißen annehmen, wird ohne Zweifel durch diese Tatsache unterstützt. Sie beweist wenigstens, daß, wenn es auch vorher dort geherrscht, dies in einem sehr gemäßigten Grade der Fall gewesen sein muß.

Nachdem sie einige Meilen auf Straßen, die durch die Sommer-
regen fast unwegsam gemacht waren, zurückgelegt hatten, begannen
die Truppen die allmähliche Abdachung — sie ist auf den östlichen Abhängen der Kordilleren allmählicher als auf den westlichen — zu ersteigen, welche zu dem Tafellande von Mexiko
führt. Am Ende des zweiten Tages gelangten sie nach Xalapa,
einem Orte, der noch jetzt seinen aztekischen Namen beibehalten,
den er der Apothekerware mitgeteilt hat, die in der Nähe desselben
wächst und deren heilkräftige Eigenschaft jetzt in der ganzen Welt
bekannt ist. Diese Stadt steht auf dem halben Wege der langen
Abdachung und zwar auf einer solchen Höhe, daß die Meeres-
dünste, die von Westen her sie aufsteigend berühren, daselbst
das ganze Jahr hindurch ein üppiges Grün unterhalten. Obgleich
die Luft von den Meeresnebeln einigermaßen getrübt wird, so ist
sie doch gewöhnlich mild und gesund. Der wohlhabende Bewohner der niederen Gegenden zieht sich dahin zum Schutz gegen
die brennende Hitze des Sommers zurück und der Reisende begrüßt die Eichenhaine mit Entzücken, da diese ihm verkünden,
daß er sich nun über den tödlichen Einfluß des Vomito befindet.
Von dieser köstlichen Stelle aus genossen die Spanier eine der
großartigsten Aussichten in der Natur. Vor ihnen war die steile
Anhöhe — die nachher noch steiler wird —, welche sie zu erklimmen hatten. Rechts erhob sich die Sierra Madre, von ihrem
dunklen Piniengürtel umkränzt und den langen, schattigen Hügel-
reihen, die sich in weite Ferne hin erstreckten. Gegen Süden stand
als glänzendes Gegenstück der mächtige Orizaba mit seinem
weißen, an den Seiten hinabreichenden Schneegewande, der sich
in einsamer Größe wie ein Riesengespenst der Anden auftürmte.
Hinter sich sahen sie zu ihren Füßen die prachtvolle Tierra caliente
sich ausbreiten, mit ihrem munteren Gemisch von Wiesen, Strömen
und blühenden Wäldern, die mit weithin scheinenden indianischen
Dörfern abwechselten; während ein schwacher Lichtstreifen am
Rande des Gesichtskreises ihnen anzeigte, daß dort das Meer sei
und jenseits dessen ihr Geschlecht und ihr Vaterland lag, das so
viele von ihnen nie wiedersehen würden.

Auf stets aufwärts sich windenden Wegen, bei Umgebungen, so abweichend wie der dortige Wärmegrad von dem der unteren Gegenden, kam das Heer durch Ansiedlungen, eine jede von einigen hundert Bewohnern, und erreichte am vierten Tage „eine starke Stadt", wie Cortez sie nennt, die auf einer felsigen Höhe stand, und die, wie man glaubt, die jetzt unter dem mexikanischen Namen Naulinco bekannte war. Hier wurden sie von den Einwohnern, die Freunde der Totonaken waren, gastfreundlich aufgenommen. Cortez bemühte sich vermittels des Paters Olmedo, ihnen einige Kenntnis von den christlichen Lehren beizubringen, der Stadt ein Kreuz zur künftigen Anbetung der Eingeborenen zu errichten. Man konnte den Weg, den das Heer nahm, durch diese Sinnbilder der menschlichen Erlösung, überall da aufgestellt, wo eine willige indianische Bevölkerung es gestattete, verfolgen. So erweckten sie eine sehr verschiedene Vorstellung von der, mit welcher dieselben Denkmäler den heutigen Reisenden in diesen bergigen Einöden erfüllen.

Nun kamen die Truppen in einen rauhen Engpaß, den Bischofspaß, wie er genannt ward, der sich zu einer leichten Verteidigung gegen ein Heer eignete. Sie empfanden sehr bald eine höchst unangenehme Veränderung der Witterung. Kalte Winde von den Bergen, mit Regen und, so wie sie höher stiegen, mit Schneewehen und Hagel vermischt, durchweichten ihre Kleider und drangen ihnen bis auf die Haut. Die Spanier, welche teilweise von ihren Rüstungen und dicken Wämsern aus durchnähter Baumwolle bedeckt waren, konnten dem Wetter besser widerstehen, wiewohl ihr langer Aufenthalt in den schwülen Gegenden des Tales sich noch sehr empfindlich gegen diese Beschwerde machte. Aber die armen Indianer aus der Tierra caliente, deren Bedeckung ihnen wenig Schutz gewährte, erlagen dem rauhen Angriff der Elemente und einige von ihnen fanden auf dem Wege den Tod.

Der Anblick des Landes war ebenso wild und schrecklich wie die Witterung. Ihr Weg wand sich längs der Spitze des ungeheuren Cofre de Perote, der seinen Namen im Mexikanischen und Spanischen von dem kofferähnlichen Felsen auf seinem Gipfel erhalten hat. Er ist einer der großen feuerspeienden Berge Neuspaniens. Zwar zeigt er jetzt keine Spur eines Kraters auf seinem Gipfel, wohl aber häufige Merkmale feuerspeiender Tätigkeit an seinem Fuße, wo Lavafelder, geschwärzte Schlacken und Asche von den Naturerschütterungen Zeugnis geben, während zahlreiche Sträucher und faulende Stämme von ungeheuren Bäumen in den Spalten das Alter dieser Ereignisse bezeichnen. Durch diesen Schauplatz der Verwüstung hin führte sie ihr mühevoller Weg, oft an dem Rande von Abgründen vorbei, in deren steil abfallenden Tiefen von drei- bis viertausend Fuß das schwindelnde Auge gleichsam einen anderen Himmelstrich gewahrt und den ganzen glühenden Pflanzenwuchs der Wendekreise sehen kann, der den Boden der Schluchten bedeckt.

Nach drei so angreifenden Tagereisen drang das ermüdete Heer durch einen anderen Gebirgspaß, die Sierra del Agua. Sie kamen bald nach einer offenen Landstrecke mit einer angenehmen Luft- wärme, so wie sie den gemäßigten Breiten des südlichen Europa eigen ist; nun hatten sie eine Höhe von mehr als siebentausend Fuß über der Meeresfläche erreicht, wo sich die große Fläche des Tafellandes über hundert Meilen längs des Kammes der Kordil- leren ausdehnt. Der Boden verriet Zeichen von Anbau, aber seine Erzeugnisse waren den Spaniern meistenteils unbekannt. Felder und Hecken von den verschiedenen Kaktusarten, das hoch- ragende Organum und Pflanzungen von Aloe mit reichen, gelben Blütenbüscheln auf ihren hohen Stämmen, die den Azteken Ge- tränk und Kleidung gaben, sah man überall. Die Pflanzen der heißen und gemäßigten Zonen waren, je mehr man in diese höheren Gegenden aufstieg, eine nach der anderen verschwunden. Die glänzende und dunkelblättrige Banane, das hauptsächlichste Nahrungsmittel, weil es das wohlfeilste ist für die niederen Länder, war längst nicht mehr in der Landschaft zu finden; hingegen zeigte sich noch der dauerhafte Mais mit seinen goldenen Ernten in aller Pracht des Anbaues als großer Handelsgegenstand der höheren wie der niedrigeren Erdstriche der Hochebene.

Plötzlich kamen die Truppen in eine Gegend, die ihnen wie die

Umgebung einer volkreichen Stadt erschien, welche ihnen bei ihrem Eintritt an Größe und Festigkeit der Baulichkeiten selbst Cempoalla zu übertreffen schien. Diese bestanden aus Stein und Lehm und waren größtenteils geräumig und ziemlich hoch. Es gab an dem Orte dreizehn Teocallis und in den Vorstädten hatte man ein Behältnis gesehen, worin, nach Bernal Diaz, an hunderttausend Hirnschädel von Menschenopfern, alle der Ordnung nach aufgereiht, sich befanden. Er gibt die Zahl so genau an, als hätte er sie selbst gezählt. Welchen Glauben wir auch der strengen Genauigkeit seiner Zahlen schenken mögen, so ist die Sache an sich schon schauderhaft genug. Die Spanier sollten, je mehr sie sich der aztekischen Hauptstadt näherten, mit diesem schrecklichen Schauspiele vertrauter werden.

Der Herr der Stadt hatte über zwanzigtausend Untergebene zu gebieten. Er war Montezuma abgabenpflichtig und es lag eine mexikanische Besatzung in dem Orte. Vermutlich war er vom Herannahen der Spanier unterrichtet und zweifelhaft, inwiefern dies seinem Landesherrn willkommen sein würde. Auf jeden Fall gewährte er ihnen einen kalten Empfang, der ihnen nach den außerordentlichen Leiden der letzten Tage um so weniger behagte. Auf Cortez' Frage, ob er ein Untertan Montezumas sei, antwortete er mit wirklicher oder verstellter Verwunderung: „Wer ist denn dem Montezuma nicht untertan?" Der Befehlshaber sagte ihm mit einigem Nachdruck, daß er es nicht sei. Hierauf setzte er ihm auseinander, woher und wozu er komme, und versicherte ihn, daß er einem Könige diene, der Fürsten zu Lehnsmannen habe, die so mächtig seien wie der aztekische Herrscher selbst.

Dagegen blieb der Kazike dem Spanier durch eine prunkende Darstellung der Größe und der Hilfsquellen des indianischen Kaisers nichts schuldig. Er erzählte seinem Gaste, daß Montezuma dreißig große Fürsten untertänig seien. von denen jeder über hunderttausend Mann gebiete! Seine Einkünfte seien unermeßlich, da jeder Untertan, auch der ärmste, etwas zahle; sie würden alle zu seinem prachtvollen Hofstaat und zur Unterhaltung der Heere verwendet. Diese letzteren seien fortwährend im Felde, während außerdem

pciçtla ti teţ̧avutl
yn mal ques.

ANGRIFF

der Spanier und Tlaxcalaner gegen eine Tempelpyramide. / Lienzo de Tlaxcala.

noch in den meisten großen Städten des Reiches Besatzungen lägen. Über zwanzigtausend Opfer, die Früchte seiner Siege, würden jährlich auf den Altären seiner Götter geschlachtet! Seine Hauptstadt, sagte der Kazike, stehe in einem See, im Mittelpunkte eines weiten Tales. Den See beherrschten die Schiffe des Kaisers und zur Stadt führten mehrere Meilen lange Kunststraßen, zum Teil durch hölzerne Brücken miteinander verbunden, die aufgezogen, jede Verbindung mit dem Lande abschnitten. Auf die Fragen seines Gastes fügte er noch andere Dinge hinzu, wobei, wie sich der Leser vorstellen kann, der listige oder leichtgläubige Kazike die Wahrheit mit einem grellen Firnis von Dichtung überzog. Ob es Wahrheit oder Dichtung sei, vermochten die Spanier nicht zu unterscheiden. Die so erlangten Nachrichten waren nicht geeignet, sie zu beruhigen und hätten wohl mutvollere Seelen bedenklich gemacht, ehe sie weiter vorwärts gingen; aber weit entfernt davon. „Die Worte, welche wir vernahmen," sagt der so oft angeführte kühne, alte Ritter, „wie sehr sie uns auch in Erstaunen setzten, befestigten in uns nur noch mehr den Entschluß — denn dies ist dem Spanier eigen —, das Abenteuer, wie verzweifelt es auch scheinen mochte, zu bestehen."

In einer ferneren Unterredung fragte Cortez den Häuptling, ob sein Land reich an Gold sei und deutete den Wunsch an, etwas davon seinem Landesherrn zur Probe mitzubringen. Aber der Indianer lehnte dies ab, indem er sagte, es möchte Montezuma unangenehm sein. „Sollte er es befehlen," fügte er hinzu, „so stände mein Gold, mein Leben und alles, was ich besitze, zu eurer Verfügung;" worauf Cortez die Sache fallen ließ.

Die Neugierde der Eingeborenen war natürlich durch die sonderbaren Kleider, Waffen, Pferde und Hunde der Spanier erregt. Bei Beantwortung ihrer Fragen nahm Marina Veranlassung, die Tapferkeit ihrer neuen Landsleute herauszustreichen, indem sie sich weitläufig über ihre Kriegstaten und Siege ausließ und die außerordentlichen Zeichen von Hochachtung berichtete, die sie von Montezuma empfangen. Diese Mitteilung scheint ihre Wirkung getan zu haben; denn bald darauf gab der Kazike dem Be-

fehlshaber einige zierliche goldene Spielereien, zwar nicht von großem Wert, aber als einen Beweis seines Wohlwollens. Auch sandte er ihm einige Sklavinnen, um Brot für die Truppen zu bereiten, und sorgte für ihre Erfrischung und Ruhe, was ihnen in ihrer gegenwärtigen Lage wichtiger war als alles Gold Mexikos. Der spanische Befehlshaber ließ, wie gewöhnlich, die Gelegenheit nicht unbenutzt, seinem Gastfreunde die großen Wahrheiten der Offenbarung einzuprägen und ihm die Greuel des indianischen Aberglaubens vorzustellen. Der Kazike hörte dies mit höflicher, aber kalter Gleichgültigkeit an. Da Cortez ihn unbewegt fand, wandte er sich schnell zu seinen Soldaten um und sagte, jetzt sei es Zeit, das Kreuz aufzupflanzen! Sie unterstützten bereitwillig seine fromme Absicht und es würden dieselben Auftritte wie in Cempoalla, vielleicht mit ganz anderen Folgen, stattgefunden haben, wenn nicht Pater Olmedo, mit besserer Einsicht, dazwischengetreten wäre. Er gab zu bedenken, daß die Einführung des Kreuzes bei den Eingeborenen in ihrem gegenwärtigen Zustande von Unwissenheit und Ungläubigkeit das heilige Sinnbild der Entweihung aussetzen würde, sobald die Spanier den Rücken gekehrt hätten. Das einzige Mittel sei, ruhig die Zeit abzuwarten, wann sie mehr Muße haben würden, ihnen die Kenntnis der Wahrheit beizubringen. Die nüchterne und vernünftige Sprache des guten Paters siegte über die Leidenschaften der begeisterten Krieger.
Es war ein Glück für Cortez, daß Olmedo nicht einer jener wütenden Mönche war, die sein feuriges Gemüt bei solchen Gelegenheiten zur hellen Flamme angefacht haben würden. Dies möchte auf sein Schicksal einen höchst unheilvollen Einfluß geübt haben; denn er achtete alle zeitlichen Folgen gering gegen das große Werk der Bekehrung, das bei der Rücksichtslosigkeit des an den strengen Gehorsam des Lagers gewöhnten Kriegers mit Gewalt ausgeführt worden wäre, wenn sanfte Mittel fruchtlos blieben. Aber Olmedo gehörte zu der Klasse von wohlwollenden Bekehrern — von welchen die römisch-katholische Kirche zu ihrer Ehre viele Beispiel aufgestellt hat —, die sich auf die geistigen Waffen zu ihrem großen Werke verlassen, indem sie jene Lehren

von Liebe und Gnade einprägen, welche das Gefühl am meisten ansprechen und die Zuneigung ihrer rohen Zuhörerschaft gewinnen.

Der spanische Befehlshaber blieb vier oder fünf Tage in der Stadt, um seinen ermüdeten und verhungerten Kriegsleuten Erholung zu gestatten, und die neueren Indianer zeigen noch immer, oder zeigten wenigstens noch am Ende des vorigen Jahrhunderts, eine alte Zypresse, unter deren Zweigen das Pferd des Konquistadors — des Eroberers, wie Cortez vorzugsweise hieß — angebunden war. Ihr Weg führte sie nun durch ein breites und grünendes Tal, das von einem ansehnlichen Flusse bewässert wurde, — ein eben nicht zu häufiger Umstand in dem dürren Tafellande Neuspaniens. Der Boden war durch Waldung wohl geschützt, was heutigentags noch seltener vorkommt, da die Eindringlinge bald nach der Eroberung die prächtigen Bäume ausrotteten, welche die Hochebene unter den Azteken bedeckten und mit denen unsere südlichen und westlichen Staaten an Mannigfaltigkeit und Schönheit wetteiferten.

Den ganzen Fluß entlang, auf beiden Seiten desselben, dehnte sich eine drei oder vier Leguas lange, ununterbrochene Reihe von indianischen Wohnungen aus, „die so nahe aneinander standen, daß fast eine die andere berührte", was auf eine weit dichtere Bevölkerung als die jetzige schließen läßt. Auf einem rauhen und ansteigenden Grunde stand eine Stadt von etwa fünf- oder sechstausend Einwohnern, von einer Festung beherrscht, die mit ihren Wällen und Laufgräben den Spaniern „auf einem gleichen Standpunkt mit ähnlichen Bauwerken in Europa" zu stehen schien. Hier machten die Truppen wieder halt und erfuhren eine freundliche Behandlung.

In der letzten Stadt hatten ihm die Eingeborenen geraten, die Straße über die alte Stadt Cholula einzuschlagen, deren Einwohner, Untertanen Montezumas, ein gutmütiger Menschenschlag seien, die sich den Handwerken und anderen friedlichen Künsten widmeten und ihn wahrscheinlich freundlich aufnehmen würden. Ihre Verbündeten in Cempoalla rieten indes den Spaniern, den

Cholulanern, „einem falschen und treulosen Volke", nicht zu
trauen, sondern ihren Weg nach Tlascala, diesem tapferen, kleinen
Freistaate, zu nehmen, der so lange seine Unabhängigkeit gegen
Mexiko behauptet hatte. Das Volk sei so offen wie furchtlos und
ehrlich in seinem Benehmen. Es habe stets in freundlichem Vernehmen mit den Totonaken gestanden, was eine starke Bürgschaft
für eine freundschaftliche Gesinnung bei der gegenwärtigen Gelegenheit sei.

Die Gründe seiner indianischen Verbündeten siegten bei Cortez,
der sich entschloß, die Zuneigung der Tlascalaner durch eine Gesandtschaft zu gewinnen. Er wählte dazu vier der vornehmsten
Cempoallaner und sandte durch dieselben ein kriegerisches Geschenk — eine Mütze von karmesin Tuch, mit einem Schwerte und
einer Armbrust, Waffen, die, wie man bemerkt hatte, allgemeine
Bewunderung bei den Eingeborenen erregten. Er fügte einen Brief
hinzu, worin er um die Erlaubnis bat, seinen Weg durch ihr Land
nehmen zu dürfen, und drückte zugleich seine Bewunderung der
Tapferkeit der Tlascalaner und ihres langen Widerstandes gegen
die Azteken aus, deren stolzes Reich er die Absicht habe zu
demütigen. Es war nicht zu erwarten, daß dieses in gutem
Kastilianisch abgefaßte Schreiben den Tlascalanern sehr verständlich sein würde. Aber Cortez teilte den Inhalt desselben den
Abgesandten mit. Die geheimnisvollen Buchstaben sollten den Eingeborenen einen Begriff von überlegener Kenntnis einflößen und
der Brief die Stelle jener bilderschriftlichen Botschaften vertreten,
welche den indianischen Gesandten als Beglaubigungsschreiben zu
dienen pflegten.

Die Spanier blieben nach der Abreise der Gesandten noch drei
Tage in diesem gastfreundlichen Orte und setzten dann ihren
Weg weiter fort. Obgleich in einem ihnen freundlich gesinnten
Lande, marschierten sie doch stets wie in Feindesland, die Reiterei
und leichten Truppen im Vordertreffen, die Schwerbewaffneten
und das Gepäck in der Nachhut, ganz in Schlachtordnung ge-
reiht. Sie legten weder wachend noch schlafend die Rüstung ab
und hatten ihre Waffen stets zur Seite. Diese unausgesetzte und

rastlose Wachsamkeit war für sie vielleicht angreifender als körperliche Anstrengung. Aber sie hatten Vertrauen zu ihrer Überlegenheit im offenen Felde und fühlten, daß die größte Gefahr, die sie
in der indianischen Kriegführung zu fürchten hatten, in Über-
rumpelung bestand. „Wir sind wenige gegen viele, tapfere Gefährten," sagte ihnen Cortez, „so bildet euch denn ein, nicht zur
Schlacht zu gehen, sondern schon darin begriffen zu sein!"

Der Weg, den die Spanier einschlugen, war derselbe, der jetzt
nach Tlascala führt; indes nicht der, den man gewöhnlich von
Vera Cruz nach der Hauptstadt nimmt und der einen bedeutenden Bogen gegen Süden nach Puebla in der Nähe des ehemaligen
Cholula macht. Sie durchwateten mehr als einmal den Fluß, der
durch diese schöne Ebene fließt, und hielten sich mehrere Tage
auf dem Wege auf, in der Hoffnung, eine Antwort von dem indianischen Freistaate zu erhalten. Die unerwartet verzögerte Rückkehr
der Abgesandten war ihnen unerklärlich und veranlaßte einige
Besorgnis.

Als sie nun in ein Land von rauherem und schrofferem Ansehen
vordrangen, wurden sie plötzlich von einer merkwürdigen Befestigung aufgehalten. Diese bestand in einem steinernen Walle von
neun Fuß Höhe und zwanzig Fuß Dicke, mit einer eineinhalb Fuß
breiten Brustwehr, die sich oben zum Schutze der Verteidiger
erhob. Er hatte nur in der Mitte eine Öffnung durch zwei halb-
kreisförmige Mauerreihen, deren eine die andere in einem Raume
von vierzig Schritten umgab und dazwischen einen zehn Schritt
breiten Durchgang gewährte, der so eingerichtet war, daß er
durch den inneren Wall vollkommen beherrscht wurde. Diese Befestigung, welche sich über zwei Leguas weit ausdehnte, ruhte
an jedem Ende auf den von der Sierra gebildeten, kühnen, natürlichen Stützpfeilern. Das Bauwerk bestand aus ungeheuren, ohne
Mörtel genau zusammengefügten Steinblöcken, und die noch vor-
handenen Überreste, unter denen man noch Felsblöcke von der
ganzen Breite des Walles findet, zeugen hinlänglich von der Festigkeit und der Größe desselben.

Dieses sonderbare Bauwerk bezeichnete die Grenzen von Tlascala und sollte, wie die Eingeborenen den Spaniern sagten, als eine Schutzwehr gegen die Einfälle der Mexikaner dienen. Das Heer stand voll Erstaunen still beim Anblick dieses Zyklopendenkmals, das natürlicherweise Betrachtungen über die Stärke und die Hilfsquellen des Volkes, das es errichtet hatte, hervorrief. Es flößte ihnen zugleich einige Besorgnis ein über den mutmaßlichen Erfolg ihrer Sendung nach Tlascala und den ihnen dort bevorstehenden Empfang. Aber sie waren zu feurig, um solche unangenehme Mutmaßungen lange in sich zu nähren. Cortez setzte sich an die Spitze seiner Reiterei, und mit dem Ausrufe: „Vorwärts, Soldaten, das heilige Kreuz ist unser Banner, und mit ihm werden wir siegen", führte er sein kleines Heer durch den unverteidigten Durchgang und nach wenigen Augenblicken betraten sie den Boden des Freistaates Tlascala.

*Freistaat Tlascala / Dessen Staatseinrichtungen / Dessen frühere
Geschichte / Verhandlungen im Senat / Verzweifelte Schlachten*

1519

Ehe wir die Spanier weiter in das Gebiet von Tlascala begleiten,
wird es nützlich sein, einige Züge von dem Charakter und
den Einrichtungen dieses in vieler Beziehung merkwürdigsten
Volkes von Anahuac zu geben. Die Tlascalaner gehörten mit den
Azteken zu derselben großen Familie. Sie kamen ungefähr zu
derselben Zeit, am Ende des zwölften Jahrhunderts, mit den verwandten Stämmen auf die Hochebene und siedelten sich an der
westlichen Grenze des Sees von Tezcuco an. Hier trieben sie viele
Jahre hindurch die gewöhnlichen Verrichtungen eines kühnen und
teilweise gesitteten Volkes. Aus irgend einem Grund, vielleicht
wegen ihrer stürmischen Gemütsart, zogen sie sich die Feindschaft
der umliegenden Horden zu. Es ward ein Bündnis gegen sie geschlossen und in einer blutigen Schlacht in den Ebenen von
Poyauhtlan erfochten die Tlascalaner einen vollständigen Sieg.
Da ihnen indes der Aufenthalt unter Völkern, die so ungünstig
gegen sie gesonnen waren, mißfiel, entschloß sich das siegreiche
Volk zur Auswanderung. Sie teilten sich in drei Abteilungen,
deren größte in südlicher Richtung nach dem großen feuerspeienden Berge von Mexiko zu, um die alte Stadt Cholula herum zog
und sich endlich in dem Bezirk des Landes niederließ, der von der
Sierra von Tlascala beschattet wird. Die warmen und fruchtbaren,
von dieser rauhen Bergkette umschlossenen Täler gewährten einem
ackerbautreibenden Volke Mittel zum Lebensunterhalt, während
die kühnen Höhen der Sierra eine sichere Lage für ihre Städte
darboten.
Nach einer Reihe von Jahren ging mit ihren Staatseinrichtungen
eine wichtige Veränderung vor. Das Königreich ward zuerst in
zwei, dann in vier besondere Staaten geteilt, die durch eine Art

von Bundesvertrag, der wahrscheinlich eben nicht sehr genau abgefaßt war, miteinander in Verbindung standen. Jeder Staat hatte indes seinen eigenen Herrn oder obersten Häuptling, der unabhängig in seinem Gebiete war und in allen Gegenständen, welche den ganzen Freistaat betrafen, eine den anderen gleiche Berechtigung genoß. Die Regierungsgeschäfte, besonders alle, die auf Krieg oder Frieden Bezug hatten, wurden in einem Senate oder Rat abgemacht, der aus den vier Herren mit ihren untergeordneten Edlen bestand.

Die niederen Würdenträger standen zu dem Oberherrn eines jeden Bezirkes in einer Art Lehnsverband, unter der Verpflichtung, für seine Tafel, für die Aufrechterhaltung seines Hofstaates in Friedenszeiten zu sorgen und ihm im Kriege zu dienen. Dagegen hatten sie auf den Schutz und Beistand von ihrem Lehnsherrn zu rechnen. Dieselbe gegenseitige Verpflichtung fand statt zwischen ihnen und ihrer Gefolgschaft, unter welcher ihre Ländereien verteilt wurden. So kam eine Kette von lehensherrlichen Abhängigkeiten zustande, die, wenn sie auch nicht der ganzen Künstlichkeit und gesetzlichen Bedächtigkeit ähnlicher Einrichtung in der Alten Welt entsprachen, doch ihre eigentümlichsten Eigenschaften in Rücksicht auf persönliche Verhältnisse darboten, nämlich die Verpflichtung zu Kriegsdiensten von der einen Seite und zur Beschützung von der anderen. Diese Regierungsform, welche sich von der der benachbarten Völker sehr unterschied, erhielt sich bis zur Ankunft der Spanier. Es ist sicherlich ein Beweis von großer Bildung, daß eine so verwickelte Staatseinrichtung so lange ungestört von den heftigen Parteien in den verbündeten Staaten Bestand hatte und sich als genügend erwies, das Volk in seinen Rechten und das Land vor den Angriffen von außen zu schützen.

Die niedrigen Stände des Volkes scheinen indes keiner größeren Gerechtsame als unter den königlichen Regierungen teilhaftig gewesen zu sein und ihr Rang wurde durch eine angemessene Kleidung, sowie durch ihre Ausschließung von den Abzeichen der vornehmen Stände sorgfältig unterschieden.

Das seinen Lebensgewohnheiten nach ackerbautreibende Volk

erteilte seine höchsten Würden, wie die meisten anderen rohen —
leider auch die gebildeten — Völker, der kriegerischen Tapferkeit.
Es waren öffentliche Kampfspiele eingerichtet, und Preise für diejenigen bestimmt, welche sich in solchen männlichen und kräftigen
körperlichen Übungen auszeichneten, die zu den Anstrengungen
des Krieges tüchtig machten. Einem siegreichen Feldherrn wurde
ein feierlicher Empfang, wobei er dann Beute und Gefangene in
langen Zügen in die Stadt führte, während seine Kriegstaten in
Volksgesängen ertönten und sein Bildnis in Holz oder Stein in
den Tempeln aufgestellt wurde. Hierin tat sich wahrlich der kriegerische Sinn eines römischen Freistaates kund.

Eine dem Ritterwesen nicht unähnliche Einrichtung wurde eingeführt; derjenigen sehr gleich, die bei den Azteken ebenfalls bestand. Der nach der Würde dieses rohen Rittertums Strebende
hielt die Waffenwache und fastete fünfzig oder sechzig Tage im
Tempel, dann hörte er eine ernste Rede über die Pflichten seines
neuen Standes an. Hierauf folgten verschiedene wunderliche Gebräuche, wobei ihm seine Waffen wieder zurückgegeben wurden;
er wurde in feierlichem Zuge durch die Straßen geführt und die
Einweihung durch Festmahle und öffentliche Lustbarkeiten beschlossen. Der neue Ritter wurde von nun an durch gewisse eigentümliche Vorrechte ausgezeichnet, sowie durch ein Merkmal, das
seinen Rang andeutete. Hiebei verdient es bemerkt zu werden, daß
diese Ehre nicht kriegerischem Verdienste allein vorbehalten war,
sondern ebensowohl zur Belohnung für öffentliche Dienste anderer
Art, als Weisheit im Rat oder Klugheit und Glück im Handel,
diente. Denn der Handel wurde von den Tlascalanern in ebenso
hohen Ehren gehalten, wie von den anderen Völkern Anahuacs.

Der gemäßigte Himmelstrich des Tafellandes schaffte reichliche
Gegenstände für den auswärtigen Handel. Die Fruchtbarkeit des
Bodens war durch den Namen des Landes bezeichnet; denn
Tlascala bedeutet „Brotland". Seine weiten Ebenen bis zu den
Abhängen seiner Felshügel wogten von gelben Maisernten und von
dem ergiebigen Maguey, einer Pflanze, die die Stoffe zu einigen
wichtigen Kunsterzeugnissen liefert. Mit diesen sowohl als mit den

Erzeugnissen des Ackerbaues nahm der Kaufmann seinen Weg längs der Kordilleren hinab, durchwanderte die sonnigen Gegenden am Fuße derselben, und brachte die Luxusgegenstände zurück, welche die Natur der seinigen verweigert hatte.

Die verschiedenen Künste der Bildung hielten Schritt mit dem zunehmenden Reichtum und der allgemeinen Wohlfahrt; wenigstens wurden diese Künste anscheinend ebenso weit gebracht, wie bei den anderen Völkern Anahuacs. Die tlascalanische Sprache, sagt der Volksgeschichtschreiber, einfach, wie sie für eine bergige Gegend paßte, war rauh im Vergleich mit der geschliffenen tezcucanischen oder der volkstümlichen aztekischen Mundart und deshalb nicht so gut für Schriftstellerei geeignet. Aber sie machten in den Anfangsgründen der Wissenschaften gleiche Fortschritte mit den verwandten Völkern; ihr Kalender war nach demselben Plane entworfen. Ihre Religion, ihre Baukunst, viele ihrer Gesetze und geselligen Gewohnheiten waren die nämlichen und verrieten alle einen gemeinschaftlichen Ursprung. Ihre Schutzgottheit war derselbe wilde Kriegsgott wie der der Azteken, wiewohl sie einen anderen Namen hatte; ihre Tempel waren auf gleiche Weise mit dem Blute von Menschenopfern getränkt, und ihre Tafeln strotzten von denselben kannibalischen Mahlen.

Obgleich ihr Ehrgeiz nicht auf auswärtige Eroberungen gerichtet war, so erregte doch mit der Zeit der Wohlstand der Tlascalaner die Eifersucht ihrer Nachbarn und besonders des reichen Staates Cholula. Es entstanden häufig Feindseligkeiten zwischen ihnen, bei welchen der Vorteil stets auf seiten der ersteren war. Einen weit furchtbareren Feind fanden sie in späteren Zeiten an den Azteken, welche die Unabhängigkeit Tlascalas nicht gut ertragen konnten, als die benachbarten Völker, eines nach dem anderen, ihren Einfluß und ihre Herrschaft anerkannten. Unter dem ehrgeizigen Axayacatl forderten sie von den Tlascalanern dieselbe Steuer und den nämlichen Gehorsam, den ihnen andere Völker des Landes leisteten. Wenn sie sich dessen weigerten, so würden die Azteken ihre Städte bis auf den Grund zerstören und das Land ihren Feinden ausliefern.

Auf dieses gebieterische Verlangen antwortete der kleine Freistaat stolz: „Weder sie, noch ihre Vorfahren hätten je einer fremden Macht Steuer gezahlt und würden es auch niemals tun. Geschehe ein Einfall in ihr Land, so würden sie es zu verteidigen wissen und ihr Blut für ihre Freiheit ebenso willig vergießen, wie ihre Väter es vor Zeiten getan, als sie die Azteken auf den Ebenen von Poyauhtlan in die Flucht geschlagen!"

Auf diese Antwort zog die Streitmacht des Königreiches gegen sie zu Felde. Es erfolgte eine regelmäßige Schlacht, worin die tapferen Tlascalaner Sieger blieben. Von dieser Zeit an wurden die Feindseligkeiten zwischen den beiden Völkern mehr oder weniger lebhaft fortgesetzt, jedoch mit schonungsloser Wildheit. Jeder Gefangene wurde ohne Erbarmen geopfert. Die Kinder wurden von der Wiege an zu tödlichem Haß gegen die Mexikaner erzogen und selbst in den kurzen Zwischenräumen des Krieges fanden zwischen den Bewohnern der betreffenden Länder jene Wechselheiraten nicht statt, durch welche die geselligen Bande zwischen den meisten anderen verwandten Stämmen Anahuacs geknüpft wurden.

In diesem Kampfe erhielten die Tlascalaner eine mächtige Stütze durch den Beitritt der Othomis oder Otomis, wie die kastilianischen Schriftsteller gewöhnlich schreiben, eines wilden und kriegerischen Stammes, der ursprünglich über das Tafelland nördlich vom mexikanischen Tale ausgebreitet war. Ein Teil von ihnen siedelte sich im Freistaate an und wurde bald in die Heere desselben aufgenommen. Ihr Mut und ihre Treue gegen das Volk, dem sie sich angeschlossen, erwarb ihnen Vertrauen, und so wurden die Grenzstädte ihrer Aufsicht übergeben. Die bergigen Schutzmauern, von denen Tlascala umringt ist, gewährten viele natürliche Verteidigungsstellungen gegen Angriffe. Das Land war gegen Osten offen, wo ein etwa sechs Meilen breites Tal den Feind zum Eindringen gleichsam einlud. Aber gerade da errichteten die eifersüchtigen Tlascalaner den furchtbaren Wall, der die Bewunderung der Spanier erregt hatte, und den sie mit einer Besatzung von Otomis versahen.

Nach der Thronbesteigung Montezumas wurden zu ihrer Unterjochung Versuche nach einem größeren Maßstabe von neuem angestellt. Seine siegreichen Waffen hatten sich die Abhänge der Anden herunter bis zu den fernen Landschaften Vera Paz und Nikaragua verbeitet und sein hochmütiger Sinn fand sich gereizt durch den Widerstand eines unbedeutenden Staates, dessen Flächenraum nicht über zehn Leguas Breite und fünfzehn Leguas Länge betrug. Er sandte unter dem Befehl seines Lieblingssohnes ein Heer gegen sie aus; seine Truppen wurden geschlagen und sein Sohn getötet. Dies veranlaßte den gekränkten und wütenden König zu noch größeren Kriegsrüstungen. Er zog die Streitkräfte der an der Grenze liegenden Städte, sowie die des Reiches zusammen, und mit diesem furchtbaren Heere überzog er die dem Verderben geweihten Täler Tlascalas. Aber das kühne Gebirgsvolk zog sich in die Schlupfwinkel seiner Berge zurück, wartete ruhig die Gelegenheit ab und stürzte sich wie ein Waldstrom auf die Eindringlinge, die sie nach schrecklichem Gemetzel von ihrem Gebiete zurücktrieben.

Trotz der über den Feind im Felde errungenen Vorteile waren die Tlascalaner hart bedrängt von ihren langen Kämpfen mit einem ihnen an Zahl und Hilfsquellen so weit überlegenen Feinde. Die aztekischen Heere, die zwischen ihnen und der Küste lagen, schnitten ihnen alle Verbindung mit jenen fruchtbaren Gegenden ab, so daß die Mittel zu ihrem Unterhalt auf die Erzeugnisse ihres eigenen Bodens und Kunstfleißes beschränkt waren. Ein halbes Jahrhundert hindurch hatten sie weder Baumwolle noch Kakao und Salz. Durch die lange Entbehrung dieser Gegenstände hatte ihr Geschmack eine solche Richtung genommen, daß nach der Eroberung noch mehrere Geschlechter vergehen mußten, ehe sie sich wieder an den Gebrauch des Salzes zu ihren Speisen gewöhnen konnten. Man sagt, daß während der kurzen Zwischenräume im Kriege die aztekischen Edelleute in wahrem ritterlichen Geiste Vorräte von diesen Waren unter vielen höflichen Ausdrücken von Hochachtung an die tlascalanischen Häuptlinge zum Geschenk sandten. Dieser Verkehr, versichert uns der indianische Zeitgeschichtschreiber, wurde vom Volke nicht beargwohnt; er führte aber auch, fügt er hinzu, zu keinem weiteren Einverständnisse zwischen den Parteien, das den Freiheiten des Freistaates hätte nachteilig werden können, „der seine Gebräuche und seine gute Verwaltung, so wie die Anbetung seiner Gottheiten unverletzt aufrecht erhielt".

So stand es um die Tlascalaner bei der Ankunft der Spanier; sie erhielten sich in einem immer bedrohten Dasein unter der Überschattung der furchtbaren Macht, die gleich einer Lawine über ihrem Haupte zu schweben schien, aber noch stark durch ihre eigenen Hilfsquellen und noch stärker durch ihren unbeugsamen Charakter; mit einem im ganzen Lande feststehenden Rufe von Redlichkeit und Mäßigung im Frieden, von Mut im Kriege, während ihr unerschütterlicher Sinn für Unabhängigkeit ihnen selbst die Achtung ihrer Feinde sicherte. Bei solchen Eigenschaften und einer solchen, durch lange tödliche Feindschaft gegen Mexiko gesteigerten Erbitterung war augenscheinlich ein Bündnis mit ihnen für die Spanier in ihrem jetzigen Vorhaben von der höchsten Wichtigkeit. Ein solches zustande zu bringen, war nicht leicht.

Die Tlascalaner hatten das Herannahen und den siegreichen Zug der Christen erfahren, wovon die Nachricht sich über die ganze Hochebene weithin verbreitet hatte. Aber sie scheinen nicht darauf vorbereitet gewesen zu sein, die Fremden sich ihren Grenzen nahen zu sehen. Deshalb setzte sie die Botschaft, die jetzt einen Durchgang durch ihr Gebiet verlangte, in große Verlegenheit. Man rief den großen Rat zusammen und es gab sich unter den Mitgliedern desselben eine große Meinungsverschiedenheit kund. Einige vermuteten, nach dem allgemein herrschenden Aberglauben, die Spanier seien die weißen und bärtigen Männer, welche das Orakel verkündet hatte. Jedenfalls seien sie Feinde der Mexikaner und könnten als solche an ihrem Kampfe mit dem Reiche teilnehmen. Andere behaupteten, daß die Fremden gar nichts mit ihnen gemein haben könnten. Ihr Weg durch das Land werde durch die zertrümmerten Bilder der indianischen Götter und die entweihten Tempel bezeichnet. Wie wüßten denn die Tlascalaner, daß sie Montezumas Feinde seien? Sie hätten Botschaften von ihm empfangen, seine Geschenke angenommen und wären jetzt in Begleitung seiner Vasallen auf dem Wege nach seiner Hauptstadt begriffen.

Diese letzteren Betrachtungen machte ein bejahrter Häuptling, einer von den vier Vorstehern des Freistaates. Sein Name war Xicotencatl; er war fast blind und, wie man sagt, weit über hundert Jahre alt. Sein Sohn, ein ungestümer junger Mann desselben Namens, befehligte ein mächtiges Heer tlascalanischer und otomischer Krieger nahe der östlichen Grenze. Der alte Mann sagte, es würde am besten sein, mit dieser Streitmacht die Spanier plötzlich zu überfallen; siegten sie, so fielen die letzteren in ihre Gewalt; würden sie geschlagen, so könne der Senat die Handlung als eine des Befehlshabers und nicht als eine des Freistaates verleugnen. Der listige Rat des Häuptlings fand Gunst bei den Zuhörern, obgleich er allerdings weder im Geiste des Rittertums noch der Redlichkeit war, wegen dessen seine Landsleute berühmt waren. Aber bei einem Indianer waren Stärke und List, Mut und Betrug im Kriege gleich zulässig, wie dies auch bei den rohen Völkern des alten Roms der Fall war. Die Abgesandten von Cempoalla wollte man unter dem Vorwande, sie sollten einem religiösen Opfer beiwohnen, zurückhalten.

Unterdessen war Cortez mit seiner tapferen Schar, wie im vorhergegangenen Hauptstücke berichtet, vor dem Felswalle an der östlichen Grenze Tlascalas angekommen. Dieser war aus irgend einem Grunde nicht von seiner otomischen Besatzung bemannt und die Spanier zogen, wie wir gesehen haben, ohne Widerstand ein. Cortez ritt an der Spitze seiner Reiterei und ging, nachdem er dem Fußvolk befohlen, im Schnellschritt heranzukommen, auf Kundschaft weiter vorwärts. Als er drei oder vier Leguas weit vorgedrungen, entdeckte er einen kleinen Trupp Indianer mit Schwert und Schild, nach der Sitte des Landes, bewaffnet; sie flohen, als er sich näherte. Er gab ihnen Zeichen zum Stillstehen, aber als er sah, daß sie nur um desto schneller flohen, gaben er und seine Begleiter den Pferden die Sporen und hatten sie bald eingeholt. Da die Indianer sahen, daß hier an kein Entkommen zu denken, kehrten sie um, und statt den gewöhnlichen Schrecken der Eingeborenen vor dem neuen und fürchterlichen Anblick eines Mannes zu Pferde zu zeigen, begannen sie einen wütenden Angriff auf die Reiter. Diese waren ihnen indes zu stark und würden ihren Feind ohne große Mühe in Stücke gehauen haben, als ein Haufen von mehreren tausend Indianern sichtbar wurde und rasch zum Beistand ihrer Landsleute herbeieilte.

Als Cortez sie sah, schickte er in aller Eile einen von seinen Leuten ab, um den Marsch seines Fußvolkes zu beschleunigen. Nachdem die Indianer ihre Wurfgeschosse abgeschleudert hatten, fielen sie wütend über die kleine Schar der Spanier her. Sie bemühten sich ihnen die Lanzen aus der Hand zu reißen und die Reiter von den Pferden herabzuziehen. Einen Reiter rissen sie zur Erde, der nachher an seinen Wunden starb, auch töteten sie zwei Pferde, indem sie mit ihren starken Säbeln deren Genick — wenn wir dem Zeitgeschichtschreiber glauben dürfen — mit einem einzigen Streiche durchhieben! In der Erzählung dieser Feldzüge ist zuweilen nur ein Schritt, und zwar ein kleiner, von der Wahrheit zur Dichtung. Den Verlust der Pferde, die für Cortez so wichtig waren, und deren er nur so wenige hatte, fühlte er tief; denn er konnte leichter das Leben des besten Reiters in der Schar entbehren.

Der Kampf war hartnäckig. Aber die Überlegenheit war so ungeheuer groß wie irgend eine, deren die Spanier in ihren Dichtungen erwähnen, worin eine Handvoll Ritter gegen Legionen von Feinden im Felde steht. Die Lanzen der Christen waren auch hier auf eine fürchterliche Weise tätig, aber sie hätten der Zauberlanze Astolfs bedurft, welche Myriaden mit einer bloßen Berührung niederschlug, um sich heil aus einem so ungleichen Kampfe zu ziehen. Es war daher keine geringe Freude für sie, daß sie ihre Gefährten schleunig zu ihrem Beistande ankommen sahen.

Kaum war die Hauptmacht auf dem Schlachtfelde angelangt, als sie, schnell in Schlachtordnung, eine solche Ladung aus ihren Gewehren und Armbrüsten abfeuerten, daß sie den Feind wanken machte. Mehr in Staunen gesetzt, als entmutigt durch den Knall der Feuergewehre, der jetzt zum ersten Male in diesen Gegenden gehört wurde, wollten die Indianer den Kampf nicht weiter fortsetzen, sondern zogen sich in guter Ordnung zurück und ließen den Spaniern die Straße frei. Diese, ganz zufrieden, der Plage überhoben zu sein, kümmerten sich nicht um die Verfolgung des fliehenden Feindes, sondern setzten ihren Weg fort.

Dieser führte sie durch eine mit indianischen Hütten besäte Gegend, mit blühenden Mais- und Magueyfeldern, die auf ein fleißiges Landvolk schließen ließen. Hier trafen sie zwei tlascalanische Abgesandte, von zwei Cempoallanern begleitet. Die ersteren stellten sich dem Befehlshaber vor, mißbilligten den Angriff gegen seine Truppen als eine unberechtigte Handlung und versicherten ihn eines freundlichen Empfanges in ihrer Hauptstadt. Cortez nahm die Mitteilung in einer höflichen Weise auf, indem er sich den Anschein gab, derselben mehr Vertrauen zu schenken, als er wahrscheinlich tat.

Es war nun spät geworden und die Spanier beschleunigten ihren Marsch, da ihnen daran lag, vor einbrechender Nacht einen gutgelegenen Platz zum Lager zu finden. Sie fanden einen solchen an den Ufern eines Stromes, der langsam durch die Ebene floß. Es standen einige verlassene Hütten längs des Ufers, und die ermüdeten und hungrigen Truppen durchsuchten sie nach Lebensmitteln. Alles, was sie finden konnten, bestand in einigen, den Hunden ähnlichen, zahmen Tieren. Sie töteten und bereiteten sie ohne Umstände, und ihrem unschmackhaften Mahle die Frucht der Tuna, der indianischen Feige, hinzufügend, die in der Nähe wild wuchs, suchten sie damit ihren heftigen Hunger zu stillen. Cortez ließ scharfe Wache halten und Abteilungen zu hundert Mann mußten sich einander die Nacht hindurch auf der Wache ablösen; es erfolgte aber kein Angriff. Es war gegen die indianische Kriegssitte, während der Nacht Feindseligkeiten zu begehen. Am folgenden Morgen beim Anbruch des Tages, es war der 2. September, standen die Truppen unter Waffen. Außer den Spaniern mochte sich die Anzahl der indianischen Hilfstruppen auf dreitausend belaufen; denn Cortez hatte aus den befreundeten

ve q:que quhxac all.

GEFECHT AM TOLTEKENKANAL.
Lienzo de Tlaxcala.

Städten auf seinem Wege neue Verstärkung an sich gezogen; aus der letzten dreihundert Mann. Nach Anhörung der Messe setzten sie ihren Marsch fort. Sie bewegten sich in geschlossenen Reihen; der Befehlshaber hatte sie vorher gewarnt, nicht zurückzubleiben, oder auch nur einen Augenblick außerhalb der Reihen zu gehen, da Nachzügler von dem heimlich lauernden, aufmerksamen Feinde sicher abgeschnitten werden würden. Die Reiter ritten drei nebeneinander, um sich besser gegenseitig helfen zu können, und Cortez wies sie an, in der Hitze des Gefechtes zusammenzuhalten und niemals einzeln anzugreifen. Er lehrte sie, wie sie ihre Lanzen zu führen hätten, damit sie ihnen von den Indianern nicht aus den Händen gerissen würden, was diese stets versuchten. Aus demselben Grunde sollten sie Stöße zu geben vermeiden, sondern mit ihren Waffen stets nach den Gesichtern der Feinde zielen.

Sie waren noch nicht weit vorwärts gekommen, als sie die beiden anderen cempoallanischen Abgesandten trafen, die mit Schreckensblicken den Befehlshaber benachrichtigten, daß sie verräterischerweise ergriffen und ins Gefängnis gebracht worden seien, um bei einem bevorstehenden Festtage der Tlascalaner geopfert zu werden, es sei ihnen aber in der Nacht gelungen, zu entkommen. Auch brachten sie die unwillkommene Nachricht, daß eine große Streitmacht von Eingeborenen schon beisammen sei, um sich dem Vordringen der Spanier zu widersetzen.

Bald darauf erblickten sie einen dem Anschein nach etwa tausend Mann starken Haufen Indianer, alle bewaffnet, und beim Herannahen der Christen ihre Waffen schwingend, zum Zeichen der Herausforderung. Als Cortez ihnen so nahe gekommen, um von ihnen gehört werden zu können, ließ er ihnen durch die Dolmetscher zurufen, daß er keine feindlichen Absichten habe, sondern nur die Erlaubnis zum Durchzug durch ihr Land, in das er als Freund gekommen sei, begehre. Diese Erklärung ließ er auf der Stelle von dem königlichen Beglaubigten Godoy niederschreiben, damit, wenn Blut vergossen würde, es nicht den Spaniern zur Last falle. Diese friedliche Erklärung wurde, wie gewöhnlich, mit einem Hagel von Pfeilen, Steinen und Wurfspießen beantwortet, der dicht auf die festen Harnische der Spanier prasselte und zuweilen bis auf die Haut eindrang. Erbittert durch den Schmerz, den ihre Wunden ihnen verursachten, riefen sie dem Befehlshaber zu, sie zum Angriff zu führen, worauf dieser dann den wohlbekannten Schlachtruf: „St. Jago" und „Vorwärts!" erschallen ließ.

Die Indianer behaupteten eine Zeitlang ihren Platz mit Mut, dann zogen sie sich aber eiligst, jedoch in Ordnung zurück. Die Spanier, durch das Treffen in Hitze gebracht, verfolgten ihren Vorteil mit mehr Eifer als Vorsicht, indem sie sich von dem listigen Feinde in einen engen Paß verlocken ließen, der von einem kleinen Wasserstrom durchschnitten war, und wo sich wegen des gebrochenen Bodens weder das Geschütz noch die Reiterei bewegen konnten. Eifrig vordringend, um dieser gefährlichen Stellung zu entgehen, wurden sie zu ihrem großen Schrecken, als sie um eine scharfe Ecke des Passes bogen, eines zahlreichen Heeres ansichtig, das den schmalen Talweg versperrte und sich weit über die Ebenen jenseits desselben verbreitete. Cortez' erstauntem Blicke erschien es an hunderttausend Mann stark, während allerdings keine Angabe sie auf weniger als dreißigtausend schätzt.

Sie boten dem Auge ein verwirrtes Gemisch von Helmen und Waffen und mannigfach buntem Gefieder, das hell in der Morgensonne glänzte, worin sich Fahnen erhoben, unter denen eine stolz wehte, welche mit der Gestalt eines Reihers auf einem Felsen verziert war. Dies war das bekannte Abzeichen des Hauses Titcala, und das ebenso wie die weißen und gelben Streifen auf den Leibern und die gleichen Farben an dem Federgewande der Indianer zeigte, daß sie die Krieger des Xicotencatl waren.

Sobald die Tlascalaner die Spanier erblickten, erhoben sie ein gräßliches Kriegsgeschrei, oder vielmehr Pfeifen, welches das Ohr mit seinem gellenden Tone zerriß, und das, vereint mit dem Schlagen ihrer dumpfen Trommeln, eine halbe Legua und wohl noch weiter hörbar, auch das mutigste Herz mit Schrecken erfüllen mußte. Dieser furchtbare Schwarm stürzte auf die Christen los, als wollte er sie schon durch seine Menge allein vernichten. Aber die mutige Kriegerschar, fest zusammengereiht und von ihren starken Rüstungen geschützt, empfing den Angriff unerschüttert, während die gebrochenen feindlichen Massen, indem sie hitzig ungestüm sie umschwärmten, nur zu weichen schienen, um mit neuen und vermehrten Streitkräften zurückzukehren.

Cortez, der sich wie gewöhnlich da befand, wo die Gefahr am größten war, bemühte sich an der Spitze der Reiterei vergebens, einen Durchgang für das Fußvolk zu bahnen. Noch hielten seine Leute, sowohl zu Fuß als zu Pferde, ihre Reihen undurchbrochen, indem sie dem Feinde keinen Angriffspunkt darboten. Ein Trupp Tlascalaner griff indes gemeinschaftlich einen Soldaten, namens Moran, einen der besten Reiter aus der Schar, an. Es gelang ihnen, ihn vom Pferde zu reißen, das sie mit unzähligen Hieben töteten. Die Spanier zu Fuß machten verzweifelte Anstrengungen, ihren Gefährten aus den Händen des Feindes und von dem schrecklichen Schicksal eines Gefangenen zu erretten. Es entspann sich ein wilder Kampf über dem Körper des niedergestreckten Pferdes. Zehn der Spanier waren schon verwundet, als es ihnen endlich gelang, den unglücklichen Reiter seinen Angreifern zu entziehen, jedoch in einem so traurigen Zustande, daß er am folgenden Tage starb. Das Pferd trugen die Indianer frohlockend davon, und die zerfetzten Überreste desselben wurden von den Indianern, ein sonderbares Siegeszeichen, nach den verschiedenen Städten Tlascalas gesandt. Dieser Umstand war dem spanischen Befehlshaber unangenehm, weil er dem Tiere den übernatürlichen Schrecken benahm, den der Aberglaube der Eingeborenen mit demselben gewöhnlich verbunden hatte. Um dem vorzubeugen, hatte er die beiden am vorhergehenden Tage getöteten Pferde heimlich begraben lassen.

Der Feind, von den Reitern niedergeworfen und unter den Hufen der Pferde zertreten, fing nun allmählich an, das Feld zu räumen. Bei diesem ganzen heftigen Treffen waren die indianischen Verbündeten den Spaniern von großem Nutzen. Sie stürzten sich ins Wasser und rangen mit ihren Feinden mit der Verzweiflung von Menschen, welche fühlten, „daß ihr einziges Heil nur in der Verzweiflung am Heil bestand". „Uns bleibt keine Wahl als der

Tod," rief ein cempoallanischer Häuptling, zu Marina gewendet, aus; „lebend kommen wir nicht durch den Engpaß." „Der Gott der Christen ist mit uns," antwortete das unerschrockene Weib, „und er wird uns glücklich hindurchführen."

Mitten im Getümmel der Schlacht hörte man Cortez' Stimme, wie er seinen Soldaten Mut zusprach. „Wenn wir jetzt unterliegen," rief er aus, „so wird das Kreuz Christi niemals in diesem Lande aufgerichtet. Vorwärts, Gefährten! Wann hat man jemals gehört, daß ein Kastilianer einem Feinde den Rücken zugekehrt." Beseelt von den Worten und dem heldenmäßigen Betragen ihres Feldherrn, gelang es endlich den Soldaten mit verzweifelter Anstrengung, sich einen Weg durch die dunklen Heeresreihen des Feindes zu bahnen und durch den Engpaß in die offene Ebene jenseits desselben zu dringen.

Hier erlangten sie rasch mit ihrer Überlegenheit auch ihr Vertrauen wieder. Die Reiterei schaffte bald Raum für die Wirksamkeit des Geschützes. Die dichten Reihen ihrer Gegner boten demselben ein sicheres Ziel, und der Donner der Ströme von Feuer und Schwefeldampf ausspeienden Kanonen, die in ihren Reihen angerichtete große Verheerung und die gräßlich verstümmelten Leichen der Erschlagenen verbreitete Bestürzung und Schrecken unter den Wilden. Sie hatten keine Waffen, die sich mit diesen fürchterlichen Maschinen messen konnten, und ihre plumpen Wurfgeschosse, von unsicheren Händen geschleudert, schienen ohne Wirkung auf die bezauberten Häupter der Christen zu fallen. Was ihr Ungemach noch vermehrte, war das Bemühen, ihre Toten und Verwundeten vom Schlachtfelde zu entfernen, was bei den Völkern Anahuacs allgemein gebräuchlich war, wobei sie sich aber noch größeren Verlusten aussetzten.

Acht ihrer vornehmsten Häuptlinge waren gefallen, und da sich Xicotencatl ganz außerstande fühlte, den Spaniern in offenem Felde Widerstand zu leisten, befahl er den Rückzug. Weit entfernt von der Verwirrung eines von plötzlichem Schrecken ergriffenen Haufens, die bei Wilden so gewöhnlich ist, zog sich die tlascalanische Streitmacht mit der Ordnung eines wohlgeregelten Heeres

vom Kriegsschauplatze zurück. Cortez war von seinem jetzigen
Vorteile zu befriedigt, um ihn zu verfolgen. Es war eine Stunde vor
Sonnenuntergang, und es lag ihm daher viel daran, sich vor Ein-
bruch der Nacht eine gute Stellung zu sichern, wo er seinen verwundeten Truppen Erfrischung und Nachtlager verschaffen könnte.
Die Verwundeten wurden aufgehoben, und man machte sich ohne
Zeitverlust auf den Weg; noch vor der Dämmerung erreichten sie
eine felsige Anhöhe, genannt Tzompachtepetl oder „der Hügel
von Tzompach". Auf dem Gipfel stand eine Art von Turm oder
Tempel, dessen Überreste noch sichtbar sind. Cortez' erste Sorge
war den Verwundeten gewidmet, sowohl Menschen als Pferden.
Glücklicherweise fand er eine Menge Lebensmittel in einigen nahe
gelegenen Hütten, und die Soldaten, wenigstens die, welche nicht
an ihren Schäden darniederlagen, feierten den siegreichen Tag
durch Festmahle und Lustbarkeiten.

Über die Anzahl der auf beiden Seiten Getöteten und Verwundeten lassen sich nur höchst unsichere Vermutungen aufstellen.
Die Indianer müssen bedeutend gelitten haben, aber ihr Gebrauch,
die Toten vom Schlachtfelde zu entfernen, macht die Bestimmung
ihres Verlustes unmöglich. Der der Spanier scheint hauptsächlich
in Verwundeten bestanden zu haben. Die Eingeborenen von
Anahuac beabsichtigten in ihren Schlachten hauptsächlich, Gefangene zu machen, um damit ihre Siegeszüge zu schmücken und
sich ihrer zu Schlachtopfern zu bedienen. Diesem grausamen
Aberglauben verdanken die Christen in nicht geringem Grade
ihre persönliche Erhaltung. Nach den Berichten der Eroberer
waren ihre Verluste in der Schlacht stets unbedeutend. Aber wer
Gelegenheit gehabt hat, die Zeitgeschichtschreiber Spaniens in
bezug auf deren Kriege mit den Ungläubigen, seien es Araber
oder Amerikaner, zu lesen, wird in ihre Zahlenangaben wenig
Vertrauen setzen.

Die Begebenheiten des Tages haben Cortez manche Veranlassung
zu trüben Betrachtungen gegeben. Einen so entschiedenen Widerstand hatte er nirgends innerhalb der Grenzen Anahuacs gefunden;
nirgends war er eingeborenen Truppen begegnet, durch ihre

Waffen, ihre Kriegszucht und ihren Mut so furchtbar wie diese. Weit entfernt, die von anderen Indianern an den Tag gelegte abergläubische Furcht vor den fremdartigen Waffen und dem Anblick der Spanier zu zeigen, waren sie kühn mit ihrem Feinde handgemein geworden und nur der unausweichbaren Überlegenheit seiner Kriegskenntnis gewichen. Wie wichtig würde das Bündnis mit einem solchen Volke in einem Kampfe mit ihren Stammgenossen, zum Beispiel mit den Azteken, sein! Aber wie konnte er sich dies Bündnis sichern? Bisher waren alle dahin zielenden Eröffnungen mit Verachtung abgewiesen worden, und er hielt es für wahrscheinlich, daß jeder fernere Schritt in diesem volkreichen Lande ihm aufs heftigste streitig gemacht werden würde. Sein Heer, besonders die Indianer, feierten die Ereignisse des Tages durch Schmäuse, Tänze, fröhliche Gesänge und Siegesjauchzen. Cortez begünstigte dies, da er wohl wußte, wie wichtig es sei, den Mut seiner Krieger aufrecht zu erhalten. Aber zuletzt erstarben die Klänge froher Lust, und in der stillen Einsamkeit der Nacht, während sein kleines Heer in seinem Lager rings um den indianischen Hügel in Schlummer begraben lag, muß mancher ängstliche Gedanke das Gemüt des Befehlshabers beunruhigt haben.

DRITTES HAUPTSTÜCK

Entscheidender Sieg / Indianische Ratsversammlung / Nächtlicher Angriff / Unterhandlungen mit dem Feinde / Der tlascalanische Held

1519

Am folgenden Tage war den Spaniern eine ungestörte Ruhe gegönnt, so daß sie nach den Anstrengungen und harten Kämpfen des vorhergegangenen, ihre Kräfte wieder sammeln konnten. Indes fanden sie hinlängliche Beschäftigung durch Ausbesserung und Säuberung ihrer Waffen, Vervollständigung ihres verminderten Vorrates an Pfeilen und durch andere Rüstungen zu künftigen Feindseligkeiten, falls die derbe Lehre, die sie dem Feinde gegeben, sich als unzureichend zu dessen Entmutigung erweisen sollte. Als am zweiten Tage Cortez keine Mitteilungen von den Tlascalanern erhielt, beschloß er, eine Gesandtschaft in ihr Lager zu schicken, die ein Einstellen der Feindseligkeiten vorschlagen und seine Absicht ausdrücken sollte, sich als Freund nach ihrer Hauptstadt zu begeben. Er wählte zu Überbringern dieser Botschaft zwei der im letzten Treffen zu Gefangenen gemachten vornehmsten Häuptlinge.

Da er seine Leute nicht gern länger in dem gefährlichen Zustande von Untätigkeit lassen wollte, die der Feind für Zagheit oder Erschöpfung halten könnte, stellte er sich unterdes an die Spitze der Reiterei und solcher leichten Truppen, die sich zu dem Dienste am besten eigneten, und machte einen Streifzug ins benachbarte Land. Es war eine bergige Gegend, von einer Verzweigung der großen Sierra von Tlascala gebildet, mit grünenden Abhängen und Tälern, von Mais- und Magueypflanzungen strotzend, während auf den Anhöhen volkreiche Städte und Dörfer lagen. In einem derselben fand er, wie er uns sagt, dreitausend Wohnungen. An einigen Orten stieß er auf entschlossenen Widerstand, und übte dann genügende Rache, indem er das Land durch Feuer und Schwert verwüstete. Nach seinem erfolgreichen Einfall kehrte er, mit Futter und Lebensmitteln beladen und einigen hundert indianischen Gefangenen, zurück. Er behandelte diese indes bei seiner Rückkehr ins Lager mit Milde, da er ihnen dadurch zu verstehen geben wollte, daß diese Gewaltmaßregeln nicht nach seinen Wünschen, sondern durch das unfreundliche Benehmen ihrer Landsleute herbeigeführt seien. Auf diese Weise hoffte er dem Volke einerseits die Überzeugung von seiner Macht, andererseits die von seinen freundschaftlichen Absichten zu verschaffen, wenn er gleiche Gesinnung auch bei ihnen zu gewärtigen habe.

In seiner Wohnung angekommen, fand er die beiden Abgesandten aus dem tlascalanischen Lager zurückgekehrt. Sie waren in einer Entfernung von etwa zwei Leguas auf Xicotencatl gestoßen, wo er mit einer gewaltigen Kriegsmacht gelagert war. Der Kazike gab ihnen, an der Spitze seiner Truppen, Gehör und erteilte ihnen folgende Antwort: „Die Spanier möchten, sobald es ihnen beliebe, nach Tlascala durchgehen; sobald sie dahin gelangt, werde ihnen das Fleisch vom Leibe gehauen und den Göttern als Opfer dargebracht werden! Sollten sie es aber vorziehen, in ihrem Lager zu bleiben, so werde er ihnen am nächsten Tage einen Besuch abstatten." Die Abgesandten fügten hinzu, daß der Häuptling eine ungeheure Streitmacht von fünf Schlachthaufen, ein jeder aus zehntausend Mann bestehend, bei sich habe. Sie seien die Blüte der tlascalanischen und otomischen Krieger, unter den Fahnen ihrer Anführer auf Befehl des Senats versammelt, welcher entschlossen sei, das Glück des Staates in einer regelmäßigen Schlacht zu versuchen und einen entscheidenden Streich zur Ausrottung der Angreifer auszuführen.

Diese kecke Herausforderung erschreckte die Spanier, da sie auf einen so hartnäckigen Sinn bei ihrem Feinde nicht vorbereitet waren. Sie hatten schon einen hinreichenden Beweis von seinem Mute und seiner furchtbaren Tapferkeit, und nun sollten sie in ihrem geschwächten Zustande einem noch schrecklicheren Übergewicht an Menge entgegengehen. Auch gewann der Krieg wegen des schrecklichen Schicksals, das den Besiegten bedrohte, ein ganz besonders trübes Ansehen, das ihren Mut niederbeugte. „Wir fürchteten den Tod," sagt der löwenherzige Diaz mit seiner gewöhnlichen Aufrichtigkeit; „denn wir waren Menschen." Fast alle im Heere beichteten in jener Nacht bei dem ehrwürdigen Pater Olmedo, der denn auch fast die ganze Nacht mit Sündenerlaß und anderen feierlichen kirchlichen Verrichtungen beschäftigt war. Mit den heiligen Sakramenten ausgerüstet, legte sich der katholische Krieger ruhig schlafen, auf jedes Schicksal gefaßt, das ihn unter dem Banner des Kreuzes treffen möchte.

Da jetzt eine Schlacht unvermeidlich war, beschloß Cortez auszurücken und dem Feinde ins Feld entgegenzugehen. Dies sollte ihm ein Ansehen von Selbstvertrauen geben und den doppelten Zweck haben, die Tlascalaner einzuschüchtern und seinen eigenen Leuten Mut einzuflößen, deren Begeisterung etwas von ihrem Feuer verlieren durfte, wenn sie genötigt gewesen wären, den Angriff ihrer Gegner untätig in ihren Verschanzungen abzuwarten. Am folgenden Morgen, den 5. September 1519, einem ereignisreichen Tage in der spanischen Eroberungsgeschichte, ging die Sonne glänzend auf. Der Befehlshaber musterte sein Heer und richtete zur Vorbereitung auf den Marsch einige Worte der Ermunterung und des Rates an dasselbe. Das Fußvolk wies er an, sich mehr auf die Spitze als auf die Schneide seiner Schwerter zu verlassen und dahin zu trachten, ihre Gegner zu durchbohren. Die Reiter sollten in kurzem Trab angreifen und mit ihren Lanzen nach den Augen der Indianer zielen. Das grobe Geschütz, die Büchsen- und Armbrustschützen sollten sich einander unterstützen, indem einige luden, während andere ihre Geschütze abfeuerten, damit ein ununterbrochenes Feuer die ganze Schlacht hindurch unterhalten würde. Vor allem aber sollten sie ihre Reihen dicht und undurchbrochen bewahren, da hievon ihre Erhaltung abhinge. Sie waren noch nicht eine Viertellegua vorgerückt, als sie des tlascalanischen Heeres ansichtig wurden. Der dichte Haufen desselben dehnte sich weit und breit über eine große Ebene oder Wiesenfläche von ungefähr sechs Geviertmeilen aus. Der Augenschein rechtfertigte den Bericht, den man über die Anzahl desselben gemacht hatte. Es konnte nichts Malerischeres geben, als den An-

blick dieser indianischen Schlachthaufen, mit den nackten, bunt
bemalten Körpern der gemeinen Soldaten, den wunderlichen
Helmen der Häuptlinge, von Gold und Edelsteinen funkelnd, und
den leuchtenden Rüstungen aus Federarbeit, durch welche sie sich
auszeichneten. Unzählige Speere und Wurfspieße mit Spitzen von
durchsichtigem Itzli oder feuerfarbigem Kupfer funkelten blendend
in der Morgensonne, gleich dem phosphorartigem Glanze auf der
Oberfläche eines unruhigen Meeres, während die Nachhut des
mächtigen Schwarmes dunkel von den Fahnen beschattet war,
worauf die Wappen der großen tlascalanischen und otomischen
Häuptlinge gemalt waren. Unter diesen fiel der weiße Reiher auf
dem Felsen, das Kennzeichen des Hauses Xicotencatl, in die
Augen, und noch mehr der goldene Adler mit ausgebreiteten
Fittichen, nach Art des römischen Signum, reich mit Smaragden
und Silberarbeit verziert, die große Fahne des Freistaates Tlascala.
Die Masse der gemeinen Krieger trug keine Kleidung, mit Ausnahme eines Gürtels um die Lenden. Ihre Leiber waren mit den
Farben des Häuptlings bemalt, unter dessen Banner sie standen.
Das Federwams der höheren Kriegerklassen zeigte auch eine gleiche
Farbenwahl zu demselben Zweck; so wie die Farbe der bunt-
gewürfelten Schürze den Clan der Hochländer anzeigt. Die Kaziken und vornehmsten Krieger waren mit einer durchgenähten,
zwei Zoll dicken, baumwollenen Tunika bekleidet, welche fest
an den Körper anschloß und sowohl die Schenkel als die Schultern
schützte. Darüber trugen die reicheren Indianer Panzer von dünnen
Gold- oder Silberplatten. Ihre Beine waren durch lederne, mit
Gold verzierte Stiefel oder Halbschuhe geschützt. Aber der
glänzendste Teil ihrer Kleidung bestand in einem reichen Mantel
aus Plumaje oder Federarbeit, mit wunderbarer Kunst gestickt,
und einigermaßen zu vergleichen mit dem prächtigen Wappenrock,
den der europäische Ritter im Mittelalter über seine Rüstung trug.
Über diese anmutige und malerische Kleidung erhob sich eine
wunderliche Sturmhaube aus Holz oder Leder, die den Kopf
irgend eines wilden Tieres darstellte und oft eine furchtbare Reihe
von Zähnen zeigte. In diese Bedeckung war der Kopf des Kriegers

eingeschlossen, was eine höchst abenteuerliche und häßliche Wirkung machte. Von den oberen Enden flatterte ein prachtvoller Federbusch, aus dem mannigfaltigsten bunten Gefieder der Wendekreise, herab, der durch seine Form und Farben den Rang und die Familie des Trägers bezeichnete. Zur Vervollständigung ihrer Schutzrüstung trugen sie noch Schilde oder Tartschen, zuweilen aus Holz mit Leder bezogen, aber häufiger aus einem leichten Rahmen von Rohr, mit Baumwolle gepolstert, die den ersteren, als zäher und weniger zerbrechlich, vorgezogen wurden. Sie hatten auch andere Schilde, in denen die Baumwolle mit einem elastischen Stoffe überzogen war, wodurch sie in eine engere Form zusammengedrückt werden konnten, gleich einem Fächer oder Sonnenschirm. Diese Schilde waren mit auffallenden Verzierungen geschmückt, je nach dem Geschmack oder Reichtum des Besitzers, und mit einem schönen Gehänge aus Federarbeit versehen.

Ihre Waffen bestanden aus Schleudern, Bogen und Pfeilen, Wurfspießen und Wurfpfeilen. Sie waren vollkommene Bogenschützen, und konnten zwei und selbst drei Pfeile zugleich abschießen. Am meisten zeichneten sie sich aber im Werfen des Wurfspießes aus. Eine Art derselben, mit einem daran befestigten Riemen, den der Schleuderer in der Hand behielt, um die Waffe zurückzuholen, war von den Spaniern ganz besonders gefürchtet. Diese verschiedenen Waffen waren mit Knochen zugespitzt, oder mit Itzli (Obsidian), dem schon erwähnten harten, glasartigen Stoff, der so scharf wie ein Barbiermesser gemacht werden konnte, wiewohl er auch leicht stumpf wurde. Ihre Speere und Pfeile hatten häufig auch kupferne Spitzen. Statt eines Schwertes trugen sie einen zweihändigen Stab, ungefähr dreieinhalb Fuß lang, in dem kreuzweis scharfe Klingen von Itzli eingefügt waren; eine furchtbare Waffe, womit ein Augenzeuge, wie er uns versichert, ein Pferd mit einem Hieb hat niederstrecken sehen.

So war die eigentümliche Kleidung des tlascalanischen Kriegers und jener großen Völkerfamilie im allgemeinen, welche die Hochebene von Anahuac bewohnte. Einige Teile derselben, als die Tartschen und der baumwollene Panzer oder Escaupil, wie er auf Kastilianisch hieß, waren so vortrefflich, daß sie die Spanier nachher sich aneigneten, als ebenso zweckmäßig zum Schutz, und in Rücksicht auf Leichtigkeit und Bequemlichkeit, noch vorzüglicher als ihre eigene. Sie waren stark genug, einen Pfeil oder den Stich eines Wurfspießes abzuhalten, obgleich unwirksam als Schutz gegen Feuerwaffen. Aber welche Rüstung ist dies? Jedoch kann man wohl ohne Übertreibung sagen, daß die Waffen des indianischen Kriegers in Rücksicht auf Bequemlichkeit, Zierlichkeit und Stärke denen der gebildetsten Völker des Altertums nicht nachstanden.

Sobald die Tlascalaner die Kastilianer erblickten, erhoben sie ihr herausforderndes Geschrei, das die wilde barbarische Musik der Schnecken, Trommeln und Trompeten weit übertönte, womit sie schon im voraus ihren Sieg über die armseligen Streitkräfte ihrer Feinde jauchzend verkündeten. Als die letzteren in Bogenschußweite gekommen waren, schleuderten die Indianer einen Hagel von Wurfgeschossen gegen sie ab, der die Sonne einen Augenblick, wie eine vorüberziehende Wolke, verfinsterte und den Boden ringsumher mit Haufen von Steinen und Pfeilen besäte. Ruhig und fest setzte die kleine Schar von Spaniern ihren Marsch mitten unter diesem Pfeilregen fort, bis sie in diejenige Entfernung gelangt war, die ihr zum wirksamen Abschießen ihrer Feuerwaffen geeignet schien. Alsdann machte Cortez halt, stellte rasch seine Truppen auf und eröffnete ein allgemeines, wohlgerichtetes Feuer auf der ganzen Linie. Jeder Schuß brachte seine Todesbotschaft, und die Reihen der Indianer wurden schneller niedergemacht, als ihre Gefährten in der Nachhut die Leichname, dem Gebrauche gemäß, vom Schlachtfelde schaffen konnten. Die Kugeln, die durch die dichten Reihen drangen und Splitter von den zerbrochenen Harnischen und verstümmelte Glieder der Krieger mit sich führten, verbreiteten Zerstörung und Verwüstung auf ihrem Weg. Die wilden Haufen standen versteinert vor Schreck, bis sie endlich durch ihre unerträglichen Leiden zur Verzweiflung ergrimmt, alle zugleich ihr gräßliches Kriegsgekreisch erhoben und mit Ungestüm auf die Christen eindrangen.

Sie stürzten heran wie eine Lawine oder wie ein Bergstrom, die feste Erde erschütternd und jedes Hindernis auf ihrem Wege mit sich fortreißend. Das kleine spanische Heer hielt der überwältigenden Masse eine kühne Stirn entgegen, aber keine Kraft vermochte ihr zu widerstehen. Sie wankten, wichen, wurden von ihr mit fortgerissen und ihre Reihen gebrochen und in Verwirrung gebracht. Vergebens rief ihnen der Feldherr zu, sich wieder zu sammeln und zu schießen. Seine Stimme wurde durch das Getümmel der Schlacht und durch das laute Geschrei der Angreifenden übertönt. Einen Augenblick schien es, als sei alles verloren; das Glück der Schlacht hatte sich gegen sie gewendet, und das Schicksal der Christen war entschieden.

Aber jedermann fühlte das in seinem Busen, was lauter sprach als die Stimme des Feldherrn. Verzweiflung gab dem Arme übernatürliche Kraft. Der nackte Körper der Indianer leistete dem scharfen Toledostahl keinen Widerstand, und es gelang endlich dem spanischen Fußvolk, mit seinen guten Schwertern dem Menschenstrome Stillstand zu gebieten. Aus einiger Entfernung donnerte das schwere Geschütz gegen die Seitenfläche der Angreifenden ein, die, von dem eisernen Sturmwinde erschüttert, in Unordnung gebracht ward. Ihre eigene Menge vermehrte die Verwirrung, da sie auf die vorderen Massen gestürzt wurden. Die in demselben Augenblick unter Cortez tapfer angreifende Reiterei benutzte den Vorteil und zwang endlich die tobende Menge, mit größerer Eile und Unordnung zurückzuweichen, als mit der sie vorgerückt war.

Mehr als einmal wurde im Laufe der Schlacht ein ähnlicher Angriff von den Tlascalanern versucht, aber jedesmal mit weniger Mut und größerem Verlust. Sie waren in der Kriegskunst noch zu weit zurück, um aus ihrer Überlegenheit an Zahl Nutzen ziehen zu können. Sie waren allerdings in Hauptmannschaften eingeteilt, von denen jede unter ihrem eigenen Anführer und Banner stand; allein sie standen nicht in Reih und Glied und bewegten sich in verwirrten Massen, die ohne Unterschied zusammengemischt waren. Sie verstanden nicht, Massen auf einen Punkt hin zu richten, oder auch nur einen Angriff dadurch zu unterhalten, daß sie einzelne

Abteilungen nacheinander verwendeten, sich gegenseitig zu unterstützen und abzulösen. Nur ein sehr kleiner Teil ihrer Mannschaft konnte mit einem ihnen an Zahl schwächeren Feinde in Berührung gebracht werden. Der Rest des Heeres in der Nachhut, untätig und noch schlimmer als nutzlos, diente nur dazu, ungestüm auf die vorderen zu drängen und deren Bewegungen durch das bloße Gewicht ihrer Menge zu hemmen, während sie bei der geringsten Unruhe von einem panischen Schrecken ergriffen wurden und die ganze Masse in unauflösliche Verwirrung brachten. Kurz, es war die Wiederholung des Kampfes zwischen den alten Griechen und Persern. Dennoch würde die große Überlegenheit der Indianer es ihnen der Zahl nach, freilich durch schwere Opfer von Menschenleben, möglich gemacht haben, die Ausdauer der Spanier mit der Zeit zu überwinden, die durch Wunden und unaufhörliche Anstrengung erschöpft waren. Aber zum Glück für die letzteren brach Uneinigkeit unter ihren Feinden aus. Ein tlascalanischer Häuptling, der eine der großen Abteilungen befehligte, hatte sich durch das stolze Benehmen Xicotencatls beleidigt gefühlt, der ihm schlechte Führung und Feigheit bei der letzten Schlacht vorgeworfen hatte. Der gekränkte Kazike forderte seinen Nebenbuhler zu einem Einzelkampf heraus; dieser fand nicht statt. Aber von Rache glühend, wählte er die gegenwärtige Gelegenheit, sie zu befriedigen, indem er seine sich auf zehntausend Mann belaufende Kriegsmacht vom Schlachtfelde entfernte. Er überredete auch einen anderen Befehlshaber, seinem Beispiele zu folgen.

Auf diese Weise ungefähr der Hälfte seiner Streitkräfte beraubt, und noch überdies durch die Verluste des Tages gelähmt, konnte Xicotencatl nicht länger das Feld gegen die Spanier behaupten. Nachdem er dasselbe mit bewundernswürdigem Mute vier Stunden lang streitig gemacht hatte, zog er sich zurück und überließ es dem Feinde. Die Spanier waren zu abgemattet und in zu großer Anzahl durch Wunden dienstunfähig gemacht, um den Feind zu verfolgen, und Cortez, zufrieden mit dem entschiedenen Sieg, den er erfochten, kehrte frohlockend nach seiner Stellung am Hügel von Tzompach zurück.

Die Zahl der Getöteten in seinen Reihen war sehr gering, trotz des harten Verlustes, den er dem Feinde beigebracht hatte. Diese wenigen begrub er vorsichtig da, wo sie nicht entdeckt werden konnten, da ihm daran lag, nicht nur die Zahl der Erschlagenen, sondern auch die Tatsache, daß die Weißen sterblich seien, zu verheimlichen. Aber sehr viele von den Leuten und alle Pferde waren verwundet. Die Besorgnis der Spanier wurde durch den Mangel an vielen Gegenständen sehr gesteigert, die ihnen in ihrer gegenwärtigen drückenden Lage wichtig waren. Sie hatten weder Öl noch Salz, was, wie vorhin bemerkt, in Tlascala nicht zu haben war. Ihre für einen milderen Himmelstrich eingerichtete Kleidung eignete sich schlecht für die rauhe Bergluft, und Bogen und Pfeile, wie Bernal Diaz beißend bemerkt, gewährten keinen sonderlichen Schutz gegen die Unfreundlichkeit des Wetters.

Dennoch hatten sie sich der Ereignisse des Tages sehr zu freuen, und sie durften aus denselben ein gegründetes Vertrauen zu ihren Hilfsmitteln schöpfen, das ihnen keine andere Erfahrung gewährt haben würde. Nicht daß die Erfolge sie etwa zur Geringschätzung ihres indianischen Feindes berechtigt hätten; einzeln und mit denselben Waffen würde er das Feld gegen die Spanier behauptet haben. Aber der Erfolg des Tages stellte die Überlegenheit der Kriegskunst und Manneszucht über persönliche Tapferkeit und Anzahl fest. Es hatte sich, wie schon gesagt, der alte Kampf der Europäer gegen die Asiaten erneuert. Aber die Handvoll Griechen, welche die Kriegsscharen des Xerxes und Darius in die Flucht schlugen, hatten, wie man bedenken muß, keinen so offenbaren Vorteil in Absicht der Waffen für sich, wie die Spanier in diesen Kriegen. Der Gebrauch der Feuerwaffen gab ein gar nicht zu berechnendes Übergewicht; ein so großes, daß ein Kampf zwischen gleichgebildeten Völkern, in allen anderen Rücksichten dem zwischen den Spaniern und Tlascalanern ähnlich, wahrscheinlich auch einen ähnlichen Erfolg gehabt haben würde. Zu allen diesem muß man noch die Wirkung der Reiterei hinzufügen. Die Völker Anahuacs hatten keine großen Haustiere und kannten kein einziges Lasttier. Die Sinne wurden ihnen verwirrt bei der fremd-

artigen Erscheinung des Pferdes mit seinem Reiter, die sich vereint und auf eigenen Antrieb bewegten, als wäre ein gemeinschaftliches Leben in ihnen, und als sie das fürchterliche Tier, „dessen
Hals mit Blitz umkleidet war", sahen, das ihre Mannschaften
niederstürzte und sie in den Staub trat, so war es wohl kein
Wunder, daß sie es mit dem geheimen Schrecken betrachteten, der
uns bei einem übernatürlichen Wesen ergreift. Wenn man nur ein
wenig über die verschiedenen Ursachen sowohl der geistigen als
der körperlichen Überlegenheit der Spanier in diesem Kampfe
nachdenkt, wird man sich gewiß den Ausgang desselben erklären
können, ohne dem Mute oder der Fähigkeit ihrer Gegner zu nahe
zu treten.

Da Cortez die Gelegenheit für günstig hielt, ließ er nach dem
wichtigen Siege, den er errungen, eine neue Gesandtschaft nach
der Hauptstadt abgehen, mit einer Botschaft, ähnlich der, welche
er vor kurzem ins Lager geschickt hatte. Aber der Senat war noch
nicht ganz gedemütigt. Die letzte Niederlage erregte allerdings
allgemeine Bestürzung. Maxixcatzin, einer von den vier großen
Vorstehern des Freistaates, wiederholte mit größerem Nachdruck
die vorher von ihm angeführten Gründe zur Annahme des von
den Fremden vorgeschlagenen Bündnisses. Die Staatsheere waren
zu oft geschlagen worden, als daß man noch vernünftigerweise
einen Erfolg von fernerem Widerstande hoffen dürfte, und er ließ
sich weitläufig über die von dem klugen Sieger bewiesene Großmut gegen seine Gefangenen aus, die in Anahuac etwas so Ungewöhnliches war, und führte dies als einen Grund mehr zu einem
Bündnis mit Leuten an, die sowohl Freunde als Feinde zu sein
verständen.

Aber in diesen Ansichten wurde er von der Kriegspartei überstimmt, deren Erbitterung durch die letzte Niederlage eher gesteigert als vermindert war. Ihre feindliche Stimmung wurde durch
den jüngeren Xicotencatl noch mehr gereizt, der nach einer Gelegenheit brannte, seine Schande wieder gutzumachen und den
Flecken, der zum ersten Male auf die Waffen des Freistaates gefallen war, wieder zu tilgen.

In ihrer Verlegenheit riefen sie den Beistand der Priester an, zu deren Ausspruch die amerikanischen Häuptlinge bei ihren Beratschlagungen häufig ihre Zuflucht nahmen. Diese letzteren fragten mit einiger Einfalt diese Schicksalsdeuter, ob die Fremden übernatürliche Wesen, oder Menschen aus Fleisch und Blut gleich ihnen seien. Nach einiger Überlegung sollen die Priester die sonderbare Antwort gegeben haben, daß die Spanier zwar keine Götter, aber Kinder der Sonne seien; daß sie ihre Stärke von diesem leuchtenden Körper hätten, und wenn dessen Strahlen erloschen wären, würden auch ihre Kräfte schwinden. Sie empfahlen daher einen nächtlichen Angriff, als einen, der den besten Erfolg verspreche. Diese offenbar kindische Antwort mag wohl mehr auf List als auf Leichtgläubigkeit gegründet gewesen sein. Sie wurde wahrscheinlich von Xicotencatl selbst oder von dem ihm ergebenen Kaziken eingegeben, um das Volk für eine Maßregel zu stimmen, welche den Kriegsgebräuchen, ja man kann sogar sagen, den allgemeinen Gesetzen Anahuacs, zuwiderlief. War sie nun die Frucht der List oder des Aberglaubens, kurz, sie ging durch, und der tlascalanische Feldherr wurde ermächtigt, an der Spitze einer Heeresabteilung von zehntausend Mann die Wirkung eines nächtlichen Angriffes auf das christliche Lager zu versuchen.

Die Sache wurde mit solcher Heimlichkeit betrieben, daß die Spanier nichts davon erfuhren. Aber ihr Befehlshaber war keiner von denen, die sich wachend oder schlafend auf ihren Posten überraschen lassen. Glücklicherweise war die bestimmte Nacht von den vollen Strahlen eines Herbstmondes erleuchtet, und beim Lichte desselben bemerkte eine der Spähwachen in einer beträchtlichen Entfernung einen großen Haufen Indianer sich gegen die christliche Linie bewegen. Sie säumte nicht, der Besatzung ein Lärmzeichen zu geben.

Die Spanier schliefen, wie schon erwähnt, mit ihren Waffen an der Seite; während ihre Pferde nahe bei ihnen auf der Feldwache fertig gesattelt, die Zügel am Sattelbaum aufgehangen, standen. In fünf Minuten war das ganze Lager unter Waffen, als sie die düsteren Heeressäulen der Indianer sich vorsichtig über die Ebene nahen sahen, indem ihre Köpfe gerade über den hohen Mais hervorragten, womit das Land zum Teile bedeckt war. Cortez beschloß, den Angriff nicht in seinen Verschanzungen abzuwarten, sondern einen Ausfall zu machen und auf den Feind loszustürzen, sobald er am Fuß des Hügels angelangt sein würde.

Langsam und heimlich nahten sich die Indianer, während ihnen das christliche Lager, bei tiefer Stille, in Schlaf begraben zu sein schien. Aber kaum waren sie an den Abhang des Berges gelangt, als sie von dem lauten Schlachtruf der Spanier und dem augenblicklich darauf folgenden Erscheinen des ganzen Heeres überrascht wurden, das aus den Befestigungen hervordrang und sich an den Seiten des Berges in Menge ausbreitete. Ihre Waffen schwingend, erschienen sie der aufgeregten Einbildungskraft der Tlascalaner gleich ebenso vielen Gespenstern oder Teufeln, die mitten in der Luft hin und her schwirrten, während das ungewisse Licht ihre Anzahl vergrößerte und das Pferd und seinen Reiter zu einem riesenmäßigen und überirdischen Umfang ausdehnte.

Kaum den ersten Stoß des Feindes abwartend, schossen die vom Schreck ergriffenen Wilden eine schwache Ladung Pfeile ab, boten keinen anderen Widerstand und flohen eiligst und verwirrt über die Ebene. Die Reiterei holte die Flüchtigen leicht ein, überstürzte sie und hieb sie ohne Erbarmen in Stücke, bis Cortez, des Gemetzels müde, seine Leute von dem mit blutigen Siegeszeichen bedeckten Felde zurückrief.

Am nächsten Tage schickte der spanische Befehlshaber, gemäß seiner gewöhnlichen Staatsklugheit nach einem errungenen entscheidenden Schlage, eine neue Gesandtschaft nach der tlascalanischen Hauptstadt. Die Abgesandten erhielten ihre Aufträge durch den Dolmetscher Marina. Dieses merkwürdige Frauenzimmer hatte durch die Heiterkeit und Geduld, womit sie alle Entbehrungen des Lagers ertragen, allgemeine Bewunderung erregt. Weit entfernt, die natürliche Schwäche und Schüchternheit ihres Geschlechtes zu verraten, war sie vor keiner Beschwerde für sich selbst zurückgebebt und hatte viel dazu getan, den Mut der Soldaten aufrecht zu erhalten; während ihr Mitgefühl bei jeder sich darbietenden Gelegenheit sie zu tätiger Bemühung, die Leiden ihrer indianischen Landsleute zu mildern, veranlaßte.

Vermittels seines getreuen Dolmetschers teilte Cortez den Inhalt seiner Botschaft den tlascalanischen Gesandten mit. Er wiederholte seine früheren Freundschaftsversicherungen, indem er alle vergangenen Beleidigungen zu vergessen versprach; werde dieses Anerbieten aber verworfen, dann werde er als Eroberer nach ihrer Hauptstadt kommen, jedes Haus dem Erdboden gleichmachen und jeden Einwohner über die Klinge springen lassen! Hierauf entließ er die Abgesandten mit den sinnbildlichen Geschenken von einem Briefe in der einen Hand und einem Pfeile in der anderen. Die Abgesandten erhielten beim Rat von Tlascala, den sie durch die neuen Mißgeschicke in großer Niedergeschlagenheit fanden, ehrfurchtsvolles Gehör. Das Mißlingen des nächtlichen Angriffes hatte jeden Hoffnungsfunken in ihnen verlöscht. Ihre Heere waren im offenen Felde sowohl als in geheimen Hinterhalten immer wieder von neuem geschlagen worden. List und Mut, alle ihre Hilfsmittel, hatten sich gleich unwirksam gegen einen Feind erwiesen, dessen Hand nie ermüdete und dessen Auge sich nie schloß; es blieb ihnen nichts übrig, als Unterwerfung. Sie wählten vier vornehme Kaziken, denen sie eine Botschaft ins christliche Lager übertrugen. Sie sollten den Fremden einen freien Durchzug durch das Land und eine freundliche Aufnahme in der Hauptstadt zusagen. Die von den Spaniern angebotene Freundschaft ward, unter vielen ungeschickten Entschuldigungen wegen des Vergangenen, aufrichtig angenommen. Die Abgesandten sollten auf ihrem Wege im tlascalanischen Lager vorsprechen und Xicotencatl von ihrem Vorhaben unterrichten. Sie sollten ihn zugleich auffordern, sich aller ferneren Feindseligkeiten zu enthalten und die Weißen mit reichlichen Vorräten an Lebensmitteln zu versorgen.

Bei ihrer Ankunft im Lager dieses Häuptlings fanden ihn die Abgesandten indes nicht aufgelegt, diesen Anweisungen Folge zu leisten. Seine wiederholten Streitigkeiten mit den Spaniern, vielleicht auch sein angeborener Mut, machten ihn den gemeinen Schrecken seiner Landsleute unzugänglich. Er betrachtete die

Fremden nicht als übernatürliche Wesen, sondern als Menschen gleich ihm. Die kriegerische Erbitterung war durch die Kränkungen, die er von ihnen erfahren, in tödlichen Haß ausgeartet, und sein Kopf war voll von Plänen, seine gesunkene Ehre wieder emporzurichten und Rache an den Feinden seines Vaterlandes zu nehmen. Er weigerte sich auch, nur einen Teil der unter seinem Befehl stehenden, noch furchtbaren Streitmacht aufzulösen, sowie Zufuhren ins feindliche Lager zu senden. Er überredete auch die Abgesandten, in seinem Lager zu verbleiben und ihren Besuch bei den Spaniern aufzugeben. Daher erfuhren diese letzteren gar nichts von den zu ihren Gunsten in der tlascalanischen Hauptstadt beschlossenen Maßregeln.

Das Benehmen Xicotencatls wird von kastilianischen Schriftstellern als das eines blutdürstigen, rohen Wilden bezeichnet; natürlich mußte es ihnen als ein solches erscheinen. Aber diejenigen, deren Blick durch kein volkstümliches Vorurteil getrübt ist, dürften anders denken. Sie dürften vieles zu bewundern finden in jenem hohen, unbeugsamen Mute, der wie eine stolze Säule, rings von Bruchstücken und Trümmern umgeben, einzeln dasteht. Sie dürften darin Zeichen eines hellsichtigen Scharfsinnes erblicken, der durch den dünnen Schleier der heuchlerischen, von den Spaniern angebotenen Freundschaft in die Zukunft drang und das dem Lande drohende Elend erkannte; die edle Vaterlandsliebe eines Mannes, der dies Land um jeden Preis retten und mitten unter den sich zusammenziehenden dunklen Wolken seinen eigenen unerschrockenen Mut den Herzen seines Volkes einflößen wollte, daß er dasselbe zu einem letzten Kampfe für seine Unabhängigkeit beseelte.

VIERTES HAUPTSTÜCK

*Mißvergnügen im Heere / Tlascalanische Kundschafter / Friede mit
dem Freistaate / Gesandtschaft Montezumas*

1519

Da Cortez den Schrecken des kastilianischen Namens dadurch
lebendig zu erhalten wünschte, daß er dem Feinde keine Rast
ließ, setzte er sich am nämlichen Tage, wo er die Gesandtschaft
nach Tlascala geschickt, an die Spitze eines kleinen Haufens
Reiterei und leichter Truppen, um das benachbarte Land zu durchstreifen. Er war zu der Zeit so fieberkrank und vom Gebrauch
der Arznei so angegriffen, daß er sich kaum im Sattel halten konnte.
Es war ein rauhes Land, und die von den eisigen Gipfeln der
Berge streichenden scharfen Winde drangen durch die dürftige
Bekleidung der Truppen und machten Menschen und Pferde er-
starren. Vier oder fünf der letzteren erkrankten, und der Befehlshaber, um ihre Erhaltung besorgt, schickte sie ins Lager zurück.
Die Soldaten, durch diese böse Vorbedeutung entmutigt, wollten
ihn bewegen, umzukehren. Aber er gab ihnen zur Antwort: „Wir
kämpfen unter dem Banner des Kreuzes; Gott ist stärker als die
Natur," und setzte seinen Marsch fort.

Dieser führte durch die nämliche Art abwechselnder Gegend von
rauhen Bergen und angebauten Ebenen, wie die schon beschriebene, mit Städten und Dörfern dicht bedeckt, worunter einige von
den Otomies bewohnte Grenzposten waren. Nach dem römischen
Grundsatze übte er Milde gegen den unterwürfigen Feind, aber
volle Rache gegen den Widerstand leistenden, und da der letztere
Fall nur zu oft eintrat, so war sein Weg durch Blut und Verwüstung bezeichnet. Nach einer kurzen Abwesenheit kehrte er mit
dem Ergebnis eines glücklichen Raubzuges wohlbehalten zurück.
Es würde ehrenvoller für ihn gewesen sein, hätte er weniger
Strenge dabei walten lassen. Die Ausschweifungen werden von
Bernal Diaz den indianischen Verbündeten zugeschrieben, die in

der Hitze des Sieges zurückzuhalten, sich als unmöglich erwies. Wem dieselben nun auch zur Last fallen mögen, sie scheinen den Befehlshaber wenig gekümmert zu haben, der in seinem Briefe an den Kaiser Karl V. erklärt: „Da wir unter dem Banner des Kreuzes für den wahren Glauben und im Dienste Eurer Majestät fochten, hat der Himmel unsere Waffen mit einem solchen Erfolge gekrönt, daß, während eine Menge der Ungläubigen erschlagen wurden, die Kastilianer nur einen geringen Verlust erlitten haben." Nach ihren Schriften zu urteilen, betrachteten sich die spanischen Eroberer, da sie sich keines versteckten weltlichen Zweckes im Grunde ihres Herzens bewußt waren, als Krieger der Kirche, welche den großen Kampf der Christenheit ausfochten, und werden von den meisten späteren Volksgeschichtschreibern in demselben erbaulichen und tröstlichen Lichte betrachtet.

Bei der Rückkehr ins Lager fand Cortez eine neue Veranlassung zu Besorgnissen in dem Mißvergnügen, das unter der Mannschaft ausgebrochen war. Ihre Geduld war durch ein Leben voll Beschwerde und Gefahr erschöpft, denen kein Ende abzusehen schien. Die Schlachten, die sie gegen solche schreckliche Überzahl gewonnen, hatten sie um gar nichts weitergebracht. Der Gedanke, daß sie nach Mexiko gelangen würden, sagt der alte, so oft angeführte Kriegsmann, „wurde von dem ganzen Heere als ein Scherz betrachtet," und die unabsehbare Aussicht auf Feindseligkeiten mit dem wilden Volke, unter das sie geraten waren, erfüllte sie mit düsteren Gedanken.

Unter den Unzufriedenen befand sich eine Anzahl lärmender, eingebildeter Leute, deren man in jedem Lager findet, die gleich leeren Blasen in Zeiten der Bewegung sicher zur Oberfläche aufsteigen und sichtbar werden. Sie waren größtenteils von Valesquez' Partei und hatten Güter in Kuba, nach denen sie manchen sehnsüchtigen Blick warfen, je mehr sie sich von der Küste entfernten. Sie gingen jetzt zu dem Feldherrn, nicht in einem meuterischen, widersetzlichen Sinne — denn sie waren der Lehre von Villa Rica noch eingedenk —, sondern in der Absicht einer offenen Auseinandersetzung, wie mit einem Abenteurergenossen in einer gemeinschaftlichen Sache. Der Ton der Vertraulichkeit war sehr bezeichnend für den gleichen Fuß, auf dem die bei der Unternehmung Beteiligten miteinander standen.

Sie sagten ihm, ihre Leiden seien zu groß, um sie ferner zu ertragen. Alle Krieger hätten eine, die meisten zwei oder drei Wunden. Über fünfzig seien auf eine oder die andere Weise umgekommen, seitdem sie Vera Cruz verlassen. Es gebe kein Lasttier, das nicht ein besseres Leben führe als sie. Denn dieses könne doch, wenn die Nacht herankomme, von seiner Arbeit ausruhen, wogegen sie, sei es im Gefecht oder auf der Wache, weder Tag noch Nacht Ruhe hätten. Mexiko zu erobern, sei ein toller Gedanke; habe ihnen schon der unbedeutende Freistaat Tlascala einen solchen Widerstand geleistet, was hätten sie nicht erst von dem großen mexikanischen Reiche zu erwarten? Sie sollten die einstweilige Einstellung der Feindseligkeiten dazu benutzen, nach Vera Cruz zurückzugehen. Allerdings sei die Flotte daselbst zerstört worden, und der Befehlshaber durch diese, selbst in den römischen Jahrbüchern an Übereilung nicht ihresgleichen habende Tat für das Schicksal des ganzen Heeres verantwortlich geworden. Ein Schiff sei indes noch übrig; dieses möge nach Kuba um Verstärkungen und Zufuhren abgefertigt werden, und sobald diese eingetroffen, würden sie imstande sein, den Feldzug mit einiger Aussicht auf Erfolg fortzusetzen.

Cortez hörte diese eigentümliche Auseinandersetzung mit vollkommener Selbstbeherrschung an. Er kannte seine Leute, und statt zu abstoßenden, harten Maßregeln zu schreiten, erwiderte er in derselben offenen soldatischen Weise, die sie angenommen hatten. Es sei viel Wahres, gebe er zu, in dem, was sie sagten; die Leiden der Spanier seien groß gewesen, größer, als die uns die Geschichte von griechischen und römischen Helden erzähle; desto größer werde aber auch ihr Ruhm sein. Es habe ihn oft mit Bewunderung erfüllt, wenn er seine kleine Schar von Myriaden Wilder umringt gesehen, wo er gefühlt, daß kein anderes Volk als die Spanier über so furchtbare Übermacht hätten siegen können; auch würden sie dies nicht gekonnt haben, hätte nicht der Arm des Allmächtigen sie beschützt. Und sie dürften mit Grund ferner auf seinen Beistand rechnen; denn sei es nicht seine Sache, für die sie kämpften? Allerdings hätten sie Gefahren und Beschwerden erduldet, sie seien aber nicht hergekommen in der Erwartung, ein vergnügliches, träges Leben zu führen. Ruhm, wie er ihnen schon beim Aufbruch gesagt, sei nur durch Mühe und Gefahr zu erlangen. Sie müßten ihm die Gerechtigkeit widerfahren lassen, daß er für seinen Teil beide nicht gescheut habe. Dies war eine Wahrheit, fügt der ehrliche Zeitgeschichtschreiber hinzu, der die Unterredung mit anhörte und berichtete, die niemand leugnen konnte. Aber, fuhr er fort, wenn sie auf Mühseligkeiten gestoßen, so seien sie dagegen immer siegreich gewesen. Gerade jetzt genössen sie die Früchte davon in dem Überfluß, der im Lager herrsche, und sie würden bald sehen, wie die durch ihre letzten Unfälle gedemütigten Tlascalaner um Frieden unter jeder Bedingung bitten würden. Jetzt zurückzugehen, sei unmöglich; selbst die Steine würden sich gegen sie erheben; die Tlascalaner würden sie frohlockend bis an den Rand des Meeres verfolgen. Und wie würden die Mexikaner sich über diesen elenden Erfolg ihrer eitlen, ruhmsüchtigen Prahlerei freuen! Ihre vormaligen Freunde würden ihre Feinde werden, und die Totonaken, um die Rache der Azteken von sich abzuwenden, vor welcher die Spanier sie nicht mehr schützen könnten, in das allgemeine Geschrei mit einstimmen. Es bleibe ihnen keine Wahl, als den eingeschlagenen Weg weiter zu verfolgen. Und er bat sie, ihre kleinmütigen Bedenken zu unterdrücken und ihr Auge auf Mexiko, das große Ziel ihres Unternehmens, zu richten, statt es gegen Kuba zu wenden.

Während diese merkwürdige Unterredung stattfand, hatten sich viele andere Soldaten rings um die Stelle versammelt, und die mißvergnügte Partei, dreist gemacht durch die Anwesenheit ihrer Gefährten, sowie durch die Mäßigung des Befehlshabers, erwiderte, daß sie keineswegs überzeugt sei. Noch ein solcher Sieg wie der letzte würde ihr Verderben sein; sie würden nur, um den Tod zu finden, nach Mexiko gehen. Da nun endlich die Geduld des Feldherrn erschöpft war, fiel er ihnen plötzlich in die Rede, indem er einen Vers aus einem alten Liede anführte, welcher sagte, es sei besser mit Ehre zu sterben, als mit Schande zu leben; ein Gedanke, der vom größten Teile seiner Zuhörer laut wiederholt wurde, die trotz ihres öfteren Murrens nicht die Absicht hatten, die Unternehmung, noch weniger ihren Anführer, dem sie leidenschaftlich zugetan waren, zu verlassen. Die durch diesen Verweis außer Fassung gebrachten Mißvergnügten schlichen in ihre Wohnungen zurück, halb unterdrückte Verwünschungen gegen den Anführer murmelnd, der die Unternehmung vorgeschlagen, gegen die Indianer, die ihm zu Führern gedient, und ihre Landsleute, die ihn darin unterstützten.

So waren also die Schwierigkeiten, welche sich Cortez in den Weg stellten: ein listiger und roher Feind; eine wechselnde, oft ungesunde Luft; eigenes Übelbefinden, das durch die Besorgnis über die Art, wie sein Benehmen von seinem Landesherrn würde aufgenommen werden, sehr verschlimmert wurde; endlich die nicht unbedeutendste, Mißvergnügen unter seinen eigenen Soldaten, auf deren Ausdauer und Einigkeit er seine Unternehmungen gründete — der große Hebel, durch den er das Reich Montezumas stürzen wollte.

Am Morgen nach diesem Ereignisse wurde das Lager durch das Erscheinen eines kleinen Trupps Tlascalaner überrascht, welche Abzeichen trugen, deren weiße Farbe auf Frieden deutete. Sie brachten eine Menge Lebensmittel und einige unbedeutende Zieraten, die, wie sie sagten, der tlascalanische Feldherr sende, da er des Krieges überdrüssig sei und eine Beilegung des Streites mit den Spaniern wünsche. Er werde sich selbst bald persönlich einfinden, um dieselbe zu bewerkstelligen. Diese Nachricht verbreitete allgemeine Freude, und die Abgesandten erhielten eine freundliche Aufnahme.

Es vergingen ein oder zwei Tage, und während einige von den Leuten das spanische Lager verließen, erregten die anderen, etwa fünfzig an der Zahl, die zurückblieben, einiges Mißtrauen im Herzen Marinas. Sie teilte Cortez ihren Argwohn mit, daß sie Späher sein möchten. Er ließ deshalb mehrere von ihnen festnehmen, verhörte sie einzeln und überzeugte sich, daß sie von Xicotencatl gebraucht waren, ihn von dem Zustande des christlichen Lagers behufs eines beabsichtigten Angriffes zu unterrichten, zu welchem er seine Streitkräfte zusammenzog. Überzeugt von der Wahrheit dieser Angabe, beschloß Cortez an den Verbrechern ein solches Beispiel zu üben, damit der Feind es nicht wagen sollte, den Versuch zu wiederholen. Er ließ ihnen die Hände abhauen, und in diesem Zustande sandte er sie mit der Botschaft an ihre Landsleute zurück: „Die Tlascalaner mögen bei Tag oder bei Nacht kommen, sie würden die Spanier zu ihrem Empfange bereit finden."

Das schmerzliche Schauspiel ihrer in diesem verstümmelten Zustande zurückkehrenden Gefährten erfüllte das Lager der Indianer mit Abscheu und Bestürzung. Das stolze Haupt ihres Anführers war gebeugt; von diesem Augenblick an verlor er seine Zuversicht. Seine Krieger, von abergläubischer Furcht ergriffen, weigerten sich, länger gegen einen Feind zu dienen, der ihre geheimen Gedanken lesen und ihre Pläne erraten konnte, noch ehe diese zur Ausführung reif waren.

Da nun alle Gedanken an ferneren Widerstand aufgegeben waren, erlaubte man den vier Abgesandten des tlascalanischen Freistaates, ihre Sendung anzutreten. Denselben folgte baldigst Xicotencatl selbst nach, von einem zahlreichen Schwarme kriegerischer Dienerschaft begleitet. Als sie den spanischen Linien nahe kamen, wurden sie leicht an den weißen und gelben Farben ihrer dem Hause Titcala eigentümlichen Soldatenkleidung erkannt. Groß war die Freude des Heeres bei dieser Anzeige von der Beendigung der Feindseligkeiten, und es gelang Cortez nur mit Mühe, die Leute wieder zur Ruhe und zu der angenommenen Gleichgültigkeit zu bringen, die in Gegenwart des Feindes zu behaupten schicklich war.

Die Spanier starrten mit neugierigem Blicke den tapfern Häuptling an, der seine Feinde so lange in Schach gehalten hatte und nun eher mit dem festen, furchtlosen Schritt eines herausfordernden Mannes sich näherte, als eines, der um Frieden bat. Er war von

mehr als mittlerer Größe, hatte breite Schultern und eine muskel-
kräftige Gestalt, die auf große Tätigkeit und Kraft deutete. Sein
Kopf war groß, und seinem Gesicht waren die Spuren mehr des
schweren Dienstes als des Alters eingeprägt; denn er war nur
fünfunddreißig Jahre alt. Als er vor Cortez trat, machte er die gewöhnliche Begrüßung, indem er den Boden mit der Hand berührte
und diese dann zum Kopfe erhob; während süßer Weihrauch von
wohlriechenden Harzen in Wolken aus den Rauchgefäßen, die
seine Sklaven brachten, emporstiegen.

Weit entfernt von dem kleinmütigen Versuch, die Schuld auf den
Senat zu wälzen, übernahm er selbst die ganze Verantwortung
des Krieges. Er sagte, er habe die weißen Männer als Feinde betrachtet, weil sie mit den Verbündeten und Lehnsleuten Montezumas kamen. Er liebe sein Vaterland und wünsche, die Unabhängigkeit zu bewahren, die es während seiner langen Kriege mit
den Azteken behauptet habe. Er sei geschlagen worden. Sie würden wohl die Fremden sein, die, wie es lange prophezeit war, von
Osten kommen und das Land in Besitz nehmen sollten. Er hoffe,
sie würden von ihrem Siege mit Mäßigung Gebrauch machen und
nicht die Rechte des Freistaates mit Füßen treten. Er komme jetzt
im Namen seines Volkes, sich den Spaniern zu unterwerfen, und
versichere sie, daß sie seine Landsleute ebenso redlich im Frieden
finden würden, als sie im Kriege standhaft gewesen.

Cortez, weit entfernt, Anstoß daran zu nehmen, bewunderte vielmehr den hohen Mut, der es auf solche Weise verschmähte, sich
dem Mißgeschick zu beugen. Der Tapfere achtet Tapferkeit auch
bei anderen. Er nahm indes ein ernstes Ansehen, als er dem Häuptling Vorwürfe machte, so lange in Feindseligkeiten beharrt zu
haben. Hätte Xicotencatl dem Worte der Spanier Glauben geschenkt und das Anerbieten ihrer Freundschaft früher angenommen, so würde er seinem Volke viele Leiden erspart haben, die es
sich durch seine Hartnäckigkeit zugezogen. Aber es sei unmöglich, fuhr der Befehlshaber fort, das Geschehene wieder gutzumachen; er sei bereit, es in Vergessenheit zu begraben und die
Tlascalaner als Lehnsleute des Kaisers, seines Herrn, aufzu-

nehmen. Bewährten sie sich als treu, so würden sie an ihm eine sichere Stütze finden; täuschten sie ihn aber, dann werde er eine solche Rache an ihnen nehmen, wie er sie an ihrer Hauptstadt beabsichtigt habe, wenn sie sich nicht schnell unterworfen hätten. Dies erwies sich als eine verhängnisvolle Drohung für den Häuptling, an den sie gerichtet war.

Der Kazike befahl hierauf seinen Sklaven, die als Geschenke bestimmten unbedeutenden Zieraten von Gold und Federstickerei herbeizubringen. Sie seien von geringem Wert, sagte er lächelnd; denn die Tlascalaner wären arm. Sie hätten wenig Gold und nicht einmal Baumwolle und Salz. Der aztekische Kaiser habe ihnen nichts als ihre Freiheit und ihre Waffen gelassen; er biete dies Geschenk nur als ein Zeichen seiner Zuneigung. „Als ein solches nehme ich es an," antwortete Cortez, „und da es von den Tlascalanern kommt, setze ich größeren Wert darauf, als wenn es aus einer anderen Quelle käme und ein ganzes Haus voll Gold wäre." — Eine ebenso kluge als großherzige Antwort; denn eben mit Hilfe dieser Zuneigung sollte er sich das Gold Mexikos erwerben.

So endete der blutige Krieg mit dem wilden Freistaat Tlascala, während dessen Dauer das Schicksal der Spanier mehr als einmal in der Wagschale geschwankt hatte. Wäre es nur noch ein wenig länger darin geblieben, so würde es zu ihrem Verderben ausgeschlagen sein, da sie von Wunden, Nachtwachen und Beschwerden erschöpft waren und der Samen des Mißmutes rings um sie her verderblich aufschoß. Auf diese Weise jedoch gingen sie mit ungeschwächtem Ruhme aus dem Kampfe. Dem Feinde schienen sie unverwundbar, mit einem zauberhaften Leben begabt zu sein, das sie ebenso gegen die Schläge des Schicksals, wie gegen die Angriffe der Menschen schütze. Kein Wunder, daß die Spanier von sich einen ähnlichen Begriff erhielten, und daß der Niedrigste von ihnen sich einbildete, der Gegenstand besonderer Fürsorge der Vorsehung zu sein, die ihn während der Schlacht beschützte und für eine höhere Bestimmung vorbehielt.

Während die Tlascalaner noch im Lager waren, wurde eine Gesandtschaft von Montezuma gemeldet. Die Kunde von den Taten

der Spanier hatte sich nach allen Seiten auf der Hochebene verbreitet. Besonders hatte der Kaiser jeden ihrer Schritte sorgfältig
beobachtet, als sie die steilen Wände der Kordilleren empor-
klimmten und an deren Gipfel entlang über das ausgedehnte Tafelland hinschritten. Es war ihm sehr angenehm, sie ihren Weg nach
Tlascala nehmen zu sehen, da er darauf rechnete, daß sie, wenn
sie sterbliche Menschen waren, ihr Grab daselbst finden würden.
Groß war daher sein Schreck, als ein Eilbote nach dem anderen
ihm Nachricht von ihren Siegen brachte, und daß die furchtbarsten
Krieger auf der Hochebene gleich Spreu durch die Schwerter dieser Handvoll Fremder umhergestreut worden wären.

Seine abergläubische Furcht kehrte in ihrer ganzen Stärke zurück.
Er sah in den Spaniern „die Männer des Geschickes", die ihm
sein Zepter rauben sollten. In seiner Besorgnis und Ungewißheit schickte er eine neue Gesandtschaft ins christliche Lager. Sie
bestand aus fünf vornehmen Edelleuten seines Hofes, von zweihundert Sklaven begleitet. Sie nahmen, wie gebräuchlich, ein Geschenk mit, teils aus Furcht, teils infolge der ihm eigenen Freigebigkeit. Es bestand aus dreihundert Unzen Gold in Körnern
und in verschiedenen verarbeiteten Stoffen, mehreren hundert Mänteln und anderen Kleidungsstücken von gestickter Baumwolle und
der malerischen Federarbeit. Als sie Cortez diese Gegenstände zu
Füßen legten, sagten sie ihm, sie seien gekommen, um ihm die
Glückwünsche ihres Herrn zu den letzten Siegen der weißen Männer darzubringen. Der Kaiser bedauere nur, daß es nicht in seiner
Macht stehen werde, sie in seiner Hauptstadt zu empfangen, wo
die zahlreiche Bevölkerung so unbändig sei, daß ihre Sicherheit
dadurch gefährlich werden würde. Bei indianischen Völkern würde
die bloße Andeutung der Wünsche des aztekischen Kaisers hinreichend gewesen sein; bei den Spaniern hatten sie wenig Gewicht.
Da die Abgesandten nun diese ihre kindische Äußerung erfolglos
sahen, nahmen sie zu einem anderen Mittel ihre Zuflucht, indem
sie in ihres Herrn Namen eine bestimmte jährliche Abgabe für den
kastilianischen Herrscher anboten, wenn die Spanier ihre Absicht,
nach der Hauptstadt zu gehen, aufgeben wollten. Dies war ein

noch größerer Fehler; dies hieß den reichen Juwelenkasten, den sie mit der anderen nicht verteidigen konnten, mit der einen Hand zeigen. Und doch war der Urheber dieser kleinmütigen Maßregel das unglückliche Opfer des Aberglaubens, ein bei den Indianern wegen seiner Unerschrockenheit und Entschlossenheit berühmter Herrscher — der Schrecken Anahuacs!

Während Cortez die Befehle seines Landesherrn als Grund für seine Nichtbeachtung der Wünsche Montezumas geltend machte, äußerte er zugleich seine hohe Achtung vor dem aztekischen Fürsten und erklärte, daß, wenn ihm auch jetzt keine Mittel zu Gebote ständen, seine Freigebigkeit nach Wunsch zu vergelten, er hoffe, sich ihm einst in künftigen Tagen durch Wohltaten dankbar zu zeigen!

Die mexikanischen Abgesandten waren nicht sehr erfreut, den Krieg beendigt und eine Versöhnung zwischen ihren Todfeinden und den Spaniern zustande gebracht zu sehen. Die gegenseitige Abneigung beider Parteien war zu stark, als daß sie diese, selbst in Gegenwart des Befehlshabers, hätten unterdrücken können. Dieser bemerkte gern die Zeichen einer Eifersucht, welche die Stärke des indianischen Kaisers untergraben und für ihn zum sichersten Mittel für das Gelingen seines eigenen Vorhabens werden mußte.

Zwei von der aztekischen Gesandtschaft kehrten nach Mexiko zurück, um ihren Herrscher mit der Lage der Dinge im spanischen Lager bekannt zu machen. Die übrigen blieben bei dem Heere, da Cortez sie gern Zeugen sein lassen wollte von der Ehrerbietung, die ihm die Tlascalaner erwiesen. Noch beeilte er seinen Abgang nach ihrer Hauptstadt nicht. Nicht weil er die Verdächtigung ihrer Treue seitens der Mexikaner berücksichtigt hätte; aber er wollte dieselbe doch noch erst auf eine längere Probe stellen und zugleich seine Gesundheit ganz wiederherstellen, ehe er seinen Zug antrat. Unterdessen kamen täglich Boten aus der Stadt, seine Reise zu beschleunigen, und zuletzt folgten auch einige der alten Regierungshäupter des Freistaates mit einem zahlreichen Gefolge, weil man über seine lange Verzögerung ungeduldig wurde. Sie brachten eine Anzahl von fünfhundert Tamanes oder Lastträgern mit, sein Geschütz zu ziehen, damit seine Truppen dieses beschwerlichen Dienstes überhoben seien. Es war unmöglich, seinen Abmarsch länger zu verschieben, und nach Anhörung der Messe und einem feierlichen Dankgebet an den Allmächtigen, der ihre Waffen mit Sieg gekrönt hatte, nahmen die Spanier Abschied von der Lagerstätte, auf der sie fast drei Wochen lang am Hügel von Tzompach verweilt hatten. Der feste Turm oder Teocalli, der ihn bestrich, wurde zum Andenken ihres Aufenthaltes „der Turm des Sieges" genannt, und die wenigen Steine, die sich noch von seinen Trümmern erhalten haben, bezeichnen dem Auge des Reisenden einen wegen des Mutes und der Ausdauer der ersten Eroberer geschichtlich ewig denkwürdigen Ort.

Die Spanier ziehen in Tlascala ein | Beschreibung der Hauptstadt Bekehrungsversuch | Aztekische Gesandtschaft | Einladung nach Cholula

1519

Die Stadt Tlascala, Hauptstadt des Freistaates gleichen Namens, lag ungefähr sechs Leguas vom spanischen Lager entfernt. Der Weg dahin führte durch eine hügelige Gegend, die in jedem ackerbaren Strich Landes die Zeichen einer sorgfältigen Bebauung trug. Über eine tiefe Barranca oder Bergschlucht schritten sie vermittels einer steinernen Brücke, welche der Sage nach (eine schwankende Gewährschaft) die noch heute stehende ist und ursprünglich für den Übergang des Heeres erbaut worden war. Auf ihrem Wege kamen sie durch einige ansehnliche Städte, wo sie hinreichende Beweise von indianischer Gastfreiheit erhielten. Sowie sie vorwärts schritten, kündigte die zum Beschauen und Bewillkommnen der Fremden herbeiströmende Menge die Nähe einer volkreichen Stadt an; Männer und Frauen in ihrer malerischen Kleidung mit Blumengewinden und Rosenbüscheln, die sie den Spaniern gaben oder an den Hals und die Bezäumung ihrer Pferde befestigten, wie in Cempoalla. Priester mit ihren weißen Gewändern und langen, darüberhängenden Flechten mischten sich unter die Menge und ließen Weihrauchwolken aus ihren glühenden Räuchergefäßen aufsteigen. Auf diese Weise ging der gedrängte und buntscheckige Zug durch die Tore der alten Hauptstadt Tlascala. Es war am 23. September 1519, dessen Wiederkehr noch von den Einwohnern als Jubeltag gefeiert wird.

Das Gedränge war jetzt so groß, daß es den städtischen Beamten schwer wurde, dem Heere einen Durchgang zu bahnen; während die Azoteas oder flachen Dächer der Häuser mit Zuschauern bedeckt waren, die nur einen Blick von den wunderbaren Fremden erhaschen wollten. Die Häuser waren mit Kränzen und Blumen

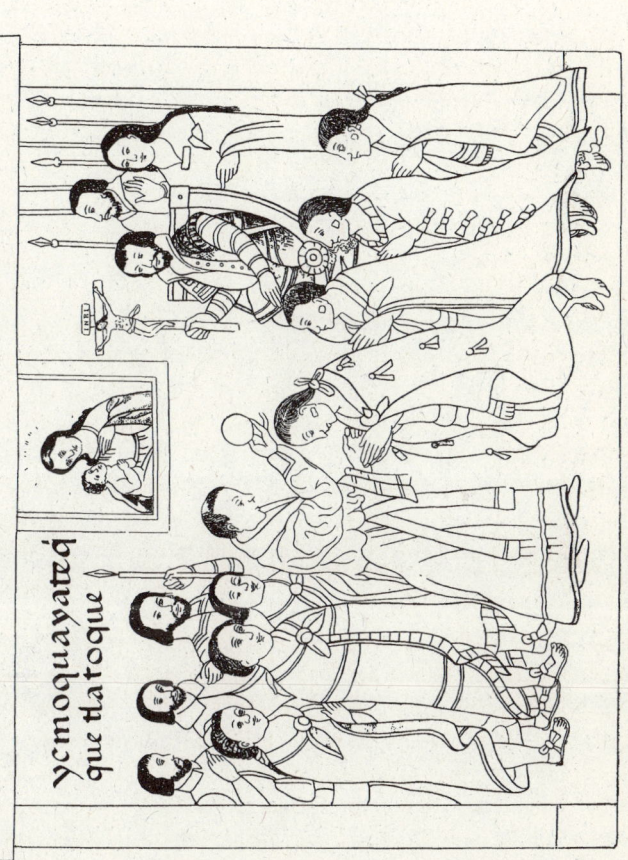

ycmoquayatcq
que tlatoque

TAUFE INDIANISCHER FÜRSTEN IM HAUSE CORTEZ.

Rechts Cortez mit Kruzifix und Marina. / Lienzo de Tlaxcala.

behangen und Bogen von grünen Zweigen, mit Rosen und Geis-
blatt umwunden, waren quer über die Straßen gespannt. Die ganze
Bevölkerung überließ sich der Freude, und die Luft erschallte von
Liedern und Siegesgesängen, worin sich die wilde Musik der volks-
tümlichen Tonwerkzeuge mischte, was bei der Kriegsschar hätte
Besorgnis erregen können, hätte nicht Marina sie des friedlichen
Inhaltes desselben versichert und das vergnügte Aussehen der Ein-
geborenen sie beruhigt.

Unter solcher Begleitung bewegte sich der Zug längs der Haupt-
straßen nach der Wohnung Xicotencatls, des bejahrten Vaters des
tlascalanischen Feldherrn und eines der vier Regierungshäupter des
Freistaates. Cortez stieg von seinem Pferde, um des alten Häuptlings Umarmung zu empfangen. Er war fast blind und befriedigte,
so weit er konnte, eine natürliche Neugier in betreff der Persönlichkeit des spanischen Befehlshabers, indem er ihm mit der Hand
über das Gesicht strich. Hierauf ging er voraus nach einer geräumigen Halle des Palastes, wo ein Gastmahl für das Heer bereitet war. Abends wurden ihnen ihre Wohnungen in den Gebäuden und offenen Plätzen angewiesen, welche einen der Hauptteocallis umgaben; während die mexikanischen Gesandten auf
Cortez' Wunsch. Wohnungen, der seinigen zunächst gelegen, angewiesen erhielten, damit er desto besser für ihre Sicherheit in
dieser Stadt ihrer Feinde sorgen könnte.

Tlascala war eine der bedeutendsten und volkreichsten Städte auf
dem Tafellande. In seinem Briefe an den Kaiser vergleicht sie
Cortez mit Granada. und versichert, daß sie größer, fester und
volkreicher sei, als die maurische Hauptstadt zur Zeit der Eroberung, und ganz so gut gebaut. Aber obgleich ein achtungswerter
Schriftsteller vom Ende des letzten Jahrhunderts uns versichert, daß
die Überreste derselben die Behauptung rechtfertigen, so können
wir doch schwerlich glauben, daß die Gebäude derselben mit jenen
Denkmälern morgenländischer Pracht wetteifern konnten, deren
leichte, luftige Formen. nach Verlauf so vieler Jahrhunderte. noch
immer die Bewunderung eines jeden Reisenden von Gefühl und
Geschmack erregen. Die Wahrheit ist, daß Cortez, gleich Kolum-

bus, die Gegenstände mit seiner eigenen warmen, erhöhten Einbildungskraft sah und ihnen eine höhere Färbung und einen
größeren Umfang lieh, als sie in der Wirklichkeit hatten. Es war
natürlich, daß der Mann, der so seltene Entdeckungen gemacht
hatte, ihre Vorzüge unbewußt in seinen Augen. sowie in denen
der anderen. vergrößerte.

Die Häuser waren größtenteils aus Schlamm oder Erde gebaut;
die besseren aus Lehm und Stein, oder aus an der Sonne getrockneten Ziegeln. Sie hatten weder Türflügel noch Fenster, sondern die Öffnungen zu den ersteren waren mit Matten verhangen,
die mit Stücken Kupfer oder mit etwas anderem besetzt waren,
das durch seinen klingenden Ton ankündigte, wann jemand eintrat. Die Straßen waren eng und finster; die Bevölkerung muß bedeutend gewesen sein, wenn, wie Cortez versichert, oft dreißigtausend Seelen an einem öffentlichen Markttage beisammen waren.
Diese Zusammenkünfte waren eine Art von Messe, die, wie gewöhnlich in allen großen Städten, alle fünf Tage abgehalten. und
von den Bewohnern der Umgebung besucht wurden, die jede Art
von heimischen Natur- und Kunsterzeugnissen, die sie kannten,
dorthin zum Verkauf brachten. Sie zeichneten sich besonders in
Töpferarbeit aus, die der besten in Europa gleichgeachtet wurde.
Als ein fernerer Beweis von gesitteten Gewohnheiten gilt der Umstand, daß die Spanier Barbierläden und Dampf- und Wasser-
bäder, deren sich die Einwohner zu bedienen pflegten, daselbst
fanden. Einen noch höheren Beweis von Bildung liefert das Vorhandensein einer wachsamen Polizei, die jede Unordnung im
Volke unterdrückte.

Die Stadt war in vier Viertel geteilt, die eigentlich ebenso viele
abgesonderte Städte genannt werden konnten, da sie zu verschiedenen Zeiten erbaut und durch hohe, steinerne Grenzmauern voneinander getrennt waren. Den Befehl über jeden dieser Bezirke
führte einer der vier großen Häuptlinge des Freistaates, der seine
eigene geräumige Wohnung hatte und von seinen unmittelbaren
Untergebenen umringt war. Eine sonderbare Einrichtung, und
noch sonderbarer, daß diese sich mit der geselligen Ordnung und

Ruhe vertrug! Die alte Hauptstadt, deren ein Viertel der schnell-
strömende Zahuatl durchfloß, streckte sich längs der Gipfel und
Wände der Hügel, an deren Fuß jetzt die elenden Reste ihrer
einst blühenden Bevölkerung versammelt sind. Weit jenseits, nach
Südosten, erstreckte sich die kühne Sierra von Tlascala und der ungeheure Malinche, mit der nie fehlenden Silberkrone der höchsten
Anden, und an seinen rauhen Wänden bekleidet mit dunkelgrünen
Kieferwäldern, riesenmäßigen Bergahornen und Eichen, deren
turmartige Stämme bis zu einer Höhe von vierzig bis fünfzig Fuß,
von keinem Zweige belastet, emporstiegen. Die Wolken, welche
von dem fernen Atlantischen Meere hinübersegelten, sammelten
sich um die hohen Spitzen der Sierra zu Regenströmen und ergossen
sich über die Ebenen in der Nähe der Stadt, die sie bei solchen
Gelegenheiten in Moräste verwandelten. Gewitterstürme, hier
häufiger und fürchterlicher als in anderen Teilen des Tafellandes,
fuhren an den Seiten der Berge herab und erschütterten die
schwachen Gebäude der Hauptstadt bis in ihre Grundfesten. Aber
obgleich die rauhen Winde der Sierra der Luft eine Strenge gaben,
die dem sonnigen Himmelstriche und der heiteren Witterung der
niedrigeren Gegenden unähnlich war, so entwickelte sie doch sowohl die körperlichen als die geistigen Kräfte besser. Ein kühnes
und starkes Landvolk, in den Schluchten dieser Berge großge-
zogen, war ebenso geschickt, im Frieden das Land zu bebauen, als
im Kriege es zu verteidigen. Ungleich dem verzogenen Kinde der
Natur, das aus ihrer zu freigebigen Hand so leicht seinen Unterhalt empfängt und der Notwendigkeit der Anstrengung überhoben
ist, erntete der Tlascalaner sein Brot von einem allerdings nicht
unergiebigen Boden im Schweiße seines Angesichts. Er führte
ein mäßiges und arbeitsames Leben. Durch seine langen Kriege
vom Handelsverkehr mit den Azteken abgeschnitten, war er besonders auf den Ackerbau hingewiesen, auf die Beschäftigung, die
der Reinheit der Sitten und der nervigen Stärke des Körpers am
förderlichsten ist. Sein biederes Herz glühte von Vaterlandsliebe
oder örtlicher Anhänglichkeit an den Boden, der die Frucht seines
fleißigen Anbaues ist, während ein stolzes Bewußtsein von Unab-

hängigkeit, das angeborene Recht des Bergkindes, ihn erhob. —
Solcherart war der Volksstamm, mit welchem Cortez jetzt zur Voll-
bringung seines großen Werkes sich verbündete.

Die Spanier überließen sich einige Tage hindurch den Festlich-
keiten, bei welchen sie an den gastfreundlichen Tafeln der vier
großen Häuptlinge der Stadt nach der Reihe bewirtet wurden.
Mitten unter diesen Freundschaftsbeweisen ließ der Befehlshaber
jedoch nicht von seiner gewohnten Wachsamkeit und der strengen
Mannszucht im Lager ab; auch war er darauf bedacht, für die
Sicherheit der Bürger dadurch zu sorgen, daß er jedem Soldaten
bei strenger Strafe verbot, seine Wohnung ohne ausdrückliche Erlaubnis zu verlassen. Die Strenge seiner Mannszucht rief sogar den
Vorwurf überflüssiger Vorsicht bei manchen seiner Offiziere hervor, und die tlascalanischen Häuptlinge machten, als ein unbe-
gründetes Mißtrauen gegen sie, Einwendungen dagegen. Aber als
Cortez es ihnen als Folge einer feststehenden kriegerischen Regel
erklärte, bezeigten sie ihre Bewunderung darüber, und der junge,
ehrgeizige Feldherr des Freistaates nahm sich vor, dieselbe womöglich auch bei seinen Truppen einzuführen.

Nachdem der spanische Befehlshaber sich von der Treue seiner
neuen Verbündeten überzeugt hatte, beschloß er zunächst einen
der großen Zwecke seiner Sendung, ihre Bekehrung zum Christentum, zu erfüllen. Auf den Rat des Paters Olmedo, der stets gegen
übereilte Maßregeln war, hatte er dies so lange verschoben, bis
sich eine günstige Gelegenheit dazu darbieten würde. Eine solche
ereignete sich, als die Häuptlinge des Staates den Vorschlag taten,
das Bündnis mit den Spaniern durch Verheiratung ihrer Töchter
mit Cortez und seinen Offizieren enger zu knüpfen. Er sagte ihnen,
dies könne nicht geschehen, so lange sie fortführen, in der Finsternis des Unglaubens zu leben. Hierauf setzte er ihnen mit Hilfe
des guten Mönches die Glaubenslehren so gut er konnte auseinander und, indem er ihnen das Bild der Jungfrau mit dem
Kinde vor Augen stellte, sagte er ihnen, dies sei der Gott, durch
dessen Anbetung allein sie Seligkeit finden würden, während die
ihrer falschen Götter sie in ewiges Verderben stürzen werde.

Es ist unnötig, den Leser durch eine Wiederholung seiner geistlichen Rede zu ermüden, welche wahrscheinlich Glaubenssätze enthielt, die dem ununterrichteten Indianer ganz so unverständlich waren, wie irgend einer in seiner eigenen rohen Götterlehre. Aber obgleich die Überzeugung der Zuhörer nicht gelang, so hörten sie die Rede doch mit einer ehrerbietigen Scheu an. Als er zu Ende war, antworteten sie, sie zweifelten nicht, daß der Gott der Christen ein guter und großer Gott sein müsse, und als solchen seien sie bereit, ihm eine Stelle unter den Gottheiten Tlascalas anzuweisen. Die vielgöttische Religion der Indianer, so wie die der alten Griechen war so gefügiger Art, daß sie in ihren ausdehnbaren Fächern die Gottheiten jeder anderen Religion aufnehmen konnte, ohne sich selbst zu verletzen. Aber jedes Volk, fuhren sie fort, muß seine eigenen, ihm angemessenen Schutzgottheiten haben, auch könnten sie in ihrem hohen Alter nicht den Dienst derer abschwören, die von ihrer Jugend an über sie gewacht hätten. Sie würden dadurch die Rache ihrer Götter und die ihres eigenen Volkes auf sich laden, das ebenso warm an seiner Religion wie an seinen Freiheiten hänge, und beide mit seinem letzten Blutstropfen verteidigen würde!

Offenbar war es unpassend, die Sache jetzt weiter zu treiben. Aber Cortez' Eifer, der wie gewöhnlich durch Widerstand heftiger wurde, hatte jetzt einen zu hohen Grad erreicht, um Hindernisse zu berücksichtigen; auch würde ihn wahrscheinlich die Märtyrerkrone für eine so gute Sache nicht abgeschreckt haben. Aber zum Glück, wenigstens für sein zeitliches Unternehmen, war ihm diese Krone nicht bestimmt.

Der gute Mönch, sein geistlicher Ratgeber, sah die wahrscheinlich bevorstehende Wendung der Dinge und suchte dieselbe mit besserer Beurteilung zu verhüten. Er sagte, es gelüste ihn nicht, dieselben Auftritte wie in Cempoalla wiederholt zu sehen; er liebe keine gezwungenen Bekehrungen, die schwerlich von Dauer sein könnten. Was in einer Stunde entsteht, könne auch in einer Stunde untergehen. Was es nützen könne, den Altar zu stürzen, wenn das Götzenbild fortfahre, im Herzen zu thronen? Oder das Götzenbild zu zerstören, bloß um einem anderen Platz zu machen? Es sei besser, geduldig die Wirkung der Zeit abzuwarten, und durch Unterricht das Herz sanfter zu stimmen und den Verstand zu öffnen, ohne welches es keine Gewißheit für eine aufrichtige und dauernde Überzeugung gebe. Diese vernünftigen Ansichten wurden durch die Vorstellungen Alvarados, Velasquez de Leons und solcher Personen unterstützt, in welche Cortez das meiste Vertrauen setzte. Auf diese Weise wurde er von seinem ursprünglichen Vorsatz abgelenkt und willigte ein, den Versuch zur Bekehrung für jetzt aufzugeben und dadurch eine Wiederholung der Auftritte zu vermeiden, welche in Betracht des so verschiedenen Volkscharakters ganz andere Folgen hätten nach sich ziehen können, als die zu Cozumel und Cempoalla.

Im Verlaufe unserer Erzählung haben wir mehr als einmal Gelegenheit gehabt, die gute Wirkung der Vermittlung des Paters Olmedo zu beobachten. Es dürfte in der Tat kaum zu viel gesagt sein, daß seine Besonnenheit in geistlichen Angelegenheiten ebenso wesentlich zum Erfolge der Unternehmung beitrug, wie die Klugheit und der Mut Cortez' in weltlichen. Er war ein echter Schüler aus Las Casas' Schule. Sein Herz war nicht von jener flammenden Glaubenswut ergriffen, die alles, was sie berührt, versengt und verhärtet. Es war vom milden Strahl der christlichen Liebe erwärmt. Er war als Heidenbekehrer nach der Neuen Welt gekommen und scheute kein Opfer für die Wohlfahrt der armen, umnachteten Herde, welcher er sein Leben gewidmet hatte. Wenn er dem Banner des Krieges folgte, so geschah es, um die Roheit des Krieges zu mildern und die Siege des Kreuzes den Eingeborenen selbst durch seine geistliche Bekehrungstätigkeit nutzbar zu machen. Er lieferte das seltene Beispiel — das man in einem spanischen Mönch des sechzehnten Jahrhunderts gewiß nicht gesucht hätte — einer durch Vernunft geregelten Begeisterung, eines durch den Geist der Duldsamkeit gesänftigten, belebenden Eifers. Aber obgleich Cortez das Feld der Bekehrung für jetzt aufgab, so zwang er doch die Tlascalaner, die Fesseln der Unglücklichen zu brechen, die zu Menschenopfern bestimmt waren; eine menschenfreundliche Tat, die in ihren Wirkungen leider nur vorübergehend war, denn die Gefängnisse füllten sich nach seiner Abreise mit neuen Schlachtopfern.

Auch erlangte er für die Spanier die Erlaubnis, ihren eigenen Gottesdienst ungestört zu üben. Es wurde auf einem der großen Höfe oder Plätze ein hohes Kreuz errichtet. Jeden Tag wurde in Gegenwart des Heeres und einer Menge Eingeborener Messe gelesen, und wenn die letzteren deren ganzen Inhalt auch nicht verstanden, so wurden sie davon doch insofern erbaut, daß sie die Religion ihrer Sieger ehren lernten. Die unmittelbare Dazwischenkunft der Vorsehung tat indes mehr zu ihrer Bekehrung als die beste geistliche Rede eines Priesters oder Kriegers. Kaum hatten die Spanier die Stadt verlassen — dies beruht auf achtungswürdiger Gewährschaft —, als eine leichte, durchsichtige Wolke sich herabließ und sich gleich einer Säule auf das Kreuz legte, und indem sie dasselbe mit ihren lichten Falten umwand, verbreitete sie einen sanften, himmlichen Glanz durch die Nacht und verkündete so den heiligen Charakter des Sinnbildes, auf das der Heiligenschein der Gottheit sich ergossen hatte!

Da der Grundsatz der Duldsamkeit in religiösen Dingen aufgestellt war, willigte der spanische Befehlshaber in den Empfang der Töchter der Kaziken. Fünf oder sechs der schönsten indianischen Mädchen wurden für ebenso viele seiner vornehmsten Offiziere bestimmt, nachdem sie durch das Wasser der Taufe von den Flecken des Unglaubens gereinigt worden waren. Sie erhielten, wie es bei solchen Gelegenheiten gebräuchlich, echt kastilianische Namen statt der barbarischen Benennungen aus ihrer Muttersprache. Unter ihnen war Xicotencatls Tochter, Dona Luisa, wie sie nach ihrem Taufnamen genannt wurde, eine Prinzessin von hoher Würde und großem Ansehen in Tlascala. Der Vater gab sie Alvarado, und ihre Nachkommenschaft kam durch Heirat mit den edelsten Familien Kastiliens in Verbindung. Das offene und muntere Benehmen dieses Ritters machte ihn bei den Tlascalanern sehr beliebt, und sein klares, offenes Gesicht, seine schöne Farbe und goldenen Locken verschafften ihm den Namen Tonatiuh,

„die Sonne". Die Indianer ließen ihrer Laune oft den Lauf in Beinamen oder anderen auffallenden Bezeichnungen, die sie den Spaniern beilegten. Da Cortez bei öffentlichen Gelegenheiten stets von Dona Marina, oder Malinche, wie sie die Eingeborenen nannten, begleitet war, bezeichneten sie ihn mit demselben Namen. Mit diesen ihnen ursprünglich von den Tlascalanern beigelegten Namen wurden die beiden spanischen Anführer von den indianischen Völkern vertraulicherweise bezeichnet.

Während dieser Ereignisse kam eine zweite Gesandtschaft vom Hofe von Mexiko an. Sie überbrachte, wie gewöhnlich, kostbare Geschenke an goldenen Platten, mit erhabener Arbeit, und reichgestickten Stoffen aus Baumwolle und Federwerk. Die Ausdrücke der Botschaft würden auf eine schwankende und schüchterne Gemütsart im Herrscher schließen lassen, wenn nicht eine tiefere Absicht darunter verborgen gewesen wäre. Er lud die Spanier jetzt nach seiner Hauptstadt, mit der Versicherung einer herzlichen Aufnahme, ein. Er bat sie, sich nicht mit den gemeinen, rohen Tlascalanern in ein Bündnis einzulassen, und forderte sie auf, den Weg über die freundliche Stadt Cholula zu nehmen, wo seinem Befehle gemäß Einrichtungen zu ihrem Empfange getroffen wären. Die Tlascalaner sahen des Befehlhabers Einladung nach Mexiko mit großem Bedauern. Ihre Berichte bestätigten vollständig alles, was er früher über die Macht und den Ehrgeiz Montezumas erfahren hatte. Seine Heere, sagten sie, seien über alle Teile des Festlandes verbreitet. Seine Hauptstadt sei außerordentlich fest, und da durch ihre inselartige Lage jede Verbindung mit dem benachbarten Lande leicht abgeschnitten werden könne, würden die Spanier, wenn sie einmal in die Falle gegangen, ihm preisgegeben sein. Sie stellten ihm vor, daß seine Staatsklugheit ebenso ränkevoll als sein Ehrgeiz ungemessen sei. „Traue nicht seinen schönen Worten," sagten sie, „seinen Höflichkeiten und Geschenken. Seine Versicherungen sind leer, und seine Freundschaft ist falsch." Als Cortez bemerkte, daß er ein besseres Einverständnis zwischen ihnen und dem Kaiser zustande zu bringen hoffe, erwiderten sie, dies würde unmöglich sein.

184

Auch widerrieten sie dem Befehlhaber lebhaft, den Weg von Cholula einzuschlagen, da die Einwohner zwar nicht tapfer im offenen Felde, aber desto gefährlicher durch Treulosigkeit und List seien. Sie seien die Werkzeuge Montezumas und würden nach seinen Befehlen handeln. Die Tlascalaner schienen mit diesem Mißtrauen eine abergläubische Furcht vor der alten Stadt, dem Hauptsitze der Religion von Anahuac, zu verbinden. Hier war es, wo der Gott Quetzalcoatl den ehemaligen Sitz seines Reiches hatte. Sein Tempel war im ganzen Lande berühmt, und von dessen Priestern glaubte man fest, daß sie, wie sie sich selbst rühmten, die Macht hätten, aus den Grundtiefen seines Heiligtums eine Überschwemmung zu veranstalten, um ihre Feinde darin zu ertränken. Auch machten die Tlascalaner Cortez darauf aufmerksam, daß, während so viele andere entlegene Städte zu ihm nach Tlascala gesandt hätten, um ihm ihre Ergebenheit zu bezeigen und um ihre Unterwerfung unter seine Herrscher kundzutun, das nur sechs Leguas entfernte Cholula dies nicht getan habe. — Diese letztere Bemerkung fand der Befehlshaber treffender als alle vorherigen. Er ließ sofort eine Aufforderung an die Stadt ergehen, welche das Verlangen ihrer förmlichen Unterwerfung enthielt.

Unter den von verschiedenen Seiten bei dem spanischen Befehlshaber während seines Aufenthaltes in Tlascala zu seiner Begrüßung eingetroffenen Gesandtschaften war eine von Ixtlilxochitl, dem Sohne des großen Nezahualpilli, der sich, wie wir schon in einem vorangegangenen Teile unserer Erzählung erwähnten, gegen seinen älteren Bruder erfolglos um die Krone von Tezcuco beworben hatte. Obgleich seine Ansprüche fehlgeschlagen waren, hatte er doch einen Teil des Königreiches erhalten, über den er mit einem tödlichen Feindschaftsgefühle gegen seinen Nebenbuhler und gegen Montezuma herrschte, der jenen unterstützt hatte. Er bot jetzt Cortez seine Dienste an, verlangte aber dafür, daß er ihm zum Throne seiner Vorfahren verhelfe. Der kluge Befehlshaber gab dem hochstrebenden jungen Prinzen eine solche Antwort, die seine Hoffnungen beleben und ihn zugleich für ihn gewinnen mußte. Er bezweckte, zur Kräftigung seines Vorhabens jeden noch so kleinen Teil von Mißvergnügten an sich zu ziehen, die im Lande verbreitet waren.

Es währte nicht lange, so erschienen Abgesandte von Cholula, mit überschwänglichen Versicherungen ihrer Zuneigung und mit der Aufforderung an die Spanier, sich in ihre Hauptstadt zu begeben. Die Boten waren von niederem Range, weit unter dem gewöhnlichen der Gesandten. Hierauf machten die Tlascalaner aufmerksam, und Cortez sah hierin eine neue Geringschätzung. Er erließ daher eine abermalige Aufforderung, worin er erklärte, daß, wenn sie ihm nicht augenblicklich ihre vornehmsten Leute als Abgeordnete sendeten, er sie als Aufrührer gegen seinen Landesherrn, den rechtmäßigen Herrscher dieser Reiche, behandeln werde! Die Drohung machte die gewünschte Wirkung. Die Cholulaner waren nicht geneigt, wenigstens nicht für jetzt, seine stolzen Ansprüche zu bekämpfen. Es erschien eine andere, aus den höchsten Edelleuten bestehende Gesandtschaft im Lager; diese wiederholte die Einladung für die Spanier, nach ihrer Stadt zu kommen, und entschuldigte ihr verspätetes Erscheinen durch Besorgnisse für ihre persönliche Sicherheit in der feindlichen Hauptstadt. Die Erklärung war einleuchtend, und Cortez ließ sie gelten.

Die Tlascalaner waren jetzt mehr als je gegen seinen beabsichtigten Besuch. Sie hatten sich Gewißheit darüber verschafft, daß eine starke aztekische Streitmacht in der Nähe von Cholula liege, und daß das Volk eifrig beschäftigt sei, ihre Stadt in Verteidigungszustand zu setzen. Sie argwöhnten einen von Montezuma ersonnenen hinterlistigen Plan, zur Vernichtung der Spanier.

Diese Einflüsterungen beunruhigten Cortez zwar, allein sie machten ihn nicht abwendig von seinem Vorhaben. Er empfand eine natürliche Neugier, die ehrwürdige, in der Geschichte der indianischen Völker so berühmte Stadt zu sehen. Er war überdies zu weit gegangen, um zurückzutreten, wenigstens zu weit, um dies ohne einen Anschein von Furcht tun zu können, woraus man auf ein Mißtrauen in seine Hilfsquellen schließen würde, was dann nicht ermangeln könnte, auf seine Feinde, seine Verbündeten und seine eigenen Leute einen üblen Eindruck zu machen. Nach einer kurzen

Beratung mit seinen Offizieren beschloß er, den Weg nach Cholula anzutreten.

Es waren jetzt drei Wochen seitdem die Spanier ihren Wohnsitz innerhalb der gastfreien Mauern Tlascalas aufgeschlagen hatten, und fast sechs Wochen seitdem sie dessen Gebiet betreten. Auf der Schwelle desselben war ihnen das Volk mit der entschiedensten Feindseligkeit entgegengetreten. Jetzt sollten sie von demselben Volke als von Freunden und Verbündeten scheiden, von treuen Freunden, die ihnen während ihres ganzen beschwerlichen Kampfes zur Seite stehen sollten. Der Ausfall ihres Besuches war daher von der höchsten Wichtigkeit; denn von der Mitwirkung dieser tapferen, kriegliebenden Freistaatsbürger hing großenteils der entscheidende Erfolg der Unternehmung ab.

SECHSTES HAUPTSTÜCK

Stadt Cholula | Großer Tempel | Marsch nach Cholula | Aufnahme der Spanier | Verschwörung entdeckt

1519

Die alte Stadt Cholula, Hauptstadt des Freistaates dieses Namens, lag beinahe sechs Leguas südlich von Tlascala und ungefähr zwanzig östlich oder vielmehr südöstlich von Mexiko. Sie soll nach Cortez' Angaben zwanzigtausend Häuser innerhalb ihrer Ringmauern und ebenso viele außerhalb derselben enthalten haben. Wie hoch sich auch die wirkliche Anzahl ihrer Einwohner belaufen haben mag, so war sie doch ohne Zweifel zur Zeit der Eroberung eine der volkreichsten und blühendsten Städte Neuspaniens.

Sie war von hohem Alter und von den ursprünglichen Stämmen gegründet, welche vor den Azteken im Lande verbreitet waren. Wir haben wenige Nachrichten über ihre Regierungsform, die nach einer freistaatlichen, ähnlich der von Tlascala, gemodelt gewesen zu sein scheint. Diese war so zweckmäßig, daß der Staat bis zu einer sehr späten Zeit seine Unabhängigkeit behauptete, wo er dann, wenn auch nicht unterjocht von den Azteken, doch so sehr unter ihre Botmäßigkeit geriet, daß er nur noch wenig von den Wohltaten eines selbständigen politischen Zustandes genoß. Ihre Verbindung mit Mexiko brachte die Cholulaner häufig in Zwistigkeit mit ihren Nachbarn und Stammverwandten, den Tlascalanern. Aber, obgleich sie diesen an Bildung und den verschiedenen Künsten gebildeter Völker weit überlegen waren, so konnten sie sich doch im Kriege nicht mit diesen kühnen Bergbewohnern, den Schweizern Anahuacs, messen. Die cholulanische Hauptstadt war der große Stapelplatz für den Handel des Tafellandes. Die Einwohner zeichneten sich in mehreren Kunstfertigkeiten aus, besonders in Metallarbeiten, in Bereitung von Tuchen aus Baumwolle und Agave, und einer feinen Töpferware, die, wie man sagte, an Schönheit mit der florentinischen wetteifern konnte.

Aber die wegen ihrer Verfeinerung und ihres hohen Alters so berühmte Hauptstadt war noch ehrwürdiger durch ihre religiösen Sagen. Hier war es, wo der Gott Quetzalcoatl auf seinem Zuge nach der Küste haltmachte und zwanzig Jahre verweilte, um die toltekischen Bewohner in den Künsten der Bildung zu unterrichten. Er machte sie mit besseren Regierungsformen bekannt, sowie mit einer geistigeren Religion, bei welcher die Opfer nur in Früchten und Blumen bestanden, wie sie die Jahreszeit bot. Was er eigentlich lehrte, ist nicht leicht zu bestimmen, da seine Lehren so sehr vermischt wurden mit den willkürlichen Lehrsätzen seiner Priester und den mystischen Auslegungen der christlichen Bekehrer. Vermutlich war er eines jener seltenen und begabten Wesen, welche die Finsternis des Zeitalters durch die Erleuchtung ihres Geistes aufklärten und, von einer dankbaren Nachkommenschaft vergöttert, unter die Himmelslichter versetzt werden.

Dieser wohltätigen Gottheit zu Ehren hatte man den staunenswerten Hügel aufgeworfen, auf den der Reisende noch mit Bewunderung blickt, als auf das riesenhafteste Erzeugnis Neuspaniens, das an Größe mit den Bauwerken des alten Ägypten wetteifert, und mit denselben auch einige Ähnlichkeit in der Form hat. Die Zeit seiner Errichtung ist unbekannt; denn man fand ihn schon vor, als die Azteken nach dem Tafellande kamen. Er hatte die bei den mexikanischen Teocallis gebräuchliche Gestalt, die einer abgestumpften Spitzsäule, die mit ihren vier Seiten den vier Weltgegenden zugewandt und in ebenso viele Erdstufen geteilt ist. Seine ursprünglichen Umrisse sind indes durch den Einfluß der Zeit und der Elemente verwischt, während der üppige Wuchs der Sträucher und wilden Blumen, welche seine Oberfläche bedecken, demselben eher das Ansehen einer jener durch die Laune der Natur als durch den Fleiß des Menschen entstandenen ebenmäßigen Erhebungen gab. Es ist allerdings zweifelhaft, ob das Innere nicht ein natürlicher Hügel sei, obgleich es nicht unwahrscheinlich ist, daß es aus einer künstlichen Zusammensetzung aus Stein und Erde bestehe, allenthalben tief überzogen, wie man deutlich sieht, mit abwechselnden Schichten von Ziegeln und Ton.

Die senkrechte Höhe der Spitzsäule ist 177 Fuß. Ihre Basis ist 1423 Fuß lang, doppelt so lang als die größte Spitzsäule des Cheops. Man kann sich von der Ausdehnung derselben dadurch einen Begriff machen, daß ihre Grundfläche, die viereckig ist, einen Raum von ungefähr 44 und die obere Fläche auf deren abgestumpften Spitze mehr als einen Morgen einnimmt. Dies erinnert uns an jene Denkmäler aus Steinarbeit, die man noch in Trümmern an den Ufern des Euphrat, und noch besser erhalten an denen des Nils wahrnimmt.

Auf dem Gipfel stand ein prachtvoller Tempel, in dem sich die Bildsäule der geheimnisvollen Gottheit „des Gottes der Luft" befand, mit finsteren Zügen, abweichend von der schönen Gesichtsfarbe, die er auf Erden hatte, einen Hauptschmuck auf dem Kopfe, worauf Feuerfedern wehten, ein glänzendes goldenes Band um den Hals, musivisch gearbeitete Türkisenringe in den Ohren, ein mit Edelsteinen besetztes Zepter in einer Hand und einen wunderbar gemalten Schild als Sinnbild seiner Beherrschung der Winde in der anderen. Die auf altersgraue Überlieferung gegründete Heiligkeit des Ortes und die Pracht des Tempels und des damit verbundenen Gottesdienstes, machte ihn zu einem Gegenstande der Verehrung im ganzen Lande, und aus den fernsten Enden Anahuacs kamen Pilger herbei, um ihre Andacht im Schreine Quetzalcoatls zu verrichten. Die Anzahl derselben war so groß, daß sie der bunten Bevölkerung der Stadt ein Ansehen von Bettelhaftigkeit gab; und Cortez, dem diese neue Erscheinung auffiel, sagt uns, daß er eine Menge solcher Bettler gesehen, wie man deren in den aufgeklärten Hauptstädten Europas finde; — ein sonderbares Kennzeichen der Bildung, wonach unser glückliches Vaterland in der Wagschale ein wenig sinken müßte.

Cholula war nicht der Sammelplatz für dürftige Andächtige allein. Viele von den verwandten Stämmen besaßen eigene Tempel in der Stadt, sowie einige christliche Völker deren in Rom haben, und jeder Tempel war mit seinen eigentümlichen Priestern zum Dienste der Gottheit versehen, der er geweiht war. In keiner Stadt sah man einen solchen Zusammenfluß von Priestern, so viele feierliche Umzüge, eine solche Pracht bei den gottesdienstlichen Gebräuchen. Opfern und den religiösen Festen. Kurz, Cholula war ihnen, was Mekka den Mohamedanern und Rom den Katholiken; es war die heilige Stadt von Anahuac.

Die religiösen Gebräuche wurden indes nicht in dem ursprünglich von der Schutzgottheit vorgeschriebenen reinen Geiste vollzogen. Ihre Altäre, sowie die der zahlreichen aztekischen Götter, wurden mit Blut befleckt; und es sollen jährlich sechstausend Menschenopfer an ihren blutigen Schreinen gefallen sein! Hoch über den anderen Tempeln erhob sich „die große Spitzsäule von Cholula" mit ihren unerlöschlichen Flammen, die ihre Strahlen weit und breit über die Hauptstadt ergossen und den Völkern verkündeten, daß daselbst das geheimnisvolle — leider so sehr durch Grausamkeit und Aberglauben entstellte — Gottesdienst der guten Gottheit stattfinde, die eines Tages zurückkehren und ihre Herrschaft über das Land wieder übernehmen werde.

Es konnte nichts Großartigeres geben als den Anblick, welchen das Auge von der offenen Halle auf den abgestumpften Gipfel der Spitzsäule hatte. Gegen Westen streckte sich die kühne Schranke von Porphyrfelsen, welche die Natur rings um das Tal von Mexiko gezogen, mit dem ungeheuren Popocatepetl und Iztaccihuatl, gleich zwei riesenmäßigen Schildwachen zur Hütung des Einganges in die bezauberte Gegend. Weit davon nach Osten sah man das kegelförmige Haupt des Orizaba, das sich hoch in die Wolken erhob, und näher die unfruchtbare, aber schön gestaltete Sierre de Malinche, die ihre breiten Schatten über die Ebenen von Tlascala warf. Drei von diesen sind feuerspeiende Berge, höher als der höchste Berggipfel in Europa, und mit Schnee bedeckt, der selbst von der brennenden Sonne der Wendekreise nicht schmilzt. Zu den Füßen des Zuschauers lag die heilige Stadt Cholula mit ihren glänzenden, in der Sonne funkelnden Türmen und Zinnen, zwischen Gärten und grünenden Hainen, welche damals die angebauten Umgebungen der Hauptstadt dicht bedeckten.

Es ist jedoch Zeit, uns wieder nach Tlascala zu wenden. Am bestimmten Morgen trat das spanische Heer seinen Marsch nach

Mexiko auf dem Wege von Cholula an. Es folgten ihm eine Menge Bürger, erfüllt von Bewunderung über die Unerschrockenheit von Männern, die, so gering an Zahl, es wagen wollten, dem großen Montezuma in seiner Hauptstadt Trotz zu bieten. Dennoch erbot sich eine ungeheure Menge von Kriegern, die Gefahren des Unternehmens zu teilen; aber wiewohl Cortez seine Erkenntlichkeit für ihre Bereitwilligkeit an den Tag legte, wählte er doch nur sechstausend Freiwillige zu seiner Begleitung aus. Er mochte sich nicht mit einem schwerfälligen Trupp belästigen, der seinen Bewegungen hinderlich sein konnte; wahrscheinlich lag ihm auch nicht daran, sich so weit in die Gewalt von Verbündeten zu geben, deren Anhänglichkeit noch zu neu war, um genügende Bürgschaft für ihre Treue zu gewähren.

Nachdem das Heer einige rauhe und bergige Gegenden durchkreuzt, kam es in die weite Ebene, welche sich vier Meilen rings um Cholula ausbreitet. Auf der Höhe von mehr als sechstausend Fuß über der Meeresfläche erblickten sie die reichen Erzeugnisse verschiedener Himmelstriche, welche dicht nebeneinander wuchsen; hohe Maisfelder, die saftige Aloe, den Chilli oder axtekischen Pfeffer und große Pflanzungen von Kaktus, von dem sich die glänzende Koschenille nährt. Nicht eine Rute unangebauten Landes, und der Boden war — ein seltsamer Fall aus dem Tafellande — durch viele Ströme und Gräben bewässert und von Wäldern gut beschattet, die durch die rauhe Axt der Spanier verschwunden sind. Gegen Abend gelangten sie an einen kleinen Fluß, an dessen Ufern Cortez sein Nachtlager aufzuschlagen beschloß, weil er die Ruhe der Stadt durch den Einzug einer so großen Streitmacht zu einer ungewöhnlichen Stunde nicht stören mochte.

Hier stellte sich bald eine Anzahl cholulanischer Kaziken mit ihrem Gefolge ein, die Fremdlinge zu sehen und zu bewillkommnen. Als sie indes ihre tlascalanischen Feinde im Lager erblickten, äußerten sie Zeichen des Mißvergnügens. und gaben die Besorgnis zu verstehen, daß deren Anwesenheit in der Stadt Unordnung veranlassen könnte. Die Vorstellung erschien Cortez begründet, und deshalb befahl er seinen Verbündeten, in ihrer gegenwärtigen Stellung zu verbleiben, und sich ihm, wenn er die Stadt verlassen, auf dem Wege nach Mexiko anzuschließen.

Am folgenden Morgen hielt er an der Spitze des Heeres seinen Einzug in Cholula in Begleitung keiner anderen Indianer als der aus Cempoalla und einer Handvoll Tlascalaner zur Besorgung des Gepäckes. Beim Abschied gaben ihm seine Verbündeten manche Vorsichtsmaßregeln gegen das Volk, zu dem er sich begeben wollte, das sich der gefährlichen Waffen der List und Treulosigkeit bediene. Sowie die Truppen sich der Stadt näherten, war die Landstraße mit Schwärmen von Volk beiderlei Geschlechtes und jedes Alters besetzt, schwache Greise, Frauen mit Kindern auf dem Arm, alle begierig, einen Blick auf die Fremdlinge zu erhaschen, deren Persönlichkeit, Waffen und Pferde Gegenstände gewaltiger Neugier für Augen waren, welche dies alles bisher noch nicht in der Schlacht gesehen. Die Spanier ihrerseits waren voll Verwunderung über den Anblick der Cholulaner, die in Kleidung und Äußerem im allgemeinen die Völker, die sie bisher gesehen, bei weitem übertrafen. Besonders war ihnen die Kleidung der höheren Stände auffallend, die fein gestickte Mäntel trugen, in Gewebe und Schnitt dem zierlichen Albornoz oder maurischen Mantel ähnlich. Sie zeigten denselben zarten Geschmack für Blumen wie die anderen Stämme der Hochebene, indem sie sich selbst damit schmückten und Gewinde und Büschel davon unter die Soldaten warfen. Unter der Menge befand sich eine ungeheure Anzahl von Priestern, die ihre duftenden Räucherpfannen schwangen, während Musik von verschiedenen Arten von Tonwerkzeugen den Ankömmlingen ein fröhliches Willkommen gab und das ganze Schauspiel zu einem heiteren, verwirrend zauberhaften machte. Wenn es nicht so sehr das Ansehen eines Siegeszuges hatte wie in Tlascala, wo die Musik durch das Jauchzen der Menge übertäubt wurde, so gewährte es doch eine ruhige Zuversicht der Gastfreundschaft und nicht minder angenehme freundliche Gefühle.

Auch waren die Spanier überrascht von der Reinlichkeit der

Stadt, der Breite und Regelmäßigkeit der Straßen, die nach einem festen Plan angelegt zu sein schienen, von der Festigkeit der Häuser und der Anzahl und Größe der spitzsäuligen Tempel. Im Hofe eines derselben und in den ringsumher laufenden Gebäuden wurden sie untergebracht.

Die vornehmsten Herren des Ortes stellten sich bald bei ihnen ein und schienen sorgfältig bemüht, ihnen jede Gemächlichkeit zu verschaffen. Ihre Tafel wurde überflüssig versorgt. und kurz, man erwies ihnen solche Aufmerksamkeiten, die darauf berechnet waren, ihren Argwohn zu zerstreuen und sie den ihrer tlascalanischen Freunde, dem Vorurteil und dem Volkshasse zuschreiben zu lassen.

In wenigen Tagen bekamen die Dinge ein anderes Ansehen. Es trafen Abgesandte von Montezuma ein, die durch eine kurze, unfreundliche Andeutung Cortez zu verstehen gaben, daß sein Herannahen ihren Herrn beunruhige, worauf sie sich noch besonders mit den sich noch im kastilianischen Lager aufhaltenden mexikanischen Botschaftern besprachen, und dann einen von diesen bei ihrem Fortgehen mit sich nahmen. Von dieser Zeit an trat in dem Benehmen ihrer cholulanischen Wirte eine sichtbare Veränderung ein. Sie machten ihnen keine Besuche mehr wie früher, und wenn sie dazu eingeladen wurden, entschuldigten sie sich unter dem Vorwand von Unwohlsein. Die Versorgung mit Lebensmitteln wurde beschränkt und als Grund dazu Mangel an Mais angegeben. Diese Zeichen der Entfremdung erregten, abgesehen von der augenblicklichen Verlegenheit, bei Cortez ernste Besorgnisse für die Zukunft. Seine Befürchtungen wurden nicht geschwächt durch die Berichte der Cempoallaner, die ihm sagten, sie hätten beim Durchwandern der Stadt mehrere Straßen verrammelt, die Azoteas oder flachen Dächer der Häuser mit ungeheuern Steinen und anderen Wurfgegenständen, wie zu einem Angriff beladen, gesehen. und an einigen Stellen mit Zweigen überdeckte Höhlen mit darin aufgerichteten Pfählen gefunden, anscheinend zur Hemmung der Bewegung der Reiterei. Auch benachrichtigten ihn einige aus ihrem Lager hereingekommene

Tlascalaner, daß ein meistenteils aus Kindern bestehendes, großes Opfer in einem entlegenen Teile der Stadt dargebracht worden sei, um dadurch die Gnade der Götter, wahrscheinlich für ein beabsichtigtes Unternehmen, zu gewinnen. Sie fügten hinzu, daß sie eine Anzahl Bürger mit Weibern und Kindern die Stadt verlassen gesehen, als wollten sie dieselben in Sicherheit bringen. Diese Nachrichten bestärkten Cortez in seinem übelsten Argwohn, und er zweifelte nicht mehr, daß irgend ein feindlicher Plan ausgeführt werden soll. Hätte er noch den mindesten Zweifel gehegt, so würde diesen eine Entdeckung Marinas, des Schutzengels der Unternehmung, in Gewißheit verwandelt haben.

Das liebenswürdige Wesen des indianischen Mädchens hatte demselben die Achtung der Frau eines der Kaziken gewonnen, die wiederholt Marina dringend aufforderte, zu ihr ins Haus zu kommen, indem sie ihr dunkel andeutete, daß sie auf diese Weise dem Schicksal entgehen werde, daß die Spanier erwarte. Da die Dolmetscherin einsah, wie wichtig es sei, weitere Nachricht zu erlangen, ging sie scheinbar gern auf den Vorschlag ein und stellte sich zugleich sehr unzufrieden mit den weißen Männern, die sie in Gefangenschaft hielten. Indem sie so bei der leichtgläubigen Cholulanerin jede Vorsicht verscheuchte, schlich sich Marina nach und nach in ihr Vertrauen, so daß sie von ihr einen ausführlichen Bericht von der Verschwörung erlangte.

Diese rühre, sagte sie, von dem aztekischen Kaiser her, der an die großen Kaziken, und unter anderen auch an ihren Mann, reiche Bestechung gesandt habe, um sie fest für seine Absicht zu gewinnen. Die Spanier sollten bei ihrem Ausmarsch aus der Hauptstadt angegriffen werden, während sie in den Straßen derselben verwickelt wären, in welchen man verschiedene Hindernisse angebracht habe, die Reiterei in Unordnung zu bringen. Eine Streitmacht von zwanzigtausend Mexikanern sei schon in einer geringen Entfernung von der Stadt befindlich, um die Cholulaner bei dem Angriff zu unterstützen. Man hoffe zuversichtlich, daß die Spanier, auf solche Weise in ihren Bewegungen gehemmt, der überlegenen Macht ihres Feindes als leichte Beute fallen würden. Es sollte eine hinreichende Zahl von Gefangenen, die Opfer von Cholulu zu feiern, aufbewahrt und der Rest gefesselt nach Montezumas Hauptstadt gebracht werden.

Während dieser Unterhaltung war Marina beschäftigt, solche Gegenstände von Wert und zum Schmuck hervorzusuchen, die sie sich vornahm, am Abend, wenn sie aus den Wohnungen der Spanier unbemerkt nach dem Hause ihrer cholulanischen Freundin entwischen könnte, mit sich zu nehmen, wobei diese ihr behilflich war. Indem Marina ihren Besuch auf solche Weise sich beschäftigen ließ, fand sie Gelegenheit, sich auf einige Augenblicke fortzustehlen, ging in die Wohnung des Befehlshabers und teilte ihm ihre Entdeckung mit. Er ließ sogleich die Frau des Kaziken festnehmen, und auf Befragen bestätigte diese vollständig die Angaben seiner indianischen Geliebten.

Die auf diese Weise erhaltene Nachricht erfüllte Cortez mit größter Besorgnis. Er sah sich in der Schlinge gefangen. Den Kampf zu bestehen oder zu entfliehen, schien gleich schwer zu sein. Er befand sich in einer feindlichen Stadt, in welcher jedes Haus in eine Festung verwandelt werden konnte, und wo ihm solche Hindernisse in den Weg gelegt waren, welche die Wirksamkeit des Geschützes und der Reiterei fast unmöglich machten. Außer den listigen Cholulanern mußte er noch unter allen diesen ungünstigen Umständen mit den furchtbaren Kriegern Mexikos kämpfen. Er glich einem Reisenden, der sich im Finstern zwischen Abgründen verirrt hat, wo ihn jeder Schritt zerschmettern kann, und wo vorwärts oder zurück zu gehen, gleich gefährlich ist.

Er wünschte, über die Verschwörung noch Gewisseres und Näheres zu erfahren. Er suchte daher zwei von den nahe wohnenden Priestern, von denen einer großen Einfluß im Orte hatte, zu einem Besuche bei sich zu bewegen. Durch höfliche Begegnung und freigebige Geschenke von den reichen Gaben, die er von Montezuma empfangen hatte. — so richtete er die Gaben des Gebers gegen ihn selbst —, brachte er von ihnen die volle Bestätigung des vorangegangenen Berichtes heraus. Der Kaiser war seit der Ankunft der Spanier in einem Zustande kläglichsten Schwankens gewesen. Seinen ersten Befehlen zufolge sollten die Cholulaner die Fremden freundschaftlich empfangen. Neuerdings hatte er wiederum seine Orakel befragt, und zur Antwort erhalten, Cholula werde das Grab seiner Feinde werden; denn die Götter würden ihm sicher beistehen, um den an der heiligen Stadt verübten Frevel zu rächen. Die Azteken rechneten so sicher auf Erfolg, daß man im Orte schon für eine Menge Fesseln oder Pfähle mit Riemen gesorgt hatte, um sich der Gefangenen zu versichern. Cortez, der nun von allen Tatsachen vollständig unterrichtet war, entließ die Priester und empfahl ihnen Verschwiegenheit, was kaum nötig war. Er sagte ihnen, es sei sein Vorsatz, am folgenden Morgen die Stadt zu verlassen, und forderte sie auf, einige der vornehmsten Kaziken zu einer Zusammenkunft mit ihm in seiner Wohnung zu bewegen. Hierauf rief er einen Rat seiner Offiziere zusammen, obgleich er, wie es scheint, schon über den Weg entschieden war, den er einzuschlagen hatte.

Die Mitglieder des Rates waren von der erschreckenden Kunde, je nach ihrem verschiedenen Charakter, ergriffen. Die Zaghafteren, entmutigt durch die Aussicht auf Hindernisse, die sich, je näher sie der mexikanischen Hauptstadt kamen, vervielfältigten, stimmten dafür, umzukehren und Schutz in der freundlich gesinnten Stadt Tlascala zu suchen. Andere, beharrlicher, aber vorsichtig, waren für das Einschlagen eines nördlichen Weges, der ihnen ursprünglich von ihren Verbündeten empfohlen worden war. Der größte Teil neigte sich für den Befehlshaber, der immer der Meinung war, daß keine andere Wahl bleibe, als vorwärts zu gehen; Rückzug würde zum Verderben führen; halbe Maßregeln würden kaum besser sein und auf eine Zaghaftigkeit schließen lassen, die das Vertrauen zu ihnen bei Freund und Feind schwächen müsse. Ihre wahre Politik bestehe im Selbstvertrauen; sie müßten einen Schlag ausführen, der ihre Feinde einschüchtere und ihnen zeige, daß die Spanier ebensowenig durch Verstellung zu überlisten, als durch Überzahl und Mut im offenen Felde zu vernichten seien.

Als die durch die Priester dazu überredeten Kaziken vor Cortez erschienen, begnügte er sich damit, sie wegen ihres Mangels an Gastfreundschaft zu tadeln, und versicherte sie, die Spanier würden der Stadt nicht länger zur Last fallen, da er beschlossen habe, sie früh am folgenden Morgen zu verlassen. Er ersuchte sie außerdem, ihm eine Verstärkung von zweitausend Mann zur Fortschaffung seines Geschützes und Gepäckes zu liefern. Die Häuptlinge willigten, nach einiger Beratschlagung in ein Verlangen, das gewissermaßen ihre eigenen Absichten begünstigte.

Bei ihrem Abgange ließ der Befehlshaber die aztekischen Gesandten vor sich laden. Er teilte ihnen in Kürze seine Entdeckung des verräterischen Planes mit, sein Heer zu vernichten, dessen Anlegung ihrem Gebieter Montezuma beigemessen wurde. Es schmerze ihn sehr, fügte er hinzu, den Kaiser in einen so ruchlosen Plan verwickelt, und die Spanier dadurch genötigt zu sehen, gegen den Fürsten als Feinde zu marschieren, den sie als Freund zu besuchen gehofft hatten.

Die Gesandten behaupteten mit ernsten Beteuerungen ihre völlige Unkenntnis der Verschwörung, sowie ihre Überzeugung von der Unschuld Montezumas an einem Verbrechen, welches sie allein den Cholulanern zur Last legten. Offenbar erforderte es die Staatsklugheit, daß Cortez sich in gutem Vernehmen mit dem indianischen Könige erhalte; daß er so lange als möglich von seinen Gefälligkeiten Gebrauch mache und seine eingebildete Sicherheit, so viel deren er selbst ihm einzuflößen vermöchte, benutze, um seine eigenen künftigen Unternehmungen darunter verborgen zu halten. Deshalb stellte er sich, als schenke er den Versicherungen der Abgesandten Glauben und erklärte, wie es ihm widerstrebe zu denken, daß ein Herrscher, der den Spaniern so viele Freundschaftsdienste erwiesen habe, das ganze mit einer so unerhört schlechten Handlung beschließen sollte. Er fügte hinzu, daß die Entdeckung einer so doppelzüngigen Falschheit ihn nur noch mehr gegen die Cholulaner aufbringe, an denen er eine solche Rache zu nehmen gedenke, welche die Beleidigungen sowohl gegen Montezuma als gegen die Spanier in vollem Maße vergelten sollte. Hierauf entließ er die Abgesandten, war indes, ungeachtet dieses scheinbaren Vertrauens, sorgfältig darauf bedacht, sie unter strenger Aufsicht zu halten, um Mitteilungen an die Bürger zu verhüten.

Jene Nacht war eine sehr ängstliche für das Heer. Der Boden, auf dem es stand, schien unter seinen Füßen zu weichen, und jeder Augenblick konnte der zu seiner Vernichtung bestimmte sein. Der Befehlshaber wendete jede mögliche Sicherheitsmaßregel an, indem er die Anzahl der Schildwachen vermehrte und seine Kanonen auf eine solche Weise aufstellte, daß sie das Lager vor einem Angriff zu schützen imstande wären. Er selbst schloß in der Nacht, wie man sich vorstellen kann, kein Auge. Jeder einzelne Spanier hatte sich mit seinen Waffen niedergelegt, jedes Pferd stand gesattelt und aufgezäumt zum augenblicklichen Dienste bereit. Aber die Indianer beabsichtigten keinen Angriff, und die Stille der Nacht wurde durch nichts gestört, als durch die gelegentlichen Töne, die man in einer volkreichen Stadt selbst dann hört, wenn sie in Schlaf versunken liegt, und die heiseren Laute der Priester von den Türmchen oder Teocallis herab, die durch ihre Trompeten die Nachtwachen verkündeten.

*Schreckliches Gemetzel / Die Ruhe wieder hergestellt / Betrachtungen
über das Gemetzel / Weitere Vorgänge / Abgesandte von Montezuma*

1519

Mit dem ersten Morgenstrahle sah man Cortez zu Pferde, die
Bewegungen seiner kleinen Schar leitend. Er stellte seine
Streitmacht auf dem großen Platze oder Hofe auf, der zum Teil,
wie oben erwähnt, von Gebäuden, zum Teil von einer hohen
Mauer umgeben war. An jedem der drei Eingangstore stellte er
eine starke Wache aus. Dem Rest seiner Truppen mit seinen
großen Kanonen wies er einen Platz außerhalb der Ringmauer
an, und zwar so, daß sie die Zugänge beherrschten und die
innerhalb in ihrem blutigen Werke gegen Unterbrechung sicher-
stellten. In der vorhergegangenen Nacht waren Befehle an die
tlascalanischen Häuptlinge erlassen worden, sich auf ein verabredetes Zeichen zum Einrücken in die Hauptstadt und zur Vereinigung mit den Spaniern bereit zu halten.

Kaum waren die Vorbereitungen vollständig getroffen, als die
cholulanischen Kaziken erschienen, die eine noch größere Anzahl
von Mannschaften, Tamanes, herbeiführten, als verlangt worden
war. Man ließ sie sogleich auf den Platz marschieren, den, wie
wir gesehen haben, das spanische, unter den Mauern aufgestellte
Fußvolk beherrschte. Hierauf nahm Cortez einige von den Kaziken
beiseite. Mit einem strengen Gesicht klagte er sie geradezu der
Verschwörung an und zeigte ihnen, daß er von allen Umständen
genau unterrichtet sei. Er sei, sagte er, auf die Einladung ihres
Kaisers nach ihrer Stadt gekommen, und zwar als Freund; habe
die Einwohner und ihr Eigentum verschont, und, um jeden Anlaß zur Besorgnis zu vermeiden, einen großen Teil seiner Streitmacht außerhalb der Mauern gelassen. Sie hätten ihn mit dem
Anschein von Güte und Gastfreundschaft empfangen, und indem
er sich auf diese verlassen, sei er in die Falle gelockt worden und

habe gefunden, daß diese Güte nur Verstellung gewesen, um darunter den schwärzesten Verrat zu verbergen.

Die Cholulaner waren bei dieser Beschuldigung wie vom Donner gerührt. Es befiel sie eine unbeschreibliche Furcht, als sie die geheimnisvollen Fremdlinge anstarrten und sich Wesen gegenüber fühlten, welche die Macht zu haben schienen, die kaum in ihrer Brust entstandenen Gedanken zu lesen. Vor solchen Richtern konnte weder Ausflucht noch Leugnen nützen. Sie gestanden alles und suchten sich zu entschuldigen, indem sie den Tadel auf Montezuma warfen. Cortez gab sich nun das Ansehen noch größerer Entrüstung darüber und versicherte sie, daß der Vorwand zu nichts nütze, da, selbst wenn er begründet sei, doch keine Rechtfertigung darin liege und er werde jetzt an ihnen für ihre Verräterei ein solches Beispiel üben, daß die Kunde davon an den fernen Grenzen Anahuacs widerhallen sollte!

Hierauf wurde das verhängnisvolle Zeichen durch Abschießen einer Hakenbüchse gegeben. In einem Augenblick wurde jede Flinte und Armbrust auf die unglücklichen Cholulaner im Hofe gerichtet und eine fürchterliche Ladung traf sie, als sie wie ein Rudel Rotwild in der Mitte zusammengedrängt standen. Sie wurden überrumpelt, denn sie hatten das vorangegangene Gespräch mit den Häuptlingen nicht gehört. Sie leisteten den Spaniern kaum Widerstand, die nach dem Abfeuern ihres Geschützes auf sie mit den Schwertern losstürzten, und die halbnackten unbeschützten Körper der Eingeborenen wurden so leicht niedergehauen, wie der Mäher das reife Korn zur Erntezeit hinstreckt. Einige suchten die Mauern zu erklettern, boten aber dadurch den Flinten- und Bogenschützen nur ein desto sichereres Ziel. Andere warfen sich auf die Torwege, wurden aber daselbst von den dieselben hütenden Soldaten auf ihren langen Piken aufgefangen. Einige hatten mehr Glück, indem sie sich unter den Haufen der Erschlagenen verbargen, womit der Boden bald bedeckt war.

Während dieses Mordgeschäft vor sich ging, hatten die vom Toben des Gemetzels herbeigezogenen Landsleute der erschlagenen Indianer einen furchtbaren Sturm gegen die Spanier von außen eröffnet. Aber Cortez hatte sein schweres Geschütz so aufgestellt, daß es die Zugänge bestrich und die Reihen der anrückenden Angreifer fortraffte. In der Zwischenzeit von einer Ladung zur anderen, die bei dem unvollkommenen Zustande damaliger Kriegskunst weit länger währte als in unseren Tagen, drängte er die anrückenden Haufen durch Reiterangriffe zurück. Die Streitrosse, die Kanonen, die Waffen der Spanier waren den Cholulanern etwas ganz Neues. Trotz der Neuheit des schrecklichen Schauspieles, der Blitze der Feuerwaffen, die sich in das betäubende Krachen der Geschütze mischten, deren Donner von den Gebäuden widerhallte, drängten doch die verzweifelten Indianer vorwärts, um die Plätze ihrer gefallenen Gefährten einzunehmen.

Während dieser wilde Kampf im Gange war, waren die Tlascalaner, als sie das verabredete Zeichen vernommen, mit schnellen Schritten nach der Stadt geeilt. Auf Cortez' Befehl hatten sie sich Schilfkränze um den Kopf gewunden, um sich dadurch sicherer von den Cholulanern zu unterscheiden. Gerade in der Hitze des Gefechtes angelangt, fielen sie über die schutzlose Nachhut der Städter her, die einerseits unter den Hufen der kastilianischen Reiterei zertreten, andererseits von ihren rachsüchtigen Feinden gedrängt, nicht länger ihren Platz behaupten konnten. Sie wichen zurück; einige suchten Schutz in den nächsten zum Teil hölzernen Gebäuden, die bald angezündet wurden. Andere flohen in die Tempel. Ein großer Teil, von einer Anzahl Priester angeführt, setzte sich in den Besitz des großen Teocalli. Es herrschte die bereits erwähnte Volkssage, daß bei Abtragung eines Teiles der Mauern, der Gott eine Überschwemmung senden werde, um seine Feinde zu überwältigen. Die abergläubischen Cholulaner rissen mit großer Mühe einige Steine aus den Mauern des Gebäudes. Aber es erfolgte nur Staub, nicht Wasser. Ihr falscher Gott ließ sie in der Stunde der Not im Stich. In der Verzweiflung schwangen sie sich in die hölzernen Türmchen über dem Tempel und warfen Steine, Wurfspieße und brennende Pfeile auf die

Spanier hinab, als diese die große Treppe erklommen, welche mit hundertzwanzig Stufen zum Gipfel der Spitzsäule führte. Aber der Feuerregen fiel unschädlich auf die stählernen Kappen der Christen herab, die sich der brennenden Schäfte bedienten, um die hölzerne Feste anzuzünden, die bald in Flammen aufging. Dennoch hielt die Besatzung aus, und obgleich, wie man sagt, ihnen Begnadigung angeboten wurde, so machte doch nur ein Cholulaner Gebrauch davon. Die übrigen stürzten sich kopfüber von der Brüstung hinab oder kamen jämmerlich in den Flammen um.

Nun war in der schönen Stadt, welche bisher in Sicherheit und Frieden geruht hatte, alles in Aufruhr und Verwirrung. Das Stöhnen der Sterbenden, das verzweiflungsvolle Gnadeflehen der Besiegten mischte sich mit dem Schlachtruf der Spanier beim Niedermetzeln ihres Feindes und mit dem schwirrenden Geheul der Tlascalaner, die sich der lang gehegten Rache alter Nebenbuhlerschaft in vollem Maße überließen. Das Getöse wurde noch vermehrt durch das unaufhörliche Geprassel des Gewehrfeuers und das Krachen herunterfallender Balken, die eine Flammenmasse verbreiteten, welche das blasse Morgenlicht überstrahlte. Dies alles bereitete für Auge und Ohr ein gräßliches Durcheinander, das die heilige Stadt in einen Dämonentempel verwandelte. Als der Widerstand nachließ, brachen die Sieger in die Häuser und geheiligten Orte ein, plünderten daraus, was sie Wertvolles enthielten an Silbergerät, Juwelen, die man in Menge fand, Kleidungsstücken und Lebensmitteln, welche beide letztere die einfachen Tlascalaner mehr reizten als die ersteren, wodurch die Teilung der Beute, zur großen Befriedigung ihrer christlichen Verbündeten, erleichtert wurde. Mitten in dieser allgemeinen Zuchtlosigkeit wurden, was bemerkt zu werden verdient, Cortez' Befehle so genau befolgt, daß weder Weibern noch Kindern Leid geschah, obgleich diese ebenso wie eine große Anzahl Männer zu Gefangenen gemacht wurden, um von den Tlascalanern in Sklaverei geschleppt zu werden. Diese Gewalttaten hatten einige Stunden gewährt, als Cortez, durch das Flehen einiger vom Gemetzel verschont gebliebenen cholulanischen Häuptlinge, das durch die Bitten der mexikanischen Abgesandten unterstützt wurde, bewegt, aus Rücksicht, wie er sagte, für die letzteren als Stellvertreter Montezumas, darein willigte, seine Truppen abzurufen und ferneren Mißhandlungen so gut er konnte Einhalt zu tun. Auch wurde zweien der Kaziken erlaubt, zu ihren Landsleuten zu gehen, um allen denen, welche zum Gehorsam zurückkehrten, Verzeihung und Schutz zu versprechen.

Diese Maßregeln taten ihre Wirkung. Den vereinten Bemühungen Cortez' und der Kaziken gelang es, wiewohl mit großer Mühe, den Aufruhr zu besänftigen. Die Angreifenden, sowohl Spanier als Indianer, sammelten sich unter ihren Fahnen und die Cholulaner, die sich auf die Versicherung ihrer Häuptlinge verließen, kehrten allmählich in ihre Häuser zurück.

Cortez' erstes Geschäft war es, die tlascalanischen Häuptlinge zur Befreiung ihrer Gefangenen zu vermögen. Ihre Achtung vor dem spanischen Befehlshaber war so groß, daß sie darein, wiewohl nicht ohne Murren, willigten und sich so gut sie konnten mit der den Cholulanern entrissenen Beute begnügten, die aus verschiedenen, seitdem schon lange in Tlascala unbekannt gewesenen Luxusgegenständen bestand. Seine nächste Sorge war, die Stadt von ihren ekelhaften Unreinigkeiten, hauptsächlich von den toten Körpern zu säubern, welche in den Straßen und auf dem großen Platze aufgehäuft lagen. In seinem Briefe an Karl den Fünften spricht Cortez von dreitausend Erschlagenen, die meisten Berichte sprechen von sechstausend, und einige geben die Anzahl derselben noch höher an. Da sich der älteste und vornehmste Kazike darunter befand, war Cortez den Cholulanern zur Einsetzung eines Nachfolgers für jenen behilflich. Durch diese friedliche Maßregel wurde das Vertrauen allmählich wiederhergestellt. Die Leute aus der umliegenden Gegend strömten wieder beruhigt nach der Hauptstadt, um die darin verminderte Bevölkerung zu ersetzen. Die Märkte wurden wieder geöffnet und die gewöhnlichen Verrichtungen einer geregelten, gewerblich tätigen Gemeinde wieder vorgenommen. Noch bezeugten die Haufen schwarzer rauchender Trümmer den Orkan, der vor kurzem die Stadt heimgesucht hatte, und die Mauern, welche das Schauspiel des Gemetzels auf dem großen Platze umringten, und noch über fünfzig Jahre nach dem Ereignisse aufrecht standen, verkündeten die traurige Geschichte vom Blutbade von Cholula.

Aber was man auch von dieser Handlung in moralischer Rücksicht denken mag, als ein Staatsstreich war nichts dagegen zu sagen. Die Völker Anahuacs hatten mit Bewunderung und Furcht zugleich die kleine Schar christlicher Krieger die Hochebene entlang, jedem Hindernisse trotzend, sich nähern, ein Heer nach dem andern vernichten sehen, dem Anscheine nach mit derselben Leichtigkeit wie ein gutes Schiff die tobenden Wellen vor seinem Bug hintreibt, oder vielmehr wie die von den feuerspeienden Bergen herabrollende Lava ihren Lauf unaufgehalten durch Hindernisse, Felsen, Bäume oder Gebäude fortsetzt, indem sie diese mit sich fortreißt oder sie auf ihrem Feuerwege zermalmt und verzehrt. Die Tapferkeit der Spanier — „der weißen Götter", wie man sie oft nannte — machte, daß man sie für unüberwindlich hielt. Aber erst als sie nach Cholula kamen, erfuhren die Eingeborenen, wie schrecklich ihre Rache sei — und sie zitterten!

Niemand zitterte mehr als der Kaiser auf seinem unter Bergen stehenden Throne. Er las in diesen Ereignissen die schwarzen Buchstaben von der Hand des Schicksals geschrieben. Er fühlte sein Reich wie im Morgennebel dahinschwinden; er hatte wohl Ursache dazu. Einige der bedeutendsten Städte in der Nähe von Cholula, durch das Schicksal dieser Hauptstadt eingeschüchtert, schickten jetzt ihre Abgesandten ins kastilianische Lager, um ihre Unterwerfung anzubieten und die Gunst der Fremdlinge durch Geschenke an Gold und Sklaven zu gewinnen. Über diese Zeichen des Abfalles beunruhigt, holte sich Montezuma wiederum Rat bei seinen ohnmächtigen Gottheiten; aber, obgleich die Altäre von Hekatomben frischer Menschenopfer rauchten, so erhielt er doch keine befriedigende Antwort. Daher beschloß er, noch eine Gesandtschaft an die Spanier abzusenden, um jede Teilnahme an der Verschwörung von Cholula in Abrede zu stellen.

Unterdes verweilte Cortez in jener Hauptstadt. Er dachte, daß der durch die letzten Auftritte und die gegenwärtige Wiederherstellung der Ruhe bewirkte Eindruck eine günstige Gelegenheit zum frommen Werke der Bekehrung darbiete. Er drang daher in die Bürger, das Kreuz anzunehmen und die falschen Schutzgeister, die ihnen in ihrer Not nicht beigestanden hatten, aufzugeben. Aber die Überlieferungen von Jahrhunderten ruhten auf der heiligen Stadt und breiteten eine Glorie darüber als „das Heiligtum der Götter", als die religiöse Hauptstadt Anahuacs. Es war zu viel, zu erwarten, daß das Volk freiwillig auf diesen Vorzug verzichten und zum Range einer gewöhnlichen Bürgergemeinde herabsteigen sollte. Dennoch würde Cortez die Angelegenheit ferner betrieben haben, wie wenig Anklang sie auch fand, wenn nicht der verständige Olmedo vermittelnd eingeschritten wäre, der ihn bewog, die Sache bis zur Unterwerfung des ganzen Landes zu verschieben.

Indes hatte der spanische Befehlshaber die Freude, die Käfige zu sprengen, in welchen die Schlachtopfer eingesperrt waren, und den zitternden Bewohnern Leben und Freiheit zu schenken. Er bemächtigte sich auch des großen Teocalli, und weihte den Teil des Gebäudes, der, aus Stein erbaut, von der Wut des Brandes verschont geblieben, zu einer christlichen Kirche; während ein ungeheuer großes, aus Stein und Lehm errichtetes Kruzifix, das seine Arme über die Stadt ausbreitete, verkündete, daß die Bevölkerung darunter unter dem Schutze des Kreuzes stehe. Auf derselben Stelle steht jetzt ein von dunklen Zypressen aus unvordenklicher Zeit beschatteter Tempel, welcher der Jungfrau de los Remedios geweiht ist. Ein Bildnis der Jungfrau thront darüber, das von dem Eroberer selbst dort zurückgelassen worden sein soll, und ein indianischer Geistlicher, ein Nachkomme der alten Cholulaner, verrichtet den friedlichen Gottesdienst der römisch-katholischen Gemeinde an derselben Stelle, auf welcher seine Vorfahren die blutigen Religionsgebräuche des geheimnisvollen Quetzalcoatl feierten.

Während dies vor sich ging, kamen Abgesandte aus Mexiko an.

Sie überbrachten, wie gewöhnlich, reiche Geschenke an Silbergeräten und goldenen Zieraten, unter anderem künstlich nachgeahmte Truthühner mit Federn aus demselben kostbaren Metall; außerdem fünfzehnhundert baumwollene, schön bearbeitete Anzüge. Der Kaiser drückte sogar sein Bedauern über den unglücklichen Vorfall in Cholula aus und rechtfertigte sich über jede Teilnahme an der Verschwörung, welche, wie er sagte, den Anstiftern derselben die verdiente Vergeltung zugezogen habe und erklärte das Vorhandenseit einer aztekischen Streitmacht in der Nähe durch die Notwendigkeit, einige Unruhen daselbst zu unterdrücken.

Dieses kleinmütige Benehmen Montezumas muß bei uns ein aus Mitleid und Verachtung gemischtes Gefühl erregen. Es ist nicht leicht, seine vorgegebene Schuldlosigkeit an der Verschwörung mit einigen damit verbundenen Umständen in Einklang zu bringen. Aber wir müssen hier und überall nicht vergessen, daß seine Geschichte einzig und allein aus spanischen Schriftstellern und von solchen Eingeborenen zu schöpfen ist, die nach der Eroberung blühten, wo das Land ein spanischer Pflanzstaat geworden war. Es ist keine aztekische Urkunde von dem ersten Zeitalter in einer zur Auslegung geeigneten Form aufbewahrt geblieben. Es hat diesen unglücklichen Fürsten das harte Schicksal getroffen, daß sein Bild nur vom Pinsel seiner Feinde entworfen wurde.

Seit dem Einzuge der Spanier in Cholula waren mehr als vierzehn Tage verflossen, und Cortez beschloß jetzt, seinen Marsch nach der Hauptstadt ohne Zeitverlust wieder anzutreten. Seine strengen Vergeltungsmaßregeln hatten die Cholulaner so eingeschüchtert, daß er sicher war, keinen tätigen Feind mehr hinter sich zurückzulassen, der ihn im Falle eines Rückzuges beunruhigen könnte. Er hatte vor seinem Aufbruche die Genugtuung, wenigstens dem äußeren Anscheine nach, den Streit beigelegt zu sehen, der so lange zwischen der heiligen Stadt und Tlascala bestanden hatte, und der, infolge der Umwälzung, die das Schicksal des Landes so schnell veränderte, niemals wieder auflebte.

Nicht ohne einige Unruhe empfing er jetzt das Verlangen seiner cempoallanischen Verbündeten, er möge ihnen gestatten, sich von der Unternehmung zurückzuziehen und sich wieder in ihre Heimat zu begeben. Sie hatten sich den Unwillen des aztekischen Kaisers durch ihre Beleidigungen gegen seine Abgabenerheber und durch ihren den Spaniern geleisteten Beistand zu sehr zugezogen, als daß sie sich hätten in seine Hauptstadt wagen mögen. Vergebens bemühte sich Cortez, ihre Besorgnis durch das Versprechen seines Schutzes zu beseitigen. Ihr gewohntes Mißtrauen und ihre Furcht vor dem „großen Montezuma" war nicht zu besiegen. Der Befehlshaber vernahm ihren Beschluß mit Bedauern; denn sie waren durch ihre unerschütterliche Treue und ihren Mut seiner Sache ungemein nützlich gewesen. Alles dies machte es ihm nur um so schwerer, ihrem billigen Verlangen zu widerstreben. Nachdem er ihre Dienste aus dem reichen Kleidervorrate und den Schätzen des Kaisers belohnt hatte, nahm er daher vor seinem Abzuge aus Cholula Abschied von seinen treuen Anhängern. Er benutzte ihre Rückkehr zur Überschickung von Briefen an Juan de Escalante, seinen Stellvertreter in Vera Cruz, vorin er denselben mit dem glücklichen Erfolge der Unternehmung bekannt machte. Er empfahl jenem Beamten die Verstärkung der Festungswerke der Stadt, um auf diese Weise jeder feindlichen Einmischung von Kuba aus — vor der Cortez immer auf seiner Hut war — desto besser begegnen zu können, und um einen Aufruhr unter den Eingeborenen nicht aufkommen zu lassen. Er empfahl besonders die Totonaken seinem Schutze als Verbündete, deren Treue gegen die Spanier sie in nicht geringem Grade der Rache der Azteken aussetzte.

AUSTAUSCH VON GESCHENKEN.
Codex Baranda.

ACHTES HAUPTSTÜCK

Marsch wieder angetreten / Besteigung des großen feuerspeienden Berges / Tal von Mexiko / Eindruck auf die Spanier / Montezumas Benehmen / Sie steigen ins Tal hinab

1519

Da nun alles in Cholula jetzt zur Ruhe zurückgekehrt war, machte sich das verbündete Heer der Spanier und Tlascalaner guten Mutes wieder auf den Weg nach Mexiko. Der Weg führte durch die schönen Wiesen und üppigen Anpflanzungen, die sich in jeder Richtung mehrere Leguas weit ausbreiteten. Auf dem Marsch kamen ihnen zuweilen Gesandtschaften aus den benachbarten Orten entgegen, welche den Schutz der weißen Männer angelegentlich nachsuchten und sie durch Geschenke, besonders an Gold, zu gewinnen strebten, da deren Begier danach im ganzen Lande allgemein bekannt war.

Einige dieser Ortschaften waren mit den Tlascalanern verbündet, und alle bezeigten sich sehr mißvergnügt über die drückende Regierung Montezumas. Die Eingeborenen warnten die Spanier, sich nicht durch den Eintritt in seine Hauptstadt in seine Gewalt zu geben; als Beweis seiner feindlichen Gesinnung führten sie an, daß er den geraden Weg dahin habe verschanzen lassen, damit die Fremden gezwungen würden, einen anderen zu wählen, der vermöge seiner Engpässe und festen Lage sie ihm gegenüber in großen Nachteil versetzen würde.

Diese Nachricht ging bei Cortez nicht verloren, der ein wachsames Auge auf die mexikanischen Abgesandten richtete und seine Vorsichtsmaßregeln gegen Überrumplung verdoppelte. Munter und tätig, war er immer da, wo seine Gegenwart nötig war, bald im Vortrab, bald in der Nachhut, den Schwachen ermutigend, den Trägen antreibend, und bemüht, in der Brust der anderen denselben mutigen Geist anzufachen, der in der seinen glühte. Nachts unterließ er es nie, die Runde zu machen, um zu sehen, ob jeder auf seinem Posten sei. Einmal wäre ihm seine Wachsamkeit beinahe schlimm bekommen. Er trat so nahe an eine Schildwache heran, daß diese, durch die Finsternis verhindert ihn zu erkennen, ihre Armbrust auf ihn richtete, als glücklicherweise ein Ausruf des Befehlshabers, der die Nachtlosung enthielt, einer Bewegung Einhalt tat, die sonst den Feldzug unterbrochen und dem Reiche Montezumas noch auf einige Zeit länger Frist gegeben haben würde.

Das Heer kam endlich an den von den freundlich gesinnten Indianern bezeichneten Ort, wo der Weg sich in zwei teilte, deren einer, wie sie vorhergesagt hatten, mit großen Baumstämmen und ungeheuren, quer darüber geworfenen Steinen versperrt war. Cortez fragte die mexikanischen Abgesandten, was dies bedeute. Sie sagten, dies sei auf Befehl des Kaisers geschehen, damit sie nicht einen Weg einschlügen, der in einiger Entfernung für die Reiterei unzugänglich werde. Sie gaben indes zu, daß dies der geradeste Weg sei; da erklärte Cortez, dies reiche hin, ihn zugunsten desselben zu bestimmen, da die Spanier sich nicht an Hindernisse kehrten, und befahl, die Hindernisse fortzuräumen. Etwas von dem Holzwerke war, wie uns Bernal Diaz sagt, noch viele Jahre nachher neben der Landstraße sichtbar. Dieses Ereignis ließ dem Befehlshaber wenig Zweifel über die beabsichtigte Verräterei der Mexikaner. Aber er war zu klug, seinen Argwohn merken zu lassen.

Sie mußten nun das liebliche flache Land verlassen, da der Weg sich die steile Sierra hinaufwand, welche die großen Hochebenen von Mexiko und Puebla trennt. Je mehr sie stiegen, desto schärfer und durchdringender ward die Luft, und die Winde, die von den vergletscherten Seiten der Berge herabwehten, durchschüttelten die Soldaten in ihren dicken, baumwollenen Harnischen vor Frost und erstarrten die Glieder der Menschen und Pferde.

Ihr Weg führte sie zwischen zwei der höchsten Berge des nordamerikanischen Festlandes: Popocatepetl, „der rauchende Berg", und Iztaccihuatl, „die weiße Frau", ein Name, der ohne Zweifel von dem glänzenden Schneegewande herrührt, das über seine weite und gebrochene Oberfläche gebreitet ist. Ein kindischer Aberglaube der Indianer hielt diese Berge für Götter und Iztaccihuatl für die Frau ihres furchtbareren Nachbars. Eine Sage höherer Art beschrieb den nördlichen feuerspeienden Berg als den Wohnsitz der abgeschiedenen Geister böser Herrscher, deren Feuertodeskämpfe in ihrem Gefängnis das schreckliche Gebrüll und die Erschütterungen zur Zeit des Ausbruches veranlassen. Dies war die klassische Fabel des Altertums. Diese abergläubischen Sagen hatten den Berg mit einem geheimnisvollen Schrecken bekleidet, der die Eingeborenen vom Besteigen desselben abschreckte, was allerdings schon aus natürlichen Gründen ein unglaublich schwieriges Unternehmen war.

Der große Vulkan, wie man den Popocatepetl nannte, erhob sich zu der ungeheuren Höhe von 17.852 Fuß über den Meeresspiegel; über 2000 Fuß mehr als der Montblanc, der höchste Gipfel in Europa. Im Laufe des XIX. Jahrhunderts hat er selten ein Zeichen seines vulkanischen Ursprunges gegeben und „der rauchende Berg" hat fast seinen Anspruch auf diese Benennung verscherzt. Aber zur Zeit der Eroberung war er häufig in Tätigkeit und tobte mit ungewöhnlicher Wut, als die Spanier in Tlascala waren; ein übles Vorzeichen, meinte man, für die Eingeborenen von Anahuac. Sein Gipfel, der durch die Ablagerung aufeinanderfolgender Ausbrüche zu einem regelmäßigen Kegel geworden war, hatte die gewöhnliche Gestalt feuerspeiender Berge, wenn sie nicht durch das Einstürzen des Kraters entstellt sind. Mit seinem Silbergewande immerwährenden Schnees sich in die Wolken erhebend, wird er weit und breit gesehen in den ausgedehnten Ebenen von Mexiko und Pueblo als der erste Gegenstand, welchen die aufgehende Morgensonne begrüßte, und als der letzte, auf den die Abendstrahlen einen glänzenden Schimmer warfen, der auffallend abstach gegen die öde Wüste von Sand und Lava, unmittelbar darunter, und den dunkeln Rand von Trauerpinien, die seinen Fuß bedeckten.

Der geheimnisvolle Schrecken, der dem Orte anhaftete, und die unzähmbare Lust zu Abenteuern machte einige von den spani-

schen Rittern begierig, die Besteigung zu versuchen, deren Gelingen zu überleben die Eingeborenen für unmöglich erklärten.
Cortez ermutigte sie zu dem Vorhaben, da er den Indianern gern
zeigen wollte, daß kein Unternehmen die Furchtlosigkeit seiner
Anhänger abschrecke. Einer seiner Hauptleute, Diego Ordaz, mit
neun Spaniern und einigen durch das Beispiel der ersteren ermutigten Tlascalanern unternahmen daher die Besteigung. Sie bot
größere Schwierigkeiten dar, als man erwartet hatte.
Die niedrigere Gegend war mit einem Walde bedeckt und so
dicht verflochten, daß er an einigen Stellen kaum zu durchdringen
war. Er wurde indes lichter, je weiter sie vordrangen, und ging
allmählich in einzeln stehendes, dürres Gehölz über, bis auch dies
in einer Höhe von etwas über 13.000 Fuß gänzlich verschwand.
Die Indianer, die so weit ausgehalten hatten, verließen sie
jetzt, von den fremdartigen unterirdischen Tönen des Vulkans
furchtsam gemacht, der sich eben im brennenden Zustande befand.
Der Weg öffnete sich jetzt auf eine schwarze Oberfläche von glas-
artigem, vulkanischem Sande und Lava, deren zerbrochene Stücke,
in ihrem siedenden Sturze zu tausend wunderlichen Formen er-
starrt, ihrem weiteren Vorschreiten dauernde Hindernisse entgegenstellten. Unter diesen erhob sich ein ungeheurer Felsblock,
der Pico del Fraile, den man schon von unten sehen konnte, zu
einer gerade aufsteigenden Höhe von hundertfünfzig Fuß, wodurch sie genötigt wurden, einen großen Umweg zu machen. Sie
gelangten nun bald zu den Grenzen des ewigen Schnees, wo sich
ihnen neue Hindernisse entgegenstellten, da das trügerische Eis
ein festes Auftreten verhinderte und ein falscher Tritt sie in die
gefrorenen Klüfte stürzen konnte, die sie ringsumher angähnten.
Zur Vermehrung ihrer Leiden wurde das Atmen in diesen hohen
Gegenden so schwer, daß jede Anstrengung von heftigen Schmerzen in Kopf und Gliedern begleitet war. Dennoch drangen sie
weiter vor, bis in der Nähe des Kraters eine solche Menge Rauch,
Funken und Asche aus den brennenden Eingeweiden desselben
emporgeschleudert und längs der Seitenwände des Berges getrieben
wurde, daß sie davon fast erstickten und erblindeten. Dies war

selbst für ihre abgehärteten Körper zu viel, und wie sehr sie auch widerstrebten, sahen sie sich doch genötigt, den Versuch, der dem Gelingen so nahe war, aufzugeben. Sie brachten einige ungeheure Eiszapfen mit zurück. — ein merkwürdiger Anblick in diesen Wendekreisgegenden — als ein Siegeszeichen ihrer Tat, welche, wenn auch nicht vollständig gelungen, doch hinreichend war, das Gemüt der Eingeborenen mit Bewunderung zu erfüllen, indem sie zeigte, daß für Spanier die abschreckendsten und geheimnisvollsten Gefahren nur ein Zeitvertreib seien. Das Unternehmen war höchst bezeichnend für den kühnen Mut des Ritters damaliger Zeit, der, nicht zufrieden mit den Gefahren, die ihm auf seinem Wege begegneten, sie aus donquichottischer Liebe zu Abenteuern aufzusuchen schien. Der Vorfall wurde Kaiser Karl V. berichtet, worauf die Familie Ordaz die Erlaubnis erhielt, die Handlung dadurch zu verewigen, daß sie einen brennenden Berg in ihrem Wappen aufnahm.

Der Befehlshaber war nicht befriedigt von dem Erfolge. Zwei Jahre nachher sandte er eine andere Gesellschaft hinauf, unter Francisco Montano, einem Ritter von fester Entschlossenheit. Er bezweckte dadurch, Schwefel zur Bereitung von Schießpulver für das Heer zu bekommen. Der Berg war zu der Zeit ruhig und die Unternehmung hatte einen besseren Erfolg. Die Spanier, fünf an der Zahl, kletterten bis zum Rande des Kraters hinauf, der an seiner Mündung eine regelmäßige Elipse, über eine Legua im Umfang, bildete. Die Tiefe mochte achthundert bis tausend Fuß betragen. Eine düstere Flamme brannte trübe auf dem Grund und sandte einen Schwefeldampf empor, der, im Aufsteigen erkaltend, an den Seiten der Höhlung niedergeschlagen wurde. Die Gesellschaft loste unter sich, und das Los traf Montano selbst, in einem Korbe in den gräßlichen Schlund zu steigen, in welchen er von seinen Gefährten bis zu einer Tiefe von vierhundert Fuß hinabgelassen wurde! Dies wurde mehrere Male wiederholt, bis der kühne Ritter eine hinreichende Menge Schwefel zum Bedarf des Heeres beisammen hatte. Dies wagliche Unternehmen erregte zu damaliger Zeit allgemeine Bewunderung. Cortez schließt seinen

Bericht darüber an den Kaiser mit der vernünftigen Betrachtung, daß es im ganzen weniger beschwerlich sein würde, ihr Pulver aus Spanien zu beziehen.

Aber es ist Zeit, von unserer Abschweifung wieder einzulenken, die vielleicht darin eine Entschuldigung findet, daß sie auf eine merkwürdige Weise den abenteuerlichen Unternehmungsgeist kundgibt, der in der Brust des spanischen Ritters des sechzehnten Jahrhunderts glühte, und der dem in seinen Ritterromanen waltenden nicht nachsteht.

Das Heer setzte seinen Marsch durch die verwickelten Schluchten der Sierra fort. Die eisigen Winde, welche jetzt von den Bergwänden herabwehten, führten ein scharfes Hagel- und Schneetreiben mit sich, unter dem die Christen mehr zu leiden hatten, als die von Kindheit auf an die wilden Einöden ihrer vaterländischen Berge gewöhnten Tlascalaner. Als die Nacht herankam, würden ihre Leiden ganz unerträglich gewesen sein, wenn sie nicht in den bequemen, steinernen Gebäuden Schutz gefunden hätten, welche die mexikanische Regierung in bestimmten Zwischenräumen längs der Wege zum Nutzen der Reisenden und ihrer eigenen Eilboten aufgerichtet hatte. Es war ihr gewiß nicht in den Sinn gekommen, daß sie damit für die Beschützung ihrer Feinde sorgte.

Durch die Nachtruhe gestärkt, erreichten die Truppen am folgenden Tage glücklich den Kamm der Sierra von Ahualco, der gleich einem Vorhange sich zwischen den beiden großen Bergen von Norden nach Süden hinzieht. Nun war ihr Vorwärtsschreiten verhältnismäßig leicht, und sie marschierten mutigen Schrittes, da sie sich bewußt waren, den Boden Montezumas zu betreten.

Sie waren noch nicht weit gekommen, als ihnen beim Umbiegen um eine Ecke der Sierra plötzlich ein Anblick zuteil wurde, der die Beschwerden des vorigen Tages mehr als vergalt. Es war der des Tales von Mexiko oder Tenochtitlan, wie es die Eingeborenen häufiger nennen, welches mit seinem malerischen Verein von Wasser, waldigen und angebauten Ebenen, seinen erglänzenden Städten und schattigen Hügeln wie ein lachendes und prachtvolles Rundgemälde vor ihnen ausgebreitet war. In dem sehr verdünnten Luftkreise der oberen Gegenden haben auch entfernte Gegenstände einen Farbenglanz und eine Deutlichkeit der Umrisse, welche die Entfernung aufzuheben scheinen. Weithin zu ihren Füßen streckten sich prachtvolle Eichen-, Maulbeer- und Zedernwälder, und jenseits derselben gelbe Felder von Mais und hohem Maguey, mit Küchen- und Blumengärten abwechselnd; denn Blumen, deren man so viele zu den religiösen Festen bedurfte, waren in diesem bevölkerten Tale selbst häufiger als in anderen Teilen von Anahuac. Im Mittelpunkte der großen Tiefebene sah man die Seen, die damals einen größeren Teil ihrer Oberfläche einnahmen als jetzt, deren Ufer dicht mit Städten und Weilern besetzt, und in der Mitte — wie eine indianische Kaiserin mit ihrem Perlenschmuck — die schöne Stadt Mexiko mit ihren weißen Türmen und spitzsäuligen Tempeln, gleichsam am Wasserbusen ruhend — das weitberühmte „Venedig der Azteken". Hoch über das ganze ragte der königliche Berg Chapoltepec, das Schloß der mexikanischen Herrscher, empor, von dem nämlichen riesenmäßigen Zypressenhain umkränzt, der bis auf den heutigen Tag seine dichten Schatten über das Land ausbreitet. In der Ferne, jenseits der blauen Gewässer des Sees und fast verdeckt durch dazwischen liegendes Laubwerk, sah man einen leuchtenden Fleck, die Nebenbuhler-Hauptstadt Tezcuco, und noch weiter entfernt den dunklen Porphyrgürtel, der sich um das Tal wand, ähnlich einer reichen Fassung, welche die Natur für ihren schönsten Juwel bestimmt hatte.

So war der herrliche Anblick, der sich den Augen der Eroberer darbot. Und selbst noch jetzt, wo eine solche Veränderung auf dem Schauplatze eingetreten; wo die stattlichen Wälder umgehauen sind und der Boden, nicht mehr vor dem brennenden Strahl der Sonne des Wendekreises geschützt, an vielen Stellen in Unfruchtbarkeit verfallen ist; wo die Gewässer abgelaufen sind und ein breites und durch eine Salzüberrindung geisterhaft weißes Bett zurückgelassen haben, während die Städte und Weiler an deren Ufer in Trümmer verfallen sind; — und selbst jetzt, wo Verwüstung über der Landschaft schwebt, sind die schönen Züge, welche die Natur ihrem Antlitz aufgeprägt hat, so unzerstörbar, daß kein noch so kalter Reisender sie mit anderen Gefühlen als denen der Bewunderung und des Entzückens anstaunen kann.

Wie müssen nun erst die Empfindungen der Spanier gewesen sein, als nach Zurücklegung des beschwerlichen Weges in der oberen Luftschicht der Wolkenschleier vor ihren Augen verschwand und sie dieses schöne Schauspiel in seiner ganzen ehemaligen Pracht und Herrlichkeit erblickten! Es war der Anblick, der sich den Augen des Moses vom Gipfel des Pisgah darbot, und in der Wärme ihres Gefühles riefen sie aus: „Dies ist das verheißene Land!"

Aber diesen Gefühlen der Bewunderung folgten bald andere sehr verschiedener Art, da sie in allen diesem nur Zeichen von einer Sittigung und Macht sahen, die alles, was ihnen bisher begegnet, weit hinter sich zurückließ. Die Zaghafteren, durch den Anblick entmutigt, schreckten vor einem so ungleichen Kampfe zurück und verlangten, wie sie dies schon bei einigen früheren Gelegenheiten getan, nach Vera Cruz zurückgeführt zu werden. Anders war die auf den mutigen Sinn des Befehlshabers hervorgebrachte Wirkung. Seine Habsucht wurde durch den Anblick der blendenden Beute zu seinen Füßen gestachelt, und wenn ihn auch vor der furchtbaren Überzahl eine natürliche Angst befiel, so gewann er doch wieder Vertrauen, als er die Reihen seiner alten Krieger ansah, deren sonnverbrannte Gesichter und abgenutzte Rüstungen von gewonnenen Schlachten und überstiegenen Hindernissen zeugten, während seine kühnen Wilden, deren Appetit durch den Anblick des Landes ihrer Feinde gereizt war, Adlern auf den Bergen glichen, bereit, auf ihre Beute hinabzustürzen. Durch Vorstellungen, Bitten und Drohungen suchte er den wankenden Mut der Soldaten wieder aufzurichten; er drang in sie, nicht an Rückzug zu denken, jetzt, wo sie das Ziel, wonach sie gestrebt, erreicht hätten und die goldenen Pforten zu ihrem Empfange offen ständen. In diesen Bemühungen wurde er durch die tapferen Ritter wacker unterstützt, denen Ehre ebenso wert war als Glücksgüter; bis auch die stumpfesten Gemüter von der Begeisterung ihrer Anführer ein wenig angesteckt wurden, und der Befehlshaber die Freude hatte, seine zögernden Heeressäulen mit ihrem gewohnten mutigen Schritt wieder auf dem Marsch zu sehen, die Abhänge der Sierra hinab.

Mit jedem Schritte vorwärts wurde die Waldung dünner, Striche angebauten Landes häufiger, und in den grünen und geschützten Bergwinkeln zeigten sich Weiler, deren Bewohner herauskamen, um sie zu sehen und den Truppen eine freundliche Aufnahme gewährten. Überall hörten sie Klagen über Montezuma, besonders über die gefühllose Weise, womit er ihre jungen Leute zum Kriegsdienst und ihre Jungfrauen für seinen Harem fortführte. Diese Zeichen des Mißvergnügens bemerkte Cortez gern, der nun sah, daß Montezumas „Bergthron", wie er genannt wurde, wirklich auf einem Vulkane stand, der so vielen lebendigen Feuerstoff in sich barg, daß jede Stunde ein Ausbruch zu gewärtigen sei. Er forderte die mißvergnügten Eingeborenen auf, sich auf seinen Schutz zu verlassen, da er gekommen sei, das ihnen widerfahrene Leid wieder gutzumachen. Er benutzte überdies ihre günstige Stimmung, so viele Strahlen geistigen Lichtes unter sie zu werfen, als es die Zeit und die Predigten des Paters Olmedo gestatteten. Er ging in kleinen Tagereisen vorwärts, durch die Menge neugieriger Einwohner aufgehalten, die sich auf den Landstraßen eingefunden hatten, um die Fremden zu sehen; auch verweilte er auf jeder anziehenden oder bedeutenden Stelle. Unterwegs begegnete er einer zweiten Gesandtschaft aus der Hauptstadt. Sie bestand aus mehreren vornehmen Azteken, wie gewöhnlich mit reichen Geschenken an Gold, Kleidungsstücken aus seltenem Pelzwerk und Federarbeit beladen. Die Botschaft des Kaisers lautete in den nämlichen bittenden Ausdrücken wie früher. Er ließ sich sogar herab, die Umkehr der Spanier dadurch zu erkaufen, daß er für diesen Fall dem Befehlshaber vier Lasten Gold, und den Hauptleuten jedem eine, nebst einer jährlichen Abgabe an ihren Landesherrn versprach. So gewaltig war der Einfluß des Aberglaubens auf den stolzen und von Natur mutigen Charakter des wilden Herrschers!

Aber dieser Mann war nicht durch weibische Bitten von seinem Vorsatze abzubringen. Er empfing die Gesandtschaft mit seiner gewöhnlichen Höflichkeit, und erklärte wie vorher, daß er es bei seinem Landesherrn nicht verantworten könne, wenn er jetzt zurückkehre, ohne den Kaiser in seiner Hauptstadt zu besuchen. Es würde viel leichter sein, die Angelegenheiten durch persönliche Zusammenkunft zu ordnen, als durch Unterhandlung aus der Ferne. Die Spanier kämen in friedlichem Sinne; davon werde sich Montezuma überzeugen; sollte ihm ihre Anwesenheit aber lästig werden, so würde es ihnen ein leichtes sein, ihn davon zu befreien. Währenddessen war der aztekische Herrscher eine Beute der trübsten Besorgnisse. Die erwähnte Gesandtschaft hatte die Spanier erreichen sollen, ehe sie die Berge überstiegen hätten. Als er erfuhr, daß dies schon geschehen sei, und die gefürchteten Fremden auf dem Marsche durch das Tal, die Schwelle seiner Hauptstadt, begriffen seien, erstarb der letzte Hoffnungsstrahl in seiner Brust. Gleich jemandem, der sich plötzlich an den Rand eines finsteren, gähnenden Abgrundes versetzt sieht, war er zu verwirrt, um seine Gedanken zu sammeln und seine Lage zu begreifen. Er war das Opfer eines unbedingten Verhängnisses, gegen welches ihn weder Vorsicht noch Sicherheitsmaßregeln zu schützen vermocht hätten. Es war, als wenn die fremden Wesen, die so seine Küsten überfallen hatten, von einem fernen Sterne herabgefallen wären, so verschieden waren sie von allem, was er je gesehen hatte, durch Aussehen und Benehmen; so überlegen waren sie — wiewohl der Anzahl nach nur eine Handvoll — den vereinten Völkern Anahuacs an Stärke und Kenntnis und allen schrecklichen Kriegsmitteln! Sie waren nun im Tale; der ungeheure Bergschirm, mit dem die Natur es so vorsorglich zum Schutz umzogen hatte, war übersprungen worden. Die goldenen Traumbilder von Sicherheit und Ruhe, die er so lange gehegt hatte, die von seinen Vorfahren stammende königliche Herrschaft, sein ausgedehntes kaiserliches Gebiet, alles sollte verschwinden. Es erschien ihm wie ein schrecklicher Traum, aus dem er jetzt zu einer noch schrecklicheren Wirklichkeit erwachen sollte.

In einem Anfall von Verzweiflung schloß er sich in seinem Palaste ein, wies jede Nahrung zurück, und suchte Erleichterung in Gebet und Opfer. Aber die Orakel waren stumm. Hierauf schritt er zu dem vernünftigeren Mittel, einen Rat aus seinen vornehmsten und ältesten Edelleuten zusammenzurufen. Hier fand dieselbe Meinungsverschiedenheit statt wie früher. Cacama, der junge König von Tezcuco, sein Neffe, riet ihm, die Spanier höflich zu empfangen als Gesandte, wie sie sich selbst nannten, eines fremden Fürsten. Cuitlahua, Montezumas Bruder, der kriegliebender war, drang in ihn, augenblicklich seine Streitkräfte zu versammeln und die Eindringlinge von seiner Hauptstadt zurückzutreiben, oder in deren Verteidigung zu sterben. Aber der Kaiser fand es schwer, seinen Mut zu diesem entscheidenden Kampfe zu sammeln. Mit gesenktem Blick und niedergeschlagener Miene rief er aus: „Was kann Widerstand nützen, wenn die Götter sich gegen uns erklärt haben! Am meisten jammern mich die Alten und Schwachen, die Weiber und Kinder, die zum Fechten und zum Fliehen zu schwach sind. Denn ich selbst und die tapferen Männer, die mich umgeben, wir müssen unsere Brust gegen den Sturm entblößen und ihm nach Kräften Trotz bieten!" In solchen traurigen und mitleiderregenden Worten soll der aztekische Kaiser die Bitterkeit seines Kummers geäußert haben. Er würde eine ehrenvollere Rolle gespielt haben, wenn er seine Hauptstadt in Verteidigungsstand gesetzt hätte und gleich dem Letzten der Paläologen bereit gewesen wäre, sich unter ihren Trümmern zu begraben.

Er schickte sich sofort an, eine letzte Gesandtschaft, mit seinem Neffen, dem König von Tezcuco, an der Spitze, an die Spanier zu senden, um sie in Mexiko zu bewillkommnen.

Das christliche Heer war unterdes bis Amaquemecan, einer wohlgebauten Stadt von einigen tausend Einwohnern, vorgerückt. Sie wurden von dem Kaziken freundlich aufgenommen, in großen, bequemen, steinernen Gebäuden untergebracht, und bei ihrem Abschied unter anderem mit Gold, im Belauf von dreitausend Kastellanos, beschenkt. Nachdem sie sich daselbst einige Tage aufgehalten, stiegen sie zwischen blühenden Mais- und Magueyfeldern, wovon die letzteren die aztekischen Weingärten genannt werden können, gegen den See Chalco hinab. Ihr erster Ruheplatz war Ajotzinco, eine Stadt von beträchtlicher Größe, von der ein großer Teil damals auf Pfählen im Wasser stand. Dies war die erste Probe dieser Wasserbaukunst, welche die Spanier gesehen hatten. Die Gräben, welche die Stadt statt der Straßen durchschnitten, boten einen lebendigen Anblick durch die Menge von Kähnen, welche auf und ab fuhren und Lebensmittel und andere Gegenstände für die Einwohner geladen hatten. Die Spanier waren besonders überrascht von der Bauart und bequemen Einrichtung der hauptsächlich aus Steinen gebauten Häuser und von dem allgemein daselbst vorherrschenden wohlhabenden, ja sogar zierlichen Äußeren.

Obgleich Cortez mit den größten Zeichen von Gastfreundschaft aufgenommen wurde, fand er sich doch zum Mißtrauen veranlaßt wegen des Eifers, den das Volk bezeigte, die Spanier zu sehen und sich ihnen zu nahen. Sie begnügten sich nicht, sie auf den Straßen anzugaffen, sondern einige machten sich verstohlen auf den Weg nach ihren Wohnungen, und fünfzehn bis zwanzig unglückliche Indianer wurden als Kundschafter von den Schildwachen niedergeschossen. Jedoch scheint, so weit wir darüber in so entfernter Zeit urteilen können, kein triftiger Grund zu einem solchen Argwohn stattgefunden zu haben. Die unverhohlene Eifersucht des Hofes und die Warnungen, welche ihm von seinen Verbündeten zugegangen waren, während sie den Befehlshaber sehr angemessenerweise behutsam machten, scheinen zugleich seinen Wahrnehmungen von Gefahr, wenigstens im gegenwärtigen Falle, eine übertriebene Schärfe gegeben zu haben.

Früh am folgenden Morgen, als das Heer sich anschickte, den Ort zu verlassen, kam ein Eilbote, der den Befehlshaber ersuchte, seine Abreise bis nach der Ankunft des Königs von Tezcuco zu verschieben, der sich nähere, um mit ihm zusammenzutreffen. Es währte auch nicht lange, da erschien er, getragen auf einem Tragstuhl oder Sänfte, die reich verziert war mit goldenen Platten und kostbaren Steinen, mit sonderbar gearbeiteten Säulen, worauf sich ein Thronhimmel von grünen Federn (eine Lieblingsfarbe der aztekischen Fürsten) erhob. Er hatte ein zahlreiches Gefolge von Edelleuten und Dienerschaft. Sobald der König von Tezcuco sich Cortez gegenüber befand, stieg er von seiner Sänfte ab, und die diensteifrigen Offiziere fegten den Boden vor ihm, sowie er vorwärts ging. Er schien ein junger Mann von ungefähr fünfundzwanzig Jahren zu sein, hatte ein angenehmes Äußeres und eine gerade und stattliche Haltung. Er beobachtete den üblichen mexikanischen Gruß gegen Personen höheren Ranges, indem er die Erde mit der rechten Hand berührte und diese dann an seinen Kopf erhob. Cortez umarmte ihn, als er aufstand, und der junge Fürst sagte ihm, daß er als Stellvertreter Montezumas komme, um die Spanier in seiner Hauptstadt zu bewillkommnen. Hierauf überreichte er dem Befehlshaber drei Perlen von ungewöhnlicher Größe und Glanz. Als Gegengeschenk hängte Cortez dem Cacama eine Kette von geschnittenem Glase um den Hals, welches da, wo Glas so selten wie Juwelen war, für ebenso wertvoll als dieses geschätzt werden durfte. Nach diesen gegenseitigen Höflichkeitsbezeigungen und den freundschaftlichsten und ehrerbietigsten Versicherungen von seiten Cortez' entfernte sich der indianische Fürst und hinterließ bei den Spaniern einen tiefen Eindruck von der Überlegenheit seines Standes und Benehmens über alles, was sie bis jetzt im Lande gesehen hatten.

Das Heer setzte seinen Marsch längst der südlichen Ufer des Sees von Chalco fort, die damals von edlen Wäldern und Fruchtgärten beschattet waren, prangend mit Herbstfrüchten von unbekannten Namen, aber von mannigfaltigen, reizenden Farben. Noch öfter führte der Weg durch fruchtbare Felder, die von goldener Ernte wogten und durch Gräben aus dem nahe gelegenen See bewässert wurden; das ganze zeugte von einem sorgfältigen und haushälterischen Landbau, wie er zum Unterhalt einer starken Bevölkerung nötig ist.

Das feste Land verlassend, kamen die Spanier an den großen Deich oder Dammweg, der sich vier oder fünf Meilen lang erstreckt und den See Chalco von Xochicalco gegen Westen trennt.

Er war am schmalsten Teile eine Lanze breit, dagegen an einigen Stellen so breit, daß acht Reiter nebeneinander Platz hatten. Es war ein fester Bau aus Stein und Lehm, lief in gerader Richtung durch den See, und fiel den Spaniern auf als eines der merkwürdigsten Bauwerke, die sie im Lande gesehen.

Als sie ihren Weg darüber nahmen, bot sich ihnen das heitere Schauspiel einer Menge von Indianern dar, welche in ihren leichten Fahrzeugen auf und nieder fuhren, begierig, einen Blick von den Fremden zu erhaschen, oder um die Erzeugnisse des Landes nach den benachbarten Städten zu schaffen. Auch setzte sie der Anblick der Chinampas oder schwimmenden Gärten in Erstaunen — jener wandelnden grünen Inseln, auf die wir später zurückzukommen Gelegenheit haben werden —, welche von Blumen und Kräutern strotzten und sich wie Flöße auf den Gewässern bewegten. Den ganzen Rand entlang und zuweilen auch weit in den See hinein sahen sie kleine Städte und Dörfer, welche, halb unter Laubwerk verborgen und in weiße Gruppen rings um das Ufer vereinigt, aus der Ferne wie Züge wilder Schwäne aussahen, die ruhig auf den Wellen dahinschwimmen. Ein so neuer und wunderbarer Anblick erfüllte sie mit Erstaunen. Er erschien ihnen wie Zauberei, und sie wußten nichts damit zu vergleichen als die Zauberbilder im „Amadis de Gaula". In der Tat konnten wenig Bilder, in jener wie in anderen Rittersagen, die Wirklichkeit ihrer eigenen Erfahrung übertreffen. Das Leben des Abenteurers in der Neuen Welt war ein verwirklichter Roman. Man darf sich daher nicht wundern, wenn der Spanier damaliger Zeit, der seine Einbildungskraft mit Zauberträumen zu Hause und mit deren Verwirklichung in der Fremde nährte, eine donquichottartige Begeisterung, einen romanhaft überspannten Charakter entfaltete, die von den kälteren Gemütern anderer Länder nicht begriffen werden können!

Mitten auf dem See machte das Heer in der Stadt Cuitlahuac halt, einem Orte von mäßiger Größe, aber ausgezeichnet durch die Schönheit seiner Gebäude, der schönsten, wie Cortez behauptet, die er noch im Lande gesehen. Nachdem sie hier einige

Erfrischungen eingenommen hatten, setzten sie ihren Marsch dem Deich entlang fort. Obgleich dieser an dem nördlichen Teile breiter ist, fanden sich die Truppen doch sehr behindert durch den Andrang der Indianer, die sich nicht damit begnügten, sie von den Boten aus anzustaunen, sondern den Dammweg erstiegen und die Seiten der Landstraße besetzten. Der Befehlshaber, besorgt, daß seine Reihen in Unordnung geraten könnten, und eine zu große Vertraulichkeit die heilsame Furcht bei den Eingeborenen vermindern dürfte, sah sich genötigt, zur Freihaltung des Durchzuges nicht nur Befehle, sondern selbst Drohungen anzuwenden. Je weiter er vorwärts kam, desto bedeutender fand er die Veränderung in der Gesinnung gegen die Regierung. Er hörte jetzt nur von der Pracht und der Freigebigkeit Montezumas, nichts von seinen Bedrückungen. Der gewöhnlichen Erfahrung zuwider, schien es, als ob die Ehrfurcht vor dem Hofe in dessen unmittelbarer Nähe am größten sei.

Vom Dammwege ab ging das Heer auf jenen schmalen Landstrich hinab, welcher die Gewässer des Chalco von dem tezcucanischen See scheidet, der aber in jener Zeit mehrere Meilen weit, die jetzt trocken liegen, überflutet war. Über diese Halbinsel hinweg gelangten sie nach der Königsstadt Itztapalapan, einem Orte, der, nach Cortez, zwölf- bis fünfzehntausend Häuser hatte. Daselbst versah Cuitlahua, des Kaisers Bruder, die Regierung, der die Vornehmen einiger benachbarter Städte, gleich ihm aus dem königlichen Hause von Mexiko, eingeladen hatte, um bei der Zusammenkunft zugegen zu sein. Diese fand mit vieler Feierlichkeit statt, und nach den gebräuchlichen Geschenken an Gold und kostbaren Stoffen, ward den Spaniern in einer der großen Hallen des Palastes eine Mahlzeit aufgetragen. Auch hier erregte die Trefflichkeit der Bauart die Bewunderung des Befehlshabers, der in der Wärme seiner Begeisterung keinen Anstand nimmt, zu behaupten, daß einige der Gebäude den besten in Spanien gleichkommen. Sie bestanden aus Stein; die geräumigen Gemächer hatten Decken von wohlriechendem Zedernholz, und die Wände waren mit glänzend gefärbten, baumwollenen Stoffen ausgeschlagen.

Aber der Stolz von Itztapalapan, woran der Besitzer desselben seine Sorgfalt und Einkünfte verwendet hatte, waren seine berühmten Gärten. Sie nahmen eine ungeheure Fläche Landes ein, waren in regelmäßige Vierecke geteilt und die hindurchgehenden Wege mit Gitterwerk eingefaßt, das Schlingpflanzen und duftenden Stauden, welche die Luft mit ihren Wohlgerüchen erfüllten, als Stütze diente. Die Gärten waren mit Fruchtbäumen, aus entfernten Orten eingeführt, und mit den schimmernden Blumengeschlechtern versehen, welche der mexikanischen Flora angehören und die, wissenschaftlich geordnet, üppig gediehen in dem gleichmäßigen Wärmegrade des Tafellandes. Der natürlichen Trockenheit des Luftkreises war durch Leitungsgräben entgegengewirkt, welche allen Teilen des Bodens Wasser zuführten. In einer Abteilung befand sich ein Vogelhaus mit vielen Arten von Vögeln, die sich in dieser Gegend sowohl durch den Glanz ihres Gefieders als durch ihren Gesang auszeichnen. Durch den Garten zog sich ein mit dem See von Tezcuco in Verbindung stehender Graben, der groß genug war, daß man aus dem ersteren auf Kähnen hineinkommen konnte. Aber das vollkommenste Bauwerk war ein ungeheuer großer, steinerner Wasserbehälter, bis zu einer beträchtlichen Höhe voll Wasser und mit verschiedenen Arten von Fischen versehen. Dieser hatte sechzehnhundert Fuß im Umfang und war von einem ebenfalls steinernen Gange umgeben, auf welchem vier Personen nebeneinander gehen konnten. Die Seitenwände hatten merkwürdige Bildhauerarbeit, und eine Treppe führte zu dem Wasser darunter, das die obenerwähnten Wasserleitungen versorgte, oder, zu Springbrunnen gesammelt, eine beständige Feuchtigkeit verbreitete.

So lauten die uns überkommenen Beschreibungen von diesen berühmten Gärten, zu einer Zeit, wo ähnliche Garteneinrichtungen noch unbekannt in Europa waren, und wir müßten ihr Vorhandensein in diesem halbgesitteten Lande bezweifeln, wäre es nicht damals so allgemein bekannt gewesen und mit solcher Ausführlichkeit von den Eindringlingen bezeugt. Indes kaum war ein Menschengeschlecht nach der Eroberung vergangen, als diese schönen Erscheinungen sich auf eine traurige Weise veränderten. Die Stadt selbst war verlassen, und an den Ufern des Sees lagen Trümmer von Bauwerken, die demselben einst zur Zierde und zum Ruhm gereicht hatten, umhergestreut. Die Gärten teilten das Schicksal der Stadt. Das Zurückweichen der Gewässer entzog die Mittel zur Befruchtung, verwandelte die blühenden Fluren in faulenden und häßlichen Morast, den Aufenthalt ekelhafter Gewürme, und das Wassergeflügel baute sein Nest an dem Orte, der einst den Fürsten zu Palästen gedient hatte!

In der Stadt Itzapalapan schlug Cortez sein Nachtlager auf. Man kann sich vorstellen, welch ein Andrang von Gedanken das Gemüt des Eroberers bestürmte, da er, umringt von diesen Beweisen von Sittigung, sich mit seiner Handvoll von Leuten anschickte, die Hauptstadt eines Herrschers zu betreten, der, wie er hinreichend Grund zu wissen hatte, ihn mit Mißtrauen und Widerwillen betrachtete. Von dieser, von Iztapalapan aus deutlich sichtbaren Hauptstadt war er jetzt nur noch wenige Meilen entfernt. Und als deren lange Reihe glänzender Gebäude, von den Strahlen der Abendsonne getroffen, auf dem dunkelblauen Wasser des Sees zitterte, glich sie mehr einer Zauberschöpfung, als einem Werke von den Händen Sterblicher. In diese Zauberstadt am folgenden Morgen einzuziehen, schickte sich Cortez an.

NEUNTES HAUPTSTÜCK

*Umgebungen von Mexiko / Zusammenkunft mit Montezuma / Einzug
in die Hauptstadt / Gastfreundliche Aufnahme / Besuch beim Kaiser*

1519

Mit dem ersten schwachen Dämmerschein war der spanische
Befehlshaber auf, um seine Schar aufzustellen. Sie sammelte
sich mit klopfendem Herzen unter ihre Fahnen, als die Trompete
ihre aufregenden Töne über Wasser und Wald hinweg erschallen
ließ, bis sie im fernen Widerhall der Berge erstarben. Die heiligen
Feuer auf den Altären der unzähligen Teocallis, die man nur
schwach durch den grauen Morgennebel sah, zeigten die Lage
der Hauptstadt an, bis Tempel, Türme und Paläste in der prachtvollen Beleuchtung, welche die über die östliche Bergkette empor-
steigende Sonne auf das schöne Tal ergoß, vollständig hervor-
traten. Es war am 8. November 1519; ein ausgezeichneter Tag
in der Geschichte, da an ihm die Europäer zuerst die Hauptstadt
der westlichen Welt betraten.

Cortez bildete mit seiner kleinen Reiterschar eine Art von Vortrab des Heeres. Ihm folgte das spanische Fußvolk, das in
einem Sommerfeldzuge die Mannszucht und das abgehärtete Ansehen ausgedienter Krieger erhalten hatte. Das Gepäck nahm die
Mitte ein, und die Nachhut bildeten die dunklen Reihen tlascalanischer Krieger. Die ganze Anzahl muß sich auf nahe an
siebentausend belaufen haben, von denen kaum vierhundert
Spanier waren.

Eine kurze Strecke lang hielt sich das Heer längs der schmalen
Landzunge, welche die tezcucanischen Gewässer von den chalcani-
schen trennt, bis es den großen Deich betrat, der mit Ausnahme
einer Biegung gleich am Anfang in volkommen gerader Linie
durch die Salzfluten Tezcucos bis zu den Toren der Hauptstadt
hinführt. Es war dieselbe Kunststraße, oder vielmehr deren Grundlage, welche noch jetzt den großen südlichen Zugang von Mexiko

bildet. Die Spanier hatten mehr als je Gelegenheit, die tech-
nische Geschicklichkeit der Azteken zu bewundern in der ebenmäßigen Genauigkeit, womit das Werk ausgeführt, und in
der Festigkeit, womit es gebaut war. Es bestand aus ungeheuern mit Mörtel zusammengefügten Steinen und war in seiner
ganzen Ausdehnung so breit, daß zehn Mann zu Pferde darauf
nebeneinander Platz hatten.

Sie sahen, als sie darüber hingingen, mehrere große Städte, auf
Pfählen ruhend, die weit in das Wasser hineinreichten — eine
Bauart, die, als eine Nachahmung ihrer Hauptstadt, bei den
Azteken sehr beliebt war. Die gewerbetätige Bevölkerung er-
nährte sich reichlich von der Bereitung des Salzes, das sie aus
dem Wasser des großen Sees gewann. Die Abgaben auf diesen
Handelsgegenstand gewährten der Krone große Einnahmen.

Überall sahen die Eroberer Zeichen einer dichten und wohl-
gedeihenden Bevölkerung, die alles überstieg, was sie bisher gesehen. Die Tempel und vorzüglichsten Gebäude der Stadt waren
mit einem harten, weißen Stuck bedeckt, der in den wagrechten
Strahlen der Morgensonne wie Schmelz glänzte. Der Rand des
großen Wasserbeckens war dichter mit Städten und Weilern besetzt als der von Chalco. Das Wasser war ganz verdunkelt von den
Zügen der Kanus voll Indianer, die an den Seiten des Deiches
hinaufkletterten, um die Fremden mit neugierigem Erstaunen anzugaffen. Auch hier sahen sie jene zauberhaften Blumeninseln,
zuweilen von beträchtlich großen Bäumen beschattet, wie sie auf
den sanften Schwingungen der Wellen bald stiegen, bald fielen.
Eine halbe Legua weit von der Stadt stießen sie auf ein festes
Bauwerk oder einen Querwall von Stein, der den Damm durchschnitt. Er war zwölf Fuß hoch, an den äußeren Enden mit
Türmen befestigt, und in der Mitte befand sich ein durch Zinnen
geschützter Torweg, der den Truppen einen Durchgang gestattete.
Er hieß das Fort von Xoloc und wurde später bei der denkwürdigen Belagerung von Mexiko berühmt.

Hier kamen ihnen mehrere hundert aztekische Häuptlinge entgegen, welche das Nahen Montezumas ankündigten und die

Spanier nach seiner Hauptstadt einladen sollten. Sie trugen die seltsame Prachtkleidung des Landes mit dem Maxtlatl oder baumwollenen Gürtel um die Lenden, und ein weiter Mantel aus demselben Stoffe oder aus glänzender Federstickerei wallte anmutig von ihren Schultern herab. An Hals und Armen trugen sie Bänder von Türkis-Musiv, womit feines Federwerk seltsam verwebt war, und in den Ohren, Unterlippen und zuweilen auch in den Nasen Gehänge von kostbaren Steinen oder Halbmonde von feinem Gold.

Da jeder Kazike einzeln dem Befehlshaber seine förmliche landesübliche Begrüßung machte, hielt diese langweilige Verrichtung den Marsch über eine Stunde auf. Als dies vorüber war, fand keine weitere Unterbrechung statt, und das Heer gelangte an eine Brücke zunächst den Stadttoren. Diese war aus Holz gebaut, an dessen Stelle seitdem Stein getreten ist, und führte über eine Öffnung des Deiches, welche dem Wasser einen Durchgang ließ, wenn es durch Stürme unruhig wurde oder durch einen Zufluß in der regnerischen Jahreszeit anschwoll. Es war eine Zugbrücke, und als die Spanier darüber gingen, sahen sie ein, wie vollständig sie sich der Willkür Montezumas preisgaben, der, wenn er auf diese Weise ihre Verbindung mit dem Lande abschnitt, sie in seiner Hauptstadt gefangenhalten konnte.

Mitten in diesen unangenehmen Betrachtungen sahen sie das schimmernde Gefolge des Kaisers aus der großen Straße auftauchen, welche damals, wie noch jetzt, durch die Mitte der Stadt führte. Mitten unter einer Menge indianischer Edelleute, denen drei Staatsbeamte, mit goldenen Stäben in den Händen, vorausgingen, sahen sie die königliche, von blankem Golde schimmernde Sänfte. Sie wurde von Edelleuten auf den Schultern getragen, und darüber ein Thronhimmel von bunter Federarbeit, mit Juwelen durchsät und mit Silber eingefaßt, von vieren aus dem Gefolge vom nämlichen Range gehalten. Sie waren barfuß und gingen in einem langsamen, gemessenen Schritt und mit niedergeschlagenen Augen. Als der Zug in die gehörige Entfernung gekommen war, machte er halt; Montezuma stieg von seiner

Sänfte ab und näherte sich, auf die Arme der Könige von Tezcuco und Iztapalapan, seines Neffen und Bruders, gestützt, welche beide, wie wir gesehen haben, schon den Spaniern vorgestellt waren. So wie der Herrscher unter dem Thronhimmel vorwärts ging, breiteten die untertänigen Begleiter baumwollene Decken auf den Boden aus, damit seine kaiserlichen Füße nicht von der rohen Erde verunreinigt würden. Seine Untergebenen, hohen und niederen Ranges, welche längs der Seiten des Dammweges aufgestellt waren, verbeugten sich als er vorbeikam mit niedergeschlagenen Augen, und einige von der untersten Klasse warfen sich vor ihm nieder. So war die dem indianischen Herrscher erwiesene Ehrerbietung, woraus man sieht, daß die sklavischen Formen morgenländischer Schmeichelei auch unter den Bewohnern der westlichen Welt zu finden waren.

Montezuma trug den Gürtel und einen weiten viereckigen volkstümlichen Mantel, Timatli. Er war aus der schönsten Baumwolle und hing an den gestickten, in einen Knoten geschürzten Zipfeln ihm um den Hals. Seine Füße waren durch Halbschuhe mit goldenen Sohlen geschützt, und die ledernen Riemen, welche sie an den Knöcheln befestigten, mit demselben Metall ausgelegt. Sowohl Mantel als Halbschuhe waren mit Perlen und kostbaren Steinen besetzt, unter denen man den Smaragd und den Chalchivitl (einen grünen Stein, den die Azteken höher als jeden anderen schätzten) bemerkte. Auf dem Kopf trug er keinen anderen Schmuck als einen Federbuch von der königlichen grünen Farbe, der bis auf den Rücken hinabflatterte, was mehr den kriegerischen als den königlichen Rang bezeichnete.

Er war damals ungefähr vierzig Jahre alt, von großer, dünner, aber nicht unschöner Gestalt. Sein schwarzes, glattes Haar war nicht sehr lang; es kurz zu tragen war für Personen von Rang nicht schicklich. Sein Bart war dünn, seine Gesichtsfarbe etwas blässer, als man sie oft unter seinem dunklen oder vielmehr kupferfarbigen Volksstamm findet. Seine Züge hatten, obgleich sie Ernst ausdrückten, doch nicht den Blick von Trübsinn und Niedergeschlagenheit, die sein Bildnis bezeichnet, und der sich wohl zu einer späteren Zeit darin festgesetzt haben mag. Er bewegte sich mit Würde, und sein ganzes Benehmen, durch einen Ausdruck von Milde gemäßigt, den man nach den über seinen Charakter verbreiteten Berichten nicht hätte erwarten sollen, war eines großen Fürsten würdig. Dies ist das uns überkommene Bild von dem berühmten indianischen Kaiser bei seiner ersten Zusammenkunft mit den weißen Männern.

Das Heer machte halt, als er näher kam. Cortez stieg vom Pferde, warf die Zügel einem Edelknaben zu, und auf einige der vornehmsten Ritter gestützt, ging er ihm entgegen. Die Zusammenkunft muß auf beide einen ungewöhnlichen Eindruck gemacht haben. In Montezuma sah Cortez den Herrscher des weiten Reiches, durch das er gekommen war und dessen Glanz und Macht jede Zunge rühmte. In dem Spanier andererseits sah der aztekische Fürst das seltsame Wesen, dessen Geschichte so geheimnisvoll mit der seinigen zusammenzuhängen schien; das ihm von seinen Orakeln verkündete; dessen Taten ihn als etwas mehr denn ein menschliches Wesen erscheinen ließen. Aber wie auch die Gefühle des Kaisers gewesen sein mögen, so unterdrückte er sie doch so weit, um seinen Gast mit fürstlichem Anstand zu empfangen und ihm sein Vergnügen darüber auszudrücken, ihn persönlich in seiner Hauptstadt zu sehen. Cortez antwortete in den Ausdrücken tiefster Ehrerbietung, indem er zugleich mit voller Anerkennung die kräftigen Beweise von Freigebigkeit erwähnte, welche der Kaiser den Spaniern gegeben hatte. Hierauf hing er Montezuma eine funkelnde Kette aus buntem Kristall um den Hals, mit einer Bewegung, als wollte er ihn umarmen, woran er aber von den beiden aztekischen Königen verhindert wurde, welche an der versuchten Entweihung der heiligen Person ihres Gebieters Anstoß nahmen. Nach diesen Höflichkeitsbezeigungen wies Montezuma seinen Bruder an, die Spanier nach ihrer Wohnung in der Hauptstadt zu geleiten, bestieg dann wieder seine Sänfte und wurde durch die auf den Boden gestreckte Menge hindurch in demselben Aufzuge davongetragen, wie er gekommen war. Die Spanier folgten rasch und hielten mit fliegenden Fahnen

unter dem Schalle der Musik bald ihren Einzug in den südlichen
Teil von Tenochtitlan.

Hier bot sich wiederum neue Veranlassung zur Bewunderung der
Großartigkeit der Stadt und deren ausgezeichneten Bauart. Die
Häuser der ärmeren Klasse bestanden allerdings hauptsächlich aus
Schilf und Lehm. Aber die große Straße, durch welche sie eben
einzogen, war mit den Häusern der Edelleute besetzt, welche der
Kaiser aufmunterte, in der Hauptstadt zu wohnen. Sie waren aus
einem roten löcherigen Stein erbaut, der aus einem nahe liegenden
Steinbruch kam, und obgleich sie sich selten zu einem zweiten
Stockwerke erhoben, nahmen sie doch einen großen Flächenraum
ein. Die flachen Dächer, Azoteas, waren durch steinerne Brust-
wehren geschützt, so daß jedes Haus eine Festung war. Zuweilen
glichen diese Dächer Blumenbeeten, so dicht waren sie mit Blumen
besetzt, aber häufiger zog man diese in großen stufenartigen
Gärten, die zwischen den Gebäuden hinliefen. Mitunter kam ein
großer, viereckiger Marktplatz vor, von Säulenhallen aus Stein
oder Stuck umgeben; oder es erhob ein spitzsäuliger Tempel seine
Riesenmassen, auf dem Gipfel mit dem Allerheiligsten und den
Altären, auf denen unauslöschliche Flammen brannten, gekrönt.
Die dem südlichen Dammwege gegenüberliegende Straße war, unähnlich den meisten anderen im Orte, breit und erstreckte sich
einige Meilen lang in fast gerader Richtung, wie vorher erwähnt,
durch den Mittelpunkt der Stadt. Wenn jemand an dem einen
Ende derselben stand und mit den Augen die lange Reihe von
Tempeln, Erdstufen und Gärten verfolgte, konnte er das andere
deutlich unterscheiden, mit den blauen Bergen in der Ferne, welche
in dem durchsichtigen Luftkreise des Tafellandes die Gebäude
fast zu berühren schienen.

Was aber den größten Eindruck auf die Spanier machte, war die
gedrängte Volksmenge, welche durch die Straßen und an den
Gräben wogte, jeden Torweg und jedes Fenster besetzt hielt und
auf den Dächern der Häuser zusammengehäuft stand. „Ich werde
dies Schauspiel nie vergessen," sagt Bernal Diaz, „es ist mir jetzt
nach so vielen Jahren noch so gegenwärtig, als hätte ich es gestern

erlebt." Aber was müssen die Azteken selbst empfunden haben, als sie auf das unheilschwangere Schaugepräge blickten; als sie jetzt zum ersten Male das festgemauerte Pflaster unter dem eisernen Tritt der Pferde erklingen hörten — dieser fremdartigen Tiere, denen die Furcht so übernatürliche Schrecknisse geliehen hatte; als sie die Kinder des Ostens anstaunten, die ihren himmlischen Ursprung in ihrer schönen Gesichtsfarbe offenbarten; als sie die glänzenden Säbel und Sturmhauben aus Stahl, einem ihnen fremden Metall, in der Sonne funkeln sahen, während Töne himmlischer Musik — wenigstens solche, wie ihre rohen Tonwerkzeuge nie hervorgebracht hatten — die Luft erfüllten! Aber jede andere Empfindung verlor sich in der des tödlichen Hasses, als sie ihren verabscheuten Feind, den Tlascalaner, gleichsam herausfordernd durch ihre Straßen einherschreiten und mit rohen, erstaunten Blicken umherschauen sahen, gleich einem wilden Waldtiere, das zufällig aus seiner heimatlichen Zurückgezogenheit in angebaute Gegenden entschlüpft war.

Als die Truppen die geräumigen Straßen entlang gingen, kamen sie öfters auf Brücken, die über Gräben geschlagen waren, auf denen sie die indianischen Barken mit ihren kleinen Ladungen von Früchten und Gemüsen für die Märkte von Tenochtitlan rasch hingleiten sahen. Endlich machten sie vor einem breiten Platze, nahe am Mittelpunkte der Stadt, halt, wo sich die ungeheure, dem Kriegsschutzgotte der Azteken gewidmete Spitzsäule erhob, die an Größe und Heiligkeit nur von dem Tempel von Cholula übertroffen wurde, und die auf derselben Stelle stand, die jetzt zum Teil die große Stiftskirche von Mexiko einnimmt.

Dem westlichen Hoftore des Tempels gegenüber stand eine niedrige Reihe steinerner Gebäude, die sich über einen großen Flächenraum ausbreitete, der Palast Axayacatls, des Vaters von Montezuma, von jenem Herrscher ungefähr fünfzig Jahre vorher erbaut. Er war zu Soldatenwohnungen für die Spanier eingerichtet. Der Kaiser selbst befand sich im Hofe, um ihre Ankunft zu erwarten. Als Cortez herankam, nahm jener aus einem Blumengefäße, das einer seiner Sklaven trug, ein schweres Halsband, worin die Schale einer Art von Bachkrebsen, die die Indianer sehr schätzten, in Gold gefaßt war, und das durch schwere goldene Ringe zusammenhing. An dieser Kette hingen acht Verzierungen, gleichfalls von Gold, dem nämlichen Schaltiere nachgebildet, eine jede eine Spanne lang und von kostbarer Arbeit; denn es ist bekannt, daß die aztekischen Goldschmiede in ihrer Kunst ebenso geschickt gewesen sein sollen, wie ihre europäischen Genossen. Indem Montezuma dieses prachtvolle Halsband dem Befehlshaber umhing, sagte er: „Dieser Palast gehört dir, Malinche" (der Name, womit er ihn immer anredete), „und deinen Brüdern. Ruht, nach kurzer Zeit werde ich euch wieder besuchen." Nachdem er dies gesagt, entfernte er sich mit seinem Gefolge, wodurch er eine zarte Rücksicht bekundete, die man bei einem Wilden nicht hätte erwarten sollen.

Cortez' erste Sorge war, seine neuen Wohnungen zu besichtigen. Das Gebäude war zwar geräumig, aber niedrig; denn es bestand aus einem Stockwerk, mit Ausnahme des Mittelpunktes, wo es sich zu einem zweiten erhob. Die Gemächer waren sehr groß und gewährten nach dem Zeugnis der Eroberer selbst Unterkommen für das ganze Heer. Die abgehärteten Bergvölker von Tlascala waren vermutlich nicht sehr anspruchsvoll und konnten leicht in den äußeren Gebäuden oder unter einstweilen in den weiten Hofräumen aufgespannten Zelten Schutz finden. Die besten Gemächer waren mit bunten baumwollenen Vorhängen bekleidet, die Fußböden mit Matten oder Binsen bedeckt. Daselbst befanden sich auch niedrige Sessel, aus einzelnen sorgfältig geschnitzten Stücken Holz verfertigt, und in den meisten Zimmern Betten aus Palmblättern, zu dicken Matten verflochten, mit Decken und zuweilen Betthimmeln aus Baumwolle. Diese Matten waren die einzigen Betten, deren sich die Eingeborenen, sowohl hohen als niederen Ranges, bedienten.

Nach einer flüchtigen Durchsicht dieses riesenmäßigen Gebäudes wies der Befehlshaber seinen Truppen ihre Wohnungen an und traf solche sorgfältige Sicherheitsmaßregeln, als ob er eine Belagerung statt einer freundschaftlichen Bewirtung zu erwarten gehabt hätte. Der Ort war von einer dicken, steinernen Mauer mit abwechselnden Türmen und festen Strebepfeilern umgeben, welche gute Verteidigungsmittel gewährten. Er pflanzte seine Kanone so auf, daß sie die Zugänge bestrich, stellte seine Schildwachen längs der Schutzbauten auf, und kurz, ordnete in jeder Rücksicht eine ebenso strenge Kriegszucht an, wie sie während des ganzen Marsches beobachtet worden war. Er sah ein, wie wichtig es für seine kleine Schar sei, wenigstens für den Augenblick, das gute Vernehmen mit den Einwohnern zu erhalten, und um jede mögliche Zwistigkeit zu verhüten, verbot er jedem Soldaten bei Todesstrafe, seine Wohnung ohne Erlaubnis zu verlassen. Nach diesen getroffenen Vorsichtsmaßregeln erlaubte er seinen Leuten, an dem freigebigen Mahle teilzunehmen, welches für sie bereitet war.

Sie waren schon lange genug im Lande gewesen, um sich mit der eigentümlichen Kochkunst der Azteken zu versöhnen und vielleicht selbst Geschmack daran zu finden. Der Appetit der Soldaten ist selten wählerisch, und man kann sich vorstellen, daß die Spanier bei dieser Gelegenheit den schmackhaften Erzeugnissen der königlichen Küche ihr Recht widerfahren ließen. Bei dem Mahle wurden sie von vielen mexikanischen Sklaven bedient, die im Palaste verteilt waren, um zu den Befehlen der Fremden bereitzustehen. Nach beendigter Mahlzeit und gehaltener Siesta, die dem Spanier nicht weniger Bedürfnis ist als die Nahrung selbst, wurde die Ankunft des Kaisers wieder gemeldet.

Montezuma war nur von wenigen seiner Edelleute begleitet. Cortez empfing ihn mit großer Ehrerbietung, und nachdem beide Teile Platz genommen, entspann sich mit Hilfe Dona Marinas eine Unterhaltung zwischen ihnen, während die Ritter und aztekischen Häuptlinge in achtungsvollem Stillschweigen umherstanden.

Montezuma tat mehrere Fragen über das Vaterland der Spanier, ihren Landesherrn, dessen Regierungsart und besonders über ihre Beweggründe, nach Anahuac zu kommen. Cortez erklärte diese letzteren durch den Wunsch, einen so ausgezeichneten Herrscher zu sehen und ihm den wahren Christenglauben zu offenbaren. Mit seltener Besonnenheit begnügte er sich für jetzt, diesen Wink einfließen zu lassen, den er im Gemüte des Kaisers bis zu einer nächsten Unterredung wollte reifen lassen. Der letztere fragte, ob jene weißen Männer, die im vorigen Jahre an der östlichen Küste seines Reiches gelandet, seine Landsleute wären. Er zeigte sich von dem Verfahren der Spanier seit ihrer Ankunft in Tabasco bis zur gegenwärtigen Zeit wohlunterrichtet, da ihm Nachrichten darüber in den schriftbildlichen Gemälden regelmäßig zugekommen waren. Auch war er neugierig, zu wissen, welchen Rang die ihn Besuchenden in ihrem Vaterlande bekleideten und fragte sie, ob sie Verwandte des Königs seien. Cortez erwiderte, sie seien untereinander verwandt und Untertanen ihres großen Königs, der sie alle besonders wertschätze. Vor seinem Abschied ließ sich Montezuma die Namen der vornehmsten Ritter nennen und mit der Stellung bekanntmachen, die sie im Heere bekleideten.

Zu Ende der Zusammenkunft befahl der aztekische Herrscher seinen Dienern, die für seine Gäste bestimmten Geschenke herbeizubringen. Sie bestanden in baumwollenen Anzügen in hinreichender Menge, um jeden einzelnen, die Verbündeten eingeschlossen, mit einem solchen zu versehen. Auch ermangelte er nicht, den gewöhnlichen Zubehör an goldenen Ketten und anderen Schmucksachen beizufügen, die er in Menge unter die Spanier verteilte. Hierauf entfernte er sich mit denselben Förmlichkeiten, womit er gekommen war, bei jedermann einen tiefen Eindruck von seiner Freigebigkeit und seinem Wohlwollen zurücklassend, ganz im Widerspruch mit dem, was sie nach allem, was sie jetzt als eine Erfindung seiner Feinde betrachteten, hatten erwarten müssen.

An jenem Abend feierten die Spanier ihre Ankunft in der mexikanischen Hauptstadt durch ein allgemeines Abfeuern ihres Geschützes. Der Donner der Kanone, der an den Gebäuden widerhallte und sie bis in den Grund erschütterte, der widrige Geruch des schwefligen Rauches, der in Massen über die Mauern des Lagers dahinzog und die Einwohner an die Ausbrüche des Vulkans erinnerte, erfüllte die Brust der abergläubischen Azteken mit Schrecken. Es tat ihnen kund, daß ihre Stadt jene gefürchteten

Wesen in sich schließe, deren Pfad durch Verwüstung bezeichnet war und welche die Donnerkeile zur Vernichtung ihrer Feinde herabbeschwören konnten! Es lag offenbar in Cortez' Absicht, diese abergläubischen Gefühle so sehr als möglich zu stärken und den Eingeborenen von Anfang an eine heilsame Furcht vor den übernatürlichen Kräften der Spanier einzuflößen.

Am folgenden Morgen erbat sich der Befehlshaber die Erlaubnis, den Besuch des Kaisers durch eine Aufwartung in seinem Palast zu erwidern. Diese ward sogleich erteilt, und Montezuma sandte seine Offiziere ab, um die Spanier zu ihm zu geleiten. Cortez legte seine reichste Kleidung an und verließ seine Wohnung in Begleitung von Alvarado, Sandoval, Velasquez und Ordaz nebst fünf oder sechs Gemeinen.

Der königliche Wohnort lag nicht weit entfernt auf der Stelle südwestlich von der Stiftskirche, die seitdem die Casa del Estado, der Palast der Herzoge von Monteleone, Cortez' Nachkommen, einnimmt. Er bestand aus einer großen, unregelmäßigen Masse niedriger, steinerner Gebäude, gleich denen, worin die Spanier untergebracht waren und so weitläufig, daß einer der Eroberer, der, wie er uns versichert, mehrere Male da war, bloß um es zu besehen, doch jedesmal durch das Durchwandern der Gemächer sich zu ermüdet fühlte, um sie alle zu sehen. Er war aus dem roten, daselbst heimischen, löcherichen Steine Tetzontli erbaut, mit Marmor verziert, und an der Vorderseite über dem Haupteingange waren die Wappen Montezumas, ein Adler, der eine Panterkatze in den Krallen trägt, eingehauen.

In den Höfen, durch welche die Spanier kamen, spielten Springbrunnen mit kristallhellem Wasser, die aus den reichen Behältern auf dem entfernten Berge Chapoltepec gespeist wurden und in ihrem Lauf über hundert Bäder im Innern des Palastes versorgten. Schwärme von aztekischen Edelleuten im Gefolge des Hofes wandelten in diesen Plätzen auf und ab und verbrachten ihre Stunden in den äußeren Hallen. Die Gemächer waren von ungeheurer Größe, jedoch nicht hoch. Die Decken bestanden aus verschiedenen Arten wohlriechenden, schön geschnitzten Holzes; die Fußböden waren mit Decken aus Palmenblättern belegt; die Wände mit schön gefärbter Baumwolle, mit Fellen von wilden Tieren oder prachtvollen Teppichen von Federwerk behangen, worin Vögel, Insekten und Blumen so nachgebildet waren, daß sie sich an künstlicher Arbeit und Farbenglanz mit den flandrischen Tapeten vergleichen lassen. Aus Räucherpfannen stiegen Weihrauchwolken auf und verbreiteten berauschende Wohlgerüche in den Gemächern. Die Spanier mochten wohl glauben, sich in den wollüstigen Umgrenzungen eines morgenländischen Harems zu befinden, statt in den Hallen eines rohen, wilden Häuptlings in der westlichen Welt. Als sie nach dem Audienzsaale kamen, legten die mexikanischen Offiziere ihre Halbschuhe ab und bedeckten ihren bunten Anzug mit einem Mantel von Nequen, einem groben aus Magueyfasern gearbeiteten Stoffe, den nur die ärmsten Klassen trugen. Dieses Zeichen der Demut mußten mit Ausnahme der Mitglieder der königlichen Familie alle beobachten, welche sich dem Herrscher nahten. So, barfuß, mit niedergeschlagenen Augen und feierlichen Verbeugungen, führten sie die Spanier bei dem Kaiser ein.

Sie fanden Montezuma am äußersten Ende eines großen Saales sitzen, von wenigen seiner Lieblingshäuptlinge umgeben. Er empfing sie wohlwollend, und Cortez berührte gleich ohne viel Umstände den Gegenstand, der in seinen Gedanken vorherrschte. Er war von der Wichtigkeit durchdrungen, den König für die Bekehrung zu gewinnen, dessen Beispiel einen so großen Einfluß auf die Bekehrung seines Volkes haben mußte. Der Befehlshaber schickte sich daher an, seinen ganzen Schatz von Gottesgelehrtheit vermittels der einnehmendsten Redekünste, die ihm zu Gebote standen, zu entfalten, wobei die Dolmetschung den Silbertönen Marinas, die ihn bei diesen Gelegenheiten wie sein Schatten begleitete, übertragen war.

Er setzte so klar als er konnte die von der Kirche gehegten Begriffe in bezug auf die heiligen Geheimnisse der Dreieinigkeit, der Fleischwerdung und Versöhnung auseinander. Dann erhob er sich zu dem Ursprung der Dinge, der Erschaffung der Welt, dem ersten Menschenpaare, dem Paradiese und dem Sündenfalle. Er versicherte Montezuma, daß die Götzen, die er anbete, der Teufel unter verschiedenen Gestalten sei. Dies bewiesen hinlänglich die blutigen Opfer, die sie forderten, denen er die reine und einfache Feier der Messe gegenüberstellte. Ihr Gottesdienst werde sie ins Verderben stürzen. Die Christen seien in sein Land gekommen, um seine Seele und die Seelen seines Volkes aus den ewigen Flammen zu retten, indem sie ihnen einen reineren Glauben offenbarten. Er drang ernstlich in ihn, die Gelegenheit nicht zu versäumen, sondern sein Heil dadurch zu sichern, daß er das Kreuz, dies große Zeichen menschlicher Erlösung, umfasse.

Die Beredsamkeit des Predigers war an dem gefühllosen Herzen seines königlichen Zuhörers verschwendet. Sie verlor ohne Zweifel etwas von ihrer Wirksamkeit durch die unvollkommene Dolmetschung einer so neu Bekehrten, wie das indianische Mädchen. Aber die Lehren waren zu dunkel an sich selbst, um mit einem Blick von dem rohen Verstande eines Wilden begriffen zu werden. Und Montezuma dachte vielleicht, es sei nicht gräßlicher, sich vom Fleische eines Mitgeschöpfes zu nähren, als von dem des Schöpfers selbst. Überdies hatte er von der Wiege an die Vorurteile seines Landes eingesogen. Er war in der strengsten Sekte ihrer Religion erzogen worden; war vor seiner Wahl zum Throne selbst Priester gewesen, und jetzt stand er an der Spitze der Religion und des Staates. Deshalb war es unwahrscheinlich, daß ein solcher Mann sein Ohr den Gründen und der Überredung hätte öffnen sollen, auch wenn sie von einem geübteren Wortkämpfer ausgingen als von dem spanischen Befehlshaber. Wie hätte er den Glauben abschwören sollen, der mit den teuersten Neigungen seines Herzens und den Grundstoffen seines Daseins verwoben war? Wie hätte er den Göttern untreu werden sollen, die ihn zu so viel Glück und Ehre erhoben hatten und deren Altäre seiner besonderen Obhut anvertraut waren?

Er hörte indes mit schweigender Aufmerksamkeit zu, bis der Befehlshaber seine Predigt beendigt hatte. Alsdann erwiderte er, er wisse, daß die Spanier solche Reden überall, wo sie gewesen, gehalten hätten. Er zweifle nicht, daß ihr Gott, wie sie sagten, ein

gutes Wesen sei. Seine Götter seien gegen ihn auch gut. Das,
was sein Gast von der Erschaffung der Welt gesagt, sei dasselbe,
was ihm zu glauben gelehrt worden. Es sei nicht der Mühe wert,
weiter über den Gegenstand zu sprechen. Er sagte, seine Vorfahren seien nicht die ursprünglichen Besitzer des Landes gewesen;
sie hätten es nur erst seit einigen Jahrhunderten in Besitz und seien
durch ein großes Wesen hineingeführt worden, das, nachdem es
ihnen Gesetze gegeben und eine Zeitlang über das Volk geherrscht,
sich nach der Gegend, wo die Sonne aufgeht, entfernt habe. Bei
seiner Entfernung habe es erklärt, daß es selbst oder seine Nachkommen wieder zu ihnen kommen und die Regierung des Reiches
wieder übernehmen werde. Die wunderbaren Taten der Spanier,
ihre schöne Gesichtsfarbe und die Gegend, aus der sie kämen,
alles zeige, daß sie seine Nachkommen seien. Wenn sich Montezuma ihrem Besuch in seiner Hauptstadt widersetzte, so sei es deshalb geschehen, weil man ihm so viel von ihren Grausamkeiten
berichtet — daß sie den Blitz schleuderten, um sein Volk zu vernichten, oder sie unter den harten Füßen der wilden Tiere zermalmten, auf denen sie ritten. Jetzt sei er überzeugt, daß dies
müßige Erfindungen, daß die Spanier von Natur gut und edelmütig, daß sie Sterbliche seien, wenn auch ein von den Azteken
verschiedenes Geschlecht, weiser und tapferer als sie — und deshalb achte er sie.

„Auch euch", fügte er lächelnd hinzu, „hat man vielleicht gesagt,
daß ich ein Gott sei und in Palästen von Gold und Silber wohne.
Aber ihr seht, daß dies unwahr ist. Meine Häuser sind zwar
groß, aber aus Stein und Holz, wie die anderer Menschen, und
was meinen Körper betrifft," sagte er, indem er seinen bräunlichen
Arm entblößte, „so seht ihr, daß er aus Fleisch und Knochen ist,
wie der eurige. Wahr ist es, daß ich von meinen Vorfahren ein
großes Reich ererbt habe; Länder und Gold und Silber. Aber ich
weiß, daß euer Landesherr jenseits des Meeres der rechtmäßige
Herr von allem ist. Ich regiere in seinem Namen. Du, Malinche,
bist sein Abgesandter; du und deine Brüder, ihr sollt diese Dinge
mit mir teilen. Ruht nun von eurer Anstrengung aus; ihr seid

hier in euren eigenen Wohnungen, und ihr sollt mit allem zu eurem Unterhalt Nötigen versorgt werden. Ich werde darauf sehen, daß euren Wünschen ebenso genügt werde, wie meinen eigenen." Als der Kaiser diese Worte gesprochen hatte, traten ihm natürlich genug Tränen ins Auge, da vielleicht die Bilder ehemaliger Unabhängigkeit seinem Gemüte vorüberzogen.

Cortez bestärkte Montezuma in der von ihm geäußerten Meinung, daß sein Landesherr das große, von ihm bezeichnete Wesen sei, und suchte den Kaiser durch die Versicherung zu beruhigen, daß sein Herr nicht die Absicht habe, ihn weiter in seiner Machtvollkommenheit zu beschränken, als daß er aus reiner Sorge für sein Heil ihn und sein Volk zum Christentum zu bekehren strebe. Ehe der Kaiser seine Gäste entließ, folgte er wie gewöhnlich seinem freigebigen Sinne, indem er reiche Stoffe und goldene Zieraten unter sie verteilte, so daß auch der geringste Soldat, sagt Bernal Diaz, der zugegen war, wenigstens zwei schwere Halsbänder von dem kostbaren Metall für sich erhielt. Die eisernen Herzen der Spanier wurden durch die Rührung, welche Montezuma zeigte, sowie durch seine fürstliche Freigebigkeit bewegt. Als sie an ihm vorbeikamen, verbeugten sich die Ritter mit entblößtem Haupte tief vor ihm, und „auf dem Heimwege", fährt derselbe Zeitgeschichtschreiber fort, „konnten wir von nichts reden, als von der Wohlerzogenheit und Höflichkeit des indianischen Kaisers und von der Achtung, die wir für ihn empfanden".

Gedanken ernsterer Art müssen das Gemüt des Befehlshabers bewegt haben, als er rings um sich her die Zeichen einer Bildung und einer daraus hervorgehenden Macht wahrnahm, auf die er selbst nach dem übertriebenen Berichte der Eingeborenen, denen gerade ihre augenfällige Übertreibung alle Glaubwürdigkeit nahm, nicht gefaßt gewesen war. In der pomphaften und lästigen Förmlichkeit des Hofes sah er jene ängstliche Unterwürfigkeit und tiefe Ehrfurcht vor dem Herrscher, welche den halbgebildeten Reichen Asiens eigen sind. In dem Äußeren der Hauptstadt, in deren massenhafter und doch gefälliger Bauart, ihren prachtvollen gesellschaftlichen Anstalten, ihrer Handelstätigkeit erkannte er die

Moteguumaii

TRACHT DER HERREN.
Codex Rios, Fol. 60.

Zeichen geistigen Fortschrittes, handkünstlicher Geschicklichkeit und erweiterter Hilfsquellen eines alten und wohlhabenden Gemeinwesens; während das Gedränge in den Straßen eine Bevölkerung kundgab, die fähig war, aus diesen Hilfsquellen den besten Nutzen zu ziehen.

In dem Azteken sah er ein sowohl von dem rohen, freistaatlichen Tlascalaner, als von dem weichlichen Cholulaner verschiedenes Wesen, welches den Mut des einen mit der Bildung des anderen verband. Er befand sich mitten in einer Hauptstadt, die mit ihren Deichen, ihren Zugbrücken einer ausgedehnten Befestigung glich, worin jedes Haus leicht in eine feste Burg verwandelt werden konnte. Ihre Insellage trennte sie vom Festlande, ein bloßer Wink des Herrschers konnte jede Verbindung mit demselben abschneiden und die ganze kriegliebende Bevölkerung plötzlich auf ihn und seine Handvoll Leute stürzen. Was konnte höhere Kenntnis gegen solche Überlegenheit nützen?

Jetzt, wo er Montezuma in seiner Hauptstadt gesehen hatte, mußte ihm der Umsturz seines Reiches noch zweifelhafter erscheinen. Die Anerkennung der Lehnsoberherrschaft, wenn ich so sagen darf, des spanischen Landesherrn, zu welcher der aztekische Herrscher sich verstanden, war nicht zu buchstäblich zu nehmen. Welche äußeren Zeichen von Ehrerbietigkeit er auch bereit gewesen sein mochte, demselben unter dem Einfluß seiner gegenwärtigen, vielleicht vorübergehenden Täuschung zu geben, so konnte man doch nicht vermuten, daß er so leicht seine wirkliche Macht und Besitzung aufgeben oder daß sein Volk dareinwilligen werde. Auch zeigten in der Tat seine empfindlichen Besorgnisse bei der Ankunft der Spanier hinreichend, mit welcher Festigkeit er an seiner Oberherrschaft hing. Allerdings hatte Cortez für seine künftigen Unternehmungen einen starken Hebel an der abergläubischen Ehrfurcht, welche sowohl der Fürst wie das Volk vor ihm empfanden. Seine Klugheit verlangte gebieterisch, daß er dies Gefühl bei beiden so viel als möglich ungeschwächt erhielt. Aber ehe er irgend einen Unternehmungsplan festsetzte, war es notwendig, sich persönlich mit der Ortsbeschaffenheit und den örtlichen Vorteilen der Hauptstadt, dem Charakter ihrer Bevölkerung und der wirklichen Natur und Größe ihrer Hilfsquellen bekannt zu machen. In dieser Absicht erbat er sich die Erlaubnis des Kaisers, die vorzüglichsten öffentlichen Gebäude zu besichtigen.

DRITTES BUCH

ERSTES HAUPTSTÜCK

Beschreibung der Hauptstadt / Paläste und öffentliche Sammlungen
Königlicher Hofstaat / Montezumas Lebensweise

1519

Die Begründer von Tenochtitlan erbauten ihre gebrechlichen Wohnungen aus Schilf und Binsen auf einer kleinen Inselgruppe im westlichen Teile des Sees. Im Laufe der Zeit wurden diese durch festere Gebäude ersetzt. Ein benachbarter Steinbruch von einem roten, löcherichen Amygdaloid, Tetzontli, wurde geöffnet und daraus ein leichter zerbrechlicher Stein gezogen, der sich mit geringer Mühe bearbeiten ließ. Aus diesem wurden ihre Gebäude zusammengestzt, mit einiger Rücksicht auf baukünstliche Festigkeit, wenn auch nicht auf Zierlichkeit. Mexiko war, wie schon bemerkt, der Wohnsitz der großen Häuptlinge, welche der Landesherr aufmunterte oder vielmehr aus augenscheinlichen Beweggründen der Staatsklugheit zwang, einen Teil des Jahres in der Hauptstadt zu verleben. Auch war es der zeitweilige Aufenthalt der großen Fürsten von Tezcuco und Tlacopan, die, wenigstens dem Namen nach, an der Oberherrschaft des Reiches teilnahmen. Die Häuser dieser Würdenträger und der vornehmsten Edelleute trugen das Gepräge roher Pracht, die ihrem Stande angemessen war. Sie waren allerdings niedrig, selten mehr als ein Stockwerk hoch, niemals über zwei; aber sie nahmen einen großen Flächeninhalt ein, hatten eine viereckige Gestalt mit einem Hofe in der Mitte und waren von mit Porphyr und Jaspis verzierten Säulengängen umgeben, welche Steinarten in der Nachbarschaft leicht zu finden waren, während nicht selten ein Springbrunnen von Kristallwasser im Mittelpunkte eine angenehme Kühle in der Luft verbreitete. Die Wohnungen des gemeinen Volkes ruhten auch auf Grundlagen von Stein, die sich wenige Fuß hoch erhoben, und dann durch Reihen ungebrannter Ziegel ersetzt wurden, zwischen welche hin und wieder hölzerne Balken liefen. Die meisten Straßen waren klein und eng; einige wenige indes breit und sehr lang. Die Hauptstraße durchschnitt vom großen südlichen Dammwege aus die ganze Länge der Stadt in gerader Richtung und gewährte eine schöne Fernsicht, in welcher die langen Reihen niedriger, steinerner Gebäude zuweilen durch dazwischenliegende Gärten unterbrochen wurden, die sich stufenförmig erhoben und die ganze Pracht der aztekischen Gartenkunst entfalteten.

Die großen, mit einem harten Mörtel gepflasterten Straßen waren von vielen Wassergräben durchschnitten. Längs einiger derselben lief ein fester Gang, der zum Fußweg für die Vorübergehenden und zum Landungsplatz diente, wo die Kähne ausluden. Hin und wieder waren kleine Wachthäuser für die Beamten errichtet, welche die Abgaben von verschiedenen Handelsgegenständen erhoben. Über die Wassergräben waren viele Brücken geschlagen, von denen manche aufgezogen werden konnten, und so ein Mittel gewährten, die Verbindung zwischen verschiedenen Teilen der Stadt abzuschneiden.

Die Bevölkerung von Tenochtitlan zur Zeit der Eroberung wird verschiedentlich angegeben. Keiner der zeitgenössischen Schriftsteller schätzt sie auf geringer als sechzigtausend Häuser, was nach der gewöhnlichen Berechnungsart dreimalhunderttausend Seelen betragen würde. Wenn ein Wohnhaus oft, wie versichert wird, mehrere Familien enthielt, so würde die Summe noch beträchtlich höher steigen. Nichts ist unsicherer als die Schätzung von Zahlen in Gemeinden von Wilden, die notwendig auf eine verworrenere und unordentlichere Weise leben als Gesittete und bei denen keine Regel zur Bestimmung der Volkszahl angenommen ist. Das übereinstimmende Zeugnis der Eroberer; die Ausdehnung der Stadt, die nahe an drei Leguas im Umkreise gehabt haben soll; der ungeheure Umfang ihres großen Marktplatzes; die langen Reihen von Gebäuden, von deren Trümmern man in den Vorstädten, meilenweit von der neuen Stadt, noch Spuren findet; der Ruf der Hauptstadt durch ganz Anahuac, das sich dennoch vieler großen und volkreichen Orte zu rühmen hatte; endlich der sorgfältige

Landbau und die erfinderischen Bemühungen, Nahrungsstoffe aus den unergiebigsten Quellen zu ziehen — alles zeugt für eine zahlreiche, die gegenwärtige Kopfzahl weit übersteigende Bevölkerung. Eine aufmerksame Stadtaufsicht sorgte für die Gesundheit und Reinlichkeit der Stadt. Es sollen täglich tausend Leute beschäftigt gewesen sein, die Straßen abzuspülen und zu kehren, so daß ein Mensch — um mich des Ausdruckes eines alten Spaniers zu bedienen — durch dieselben gehen konnte, ganz sicher, sich die Füße ebensowenig zu beschmutzen wie die Hände. Das Wasser in einer von allen Seiten von den Salzfluten umspülten Stadt war außerordentlich brackig. Es wurde indes eine hinreichende Menge Trinkwasser von Chapoltepec, „dem Heuschreckenberge", kaum eine Legua weit von der Stadt, durch eine irdene Röhre, einem zu dem Endzweck erbauten Deich entlang herbeigeführt. Damit es an einem so wichtigen Bedürfnisse niemals fehle, wenn Ausbesserungen vorfielen, war eine doppelte Reihe von Röhren gelegt. Auf diese Weise wurde eine Wassersäule von Mannesdicke in das Herz der Hauptstadt geleitet, wo sie die Springbrunnen und Wasserbehälter der Hauptgebäude versorgte. Wo die Wasserleitung über Brücken ging, waren Öffnungen in derselben angebracht und so die Kanus darunter mit Wasser versorgt, auf welche Weise dasselbe nach allen Teilen der Stadt geführt wurde. Während Montezuma seine Edelleute zu einem Geschmack für Prachtbauten aufmunterte, eine üppige Bautätigkeit in den Grenzen der Stadt zu entfalten, trug er selbst seinen Teil zur Verschönerung der Metropole bei. Unter seiner Regierung war es, wo der berühmte Kalenderstein, der in seinem ursprünglichen Zustande wahrscheinlich beinahe tausend Zentner wog, von dem Steinbruche, aus dem er stammte, viele Leguas weit nach der Hauptstadt geschafft wurde, wo er noch eines der merkwürdigsten Denkmäler der aztekischen Wissenschaft bildet. In der Tat, wenn wir die Schwierigkeit bedenken, eine so ungeheure Masse aus ihrem harten Basaltlager ohne Hilfe eiserner Handwerkzeuge zu hauen und sie aus solcher Entfernung über Land und Wasser ohne Tierkräfte fortzubewegen, müssen wir die erfinderische Handgeschicklichkeit und das Unternehmen des Volkes bewundern, das es voll-brachte.

Nicht zufrieden mit dem geräumigen Palaste seines Vaters, erbaute Montezuma einen anderen nach einem prachtvolleren Maßstabe. Er nahm, wie schon vorher erwähnt, den Raum ein, auf dem die Privathäuser auf einer Seite der Plaza Mayor in der neuen Stadt stehen. Dies Gebäude, oder richtiger gesagt, dieses Konglomerat von Gebäuden verbreitete sich über einen so großen Flächenraum, daß, wie einer der Eroberer uns versichert, sein plattes Dach Platz ge-nug hatte, daß dreißig Ritter darauf ein regelmäßiges Turnier halten konnten. Ich habe schon seine inneren Verzierungen er-wähnt, seine geschmackvollen Wandbekleidungen, seine mit Zedern- und anderen wohlriechenden Hölzern ausgelegten, ohne Nagel und wahrscheinlich ohne Kenntnis von Gewölben zusam-mengehaltenen Decken, seine zahlreichen und geräumigen Ge-mächer, welche Cortez mit begeisterter Übertreibung unbedenk-lich für allem der Art in Spanien überlegen erklärt.

An das Hauptgebäude stießen andere, zu verschiedenen Zwecken bestimmt. Eines war ein Zeughaus, angefüllt mit Waffen und Kriegskleidern, wie sie die Azteken trugen, alles in der vollkom-mensten Ordnung und zu augenblicklichem Gebrauch bereit. Der Kaiser selbst war sehr geschickt in der Handhabung des Maqua-huitl oder indianischen Schwertes und sah sehr gern zu, wenn seine jungen Edelleute Wettkämpfe anstellten und kriegerische Schauspiele aufführten. Ein anderes Gebäude diente zur Korn-kammer und andere zu Niederlagen für die verschiedenen Nahrungsmittel und Kleidungsstücke, welche die mit der Unter-haltung des königlichen Hofstaates beauftragten Bezirke lieferten. Es gab auch Gebäude, die ganz andere Bestimmungen hatten. Eines derselben war ein ungeheures Vogelhaus, worin man Vögel brachte. Hier war der scharlachfarbene Kardinalfink, der Gold-fasan, das unendliche Papageiengeschlecht mit seinen Regenbogen-farben (das königliche Grün vorherrschend) und das Naturwun-der im Kleinen, der Fliegenvogel, der gern unter den Geißblatt-lauben Mexikos herumschwärmt. Die Sorge für dieses Vogelhaus war dreihundert Dienern übertragen, die sich mit dem geeigneten Futter für die Bewohner bekannt machten, das oft mit großen Kosten angeschafft wurde, und in der Mauserzeit mußten sie die schönen Federn sorgfältig auflesen, die mit ihren mannigfaltigen Farben von den aztekischen Malern gebraucht wurden.

Ein besonderes Gebäude war für die wilden Raubvögel bestimmt; für die gefräßigen Geier und Adlergattungen von ungeheurer Größe, die in den schneeigen Einöden der Anden zu Hause waren. Nicht weniger als fünfhundert Truthähne, das wohlfeilste Fleisch in Mexiko, waren für die tägliche Verzehrung dieser Räuber des befiederten Geschlechtes bestimmt.

An dieses Vogelhaus stieß der Hof für wilde Tiere, die man aus den Bergwäldern und selbst aus den entfernten Sümpfen der Tierra caliente herbeischaffte. Die Ähnlichkeiten der verschiedenen Gattungen mit denen der Alten Welt, womit indes keine einzige gleich war, gab zu fortwährender Verwechslung in der Benennung bei den Spaniern Veranlassung, wie dies auch bei besser unterrichteten Naturforschern der Fall gewesen ist. Die Sammlung wurde noch vermehrt durch eine große Anzahl von Kriechtieren und Schlangen, die durch ihre Größe und Giftigkeit merkwürdig waren, unter welchen die Spanier das feurige, kleine Tier „mit den Kastagnetten im Schwanze", dem Schrecken der amerikanischen Wildnis, sahen. Die Schlangen waren in langen, mit Daunen und Federn ausgefütterten Käfigen oder in Trögen von Schlamm und Wasser aufbewahrt. Die wilden Tiere und Raubvögel waren in Behältnissen, die Raum genug hatten, daß sie darin herumgehen konnten, und mit einem starken Gitterwerk versehen, welches Licht und Luft frei zuließ. Das ganze stand unter Aufsicht vieler Wärter, die sich mit den Gewohnheiten ihrer Gefangenen vertraut machten und für ihr Wohlbehagen und ihre Reinlichkeit sorgten. Mit welchem großen Anteil würden die gescheiten Naturforscher damaliger Zeit — zum Beispiel ein Oviedo oder ein Martyr — diese prachtvolle Sammlung, welche die verschiedenen, die westliche Wildnis durchstreifenden Tiergattungen, die unbekannten Geschlechter einer unbekannten Welt enthielten, in einem einzigen Blick überschaut haben! Cortez' ungebildete Anhänger befaßten sich nicht mit solchen gelehrten Betrachtungen. Sie staunten das ihnen dargebotene Schauspiel mit einer nicht von Furcht freien, unbestimmten Neugier an, und als sie das wüste Geschrei der wilden Tiere und das Zischen der Schlangen hörten, glaubten sie fast, sich in den Gegenden der Hölle zu befinden.

Ich darf eine sonderbare Sammlung von menschlichen Mißgeburten, Zwergen und anderen unglücklichen Geschöpfen nicht unerwähnt lassen, in deren Bildung die Natur eigensinnig von ihren regelmäßigen Gesetzen abgewichen war. Der Besitz solcher widerlichen Seltenheiten wurde von den Azteken für eine Art von vornehmen Staat gehalten. Man sagt sogar, daß sie zuweilen von unnatürlichen Eltern durch Anwendung künstlicher Mittel hervorgebracht wurden, um ihren Abkömmlingen dadurch einen Unterhalt zu sichern, daß sie dieselben zu einer Stelle in der königlichen Sammlung geeignet machten!

Um diese Gebäude zogen sich weitläufige Gärten mit duftenden Blumen und Sträuchern und besonders mit heilkräftigen Pflanzen. Kein Land hat zahlreichere Arten dieser letzteren geliefert, als Neuspanien; die Azteken kannten deren Kräfte vollständig und man kann sagen, daß sie die Arzneikräuterkunde als eine Wissenschaft studierten. Mitten unter diesen Irrgängen voll wohlriechender Lauben und Gesträuche sah man Springbrunnen von reinem Wasser ihre funkelnden Strahlen werfen und eine erfrischende Feuchtigkeit über die Blüten verbreiten. Zehn große, wohlversorgte Fischteiche gewährten an ihren Rändern den verschiedenen Gattungen von Wassergeflügel einen Aufenthalt, deren Gewohnheiten man so sorgfältig berücksichtigte, daß einige dieser Teiche salziges Wasser enthielten, weil sie nach solchem am liebsten kamen. Ein gewürfeltes Marmorpflaster umschloß die weiten Wasserbecken, und leichte und geschmackvolle Lusthäuser ragten über sie hinein, welche die wohlriechenden Düfte der Gärten zuließen und dem Könige und seinen Geliebten in der schwülen Sommerhitze einen angenehmen Schutz gewährten.

Aber der üppigste Aufenthalt des aztekischen Herrschers in jener Jahreszeit war der königliche Hügel Chapoltepec, ein Ort, der überdies durch die Asche seiner Vorfahren geheiligt war. Er stand in einer westlichen Richtung von der Hauptstadt, und zu jener Zeit war sein Fuß vom Wasser des Tezcuco umspült. Auf seinem hohen Kamm porphyrartiger Felsen steht jetzt das prachtvolle, doch öde Schloß, das der junge Vizekönig Galvez zu Ende des siebzehnten Jahrhunderts erbaut hat. Die Aussicht aus den Fenstern desselben ist eine der schönsten in den Umgebungen Mexikos. Die Landschaft ist hier nicht, wie in vielen anderen Gegenden, durch die das Auge verletzenden weißen und dürren Landflecke entstellt, sondern der Blick schweift über eine ununterbrochene Fläche von Wiesen und bebauten Feldern hinweg, welche reiche Ernten von europäischem Getreide tragen. Die Gärten Montezumas umgaben meilenweit den Fuß des Hügels. Zwei Bildsäulen dieses Königs und seines Vaters, halb erhaben in den Porphyrfelsen ausgehauen, waren bis zur Mitte des letzten Jahrhunderts erhalten geblieben, und der Boden wird noch jetzt durch riesenmäßige Zypressen von mehr als fünfzig Fuß Umfang beschattet, die zur Zeit der Eroberung schon Jahrhunderte alt waren. Der Ort ist jetzt ein verschlungenes Dickicht wilder Gesträuche, worin die Myrthe ihre dunklen, glänzenden Blätter mit den roten Beeren und dem zarten Laubwerk des Pfefferbaumes vermischt.

Die häusliche Einrichtung Montezumas hatte denselben rohen Glanz wie alles, was ihn umgab. Er hatte ebenso viele Frauen aufzuzeigen, wie man in dem Harem eines morgenländischen Sultans findet. Sie hatten ihre eigenen Wohnungen und wurden mit allem versehen, was sie zu ihrer Annehmlichkeit und Reinlichkeit wünschten. Sie benutzten ihre Zeit zu weiblichen Arbeiten, zum Weben und Sticken und besonders zu der zierlichen Federarbeit, zu welcher die königlichen Vogelhäuser so reiche Stoffe lieferten. Sie lebten streng, der Sitte gemäß, unter der Aufsicht gewisser bejahrter Frauen, welche die ehrwürdige Rolle der Duennen spielten, auf dieselbe Weise wie in den religiösen Häusern, die zu den Teocallis gehörten. Der Palast enthielt viele Bäder und

Montezuma gab an sich selbst das Beispiel häufiger Waschungen. Er badete sich täglich wenigstens einmal und wechselte, wie man sagt, jeden Tag viermal seine Kleidung. Er zog seine Kleider nie zum zweiten Male an, sondern schenkte sie seinen Dienern. Die Königin Elisabeth, die einen ähnlichen Geschmack für Kleidung hatte, zeigte einen weniger fürstlichen Sinn, indem sie ihre zurückgesetzten Anzüge aufbewahrte. Ihr Kleidervorrat ist wahrscheinlich etwas teurer gewesen als der des indianischen Kaisers.

Außer seinem zahlreichen weiblichen Gefolge waren die Hallen und Vorzimmer noch mit Edelleuten zur beständigen Umgebung seiner Person angefüllt, die auch zu einer Art von Leibwache dienten. Es war gebräuchlich gewesen, daß Leute von Verdienst aus der niederen Volksklasse gewisse Ämter im Palaste bekleideten. Aber der stolze Montezuma verschmähte es, sich von anderen als Leuten von edler Geburt aufwarten zu lassen. Diese waren nicht selten die Söhne der großen Häuptlinge; sie dienten als Geiseln während der Abwesenheit ihrer Väter und erfüllten so einen doppelten Zweck, den der Sicherheit und den des Prunkes. Seine Mahlzeiten hielt der Kaiser allein. Der mit Matten belegte Fußboden eines großen Saales war mit Hunderten von Gerichten bedeckt. Zuweilen bezeichnete Montezuma selbst, aber häufiger sein Haushofmeister, die, welche er am liebsten mochte, und diese wurden vermittelst Warmschüsseln heiß gehalten. Der königliche Küchenzettel enthielt außer zahmen Tieren Wildpret aus den entlegenen Wäldern und Fische, welche am Tage vorher noch im Mexikanischen Meerbusen geschwommen hatten! Sie waren auf mannigfache Weise zubereitet, denn die aztekischen „Künstler", wie wir schon zu erwähnen Gelegenheit hatten, waren tief in die Geheimnisse der Kochkunst eingedrungen.

Die Speisen wurden von den adeligen Dienern aufgetragen, die alsdann die Bedienung des Königs Mädchen überließen, die dazu wegen ihrer Anmut und Schönheit ausgewählt waren. Es wurde ein Schirm aus reich vergoldeten und ausgeschnitztem Holz so um ihn herumgezogen, daß er ihn während der Mahlzeit vor den gemeinen Augen verbarg. Er saß auf einem Kissen, und das Mittagbrot war auf einem niedrigen, mit einem feinen baumwollenen Tuche bedeckten Tische aufgetragen. Die Schüsseln waren vom schönsten Geschirr von Cholula. Er hatte ein goldenes Tafelgerät, das nur bei religiösen Festen gebraucht wurde. Auch würden es selbst seine fürstlichen Einkünfte kaum gestattet haben, daß er sich desselben bei gewöhnlichen Gelegenheiten bediente, da sein Tafelgerät nicht mehr als einmal gebraucht werden durfte, und dann an seine Dienerschaft verschenkt wurde. Der Saal war durch Fackeln aus einem harzigen Holze erleuchtet, die, wenn sie brannten, einen süßen Geruch, aber auch wahrscheinlich nicht wenig Rauch verbreiteten. Bei seiner Mahlzeit waren fünf oder sechs seiner alten Räte gegenwärtig, die in ehrfurchtsvoller Entfernung standen, seine Fragen beantworteten und zuweilen mit einem von den Gerichten beehrt wurden, das er ihnen von seiner Tafel reichen ließ.

Diesem Gang von derben Gerichten folgte ein anderer von süßen Speisen und Backwerk, für welche die aztekischen Köche, denen die nötigen Zutaten von Maismehl, Eiern und dem schönen Aloezucker zu Gebote standen, berühmt waren. Am äußersten Ende des Gemaches waren zwei Mädchen während der Mahlzeit mit dem Bereiten schöner Wecken und Waffeln beschäftigt, womit sie die Tafel von Zeit zu Zeit belegten. Der Kaiser trank nichts anderes als Chocolatl, ein Getränk aus Schokolade, mit Vanille und anderen Spezereien gewürzt und so zubereitet, daß es zu einem Schaum von der Dicke des Honigs wurde, der allmählich im Munde schmolz. Dies Getränk, wenn man es so nennen darf, wurde in goldenen Bechern, mit Löffeln von dem nämlichen Metall oder von zierlich geschnitztem Schildpatt, aufgetragen. Der Kaiser liebte es ungemein, nach der Menge des Verbrauches zu urteilen, da nicht weniger als fünfzig Krüge für seinen eigenen täglichen Genuß bereitet wurden! Noch zweitausend andere waren für seinen Hofstaat bestimmt.

Die allgemeine Anordnung der Mahlzeit scheint der europäischen nicht sehr unähnlich gewesen zu sein. Aber kein Fürst in Europa hatte sich eines Nachtisches zu rühmen, der sich mit dem des aztekischen Kaisers vergleichen ließ; denn er wurde frisch aus den entgegengesetztesten Himmelstrichen zusammengeholt, und auf seiner Tafel standen die Erzeugnisse seiner eigenen gemäßigten Zone und die saftigen Früchte der Wendekreise, den Tag vorher von den grünen Sträuchern der Tierra caliente gepflückt und mit Dampfesschnelle durch Eilboten nach der Hauptstadt gesandt. Es war, als ob eine freundliche Fee unsere Gastmähler mit den gewürzigen Erzeugnissen verschönern wollte, die erst gestern auf einer sonnigen Insel der fernen indischen Meere gewachsen wären! Nachdem die königliche Eßlust gestillt war, wurde ihm durch die weibliche Bedienung Wasser in einem silbernen Becken auf dieselbe Weise gereicht, wie es vor Anfang der Mahlzeit geschehen war; denn die Azteken beobachteten damals ihre Waschungen ebenso streng, wie irgend ein morgenländisches Volk. Hierauf wurden Pfeifen aus geglättetem und reich vergoldetem Holze gebracht, aus denen er, zuweilen durch die Nase, zuweilen durch den Mund, den Rauch eines betäubenden Krautes, „Tobacco" genannt, mit flüssigem Ambra gemischt, einatmete. Während diese sanfte Räucherung vor sich ging, vergnügte sich der Kaiser an den Vorstellungen seiner Taschenspieler und Gaukler, von denen eine ganze Bande beim Palaste angestellt war. Kein Volk, selbst nicht die Chinesen und Hindostaner, übertraf die Azteken in Körperbeweglichkeit und Taschenspielerkünsten.

Zuweilen unterhielt er sich mit seinen Hofnarren; denn der indianische Kaiser hatte seine Hofnarren ebensogut, wie seine europäischen Standesgenossen damaliger Zeit. Er pflegte zu sagen, daß man mehr von ihnen als von weiseren Männern lernen könne, denn sie wagten die Wahrheit zu sagen. Zu anderen Zeiten sah er den anmutigen Tänzen seiner Frauen zu oder ergötzte sich durch Anhören von Musik — wenn die rohe Tonkunst der Mexikaner diesen Namen verdient —, begleitet von einem Gesange in langsamem und feierlichem Takte, der die Heldentaten großer aztekischer Krieger oder der seines eigenen fürstlichen Geschlechtes feierte.

Wann er seine Lebensgeister an diesen Vergnügungen genug erfrischt hatte, bereitete er sich zum Schlaf; denn seine Mittagsruhe hielt er so regelmäßig wie ein Spanier. Beim Erwachen gab er den Gesandten fremder Staaten oder seiner eigenen abgabepflichtigen Städte oder den Kaziken Gehör, die ihm Anliegen vorzutragen hatten. Sie wurden von den diensttuenden Edelleuten eingeführt, und welchen Ranges sie auch sein mochten, wenn sie nicht aus königlichem Geblüt stammten, mußten sie sich der Demütigung unterziehen, ihre reichen Kleider unter dem groben Nequemmantel zu verbergen und barfuß mit niedergeschlagenen Augen vor ihm zu erscheinen. Der Kaiser richtete wenige und kurze Bemerkungen an die Bittsteller und antwortete ihnen gewöhnlich durch seine Schreiber; worauf sich die Erschienenen mit derselben ehrerbietigen Verbeugung entfernten, immer bedacht, ihr Gesicht gegen den Herrscher gerichtet zu halten. Cortez hatte wohl Recht zu sagen, daß kein Hof, weder des Großherrn noch irgend eines anderen Ungläubigen, jemals eine so pomphafte und so durchgeführte Förmlichkeit aufgewiesen hat!

Außer der Menge von schon erwähnten Dienern war der Hofstaat nicht vollständig ohne einen Schwarm von Handwerkern, die beständig mit dem Erbauen oder Ausbessern von Gebäuden beschäftigt waren, nebst einer großen Anzahl von Juwelieren und geschickten Metallarbeitern, nach deren Spielereien bei den dunkeläugigen Schönheiten des Harems häufig Nachfrage war. Die Anzahl der kaiserlichen Mummer und Gaukler war auch sehr groß, und die bei dem Palast angestellten Tänzer bewohnten einen eigenen Bezirk der Stadt, der ausschließlich für sie bestimmt war. Der Unterhalt dieses kleinen Heeres, das sich auf einige tausend Personen belief, verursachte schwere Kosten und erforderte Berechnungen einer verwickelten und für ein einfaches Volk wohl höchst lästigen Art. Alles wurde indes mit vollkommener Ordnung geleitet und alle die verschiedenen Einnahmen und Ausgaben wurden in der Bilderschrift des Landes aufgeschrieben. Die Zeichen zum Rechnen waren überlegter und feststehender als die zum Erzählen gebräuchlichen, und ein besonderes Zimmer war mit bilderschriftlichen Verzeichnissen angefüllt, welche eine vollständige Übersicht der Haushaltung des Palastes gewährten. Die

Sorge für alles dieses war einem Schatzmeister anvertraut, der als eine Art von Majordomus in der Hofhaltung verfuhr und eine Oberaufsicht über alles führte. Dieses verantwortliche Amt befand sich zur Zeit der Ankunft der Spanier in den Händen eines redlichen Kaziken namens Tapia.

Dies ist das Bild von Montezumas häuslicher Einrichtung und Lebensweise, wie es die Eroberer und ihre unmittelbaren Nachfolger entwarfen, welche die besten Mittel hatten, sich davon zu unterrichten.

Der ehrgeizige Sinn Montezumas stieg mit der Erlangung von Reichtum und Macht, und das Bewußtsein einer neuen Bedeutsamkeit stellte er durch die Einführung einer unerhörten Pracht zur Schau. Er nahm eine seinen Vorgängern unbekannte Zurückhaltung an, entzog seine Person dem Blicke des gemeinen Haufens und umgab sich mit einem überlegten und höfischen Formenzwang. Wann er ausging, bei irgend einer öffentlichen Veranlassung, gewöhnlich nach dem großen Tempel, um an dem Gottesdienst teilzunehmen, geschah es mit äußerem Glanz, und beim Vorübergehen verlangte er von seinem Volke, wie wir gesehen haben, die eines morgenländischen Gewaltherrschers würdige schmeichelnde Huldigung. Sein hochmütiges Betragen verletzte den Stolz seiner mächtigeren Lehnsmänner, besonders derer, welche entfernt von ihm sich fast unabhängig von seiner Herrschaft dünkten. Seine Erpressungen, welche die verschwenderischen Ausgaben seines Palastes erheischten, streuten den Samen des Mißvergnügens aus, und während das Reich zu seinem blühendsten und glücklichsten Zustande emporzusteigen schien, hatte sich der Krebs am tiefsten in sein Herz gefressen.

ZWEITES HAUPTSTÜCK

Markt von Mexiko / Großer Tempel / Innere Heiligenstätten
Wohnung der Spanier

1519

Es waren vier Tage verflossen, seitdem die Spanier ihren Einzug in Mexiko gehalten hatten. Welche Pläne auch ihr Befehlshaber bei sich erwogen haben mochte, so fühlte er doch, daß er keinen bestimmten Unternehmungsplan fassen konnte, bis er erst mehr von der Hauptstadt gesehen und sich durch eigene Anschauung über die Beschaffenheit ihrer Hilfsquellen Gewißheit verschafft hätte. Deshalb sandte er, wie schon am Schlusse des letzten Buches bemerkt wurde, zu Montezuma und bat ihn um Erlaubnis, das große Teocalli und einige andere Orte der Stadt besichtigen zu dürfen.

Der freundliche Herrscher bewilligte dieselbe ohne Schwierigkeit. Er schickte sich sogar an, persönlich nach dem großen Tempel zu gehen, um seine Gäste daselbst zu empfangen — vielleicht, um das Heiligtum seiner Schutzgottheit vor jedem Entweihungsversuch zu schützen. Es war ihm, wie wir gesehen haben, das Verfahren der Spanier bei ähnlichen Gelegenheiten auf ihrem Marsche bekannt geworden. — Cortez setzte sich wie gewöhnlich an die Spitze seines kleinen Reiterhaufens und fast des ganzen spanischen Fußvolkes und folgte den zu seiner Führung von Montezuma abgesandten Kaziken. Sie schlugen vor, ihn zuerst nach dem großen Markte von Tlatelolco im westlichen Teile der Stadt zu geleiten.

Auf dem Wege fiel den Spaniern, in gleicher Weise wie bei ihrem Eintritt in die Stadt, die äußere Erscheinung der Einwohner auf, und ihre große Überlegenheit in Schnitt und Beschaffenheit ihrer Kleidung über das Volk in den niedrigeren Gegenden. Der über die Schultern geworfene und um den Hals geknüpfte Tilmatli oder Mantel aus Baumwolle von verschiedener Feine, je nach dem

Stande dessen, der ihn trug, und der weite Gürtel um die Lenden waren oft mit schönen und zierlichen Figuren gearbeitet und mit einer dunklen Franse oder Troddel eingefaßt. Da das Wetter jetzt kühl wurde, traten zuweilen Mäntel von Pelz- oder Federwerk an die Stelle. Die letzteren vereinigten den Vorzug großer Wärme mit Schönheit. Die Mexikaner verstanden auch die Kunst, einen feinen Faden aus dem Haar der Kaninchen und anderer Tiere zu spinnen, woraus sie ein feines Gewebe anfertigten, das eine unvergängliche Färbung annahm.

Die Weiber schienen wie in anderen Teilen des Landes ebenso frei umherzugehen wie die Männer. Sie trugen mehrere Hemden oder Röcke von verschiedener Länge mit reich verzierten Rändern, und zuweilen über diesen lose wallende Gewänder, die bis an die Knöchel reichten. Auch diese waren aus Baumwolle, für die wohlhabenderen Stände von feinem Gewebe und schön gestickt. Man trug hier keine Schleier, wie in einigen anderen Teilen von Anahuac, wo sie aus Aloefäden oder aus dem leichten, oben erwähnten Haargewebe gemacht waren. Die aztekischen Frauen ließen ihre Gesichter sehen, und ihre dunklen Rabenflechten flatterten ihnen üppig um die Schultern und offenbarten Züge, die, wenn auch von schwärzlicher oder zimmetartiger Farbe, doch oft angenehm waren, während sie den den Gesichtern der Eingeborenen eigentümlichen, ernsten, ja trüben Ausdruck hatten.

Als die Spanier dem Tianguez oder großem Markte nahe kamen, waren sie erstaunt über die Volksmenge, die sich dorthin drängte, und als sie auf den Platz gelangten, wurde ihre Überraschung durch den Anblick der daselbst versammelten Menge und durch die Ausdehnung des inneren Raumes, der dreimal so groß war als der berühmte Platz von Salamanca, noch gesteigert. Hier trafen die Handelsleute aus allen Gegenden mit den ihren Ländern eigentümlichen Natur- und Kunsterzeugnissen zusammen; die Goldschmiede aus Azcapozalco, die Töpfer und Juweliere aus Cholula, die Maler aus Tezcuco, die Steinschneider aus Tenajocan, die Jäger aus Xilotepec, die Fischer aus Cuitlahuac, die Obsthändler aus den warmen Ländern, die Korb- und Stuhlmacher aus

Quauhtitlan und die Blumenzüchter aus Xochimilco — alle eifrig beschäftigt, ihre Waren anzubieten und mit den Käufern zu handeln.

Der Marktplatz war von tiefen Säulenhallen umgeben, und von den verschiedenen Gegenständen war jedem sein eigener Platz angewiesen. Hier sah man Baumwolle in Ballen aufgestapelt oder zu Kleidern und Sachen zum häuslichen Gebrauch, als Vorhängen, Bettdecken und dergleichen, verarbeitet. Die schön gefärbten und sauber gearbeiteten Sachen erinnerten Cortez an den Alcayceria oder Seidenmarkt von Granada. Dort war die den Goldschmieden angewiesene Gegend, wo der Käufer die verschiedenen Gegenstände zum Gebrauch oder zum Schmuck aus kostbaren Metallen finden konnte, oder eigentümliche Spielereien, deren wir schon zu erwähnen Gelegenheit hatten, bestehend in nachgemachten Vögeln und Fischen mit Schuppen von Gold und Silber und mit beweglichen Köpfen und Leibern. Diese zierlichen, kleinen Spielereien waren oft mit kostbaren Steinen besetzt und zeigten von einer Geduld und kindischen Erfindsamkeit in der Anfertigung gleich der der Chinesen.

In einer angrenzenden Abteilung waren Proben von grober und feiner Töpferarbeit aufgestellt, fleißig ausgeschnitzte, hölzerne Gefäße, gefirnißt oder vergoldet, von seltsamen und zuweilen zierlichen Formen. Auch gab es da Beile von Kupfer mit Zinn versetzt; ein, wie es sich zeigte, nicht schlechter Ersatz für Eisen. Der Krieger fand hier alles, was er zu seinem Gewerbe brauchte. Den Helm in der Form eines wilden Tierkopfes mit seinem grinsenden Gebiß und sich sträubenden Mähnen, mit schöner Cochenillefarbe angestrichen; den Escaupil oder gepolsterten, baumwollenen Wams, den reichen Waffenrock oder Federpanzer und Waffen aller Art; kupfergespitzte Lanzen und Pfeile und das breite Maquahuitl, das mexikanische Schwert, mit seinen scharfen Itztliklingen. Hier waren Barbiermesser und Spiegel von demselben harten und geglätteten Steine, der bei den Azteken so vielfach die Stelle des Stahls vertrat. Auf dem Platze befanden sich auch Buden für Barbiere, die sich dieser Messer zu ihrem Geschäft bedienten. Denn im Widerspruch mit den gewöhnlichen und irrigen Meinungen über die Ureinwohner der Neuen Welt, hatten die Mexikaner Bärte, wiewohl nur dürftige. Andere Läden oder Buden hatten Apotheker gemietet, die mit Heilkräutern, Wurzeln und verschiedenen Arzneien reichlich versehen waren. An anderen Orten waren weiße Bücher oder Karten zur bilderschriftlichen Malerei zu sehen, wie Fächer zusammengelegt, aus Baumwolle, Häuten oder häufiger aus den Fasern der Agave, dem aztekischen Papyrus.

Unter einigen von den Säulenhallen sahen sie Felle, rohe und zugerichtete, und verschiedene aus Leder angefertigte Gegenstände zum häuslichen und persönlichen Gebrauche. Wilde und zahme Tiere wurden zum Verkauf ausgeboten und nahe dabei vielleicht ein Trupp Sklaven mit Halsbändern, was andeutete, daß sie ebenfalls zu verkaufen seien — ein Schauspiel, das sich leider nicht auf die rohen Märkte von Mexiko beschränkte, obgleich das Unglück ihrer Lage dort noch durch das Bewußtsein erschwert war, daß ein Leben der Erniedrigung jeden Augenblick mit der schrecklichen Verurteilung zum Opfertode enden konnte.

Die schweren Baustoffe, als Steine, Lehm, Bauholz, wurden für zu massenhaft gehalten, um denselben einen Platz auf dem Markte zu gestatten und in den anstoßenden Straßen an den Rändern der Wassergräben niedergelegt. Es würde ermüdend sein, alle die verschiedenen Gegenstände für den Aufwand und den täglichen Gebrauch aufzuzählen, welche von allen Seiten nach diesem großen Basar gebracht wurden. Ich kann indes den ausgestellten Vorrat von Lebensmitteln nicht unerwähnt lassen, der einen der reizendsten Anblicke des Tianguez gewährte; Fleischwaren aller Art, Hausgeflügel, Wildpret aus den benachbarten Bergen, Fische aus den Seen und Strömen; Früchte in der ganzen köstlichen Fülle dieser gemäßigten Gegenden, grüne Gemüse und der unfehlbare Mais.

Da gab es auch manches gleich fertige Gericht, das durch seinen wohlriechenden Dampf die Eßlust des müßig Vorübergehenden reizte; Backwerk, Brot aus indianischem Korn und Eingemachtes. Daneben sah man kühlende oder aufregende Getränke; die gewürzige, dampfende Schokolade mit ihrem köstlichen Vanillegeruch und den berauschenden Pulque, den gegorenen Saft der Aloe. Alle diese Waren, jeder Stand und jede Halle waren mit Blumen besetzt oder vielmehr darunter erdrückt und zeigten nach einem weit größeren Maßstabe einen Geschmack, der dem auf den Märkten des neuen Mexiko ähnlich war. Die Blumen schienen von selbst zu wachsen auf diesem üppigen Boden, der stets bereit ist, seine nackten Stellen statt mit schädlichem Unkraut, ohne menschliche Hilfe, mit diesem reichen und mannigfaltigen Gewande der Natur zu bekleiden.

Die Schätzungen der auf dem Markte versammelten Menge nach Zahlen weichen wie gewöhnlich voneinander ab. Die Spanier haben den Ort oft besucht und keiner gibt die Anzahl geringer als vierzigtausend an! Einige noch weit höher. Ohne zu sehr auf die Berechnung der Eroberer zu bauen, ist es doch gewiß, daß bei dieser Gelegenheit, die sich alle fünf Tage ereignete, die Stadt von einer bunten Menge Fremden wimmelte, nicht nur aus der Nachbarschaft, sondern von vielen Meilen weit in der Runde. Die Dammwege waren gedrängt voll und der See schwarz von Kanus voller Handelsleute, die nach dem großen Tianguez strömten. Er glich in der Tat den Messen in Europa, nicht wie sie jetzt sind, sondern wie sie im Mittelalter waren, wo sie wegen der Schwierigkeit der Verbindungen als die großen Mittelpunkte für den Handelsverkehr dienten und einen höchst wichtigen und heilsamen Einfluß auf die Staatsgesellschaft übten.

Die Zahlungen geschahen zum Teil durch Tausch, aber gewöhnlicher in der Landesmünze. Diese bestand in kleinen Stücken Zinn, mit einem Zeichen, gleich einem T, gestempelt, Säcken Kakao, deren Wert von ihrer Größe abhing, und endlich in Federposen, mit Goldstaub gefüllt. Das Gold gehörte, wie es scheint, auf beiden Halbkugeln mit zu den gewöhnlichen Verkehrsmitteln. Es ist sonderbar, daß sie bei ihren Geschäften keine Kenntnis von Wagschalen und Gewichten gehabt haben sollten. Die Menge wurde nach Maß und Zahl bestimmt.

In dieser großen Versammlung herrschte die vollkommenste Ordnung. Es gingen Beamte auf dem Platze umher, deren Geschäft es war, Frieden zu erhalten, die Abgaben von den verschiedenen Handelsgegenständen einzusammeln, darauf zu sehen, daß kein falsches Maß gebraucht oder ein Betrug irgend einer Art verübt werde, und Verbrecher sogleich vor Gericht zu führen. Es war ein aus zwölf Richtern bestehender Gerichtshof in einem Teile des Tianguez niedergesetzt, der mit umfassenden und kurzgefaßten Vollmachten bekleidet war, wie sie in unbeschränkt regierten Ländern oft kleineren Gerichtshöfen übertragen werden. Die außerordentliche Strenge, womit sie diese Vollmachten in mehr als einem Falle anwendeten, beweist, daß sie kein toter Buchstabe waren.

Der Tianguez von Mexiko war natürlich für die Spanier ein Gegenstand großer Neugierde und Bewunderung. Denn in demselben sahen sie gleichsam alle im ganzen Lande zerstreuten Strahlen der Sittigung in einen Brennpunkt vereinigt. Hier sahen sie die mannigfaltigen Proben von Handgeschicklichkeit, von häuslichem Fleiße, die mannigfachen Hilfsquellen aller Art, die im Bereich der Eingeborenen waren. Sie mußten dadurch notwendig hohe Begriffe sowohl von der Größe dieser Hilfsquellen als von der Handelstätigkeit und den gesellschaftlichen Abstufungen erhalten, durch welche das ganze Gemeinwesen zusammengehalten wurde, und ihre Bewunderung geht hinlänglich aus der Umständlichkeit und der Lebendigkeit ihrer Beschreibungen hervor.

Von diesem lärmenden Schauplatze nahmen die Spanier ihren Weg nach dem großen Teocalli, in der Nähe ihrer Wohnungen. Es nahm mit seinen untergeordneten Gebäuden, wie der Leser schon gesehen hat, die große Bodenfläche ein, worauf jetzt die Stiftskirche, ein Teil des Marktplatzes und einige anstoßende Straßen liegen. Es war die Stelle, welche wahrscheinlich seit der Gründung der Stadt stets dem nämlichen Zwecke geweiht gewesen ist. Das gegenwärtige Gebäude war indes nicht sehr alt, da es von Ahuitzotl errichtet wurde, der im Jahre 1486 die Einweihung desselben durch jene Hekatomben von Schlachtopfern feierte, über die man in den Zeitgeschichten so unglaubliche Berichte findet.

Die weite Fläche, in deren Mitte es stand, war umschlossen von einer ungefähr acht Fuß hohen Mauer aus Stein und Lehm, die auf der Außenseite mit Schlangenbildern von halb erhabener Arbeit verziert war, wovon sie den Namen Coatepantli, „Schlangenmauer", erhielt. Dieses Sinnbild war ein in der heiligen Bildhauerei Anahuacs und Ägyptens gebräuchliches. Die Mauer war viereckig und mit ungeheuren, durch Zinnen geschützten Torwegen durchbrochen, die sich nach den vier vornehmsten Straßen der Hauptstadt hin öffneten. Über jedem der Tore war eine Art von Zeughaus, mit Waffen und Kriegsgerät angefüllt, und wenn wir dem Berichte der Eroberer glauben dürfen, stießen Kasernen daran, worin zehntausend Soldaten lagen, die zu einer Art von kriegerischer Sicherheitswache für die Hauptstadt dienten und dem Kaiser im Fall eines Aufruhrs oder einer Empörung eine starke Macht gewährten.

Das Teocalli selbst war ein festes, spitzsäuliges Bauwerk aus Erde und Kieselsteinen, von außen mit gehauenen Steinen von der leichten, löcherigen Art belegt, deren man sich bei den Gebäuden in der Stadt bedient. Es ist wahrscheinlich ein gleichseitiges Viereck, mit den Steinen gegen die vier Weltgegenden gewendet, gewesen. Es war in fünf Abteilungen oder Stockwerke geteilt, wovon jedes insofern von dem anderen abwich, daß es kleinere Verhältnisse hatte, als das unmittelbar unter demselben; die gewöhnliche, schon beschriebene Form der aztekischen Teocallis, die eine auffallende Ähnlichkeit mit den ältesten, spitzsäuligen Bauwerken in der Alten Welt hat. Es führte eine Treppenflucht von außen hinauf, die an die schmale Erdstufe oder das platte Dach am Fuße des zweiten Stockwerkes reichte und rund um das Gebäude herumging, wo dann ein zweiter Treppengang zu einem ähnlichen Absatz am Fuße des dritten führte. Die Breite dieses Ganges gewährte gerade so viel Raum, als das zurücktretende Stockwerk zunächst darüber übrig gelassen hatte. Dieser Bauart halber mußte man viermal um das ganze Gebäude herumgehen, um auf die

Spitze desselben zu gelangen. Dies machte bei den religiösen Gebräuchen einen großartigen Eindruck, wann der glänzende Umgang der Priester mit ihrer wilden Musik um die ungeheuren Seiten der Spitzensäule herum dahergezogen kam, wie sie angesichts der staunenden Menge höher und höher bis zum Gipfel stiegen.

Die Größenverhältnisse des Tempels können nicht mit Bestimmtheit angegeben werden. Die Eroberer urteilten nach dem Augenmaße und kümmerten sich selten um eine genaue Messung. Er hatte wahrscheinlich unten nicht weniger als dreihundert Geviertfuß, und da die Spanier hundertvierzehn Stufen zählten, ist es wahrscheinlich weniger als hundert Fuß hoch gewesen.

Als Cortez vor dem Teocalli angekommen war, fand er zwei Priester und einige Kaziken, die von Montezuma beauftragt waren, ihm die Mühe des Hinaufsteigens zu ersparen und ihn auf den Schultern zu tragen, in gleicher Weise, wie es mit dem Kaiser geschehen war. Aber der Befehlshaber lehnte die Höflichkeit ab, indem er es vorzog, an der Spitze seiner Leute zu gehen. Als sie den Gipfel erreicht hatten, fanden sie eine weite, mit breiten flachen Steinen gepflasterte Fläche. Der erste Gegenstand, der sich ihrem Blicke darbot, war ein großer Jaspisblock, dessen eigentümliche Form anzeigte, daß es der Stein sei, auf den die Körper der unglücklichen Schlachtopfer hingestreckt wurden. Seine runderhabene Oberfläche, wodurch die Brust gehoben wurde, erleichterte dem Priester seine teuflische Aufgabe, das Herz herauszureißen. Am anderen Ende der Fläche befanden sich zwei Türme, aus drei Stockwerken bestehend, das niedrigste aus Stein und Stuck, die beiden oberen aus sorgfältig geschnitztem Holze. In der niederen Abteilung standen die Bilder ihrer Götter; die darüber befindlichen Räume enthielten die Gerätschaften zu ihrem Religionsdienste und die Asche einiger ihrer aztekischen Fürsten, welche Lust zu diesem luftigen Grabmal gehabt hatten. Vor jedem dieser heiligen Orte stand ein Altar mit jener unvergänglichen Flamme, deren Erlöschen dem Reiche ebensoviel Unglück prophezeite, wie das der vestalischen Flamme im alten Rom. Hier befand sich auch die ungeheure walzenförmige Trommel aus Schlangenhäuten, die nur bei außerordentlichen Gelegenheiten gerührt wurde, wo sie dann einen traurigen Ton von sich gab, den man meilenweit hörte — ein in späteren Zeiten für die Spanier unheilvoller Klang.

Montezuma, von dem hohen Priester begleitet, trat vor, um Cortez zu empfangen, als dieser die Fläche erstiegen hatte. „Du bist müde, Malinche", sagte er, „vom Erklimmen unseres großen Tempels." Aber Cortez erwiderte ihm mit einer klugen Prahlerei, „die Spanier ermüdeten niemals". Darauf nahm ihn der Kaiser bei der Hand und wies ihm die umliegenden Ortschaften. Da der Tempel, auf dem sie standen, sich hoch über alle Gebäude der Hauptstadt erhob, gewährte er die erhabenste und umfassendste Aussicht. Unter ihnen lag die Stadt wie eine Landkarte ausgebreitet, mit ihren Straßen und den dieselben in rechten Winkeln durchschneidenden Wassergräben, ihren flachen Dächern, die wie ebenso viele Blumenbeete blühten. Jeder Ort erschien durch Geschäftigkeit und Verkehr belebt; Kanus schossen die Wassergräben auf und nieder, in den Straßen drängte sich die Volksmenge in ihrer bunten, malerischen Kleidung, während von dem Marktplatze her, den sie eben verlassen, ein verworrenes Getöse verschiedenartiger Klänge und Stimmen sich in die Luft erhob. Sie konnten deutlich den ebenmäßigen Plan der Stadt mit ihren Hauptgängen unterscheiden, die gleichsam aus den vier Toren des Coatepantli kamen und sich mit den Dammwegen vereinigten, welche die großen Eingänge der Hauptstadt bildeten. Diese regelmäßige und schöne Einrichtung war in vielen der geringeren Städte nachgeahmt, wo die großen Straßen in der Richtung nach dem Hauptteocalli oder der Hauptkirche, als nach einem gemeinschaftlichen Brennpunkte, zusammenliefen. Sie konnten die Insellage der Hauptstadt unterscheiden, die von allen Seiten von den salzigen Fluten des Tezcuco umspült wurde und in der Ferne die klaren, süßen Gewässer des Chalco, weit darüber hinaus dehnte sich eine Aussicht auf Felder und wogende Gehölze, mit den glatten Mauern manches hohen Tempels, die über die Bäume hervorragten und die fernen Berggipfel krönten. Die Aussicht reichte in einer ungebrochenen Linie bis an den Fuß der kreisförmigen Bergkette, deren eisige Gipfel im Morgenstrahle glitzerten, als ob sie in Feuer stünden; während lange, dunkle Rauchwolken, die aus dem altergrauen Haupte des Popocatepetl aufstiegen, verkündeten, daß das zerstörende Element im Innern des reizenden Tales tätig sei.

Cortez war von Bewunderung für dieses große und prachtvolle Schauspiel erfüllt und äußerte seine Empfindungen in belebter Sprache gegen den Kaiser, den Beherrscher dieser blühenden Fluren. Seine Gedanken nahmen indes bald eine andere Richtung, und indem er sich zum Pater Olmedo wendete, der an seiner Seite stand, äußerte er, daß der erhabene Platz einen weit in die Augen fallenden Standpunkt für das christliche Kreuz abgeben würde, wenn Montezuma nur erlaubte, daß es daselbst aufgepflanzt würde. Aber der scharfsichtige Geistliche mit dem richtigen Urteil, das bei solchen Gelegenheiten seinem Befehlshaber leider mangelte, gab ihm zu bedenken, daß ein solches Begehren jetzt gerade sehr unzeitig sein würde, da der indianische Herrscher bisher keine günstige Gesinnung für das Christentum gezeigt habe. Hierauf bat Cortez Montezuma um Erlaubnis, in die heiligen Türme zu gehen und die Schreine seiner Götter zu beschauen. Der Kaiser willigte ein, nachdem er darüber mit den Priestern kurz beratschlagt hatte, und führte die Spanier in das Gebäude. Sie befanden sich in einem geräumigen Gemach, dessen Wände mit Stuck belegt waren, auf dem sich verschiedene Figuren ausgearbeitet fanden, die eine Darstellung des mexikanischen Kalenders oder vielleicht des priesterlichen Tempeldienstes waren. An dem einen Ende des Saales befand sich eine Vertiefung mit einem hölzernen, reich ausgeschnitzten und vergoldeten Dache darüber. Vor dem Altare in diesem Heiligtum stand eine riesenmäßige Bildsäule des Huitzilopotchli, der Schutz- und Kriegsgottheit der Azteken. Sein Gesicht war in scheußlichen Zügen sinnbildlicher Bedeutung verzerrt. In seiner rechten Hand schwang er einen Bogen und in seiner Linken hatte er ein Bündel goldener Pfeile, die durch eine geheimnisvolle Überlieferung mit den Siegen seines

Volkes in Verbindung gesetzt waren. Die gewaltigen Windungen einer Schlange aus Perlen und kostbaren Steinen waren um die Mitte seines Leibes gezogen, und der ganze Körper mit denselben kostbaren Stoffen verschwenderisch belegt. An seinem linken Fuße waren die zarten Federn des Fliegenvogels befindlich, der, sonderbar genug, der schrecklichen Gottheit ihren Namen gab. Die auffallendste Zierat war eine Kette von abwechselnd goldenen und silbernen Herzen, die ihm um den Hals hing, auf das Opfer deutend, das er am meisten liebte. Ein noch unzweideutigeres Zeichen davon lieferten drei rauchende und fast noch klopfende Menschenherzen, die, als wären sie eben aus den Schlachtopfern gerissen, auf dem Altare vor ihm lagen!

Das nahe daran stehende Heiligtum war einer sanfteren Gottheit geweiht. Diese war Tezcatlipoca, im Range der nächste nach jenem unsichtbaren Wesen, dem höchsten Gotte, der durch kein Bild dargestellt und auf keine Tempel beschränkt war. Es war Tezcatlipoca, der die Welt erschuf und mit vorsichtiger Sorge darüber wacht. Er wurde als ein junger Mann vorgestellt, und seine Bildsäule von geglättetem schwarzem Stein war reich mit Gold, Silber und Zieraten geschmückt, unter welchen ein Schild, so blank wie ein Spiegel, das sprechendste Sinnbild war, da er darin alle Handlungen in der Welt abgespiegelt sah. Aber die Verehrung dieses Gottes war nicht immer gebildeter und barmherziger, als die seinem mörderischen Bruder gezollte; denn man sah auch auf seinem Altare fünf blutende Herzen in einer goldenen Schüssel.

Die Wände dieser beiden Kapellen waren mit geronnenem Menschenblut befleckt. „Der üble Geruch war unleidlicher", ruft Diaz aus, „als der des Schlachthauses in Kastilien!" Und die tollen Gestalten der Priester mit ihren dunklen, von Blut starrenden Gewändern, wie sie hin und her wandelten, erschienen den Spaniern wie die wahren Diener des Teufels!

Aus diesem schmutzigen Aufenthalt waren sie froh, wieder in die freie Luft zu kommen; worauf sich Cortez an Montezuma wendete und mit einem Lächeln sagte: „Ich begreife nicht, wie ein großer und weiser Fürst, gleich dir, an solche bösen Geister, wie diese

Götzenbilder, die Stellvertreter des Teufels, glauben kann! Wenn du mir erlauben wolltest, hier das wahre Kreuz aufzurichten und die Bilder der heiligen Jungfrau und ihres Sohnes in deinen Heiligtümern aufzustellen, so würdest du bald deine falschen Götter vor ihnen erbeben sehen!"

Montezuma war höchst aufgebracht über diese lästerliche Rede. „Diese sind die Götter," antwortete er, „welche die Azteken, seitdem sie ein Volk sind, zum Siege geführt und ihnen im Lauf des Jahres Saatzeit und Ernte bestimmt haben. Hätte ich gedacht, daß du ihnen diese Schmach antun würdest, so würde ich dir den Zutritt zu ihnen nicht gestattet haben."

Nach einigen Versicherungen des Bedauerns, daß er das Gefühl des Kaisers gekränkt habe, nahm Cortez von ihm Abschied. Montezuma blieb zurück und sagte, er müsse womöglich das Verbrechen sühnen, die Schreine der Gottheiten solchen Entweihungen durch die Fremdlinge ausgesetzt zu haben.

Beim Hinabsteigen in den Hof nahmen die Spanier die anderen Gebäude innerhalb der Umzäunung mit Muße in Augenschein. Der Boden war mit einem ebenen Steinpflaster gedeckt, so glatt, daß die Pferde sich darauf nur mit Mühe aufrechthalten konnten. Es gab einige andere Teocallis, im allgemeinen nach dem Muster des großen gebaut, doch von weit geringerem Umfange, die den verschiedenen aztekischen Gottheiten geweiht waren. Auf ihren Gipfeln standen Altäre mit immerwährenden Feuern, die zugleich mit den vielen Tempeln in anderen Teilen der Hauptstadt die langen Nächte hindurch eine glänzende Erleuchtung der Straßen bewirkten.

Unter den Teocallis in der Umzäunung befand sich ein dem Quetzalcoatl geweihtes, von runder Form, dessen Eingang einem scharfgezahnten, von Blut triefenden Drachenmaule nachgeahmt war. Als die Spanier einen flüchtigen Blick in den Rachen dieses schrecklichen Ungeheuers warfen, sahen sie daselbst Opfergeräte und andere Greuel schrecklicher Art. Ihre mutigen Herzen bebten vor diesem Anblick zurück, und sie gaben diesem Orte den nicht unpassenden Namen „Hölle".

Noch ein anderer Bau muß, als bezeichnend für die rohe Natur ihrer Religion, erwähnt werden. Dies war ein spitzsäuliger Damm oder Erdhügel, auf dessen breitem Gipfel sich ein zusammengesetztes Fachwerk von Balken befand. Auf diesem war eine ungeheure Anzahl von Menschenschädeln aufgereiht, die den auf dem fluchwürdigen Opfersteine umgekommenen Unglücklichen, meistens Kriegsgefangenen, gehört hatten. Einer der Soldaten hatte die Geduld, diese grausigen Siegeszeichen zu zählen und sagte, es seien 136.000 gewesen! Man müßte Anstand nehmen, es zu glauben, wenn nicht die Alte Welt ein würdiges Gegenstück in den aufgetürmten Golgathas aufzuweisen hätte, die die Siege Tamerlans verewigten.

Auch enthielt die Umzäunung lange Reihen von Gebäuden zur Wohnung der Priester und anderer zum Religionsdienste bestimmten Personen, deren Anzahl sich auf einige Tausend belaufen haben soll. Hier befanden sich auch die Hauptschulen zum Unterricht der Jugend beiderlei Geschlechtes, hauptsächlich aus den höheren und wohlhabenderen Ständen. Die Mädchen wurden von ältlichen Frauen unterrichtet, welche den Dienst der Priesterinnen in den Tempeln versahen, eine auch bei den Ägyptern gebräuchliche Sitte. Die Spanier gestehen, daß in diesen Anstalten die größte Sorgfalt für Sittlichkeit und für das tadelloseste Betragen beobachtet wurde. Die Zeit der Schüler war, wie in den meisten mönchischen Stiftungen, mit der umständlichen und beschwerlichen Ausübung religiöser Verrichtungen ausgefüllt. Den Knaben wurden die Grundlagen der Wissenschaften gelehrt, die ihre Lehrer verstanden, und die Mädchen mit dem geheimnisvollen Sticken und Weben bekannt gemacht, das sie zur Ausschmückung der Tempel anwendeten. Wann sie das gehörige Alter erreicht hatten, traten sie gewöhnlich in die Welt, um eine ihrem Stande angemessene Beschäftigung zu wählen; einige blieben jedoch beständig dem Religionsdienste gewidmet.

Der Ort enthielt auch Gebäude ganz anderer Art. Da gab es Kornkammern, mit den reichen Erzeugnissen der Tempelländereien und mit Erstlingsfrüchten oder anderen Gaben der Gläubigen an-

gefüllt. Ein großes Staatsgebäude war für vornehme Fremde vorbehalten, die nach dem großen Teocalli pilgerten. Der eingeschlossene Raum war mit Gärten geschmückt, welche von alten
Bäumen beschattet und von Springbrunnen aus den vielen Strömen
Chapoltepecs bewässert wurden. So war die kleine Gemeinde mit
fast allem zu ihrem Unterhalt und zum Tempeldienste Erforderlichen versehen. Es war an sich eine Welt im kleinen, eine Stadt
in einer Stadt, und umfaßte nach Cortez' Versicherung einen
Flächenraum, der Platz für fünfhundert Häuser hatte.

Der Anblick der indianischen Greuel scheint bei den Spaniern
ein lebendigeres Gefühl für ihre eigene Religion angeregt zu haben,
denn am folgenden Tage baten sie Montezuma um Erlaubnis,
eine der Hallen ihres Aufenthaltsortes in eine Kapelle zu verwandeln, um daselbst den kirchlichen Gottesdienst verrichten zu
können. Der Kaiser, in dessen Herzen der Groll bald geschwunden
zu sein scheint, bewilligte sogleich ihr Gesuch und sandte ihnen
einige seiner eigenen Handwerker, um ihnen bei der Arbeit zu
helfen.

Während sie damit beschäftigt waren, bemerkten einige der
Spanier etwas, das eine frisch vermauerte Tür zu sein schien. Es
war ein allgemeines Gerücht verbreitet, daß Montezuma noch die
Schätze seines Vaters, des Königs Ayaxacatl, in diesem alten
Palast aufbewahrt halte. Die Spanier, denen dies bekannt war,
machten sich kein Gewissen daraus, ihre Neugier durch das Abschlagen des Mörtels zu befriedigen. Dieser verbarg, wie sie ver-
mutet hatten, eine Tür. Als sie dieselbe erbrachen, fanden sie,
daß das Gerücht nicht übertrieben habe. Sie erblickten eine große
Halle, angefüllt mit reichen, schönen Stoffen, Gegenständen verschiedener Art von merkwürdiger Arbeit, Gold und Silber in
Barren und in rohem Erz und viele wertvolle Edelsteine. Es war
der Privatschatz Montezumas, vielleicht die Abgaben steuer-
pflichtiger Städte, und einst das Eigentum seines Vaters. „Ich
war ein junger Mensch," sagt Diaz, der einer von denen war, die
es zu sehen bekamen, „und es schien mir, als wenn alle Reichtümer der Welt sich in jenem Raume befänden!" Ungeachtet

ihrer Genugtuung über die Entdeckung dieses kostbaren Gutes, schienen die Spanier doch, wenigstens für den Augenblick, ein lobenswertes Bedenken gefühlt zu haben, sich dasselbe zu ihrem eigenen Gebrauche zuzueignen; und nachdem Cortez die Mauer wieder verschlossen hatte wie vorher, gab er strengen Befehl, daß nichts von der Sache gesprochen werde, da er es nicht zu den Ohren Montezumas kommen lassen wollte, daß seine Gäste das Vorhandensein des Schatzes kannten.

Drei Tage reichten hin, die Kapelle vollständig einzurichten, und die Christen hatten die Freude, sich im Besitz eines Tempels zu sehen, in welchem sie Gott auf ihre Weise unter dem Schutze des Kreuzes und der gebenedeiten Jungfrau anbeten konnten. Die Patres Olmedo und Diaz lasen regelmäßig Messe in Gegenwart des versammelten Heeres, das in seinen Andachtsübungen sehr ernst und musterhaft war, teils, sagt der oben angeführte Zeit-geschichtschreiber, wegen der Sache selbst, und teils wegen ihres erbaulichen Einflusses auf die nachtumwölkten Heiden.

DRITTES HAUPTSTÜCK

Cortez' Ängstlichkeit | Montezuma wird ergriffen | Seine Behandlung durch die Spanier | Hinrichtung seiner Offiziere | Montezuma in Ketten | Betrachtungen

1519

Die Spanier waren nun eine Woche in Mexiko gewesen. Während dieser Zeit hatten sie vom Kaiser die freundlichste Behandlung erfahren. Aber Cortez war weit entfernt davon, ruhig in seinem Gemüt zu sein. Er fühlte, daß es ganz ungewiß sei, wie lange diese liebreiche Stimmung dauern würde; es konnten hundert Umstände eintreten, sie zu verändern. Er mochte auch wohl fühlen, daß die Erhaltung einer so großen Schar seinem Schatze lästig werden dürfte. Die Bevölkerung der Hauptstadt konnte über die Anwesenheit einer so zahlreichen bewaffneten Streitmacht innerhalb ihrer Mauern mißvergnügt werden. Es konnten viele Ursachen zum Zwiespalt zwischen den Soldaten und den Bürgern entstehen. Auch war es in der Tat kaum möglich, daß ein rohes, übermütiges Kriegsvolk wie die Spanier ohne tätige Beschäftigung lange in Unterwürfigkeit gehalten werden konnte. Die Gefahr war noch größer bei den Tlascalanern, einem wilden Stamme, die jetzt mit dem Volke, das sie verabscheute, in tägliche Berührung gebracht waren. Schon gingen bei den Verbündeten Gerüchte um, vielleicht begründete, von Murren unter den Mexikanern und von Drohungen, die Brücken aufzuziehen.

Auch wenn es den Spaniern gestattet gewesen wäre, ihre gegenwärtigen Wohnungen unbelästigt zu behalten, so wären sie dadurch dem Endziel ihrer Unternehmung nicht näher gekommen. Cortez war in seiner Absicht, die Hauptstadt zu gewinnen, was für seine bezweckte Unterjochung des Landes so wesentlich war, keinen Schritt vorgerückt; und jeden Tag konnte er Nachricht erhalten, daß die Regierung, oder, was er am meisten fürchtete, der Statthalter von Kuba, eine Streitmacht von überlegener Stärke ab-

MENSCHENOPFER.
Codex Rios, Fol. 54 vo.

geschickt habe, um ihm die nur halb vollbrachte Eroberung zu entreißen. Von diesen ängstlichen Betrachtungen beunruhigt, beschloß er, sich durch einen kühnen Streich aus der Verlegenheit zu befreien. Aber vorher legte er die Sache einem Kriegsrat der Offiziere vor, zu denen er das meiste Vertrauen hatte, da er mit ihnen die Verantwortlichkeit der Tat zu teilen und zugleich ihre lebhaftere Teilnahme an der Ausführung dadurch zu erwecken wünschte, daß er diese gewissermaßen zum Ergebnis ihrer gemeinschaftlichen Beratung machte.

Als der Befehlshaber die Verlegenheiten ihrer Lage kurz dargestellt hatte, war der Rat geteilter Meinung. Alle gaben die Notwendigkeit zu, unverzüglich irgend etwas zu tun. Eine Partei war dafür, sich heimlich aus der Stadt zurückzuziehen und die Dammwege zu überschreiten, ehe ihnen der Weg abgeschnitten werden könne. Eine andere riet, dies offen mit Wissen des Kaisers zu tun, von dessen Wohlwollen sie so viele Beweise gehabt hätten. Aber beide Maßregeln schienen gleich unklug. Ein Rückzug unter diesen Umständen und ein so plötzlicher würde das Aussehen einer Flucht haben. Man würde ihn als Mißtrauen gegen sich selbst auslegen, und alles, was ihrerseits Zaghaftigkeit verriet, würde ihnen nicht allein Kampf mit den Mexikanern, sondern auch die Verachtung ihrer Bundesgenossen zuziehen, die ohne Zweifel in das allgemeine Geschrei einstimmen würden.

Was Montezuma beträfe, welches Vertrauen könnten sie in den Schutz eines Fürsten setzen, der noch vor so kurzer Zeit ihr Feind gewesen, und den zu seinem veränderten Benehmen eher Furcht als Neigung bestimmt haben müsse?

Und selbst, wenn es ihnen gelänge, die Küste zu erreichen, würde ihre Lage dadurch wenig gebessert. Dies würde der Welt verkünden heißen, daß nach allen ihren hochmütigen Prahlereien sie dem Unternehmen nicht gewachsen seien. Ihre einzige Hoffnung auf die Gunst ihres Landesherrn und auf Verzeihung ihres eigenmächtigen Verfahrens sei auf Erfolg gegründet. Bis jetzt hatten sie nur die Entdeckung von Mexiko gemacht; sich jetzt zurückzuziehen würde nur den Erfolg haben, die Eroberung, die Früchte derselben, einem anderen zu überlassen. — Kurz, Bleiben und Rückzug scheine gleich unheilvoll zu sein.

In dieser Verlegenheit schlug Cortez einen Ausweg vor, den nur der unternehmendste Mut in der äußersten Verzweiflung ersinnen konnte. Dieser war, nach dem königlichen Palaste zu marschieren und Montezuma nach den spanischen Quartieren zu bringen, durch sanfte Mittel, wenn sie ihn überreden könnten, nötigenfalls durch Gewalt — auf jeden Fall aber sich seiner Person zu bemächtigen. Mit einem solchen Pfande in Händen würden die Spanier vor dem Angriff der Mexikaner sicher sein, welche fürchten würden, durch Gewalttaten die Sicherheit ihres Fürsten aufs Spiel zu setzen. Käme er freiwillig, so würden sie gar keinen Vorwand dafür haben. So lange der Kaiser bei den Spaniern bleibe, würde es leicht sein, wenn man ihm einen Schein von Oberherrschaft lasse, in seinem Namen zu regieren, bis sie Maßregeln für ihre Sicherheit und für den Erfolg des Unternehmens getroffen hätten. Der Einfall, einen Herrscher als ein Werkzeug zur Regierung seines eigenen Königreiches zu gebrauchen, ist, wenn er im Zeitalter des Cortez ein neuer war, im unsrigen gewiß keiner mehr.

Einen scheinbaren Vorwand für die Verhaftung des gastfreundlichen Herrschers — denn die unverschämteste Handlung sucht sich unter irgend einem Schein von Anstand zu verschleiern — lieferte ein Umstand, von welchem Cortez in Cholula war unterrichtet worden. Er hatte bei seinem Aufbruch nach der Hauptstadt wie wir gesehen haben, einen treuen Offizier, Juan de Escalante, mit hundertfünfzig Mann als Besatzung in Vera Cruz zurückgelassen. Er war noch nicht lange fort, als sein Stellvertreter eine Botschaft von einem aztekischen Häuptlinge, namens Quauh-popoca, Befehlshaber eines Bezirkes nördlich von der spanischen Niederlassung, erhielt, worin derselbe seinen Wunsch aussprach, persönlich zu erscheinen, um den spanischen Behörden in Vera Cruz seine Untertänigkeit zu bezeigen. Er bat, daß vier von den weißen Männern abgeschickt werden möchten, um ihn gegen gewisse unfreundliche Stämme zu schützen, bei denen sein Weg vorbeiführte. Dies war kein ungewöhnliches Verlangen und erregte

bei Escalante keinen Argwohn. Die vier Soldaten wurden abgeschickt und bei ihrer Ankunft zwei derselben von den falschen
Azteken ermordet. Die beiden anderen entkamen zu der Besatzung zurück.

Der Befehlshaber brach plötzlich mit fünfzig seiner Leute und
einigen Tausend indianischer Verbündeten auf, um Rache an dem
Kaziken zu nehmen. Es erfolgte eine regelrechte Schlacht. Die
Verbündeten flohen vor den gefürchteten Mexikanern. Die weni-
gen Spanier standen fest, .und mit Hilfe ihrer Feuerwaffen und
der gebenedeiten Jungfrau, die man deutlich über ihren Reihen im
Vordertreffen schweben sah, behaupteten sie das Feld gegen den
Feind. Dies kam ihnen indes teuer zu stehen; denn sieben oder
acht Christen wurden erschlagen, und unter diesen der tapfere
Escalante selbst, der bald nach seiner Rückkehr in die Feste an
seinen Wunden starb. Die in der Schlacht gemachten indianischen
Gefangenen sprachen von dem ganzen Vorfall als auf Anstiften
Montezumas erfolgt.

Einer von den Spaniern fiel den Eingeborenen in die Hände, starb
aber bald an seinen Wunden. Man schnitt ihm den Kopf ab und
sandte ihn dem aztekischen Kaiser. Er war ungewöhnlich groß
und mit Haaren bedeckt, und als Montezuma die wilden, durch
den Tod noch schrecklicher gemachten Züge anstarrte, schien er
in denselben die finsteren Umrisse derer zu erkennen, die zur Vernichtung seines Hauses bestimmt waren. Er wendete sich mit
Schauder davon ab und befahl ihn aus der Stadt zu schaffen und
keinem seiner Götter als Opfer darzubringen.

Obgleich Cortez diesen Unfall zu Cholula erfahren, hatte er ihn
doch bei sich verschlossen gehalten oder ihn nur sehr wenigen seiner
getreuesten Offiziere mitgeteilt, aus Furcht vor dem üblen Eindruck, den er auf den Mut des gemeinen Soldaten machen könnte.
Die Ritter, welche Cortez jetzt zum Rat berief, waren Männer
von demselben Feuereifer wie ihr Anführer. Ihr kühner, ritter-
licher Mut schien die Gefahr ihrer selbst wegen zu lieben. Wenn
ein oder zwei minder Kühne vor seinem Vorschlage erschraken,
so wurden sie bald von den anderen überstimmt, die ohne Zweifel

erwogen, daß eine verzweifelte Krankheit ein ebenso verzweifeltes Mittel erheische.

In jener Nacht hat man Cortez in seinem Zimmer auf und ab gehen hören, wie einen durch Gedanken bestürmten oder durch starke Gemütsbewegung aufgeregten Menschen. Er mag wohl in seinem Geiste den kühnen Plan für den folgenden Morgen zur Reife gebracht haben. Morgens hörten die Soldaten wie gewöhnlich die Messe, und Pater Olmedo erflehte den Segen des Himmels für ihr gewagtes Unternehmen. Was auch der Spanier vorhaben mochte, sein Herz hatte stets die angenehme Überzeugung, daß die Heiligen ihm zur Seite stehen.

Nachdem er bei Montezuma Gehör verlangt, das sogleich gewährt wurde, traf der Befehlshaber die nötigen Anordnungen zu seinem Unternehmen. Der Hauptteil seiner Streitmacht war im Hofe versammelt, zugleich stellte er eine beträchtliche Abteilung bei den Zugängen zum Palaste auf, um jeden Befreiungsversuch des Volkes abzuhalten. Er gab fünfundzwanzig oder dreißig von den Soldaten den Befehl, wie zufällig, zu drei oder vier Mann jedesmal, während seiner Unterredung mit Montezuma in den Palast zu gehen. Zu seiner Begleitung wählte er fünf Ritter, zu deren Mut und Kaltblütigkeit er das meiste Zutrauen hatte: Pedro de Alvarado, Gonzalo de Sandoval, Francisco de Lujo, Velasquez de Leon und Alonso de Avila, — glänzende Namen in den Jahrbüchern der Eroberung. Alle waren, wie auch die gemeinen Soldaten, vollständig bewaffnet, eine zu gewöhnliche Erscheinung, als daß sie hätte Argwohn erregen sollen.

Die kleine Gesellschaft wurde vom Kaiser gnädig empfangen, der bald vermittels des Dolmetschers mit den Spaniern eine scherzhafte Unterhaltung anknüpfte, während er, seiner natürlichen Freigebigkeit folgend, ihnen Geschenke an Gold und Edelsteinen reichte. Er erwies dem spanischen Befehlshaber die besondere Höflichkeit, ihm eine seiner Töchter zur Frau anzubieten; eine Ehre, die der letztere ehrfurchtsvoll aus dem Grunde ablehnte, weil er schon mit einer in Kuba versehen sei und seine Religion die Vielweiberei verbiete.

Als Cortez bemerkte, daß seine Soldaten schon in hinreichender
Anzahl beisammen seien, änderte er sein scherzhaftes Wesen und
machte Montezuma in einem ernsten Tone in der Kürze mit dem
verräterischen Verfahren in der Tierra caliente und mit der gegen
ihn erhobenen Anklage, als sei er der Urheber, bekannt. Der
Kaiser hörte die Beschuldigung mit Erstaunen an und lehnte die
Tat, die, sagte er, ihm nur von seinen Feinden hätte beigemessen
werden können, von sich ab. Cortez sagte, er glaube seiner Versicherung, setzte aber hinzu, daß, um die Wahrheit derselben zu beweisen, es nötig sein würde, Quauhpopoca und seine Mitschuldigen
holen zu lassen, damit sie verhört und dann nach Verdienst behandelt werden könnten. Hiegegen wendete Montezuma nichts
ein. Er nahm von dem Handgelenk, woran er befestigt war, einen
kostbaren Stein, das königliche Siegel, auf welchem der Kriegsgott abgebildet war, und gab ihn einem seiner Edelleute mit dem
Auftrage, ihn dem aztekischen Statthalter zu zeigen und diesen
aufzufordern, augenblicklich mit allen denen, welche an der Ermordung der Spanier teilgenommen, in der Hauptstadt zu erscheinen. Falls er sich weigere, war der Offizier ermächtigt, sich
in den benachbarten Städten Hilfe zu holen, um den Befehl durchzusetzen.
Als der Bote fort war, versicherte Cortez dem Herrscher, daß
diese schnelle Gewährung seines Verlangens ihn von seiner Unschuld überzeuge. Indes sei es wichtig, daß auch sein Landesherr
die gleiche Überzeugung gewinne. Dies würde aber durch nichts
so sehr befördert werden, als wenn Montezuma seinen Wohnsitz
so lange in den von den Spaniern bewohnten Palast verlege, bis
nach der Ankunft des Quauhpopoca die Sache vollständig untersucht werden könnte. Eine solche Herablassung würde an sich
selbst von einer mit dem niedrigen, ihm beigemessenen Verfahren
unverträglichen, persönlichen Achtung für die Spanier zeugen und
ihn von jedem Verdachte vollständig reinigen.
Montezuma hörte diesen Vorschlag und die unhaltbaren Gründe,
womit er verdeckt war, mit Blicken des höchsten Erstaunens an.
Er wurde leichenblaß, aber einen Augenblick darauf überflog sein

Gesicht Zornesröte, als er mit dem Stolz beleidigter Würde ausrief: „Wann hat man jemals gehört, daß ein großer Fürst, gleich mir, seinen Palast freiwillig verlassen hat, um ein Gefangener in den Händen von Fremden zu werden!"

Cortez versicherte ihn, er werde nicht als Gefangener dorthin gehen, er werde nur die ehrfurchtsvollste Behandlung seitens der Spanier erfahren, sein eigener Hofstaat solle ihn umgeben und der gewöhnliche Verkehr mit seinem Volke unverändert bleiben. Kurz, es werde nur die Veränderung des Aufenthaltes aus einem seiner Paläste in einen anderen sein; ein Umstand, der ja häufig bei ihm vorfalle. — Es war vergebens. „Wenn ich auch in eine solche Erniedrigung willigte," antwortete er, „meine Untertanen würden dies niemals tun!" Als man weiter in ihn drang, erbot er sich, einen seiner Söhne oder eine Tochter den Spaniern als Geisel zu geben, damit ihm selbst die Schande erspart würde.

Zwei Stunden vergingen mit dieser fruchtlosen Unterhandlung, bis ein leidenschaftlicher Ritter, Velasquez de Leon, der langen Zögerung müde und wohl erkennend, daß der Versuch, wenn er nicht zur Tat würde, sie verderben müsse, ausrief: „Warum verschwenden wir Worte an diesen Wilden? Wir sind zu weit gegangen, um jetzt zurückzuweichen. Laßt uns ihn festnehmen und, wenn er sich widersetzt, ihn mit unseren Schwertern niederstoßen!" Der wilde Ton und die drohenden Gebärden, womit dies gesprochen ward, beunruhigten den Herrscher, der Marina fragte, was der wütende Spanier sage. Die Dolmetscherin erklärte es ihm auf eine möglichst milde Weise und bat ihn, „die weißen Männer in ihre Wohnung zu begleiten, wo er mit aller Ehrfurcht und Güte werde behandelt werden, während seine Weigerung ihm Gewalttat, vielleicht gar den Tod zuziehen könnte". Marina sprach gewiß zu ihrem Landesherrn, so wie sie dachte, und niemand hatte bessere Gelegenheit, die Wahrheit zu erfahren als sie. Diese letzte Mahnung erschütterte Montezumas Entschlossenheit. Vergebens blickte der unglückliche Fürst nach Teilnahme und Hilfe umher. Als sein Auge die ernsten Gesichter und eisernen Gestalten der Spanier überflog, fühlte er, daß seine Stunde ge-

schlagen habe, und mit einer vor Bewegung kaum hörbaren Stimme
willigte er darein, mit den Fremden zu gehen — den Palast zu
verlassen, in den er niemals zurückkehren sollte. Hätte er den Mut
des ersten Montezuma besessen, so würde er seine Wachen zu
sich gerufen und eher sein Leben auf der Schwelle verblutet haben,
als sich über dieselbe als ein entehrter Gefangener schleppen zu
lassen. Aber seine Kraft sank unter den Umständen. Er fühlte,
daß er ein Werkzeug eines unwiderstehlichen Schicksals sei!
Kaum hatten die Spanier seine Einwilligung erlangt, als sie be-
fahlen, die königliche Sänfte herbeizubringen. Die Edelleute,
welche sie trugen und begleiteten, konnten kaum ihren Sinnen
trauen, als sie die Absicht ihres Gebieters erfuhren. Aber jetzt
kam Montezuma der Stolz zu Hilfe, und da er gehen mußte, zog
er vor, daß es scheinen solle, als wenn es aus seinem freien Willen
geschehe. Als der königliche Gefangene, von den Spaniern begleitet, mit niedergeschlagenen Augen durch die Straßen zog, versammelte sich das Volk in Haufen, und das Gerücht verbreitete
sich, der Kaiser werde mit Gewalt in die Wohnungen der weißen
Männer abgeführt. Es würde bald ein Aufruhr ausgebrochen sein,
wenn Montezuma denselben nicht dadurch verhindert hätte, daß
er dem Volke zurief, auseinander zu gehen, da er seine Freunde
aus eigenem Antrieb besuche; auf diese Weise verbarg er seine
Schmach durch eine Erklärung, die seinen Untertanen die einzige
Entschuldigung zur Widersetzlichkeit raubte. Als er in den
Wohnungen der Spanier angelangt war, sandte er seine Edelleute
mit ähnlichen Versicherungen an den Volkshaufen ab und wiederholte seinen Befehl, daß jeder nach Hause gehen möge.
Er ward von den Spaniern mit absichtlich zur Schau getragener
Ehrfurcht empfangen und wählte sich die Reihe von Gemächern
aus, die ihm am besten gefielen. Sie wurden sofort mit schönen
baumwollenen Tapeten, Federstoffen und allen Zierlichkeiten indianischer Tapezierarbeit versehen. Seine Umgebung bestand aus
denjenigen seines Hofstaates, die er selbst gewählt, seinen Weibern
und Edelknaben, und bei seinen Mahlzeiten wurde er mit seiner
gewohnten Pracht und Verschwendung bedient. Er gab wie in

seinem eigenen Palaste seinen Untertanen Gehör, die unter dem
Vorwande größerer Ordnung und Schicklichkeit allerdings in geringer Anzahl zur selben Zeit zu ihm gelassen wurden. Von den
Spaniern selbst wurde er mit einer förmlichen Ehrerbietung behandelt. Kein einziger, sogar nicht der Befehlshaber selbst, erschien
vor ihm, ohne seinen Helm abzulegen und die seinem Range
schuldige Verbeugung zu machen. Auch setzten sie sich niemals
in seiner Gegenwart, ohne von ihm dazu aufgefordert zu sein.
Bei aller dieser ausgesuchten Förmlichkeit und äußeren Huldigung
war doch ein Umstand vorhanden, der seinem Volke zu deutlich
sagte, daß sein Herrscher ein Gefangener sei. Vor dem Palast war
eine Scharwache von sechzig Mann und eine ebenso starke hinter
demselben angeordnet. Zwanzig Mann von jeder bezogen zugleich die Wache und hielten Tag und Nacht eine sorgfältige Aufsicht. Eine andere Abteilung, unter Velasquez de Leons Befehl,
war im königlichen Vorzimmer aufgestellt. Cortez strafte jede
Pflichtversäumnis oder Verminderung der Wachsamkeit bei diesen
Schildwachen mit der äußersten Strenge. Er fühlte, was auch in
der Tat jeder Spanier mit ihm fühlen mußte, daß das Entkommen
des Kaisers jetzt ihr Verderben sein würde. Aber dieses ununterbrochene Wachehalten erhöhte ihre Beschwerden gewaltig. „Es
wäre besser, daß dieser Hund von König stürbe," rief einer der
Soldaten eines Tages, „als daß wir unser Leben auf solche Weise
abnutzen." Diese Worte wurden so gesprochen, daß sie Montezuma hörte, der etwas von ihrem Inhalt erfuhr, und der Frevler
wurde auf Befehl des Feldherrn streng gezüchtigt. Solche Beispiele von Mangel an Achtung waren indes sehr selten. Wirklich
flößte das freundliche Benehmen des Herrschers, der an der Gesellschaft seiner Kerkermeister Gefallen zu finden schien und nie eine
Gefälligkeit oder Aufmerksamkeit des geringsten Soldaten unbe-
lohnt ließ, den Spaniern so viel Anhänglichkeit ein, als sie imstande
waren — für einen Wilden zu fühlen.
So standen die Sachen, als die Ankunft Quauhpopocas von der
Küste gemeldet ward. Sein Sohn und fünfzehn aztekische Hauptleute begleiteten ihn. Er hatte die ganze Reise, seinem Range ge-

mäß, in einer Sänfte getragen zurückgelegt. Bei seinem Eintritt zu Montezuma warf er über seine Kleidung das grobe Nequengewand und machte die gebräuchlichen, demütigen Verbeugungen. Der elende Prunk höfischer Förmlichkeit ward um desto auffallender, wenn man derselben die jetzige Lage beider Teile gegenüberstellte.

Der aztekische Statthalter wurde von seinem Gebieter kalt empfangen, der die Sache (stand es in seiner Macht, anders zu tun?) Cortez zur Untersuchung übertrug. Sie ward ohne Zweifel auf eine ziemlich abgekürzte Weise geführt. Auf des Befehlshabers Frage, ob der Kazike ein Untertan Montezumas sei, erwiderte er: „Und welchem anderen Landesherrn könnte ich dienen?", worunter er verstand, daß seine Herrschaft alles umfasse. Er leugnete nicht seinen Anteil an der Tat, auch suchte er keine Zuflucht unter dem königlichen Ansehen, bis das Todesurteil über ihn und sein Gefolge gesprochen war, wo sie dann alle die Schuld von ihrem Verfahren auf Montezuma schoben. Sie wurden verurteilt, auf dem Platze vor dem Palaste lebendig verbrannt zu werden. Die Scheiterhaufen wurden aus Haufen von Pfeilen, Wurfspießen und anderen Waffen gemacht, die man mit des Kaisers Erlaubnis aus den Zeughäusern rings um den großen Teocalli nahm, worin sie angesammelt lagen, um als Verteidigungsmittel in Zeiten bürgerlichen Aufruhrs oder Empörung zu dienen. Durch diese kluge Vorsicht wollte Cortez ein fertiges Mittel zur Bekriegung für den Fall von Feindseligkeiten mit den Bürgern beseitigen.

Um diesem ganzen außerordentlichen Verfahren die Krone aufzusetzen, ging Cortez, während Vorbereitungen zur Hinrichtung getroffen wurden, zum Kaiser ins Zimmer, begleitet von einem Soldaten, der Fesseln in den Händen hatte. Mit einer strengen Miene beschuldigte er den Herrscher, der ursprüngliche Veranlasser der gegen die Spanier verübten Gewalttätigkeit gewesen zu sein, wie es jetzt durch die Erklärung seiner eigenen Werkzeuge erwiesen sei. Ein solches Verbrechen, das bei einem Untertan den Tod verdiene, könne selbst einem Landesherrn nicht ohne Strafe hingehen. Bei diesen Worten befahl er dem Soldaten, Montezuma die Fesseln an die Knöchel zu legen. Er wartete ruhig, bis es geschehen war, alsdann kehrte er dem Herrscher den Rücken und verließ das Zimmer.

Montezuma blieb bei dieser letzten Beschimpfung sprachlos. Er war wie jemand, der durch einen heftigen Schlag, der ihn aller seiner Sinne beraubte, niedergestreckt wird. Er leistete keinen Widerstand. Aber, obgleich er nicht ein Wort sprach, verkündeten doch halb unterdrückte Seufzer von Zeit zu Zeit die Angst seines Gemütes. Seine Diener, in Tränen gebadet, sprachen ihm Trost zu. Sie hielten seine Füße zärtlich in ihren Armen und bemühten sich, dieselben durch Umwickeln ihrer Tücher und Mäntel gegen den Druck des Eisens zu schützen. Aber das Eisen, das in seine Seele gedrungen war, konnten sie nicht erfassen. Er fühlte, daß er nicht mehr König sei.

Währenddessen ging im Hofe die Vollstreckung des schrecklichen Urteiles vor sich. Die ganze spanische Streitmacht war unter Waffen, um jede von den Mexikanern etwa versuchte Unterbrechung zu hindern. Es geschah aber nichts der Art. Das Volk starrte das Schauspiel mit stiller Verwunderung an, da sie es als ein Urteil des Kaisers betrachteten. Die Art der Hinrichtung erregte auch weniger Erstaunen, da man mit ähnlichen Schauspielen, die noch von größeren Greueln bei ihren teuflischen Menschenopfern begleitet wurden, vertraut war. Der aztekische Häuptling und seine Gefährten, mit Hand und Fuß an den brennenden Pfahl gebunden, unterwarfen sich ohne Geschrei und Klage ihrem schrecklichen Schicksal. Duldende Seelenstärke ist die Tugend des indianischen Kriegers, und der Azteke sowie die anderen Stämme des nordamerikanischen Festlandes setzten einen Ruhm darein, zu zeigen, wie der Mut des tapferen Mannes über Folter und Todeskampf siegen kann.

Als das schreckliche Trauerspiel zu Ende war, trat Cortez wieder in Montezumas Gemach. Er kniete nieder, löste seine Fesseln mit eigenen Händen und drückte zugleich sein Bedauern darüber aus, daß ihm eine so unangenehme Pflicht geworden sei, ihm eine solche Strafe aufzuerlegen. Diese letzte Unwürdigkeit hatte Mon-

tezumas Mut völlig vernichtet, und der Herrscher, dessen Stirn-
runzeln noch vor einer Woche die Völker Anahuacs bis an dessen
entfernteste Grenze würde haben zittern machen, war nun so ver-
zagt, daß er seinem Befreier für seine Freiheit wie für eine große,
unverdiente Gabe dankte!

Bald darauf drückte der spanische Befehlshaber, der nun sah, daß
sein königlicher Gefangener schon genug gedemütigt sei, ihm seine
Bereitwilligkeit aus, ihn, wenn er es wünsche, in seinen Palast zurückkehren zu lassen. Montezuma lehnte es ab und soll als Grund
angeführt haben, daß seine Edelleute ihn mehr als einmal angelegen hätten, seine Beleidigungen mit den Waffen gegen die
Spanier zu rächen, und daß, wenn er sich wieder in ihrer Mitte
befände, es ihm schwer fallen würde, dies zu vermeiden oder seine
Hauptstadt vor Blutvergießen und Zügellosigkeit zu bewahren.
Der Grund machte seinem Herzen Ehre, wenn es der einzige war,
der ihn bestimmte. Es ist wahrscheinlich, daß er seine Sicherheit
nicht jenen stolzen und wilden Häuptlingen anvertrauen mochte,
welche Zeugen von der Erniedrigung ihres Gebieters gewesen
waren und seinen Kleinmut verachten mußten, als etwas bei einem
aztekischen Herrscher Unerhörtes. Man sagt auch, daß, als
Marina ihm Cortez' Erlaubnis mitteilte, der andere Dolmetscher,
Aguilar, ihm zu verstehen gab, daß die spanischen Offiziere niemals zugeben würden, daß er davon Gebrauch mache.

Welche Gründe er nun auch gehabt haben mag, so ist es doch gewiß, daß er das Anerbieten ablehnte, und in einer verstellten oder
wahren Begeisterung umarmte ihn der Befehlshaber mit der Äußerung: „er liebe ihn, wie einen Bruder, und jeder Spanier werde
eifrig auf seinen Vorteil bedacht sein, da er sich so besorgt für den
ihrigen zeige!" „Süße Worte," sagt der kluge, alte Zeitgeschichtschreiber, der zugegen war, „welche Montezuma verständig genug
war, nach ihrem Werte zu schätzen."

VIERTES HAUPTSTÜCK

Montezumas Benehmen | Sein Leben in den spanischen Quartieren
Beabsichtigte Empörung | Der Herrscher von Tezcuco wird ergriffen
Cortez' fernere Maßregeln

1520

Die Niederlassung in La Villa Rica de Vera Cruz war für die Spanier von der höchsten Wichtigkeit. Es war der Hafen, durch welche sie mit Spanien in Verbindung blieben; der starke Posten, auf den sie sich bei einem Unfalle zurückziehen konnten und von wo aus sie ihre Feinde gewinnen und ihren Verbündeten Sicherheit verschaffen konnten; der Stützpunkt für alle ihre Unternehmungen im Lande. Es war daher sehr wichtig, daß die Sorge für denselben dazu passenden Händen anvertraut würde.

Ein Ritter, namens Alonso de Grado, war von Cortez abgesandt worden, um den durch den Tod von Escalante erledigten Platz einzunehmen. Er war ein Mann von größerem Rufe in bürgerlichen als in kriegerischen Angelegenheiten und wurde für passender erachtet, mit den Eingeborenen ein friedliches Vernehmen zu unterhalten, als ein Mann von mehr kriegerischem Geiste. Cortez traf, was selten bei ihm war, eine schlechte Wahl. Er empfing bald solche Nachrichten von Unruhen in der Niederlassung, welche die Erpressungen und die Nachlässigkeit des neuen Statthalters herbeigeführt, daß er ihn abzusetzen beschloß.

Er übertrug nun den Befehl an Gonzalo de Sandoval, einen jungen Ritter, der während des ganzen Feldzuges eine besondere Unerschrockenheit, mit Klugheit und Besonnenheit verbunden, gezeigt hatte; während die gute Laune, womit er jede Entbehrung ertrug, und sein leutseliges Wesen ihn zum Lieblinge der Gemeinen wie der Offiziere machte. Sandoval begab sich daher vom Lager nach der Küste. Cortez irrte sich in seinem Manne nicht zum zweiten Male.

Trotz der Gewalt, welche die Spanier jetzt durch ihren könig-

lichen Gefangenen in Händen hatten, fühlte Cortez doch einiges
Unbehagen, wenn er daran dachte, daß es jederzeit in der Macht
der Indianer stehe, seine Verbindungen mit dem umliegenden
Lande abzuschneiden und ihn als Gefangenen in der Hauptstadt
zurückzuhalten. Er nahm sich daher vor, zwei Schiffe von hinreichender Größe zu bauen, um damit seine Kriegsleute über den
See zu setzen, und sich so von den Dammwegen unabhängig zu
machen. Montezuma war der Gedanke angenehm, jene wunderbaren „Wasserhäuser" zu sehen, von denen er so viel gehört hatte,
und gab sogleich die Erlaubnis, das Holz dazu in den königlichen
Waldungen schlagen zu lassen. Die Arbeit ward der Leitung des
Martin Lopez, eines erfahrenen Schiffbauers, übertragen. Auch
ward Sandoval der Befehl erteilt, von der Küste Tauwerk, Segel,
Eisen und andere dergleichen erforderlichen Gegenstände zu
schicken, die bei der Zerstörung der Flotte klugerweise waren zurückbehalten worden.
Der aztekische Kaiser verlebte unterdessen seine Tage in dem
spanischen Quartier auf eine Weise, die nicht sehr verschieden
von der war, an welche er in seinem eigenen Palaste gewohnt gewesen. Die ihn gefangenhielten, kannten den Wert ihres Fanges
zu gut, als daß sie nicht alles hätten aufbieten sollen, um ihm seine
Gefangenschaft angenehm zu machen und sie vor ihm selbst zu
verbergen. Aber eine Kette drückt immer, wenn sie auch mit
Rosen umwunden ist. Nach Montezumas Frühstück, das aus einem
leichten Mahle von Früchten und Gemüsen bestand, machten ihm
Cortez oder einige seiner Offiziere gewöhnlich ihre Aufwartung,
um zu hören, ob er irgend etwas zu befehlen habe. Alsdann
widmete er einige Zeit den Geschäften. Er gab denen seiner
Untertanen Gehör, welche Bitten vorzutragen oder Streitigkeiten
zu schlichten hatten. Die Angabe der Partei wurde in bilderschriftlichen Listen aufgezeichnet, die einer Anzahl von Räten
oder Richtern vorgelegt wurden, welche ihm bei solchen Gelegenheiten mit ihrem Rate beistanden. Auch wurden Gesandte fremder Staaten oder aus seinen eigenen entfernten Landschaften und
Städten vorgelassen, und die Spanier sorgten dafür, daß die näm-

liche genaue und pünktliche Förmlichkeit gegen die königliche Puppe beobachtet wurde, als wäre er im vollen Besitze seiner Macht.

Nachdem die Geschäfte besorgt waren, vergnügte sich Montezuma oft damit, die spanischen Truppen ihre Kriegsübungen vornehmen zu sehen. Er war auch Soldat gewesen und hatte in seinen stolzen Tagen Heere ins Feld geführt. Es war also sehr natürlich, daß die ihm neue europäische Kriegskunst und Mannszucht etwas Anziehendes für ihn hatte. Zuweilen forderte er auch Cortez oder seine Offiziere zu irgend einem volkstümlichen Spiele auf. Ein beliebtes war das Totoloque genannte, das mit goldenen Kugeln gespielt wurde, womit man nach einer Schießscheibe oder einem anderen Zeichen von dem nämlichen Metall zielte. Montezuma setzte gewöhnlich etwas von Wert ein — kostbare Steine oder goldene Stangen. Der Verlust störte nicht seine gute Laune; auch kam es ihm nicht darauf an, ob er gewann oder verlor, da er seinen Gewinn in der Regel an sein Gefolge verschenkte. Er hatte in der Tat einen höchst freigebigen Sinn. Seine Feinde beschuldigten ihn der Habsucht. Aber wenn er habsüchtig war, so konnte er es nur deshalb sein, um desto mehr verschenken zu können.

Jeder Spanier hatte mehrere männliche und weibliche Mexikaner, die für seine Küche und andere häusliche Dienste zu sorgen hatten. Da Cortez einsah, daß die Unterhaltung dieses Schwarmes von Dienerschaft eine schwere Last für den königlichen Schatz sei, befahl er, sie zu entlassen bis auf einen Diener für jeden Soldaten. Als Montezuma dies erfuhr, machte er dem Befehlshaber scherzhafte Vorwürfe wegen seiner Sparsamkeit, die sich nicht für eine königliche Anstalt zieme, widerrief den Befehl, ordnete noch mehr Bequemlichkeit für das Gefolge an und ließ ihren Sold verdoppeln.

Bei einer anderen Gelegenheit entwendete ein Soldat einige goldene Spielereien aus dem Schatze in dem seit der Ankunft Montezumas im spanischen Quartiere wieder geöffneten Zimmer. Cortez wollte, daß der Mensch für den Diebstahl bestraft werde, aber der Kaiser verhinderte es, indem er zu ihm sagte: „Goldene und andere Gegenstände stehen euern Landsleuten zu Dienst, nur sollen sie die verschonen, die den Göttern gehören." Einige von den Soldaten machten reichlichen Gebrauch von seiner Erlaubnis und schleppten mehrere hundert Lasten Baumwolle nach ihren Wohnungen. Als man dies Montezuma vorstellte, erwiderte er: „Was ich einmal gegeben habe, nehme ich nie wieder zurück."

So wenig er sich hienach aus seinen Schätzen machte, so empfindlich war er gegen persönliche Geringschätzung oder Beleidigung. Als einmal ein gemeiner Soldat zornig mit ihm sprach, traten dem Herrscher die Tränen in die Augen, da ihm dadurch die wahre Ohnmacht seiner Lage fühlbar wurde. Als Cortez dies erfuhr, war er so aufgebracht darüber, daß er den Soldaten aufzuhängen befahl; aber auf Montezumas Verwendung verwandelte er dieses strenge Urteil in Auspeitschen. Der Befehlshaber wollte nicht, daß außer ihm irgend jemand seinen königlichen Gefangenen unwürdig behandle. Montezuma wurde ersucht, noch eine fernere Milderung der Strafe zu bewirken; aber er verweigerte es, indem er sagte, „daß, wenn irgend einer seiner Untertanen Malinche eine ähnliche Beleidigung zugefügt hätte, er es auf gleiche Weise geahndet haben würde".

Solche Beispiele von Geringschätzung fielen sehr selten vor. Montezumas liebenswürdiges und gutmütiges Wesen, neben seiner Freigebigkeit, der einnehmendsten Tugend für den gemeinen Haufen, machte ihn allgemein bei den Spaniern beliebt. Der Hochmut, der ihm in seinen glücklichen Zeiten so eigen gewesen war, verließ ihn in seinem Mißgeschick. In seiner Gefangenschaft scheint sein Charakter einiges von der Veränderung erfahren zu haben, welche bei den wilden Tieren eintritt, wenn sie in die Käfige eines Tierhauses eingesperrt werden.

Der indianische Herrscher kannte den Namen eines jeden Mannes im Heere und unterschied jeden sorgfältig nach seinem Range. Für einige bewies er große Vorliebe. Er erhielt vom Befehlshaber einen Lieblingsedelknaben namens Orteguilla, der, da er beständig in seiner Umgebung war, bald genug von der mexikanischen

Sprache lernte, um seinen Landsleuten nützlich zu werden. Auch an der Gesellschaft von Velasquez de Leon, dem Hauptmann seiner Wache, und Pedro de Alvarado, Tonatiuh oder „die Sonne", wie ihn die Azteken wegen seiner blonden Haare und seines offenen Gesichtes nannten, fand er großes Behagen. Sonnenschein konnte, wie spätere Ereignisse bewiesen, zuweilen das Vorspiel zu einem schrecklichen Sturme sein.

Trotz der Bemühung, ihn vor der Langeweile der Gefangenschaft zu hüten, warf der königliche Gefangene doch zuweilen einen sehnsüchtigen Blicke über die Mauern seines jetzigen Aufenthaltes hinaus nach den gewohnten Beschäftigungen und Zerstreuungen. Er deutete den Wunsch an, seine Andacht im großen Tempel zu verrichten, wo er einst seinen Gottesdienst so treu beobachtet hatte. Diese Äußerung fiel Cortez auf. Sie war indes zu vernünftig, als daß er etwas dagegen einwenden konnte, ohne den Schein abzuwerfen, den er zu behaupten wünschte. Aber er versicherte sich der Rückkehr Montezumas dadurch, daß er ihm eine Begleitung von hundertfünfzig Soldaten unter denselben entschlossenen Rittern mitgab, die bei seiner Ergeifung behilflich gewesen waren. Auch sagte er ihm, daß auf den Fall irgend eines Versuches zur Flucht er sogleich mit dem Leben dafür büßen solle. Unter dieser Bewachung ging der indianische Fürst nach dem Teocalli, wo er mit dem gebräuchlichen Prunk empfangen wurde, und nachdem er seine Andacht verrichtet, kehrte er wieder nach seiner Wohnung zurück.

Man kann sich vorstellen, daß die Spanier die durch seinen Aufenthalt bei ihnen dargebotene Gelegenheit, ihm einige Kenntnis von der christlichen Lehre beizubringen, nicht verabsäumt haben. Die Patres Diaz und Olmedo erschöpften ihren ganzen Vorrat von Denklehre und Überredungskunst, um seinen Glauben an seine Götzenbilder zu erschüttern; aber vergebens. Er schenkte ihnen allerdings die erbaulichste Aufmerksamkeit, welche Hoffnung zur Besserung gab. Aber die Unterredungen schlossen stets mit der Erklärung, daß „der Gott der Christen gut sei, aber die Götter seines Landes für ihn die wahren Götter seien". Man sagt jedoch, sie hätten ein Versprechen von ihm erpreßt, daß er an keinem Menschenopfer mehr teilnehmen wolle. Dennoch fielen solche Opfer in den großen Tempeln der Hauptstadt täglich vor, und das Volk hing zu blind an seinen blutigen Greueln, als daß die Spanier es, wenigstens für den Augenblick, hätten für ratsam halten sollen, offen einzuschreiten.

Montezuma zeigte auch Neigung, sich dem Vergnügen der Jagd zu ergeben, das er einst unmäßig geliebt hatte. Er besaß zu diesem Zwecke bestimmte große Waldungen auf der anderen Seite des Sees. Da die spanischen Rennschiffe jetzt fertig waren, schlug ihm Cortez vor, ihn und sein Gefolge darin über das Wasser zu setzen. Sie waren ziemlich groß und fest gebaut. Das größte war mit vier Feldschlangen oder kleinen Kanonen versehen. Es war geschützt durch eine buntfarbige, über dem Verdeck ausgebreitete Decke, und das königliche Wappen von Kastilien wehte stolz vom Maste herab. An Bord dieses Fahrzeuges schiffte sich Montezuma, der gern diese Gelegenheit benutzte, die seemännische Geschicklichkeit der weißen Männer zu sehen, ein, mit einem Gefolge aztekischer Edelleute und einer starken spanischen Wache. Es wehte ein frischer Wind auf dem Wasser, und bald ließ das Fahrzeug die Schwärme leichter Kähne hinter sich zurück, welche die Wasserfläche verdunkelten. Es erschien den erstaunten Augen der Eingeborenen als etwas Lebendiges; als ob es, menschliches Wirken verschmähend, mit schneeweißen Wimpeln wie auf Flügeln des Windes dahinschwebe, während der aus seinen Seiten brechende Donner, der jetzt zum ersten Male die Stille dieses „inländischen Meeres" unterbrach, zeigte, daß die schöne Erscheinung mit Schrecken umkleidet sei.

Das königliche Jagdgehege war gut mit Wildpret versorgt, von dem der Kaiser einiges mit Pfeilen erlegte, während anderes durch zahlreiche Diener in Netze getrieben wurde. Bei diesen Waldvergnügungen und im Durchstreifen seines wilden Gebietes schien Montezuma wieder die Süßigkeit der Freiheit zu genießen. Dies war indes nur der Schatten von Freiheit; so wie er bei sich zu Hause in seiner Wohnung auch nur den Schatten von Königtum genoß. Zu Hause, ebenso wie außerhalb, bewachte ihn stets das Auge der Spanier.

Aber während er sich ohne Kampf in sein unwürdiges Schicksal fügte, gab es andere, die dasselbe mit ganz verschiedenen Gefühlen betrachteten. Zu diesen gehörte sein Neffe Cacama, Herrscher von Tezcuco, ein junger Mann von nicht mehr als fünfundzwanzig Jahren, der aber wegen seiner ausgezeichneten persönlichen Eigenschaften, besonders wegen seiner Unerschrockenheit, in hohem Ansehen stand. Es war der nämliche Fürst, der von Montezuma abgeschickt worden war, um die Spanier bei ihrer Ankunft im Tale zu bewillkommnen, und der, als die Frage wegen ihrer Aufnahme zuerst im Rate besprochen wurde, geraten hatte, sie als Abgesandte eines fremden Fürsten ehrenvoll zuzulassen, wenn sie sich aber verschieden zeigten von dem, was sie zu sein vorgäben, dann würde es Zeit genug sein, die Waffen gegen sie zu ergreifen. Diese Zeit, glaubte er, sei jetzt gekommen.

Unter dem letzten Herrscher des tezcucanischen Königreiches, Nezahualpilli, soll sein Landgebiet durch das ränkevolle Treiben Montezumas, der Uneinigkeit und Ungehorsam bei den Untertanen zuwege brachte, bedeutend beschränkt worden sein. Bei dem Tode des tezcucanischen Fürsten wurde die Thronfolge bestritten, und es entstand ein blutiger Krieg zwischen seinem ältesten Sohne, Cacama, und einem ehrgeizigen jüngeren Bruder, Ixtlilxochitl. Dieser hatte eine Teilung des Königreiches zur Folge, durch welche der letztere Häuptling den bergigen Bezirk nördlich von der Hauptstadt behielt und das übrige an Cacama überließ. Obgleich dem Herrscher von Tezcuco nun ein großer Teil seines erblichen Gebiets entrissen war, so war die Hauptstadt selbst doch so wichtig, daß er noch einen hohen Rang unter den kleinen Fürsten des Tales behauptete. Seine Hauptstadt enthielt, nach Cortez, zur Zeit der Eroberung an hundertfünfzigtausend Einwohner. Sie war geschmückt mit prachtvollen Gebäuden, die mit denen in Mexiko selbst wetteiferten, und die Trümmer derselben, die man noch auf dem Platz findet, auf dem sie ehemals stand, bezeugen, daß sie einst der Wohnsitz von Fürsten war.

Der junge tezcucanische Fürst sah mit Entrüstung und nicht geringer Verachtung die Erniedrigung seines Oheims. Er bemühte sich, ihn zu männlicher Tatkraft aufzuregen, aber umsonst. Hierauf traf er Veranstaltung zu einem Bündnisse mit den benachbarten Kaziken, seinen Verwandten zu befreien und das abscheuliche Joch der Fremden zu brechen. Er wendete sich an den Herrscher von Iztapalapan, Montezumas Bruder, an den Herrscher von Tlacopan und an einige andere vom höchsten Ansehen, die alle aufrichtig auf seine Pläne eingingen. Alsdann forderte er die aztekischen Edelleute auf, sich mit ihnen zu vereinigen, aber sie weigerten sich, irgend einen Schritt ohne des Kaisers Genehmigung zu tun.

Sie hatten ohne Zweifel hohe Achtung für ihren Gebieter; aber es ist doch nicht unwahrscheinlich, daß Eifersucht auf die persönlichen Absichten Cacamas auf ihren Entschluß Einfluß hatte. Welchen Grund sie aber auch gehabt haben mögen, so ist es doch gewiß, daß sie durch diese Weigerung die beste Gelegenheit aufgaben, die sich ihnen jemals zur Wiedererlangung der Unabhängigkeit ihres Landesherrn und ihrer eigenen darbot.

Diese Pläne konnten nicht so heimlich verarbeitet werden, um nicht zu Cortez' Ohren zu gelangen, der mit der ihm eigentümlichen raschen Entschlossenheit sofort nach Tezcuco aufbrechen und den Funken der Empörung ersticken wollte, ehe er Zeit hätte, in Flammen auszubrechen. Hievon riet ihm indes Montezuma ab, der ihm vorstellte, daß Cacama ein Mann von Entschlossenheit, der sich auf eine gewaltige Streitmacht stütze, und nicht ohne einen verzweifelten Kampf zu vernichten sei. Er willigte daher ein, zu unterhandeln und sandte eine freundschaftliche Beschwerde an den Kaziken. Darauf erhielt er eine hochmütige Antwort. Cortez erwiderte in einem noch drohenderen Tone, indem er die Oberherrschaft für seinen eigenen Landesherrn, den Kaiser von Kastilien, behauptete. Hiegegen bemerkte Cacama: „Er erkenne keine solche Herrschaft an; er wisse nichts vom spanischen Gebieter und seinem Volke, auch wünsche er nichts von ihnen zu wissen." Montezuma hatte keinen besseren Erfolg mit seiner Aufforderung an Cacama, nach Mexiko zu kommen und ihm zu erlauben, die Streitigkeiten mit den Spaniern zu vermitteln, bei denen er, wie er dem Prinzen versicherte, sich als Freund aufhalte. Aber der junge Fürst von Tezcuco ließ sich nicht auf solche Weise täuschen. Er verstand die Lage seines Oheims und erwiderte: „wenn er nach seiner Hauptstadt komme, so werde es sein, um diese sowie den Kaiser selbst und ihre gemeinschaftlichen Götter von Knechtschaft zu befreien. Er werde kommen, nicht mit untergeschlagenen Armen, sondern die Hand am Schwert, um die verabscheuten Fremden zu vertreiben, die solche Schmach über ihr Vaterland gebracht hatten."

Entrüstet über diesen herausfordernden Ton, wollte Cortez sich wieder aufmachen, ihn zu strafen, aber Montezuma schritt mit seinen klügeren Künsten ein. Er habe, sagte er, mehrere tezcucanische Edelleute in seinem Sold, und es werde mit deren Hilfe leicht sein, sich der Person Cacamas zu versichern und so der Verschwörung ohne Blutvergießen mit einem Male ein Ende zu machen. Die Unterhaltung einer Schar von Söldlingen an den Höfen benachbarter Fürsten war eine Verfeinerung, welche zeigte, daß die westlichen Wilden die Kunst der Staatsränke ebenso gut verstanden wie einige ihrer königlichen Brüder jenseits des Meeres.

Durch die Ränke dieser treulosen Edelleute wurde Cacama verleitet, sich zu einer auf den beabsichtigten Angriff bezüglichen Zusammenkunft nach einem Landhause zu begeben, das über dem tezcucanischen See, unweit seiner Hauptstadt hinaus, gebaut war. Gleich den meisten Hauptgebäuden stand es so hoch, daß Bote darunter einfahren konnten. Mitten in der Unterredung wurde Cacama von den Verschworenen ergriffen, schnell an Bord einer dazu in Bereitschaft gehaltenen Barke geschafft und nach Mexiko gebracht. Bei seinem Erscheinen vor Montezuma gab der hochsinnige Häuptling nichts von seinem stolzen und kühnen Betragen auf. Er warf seinem Oheim Treulosigkeit und Kleinmut vor, der seines früheren Charakters und des königlichen Hauses, aus dem er stamme, so unwürdig sei. Er wurde von dem Kaiser an Cortez verwiesen, der die königliche Würde in einem indianischen Prinzen nicht hoch anschlug und ihm Fesseln anlegen ließ.

Zu der Zeit befand sich in Mexiko ein Bruder des Cacama, kaum erwachsen und jünger als er. Auf Cortez' Eingebung erklärte Montezuma seinem Neffen unter dem Vorwande, daß er die königliche Würde durch seine letzte Empörung verwirkt habe, für abgesetzt und ernannte Cuicuitzca an seine Stelle. Den aztekischen Herrschern hatte stets ein überwiegendes Entscheidungsrecht bei Fragen über die Thronfolge zugestanden. Doch dies war eine höchst unerlaubte Ausübung desselben. Die Tezcucaner fügten sich indes darein mit einer bereitwilligen Nachgiebigkeit, welche zeigte, daß ihre Lehnstreue nicht sehr fest war, oder was wahrscheinlicher ist, daß sie große Furcht vor den Spaniern hatten; und der neue Fürst wurde mit Jauchzen nach seiner Hauptstadt berufen.

Cortez mußte aber auch noch die anderen Häuptlinge in seine Hände bekommen, die sich mit Cacama in das Bündnis eingelassen hatten. Dies war nicht schwierig. Montezumas Gewalt war unumschränkt überall, nur nicht in seinem Palaste. Auf seinen Befehl wurden die Kaziken jeder an seinem Wohnort ergriffen und in Ketten nach Mexiko gebracht, wo sie Cortez in strengen Verwahrsam mit ihrem Anführer setzte.

Nun hatte er über alle seine Feinde den Sieg davongetragen. Er hatte seinen Fuß auf den Nacken von Fürsten gesetzt, und der große Herrscher des aztekischen Reiches war nur ein bequemes Werkzeug in seiner Hand, um seine Zwecke zu erreichen. Der erste Gebrauch, den er von dieser Gewalt machte, war, sich von den wirklichen Hilfsquellen des Königreiches zu unterrichten. Er sandte mehrere Abteilungen Spanier unter Leitung der Eingeborenen ab, um die Gegenden auszubeuten, wo Gold zu finden war. Meistenteils wurde es aus den Flußbetten gesammelt, einige hundert Meilen weit von der Hauptstadt.

Seine nächste Sorge war zu erfahren, ob es irgend einen guten, natürlichen Hafen für die Schiffahrt an der atlantischen Küste gebe, da die Reede von Vera Cruz keinen Schutz gegen die

Stürme gewährte, die zu bestimmten Zeiten diese Meere heimsuchen. Montezuma zeigte ihm eine Karte, auf welcher die Küsten des Mexikanischen Meerbusens mit ziemlicher Genauigkeit angegeben waren. Nachdem Cortez sie sorgfältig durchgesehen, sandte er eine Gesellschaft von zehn Spaniern, unter denen einige Lotsen waren, und mehreren Azteken ab, die nach Vera Cruz hinabgingen und die Küste beinahe sechzig Leguas weit, südlich von jener Niederlassung, sorgfältig untersuchten bis zum großen Strom Coatzacualo, welcher die besten, ja sogar die einzigen passenden Eigenschaften zu einem sicheren und gehörigen Hafen darzubieten schien. Es wurde eine Stelle zur Anlegung eines befestigten Ortes ausgewählt, und der Befehlshaber sandte eine Abteilung von hundertfünfzig Mann und Velasquez de Leon hin, daselbst eine Niederlassung zu begründen.

Es wurde ihm auch eine ausgedehnte Strecke Landes in der fruchtbaren Landschaft Oaxaca bewilligt, wo er eine Niederlassung für die Krone anzulegen beabsichtigte. Er versorgte sie mit verschiedenen Arten der dem Lande eigentümlichen Haustiere und mit solchen einheimischen Getreidearten und Pflanzen, welche die besten Ausfuhrgegenstände liefern könnten. Er hatte den Landstrich bald so gut angebaut, daß er seinem Landesherrn, Karl V., versicherte, er sei zwanzigtausend Unzen Gold wert.

FÜNFTES HAUPTSTÜCK

*Montezuma leistet Spanien den Huldigungseid / Königliche Schätze
Ihre Einteilung / Christlicher Gottesdienst im Teocalli / Mißvergnügen
der Azteken*

1520

Cortez fühlte sein Ansehen hinreichend gesichert, um von
Montezuma eine förmliche Anerkennung der Oberherrschaft
des spanischen Kaisers zu fordern. Schon bei ihrer ersten Zusammenkunft hatte der indianische Fürst seine Bereitwilligkeit dazu angedeutet. Deshalb hatte er auch nichts dagegen, seine vornehmsten Kaziken zu diesem Endzweck zusammenzurufen. Als
sie versammelt waren, hielt er eine Anrede, worin er ihnen den
Gegenstand der Berufung kurz auseinandersetzte. Er sagte, es sei
ihnen allen die alte Sage bekannt, daß das große Wesen, das
einst das Land beherrschte, bei seinem Scheiden erklärt habe, es
werde zu einer späteren Zeit zurückkehren und seine Regierung
wieder antreten. Diese Zeit sei jetzt erschienen. Die weißen Männer seien von der Seite gekommen, wo die Sonne aufgeht, jenseits
des Weltmeeres, nach welchem die gute Gottheit sich zurückgezogen habe. Sie seien von ihrem Gebieter abgesandt, um seine
ehemaligen Untertanen wieder zum Gehorsam aufzufordern. Was
ihn betreffe, so sei er bereit, seine Macht anzuerkennen. „Ihr seid
während der vielen Jahre," fuhr Montezuma fort, „wo ich auf
dem Throne meiner Väter gesessen, meine treuen Untergebenen
gewesen. Jetzt hoffe ich, daß ihr mir diesen letzten Beweis von
Gehorsam dadurch geben werdet, daß ihr den großen König jenseits der Meere auch als euren Gebieter anerkennen und ihm in
gleicher Weise Steuern erlegen werdet, wie ihr es mir bisher getan." Als er schloß, war seine Stimme vor Rührung fast erstickt
und die Tränen rollten ihm die Wangen herab.
Seine Edelleute, von denen viele weit hergekommen waren und
mit den in der Hauptstadt vorgegangenen Veränderungen nicht

gleichen Schritt gehalten hatten, waren voll Erstaunen, als sie seine Worte hörten und die freiwillige Erniedrigung ihres Gebieters sahen, den sie bisher als den allmächtigen Herrscher von Anahuac verehrt hatten. Deshalb ergriff sie der Anblick seiner Betrübnis um so mehr. Sein Wille, sagten sie ihm, sei ihnen stets Gesetz gewesen. Dies solle er auch jetzt sein, und wenn er glaube, daß der König der Fremden der ehemalige Herrscher ihres Landes sei, so seien sie bereit, ihn auch noch als solchen anzuerkennen. Hierauf wurde der Huldigungseid mit aller gebührenden Feierlichkeit geleistet, von den anwesenden Spaniern bezeugt, und eine vollständige Verhandlung über den Vorfall von dem königlichen Beglaubigten aufgenommen, um nach Spanien gesandt zu werden. Es lag etwas tief Rührendes in dieser Feierlichkeit, wodurch ein unabhängiger und unumschränkter Herrscher, weniger auf Antrieb aus Furcht, als des Gewissens, so seine erblichen Rechte zugunsten einer unbekannten und geheimnisvollen Macht aufgab. Sie rührte selbst jene harten Menschen, die so gewissenlos die vertrauensvolle Unwissenheit der Eingeborenen benutzten, und, obgleich „dies ganz nach dem gewöhnlichen Gange ihrer Erfahrungsweise geschah," sagt ein alter Zeitgeschichtschreiber, „so blieb bei dem Schauspiel doch keines Spaniers Auge trocken".

Das Gerücht von diesen sonderbaren Vorgängen war bald in der Hauptstadt und im Lande verbreitet. Die Menschen sahen darin den Finger der Vorsehung. Die alte Sage von Quetzalcoatl war allen bekannt, und wo sie kaum bemerkt im Gedächtnis geschlummert hatte, da lebte sie jetzt mit vielen übertriebenen Umständen wieder auf. Man sagte, es gehöre zur Sage, daß die königliche Linie der Azteken mit Montezuma endigen solle; und sein Name, dessen wörtliche Bedeutung „trauriger" oder „zorniger Herr" ist, wurde als ein Vorzeichen seines bösen Geschickes gedeutet.

Nachdem Cortez diesen großen Lehnsträger der Krone von Kastilien gesichert hatte, machte er bemerklich, daß es den aztekischen Häuptlingen vorteilhafter sein würde, seinem Landesherrn ein solches Geschenk zu senden, das sein Wohlwollen gewinnen und ihn von der Treue seiner neuen Lehnsleute überzeugen könne.

Montezuma willigte darein, daß seine Abgabenerheber sich in die vornehmsten Städte und Landschaften, von einer Anzahl Spanier begleitet, begeben sollten, um die gewöhnlichen Steuern im Namen des kastilianischen Landesherrn in Empfang zu nehmen. Nach wenigen Wochen kehrten die meisten von ihnen mit einer großen Menge Gold- und Silbergeschirr, reichen Stoffen und den verschiedenen Waren zurück, worin die Abgaben gewöhnlich entrichtet wurden.

Hiezu fügte Montezuma noch für seine eigene Rechnung den schon früher erwähnten Schatz von Axayacatl, von dem die Spanier, wie wir bereits berichtet haben, schon einen Teil erhalten hatten. Er war die Frucht langer und mühsamer Sammlung — vielleicht auch der Erpressung — eines Fürsten, der sich wohl die endliche Bestimmung desselben nicht träumen ließ. Als man alles dieses nach Hause gebracht hatte, war das Gold allein hinreichend, drei große Haufen zu bilden. Es bestand zum Teil aus unbearbeiteten Körnern, teils war es in Barren geschmolzen; aber der größte Teil bestand in Gerätschaften, verschiedenen Arten von Schmucksachen und eigentümlichen Spielereien nebst Nachbildungen von Vögeln, Insekten oder Blumen, mit ungewöhnlicher Treue und Sauberkeit ausgeführt. Auch gab es eine Menge Hals- und Armbänder, Stäbe, Fächer und andere Zieraten, an welchen die Gold- und Federarbeit reich mit Perlen und kostbaren Steinen untermischt war. Viele der Gegenstände waren ebenso bewundernswert wegen der Arbeit als wegen des Wertes der Stoffe, woraus sie bestanden; solche, in der Tat — wenn wir Cortez' Bericht an den Mann annehmen, der bald selbst Gelegenheit haben sollte, sich von der Wahrheit zu überzeugen, und mit dem zu scherzen nicht ratsam gewesen wäre —, wie sich deren kein europäischer König in seinem Lande rühmen konnte!

So prachtvoll der Schatz auch war, so drückte Montezuma doch sein Bedauern darüber aus, daß er nicht größer sei. Aber, fügte er hinzu, er habe ihn durch seine früheren Geschenke an die weißen Männer schon vermindert. „Nimm ihn," sagte er, „Ma-

linche, und laß es in euren Jahrbüchern bemerken, daß Montezuma eurem Gebieter dies Geschenk sandte."

Die Spanier staunten mit gierigen Blicken diese vor ihnen ausgebreiteten Reichtümer, jetzt ihr Eigentum, an, die alles übertrafen,
was sie bisher in der Neuen Welt gesehen und kaum hinter dem
Eldorado zurückblieb, das sich ihre glühende Einbildungskraft
vorgestellt hatte. Es ist möglich, daß sie sich durch den Gegensatz etwas getroffen fühlten, den ihre Habsucht gegen die
fürstliche Freigebigkeit des Häuptlings bildete. Wenigstens
schienen sie ihr Gefühl von seiner Vorzüglichkeit durch die ehr-
erbietige Huldigung zu bekunden, die sie ihm leisteten, als sie ihm
ihre ganze Dankbarkeit zu erkennen gaben. Indes waren sie nicht
so gewissenhaft, sich aus der Zueignung des Geschenkes ein Bedenken zu machen, wovon nur ein kleiner Teil seinen Weg in den
königlichen Schatz fand. Sie forderten laut eine unmittelbare Teilung der Beute, welche der Befehlshaber so lange aussetzen wollte,
bis die Steuern von den entfernteren Landschaften eingegangen sein
würden. Es wurde nach den Goldschmieden von Azcapozalco
geschickt, um die größeren und gröberen Zieraten auseinanderzu-
nehmen; die von feinerer Arbeit ließen sie aber unberührt. Zu
dieser Arbeit brauchte man drei Tage, wo dann die Haufen Gold
in Barren gegossen und mit dem königlichen Wappen gestempelt
wurden.

Es entstand einige Schwierigkeit bei der Teilung des Schatzes,
weil es ganz an Gewichten fehlte, welche, so sonderbar dies auch
in Betracht ihrer Fortschritte in den Künsten erscheint, den Azteken, wie schon bemerkt, unbekannt waren. Dem Mangel wurde
aber bald von den Spaniern durch wahrscheinlich nicht allzu
genaue Wageschalen und Gewichte von ihrer eigenen Arbeit abge-
holfen. Vermittelst derselben bestimmten sie den Wert des königlichen Fünfteils auf 32.400 Pesos de oro. Diaz gibt ihn beinahe
viermal so groß an. Aber der Wunsch, sich die Gunst des Kaisers
zu sichern, macht es unwahrscheinlich, daß die Spanier der
Schatzkammer etwas von dem ihr Gebührenden sollten entzogen
haben; während es noch weniger glaublich ist, daß Cortez die

Summe, für die er verantwortlich war, in seinem Briefe zu hoch angegeben haben sollte. Man kann seine Schätzung als die richtige annehmen.

Das ganze belief sich daher auf 162.000 Pesos de oro, ohne die feinen Zieraten und Geschmeide, deren Wert Cortez auf noch 500.000 Dukaten schätzt. Außerdem befanden sich noch dabei fünfhundert Mark Silber, hauptsächlich in Tellern, Trinkbechern und anderen Gegenständen des Aufwandes. Die unbeträchtliche Menge Silber im Vergleich mit der des Goldes fällt sonderbar auf bei den Verhältnissen beider Metalle zueinander seit der Besetzung des Landes durch die Europäer. Der ganze Belauf des Schatzes nach unserem Gelde und mit Rücksicht auf den veränderten Wert des Goldes seit dem Anfang des sechzehnten Jahrhunderts war ungefähr sechs Millionen dreihunderttausend Dollars oder eine Million vierhundertsiebzigtausend Pfund Sterling, eine Summe, die groß genug ist, um die Unrichtigkeit der gewöhnlichen Annahme zu beweisen, daß man in Mexiko wenig oder keinen Reichtum gefunden hat. Er war im Vergleich mit dem, welchen die Eroberer von Peru erlangten, allerdings gering. Aber wenige europäische Könige jener Zeit konnten sich rühmen, einen größeren Schatz zu besitzen.

Die Teilung der Beute war eine schwierige Arbeit. Eine vollkommen gleiche Teilung derselben unter die Eroberer würde für jeden über dreitausend Pfund Sterling ausgemacht haben; eine herrliche Beute! Aber ein Fünfteil mußte für die Krone abgezogen werden. Ebensoviel wurde für den Befehlshaber nach dem Inhalt seiner Vollmacht zurückbehalten. Ferner wurde noch eine große Summe bewilligt, um ihn und den Statthalter von Kuba für die Kosten der Unternehmung und den Verlust der Flotte zu entschädigen. Auch mußte für die Besatzung von Vera Cruz gesorgt werden.

Die vornehmsten Ritter erhielten große Vergütungen. Die Reiterei, die Büchsen- und Bogenschützen erhielten ein jeder doppelten Sold — so daß, als die Reihe an die gemeinen Soldaten kam, für einen jeden nur etwa hundert Pesos de oro übrig blieben, eine im Vergleich mit ihren Erwartungen so unbedeutende Summe, daß sich einige weigerten, sie anzunehmen.

Es erhob sich nun ein lautes Murren unter den Leuten. „Haben wir darum", sagten sie, „unsere Heimat und unsere Familien verlassen, unser Leben in Gefahr gesetzt, uns Beschwerden und Hunger unterworfen für nichts anderes, als so erbärmlich abgespeist zu werden! Da hätten wir besser getan, in Kuba zu bleiben und uns mit dem Erwerb eines sicheren und leichten Handels zu begnügen. Wenn wir unseren Goldanteil in Vera Cruz aufgaben, so geschah es wegen der Versicherung, daß wir in Mexiko würden reichlich dafür entschädigt werden. Die Reichtümer, die wir erwartet, haben wir allerdings gefunden, aber kaum hatten wir sie gesehen, als sie uns von denselben Männern fortgeschnappt wurden, die uns ihre Treue verpfändet haben!" Die Mißvergnügten gingen selbst so weit, ihre Anführer zu beschuldigen, daß sie sich einige der reichsten Schmucksachen zugeeignet hätten, ehe sie zur Teilung schritten, eine Beschuldigung, die einigen Grund erhält durch einen Streit, der sich zwischen Mexia, dem Schatzmeister der Krone, und Velasquez de Leon, einem Verwandten des Statthalters und Günstlings von Cortez, erhob. Der Schatzmeister beschuldigte diesen Ritter, einige Stücke Silbergerät entfernt zu haben, ehe der königliche Stempel daraufgedrückt war. Von Worten kam es zu Hieben. Sie waren gute Fechter, es fielen auf beiden Seiten mehrere Wunden und die Sache hätte schlimm geendet, wenn nicht Cortez eingeschritten wäre und beide hätte festnehmen lassen.

Hierauf wendete er sein ganzes Ansehen und seine einschmeichelnde Beredsamkeit an, die Leidenschaften seiner Leute zu beruhigen. Es war ein schwieriger Fall. Es sei ihm leid, sagte er, zu sehen, daß sie so wenig der Pflicht treuer Krieger und Ritter des Kreuzes eingedenk seien, um sich wie gemeine Räuber über ihre Beute zu zanken. Die Teilung, versicherte er sie, sei nach vollkommen ehrlichen und billigen Grundsätzen vorgenommen worden. Was seinen eigenen Anteil betreffe, so sei derselbe nicht größer, als er ihm durch seine Vollmacht zugesichert sei. Wenn sie es jedoch für zuviel hielten, so sei er bereit, seine gerechten Ansprüche aufzugeben und mit ihnen zu teilen wie der ärmste Soldat. Wie sehr willkommen ihm auch das Gold sei, so wäre es doch nicht das Hauptziel seines Strebens. Sollte es das ihrige sein, so mögen sie bedenken, daß der gegenwärtige Schatz wenig sei im Vergleich zu dem, der ihrer später warte; denn stehe nicht das ganze Land und seine Gruben zu ihrer Verfügung? Nur sei es nötig, durch ihre Uneinigkeit dem Feinde kein Mittel in die Hand zu geben, sie zu überlisten und zu vernichten. — Mit diesen süßen Worten, von denen er für jeden erforderlichen Fall einen guten Vorrat hatte, sagt ein alter Krieger, für dessen Nutzen sie zum Teil gesprochen wurden, gelang es ihm, für jetzt den Sturm zu beschwören, während er im stillen wirkungsreichere Mittel durch klug angebrachte Geschenke anwendete, die Unzufriedenheit der Zudringlichen und Widerspenstigen zu beschwichtigen. Und obgleich es einige von mehr hartnäckiger Sinnesart gab, die dies für künftige Zeiten in ihrem Gedächtnis aufbewahrten, so kehrten doch die Truppen bald zum gewohnten Gehorsam zurück. Dies war einer jener bedenklichen Umstände, welche Cortez' ganze Gewandtheit und persönliches Ansehen erforderten. Er bebte nie vor ihnen zurück, sondern blieb bei solchen Gelegenheiten sich selbst gleich. In Vera Cruz hatte er seine Anhänger bewogen, das aufzugeben, was nur der Vorgeschmack künftigen Gewinnes sei. Hier überredete er sie, diesen Gewinn selbst aufzugeben. Dies hieß die Beute dem Löwen aus dem Rachen reißen. Warum hat dieser sich nicht gewehrt und ihn zerrissen?

Vielen von den Soldaten machte es in der Tat wenig aus, ob ihr Anteil an der Beute mehr oder weniger betrug. Das Spiel ist eine tiefeingewurzelte Leidenschaft bei den Spaniern, und das schnelle Gelangen zu Reichtum lieferte zur Befriedigung derselben sowohl die Mittel als den Anlaß. Karten wurden leicht aus alten pergamentenen Trommelfellen gemacht, und in wenigen Tagen war das meiste Beutegeld, das mit so viel Mühe und Leiden erworben war, in andere Hände übergegangen, und mancher unvorsichtige Soldat endete den Feldzug ebenso arm, wie er ihn begonnen hatte.

Andere, Vorsichtigere allerdings, folgten dem Beispiel ihrer Offiziere, die mit Hilfe der königlichen Juweliere ihr Gold in Ketten, Teller oder Tischgerät und andere tragbare Gegenstände zum Schmuck und zum Nutzen verwandelten.

Cortez schien jetzt die großen Zwecke seiner Unternehmung erreicht zu haben. Der indianische Herrscher hatte sich zum Lehnsträger des spanischen erklärt, seine Macht, seine Einkünfte standen zur Verfügung des Befehlshabers; die Eroberung von Mexiko schien ohne Schwertstreich vollbracht. Aber diese war noch weit entfernt, vollendet zu sein. Ein wichtiger Schritt blieb noch zu tun übrig, zu welchem die Spanier bisher noch nicht weit vorgerückt waren — die Bekehrung der Eingeborenen. Bei aller Bemühung des Pater Olmedo, gestützt auf das Rednertalent des Befehlshabers, zeigten weder Montezuma noch seine Untertanen die mindeste Neigung, den Glauben ihrer Väter abzuschwören. Es wurden im Gegenteil die blutigen Gebräuche ihrer Religion mit all der bekannten Umständlichkeit und dem ganzen Opferprunk vor den Augen der Spanier vollzogen.

Cortez, der diese Greuel nicht länger dulden konnte, begab sich in Begleitung einiger seiner Ritter zu Montezuma. Er sagte dem Kaiser, daß die Christen es sich nicht länger könnten gefallen lassen, ihre Religionsübungen auf die engen Mauern ihres Quartieres beschränkt zu sehen. Sie wünschten das Licht ihrer Religion weit umher zu verbreiten und das Volk unbeschränkten Anteil an den Segnungen des Christentums nehmen zu lassen. Zu diesem Zwecke verlangten sie, daß ihnen das große Teocalli übergeben werde, als ein geeigneter Ort zur Ausübung ihres Gottesdienstes in Gegenwart der ganzen Stadt.

Montezuma hörte diesen Vorschlag mit sichtbarer Bestürzung an. Mitten unter allen seinen Leiden hatte er sich auf seinen Glauben gestützt, und es war in der Tat aus Gehorsam gegen denselben, daß er den Spaniern, als den geheimnisvollen, von dem Orakel verkündeten Abgesandten, so viel Ehrerbietung erwiesen. „Warum, Malinche," sagte er, „willst du die Dinge zu einem Äußersten treiben, das sicherlich die Rache unserer Götter herausfordern

302

und eine Empörung unter meinem Volke erzeugen muß, das niemals diese Entweihung seiner Tempel dulden wird?"

Als Cortez sah, wie sehr bewegt er war, gab er seinen Offizieren ein Zeichen, sich zurückzuziehen. Als er mit den Dolmetschern allein geblieben, sagte er dem Kaiser, er wolle seinen Einfluß anwenden, um den Eifer seiner Anhänger zu mäßigen und sie zu bewegen, sich mit einem der heiligen Türme des Teocalli zu begnügen. Werde dies nicht gestattet, so würden sie sich genötigt sehen, es mit Gewalt durchzusetzen und die Bilder seiner falschen Gottheit angesichts der Stadt hinabzustürzen. „Wir fürchten nicht für unser Leben," fügte er hinzu, „denn sind wir auch gering an Zahl, so waltet doch der Arm des wahren Gottes über uns." In großer Aufregung sagte ihm Montezuma, daß er mit den Priestern sprechen wolle.

Der Erfolg dieser Unterredung war den Spaniern günstig, es wurde ihnen einer von den heiligen Türmen zu ihrem Gottesdienste eingeräumt. Diese Nachricht verbreitete große Freude im ganzen Lager. Sie konnten nun offen zu Werke gehen und dem versammelten Volke ihre Religion offenbaren. Man verlor keine Zeit, um von dieser Erlaubnis Gebrauch zu machen. Der heilige Ort wurde von seinen ekelhaften Unsauberkeiten gereinigt und ein Altar errichtet, mit dem Kreuze und Bilde der Jungfrau darüber. Statt des Goldes und der Juwelen, welche an dem heidnischen Schreine daneben prangten, wurden die Wände mit frischen Blumengewinden geschmückt; ein alter Soldat wurde angestellt, um die Kapelle zu bewachen und sie vor Eindringenden zu hüten. Nachdem alle diese Einrichtungen getroffen waren, setzte sich das ganze Heer in feierlichem Zuge den gewundenen Aufgang der Spitzsäule hinauf in Bewegung. Teils im Innern, teils vor den Türen des heiligen Turmes versammelt, hörten sie ehrfurchtsvoll die Messe, die von Pater Olmedo und Diaz gefeiert wurde. Und als das schöne Tedeum zum Himmel emportönte, ergossen sich Cortez und seine Soldaten am Boden knieend und mit tränenüberströmten Augen in Dankbarkeit gegen den Allmächtigen für diesen glorreichen Sieg des Kreuzes.

Es war ein ergreifendes Schauspiel, das diese rohen Krieger gewährten, wie sie ihre Gebete auf dem Gipfel dieses Bergtempels erhoben, in der Hauptstadt des Heidentums selbst, an dem zu unseligen Dienste geweihten Orte. Spanier und Azteken knieten betend nebeneinander, und der christliche Hochgesang vermischte seine süßen Töne der Liebe und Barmherzigkeit mit dem wilden Gesang, welchen die indianischen Priester zu Ehren des Kriegsgottes von Anahuac erhoben! Dies war eine unnatürliche Verbindung und konnte nicht lange bestehen.

Ein Volk wird jede Beleidigung eher ertragen, als die seiner Religion. Dies ist eine Beleidigung gegen seine Grundsätze wie gegen seine Vorurteile, gegen die ihm von Kindheit an beigebrachten Begriffe, die zugleich mit seinem Wachstum an Stärke zunehmen, bis sie zu einem Teile seiner selbst geworden — die es mit seinen höchsten Angelegenheiten hier und mit dem Grauen vor dem Jenseits zu tun haben. Jeder dem religiösen Gefühle auferlegte Zwang trifft alle gleich, das Alter wie die Jugend, den Reichen wie den Armen, den Vornehmen wie den Geringen.

Das Volk hatte alle ihm bisher von den Spaniern zugefügten Beleidigungen und Beschimpfungen mit Geduld ertragen. Sie hatten ihren Landesherrn als Gefangenen aus seinem Palaste schleppen, seine hohen Diener vor seinen Augen hinschlachten, seinen Schatz angreifen und sich zueignen, ihn selbst gewissermaßen von seiner Oberherrschaft absetzen sehen. Alles dies hatten sie gesehen, ohne einen Kampf dagegen zu erheben. Aber die Entweihung ihrer Tempel verletzte ein tieferes Gefühl, das die Priester zu benutzen nicht säumten.

Die ersten Andeutungen von diesem veränderten Gefühle wurden zuerst an Montezuma selbst wahrgenommen. Statt seiner gewöhnlichen Freundlichkeit erschien er ernst und gedankenvoll, und statt die Gesellschaft der Spanier, wie er zu tun pflegte, zu suchen, schien er dieselbe eher zu meiden. Man bemerkte auch, daß häufiger Zusammenkünfte zwischen ihm und seinen Edelleuten und besonders den Priestern stattfanden. Sein kleiner Edelknabe, Orteguilla, der nun eine ziemliche Kenntnis vom Aztekischen er-

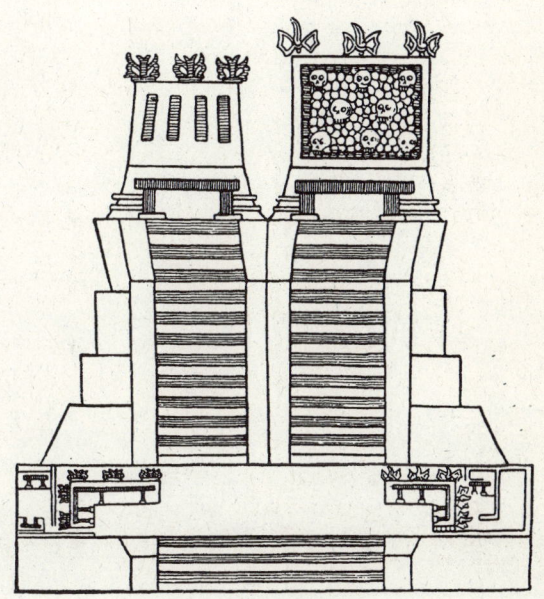

DIE HAUPTPYRAMIDE

des großen Tempels in Mexiko mit den Sakrarien der Götter
Uitzilopochtli und Tlaloc.

Slg. Aubin-Goupil, Paris, früher Slg. D. Fer. de Ixtlilxochitls.

langt hatte, durfte, gegen Montezumas Gewohnheit, nicht bei diesen Zusammenkünften zugegen sein. Diese Umstände konnten nicht ermangeln, bei den Spaniern höchst unbehagliche Besorgnisse zu erregen.

Nach Verlauf von wenigen Tagen erhielt indes Cortez eine Einladung oder vielmehr eine Aufforderung vom Kaiser, ihm in seinem Gemache aufzuwarten. Der Befehlshaber ging mit einigem Gefühl von Angst und Mißtrauen hin, begleitet von Olid, dem Hauptmann der Wache, und zwei oder drei anderen zuverlässigen Rittern. Montezuma empfing sie mit kalter Höflichkeit und sagte dem Befehlshaber, daß alle seine Vorhersagungen eingetroffen wären. Die Götter seines Landes seien durch Verletzung ihrer Tempel beleidigt worden; diese hätten den Priestern gedroht, daß sie die Stadt verlassen würden, wenn nicht die lästerlichen Fremden daraus vertrieben oder vielmehr zur Buße ihrer Verbrechen auf ihren Altären geopfert würden. Der Kaiser versicherte die Christen, daß er ihnen dies aus Besorgnis für ihre Sicherheit mitteile; und „wenn ihr selbst auf dieselbe irgendwie bedacht seid," schloß er, „so werdet ihr das Land unverzüglich verlassen. Ich brauche nur meinen Finger aufzuheben und jeder Azteke im Lande wird bewaffnet gegen euch auftreten." Es war kein Grund vorhanden, an seiner Aufrichtigkeit zu zweifeln. Denn welches Leid Montezuma auch von den weißen Männern erfahren hatte, so achtete er sie doch als ein höher begabtes Geschlecht denn sein eigenes, während er sogar, wie wir gesehen haben, für einige eine besondere Zuneigung gefaßt hatte, die ohne Zweifel aus ihrer persönlichen Aufmerksamkeit und Ehrerbietung für ihn selbst entstanden war.

Cortez hatte seine Gefühle zu sehr in seiner Gewalt, um zu zeigen, wie sehr diese Nachricht ihn bestürzt machte. Er antwortete mit bewundernswerter Ruhe, er würde es sehr bedauern, jetzt die Stadt so eilig zu verlassen, wo er keine Schiffe habe, um ihn aus dem Lande zu entfernen. Stände dies nicht im Wege, so gebe es kein weiteres Hindernis für seinen Abzug aus dem Lande. Auch würde er einen anderen Schritt bedauern, zu dem er genötigt wäre, wenn er es unter diesen Umständen verließe — den, den Kaiser mitzunehmen.

Montezuma wurde durch diese letzte Äußerung augenscheinlich beunruhigt. Er fragte, wie viel Zeit erforderlich sein würde, um Schiffe zu bauen, und erklärte sich endlich bereit, eine hinreichende Anzahl Handwerker nach der Küste zu schicken, um unter der Leitung der Spanier zu arbeiten; unterdessen wolle er seine ganze Macht anwenden, die Ungeduld des Volkes im Zaum zu halten, durch die Versicherung, daß die weißen Männer das Land verlassen würden, sobald für die Mittel dazu gesorgt sei. Er hielt sein Wort. Eine große Anzahl aztekischer Handwerker verließ die Hauptstadt mit den erfahrensten kastilianischen Schiffbauern, und in Vera Cruz angelangt, fingen sie sogleich an, das Holz zu schlagen und eine hinreichende Anzahl von Schiffen zu bauen, um die Spanier nach ihrem Vaterlande zurückzubringen. Die Arbeit ging mit anscheinender Schnelligkeit vonstatten. Aber die, welchen die Leitung derselben oblag, sollen geheime Anweisung vom Befehlshaber erhalten haben, soviel Verzögerung als möglich zu veranlassen, in der Hoffnung, während der Zeit Verstärkung aus Europa zu erhalten, die es ihm möglich machte, seinen Standpunkt zu behaupten.

Der ganze Zustand der Dinge war im spanischen Lager jetzt verändert. Statt der Sicherheit und Ruhe, deren die Truppen sich noch vor kurzem überlassen hatten, empfanden sie düstere Furcht vor Gefahr, die den Mut deshalb nicht weniger niederdrückte, weil sie sich für das Auge kaum zeigte; — gleich dem schwachen Flecken, den der Reisende in den Wendekreisen nur kaum über dem Gesichtskreise bemerkt und der dem gewöhnlichen Blicke nur eine Sommerwolke zu sein scheint, der aber dem erfahrenen Seemanne das Nahen eines Sturmes verkündet. Es wurde jede Vorsicht, welche die Klugheit ersinnen konnte, angewendet, derselben zuvorzukommen. Der Soldat, wann er sich auf seine Matte, um auszuruhen, niederwarf, behielt seine Rüstung an. Er aß, trank und schlief mit den Waffen an der Seite. Sein Pferd stand fertig aufgezäumt Tag und Nacht mit dem Zügel auf dem Sattelbogen.

Die Kanonen waren sorgfältig so aufgepflanzt, daß sie die großen Zugänge bestrichen. Die Schildwachen waren verdoppelt, und jeder Mann jedes Ranges bezog die Wache, wann ihn die Reihe traf. Die Besatzung war im Belagerungszustande. So war die unbehagliche Lage des Heeres, als zu Anfang Mai 1520, sechs Monate nach dessen Ankunft in der Hauptstadt, Nachrichten von der Küste anlangten, die Cortez mehr beunruhigten, als die gedrohte Empörung der Azteken.

*Schicksal von Cortez' Abgesandten / Vorfälle am kastilianischen
Hofe / Von Velasquez getroffene Anstalten / Narvaez landet in
Mexiko / Cortez' kluges Benehmen / Er verläßt die Hauptstadt*

1520

Bevor ich erkläre, welcher Art die Nachrichten waren, auf die
ich im vorhergehenden Hauptstücke angespielt, wird es nötig
sein, einen Blick auf die Vorfälle eines früheren Zeitraumes zu
werfen. Das Schiff, das, wie der Leser sich erinnern wird, die
Abgesandten Puertocarrero und Montejo mit den Botschaften aus
Vera Cruz trug, setzte, nachdem es den Befehlen zuwider an der
nördlichen Küste von Kuba angelegt und die Nachricht von den
letzten Entdeckungen verbreitet hatte, seinen Weg ununterbrochen
nach Spanien fort und erreichte den kleinen Hafen San Lucar
früh im Oktober 1519. Groß war das Aufsehen, das es durch
seine Ankunft und die Nachrichten erregte, die es mitbrachte, ein
Aufsehen, das kaum geringer war, als das von Kolumbus' ur-
sprünglicher Entdeckung erzeugte. Denn nun schienen zum ersten
Male alle die herrlichen Erwartungen, die man sich von der
Neuen Welt gemacht hatte, sich erfüllen zu sollen.
Unglücklicherweise befand sich zu der Zeit ein Mann in Sevilla,
namens Benito Martin, der Hausgeistliche von Velasquez, dem
Statthalter von Kuba. Kaum hatte dieser Mann die Ankunft der
Abgesandten und die näheren Umstände ihrer Geschichte erfahren, als er bei der Casa de Contraction — dem königlichen
Verwaltungsamte für Indien — eine Klage einreichte, worin er die
an Bord des Schiffes Befindlichen der Meuterei und der Auf-
lehnung gegen die Behörden von Kuba sowohl als der Verräterei
gegen die Krone beschuldigte. Infolge seiner Vorstellungen wurde
das Schiff von den öffentlichen Beamten in Beschlag genommen
und den am Bord Befindlichen verboten, irgend etwas von ihren
Sachen oder was es sonst sei daraus zu entfernen. Es wurden den

Abgesandten selbst nicht die nötigen Gelder zur Bestreitung der Reisekosten, ebensowenig eine beträchtliche Summe gelassen, welche Cortez an seinen Vater, Don Martin, sandte. In dieser Verlegenheit blieb ihnen nichts anderes übrig, als sich so schnell als möglich dem Kaiser vorzustellen, die Briefe abzugeben, die sie aus der Niederlassung mitgebracht und Abhilfe ihrer Beschwerden nachzusuchen. Sie suchten zuerst Martin Cortez auf, der in Medellin wohnte, und mit ihm begaben sie sich eilends an den Hof.

Karl V. machte damals seinen ersten Besuch in Spanien nach der Thronbesteigung. Er währte nicht lange, aber doch lange genug, um seine Untertanen zu verstimmen und ihre Gunst in hohem Grade sich zu entfremden. Er hatte vor kurzem seine Wahl zur deutschen Reichskrone erfahren. Von der Stunde an waren seine Blicke nach jener Seite hin gerichtet. Er verweilte nur deshalb noch länger auf der Halbinsel, um Hilfsgelder zu erheben, damit er auf dem großen Schauplatz Europas mit Glanz erscheinen könne. Jede seiner Handlungen zeigte zu deutlich, daß er die Krone seiner Vorfahren gering schätzte im Vergleich mit dem kaiserlichen Spielzeuge, an welchem weder seine Landsleute noch seine eigene Nachkommenschaft den mindestens Anteil nehmen konnten, denn dieser war ein rein persönlicher.

Gegen den bestehenden Gebrauch hatte er die kastilianischen Cortez aufgefordert, sich in Compostella, einer entlegenen Stadt im Norden, zu versammeln, welche keinen anderen Vorteil darbot, als den, nahe an dem Orte der Einschiffung zu liegen. Auf seinem Wege dahin verweilte er einige Zeit in Tordesillas, dem Wohnorte seiner unglücklichen Mutter, Joanna „der Närrischen". Hier war es, wo die Abgesandten aus Vera Cruz sich ihm im März 1520 vorstellten. Ungefähr zu derselben Zeit gelangten die von ihnen herübergebrachten Schätze an den Hof, wo sie grenzenlose Bewunderung erregten. Bisher hatten die Einkünfte aus der Neuen Welt hauptsächlich in Pflanzenerzeugnissen bestanden, welche zwar die sichersten, aber auch zugleich die langsamsten Quellen des Reichtums sind. Von Gold hatten sie bis dahin erst

wenig gesehen, und dies wenige nur in seinem natürlichen Zustande oder zu den gröbsten Spielereien verarbeitet. Die Hofleute
starrten mit Erstaunen die großen Massen kostbarer Metalle an
und die feine Arbeit der verschiedenen Gegenstände, besonders
des schön gefärbten Federwerks. Und als sie die geschriebenen
und mündlichen Erzählungen von dem großen aztekischen Reiche
hörten, hielten sie es für gewiß, daß die kastilianischen Schiffe endlich nach dem goldenen Indien gelangt seien, das bisher vor ihnen
zurückzuweichen geschienen hatte.

In dieser günstigen Stimmung würde ohne Zweifel der Kaiser das
Gesuch der Abgesandten gewährt und das unregelmäßige Verfahren der Eroberer bestätigt haben, wenn sich nicht ein Mann
dem widersetzt hätte, welcher das höchste Amt in der indianischen Verwaltung bekleidete. Dies war Juan Rodriguez de
Fonseca, ehemals Dechant aus Sevilla, jetzt Bischof von Burgos.
Er stammte aus einer adeligen Familie und war mit der Leitung
der pflanzstaatlichen Angelegenheiten bei der Entdeckung der
Neuen Welt beauftragt worden. Bei der Einsetzung des königlichen Rates von Indien durch Ferdinand den Katholischen war
er zum Vorsitzenden ernannt worden und bekleidete diesen Posten
seitdem noch immer. Sein langes Verbleiben in einem so wichtigen und schwierigen Amte ist ein Beweis von Geschäftsfähigkeit.
Es war in jenem Zeitalter nichts Ungewöhnliches, Geistliche in
hohen bürgerlichen Ämtern, ja sogar beim Kriegswesen angestellt
zu sehen. Fonseca scheint ein tätiger, wirksamer Mann gewesen
zu sein, der besser zu einem weltlichen als zu einem priesterlichen
Berufe paßte. Er hatte in der Tat wenig Geistliches in seinem
Gemüt, war schnell beleidigt und vergab langsam. Seine Empfind-
lichkeit scheint, wie zu seiner Natur gehörig, genährt und erhalten
worden zu sein. Unglücklicherweise veranlaßte ihn seine eigentümliche Stellung, sie gegen einige der berühmtesten Männer seiner
Zeit an den Tag zu legen. Aus Ärger über irgend eine wirkliche
oder eingebildete Geringschätzung von seiten des Kolumbus hatte
er fortwährend die Pläne des großen Seemannes durchkreuzt. Das
nämliche unfreundliche Gefühl hatte er gegen Diego, den Sohn

des Admirals und Erben seiner Würden, an den Tag gelegt, und von jetzt an zeigte er beständig ähnliche Gesinnungen gegen den Eroberer von Mexiko. Die unmittelbare Veranlassung dazu waren seine persönlichen Beziehungen zu Velasquez, mit welchem eine nahe Verwandte von ihm verlobt war.

Infolge der Vorstellungen dieses Geistlichen verschob Karl, statt den Abgeordneten eine günstige Antwort zu erteilen, seine Entscheidung, bis er in Coruna, dem Orte seiner Einschiffung, angelangt sein würde. Aber hier war er sehr bedrängt durch die Unruhen, welche sein unkluges Betragen zuwege gebracht, sowie durch die Anstalten zu seiner Reise. Die Verhandlung über die Angelegenheiten der Pflanzstaaten, welche lange verschoben, sich sehr unter seinen Händen angehäuft hatten, wurde bis zur letzten Woche in Spanien aufgespart. Aber die den „jungen Admiral" betreffenden Sachen nahmen einen so großen Teil davon in Anspruch, daß er denen von Cortez keine Zeit widmen konnte, ausgenommen jedoch, daß er den Gerichtshof von Sevilla anwies, den Abgeordneten so viel von ihren Geldern zurückzugeben, als zur Bestreitung der Reisekosten erforderlich wäre. Am 16. Mai 1520 nahm der ungeduldige Herrscher Abschied von seinem unruhigen Reiche, ohne einen einzigen Versuch, den Streit zwischen seinen kriegliebenden Lehnsleuten in der Neuen Welt beizulegen, und ohne sich zu bemühen, das glänzende Unternehmen zu fördern, das ihm den Besitz eines Kaisertums sichern sollte. Welch ein Gegensatz zu der Staatsklugheit seiner berühmten Vorgänger, Ferdinand und Isabella!

Unterdessen ergriff der Statthalter von Kuba, ohne Unterstützung von zu Hause abzuwarten, auf eigene Hand Maßregeln zur Abhilfe. Wir haben in einem vorhergehenden Hauptstücke gesehen, wie tief er von den Berichten über Cortez' Verfahren und über die Schätze, die sein Schiff nach Spanien bringen sollte, ergriffen war. Wut, Demütigung, getäuschte Habsucht beunruhigten seinen Geist. Er konnte es sich nicht vergeben, die Angelegenheit solchen Händen anvertraut zu haben. Noch in der nämlichen Woche, wo Cortez von ihm geschieden war, um die Flotte zu übernehmen, war von Karl V. eine Kapitulation unterzeichnet worden, wodurch Velasquez den Titel Adelantado, mit einer großen Vermehrung seiner ursprünglichen Befugnisse, verliehen wurde. Der Statthalter beschloß, ohne Zeitverlust eine solche Kriegsmacht nach der aztekischen Küste zu senden, die imstande wäre, ihm seine neue Macht ihrer ganzen Ausdehnung nach zu sichern und ihm Rache an seinen aufrührerischen Beamten zu verschaffen. Er fing seine Anstalten schon im Oktober an. Anfangs hatte er sich vorgenommen, den Befehl in Person zu übernehmen. Aber sein schwerfälliger Körper, der ihn zu den mit einer solchen Unternehmung verbundenen Mühseligkeiten unfähig machte oder wie er selbst erzählt, Zärtlichkeit für seine indianischen Untertanen, welche damals von einer ansteckenden Krankheit hingerafft wurden, veranlaßte ihn, den Befehl einem anderen zu übertragen.

Der Mann, den er wählte, war ein kastilianischer Hidalgo namens Panfilo de Narvaez. Er hatte Velasquez bei der Unterjochung von Kuba beigestanden, wobei sein Benehmen nicht ganz vom Vorwurf der Unmenschlichkeit freigesprochen werden kann, deren sich nur zu oft die früheren spanischen Abenteurer schuldig gemacht haben. Von dieser Zeit an bekleidete er wichtige Stellen bei der Regierung und war ein entschiedener Günstling von Velasquez. Er besaß eine kriegerische Fähigkeit, war jedoch nachlässig und unkräftig in seiner Mannszucht. Er hatte ohne Zweifel Mut, allein derselbe war mit Anmaßung vermischt oder vielmehr mit überschätzendem Vertrauen zu seinen Fähigkeiten, das ihn gegen die Ratschläge anderer, welche klüger waren als er, taub machte. Auch mangelte es ihm gänzlich an der für einen Führer, der es mit einem Gegner wie Cortez zu tun hatte, unentbehrlichen Besonnenheit und berechnenden Vorsicht.

Der Statthalter und sein Stellvertreter waren unermüdlich in ihren Anstrengungen, ein Heer zusammenzubringen. Sie begaben sich nach jeder ansehnlichen Stadt auf der Insel, rüsteten Schiffe aus, sammelten Vorräte von Lebensmitteln und Kriegsbedürfnissen, und munterten Freiwillige durch reichliche Versprechungen auf, sich anwerben zu lassen. Aber die wirksamste Gabe war die Zusicherung der reichen Schätze, die ihrer warteten. Sie vertrauten dieser Erwartung so sehr, daß alle Stände und Alter miteinander in Begierde wetteiferten, an dem Unternehmen teilzunehmen, bis es schien, als werde die ganze weiße Bevölkerung die Insel räumen und sie ihren ursprünglichen Bewohnern überlassen.

Die Nachricht von diesen Vorgängen verbreitete sich bald in den Inseln und zog die Aufmerksamkeit des königlichen Gerichtshofes von St. Domingo auf sich. Diesen war zu jener Zeit nicht nur die höchste richterliche Gewalt in den Pflanzstaaten, sondern auch eine Entscheidung in Verwaltungssachen übertragen, welche, wie „der Admiral" klagte, in seine Rechte eingriff. Den Gerichtshof erfüllte Velasquez' beabsichtigte Unternehmung mit Besorgnis; denn welchen Ausgang sie auch für eine Partei nehmen würde, mußte sie notwendig den Vorteil der Krone bloßstellen. Er wählte daher einen aus seiner Mitte, den Lizentiaten Ayllon, einen klugen und entschlossenen Mann, und sandte ihn nach Kuba mit dem Auftrage, sein Ansehen geltend zu machen und womöglich dem Verfahren von Velasquez Einhalt zu tun.

Bei seiner Ankunft fand er den Statthalter im westlichen Teile der Insel eifrig beschäftigt, die Flotte segelfertig zu machen. Der Lizentiat setzte ihm den Zweck seiner Sendung auseinander, sowie die Ansichten, welche der königliche Gerichtshof von dem beabsichtigten Unternehmen habe. Die Eroberung eines mächtigen Landes wie Mexiko erfordere die ganze Streitmacht der Spanier, und wenn man einen Teil derselben gegen den anderen verwende, so könne nur Unheil daraus entstehen. Es sei die Pflicht des Statthalters als guter Untertan, jeden persönlichen Unwillen aufzugeben, die zu unterstützen, die einmal in dem großen Werke begriffen seien, und sie mit den nötigen Bedürfnissen zu versorgen. Er könne allerdings seine eigenen Befugnisse verkünden und Gehorsam für sie fordern. Aber wenn dieser verweigert würde, solle er die Entscheidung seines Streites den dazu ermächtigten Gerichtshöfen überlassen und seine Hilfsquellen zur Verfolgung von Entdeckungen in einer anderen Richtung verwenden, statt durch Feindseligkeiten gegen seinen Nebenbuhler alles aufs Spiel zu setzen.

Wie verständig und heilsam diese Ermahnung auch sein mochte, so war sie doch nicht ganz im Geschmack des Statthalters. Er versicherte allerdings, daß er nicht die Absicht habe, es zu Feindseligkeiten mit Cortez kommen zu lassen. Er wolle nur seine gesetzmäßigen Befugnisse über Gebiete sichern, die unter seiner eigenen Anleitung entdeckt worden wären. Zugleich bestritt er das Recht Ayllons und des königlichen Gerichtshofes, sich in die Sache zu mischen. Narvaez lehnte sich noch mehr dagegen auf, und da die Flotte jetzt bereit war, verkündete er laut seine Absicht, in einigen Stunden unter Segel zu gehen. Bei dieser Lage der Dinge beschloß der Lizentiat, der seine erste Absicht, die Unternehmung aufzuhalten, gescheitert sah, diese letztere selbst zu begleiten, um womöglich durch seine Anwesenheit einem offenen Bruch zwischen den Parteien vorzubeugen.

Das Geschwader bestand aus achtzehn großen und kleinen Schiffen. Es führte neunhundert Mann, darunter achtzig Reiter, achtzig Büchsen-, hundertfünfzig Armbrustschützen, nebst einer Anzahl schwerer Geschütze mit sich, sowie einen großen Vorrat von Schießbedarf und anderen Kriegsbedürfnissen. Außerdem befanden sich noch nahe an tausend Indianer, Eingeborne der Insel, dabei, welche wahrscheinlich als Dienstleute mitgingen. Eine so glänzende Kriegsflotte — mit Ausnahme einer einzigen — hatte bis dahin nie die indischen Meere befahren. Keine mit ihr zu vergleichende war jemals in der westlichen Welt ausgerüstet worden.

Narvaez, der Kuba anfangs März 1520 verließ, verfolgte ungefähr denselben Weg wie Cortez, und den, was man damals „die Insel von Yukatan" nannte, entlang fahrend, warf er, nach einem heftigen Sturme, worin einige seiner kleineren Schiffe scheiterten, am 23. April unweit San Juan de Ulloa Anker. Dies war die Stelle, wo Cortez auch zuerst gelandet war; die Sandwüste, worauf jetzt die Stadt Vera Cruz steht.

Hier traf der Anführer einen Spanier, einen von denen, welche Cortez aus Mexiko abgesandt hatte, um sich über die Hilfsquellen des Landes, namentlich über seine Erzeugnisse aus dem

Steinreiche, Gewißheit zu verschaffen. Dieser Mann kam an Bord der Flotte, und von ihm erfuhren die Spanier alles, was seit der Abreise der Abgesandten aus Vera Cruz vorgefallen war — den Marsch in das Innere des Landes, die blutigen Schlachten mit den Tlascalanern, die Besetzung von Mexiko, die darin gefundenen reichen Schätze und die Festnehmung des Königs, vermöge welcher, schloß der Soldat, „Cortez das Land wie dessen eigener Beherrscher regiert, so daß ein Spanier von einem Ende des Landes bis zum andern unbewaffnet, ohne beleidigt oder beschädigt zu werden, reisen kann". Seine Zuhörer horchten auf diesen wunderbaren Bericht mit sprachlosem Erstaunen, und Narvaez' pflichtgetreue Entrüstung war stärker und stärker, als er den Wert der Beute erfuhr, um die sein Auftraggeber gebracht war.

Er erklärte nun offen seine Absicht, gegen Cortez zu marschieren und ihn für seine Empörung zu bestrafen. Er prahlte damit so laut, daß die Eingeborenen, welche sich zahlreich in dem rasch an der Küste aufgeschlagenen Lager eingefunden hatten, deutlich erkannten, daß die Neuangekommenen nicht Freunde, sondern Feinde der Vorangegangenen seien. Auch beschloß Narvaez, wiewohl gegen den Rat des Spaniers, der das Beispiel von Cortez anführte, eine Niederlassung an dieser nicht viel versprechenden Stelle zu errichten und traf die nötigen Anstalten, um ein geordnetes Gemeindewesen daselbst zu begründen. Er war durch den Soldaten vom Vorhandensein einer benachbarten Ansiedlung zu Villa Rica benachrichtigt, die von Sandoval befehligt werde und aus wenigen Dienstunfähigen bestände, welche, wie man ihn versicherte, sich bei der ersten Aufforderung übergeben würden. Indes, statt gegen den Platz zu marschieren, beschloß er, eine friedliche Gesandtschaft hinzusenden, seine Vollmachten aufzuweisen und die Unterwerfung der Besatzung zu verlangen.

Diese aufeinanderfolgenden Schritte erregten bei Ayllon ernstes Mißvergnügen, welcher einsah, daß sie unvermeidlich zu Zwistigkeit mit Cortez führen mußten. Allein es war vergebens, daß er tadelte und Narvaez' Verfahren vor die Regierung zu bringen drohte. Der letztere, gereizt durch den fortgesetzten Widerstand und harten Tadel, beschloß, sich von einem Gesellschafter zu befreien, der alle seine Bewegungen wie ein Kundschafter belauschte. Er ließ ihn festnehmen und nach Kuba zurückbringen. Der Lizentiat war so geschickt, den Schiffshauptmann zu bewegen, daß er dem Schiffe die Richtung nach St. Domingo hin gab, und als er daselbst ankam, wurde ein förmlicher Bericht von seinem Verfahren, der in starken Farben das treulose Benehmen des Statthalters und seines Stellvertreters schilderte, aufgenommen und durch den königlichen Gerichtshof nach Spanien befördert.

Währenddessen hatte Sandoval die Bewegungen des Narvaez nicht aus dem Gesicht verloren. Von der Zeit seines ersten Erscheinens auf der Küste an hatte dieser aufmerksame Beamte, da er der Absicht der Flotte mißtraute, ein Auge auf ihn gehabt. Kaum hatte er Nachricht von der Landung der Spanier erhalten, als der Befehlshaber von Villa Rica seine wenigen dienstunfähigen Soldaten nach einem Sicherheitsorte in der Nähe sandte. Darauf setzte er seine Festungswerke in bestmöglichen Verteidigungsstand und bereitete sich vor, den Platz bis aufs Äußerste zu behaupten. Seine Leute versprachen, ihm beizustehen, und um die vielleicht schwankende Entschlossenheit einzelner desto kraftvoller zu stärken, befahl er, an einem in die Augen fallenden Teile der Stadt einen Galgen zu errichten! Die Beharrlichkeit seiner Leute sollte nicht auf die Probe gestellt werden.

Die alleinigen Angreifer der Stadt waren ein Priester, ein Beglaubiger und vier andere zu der schon erwähnten Botschaft von Narvaez ausgewählte Spanier. Der Name des Geistlichen war Guevara. Als er vor Sandoval erschien, hielt er ihm eine förmliche Anrede, worin er pomphaft die Dienste und Ansprüche von Velasquez aufzählte, Cortez und seine Anhänger der Empörung anklagte und von Sandoval verlangte, daß er sich, als ein treuer Untertan, der neuerdings begründeten Macht von Narvaez unterwerfen möge.

Der Befehlshaber von Villa Rica war so aufgebracht über diese unehrerbietige Erwähnung seiner Waffengefährten, daß er den ehrwürdigen Gesandten versicherte, nichts als Achtung vor seinem

Kleide schütze ihn vor der Züchtigung, die er verdiene. Nun wuchs auch der Zorn Guevaras und er forderte den Beglaubiger auf, die Kundmachung zu verlesen. Aber Sandoval widersetzte sich, indem er den Beamten versicherte, daß, wenn er sich unterfinge, dies zu tun, ohne vorher eine Urkunde zu seiner Ermächtigung dazu von der Krone vorzuzeigen, er gehörig ausgepeitscht werden würde. Hierüber verlor Guevara alle Selbstbeherrschung, und mit dem Fuße auf den Boden stampfend, wiederholte er seinen Befehl in einem noch gebieterischen Tone als vorher. Sandoval war kein Mann von vielen Worten. Er bemerkte bloß, daß die Urkunde dem Befehlshaber selbst in Mexiko vorgelesen werden solle. Zu gleicher Zeit befahl er seinen Leuten, eine Anzahl starker Tamanes oder indianischer Lastträger herbeizuschaffen, auf deren Rücken der unglückliche Priester und seine Gefährten wie Warenballen gebunden wurden. Hierauf wurden sie unter Aufsicht von zwanzig Spaniern gestellt, und der ganze Zug trat seine Wanderung nach der Hauptstadt an. Sie marschierten Tag und Nacht und hielten bloß an, um frische Träger zu erhalten; und als sie durch volkreiche Städte, Wälder und angebaute Felder kamen, die ebenso schnell verschwanden als sie erschienen, wußten die von der Sonderbarkeit des Schauspiels, sowie von der neuen Art ihrer Fortschaffung betäubten Spanier kaum, ob sie wachten oder träumten. Auf diese Weise gelangten sie zu Ende des vierten Tages an den tezcucanischen See und sahen die aztekische Hauptstadt vor sich.

Die Einwohner derselben hatten schon die abermalige Ankunft weißer Männer an der Küste erfahren. Wirklich war sogleich bei ihrer Landung Montezuma Anzeige davon gemacht worden, der sie, wie man sagt, was aber nicht wahrscheinlich ist, einige Tage vor Cortez verheimlicht haben soll. Endlich lud er ihn zu sich ein und sagte ihm, daß jetzt seinem Abzuge aus dem Lande kein Hindernis mehr entgegenstehe, da eine Flotte für ihn bereit sei. Auf Befragen des erstauten Befehlshabers antwortete Montezuma durch Hinweisen auf eine bilderschriftliche Karte, die man ihm von der Küste zugesandt und worauf die Spanier selbst und ihr ganzer Aufzug genau abgezeichnet waren. Cortez unterdrückte jedes andere Gefühl als das der Freude und rief aus: „Gelobt sei der Erlöser für seine Gnade!" In seine Wohnung zurückgekehrt, wurde die Nachricht von den Truppen mit lautem Jauchzen, Abfeuern der Kanonen und anderen Freudenbezeigungen empfangen. Sie begrüßten die Angekommenen als eine Verstärkung aus Spanien. Nicht so ihr Befehlshaber. Er argwöhnte von Anfang an, daß sie von seinem Feinde, dem Statthalter von Kuba, abgeschickt seien. Er teilte den Argwohn seinen Offizieren mit, von denen aus er sich nach und nach auch unter die Leute verbreitete. Die Freude war sogleich gestört. Es erfolgte unruhige Besorgnis, als sie über die Wahrscheinlichkeit dieser Vermutung nachdachten und die Stärke der Eindringlinge erwogen. Allein ihre Standhaftigkeit verließ sie nicht, und sie verbürgten sich, ihrer Sache treu zu bleiben und, es komme was da wolle, ihrem Anführer beizustehen. Dies war eine von den Gelegenheiten, welche den ganzen Einfluß bewiesen, den Cortez über diese wilden Abenteurer ausübte. Alle Zweifel waren durch die Ankunft der Gefangenen aus Villa Rica bald zerstreut.

Einer aus dem Zuge, der die anderen in der Vorstadt verlassen hatte, kam in die Stadt und übergab dem Befehlshaber einen Brief von Sandoval, der ihn von allen näheren Umständen unterrichtete. Cortez sandte sogleich zu den Gefangenen, befahl, sie freizulassen und versorgte sie mit Pferden, um ihren Einzug in die Stadt zu halten — ein anständigeres Beförderungsmittel als die Rücken der Tamanes. Bei ihrer Ankunft empfing er sie mit ausgezeichneter Höflichkeit, entschuldigte das rohe Benehmen seiner Offiziere und schien bemüht, ihre gereizte Stimmung durch die beflissensten Aufmerksamkeiten zu besänftigen. Er zeigte auch ferner seine gute Gesinnung durch Erteilung von Geschenken an Guevara und seine Gefährten, bis er allmählich eine solche Veränderung in ihrer Stimmung hervorbrachte, daß er sie aus Feinden in Freunde verwandelte und manche wichtigen Umstände in bezug auf die Absichten ihres Anführers, sowie auf die Gesinnung seines Heeres herausbrachte. Sie sagten, die Soldaten im allgemeinen, weit entfernt, einen Bruch mit denen von Cortez zu wünschen, seien bereit, gemeinschaftliche Sache mit ihnen zu machen, nur fürchteten sie sich vor ihrem Befehlshaber. Sie hätten keine Rache zu befriedigen; ihr Ziel sei Gold. Narvaez' persönlicher Einfluß sei nicht groß, und seine Anmaßung und sein geiziges Wesen hätten ihm schon in hohem Grade die Zuneigung seiner Leute entfremdet. Diese Winke gingen bei dem Befehlshaber nicht verloren.

Er richtete einen Brief in den versöhnlichsten Ausdrücken an seinen Nebenbuhler. Er bat ihn, ihren Zwiespalt nicht vor der Welt offenbar werden zu lassen und nicht durch Anfachung eines Geistes des Ungehorsams bei den Eingeborenen alles wieder zu lösen, was so weit festgestellt war; ein gewaltsames Zusammentreffen müsse selbst dem Sieger Nachteil bringen und dürfte für beide Teile verderblich werden; nur durch Einigkeit könnten sie Erfolg erwarten; er sei bereit, Narvaez als Waffenbruder zu begrüßen, die Früchte der Eroberung mit ihm zu teilen und, wenn er eine königliche Vollmacht vorzuzeigen habe, sich seiner Macht zu unterwerfen. — Cortez wußte wohl, daß er keine solche Vollmacht aufzuweisen habe.

Gleich nach dem Abgehen Guevaras und seiner Gefährten beschloß der Befehlshaber, einen eigenen Gesandten abzuschicken. Der dazu gewählte Mann war der Pater Olmedo, der den ganzen Feldzug hindurch einen praktischen Verstand und eine Geschäftsfähigkeit gezeigt hatte, die man nicht immer bei Männern von geistlichem Beruf antrifft. Es wurde ihm ein anderer Brief an Narvaez, von ähnlichem Inhalt wie der vorhergegangene, übergeben. Cortez schrieb auch an den Lizentiaten Ayllon, dessen Abreise ihm unbekannt war, und an seinen Freund Andrés de Duero, ehemaligen Geheimschreiber von Velasquez. Olmedo hatte den Auftrag, mit jedem dieser Leute besonders zu sprechen, sowie mit den vornehmsten Offizieren und Soldaten, und denselben, soviel als möglich, einen Geist der Fügsamkeit einzuflößen. Um seinen Gründen größeres Gewicht zu geben, wurde er mit einem reichlichen Vorrat von Gold versorgt.

Während dieser Zeit hatte Narvaez seine ursprüngliche Absicht, eine Ansiedlung auf der Seeküste zu errichten, aufgegeben und war durch das Land hindurch nach Cempoalla gegangen, wo er sein Quartier aufgeschlagen hatte. Daselbst befand er sich, als Guevara zurückkehrte und den Brief von Cortez überreichte.

Narvaez überflog ihn mit einem verächtlichen Blicke, der sich in einen entschieden mißvergnügten verwandelte, als sein Abgesandter sich über die Hilfsquellen und den furchtbaren Charakter seines Nebenbuhlers ausließ und ihm riet, auf alle Fälle seine Freundschaftsanerbietungen anzunehmen. Eine andere Wirkung wurde auf die Truppen hervorgebracht, welche die Berichte über Cortez begierig anhörten, über sein offenes und freisinniges Benehmen, das sie unwillkürlich dem ihres eigenen Befehlshabers gegenüberstellten, über den Reichtum in seinem Lager, wo der Geringste seine goldene Stange oder Kette im Spiel einsetzen könne, wo alles in Überfluß schwelge und das Leben des Soldaten ein langer Festtag zu sein scheine. Man hatte Guevara nur die Lichtseite des Bildes sehen lassen.

Der Eindruck, den diese Berichte hervorbrachten, wurde durch die Anwesenheit von Olmedo noch verstärkt. Der Geistliche übergab seine Botschaft Narvaez in gleicher Weise, der ihren Inhalt mit wütenden Empfindungen durchlief, denen er in den schmählichsten Schimpfreden gegen seinen Nebenbuhler Luft machte; während einer seiner Hauptleute, namens Salvatierra, offen erklärte, wie er die Absicht habe, dem Empörer die Ohren abzuschneiden und sie sich zum Frühstück zu braten! Solche ohnmächtige Ausfälle beunruhigten den mutigen Mönch nicht, der sich bald mit vielen Offizieren und Soldaten in Verbindung setzte, die er geneigter fand, sich mit ihm zu vertragen. Seine einschmeichelnde Beredsamkeit, von seiner großen Freigebigkeit unterstützt, öffnete ihm allmählich den Weg zu ihren Herzen, und es bildete sich unter den Augen ihres Anführers eine Partei, die besser für seinen Nebenbuhler als für ihn gestimmt war. Diese Dinge konnten nicht so heimlich betrieben werden, um Narvaez' Argwohn gänzlich zu entgehen, so daß dieser den Olmedo würde festgenommen und eingesperrt haben, wenn nicht Duero sich für ihn verwendet hätte. Er machte seinen ferneren Ränken dadurch ein Ende, daß er ihn zu seinem Gebieter zurücksandte. Aber das Gift war zurückgeblieben, um seine Wirkung zu tun.

Narvaez prahlte, ebenso wie bei seiner Landung, mit seiner Absicht, gegen Cortez zu marschieren und ihn als einen Verräter zu verhaften. Die Cempoallaner erfuhren mit Verwunderung, daß ihre neuen Gäste zwar Landsleute der früheren, aber doch ihre Feinde seien. Auch verkündete Narvaez seine Absicht, Montezuma aus der Gefangenschaft zu befreien und ihn wieder auf den Thron zu setzen. Man sagt, daß er von dem aztekischen Kaiser ein reiches Geschenk erhalten, und daß dieser sich mit ihm in Briefwechsel gesetzt habe. Daß ihn Montezuma mit seiner bekannten Freigebigkeit behandelte, weil er ihn für einen Freund von Cortez hielt, ist sehr wahrscheinlich. Aber daß er in einen geheimen, gegen den Befehlshaber feindseligen Briefwechsel mit ihm getreten sein sollte, scheint in Anbetracht seines sonstigen Benehmens unglaubwürdig.

Diese Vorfälle entgingen dem wachsamen Auge Sandovals nicht. Er verschaffte sich die näheren Nachrichten davon zum Teil von Ausreißern, die nach Villa Rica entflohen, zum Teil durch seine eigenen Kundschafter, die, als Eingeborene verkleidet, sich in das feindliche Lager mischten. Er sandte Cortez einen vollständigen Bericht darüber, unterrichtete ihn von der Abtrünnigkeit der Indianer und forderte ihn auf, schnell Maßregeln zur Verteidigung von Villa Rica zu treffen, wenn er es nicht an seine Feinde verlieren wollte. Der Befehlshaber fühlte, daß es nun Zeit sei, zu handeln. Dennoch war der Weg, den er einzuschlagen hatte, außerordentlich schwer zu bestimmen. Blieb er in Mexiko und wartete den Angriff seines Nebenbuhlers ab, so würde dieser dadurch Zeit gewinnen, alle Streitkräfte des Reiches, sogar die aus der Hauptstadt selbst, um sich her zu versammeln, die ohne Zweifel alle bereit sein würden, unter den Fahnen eines Anführers zu dienen, der die Befreiung ihres Gebieters beabsichtigte. Die Übermacht war zu groß, um sich ihr auszusetzen.

Marschierte er gegen Narvaez, so mußte er entweder die Stadt und den Kaiser und somit die Frucht aller seiner Beschwerden und Siege aufgeben oder durch Zurücklassung einer Besatzung, die sie im Zaum halten könnte, seine zum Kampf mit einem solchen Gegner ohnehin schon zu geringe Macht noch zerstückeln. Dennoch bestimmte er sich für den letzteren Weg. Er traute vielleicht weniger einem offenen Kampfe mit den Waffen, als dem Einfluß seiner persönlichen Geschicklichkeit und vorläufigen geheimen Bearbeitungen, um eine freundschaftliche Verständigung zuwege zu bringen. Aber er traf seine Anstalten für beides.

Im vorhergegangenen Hauptstücke war erwähnt, daß Velasquez de Leon mit hundertfünfzig Mann abgeschickt worden war, um eine Ansiedlung an einem der großen Ströme zu begründen, die sich in den Mexikanischen Meerbusen ergießen. Als Cortez Narvaez' Ankunft erfahren, hatte er einen Boten an seinen Offizier abgeschickt, um ihn von dem Vorfall zu unterrichten und sein weiteres Vorwärtsgehen aufzuhalten. Aber Velasquez hatte schon Nachricht von Narvaez selbst erhalten, der ihn in einem bald nach der Landung geschriebenen Briefe im Namen seines Verwandten, des Statthalters von Kuba, beschwor, Cortez' Fahne zu verlassen und zu ihm überzugehen. Jener Offizier hatte indes das Rachegefühl schon längst begraben, das er einst gegen seinen Befehlshaber genährt, dem er jetzt innig ergeben war, und der ihn den ganzen Feldzug hindurch mit besonderer Achtung beehrt hatte. Cortez hatte schon zeitig die Wichtigkeit eingesehen, diesen Ritter für sich zu gewinnen. Ohne Befehle abzuwarten, gab Velasquez sein Unternehmen auf und begann seinen Rückmarsch nach der Hauptstadt, als er die Anweisung des Befehlshabers erhielt, ihn in Cholula zu erwarten.

Cortez hatte sich noch nach der fernen Landschaft Chinantla, weit südöstlich von Cholula gelegen, um eine Verstärkung von zweitausend Eingeborenen gewandt. Diese waren ein kühner, den Mexikanern feindlich gesinnter Stamm und hatten ihm ihre Dienste, seitdem er sich in der Hauptstadt befand, angeboten. Sie bedienten sich in der Schlacht langer Speere, länger als die, welche das spanische und deutsche Fußvolk trug. Cortez ließ dreihundert ihrer zweispitzigen Lanzen für sie anfertigen und dieselben mit Kupfer statt mit Itztli beschlagen. Mit dieser furchtbaren Waffe wollte er die Reiterei des Feindes abwehren.

Den Befehl über die Besatzung während seiner Abwesenheit übertrug er Pedro de Alvarado — dem Tonatiuh der Mexikaner —, einem Manne, der sich sehr zum Befehlen eignete, unerschrocken, obgleich zuweilen etwas anmaßenden Sinnes, und sein warmer, persönlicher Freund. Er prägte ihm Mäßigung und Schonung ein. Er sollte auf Montezuma ein scharfes Auge halten, da auf dem Besitz der Person des Königs ihre ganze Herrschaft im Lande beruhte. Er sollte ihm die seinem Range gebührende und von der Klugheit verlangte Ehrerbietung erweisen. Auch sollte er die Gebräuche und Vorurteile des Volkes gleichförmig achten und daran denken, daß, wenn auch seine kleine Streitmacht hinreiche, es in ruhigen Zeiten in Furcht zu halten, dieselbe doch, wann es sich einmal empörte, gleich Spreu vor dem Wirbelwinde fortgetrieben werden könnte.

Von Montezuma verlangte er das Versprechen, dieselben freundlichen Beziehungen zu seinem Stellvertreter aufrecht zu erhalten, wie gegen ihn selbst. Dies würde, sagte Cortez, seinem Gebieter, dem Herrscher von Spanien, sehr angenehm sein. Sollte aber der aztekische Fürst anders handeln und sich zu irgend einer feindlichen Bewegung hergeben, so könne er überzeugt sein, daß er als erstes Opfer derselben fallen werde.

Der Kaiser versicherte ihn seines fortgesetzten Wohlwollens. Jedoch versetzten ihn die neuesten Ereignisse in große Verlegenheit. Waren die Spanier an seinem Hofe oder die soeben gelandeten die wahren Stellvertreter ihres Herrschers? Cortez, der bisher Zurückhaltung über den Gegenstand beobachtet hatte, sagte ihm jetzt, daß die letzteren allerdings seine Landsleute, aber Verräter gegen seinen Gebieter seien. Als solche sei es seine schmerzliche Pflicht, gegen sie zu marschieren, und wann er sie für ihre Empörung gezüchtigt hätte, werde er vor seinem Abschiede von dem Lande in einem Siegeszuge nach der Hauptstadt zurückkehren.

Montezuma erbot sich, ihn mit fünftausend aztekischen Kriegern zu unterstützen; der Befehlshaber lehnte dies jedoch ab, da er sich nicht mit einer Schar zweifelhafter, vielleicht übelwollender Hilfstruppen belästigen mochte.

Er ließ unter Alvarado eine Besatzung von hundertvierzig Mann, zwei Drittel seiner ganzen Streitmacht, zurück. Mit denselben blieb das ganze Geschütz, der größere Teil der kleinen Reiterschar und die meisten Hakenbüchsenschützen zurück. Er nahm nur siebzig Soldaten mit, aber sie waren die tapfersten im Heer und seine treuen Anhänger. Sie waren leicht bewaffnet und mit so wenigem Gepäck als möglich beschwert. Es hing alles von Schnelligkeit in der Bewegung ab.

Montezuma, in seiner königlichen Sänfte von seinen Edelleuten auf den Schultern getragen und von dem ganzen spanischen Fußvolk umgeben, begleitete den Befehlshaber zum Dammwege. Daselbst umarmte er ihn aufs herzlichste, und sie trennten sich mit allen Zeichen gegenseitiger Achtung.

Es war um die Mitte des Mai 1520, über sechs Monate seit dem Eintritt der Spanier in Mexiko. Während dieser Zeit hatten sie über das Land mit unumschränkter Macht geherrscht. Jetzt sollten sie die Stadt in feindseliger Absicht verlassen, nicht gegen einen indianischen Feind, sondern gegen ihre eigenen Landsleute. Dies war der Anfang einer langen Reihe von Mißgeschicken — einer allerdings zuweilen von Siegen unterbrochenen —, die noch durchgemacht werden mußte, ehe die Eroberung vollbracht werden konnte.

SIEBENTES HAUPTSTÜCK

Cortez steigt vom Tafellande hinab | Unterhandel mit Narvaez
Schickt sich an, ihn anzugreifen | Narvaez' Quartier | Wird bei
Nacht angegriffen | Narvaez wird geschlagen

1520

Über den südlichen Dammweg, auf dem sie nach der Hauptstadt gekommen, war die kleine Schar bald auf ihrem Wege durch das schöne Tal. Sie erklommen den Bergwall, den die Natur so fruchtlos darum gezogen hat, schritten zwischen die ungeheuren feuerspeienden Berge hindurch, die, gleich untreuen Wächterhunden auf ihren Posten, seitdem längst in Schlummer begraben liegen, drangen durch die verwickelten Pässe, wo sie vorher ein rauhes, stürmisches Wetter gehabt und stiegen, auf der anderen Seite wieder ins Freie gekommen, den westlichen Abhang hinab, der sich auf die weite Fläche der fruchtbaren Hochebene von Cholula öffnet.

Sie achteten wenig auf das, was sie auf ihrem schnellen Marsche sahen, noch ob es kalt oder heiß sei. Die Angst ihres Herzens machte sie unempfindlich gegen äußerliche Beschwerden, und glücklicherweise hatten sie von den Eingeborenen keine zu erdulden, denn der Name Spanier war ein Zauber und schützte den, der ihn trug, besser als Helm und Schild.

In Cholula hatte Cortez die unaussprechliche Freude, Velasquez de Leon mit den seinem Befehle zur Bildung einer Niederlassung anvertrauten hundertzwanzig Soldaten zu treffen. Dieser treue Offizier hatte sich einige Zeit in Cholula aufgehalten, um das Herannahen des Befehlshabers zu erwarten. Wäre er ausgeblieben, so hätte auch Cortez' Unternehmen fehlschlagen müssen. Der Gedanke, mit seiner Handvoll Leute Widerstand zu leisten, wäre unsinnig gewesen. So aber war seine kleine Schar jetzt verdreifacht und wuchs in diesem Verhältnis an Vertrauen zu sich.

Nach herzlicher Umarmung ihrer Waffengefährten, mit denen sie

jetzt enger als je durch das Gefühl einer großen und gemeinschaftlichen Gefahr verbunden waren, durchschritten die vereinten Truppen mit raschen Schritten die heilige Stadt, worin mancher schwarze Trümmerhaufen von ihrem unglücklichen Besuch
im vergangenen Herbst erzählte. Sie verfolgten die Landstraße
nach Tlascala und in einer Entfernung von wenigen Leguas von
der Hauptstadt trafen sie den Pater Olmedo mit seinen Gefährten
auf seiner Rückkehr aus dem Lager von Narvaez, an welchen sie,
wie man sich erinnern wird, als Abgesandte geschickt worden
waren. Der Geistliche überbrachte einen Brief von jenem Anführer, worin er Cortez und seine Anhänger auffordert, sich seiner
Macht, als höchster Obrigkeit des Landes, zu unterwerfen und
ihnen mit einer angemessenen Strafe drohte, falls sie es verweigerten oder damit säumten. Olmedo teilte viele merkwürdige Einzelheiten über den Zustand des feindlichen Lagers mit. Er beschrieb
Narvaez als aufgeblasen von seiner Macht und nachlässig in seinen
Vorkehrungen gegen einen Feind, den er geringschätzte. Er sei
von einer Anzahl pomphafter, eingebildeter Offiziere umringt, die
seiner Eitelkeit schmeichelten, deren prahlerischen Ton der gute
Pater, der ein scharfes Auge für das Lächerliche hatte, zur großen
Belustigung vor Cortez und seinen Soldaten nachmachte. Viele
von den Truppen, sagte er, zeigten keine große Parteilichkeit für
ihren Anführer und seien einem Bruche mit ihren Landsleuten
stark abgeneigt, eine Gesinnung, die sehr befördert sei durch die
Nachrichten, die sie über Cortez erhalten hatten, durch seine eigenen Vorstellungen und Versprechungen und durch die freigebige
Austeilung von Gold, womit er versehen worden war. Außer
diesen Dingen erhielt Cortez noch viele wichtige Nachrichten
über die Stellung der Streitmacht des Feindes und über dessen allgemeinen Kriegsplan.

In Tlascala wurden die Spanier mit einer aufrichtigen und herzlichen Gastfreundschaft aufgenommen. Es ist nicht gesagt, ob
einige von den tlascalanischen Verbündeten sie von Mexiko aus begleitet hatten. War es der Fall, so gingen sie nicht weiter als bis
nach ihrer Vaterstadt. Cortez verlangte eine Verstärkung von

sechshundert Mann frischer Truppen, die ihn bei seiner jetzigen Unternehmung begleiten sollte. Dies war sogleich bewilligt, aber ehe das Heer noch wenige Meilen auf seinem Wege zurückgelegt hatte, fielen die indanischen Hilfstruppen eine nach der anderen ab und kehrten nach ihrer Stadt zurück. Sie hatten im gegenwärtigen Falle kein persönliches Rachegefühl zu befriedigen, wie in dem Kriege gegen Mexiko. Es kann auch sein, daß, wie unerschrocken sie im Kampfe mit den tapfersten indianischen Stämmen auch sein mochten, sie doch eine zu unselige Erfahrung von der Beherztheit der weißen Männer gemacht hatten, als daß sie es hätten wünschen sollen, wieder ihre Schwerter mit ihnen zu messen. Jedenfalls liefen sie in so großer Anzahl davon, daß Cortez die übrigen sofort entließ, indem er gutgelaunt sagte, ,,er sehe sie lieber jetzt fortgehen, als in der Stunde der Prüfung''.

Die Truppen gelangten nun bald nach jenem wilden Bezirke in der Nähe von Perote, worauf die Überreste von vulkanischen Stoffen umhergestreut liegen, was so sonderbar gegen den allgemeinen Schönheitscharakter absticht, dessen Stempel der Schauplatz trägt. Es währte nicht lange, da wurden ihre Augen erfreut durch die Ankunft Sandovals mit ungefähr sechzig Soldaten von der Besatzung von Vera Cruz, nebst einigen Überläufern vom Feinde. Dies war ein bedeutender Zuwachs, nicht so groß in Rücksicht auf die Anzahl der Leute, als auf den Charakter des Anführers, eines, der in jeder Beziehung fähigsten Hauptleute im Dienste. Er war genötigt gewesen, einen Umweg zu machen, um nicht auf den Feind zu stoßen, und hatte seinen Weg durch dichte Wälder und wilde Bergpässe erzwungen, bis er glücklicherweise ohne Unfall den bezeichneten Zusammenkunftsort erreicht und sich noch einmal unter die Fahne seines Oberhauptes gestellt hatte.

An derselben Stelle traf auch Cortez den Tobillos, einen Spanier, den er abgeschickt hatte, um die Lanzen aus Chinantla zu holen. Sie waren vollkommen gut nach dem dazu erteilten Muster angefertigt; doppeltspitzige Speere mit Kupfer beschlagen und von großer Länge. Tobillos übte die Leute im Gebrauch dieser Waffe ein, deren furchtbarer Nutzen, besonders gegen Reiterei, zu Ende des letzten Jahrhunderts von den schweizerischen Schlachthaufen bei ihrem Zusammentreffen mit der burgundischen Ritterschaft, der besten in Europa, vollständig erwiesen worden war.

Cortez hielt nun Musterung über sein Heer — wenn eine so unbedeutende Streitmacht Heer genannt werden kann — und fand es zweihundertundsechzig Mann stark, wobei nur fünf Mann beritten waren. Wenige Gewehre und Armbrüste waren hin und wieder bei ihnen zu finden. An Rüstungen litten sie einen traurigen Mangel. Größtenteils steckten sie in dem gepolsterten landesüblichen Wamse, dick mit Baumwolle ausgestopft, dem Escaupil, der wegen seiner vorzüglichen Leichtigkeit gerühmt wird, der aber, wenn er auch hinreichte, den Pfeil des Indianers abzuhalten, doch gegen eine Flintenkugel nicht schützte. Die meisten von diesen baumwollenen Panzerhemden waren lange nicht ausgebessert und gaben durch ihre häßlichen Löcher den Beweis von hartem Dienst und schweren Hieben. In dieser Not möchten nur wenige gewesen sein, die sich nicht fast um jeden Preis — zum Beispiel die goldenen Ketten, die sie als Flitterstaat über ihre Kleidungen trugen — eine Sturmhaube oder einen Panzer aus Stahl statt ihrer zerhackten und zerschossenen Rüstung angeschafft hätten.

Unter dieser groben Bedeckung bargen sie indes so starke, mutvolle Herzen, als jemals in der menschlichen Brust geschlagen. Denn sie waren die noch unbesiegten Helden in mancher harten Schlacht, wobei die Überzahl gegen sie sich gar nicht hatte berechnen lassen. Sie kannten das Land und seine Bewohner sehr genau, ebenso den Charakter ihres Befehlshabers, unter dessen Augen sie so lange eingeübt worden waren, bis jede Bewegung sich nur nach ihm richtete. Die ganze Schar schien in bezug auf Einigkeit des Zweckes und der Ausführung nur ein einzelnes Wesen auszumachen. Dadurch wurde ihre wirkliche Stärke unglaublich vermehrt und, was nicht weniger wichtig war, der niedrigste Soldat fühlte, daß es so sei.

Die Truppen traten nun wieder ihren Marsch durch das Tafelland an, bis durch ihre Ankunft am westlichen Abhang ihre Anstrengungen erleichtert wurden, da sie gegen die weiten Ebenen der Tierra caliente hinabstiegen, die sich, gleich einem unendlichen Wiesenmeere, unter ihnen ausbreiteten. Ungefähr fünfzehn Leguas weit von Cempoalla, wo Narvaez, wie schon erwähnt, sein Hauptquartier aufgeschlagen hatte, kam ihnen eine andere Gesandtschaft von diesem Befehlshaber entgegen. Sie bestand aus dem Priester Guevara, Andrés de Duero und zwei oder drei anderen. Duero, Cortez' treuer Freund, hatte ursprünglich am meisten dazu beigetragen, ihm seinen Auftrag von Velasquez zu verschaffen. Sie begrüßten sich nun in herzlicher Umarmung und erst, nachdem sie sich vorher viel über persönliche Angelegenheiten unterhalten, eröffnete der Geheimschreiber den Zweck seines Besuches.

Er überbrachte einen in etwas anderen Ausdrücken als der vorige abgefaßten Brief von Narvaez. Darin verlangte er die Anerkennung seiner oberherrlichen Gewalt im Lande, bot aber seine Schiffe an, um alle, die das Land zu verlassen wünschten, mit ihren Schätzen und Habseligkeiten ohne Belästigung und Untersuchung fortzuschaffen. Diese nachgiebigeren Bedingungen waren ohne Zweifel dem Einfluß von Duero zuzuschreiben. Der Geheimschreiber drang in Cortez, sich darein zu fügen, als in die günstigsten, die zu erlangen seien, und als die einzige Wahl, die ihm bleibe, sich mit Sicherheit aus seiner verzweifelten Lage zu ziehen. „Denn, wie tapfer Eure Leute auch sein mögen, wie könnten sie erwarten," fragte er, „es mit einer an Zahl und Ausrüstung so überlegenen Streitmacht aufzunehmen, wie die ihres Gegners?" Aber Cortez hatte einmal sein Glück aufs Spiel gesetzt und er war nicht der Mann, sich abschrecken zu lassen. „Wenn Narvaez eine königliche Vollmacht hat," erwiderte er, „so werde ich mich ihm bereitwilligst unterwerfen. Aber er hat keine vorgezeigt. Er ist von meinem Nebenbuhler Velasquez abgeschickt. Was mich betrifft, so bin ich ein Diener des Königs; ich habe das Land für ihn erobert, und für ihn werde ich und meine tapferen Anhänger, seid dessen gewiß, es bis auf den letzten Blutstropfen verteidigen. Fallen wir, so wird es ruhmvoll genug für uns sein, in der Ausübung unserer Pflicht den Tod gefunden zu haben."

Seinem Freunde mag es allerdings wunderlich vorgekommen sein, wie das Ansehen von Cortez auf einem andern Grunde beruhen könne als das von Narvaez, und wenn sie beide unter dem nämlichen Vorgesetzten, dem Statthalter von Kuba, standen, warum dieser hohe Würdenträger nicht ermächtigt sein sollte, seinen eigenen Beamten im Falle der Unzufriedenheit abzusetzen und einen anderen an seine Stelle zu ernennen. Aber Cortez erntete hier vollständig den Vorteil jener juristischen Fiktion, wenn man es so nennen darf, mittels welcher seine vor der selbstgebildeten Obrigkeit von Vera Cruz niedergelegte Vollmacht durch diese Körperschaft ihm, als von der Krone stammend, wieder übertragen war. Der Kunstgriff war in der Tat zu handgreiflich, als daß er irgend jemanden täuschen konnte, der nicht absichtlich blind sein wollte. Der größte Teil des Heeres gehörte zu dieser Zahl. Ihnen schien daraus größeres Zutrauen zu erwachsen, auf gleiche Weise, wie man gefunden hat, daß ein Streifen gemaltes Segeltuch, wenn man ihn, wie es zuweilen geschehen, an die Stelle einer wirklich steinernen Brustwehr aufhängt, nicht nur den Feind getäuscht, sondern auch den dahinter verborgenen Verteidigern eine Art von künstlichen Mut gegeben hat.

Duero hatte mit seinem Freunde in Kuba, als dieser den Befehl der Unternehmung antrat, verabredet, daß er einen reichlichen Anteil an dem Nutzen erhalten sollte. Cortez soll in der gegenwärtigen Lage diese Verabredung bestätigt und es jenem klargemacht haben, wie sein Vorteil es erheische, daß er, Cortez, in dem Streite mit Narvaez obsiege. Dies war in Betracht der Stellung des Geheimschreibers ein wichtiger Punkt. Aus dieser zuverlässigen Quelle schöpfte der Befehlshaber viele Nachrichten über Narvaez' Absichten, welche nicht zur Kenntnis von Olmedo gekommen waren. Bei der Abreise der Gesandten übergab ihnen Cortez einen Brief an seinen Nebenbuhler, ein Gegenstück zu dem, den er von ihm empfangen hatte. Diese scheinbare Unterhandlung deutete seinerseits den Wunsch an, die Feindseligkeiten aufzuschieben, wenn auch nicht zu vermeiden, damit Narvaez desto

weniger auf seiner Hut sei. In dem Briefe forderte er jenen Anführer und seine Anhänger auf, unverzüglich vor ihm zu erscheinen und seine Befugnis als Stellvertreter seines Landesherrn
anzuerkennen. Sonst würde er sich genötigt sehen, mit ihnen
als Empörer gegen die Krone zu verfahren. Mit dieser Botschaft,
deren prahlerischer Ton ebenso für seine eigenen Truppen wie
für die des Feindes berechnet war, entließ Cortez die Abgesandten. Sie kehrten zurück und verbreiteten bei ihren Gefährten ihre
Bewunderung für den Befehlshaber und seine grenzenlose Freigebigkeit, welche er sie absichtlich in vollem Maße hatte emp-
finden lassen, und sie priesen den Reichtum seiner Anhänger, die
über ihrer schlechten Kleidung Juwelen, goldene Geschmeide, Halsbänder und schwere, um Hals und Körper geschlungene Ketten zur
Schau trugen, als reiche Beute aus dem Schatze Montezumas.
Nun nahm das Heer seinen Weg durch die flachen Ebenen der
Tierra caliente, an welcher die Natur alle Wunder der Schöpfung
verschwendet hat; sie waren damals dichter als heutzutage mit
edlen Waldungen bedeckt, wo der hohe Baumwollenstrauch,
Jahrhunderte alt, neben dem leichten Bambus oder der Banana,
dem Erzeugnis einer Jahreszeit, stand und jedes in seiner Art die
wunderbare Ergiebigkeit des Bodens bekundete, während unzählige rankende Blumen, welche die Riesenzweige der Bäume
umhüllten, in glänzenden Gewinden über ihren Köpfen wehten
und die Luft mit Wohlgerüchen erfüllten. Aber die Spanier hatten keinen Sinn für die köstlichen Einflüsse der Natur. Ihr Gemüt
war nur mit einem Gedanken beschäftigt.
Auf einer großen Wiesenfläche angelangt, wurden sie endlich
durch einen Fluß oder vielmehr Strom, Rio de Canoas, „der
Canoefluß" genannt, aufgehalten, der gewöhnlich nicht groß, jetzt
aber durch außerordentlich vielen Regen angeschwollen war. Es
hatte an jenem Tage stark geregnet, obgleich zuzeiten die Sonne
mit unerträglicher Hitze durchgebrochen war, was eine gute Probe
von jenen Abwechslungen von Hitze und Feuchtigkeit lieferte,
die dem Wachstum in den Wendekreisen eine solche Tätigkeit
geben.

Der Fluß war ungefähr eine Legua weit von Narvaez' Lager entfernt. Ehe sie eine gangbare Furt durch denselben aufsuchten,
erlaubte Cortez seinen Leuten, ihre erschöpften Kräfte wieder
durch Hinstrecken auf den Boden zu sammeln. Der Abendschatten war ringsumher verbreitet und der aufgehende Mond, durch
dichte Wolkenmassen dringend, schien mit zweifelhaftem und un-
terbrochenem Lichte. Es war klar, daß die Wut des Sturmes
noch nicht ganz ausgetobt hatte. Dies war Cortez nicht leid. Er
hatte gerade für diese Nacht einen Angriff im Sinne, und bei der
Finsternis und dem Toben des Sturmes mochten seine Bewegungen desto besser verborgen bleiben.

Ehe er seine Absicht eröffnete, hielt er an seine Leute eine jener
aufregenden, soldatischen Anreden, zu denen er bei sehr wichtigen Veranlassungen seine Zuflucht nahm, als wollte er die Tiefe
ihrer Herzen ergründen und, wo einige wankten, sie mit seinem
eigenen Heldengeiste beseelen. Er wiederholte kurz die großen
Ereignisse des Feldzuges, die Gefahren, die sie überwunden, die
Siege, die sie so oft über die furchtbarste Überzahl davongetragen,
die ruhmvolle Beute, die sie erworben hatten. Aber um dies alles
sollten sie jetzt gebracht werden, nicht durch solche, welche dazu
von der Krone gesetzlich berechtigt seien, sondern durch Abenteurer, die kein besseres Recht als das der größeren Stärke für
sich hatten. Sie hätten sich einen Anspruch auf die Dankbarkeit
ihres Landes und ihres Königs erworben. Dieser Anspruch sollte
nun geschmäht, ja, ihre Dienste sollten in Verbrechen und ihre
Namen, als seien es die von Verrätern, mit Schande gebrandmarkt werden. Aber die Zeit der Rache sei endlich gekommen,
Gott werde den Krieger des Kreuzes nicht verlassen. Die,
welche er siegreich durch größere Gefahren geführt, werde er jetzt
nicht dem Untergang überlassen. Und wenn sie unterlägen, so sei
es besser, als tapfere Männer auf dem Schlachtfelde zu sterben, als
mit eingebüßtem Ruf und Vermögen schmählich wie Sklaven an
dem Galgen. Diesen letzten Punkt hob er bei seinen Zuhörern
recht heraus, da er wohl wußte, daß keiner von ihnen so unempfindlich sei, um nicht davon ergriffen zu werden.

Sie antworteten mit kräftigen Ausrufungen, und Velasquez de Leon und de Lugo versicherten ihren Befehlshaber im Namen der übrigen, wenn sie unterlägen, so würde es seine, nicht ihre Schuld sein: sie seien bereit zu folgen, wohin er sie auch führe. Der Befehlshaber war ganz zufrieden mit der Stimmung seiner Soldaten, da er fühlte, daß die Schwierigkeit für ihn nicht darin bestehe, ihre Begeisterung zu wecken, sondern derselben eine richtige Leitung zu geben. Eines ist merkwürdig; er spielte nicht auf die Abtrünnigkeit an, von der er wußte, daß sie im Lager des Feindes vorhanden war. Er wollte, daß sich seine Soldaten in dieser letzten Klemme auf nichts als auf sich selbst verließen.

Er kündigte seinen Vorsatz an, den Feind noch in derselben Nacht anzugreifen, wenn er in Schlaf versunken sei, die freundliche Dunkelheit einen Schleier über ihre eigenen Bewegungen decke und die Dürftigkeit ihrer Anzahl verberge. Hiezu gaben die Truppen, wiewohl sie durch unaufhörliche Märsche abgemattet und halb verhungert waren, freudig ihre Zustimmung. In ihrer Lage war Ungewißheit das größte aller Übel. Er verteilte nun zunächst die Anführung unter seine Hauptleute. Gonzalo de Sandoval gab er den wichtigen Auftrag, Narvaez gefangenzunehmen. Er erhielt als Alguacil mayor den Befehl, sich der Person jenes Offiziers als eines Empörers gegen seinen Landesherrn zu bemächtigen und ihn, wenn er Widerstand leistete, auf der Stelle zu töten. Er hatte sechzig ausgesuchte Leute mit sich, um ihm bei dieser schwierigen Aufgabe behilflich zu sein, und war noch unterstützt von einigen der fähigsten Hauptleute, unter denen sich zwei von den Alvarados, de Avila und Ordaz, befanden. Die größte Abteilung der Kriegsschar war unter den Befehl von Christoval de Olid gestellt oder, nach einigen Gewährschaften, von Pizarro, einem aus jener in der späteren Eroberung von Peru so berühmt gewordenen Familie. Er sollte sich des Geschützes bemächtigen und Sandovals Angriff decken, dadurch, daß er den Teil der feindlichen Macht, die jenen verhindern könnte, im Schach hielt. Cortez behielt nur eine Abteilung von zwanzig Mann für sich selbst zurück, um sie auf irgend einem Punkte, wo es die Gelegenheit erheischte, in Tätigkeit zu setzen. Das Losungswort war Espiritu Santo, da es gerade Pfingstabend war. Nachdem er diese Vorbereitungen getroffen hatte, schickte er sich an, über den Fluß zu gehen.

Während sich Cortez auf diese Weise beschäftigte, war Narvaez in Cempoalla geblieben und hatte seine Zeit in unnützen und leichtsinnigen Vergnügungen verlebt. Aus diesen war er endlich nach der Rückkehr Dueros durch die Vorstellungen des alten Kaziken der Stadt geweckt. „Warum bist du so sorglos?" rief dieser, „denkst du, daß Malinche es ebenso ist? Verlaß dich darauf, er kennt deine Lage genau und wenn du es am wenigsten träumst, wird er über dich herfallen."

Beunruhigt durch diese Eingebungen und die seiner Freunde, stellte sich endlich Narvaez an die Spitze seiner Truppen, und an demselben Tage, wo Cortez an dem Canoeflusse anlangte, zog er aus, um mit ihm zusammenzutreffen. Aber als er an diese Schranke gekommen war, sah er keine Spur von einem Feinde. Der Regen, der in Strömen herabfiel, durchweichte die Soldaten bald bis auf die Haut. Durch ihren langen und üppigen Aufenthalt in Cempoalla etwas verweichlicht, murrten sie über ihre unbehagliche Lage. „Was könne es nützen, hier mit den Elementen im Kampfe zu verbleiben? Es sei keine Spur vom Feind vorhanden und wenig Grund, das Herannahen desselben in einem so stürmischen Wetter zu befürchten. Es würde gescheiter sein, nach Cempoalla zurückzukehren, wo sie dann am folgenden Morgen alle schlagfertig sein würden, falls Cortez sich sehen ließe."

Narvaez gehorchte diesen Ratgebern oder vielmehr seiner eigenen Neigung. Ehe er seinen Rückmarsch antrat, sicherte er sich gegen einen Überfall durch das Aufstellen von einem Paar Schildwachen ziemlich in der Nähe des Flusses, um Nachricht von Cortez' Annäherung zu geben. Auch sandte er eine Schar von vierzig Reitern nach einer anderen Richtung ab, von welcher nach seiner Meinung nach der Feind vielleicht auf Cempoalla vorrücken könnte. Nachdem er diese Vorsichtsmaßregel getroffen, kehrte er noch vor Nacht wieder in sein Quartier zurück.

Er bewohnte daselbst den Hauptteocalli. Er bestand aus einem steinernen Gebäude auf der gewöhnlichen spitzsäuligen Grundlage, und den Aufgang bildete eine steile Treppenflucht auf einer von den Seiten der Spitzsäule. In dem Gebäude oder heiligem Orte darüber stellte er sich mit einer starken Abteilung Büchsen- und Armbrustschützen auf. Zwei andere Teocallis auf derselben Fläche waren mit großen Abteilungen Fußvolk besetzt. Sein Geschütz, aus siebzehn oder achtzehn kleinen Kanonen bestehend, stellte er auf der untern Fläche auf und schützte es durch den Rest seiner Reiterei. Als er seine Streitkräfte auf diese Weise verteilt hatte, kehrte er in seine Wohnung zurück, um bald darauf ebenso gleichgültig auszuruhen, als wäre sein Nebenbuhler jenseits des Atlantischen Meeres statt eines benachbarten Stromes gewesen.

Dieser Fluß war jetzt durch die Überschwemmung der Gewässer in einen reißenden Strom verwandelt. Nur mit Mühe konnte man darin eine gangbare Furt finden. Die schlüpfrigen Steine rollten unter den Füßen und gaben bei jedem Schritte nach. Die Schwierigkeit des Überganges wurde durch die Finsternis und den Sturm sehr vergrößert. Indes gelang es den Spaniern, mittels ihrer langen Piken festen Fuß zu fassen, bis auf zwei, welche durch die wütende Strömung fortgerissen wurden. Als sie die gegenüberliegende Seite erreicht hatten, fanden sie neue Hindernisse zu bestehen, indem sie über eine Straße mußten, die niemals gut gewesen, jetzt aber doppelte Schwierigkeiten darbot durch den tiefen Schlamm und das verschlungene Reisholz, womit sie überhäuft war.

Hier stießen sie auf ein Kreuz, das sie auf ihrem früheren Marsche durch das Innere des Landes aufgerichtet hatten. Sie begrüßten es als eine gute Vorbedeutung und Cortez kniete vor dem heiligen Zeichen nieder, beichtete seine Sünden und erklärte, daß sein großer Zweck der Sieg des heiligen katholischen Glaubens sei. Das Heer folgte seinem Beispiel und nachdem es eine allgemeine Beichte abgelegt, empfing es vom Pater Olmedo Sündenvergebung, der den Segen des Himmels auf die Krieger

herabflehte, die ihre Schwerter dem Ruhme des Kreuzes geweiht
hatten. Alsdann erhoben sie sich, umarmten einander als Gefährten in der guten Sache und fühlten sich wunderbar gestärkt
und erfrischt. Der Fall ist merkwürdig und bezeichnet ganz den
Charakter der Zeit — in welcher Krieg, Religion und Raub so
innig miteinander vermengt waren. Nahe an der Straße lag ein
kleines Gehölz, und Cortez und die wenigen, die Pferde hatten,
stiegen ab und banden die Pferde an die Bäume an, wo sie einigen
Schutz gegen den Sturm finden möchten. Sie legten daselbst auch
ihr Gepäck und solche überflüssigen Gegenstände ab, die ihre Bewegungen hätten hemmen können. Hierauf richtete der Befehlshaber noch zuletzt einige ermahnende Worte an sie. „Alles",
sagte er, „hängt vom Gehorsam ab. Niemand verlasse seine
Reihen wegen des Wunsches, sich auszuzeichnen. Von Stille,
Tätigkeit und vor allem vom Gehorsam gegen eure Offiziere hängt
der Erfolg unseres Unternehmens ab."
Stillschweigend und heimlich setzten sie ihren Weg ohne Trom-
melschlag oder Trompetenschall fort, als sie plötzlich bei den
beiden Schildwachen ankamen, die von Narvaez aufgestellt waren,
um Nachricht von ihrem Herannahen zu geben. Dieses war aber
so geräuschlos erfolgt, daß beide Wachposten überrascht davon
waren und nur einer mit Mühe entkam. Der andere ward vor
Cortez gebracht. Man wendete alle Mühe an, um von demselben
etwas über die gegenwärtige Stellung von Narvaez herauszubrin-
gen. Aber der Mensch beobachtete ein hartnäckiges Schweigen,
und obgleich man ihm mit dem Galgen drohte und ihm schon
wirklich eine Schlinge um den Hals gewunden hatte, so konnte
doch sein spartanischer Heldenmut nicht gebeugt werden.
Glücklicherweise war in den Anordnungen, welche Narvaez getroffen, seit den früher darüber von Duero erhaltenen Nachrichten
keine Veränderung eingetreten.
Der andere Posten, welcher entwischt war, brachte die Nachricht
vom Herannahen des Feindes nach dem Lager. Aber die faulen
Soldaten, deren Schlaf er gestört hatte, glaubten seinem Berichte
nicht. „Er sei von seiner Furcht getäuscht worden", sagten sie,

XOCHIPILLI,

der Gott des jungen Maises, Abbild des Festes Tecuilhuitl.
Codex Magliabecchiano 35.

„und habe das Geräusch des Sturmes und das Rauschen der Gebüsche für den Feind gehalten. Cortez und seine Leute seien weit jenseits des Flusses, den sie sich wohl hüten würden, in einer solchen Nacht zu überschreiten." Narvaez selbst teilte auch diese grobe Verblendung, und die Schildwache, der man keinen Glauben schenkte, schlich beschämt nach Hause, indem sie vergebens vor den Folgen jener Ungläubigkeit warnte.

Cortez, der nicht zweifelte, daß der Bericht der Schildwache das feindliche Lager auf die Beine bringen müsse, beschleunigte seinen Marsch. Als er nahe kam, entdeckte er ein Licht in einem von den hohen Türmen der Stadt. „Das ist Narvaez' Wohnung," rief er Sandoval zu, „und dies Licht muß euer Leuchtfeuer sein". Als die Spanier nach der Vorstadt kamen, waren sie erstaunt, niemand in Bewegung und kein Zeichen von Unruhe zu sehen. Kein Laut war zu hören außer ihren eigenen taktmäßigen Fußtritten, zum Teil übertönt vom Heulen des Sturmes. Dennoch konnten sie sich nicht so heimlich bewegen, um ganz unbemerkt zu bleiben, als sie durch die Straßen dieser volkreichen Stadt gingen. Die Nachricht drang schnell in das feindliche Standlager, wo in einem Augenblick alles in lärmende Verwirrung geriet. Die Trompeten riefen zu den Waffen. Die Dragoner eilten zu ihren Pferden, die Geschützleute zu ihren Kanonen. Narvaez schnallte hastig seine Rüstung an, rief seine Leute zusammen und befahl den in den benachbarten Teocallis Liegenden, auf dem freien Platze zu ihm zu stoßen. Er erteilte seine Befehle mit Kaltblütigkeit; denn obgleich es ihm an Vorsicht mangelte, so fehlte es ihm doch nicht an Geistesgegenwart und Mut.

Alles dies war das Werk von wenigen Minuten. Aber in jenen Minuten waren die Spanier nach den Zugängen gelangt, die zum Lager führten. Cortez befahl seinen Leuten, sich dicht an den Mauern der Gebäude zu halten, damit die Kanonenkugeln frei hindurch könnten. Kaum hatten sie sich vor der Umzäunung gezeigt, als Narvaez' Geschütz ein allgemeines Feuer eröffnete. Glücklicherweise waren die Kanonen so hoch gerichtet, daß ihnen die meisten Kugeln über die Köpfe fortgingen und nur drei Mann niedergestreckt wurden. Sie ließen dem Feinde nicht Zeit wieder zu laden. Als Cortez das Losungswort der Nacht, „Espiritu Santo! Espiritu Santo! Auf sie los!" ausrief, stürzte Olid mit seiner Abteilung auf die Geschützleute los, die mit den Piken durchbohrt oder niedergeschlagen und deren Kanonen erobert wurden. Eine andere Abteilung ließ sich mit der Reiterei in ein Gefecht ein und machte einen Ablenkungsangriff zugunsten Sandovals, der mit seiner tapferen kleinen Schar die große Tempeltreppe hinaufeilte. Sie wurden mit einem Hagel von Wurfstücken, Pfeilen und Flintenkugeln empfangen, die bei dem übereilten Zielen und der Dunkelheit der Nacht wenig Schaden verursachten. Im nächsten Augenblick waren die Angreifenden auf dem flachen Dache mit ihren Feinden handgemein. Narvaez focht tapfer mitten unter seinen Leuten und ermutigte sie. Sein Fahnenträger fiel durchbohrt an seiner Seite. Er selbst erhielt mehrere Wunden; denn sein kurzes Schwert konnte sich mit den langen Piken der Angreifer nicht messen. Endlich erhielt er einen Hieb mit einem Speere, der ihm das linke Auge ausschlug. „Santa Maria!" schrie der unglückliche Mann, „ich bin erschlagen!" Dieser Schrei wurde augenblicklich von Cortez durch „Viktoria-Jauchzen" erwidert.

Entkräftet und halb wahnsinnig von der Marter seiner Wunde, wurde Narvaez von seinen Leuten in das Heiligtum gebracht. Die Angreifenden suchten den Eingang zu erzwingen, aber er wurde hartnäckig verteidigt. Endlich schleuderte ein Soldat einen Feuerbrand, dessen er sich bemächtigt hatte, auf das Strohdach, und in wenigen Augenblicken stand der brennbare Stoff in vollen Flammen. Die innerhalb Befindlichen wurden durch die erstickende Hitze und Rauch hinausgetrieben. Ein Soldat, namens Farfan, rang mit dem verwundeten Befehlshaber und warf ihn ohne Mühe zu Boden, worauf er rasch die Treppen hinabgeschleppt und in Fesseln geschlagen wurde. Als seine Anhänger das Schicksal ihres Anführers sahen, leisteten sie keinen weiteren Widerstand.

Während dieser Zeit waren Cortez' und Olids Truppen mit der

Reiterei beschäftigt gewesen und hatten dieselbe, nach einigen fruchtlosen Versuchen von seiten der letzteren, die dichte Pikenreihe zu durchbrechen, durch welche mehrere von ihnen aus den Sätteln geworfen und einige getötet worden waren, gänzlich geschlagen. Hierauf schickte sich der Befehlshaber an, die anderen Teocallis anzugreifen, indem er vorher die Besatzungen zur Übergabe aufforderte. Als sie dies verweigerten, fuhr er die schweren Kanonen auf und kehrte so das Geschütz gegen dessen Eigentümer. Gleichzeitig mit dieser bedrohlichen Bewegung machte er die nachgiebigsten Anerbietungen; Vergebung des Geschehenen und einen vollen Anteil an allen Vorteilen der Eroberung. Eine der Besatzung stand unter dem Befehl von Salvatierra, demselben Offizier, der davon gesprochen hatte, Cortez die Ohren abzuschneiden. Von dem Augenblicke an, wo er das Schicksal seines eigenen Anführers erfahren, war der Held von einer heftigen Krankheit befallen, die ihn außerstande setzte, ferner tätig zu sein. Die Besatzung wartete nur ein Abfeuern des Geschützes ab und nahm alsbald die Bedingungen zur Übergabe an. Bei dieser Gelegenheit soll Cortez von unerwarteten Hilfstruppen Unterstützung erhalten haben. Die Luft wurde mit den Cocuyos erfüllt — einer Art von großem Käfer, der ein starkes Phosphorlicht aus seinem Körper entwickelt, das hell genug ist, um dabei zu lesen. Diese herumschweifenden Flammen, bei dunkler Nacht gesehen, wurden von der aufgeregten Einbildungkraft der Belagerten in ein Heer mit Luntenschlössern verwandelt! So berichtet ein Augenzeuge. Aber die Leichtigkeit, womit sich der Feind ergab, kann ebenso wahrscheinlich die Feigheit des Befehlshabers und der Mißstimmung der Soldaten zugeschrieben werden, die nicht ungern unter die Fahnen von Cortez kommen mochten.

Als die Reiterabteilung, welche, wie man sich erinnern wird, von Narvaez auf einer der Straßen nach Cempoalla aufgestellt war, um seinen Nebenbuhler aufzuhalten, erfahren hatte, was vorgefallen, säumte sie nicht lange, ihre Unterwerfung anzubieten. Jeder der Soldaten im besiegten Heere wurde aufgefordert, als Zeichen des Gehorsams seine Waffen in die Hände der Alguacils niederzulegen und Cortez als Oberrichter und Oberfeldherrn des Landes den Eid zu leisten.

Die Anzahl der Getöteten wird verschieden angegeben. Es ist wahrscheinlich, daß die Besiegten nicht mehr als zwölf, und die Sieger halb so viele hatten. Die geringe Zahl läßt sich aus der kurzen Dauer des Gefechtes und dem unsichern Ziel der Wurfgeschosse in der Finsternis erklären. Die Anzahl der Verwundeten war weit beträchtlicher.

Der Sieg war nun vollständig errungen. Wenige kurze Stunden hatten hingereicht, Cortez' Lage aus der eines an der Spitze einer Handvoll Abenteurer umherstreifenden Geächteten, eines Empörers, auf dessen Kopf ein Preis gesetzt war, in die eines unabhängigen Anführers zu verwandeln, mit einer Streitmacht, stark genug, nicht nur seine gegenwärtigen Eroberungen zu sichern, sondern auch um seinem Ehrgeiz eine noch erhabenere Laufbahn zu eröffnen. Während die Luft von dem Jauchzen des Kriegsvolkes erscholl, nahm der siegreiche Feldherr mit einem der Veränderung seines Schicksals angemessenen Betragen auf einem Staatssessel Platz und empfing, einen reichgestickten Mantel über die Schultern geworfen, die Offiziere und Soldaten, einen nach dem andern, als sie kamen, um ihm ihre Glückwünsche zu bringen. Den Gemeinen wurde gnädig erlaubt, ihm die Hand zu küssen. Die Offiziere zeichnete er durch freundliche Worte oder Höflichkeiten aus, und als Duero, der Schatzmeister Bermudez und einige andere von der besiegten Partei, seine alten Freunde, sich zeigten, umarmte er sie herzlich.

Narvaez, Salvatierra und zwei oder drei von den feindlichen Anführern wurden ihm in Ketten vorgeführt. Es war ein Augenblick tiefer Demütigung für den früheren Befehlshaber, in welchem das körperliche Leiden, wie heftig es auch sein mochte, über das Seelenleiden vergessen werden mußte. „Senor Cortez," sagte der überwundene Krieger, „Ihr habt große Ursache, dem Glücke dankbar zu sein, daß es Euch den Tag so leicht gemacht und mich in Eure Gewalt gegeben hat." „Ich habe demselben viel zu danken," erwiderte der Befehlshaber, „aber was meinen Sieg über Euch betrifft, so schätze ich ihn als eine der geringsten meiner Taten, seitdem ich in das Land gekommen bin!" Alsdann befahl er, daß man für die Wunden der Gefangenen sorge, und sandte sie unter starker Bewachung nach Vera Cruz.

Der stolzen Demut seiner Erwiderung ungeachtet, konnte Cortez kaum umhin, seinen Sieg über Narvaez als eine der glänzendsten Taten seines Lebens zu betrachten. Mit wenigen Dutzend schlecht gekleideter, noch schlechter genährter, von angestrengten Märschen erschöpfter, in jeder Hinsicht persönlich im Nachteil stehender, an Waffen und Kriegsvorräten Mangel leidender Anhänger hatte er die ganze, dreimal zahlreichere als die seinige, mit Reiterei vortrefflich ausgerüstet und mit allen Kriegsbedürfnissen vollständig versehene feindliche Streitmacht in ihrem eigenen Standlager angegriffen, in die Flucht geschlagen und gefangengenommen! Die Anzahl der auf beiden Seiten ins Gefecht gekommenen Truppen war in der Tat unbeträchtlich. Aber das hatte keinen Einfluß auf die Zahlenverhältnisse und die Stärke der Parteien im Vergleich miteinander, machte einen so entscheidenden Erfolg zu einem der merkwürdigsten Ereignisse in der Kriegsgeschichte.

Allerdings traten einige Umstände ein, von denen das Schicksal des Tages abhing und von denen man nicht sagen kann, daß er ganz darüber zu gebieten hatte. Etwas war das Werk des Zufalls. Wenn zum Beispiel Velasquez de Leon sich als falsch erwiesen hätte, mußte das Unternehmen scheitern. Wäre das Wetter in der Angriffsnacht schön gewesen, so würde der Feind gewiß Nachricht von seinem Herannahen erhalten haben und darauf vorbereitet gewesen sein. Aber dies sind die Zufälle, die mehr oder weniger Anteil an jedem Unternehmen haben. Der ist der geschickte Feldherr, der sie zu benutzen, der dem Glück ein Lächeln abzugewinnen und selbst die Elemente zu seinen Kampfgenossen zu machen versteht.

Wenn Velasquez de Leon, wie es sich erwies, gerade der Offizier war, dem der Feldherr den Befehl anvertrauen mußte, so war es sein Scharfblick, der dies sogleich erkannte und ihn dazu wählte.

Seine Gewandtheit war es, die diesen gefährlichen Feind in einen Freund verwandelte, und zwar in einen so treuen, daß er in der Stunde der Not es vorzog, sich seinem verzweifelten Schicksal anzuschließen, als dem des Statthalters von Kuba, wie mächtig und wie nahe verwandt mit ihm dieser letztere auch war. Es war dieselbe Gewandtheit, welche Cortez einen so großen Einfluß auf seine Soldaten erwarb und diese so fest an ihn knüpfte, daß selbst in dem trübsten Augenblicke nicht ein Mann ihn verlassen mochte. Wenn der Erfolg des Angriffes hauptsächlich dem finsteren und stürmischen Wetter, das denselben verborgen hielt, zugeschrieben werden mag, so verdankt man es ihm, daß er imstande war, daraus Nutzen zu ziehen. Zwischen dem Entwerfen des Planes und der Ausführung desselben lag die möglichst kurze Zeit. In sehr wenigen Tagen stieg er durch außerordentliche Märsche von der Hauptstadt nach der Seeküste hinunter. Er kam gleich einem Gießbach von den Bergen herab, der sich auf das feindliche Lager ergoß und alles mit sich fortriß, ehe ihm eine hemmende Schranke entgegengestellt werden konnte, um ihn aufzuhalten. Diese Schnelligkeit der Ausführung, das Ergebnis eines klaren Kopfes und entschlossenen Willens, gehört mit in die Kriegskunst der größten Feldherren und bildet einen hervorstechenden Zug in ihren glänzendsten Kriegstaten. Im gegenwärtigen Falle hat sie ohne Zweifel größtenteils zum Erfolge beigetragen.

Es hieße aber eine beschränkte Ansicht von dem Gegenstande haben, wollte man die Schlacht, welche Narvaez' Schicksal entschied, als ganz in Cempoalla erfolgt betrachten. Sie begann in Mexiko. Mit der eigenen Macht, die er über alles ausübte, was in seine Nähe kam, verwandelte Cortez selbst Narvaez' Abgesandte in seine eigenen Freunde und Werkzeuge. Die Berichte Guevaras und seiner Gefährten, die Ränke des Paters Olmedo und des Befehlshabers Gold, alles wirkte vereint, die Treue der Soldaten zu erschüttern, und die Schlacht war schon zur Hälfte gewonnen, ehe noch ein Hieb gefallen war. Sie wurde ebensoviel mit Gold als mit Stahl erfochten. Cortez verstand dies so gut, daß er es zu seinem Hauptzweck machte, sich der Person Narvaez' zu bemächtigen. Falls dieser erreicht würde, hatte er volles Vertrauen, daß Gleichgültigkeit gegen ihre eigene Sache und Parteilichkeit für ihn bald den übrigen Teil des Heeres unter seine Fahnen bringen würde. Er hatte sich nicht getäuscht. Narvaez sagte daher wahr genug einige Jahre nach diesem Ereignis, „daß er von seinen eigenen Truppen, nicht von denen seines Nebenbuhlers, geschlagen worden sei, seine Leute seien bestochen worden, ihn zu verraten".

ACHTES HAUPTSTÜCK

Unzufriedenheit der Truppen | Empörung in der Hauptstadt | Cortez'
Rückkehr | Allgemeine Zeichen von Feindseligkeit | Blutbad durch
Alvarado veranlaßt | Aufstand der Azteken

1520

Der Sturm, welcher die Nacht hindurch so arg gewütet hatte, legte sich mit der Morgensonne, die glänzend und wolkenlos über dem Schlachtfeld aufging. So wie es heller wurde, erkannte man noch auffallender die Ungleichheit der beiden Streitkräfte, die erst kürzlich einander gegenübergestanden hatten. Narvaez' Truppen konnten ihren Verdruß nicht verbergen, und es wurde ein ärgerliches Murren hörbar, als sie ihre eigene überlegene Anzahl und vollständige Ausrüstung mit den abgematteten Gesichtern und der rohen Ausrüstung ihrer Handvoll Feinde verglichen! Deshalb sah der Befehlshaber mit Vergnügen seine dunkelfarbigen Verbündeten aus Chinantla, zweitausend an der Zahl, auf dem Schlachtfelde anlangen. Sie waren ein schöner, kräftiger Menschenschlag, und als sie sozusagen in einer Art von gemischter Ordnung vorrückten, mit ihren bunten Fahnen von Federarbeit und ihren langen, mit Itztli und Kupfer beschlagenen Lanzen, die in der Morgensonne glänzten, da hatten sie einigermaßen das Ansehen von kriegerischer Manneszucht. Sie kamen allerdings zu spät um mitzuwirken, aber es war Cortez nicht unangenehm, seinen neuen Leuten den Umfang seiner Hilfsquellen im Lande zeigen zu können. Da er jetzt keine Gelegenheit hatte, seine indianischen Verbündeten zu beschäftigen, schickte er sie nach einem höflichen Empfang und freigebiger Belohnung in ihre Heimat zurück.

Alsdann wendete er das Äußerste an, um das Mißvergnügen der Truppen zu besänftigen. Er redete sie in seinem sanftesten, einschmeichelndsten Tone an und war keineswegs sparsam mit Versprechungen. Er ließ auf das Wort die Tat folgen. Es gab wenige unter ihnen, die nicht ihre Rüstungen oder ihr Gepäck oder Pferde, welche die Sieger geraubt und sich zugeeignet, verloren hätten. Dieser zuletzt genannte Gegenstand war sehr begehrt bei den letzteren, und mancher Soldat, ermüdet von den langen Märschen, die er bisher zu Fuß gemacht, hatte sich, wie er glaubte, mit einem ebensowohl angenehmeren als anständigeren Beförderungsmittel für den Rest des Feldzuges versorgt. Jetzt befahl der Feldherr, alles zurückzugeben. „Sie wären jetzt für dieselbe Sache verbündet", sagte er „und sollten daher auch gleich miteinander teilen." Er ging noch weiter und verteilte unter Narvaez' Soldaten eine Menge Gold und andere kostbare Dinge, die er von den benachbarten Horden zusammengebracht oder in der Wohnung seines Nebenbuhlers gefunden hatte.

Wie klug auch dies Verfahren in bezug auf seine neuen Anhänger gewesen sein mag, so erregte es doch großes Mißfallen bei den alten. „Unser Befehlshaber", sagten sie, „hat seine Freunde zugunsten seiner Feinde aufgegeben. Wir haben ihm in der Stunde des Mißgeschickes beigestanden und sind dafür mit Hieben und Wunden belohnt, während unsere Feinde die Beute erhalten!" Das aufgebrachte Kriegsvolk beauftragte den Priester Olmedo und Alonso de Avila, Cortez ihre Klagen vorzustellen. Die Abgesandten trugen sie ohne Rückhalt vor, indem sie das Benehmen ihres Befehlshabers mit dem undankbaren Verfahren Alexanders verglichen, der, wenn er einen Sieg errungen hatte, gewöhnlich mehr an seine Feinde verschenkte, als an die Truppen, die ihm zu deren Niederlage verholfen hatten. Cortez geriet in große Verlegenheit. Siegreich oder geschlagen, immer sollte er mit Schwierigkeiten zu kämpfen haben!

Er bemühte sich, ihren Zorn zu besänftigen, indem er ihnen die Dringlichkeit des Falles vorstellte. „Unsere neuen Kriegsgefährten", sagte er, „sind furchtbar durch ihre Menge, daß wir uns selbst jetzt mehr in ihrer Gewalt befinden, als sie sich in der unsrigen. Unsere einzige Sicherheit besteht darin, sie uns nicht nur zu Verbündeten, sondern zu Freunden zu machen. Bei irgend einer Veranlassung zum Mißvergnügen haben wir die ganze

Schlacht noch einmal zu liefern, und wenn sie dann einig sind, unter weit größerem Nachteil als vorher. Ich habe euern Vorteil", fügte er hinzu, „ebenso im Auge gehabt, wie meinen eigenen. Alles, was ich habe, gehört euch. Aber wie sollte es irgend einen Grund zur Unzufriedenheit geben, da das ganze Land mit seinen Reichtümern vor uns liegt? Und unsere vermehrte Stärke muß uns von nun an die ungestörte Herrschaft über dasselbe sichern!" Aber Cortez verließ sich nicht ganz auf Gründe zur Wiederherstellung der Ruhe. Er wußte, daß diese sich nicht mit Untätigkeit verträgt und er traf Anstalten, seine Streitkräfte sofort zu teilen und sie zu entlegenen Diensten zu verwenden. Er wählte eine Abteilung von zweihundert Mann unter Diego de Ordaz aus, dem er den Auftrag erteilte, die schon vorher beabsichtigte Ansiedlung an dem Coatzacualco zu begründen. Eine gleiche Anzahl wurde mit Velasquez de Leon abgesandt, um sich der Landschaft Panuco, etwa drei Grade nördlich vom Mexikanischen Meerbusen, zu versichern. Zwanzig Mann in jeder Abteilung wurden aus seinen eigenen, lange gedienten Truppen gezogen.

Zweihundert Mann sandte er nach Vera Cruz mit dem Auftrage, alles, was sich von Takelwerk, Eisen und überhaupt Tragbarem an Bord von Narvaez' Flotte befinde, ans Land zu bringen und die Schiffe vollständig abzutakeln. Er stellte einen Oberaufseher des Seewesens, namens Cavallero, an mit der Anweisung, daß, wenn von nun an Schiffe in dem Hafen ankämen, diese auf gleiche Weise abgetakelt und deren Offiziere auf der Küste ins Gefängnis gebracht werden sollten.

Aber während er so mit neuen Entdeckungs- und Eroberungsplänen beschäftigt war, erhielt er so erstaunliche Nachrichten aus Mexiko, daß sie ihn nötigten, alle seine Gedanken und Streitkräfte auf diesen einen Punkt zusammenzudrängen. Die Stadt befand sich in einem Zustande der Empörung. Kaum war sein Kampf mit seinem Nebenbuhler entschieden gewesen, als Cortez einen Eilboten mit der Nachricht davon nach der Hauptstadt abfertigte. Nach kaum vierzehn Tagen kehrte der nämliche Bote mit Briefen von Alvarado zurück, welche die beunruhigende Kunde brachten, daß die Mexikaner unter den Waffen seien und die Spanier in ihren Wohnungen kräftig angegriffen hatten. Der Feind, fügte er hinzu, habe die Rennschiffe verbrannt, durch welche Cortez sich die Mittel zum Rückzuge für den Fall, daß die Brücken zerstört würden, gesichert habe. Man habe versucht, in die Verschanzungen zu dringen, und es sei zum Teil gelungen, sie zu untergraben, auch habe der Feind die Besatzung durch einen Hagel von Wurf-geschossen überschüttet, so daß ein Teil getötet und eine große An-zahl derselben verwundet sei. Der Brief schloß mit der dringenden Bitte an den Befehlshaber, zu ihrer Hilfe zu eilen, wenn er sie retten und die Hauptstadt in seiner Gewalt behalten wolle.

Diese Nachrichten waren ein harter Schlag für den Befehlshaber, der desto härter erschien, als sie, wie es schien, in der Zeit der Siegesfreude ankamen, da er alle seine Feinde ihm zu Füßen liegend wähnte. Es war nun keine Zeit zum Bedenken. Ihren festen Fuß in der Hauptstadt, der schönsten in der westlichen Welt, verlieren, hieß das Land selbst aufgeben, welches zu ihm aufblickte, wie zu seinem Haupte. Er eröffnete die Sache seinen Soldaten, indem er alle, die ihre Landsleute retten wollten, aufrief, ihm zu folgen. Alle erklärten sich bereit, zu gehen und zeigten eine Bereitwilligkeit, sagt Diaz, welche einige wohl schwerlich offenbart haben würden, wenn sie die Zukunft vorausgesehen hätten.

Nun traf Cortez Anstalten zum augenblicklichen Aufbruch. Er widerrief die vorher an Velasquez und Ordaz erteilten Befehle und wies sie an, sich ihm mit ihren Streitkräften in Tlascala anzu-schließen. Er rief die Truppen aus Vera Cruz zurück, woselbst er nur eine Besatzung von etwa hundert Mann unter dem Befehl eines Rodrigro Rangre zurückließ; denn er konnte Sandovals Dienste in diesem entscheidenden Augenblicke nicht entbehren. Seine Kranken und Verwundeten ließ er in Cempoalla unter der Bedeckung einer kleinen Abteilung zurück mit dem Befehl, ihm zu folgen, sobald sie wieder marschfähig seien. Nachdem er mit diesen Anstalten zu Ende war, machte er sich von Cempoalla auf, von dem gastfreundlichen Kaziken, der ihn einige Leguas weit begleitete, mit den nötigen Vorräten versorgt. Der totonacische Häuptling scheint eine liebenswürdige Geläufigkeit besessen zu haben, sich mit der Macht zu vertragen, welche die Oberhand hatte.

Während des ersten Teiles des Marsches fiel nichts Bemerkenswertes vor. Die Truppen wurden überall von den Landleuten freundlich aufgenommen, die bereitwillig für alle ihre Bedürfnisse sorgten. Ehe sie Tlascala erreichten, ging der Weg eine Zeitlang durch ein dünn bevölkertes Land, und das Heer litt bedeutenden Mangel an Nahrung und noch mehr an Wasser. Ihr Leiden nahm in einem besorglichen Grade zu, als sie, bei der Eile ihres angestrengten Marsches, in der Mittagssonne vorwärts schritten, die ihnen heftig auf die Köpfe brannte. Einige ermatteten auf dem Wege, warfen sich an der Seite der Straße nieder, schienen keiner weiteren Anstrengung fähig und fast gleichgültig gegen das Leben zu sein.

In dieser Not sandte Cortez eine kleine Abteilung zu Pferde voraus, um in Tlascala Lebensmittel anzuschaffen und folgte selbst eilends nach. Bei seiner Ankunft fand er schon hinreichende Vorräte von den gastfreundlichen Eingeborenen in Bereitschaft gehalten, die man den Truppen entgegenschickte. Die Nachzügler wurden einzeln aufgelesen, Erfrischungen gereicht, und an Körper und Geist gestärkt, zog das Heer in die Hauptstadt des Freistaates ein.

Hier sammelten sie noch mehrere ergänzende Nachrichten über die Ereignisse in Mexiko, die ein allgemein verbreitetes Gerücht dem heimlichen Anstiften Montezumas zuschrieb. Cortez erhielt eine bequeme Wohnung im Hause von Maxixca, einem der vier Häuptlinge des Freistaates. Man stellte ihm sogleich zweitausend Mann. Es fehlte nicht an Eifer, wenn es den Krieg gegen ihren alten Feind, den Azteken, galt.

Als der spanische Befehlshaber seine Streitkräfte nach der Vereinigung mit seinen beiden Hauptleuten musterte, fand er, daß sie aus ungefähr tausend Mann zu Fuß und hundert zu Pferde bestanden, die tlascalanischen Aushebungen ungerechnet. Unter dem Fuß-

volk waren ungefähr hundert Büchsen- und ebensoviel Armbrustschützen, und der von Narvaez herübergebrachte Teil des Heeres
war vortrefflich ausgerüstet. Doch standen diese Leute gegen seine
eigenen alten Krieger in Dingen zurück, die besser sind als äußere
Stattlichkeit — in Kriegszucht und Vertrautheit mit dem eigentümlichen Dienste, zu dem sie eben gebraucht wurden.

Als die Spanier diese freundlichen Gegenden verließen, schlugen
sie eine mehr nördliche Richtung ein, als einen geraden Weg in
das Tal, im Vergleich zu dem, auf welchem sie vorher in dasselbe
vorgedrungen waren. Es war die Straße von Tezcuco. Sie nötigte
sie aber doch, dieselbe kühne Reihe der Kordilleren zu erklimmen,
welche ihre größte Erhebung in den beiden mächtigen Vulkanen
erreicht, an deren Fuß sie vorher vorübergezogen waren. Die
Seitenwände der Sierra waren mit dunklen Pinien-, Zypressen-
und Zedernwäldern bekleidet, durch welche sich hin und wieder
Durchblicke in die unergründlichen Einschnitte und Täler öffneten, deren Tiefen sich fern hinab in die schwüle Hitze der Wendekreise mit ihrer blühenden Wildnis des Pflanzenwuchses verloren.
Von dem Kamm der Bergesreihe streifte das Auge über die breite
Landfläche, die sie kürzlich durchzogen hatten, weithin bis zu den
grünen Ebenen von Cholula. Gegen Westen blickten sie auf das
mexikanische Tal hinab, von einem ganz anderen Standpunkte
aus, als der, den sie vorher eingenommen hatten, der aber noch
das nämliche schöne Schauspiel darbot, mit seinen im Lichte zitternden Seen, seinen heiteren Städten und darauf schwimmenden
Landhäusern, seinen glänzenden, durch Flammen bezeichneten
Teocallis, seinen angebauten Abhängen und dunklen Porphyr-
hügeln, die in dämmernde Ferne, bis zum Rande des Gesichtskreises fortstrichen. Zu ihren Füßen lag die Stadt Tezcuco, die,
bescheiden hinter ihren Zypressenhainen verborgen, einen Gegensatz zu ihrer stolzeren Nebenbuhlerin auf der anderen Seite des
Sees bildete, die in dem unverschleierten Glanze ihrer Reize als
Gebieterin des Tales zu prunken schien.

Als sie in die bevölkerten Ebenen hinabstiegen, war ihr Empfang
bei den Eingeborenen sehr verschieden von dem, dessen sie bei

ihrem vorigen Besuch sich erfreut hatten. Da wir kein neugieriges Landvolk in Haufen versammelt zu sehen, die sie beim Vorübergehen anstaunten und ihnen ihre einfache Gastfreundschaft anboten. Die Lebensmittel, die sie forderten, wurden nicht verweigert, aber auf eine so ungefällige Weise gewährt, daß man bemerken konnte, der Segen der Geber begleite sie nicht. Dieses zurückhaltende Wesen wurde noch bemerklicher, als das Heer in der Vorstadt der ehemaligen Hauptstadt der Acolhuaner eintrat. Niemand kam heraus, sie zu begrüßen, und die Bevölkerung schien zusammengeschmolzen zu sein — so viele waren zu dem nahen Schauplatz der Feindseligkeiten in Mexiko abgegangen. Ihr kalter Empfang war eine empfindliche Kränkung für Cortez' alte Krieger, die, nach dem Vergangenen urteilend, gegen ihre neuen Gefährten mit dem Eindruck geprahlt hatten, den ihr Erscheinen bei den Eingeborenen machen würde. Der Kazike des Ortes, der, wie man sich erinnern wird, durch den Einfluß von Cortez ernannt worden, war selbst abwesend. Der Befehlshaber zog aus allen diesen Umständen eine üble Vorbedeutung, die in seinem Gemüte auch eine unheimliche Besorgnis für das Schicksal der Besatzung in Mexiko erzeugte.

Aber seine Zweifel wurden bald durch die Ankunft eines Boten aus jener Stadt in einem Kanu zerstreut, der aus derselben durch die Nachlässigkeit des Feindes oder vielleicht durch dessen Nachsicht entkommen war. Er brachte Nachrichten von Alvarado, der seinem Befehlshaber anzeigte, daß die Mexikaner seit den letzten vierzehn Tagen sich tätlicher Feindseligkeiten enthalten und ihre Unternehmungen in eine Einschließung verwandelt hätten. Die Besatzung hatte bedeutend gelitten, aber Alvarado drückte seine Überzeugung aus, daß beim Herannahen seiner Landsleute die Belagerung aufgehoben und die Ruhe wiederhergestellt werden würde. Auch Montezuma sandte eine Botschaft desselben Inhaltes. Zu gleicher Zeit sprach er sich von jedem Anteil an den letzten Feindseligkeiten frei, die, wie er sagte, nicht nur ohne sein Mitwissen, sondern auch gegen seine Neigung und trotz seiner Gegenbemühungen stattgefunden hätten.

Als der spanische Feldherr nun lange genug haltgemacht hatte, um seine ermüdeten Truppen sich erfrischen zu lassen, setzte er seinen Marsch längs des südlichen Randes des Sees wieder fort, der ihn über den nämlichen Dammweg führte, auf welchem er früher in die Hauptstadt gekommen war. Es war am Johannes-der-Täufer-Tag, dem 24. Juni 1520. Aber wie verschieden war der Anblick von dem seines früheren Einzuges. Jetzt hatte die Menge nicht die Landstraße besetzt, keine Boote mit bewundernden Zuschauern schwärmten auf dem See umher. Nur ein einzelnes Boot war in der Entfernung zu sehen, gleich einem Kundschafter, der verstohlen ihre Bewegungen beobachtete und in dem Augenblick wieder fortschoß, wo es die Aufmerksamkeit auf sich gezogen hatte. Eine Totenstille war über das ganze Schauspiel verbreitet — eine Stille, die lauter zum Herzen sprach als die Ausrufe der Menge.

Cortez ritt niedergeschlagen an der Spitze seiner Kriegshaufen, da er ohne Zweifel in diesen veränderten Umständen hinreichenden Stoff zum Nachdenken fand. Gleichsam als wollte er diese trüben Gedanken verscheuchen, ließ er seine Trompeten erschallen und ihre lauten, gellenden Töne, die über das Wasser hinweg gehört wurden, verkündeten den Bewohnern der belagerten Festung, daß ihre Freunde in der Nähe seien. Es wurde ihnen durch einen freudigen Kanonendonner geantwortet, der den Truppen eine augenblickliche Aufheiterung zu gewähren schien, als sie mit beschleunigten Schritten über die große Zugbrücke gingen und sich zum zweiten Male innerhalb der Mauern der kaiserlichen Stadt befanden.

Der Anblick der Dinge hier war nicht geeignet, ihre Besorgnisse zu mildern. An einigen Stellen sahen sie die kleineren Brücken fortgenommen, was jetzt, wo ihre Fahrzeuge zerstört waren, nur zu deutlich zeigte, wie leicht es sein würde, ihnen den Rückzug abzuschneiden. Die Stadt schien selbst veröderter als Tezcuco. Ihre einst geschäftige und zahlreiche Bevölkerung war geheimnisvoll verschwunden. Und als die Spanier durch die leeren Straßen zogen, tönten die Tritte ihrer Pferde auf dem Pflaster in einem dumpfen und traurigen Widerhall zurück, der ihnen schwer aufs Herz fiel. Mit trüben Gefühlen erreichten sie die großen Tore des Palastes von Axayacatl. Die Tore wurden aufgemacht, und als Cortez und seine alten Krieger hineineilten, wurden sie von ihren Waffengefährten herzlich umarmt, wo dann beide Teile bald die Gegenwart über die anziehende Erinnerung an die Vergangenheit vergaßen.

Die erste Frage des Befehlshabers betraf den Ursprung des Aufstandes. Die Erzählungen waren verschieden. Einige schrieben ihn dem Wunsche der Mexikaner zu, ihren Herrscher aus der Gefangenschaft zu erlösen; andere der Absicht, die durch die Abwesenheit von Cortez und ihrer Landsleute gelähmte Besatzung abzuschneiden. Alle stimmten indes darin überein, die unmittelbare Veranlassung dazu der Heftigkeit Alvarados beizumessen. Es war bei den Azteken gebräuchlich, jährlich im Mai ein Fest zu Ehren ihres schützenden Kriegsgottes zu feiern: dieses hieß „die Weihrauchspende an Huitzilopotchli" und wurde durch Opfer, religiöse Gesänge und Tänze begangen, woran die meisten Edelleute teilnahmen; denn es war eines der großen Feste, wobei sich der Prunk des aztekischen Gottesdienstes entfaltete. Da dasselbe im Hofe des Teocalli, in der unmittelbaren Nähe der spanischen Wohnungen abgehalten wurde und ein Teil des Tempels selbst für eine christliche Kapelle vorbehalten war, so fragten die Kaziken Alvarado um Erlaubnis, ihre Gebräuche dort zu vollziehen. Sie sollen auch verlangt haben, daß man Montezuma gestatte, zugegen zu sein. Dieses letztere Gesuch lehnte Alvarado infolge der ihm von Cortez erteilten Weisung ab, bewilligte aber das erstere unter der Bedingung, daß die Azteken kein Menschenopfer bringen und ohne Waffen erscheinen sollten.

Sie versammelten sich daher an dem bestimmten Tage, bis zur Anzahl von sechshundert, nach der geringsten Schätzung. Sie waren in ihre glänzendsten Prachtanzüge gekleidet, ihre zierlichen Mäntel aus Federarbeit, mit kostbaren Steinen besät, und Hals, Arme und Beine mit goldenen Ketten und Bändern geschmückt. Sie hatten jenen Geschmack an bunter Pracht, der halbgebildeten

Völkern eigen ist, und bei solchen Gelegenheiten trugen sie den ganzen Staat und Aufwand ihres rohen Kleiderschatzes zur Schau. Alvarado und seine Soldaten waren als Zuschauer anwesend, indem einige sich, wie von ungefähr, an den Toren aufstellten, andere sich unter die Menge mischten. Sie waren alle bewaffnet, ein Umstand, der, da er gewöhnlich stattfand, keine Aufmerksamkeit erregte. Die Azteken waren bald hingerissen von den aufregenden Bewegungen ihres mit religiösen Gesängen und wilder, mißtönender Musik begleiteten Tanzes. Während sie damit beschäftigt waren, stürzten auf ein verabredetes Zeichen Alvarado und seine Leute mit gezogenen Schwertern auf ihre Schlachtopfer los. Weder durch Rüstungen noch Waffen irgend einer Art geschützt, wurden sie ohne Widerstand von den Angreifenden niedergehauen, die in ihrem blutigen Werke, sagt ein Zeitgenosse, keine Spur von Mitleid oder Reue zeigten. Einige flohen nach den Türen, wurden aber auf den langen Piken der Soldaten aufgefangen. Andere, welche den Coatepantli oder die Schlangenmauer, wie man ihn nannte, zu ersteigen versuchten, der den freien Platz umgab, hatten das gleiche Schicksal, oder wurden in Stücke gehauen, oder von dem grausamen Kriegsvolke niedergeschossen. Auf dem Pflaster, sagt ein damaliger Schriftsteller, floß das Blut in Strömen, wie Wasser bei einem heftigen Regenguß. Nicht ein Aztek von der ganzen fröhlichen Gesellschaft wurde am Leben gelassen! Es war die Wiederholung des schrecklichen Auftrittes in Cholula, mit der schändlichen Zugabe, daß die Spanier, nicht zufrieden mit dem Tode ihrer Opfer, sie auch noch des kostbaren Schmuckes, den sie trugen, beraubten! An diesem unglücklichen Tage fiel die Blüte des aztekischen Adels. Nicht eine ausgezeichnete Familie blieb in ihrem Hause von Trauer und Verzweiflung verschont. Und manches schmerzliche Gedicht, das die traurigen Einzelheiten der Geschichte erzählte und den klagenden Volksliedern angepaßt war, wurde von den Eingeborenen noch lange nach der Unterjochung des Landes gesungen.

Man hat diese gräßliche Tat verschiedentlich zu erklären versucht. Aber wenige Geschichtschreiber haben sich bei der von Alvarado selbst gegebenen Erklärung beruhigt. Derselben zufolge hätte er durch seine geheimen Kundschafter — von denen einige Mexikaner waren — von einer beabsichtigten Empörung der Indianer Nachricht erhalten. Die Feier dieses Festes war als die Zeit der Ausführung bestimmt, wo die Kaziken zusammenkommen und dann leicht das Volk aufregen konnten, ihnen beizustehen. Da Alvarado von allem diesen unterrichtet war, hatte er ihnen verboten, bei ihrer Zusammenkunft Waffen zu tragen. Während sie sich gestellt, als fügten sie sich darein, hätten sie ihre Waffen in den nahe gelegenen Zeughäusern versteckt, aus denen sie dieselben sogleich wieder erhalten konnten. Aber sein eigener Streich, der dem ihrigen zuvorkam, habe den Plan zerstört und würde, wie er zuversichtlich hoffe, die Azteken von einem ähnlichen Versuche für die Folge abschrecken.

So ist die Erzählung der Sache, die Alvarado gibt. Aber wenn sie wahr ist, warum hat er nicht seine Behauptung dadurch bestätigt, daß er die verheimlichten Waffen vorzeigte? Warum hat er sein Betragen nicht in den Augen der Mexikaner überhaupt gerechtfertigt, dadurch, daß er den Verrat der Edelleute öffentlich bekanntmachte, wie es von Cortez zu Cholula geschehen war? Das Ganze sieht sehr wie eine nach begangener Tat ersonnene Entschuldigung aus, um deren Scheußlichkeit zu beschönigen.

Einige Zeitgenossen schreiben dem Gemetzel einen ganz anderen Grund zu, der ihnen zufolge in der Habgier der Eroberer lag, die sie bei der Plünderung der Leichname ihrer Schlachtopfer gezeigt. Bernal Diaz, der zwar nicht selbst gegenwärtig war, aber doch vertrauliche Unterredungen mit solchen, die dabei waren, gehabt hat, spricht sie von der Beschuldigung dieses unwürdigen Beweggrundes frei. Nach ihm führte Alvarado den Streich, um die Azteken von jeder aufrührerischen Bewegung abzuschrecken. Aber ob er Ursache hatte, so etwas zu befürchten, oder ob er sich vor dem Gemetzel nur besorgt gestellt, sagt uns der alte Zeitgeschichtschreiber nicht.

Wenn man darüber nachdenkt, so scheint es kaum möglich, daß eine so schändliche Tat und eine, welche die Spanier selbst so vieler Gefahr aussetzte, aus dem bloßen Wunsche verübt worden sein sollte, sich den Besitz der unbedeutenden Dinge zu verschaffen, welche die Eingeborenen an sich trugen. Es ist wahrscheinlicher, daß dieser Gedanke nachher erst in dem räuberischen Kriegsvolke beim Anblick der vor ihnen ausgebreiteten Beute entstand. Es ist nicht unwahrscheinlich, daß Alvarado Gerüchte von einer Verschwörung unter den Edelleuten vernommen haben mag — Gerüchte, die vielleicht von den Tlascalanern, ihren hartnäckigen Feinden, herrührten und aus diesem Grunde sehr wenig Glauben verdienten. Er nahm sich vor, sie zu ersticken, indem er das Beispiel seines Befehlshabers in Cholula nachahmte. Aber er versäumte es, seinem Anführer auch darin nachzuahmen, daß er Vorsichtsmaßregeln gegen den daraus erfolgenden Aufstand der Volksmasse traf, und verrechnete sich bedeutend, wenn er den kühnen und kriegerischen Azteken mit dem weichlichen Cholulaner verwechselte.

Kaum war die Metzelei vollbracht, als die Nachricht davon sich wie ein Lauffeuer durch die Hauptstadt verbreitete. Die Menschen trauten ihren Sinnen nicht. Alles, was sie bisher gelitten, die Entweihung ihrer Tempel, die Gefangennehmung ihres Herrschers, die auf denselben gehäufte Schmach, alles trat vor dieser einen Tat zurück. Jedes Gefühl lange unterdrückter Feindschaft und Erbitterung brach jetzt im Geschrei nach Rache hervor. Jede frühere Empfindung abergläubischer Furcht war in der eines unerlöschlichen Hasses untergegangen. Es bedurfte keiner Anstrengung der Priester — wiewohl es auch daran nicht fehlte —, diese Leidenschaft zur Flamme anzufachen. Die Stadt erhob sich in Waffen wie ein Mann, und bei der nächsten Morgendämmerung, fast noch ehe die Spanier sich in ihre Verschanzungen begeben konnten, wurden sie mit verzweifelter Wut angegriffen. Einige der Angreifenden versuchten die Wälle zu ersteigen; anderen gelang es, die Festungswerke teilweise zu untergraben und Feuer darin anzulegen. Ob sie es dahin gebracht haben würden, den Platz durch Sturm einzunehmen, ist ungewiß. Aber auf die Bitten der Besatzung verwendete sich Montezuma selbst für sie, und die Zinnen ersteigend, redete er den Pöbel an, dessen Wut er durch Rücksichten auf seine eigene Sicherheit zu mildern suchte. Sie achteten ihren Herrscher so sehr, daß sie von ferneren Versuchen, die Festung zu stürmen, abstanden und ihre Angriffe in eine regelrechte Einschließung verwandelten. Sie warfen Verschanzungen rings um den Palast auf, um den Ausgang der Spanier zu verhüten. Sie hoben den Tianguez oder Markt auf, um dadurch ihren Feinden die Möglichkeit, Lebensmitteln zu erhalten, abzuschneiden; alsdann setzten sie sich ruhig hin mit Gefühlen trüber Verzweiflung und warteten die Zeit ab, wo Hungersnot ihnen ihre Opfer in die Hände liefern werde.

Der Zustand der Belagerten war unterdes ein sehr betrübter. Ihre Vorräte von Lebensmitteln waren allerdings noch nicht erschöpft; aber sie litten gewaltigen Mangel an Wasser, das innerhalb der Umwallung außerordentlich salzig war, denn der Boden war mit dem Salz des umgebenden Wassers gesättigt. In dieser Not entdeckten sie, wie man sagt, eine Quelle frischen Wassers auf dem freien Tempelplatze. Solche Quellen kannte man in einigen anderen Teilen der Stadt; aber unter diesen Umständen entdeckt, wurde sie für nichts Geringeres als ein Wunder erklärt. Auch litten sie viel von ihren vorangegangenen Treffen. Sieben Spanier und viele Tlascalaner waren gefallen, und es gab kaum einen von beiden Völkern, der nicht mehrere Wunden erhalten hätte. In dieser Lage, weit entfernt von ihren Landsleuten, ohne Aussicht auf Hilfe von außerhalb, schien ihnen keine andere Wahl bevorzustehen, als ein langsamer Tod durch Hunger oder ein noch mehr fürchterlicher auf dem Opferaltar. Aus diesem traurigen Zustande wurden sie durch die Ankunft ihrer Gefährten befreit.

Cortez hörte ruhig Alvarados Erklärung an. Aber ehe sie zu Ende war, muß sich ihm die Überzeugung aufgedrängt haben, daß er für diesen wichtigen Posten eine unrichtige Wahl getroffen habe. Dennoch war der Mißgriff natürlich. Alvarado war ein Edelmann von hoher Familie, tapfer und ritterlich und sein warmer persönlicher Freund. Er hatte Kriegsfähigkeiten, besaß Festigtigkeit und Unerschrockenheit, während sein offenes und blendendes Wesen den Tonatiuh zum besonderen Liebling der Mexikaner machte. Aber unter diesem glänzenden Äußern verbarg der künftige Eroberer von Guatemala ein heftiges, habgieriges und grausames Gemüt. Zugleich fehlte ihm jene Mäßigung, welche in der schwierigen Stellung, die er einnahm, eine Eigenschaft von größerem Wert als alles übrige war.

Als Alvarado alle die verschiedenen Fragen von Cortez beantwortet hatte, verfinsterte sich die Stirn des letzteren und er sagte zu seinem Stellvertreter: „Ihr habt Eure Sache schlecht gemacht. Ihr habt dem auf Euch gesetzten Vertrauen nicht entsprochen. Euer Betragen war das eines Verrückten!" Und sich plötzlich umkehrend, verließ er ihn in unverhehltem Ärger.

Indes war dies keine Zeit mit jemand zu brechen, der so beliebt und ihm in vielen Rücksichten so wichtig war wie dieser Führer, und noch weniger ihm die Strafe aufzuerlegen, die er verdient hatte. Die Spanier glichen Seefahrern bei schwerem Sturme, deren Fahrzeug nichts als die Gewandtheit des Steuermannes und die kräftige Mitwirkung des Schiffsvolkes vor Untergang retten kann. Uneinigkeiten in einem solchen Augenblick mußten verderblich werden. Cortez fühlte sich allerdings stark bei seinen gegenwärtigen Hilfsquellen. Er befand sich an der Spitze einer Streitmacht, die sich auf kaum weniger als zwölfhundertfünfzig Spanier und achttausend eingeborene Krieger, hauptsächlich tlascalanische, belief. Aber wenn er sich auch darauf verließ, den offenen Widerstand zu ersticken, so wurde durch die Vermehrung der Anzahl die Schwierigkeit des Unterhaltes größer. Unzufrieden mit sich selbst, aufgebracht gegen seinen Offizier und durch die unglücklichen Folgen in Verlegenheit gesetzt, in welche Alvarados Maßlosigkeit ihn verwickelt hatte, wurde er reizbar und überließ sich einer Heftigkeit, die ihm keineswegs eigen war; denn war er auch von Natur ein Mensch von heftigen Leidenschaften, so wußte er sie gewöhnlich zu zügeln.

An dem Tage, wo Cortez ankam, hatte Montezuma seine eigene Wohnung verlassen, um ihn zu bewillkommnen. Aber seiner Aufrichtigkeit, wie es schien, wiewohl mit Unrecht, mißtrauend, empfing ihn der spanische Befehlshaber so kalt, daß der indianische Herrscher sich mißvergnügt und niedergeschlagen in sein Gemach zurückzog. Da das mexikanische Volk keine Anstalt zur Unterwerfung machte und dem Heere keine Lebensmittel zuführte, währte die Mißstimmung des Befehlshabers gegen den Kaiser fort. Als daher Montezuma einige seiner Edelleute abschickte, um eine Zusammenkunft mit Cortez zu verlangen, rief dieser, zu seinen Offizieren gewendet, hochmütig aus: „Was habe ich mit diesem Hunde von König zu tun, der es zuläßt, daß wir vor seinen Augen verhungern?"

Seine Hauptleute, unter denen sich Olid, de Avila und Velasquez de Leon befanden, bemühten sich, seinen Ärger zu besänftigen, indem sie ihn in ehrerbietigen Ausdrücken darauf aufmerksam machten, daß, wenn nicht der Kaiser gewesen wäre, die Besatzung jetzt schon vom Feinde überwältigt sein möchte. Diese Vorstellung brachte ihn nur noch mehr auf. „Hat uns der Hund", fragte er, die schimpfliche Benennung wiederholend, „nicht in seinen Verbindungen mit Narvaez betrogen? Und läßt er uns jetzt nicht seine Märkte verschließen, um uns vor Hunger sterben zu lassen?" Hierauf wendete er sich wütend gegen die Mexikaner und sagte: „Geht und sagt eurem Gebieter und seinem Volke, daß sie die Märkte öffnen, oder wir werden es statt ihrer auf ihre Unkosten tun!" Die Häuptlinge, welche den Inhalt seiner vorherigen Schmähung ihres Herrschers aus Ton und Gebärden entnommen oder vielleicht durch einige Kenntnis der Sprache verstanden hatten, gingen heftig ergrimmt fort, und bei der Mitteilung seines Auftrages waren sie bedacht, diesen nichts von seiner Wirkung verlieren zu lassen.

Kurz darauf setzte Cortez, wie man sagt, auf Montezumas Verwendung, dessen Bruder Cuitlahua, Fürst von Iztapalapan, in Freiheit, der, wie man sich erinnern wird, aus Verdacht seiner Mitwirkung an der von dem Häuptling von Tezcuco beabsichtigten Empörung festgenommen worden war. Man glaubte, daß er zur Beilegung des gegenwärtigen Aufruhres dienen und das Volk zu besseren Gesinnungen bringen könnte. Aber er kehrte nicht wieder nach der Festung zurück. Er war ein kühner, ehrgeiziger Prinz und die Beleidigungen, die er von den Spaniern erfahren, nagten tief an seinem Herzen. Er war der mutmaßliche Erbe der Krone, welche nach den aztekischen Thronfolgegesetzen häufiger in einer Seiten- als in der geraden Linie forterbte. Das Volk begrüßte ihn als den Stellvertreter ihres Landesherrn und wählte ihn, Montezuma während seiner Gefangenschaft zu ersetzen. Cuitlahua nahm das Amt der Ehre und Gefahr bereitwillig an. Er war ein erfahrener Krieger und gab sich Mühe, die in Unordnung geratenen Aushebungen wieder zu regeln und einen wirksamen Unternehmungsplan anzuordnen. Die Wirkung wurde bald sichtbar. Cortez bezweifelte indes so wenig, daß er imstande sein würde, die Empörer zur Ruhe zu bringen, daß er dies an die Besatzung von Villa Rica schrieb, und zwar in demselben Briefe, worin er sie von seiner glücklichen Ankunft in der Hauptstadt benachrichtigte. Aber kaum war sein Bote eine halbe Stunde gegangen, als er atemlos, erschrocken und mit Wunden bedeckt zurückkam. „Die Stadt stehe unter Waffen," sagte er, „die Zugbrücken seien aufgezogen und der Feind werde bald über sie herfallen." Er sprach die Wahrheit. Es währte nicht lange, da hörte man einen heiseren, dumpfen Ton, gleich dem des Brausens eines fernen Gewässers. Es wurde immer lauter und lauter, bis man von der Brustwehr, welche die Umwallung umgab, die großen Zugänge, die zu derselben führten, ganz schwarz von Kriegermassen sah, die in einer ungeordneten Flut auf die Festung zuströmten. Zu gleicher Zeit waren die Erdstufen und Azoteas oder flachen Dächer in der Nähe gedrängt voll von Kriegern, die ihre Wurfgeschosse schwangen und wie durch Zauberei entstanden zu sein schienen! Es war ein Schauspiel, das auch den Mutigsten schrecken mußte. Aber der finstere Sturm, zu dem es das Vorspiel war, und der sich schwärzer und schwärzer rings um die Spanier während der übrigen Zeit ihres Aufenthaltes in der Hauptstadt zusammenzog, muß den Gegenstand eines besonderen Buches bilden.

VIERTES BUCH

ERSTES HAUPTSTÜCK

Verzweifelter Angriff auf das Hauptquartier | Wut der Mexikaner | Ausfall der Spanier | Montezuma redet das Volk an | Er wird gefährlich verwundet

1520

Der Palast des Axaytcatl, in dem die Spanier untergebracht waren, war, wie der Leser sich erinnern wird, eine große, unregelmäßige Masse von steinernen Gebäuden, die nur ein Stockwerk hatten, ausgenommen im Mittelpunkt, wo noch eine Reihe von Gemächern, die sich wie kleine Türmchen auf dem Hauptgebäude erhoben, als zweites Stockwerk hinzugefügt war. Ein weiter Vorplatz lief ringsherum, der von einer steinernen, nicht sehr hohen Mauer eingeschlossen war. Dieser war in bestimmten Zwischenräumen von Türmen oder Bollwerken gestützt, welche ihr einige Festigkeit gaben, allerdings nicht in Vergleich mit europäischen Befestigungen, aber doch hinreichend, den rohen Wurfgeschossen der Indianer Widerstand zu leisten. Die Brüstung war hie und da mit Schießscharten für das Geschütz durchbrochen, das aus dreizehn Kanonen bestand; auch waren kleinere Öffnungen an anderen Stellen zum Gebrauch der Büchsenschützen gemacht. Die Spanier fanden bequemes Unterkommen innerhalb des großen Gebäudes; aber die zahlreichen Haufen tlascalanischer Hilfstruppen konnten kein anderes Obdach erhalten, als in eilig dazu in den geräumigen Höfen errichteten Hütten oder Schuppen. Die meisten von ihnen brachten wahrscheinlich die Nacht unter freiem Himmel zu, bei einem Wärmegrade, der milder war als der, an welchen sie in den rauhen Gebirgen ihres Geburtslandes gewöhnt waren. So in einem kleinen, engen Raume zusammengedrängt, konnte das ganze Heer in einem Augenblick versammelt werden; und da der spanische Befehlshaber darauf bedacht war, die strengste Manneszucht und Wachsamkeit aufrecht zu erhalten, war es kaum möglich, daß er überrumpelt werden konnte. Kaum hatte daher auf die Nachricht von dem Nahen des Feindes die Trompete zu den Waffen gerufen, als jeder Soldat auf seinem Posten, die Reiterei zu Pferde, die Geschützleute bei ihren Kanonen und die Büchsen- und Armbrustschützen so aufgestellt waren, um die Angreifenden herzhaft zu empfangen. Sie kamen an, jede einzelne Hauptmannschaft oder unregelmäßige Abteilung, in welche die Menge geteilt war, in einer dichten Säule vorrückend, mit mancher bunten, wehenden Fahne und im Schimmer des von Helmen, Pfeil- und Lanzenspitzen, die in ihrem unordentlichen Aufzuge durcheinanderwogten, zurückgeworfenen Lichtes. Als sie sich der Umzäunung näherten, erhoben die Azteken ein gräßliches Geschrei oder vielmehr jenes gellende Pfeifen, das bei den Völkern Anahuacs in Gefechten gebräuchlich war und das den Laut der Muschel und Trommel und ihre anderen rohen, kriegerischen Tonwerkzeuge übertönte. Sie ließen darauf eine Masse von Wurfgeschossen — Steine, Wurfspieße und Pfeile — folgen, die wie Regen auf die Belagerten herabfiel, während Ladungen derselben Art von den mit Menschen vollgedrängten Erdstufen in der Nähe auf sie herunterkamen.

Die Spanier warteten, bis die vorderste Heeresreihe in die richtige Entfernung gekommen war, um von ihrem Feuer wirksam erreicht zu werden, wo dann ein allgemeines Abfeuern der Kanonen und Büchsen die Reihen der Angreifenden fortraffte und sie zu Hunderten niedermähte. Die Mexikaner kannten den Knall dieser furchtbaren Maschinen, da sie bei einigen Festtagsfeierlichkeiten unschädlich abgeschossen worden waren; aber nie hatten sie bisher ihre mörderische Gewalt gesehen. Sie standen einen Augenblick entsetzt da, als sie mit irren Blicken unter der Wut des Feuers schwankten, aber bald wieder gesammelt, erhoben die Wilden einen durchdringenden Schrei und stürzten über die hingestreckten Leichname ihrer Gefährten vor. Eine zweite und dritte Ladung hielt sie im Vordringen auf und brachte sie in Unordnung, aber dennoch drängten sie, eine Wolke von Pfeilen losschießend, vorwärts, während ihre Gefährten auf den Dächern der Häuser ruhiger auf die Streiter im Hofe zielten. Die Mexikaner waren besonders geschickt im Gebrauch der Schleuder; und die Steine, welche sie von ihrer erhöhten Stellung auf die Köpfe ihrer Feinde schleuderten, taten selbst größere Wirkung als die Pfeile. Sie glitten allerdings von den panzerbedeckten Körpern der Ritter und von denen ab, die unter der baumwollenen Rüstung oder Escaupil geschützt waren. Aber einige von den Soldaten, besonders die alten Krieger von Cortez, und viele ihrer indianischen Verbündeten waren nur leicht geschützt und hatten von diesem Steinhagel viel zu leiden.

Währenddessen waren die Azteken bis dicht unter die Mauern der Verschanzung vorgedrungen, ihre Reihen gebrochen und in Unordnung gebracht und ihre Glieder zerrissen von dem unablässigen Feuer der Christen. Aber sie drängten dennoch bis zur Mündung der Kanonen vorwärts. Sie suchten die Brüstung zu ersteigen, was wegen ihrer mäßigen Höhe an sich keine sehr schwere Aufgabe war. Aber im Augenblick, wo sie ihre Köpfe über dem Wall sehen ließen, wurden sie von den nicht fehlenden Schützen niedergeschossen oder von dem Hiebe eines tlascalanischen Maquahuitl hingestreckt. Nichts schreckte sie; es erschienen sogleich andere, welche die Stellen der Gefallenen einnahmen und, indem sie sich auf den zuckenden Körpern ihrer sterbenden Gefährten erhoben oder ihre Speere in die Spalten der Mauern feststeckten, die Schranken zu übersteigen versuchten. Aber auch dieser Versuch erwies sich fruchtlos.

Hier geschlagen, versuchten sie eine Bresche in die Brustwehr zu machen, indem sie mit schweren Balken dagegen stießen. Die Befestigungswerke waren nicht nach den wissenschaftlichen Grundsätzen gebaut, wonach ein Teil dazu eingerichtet ist, den anderen zu überragen und zu schützen. Die Belagerer konnten daher ruhig vornehmen was sie mochten, ohne von der Besatzung inwendig großen Schaden zu leiden, deren Geschütze nicht so gestellt werden konnten, um sie zu treffen, und die keines ihrer Verteidigungswerke ersteigen konnten, ohne ihre Körper den Wurfgeschützen des Belagerungsheeres auszusetzen. Die Brustwehr erwies sich jedoch als zu stark für die Anstrengung der Angreifenden. In ihrer

Verzweiflung suchten sie das christliche Lager anzuzünden, indem sie brennende Pfeile hineinschossen und so weit hinaufkletterten, daß sie ihre Feuerbrände durch die Schießscharten werfen konnten. Das Hauptgebäude war von Stein. Aber die schnell errichteten Befestigungswerke der indianischen Verbündeten und einige Teile der äußeren Werke waren von Holz. Einige von diesen fingen Feuer, und die Flamme verbreitete sich schnell in den leichten, brennbaren Stoffen. Dies war ein Unglück, auf welches die Belagerten gar nicht vorbereitet waren. Sie hatten wenig Wasser, kaum genug zu ihrem eigenen Gebrauch. Sie suchten die Flammen dadurch zu löschen, daß sie Erde darauf häuften; aber vergebens. Glücklicherweise bestand das große Gebäude aus Stoffen, die dem zerstörenden Elemente trotzten. Aber das Feuer wütete in einigen der Außenwerke, die mit der Brustwehr zusammenhingen, auf eine solche Weise, daß man demselben nur Einhalt tun konnte, indem man einen Teil der Mauer selbst niederriß und so eine furchtbare Bresche öffnete. Diese wurde auf Befehl des Feldherrn schnell durch einen Stand schwerer Geschütze und eine Reihe von Büchsenschützen gesichert, die durch die Öffnung unablässig auf die Angreifenden feuerten.

Jetzt raste das Gefecht mit Wut auf beiden Seiten. Aus den Mauern rings um den Palast brach ein unaufhörliches Rauch- und Feuermeer hervor. Das Stöhnen der Verwundeten und Sterbenden verlor sich in dem wilden Schlachtgeschrei der Kämpfenden, dem Krachen der Kanonen, dem schärferen Geprassel des Gewehrfeuers und dem zischenden Tone der indianischen Wurfgeschosse.

Endlich kam die Nacht heran und deckte ihren freundlichen Mantel über den Kampf. Die Azteken fochten selten bei Nacht. Sie brachte den Spaniern indes wenig Ruhe, da sie in stündlicher Erwartung eines Angriffes waren; auch fanden sie hinreichende Beschäftigung durch Ausfüllung der Breschen in ihren Verteidigungswerken und Ausbesserung ihrer zerstoßenen Rüstungen. Die Schar der Belagerer lag die Nacht über unter Waffen und gab von Zeit zu Zeit durch das Werfen von Steinen oder Wurfspießen über die Mauerzinnen oder durch vereinzelten Herausforderungsruf eines vorzugsweise mutigen Kriegers Zeichen ihrer Anwesenheit, bis sich alle anderen Laute in dem unsicheren und unbestimmten Gemurmel verloren, das in der Nähe einer großen Versammlung in der Luft schwirrt.

Auf die von den Mexikanern gezeigte Wildheit scheint Cortez gar nicht vorbereitet gewesen zu sein. Seine bisherige Erfahrung, seine ununterbrochene Siegeslaufbahn mit einer viel schwächeren, ihm zu Gebote stehenden Kriegsmacht hatte ihn verleitet, die kriegerische Wirksamkeit, wenn auch nicht den Mut der Indianer, zu gering anzuschlagen. Die scheinbare Leichtigkeit, womit die Mexikaner sich die Beleidigungen gegen ihren Herrscher und gegen sich selbst hatten gefallen lassen, hatte ihn veranlaßt, namentlich ihre Entschlossenheit zu gering zu achten. Er konnte nicht glauben, daß der gegenwärtige Angriff etwas anderes sei, als ein augenblickliches Aufbrausen des großen Haufens, das bald durch seine eigene Wut erlöschen würde. Und er beschloß, am folgenden Tage einen Ausfall zu machen und seinen Feinden eine solche Züchtigung aufzuerlegen, die sie zur Besinnung bringen und ihnen zeigen sollte, wer Meister in der Hauptstadt sei.

Mit der frühen Morgendämmerung waren die Spanier auf und unter Waffen, jedoch nicht eher, als schon ihre Feinde Zeichen von Feindseligkeit durch Wurfgeschosse gegeben, die sie von Zeit zu Zeit auf gut Glück in die Umzäunung schossen. Als das graue Morgenlicht heller wurde, zeigte es, wie das Belagerungsheer, weit entfernt, der Anzahl nach vermindert zu sein, den großen Platz und die benachbarten Zugänge in dichteren Haufen als am Abend vorher anfüllte. Statt eines verwirrten, unordentlichen Pöbelhaufens hatte es fast das Ansehen einer regelmäßigen Kriegsmacht mit seinen Heereshaufen, unter den dazu gehörenden Fahnen verteilt, deren Sinnbilder einen Beitrag aus den vorzüglichsten Städten und Bezirken des Tales bewiesen. Hoch über allen übrigen war die alte Fahne von Mexiko sichtbar mit ihrem wohlbekannten Merkmale, einem Adler, der einen Panther in den Krallen hält, auf einem prächtigen Mantel aus Federn gearbeitet. Hie und da sah man Priester, die sich in die Reihen der Belagerer mischten

und sie mit wütenden Gebärden aufreizten, ihre beleidigten Gottheiten zu rächen.

Der größte Teil des Feindes war wenig bekleidet und hatte nur
den Maxtlatl oder Gürtel um die Lenden. Sie waren verschieden-
artig bewaffnet, mit langen, mit Kupfer oder Kiesel beschlagenen
oder zuweilen auch nur zugespitzten und im Feuer gehärteten
Lanzen. Einige hatten Schleudern, andere Wurfpfeile mit zwei
oder drei Spitzen und langen Schnüren daran, woran sie, wenn sie
abgeschossen waren, wieder aus dem Körper des Verwundeten gerissen werden konnten. Dies war eine furchtbare, von den
Spaniern sehr gefürchtete Waffe. Die von höherem Range schwangen den schrecklichen Maquahuitl mit seinen scharfen und spröden
Klingen von Obsidian. Unter den buntscheckigen Kriegerhorden
sah man einige, deren glänzender Anzug und ansehnliches Äußere
Personen von hoher, kriegerischer Bedeutung verriet. Ihre Brust
war durch Metallplatten geschützt, über welche das bunte Ober-
kleid von Federarbeit geworfen war. Sie trugen Helme, deren
Form dem Kopfe irgend eines wilden Tieres glich, mit struppigen
Haaren besetzt und mit hohen und zierlichen Federbüschen von
glänzender Farbe überschattet. Einige wenige waren mit dem
roten, um die Haare gewundenen Bande geschmückt, woran
Büschel von Baumwolle befestigt waren, die durch ihre Anzahl
die Siege bezeichneten, welche sie errungen hatten, sowie ihren
ausgezeichneten Rang unter den Kriegern des Volkes. Die bunte
Versammlung zeigte offenbar, daß Priester, Krieger und Bürger
sich alle vereinigt hatten, um das Getümmel zu vergrößern.

Ehe die Sonne ihre Strahlen in das kastilianische Lager gesandt
hatte, war der Feind in Bewegung und traf augenscheinlich Vorbereitungen zur Erneuerung des Angriffes vom vorigen Tage. Der
spanische Befehlshaber entschloß sich, ihnen durch einen kräftigen
Ausfall zuvorzukommen, wozu er bereits die nötigen Anstalten getroffen hatte. Eine allgemeine Abfeuerung des Kanonen- und
Büchsengeschützes brachte weit und breit den Tod in die Reihen
der Feinde, und ehe sie sich noch von ihrer Verwirrung erholen
konnten, wurden die Tore geöffnet und, an der Spitze seiner

QUETZALCOUATL.

Codex Magliabecchiano XIII./3.

UITZILOPOCHTLI,

der Gott der Mexikaner.

Codex Telleriano Remensis, Fol. 5.

Reiterei, von einer großen Menge Fußvolk und einigen tausend Tlascalanern unterstützt, ritt Cortez in vollem Galopp auf sie zu. Auf solche Weise überrascht, war ein Widerstand kaum möglich. Die, welche ihn leisteten, wurden unter den Füßen der Pferde zertreten, mit den Säbeln in Stücke gehauen oder mit den Lanzen der Reiter durchbohrt. Das Fußvolk setzte die Verfolgung fort, und die Flucht war in dem Augenblicke allgemein.

Aber die Azteken flohen nur, um hinter eine Verschanzung oder einem starken, aus Holz und Erde quer über die große Straße, auf welcher sie verfolgt wurden, aufgeworfenen Schanzwerke Schutz zu suchen. Auf der anderen Seite wieder gesammelt, leisteten sie einen tapferen Widerstand und schossen nun ihrerseits eine Ladung ihrer leichten Geschosse auf die Spanier ab, die, zugleich von den Erdstufen der Häuser aus mit einem Hagel von Wurfstücken begrüßt, in ihrem Vorrücken aufgehalten und in einige Verwirrung gebracht wurden.

Auf diese Weise gehemmt, ließ Cortez einige Stücke schweres Geschütz auffahren, die bald die Verschanzungen fortrissen und einen Durchweg für das Heer frei machten. Aber dies hatte den durch sein rasches Vordringen erlangten Nachdruck verloren. Der Feind hatte Zeit, sich zu sammeln und den Spaniern auf gleicherem Fuße entgegenzutreten. Diese wurden im Vorrücken auch von der Seite durch frische Heerhaufen angegriffen, die aus den anstoßenden Straßen und Gassen herbeiströmten. Die Wassergräben wimmelten von Booten voll Krieger, die mit ihren furchtbaren Wurfspießen jede Spalte oder dünne Stelle in den Rüstungen ausspähten und Verwüstung unter den ungeschützten Körpern der Tlascalaner anrichteten. Durch wiederholte und kräftige Angriffe gelang es den Spaniern, die Indianer vor sich herzutreiben; obgleich viele mit einer Verzweiflung, welche zeigte, daß sie die Rache mehr liebten als ihr Leben, das Vorschreiten der Pferde dadurch zu erschweren suchten, daß sie sich an deren Beine klammerten oder mit besserem Erfolge die Reiter aus den Sätteln zu heben suchten. Und wehe dem unglücklichen Reiter, der so vom Pferde gerissen wurde, um mit dem grausamen Maquahuitl aus der Welt geschafft oder an

Bord eines Kanus zum blutigen Opferaltar geschleppt zu werden! Aber am meisten hatten die Spanier durch die Wurfgeschosse von den Azoteas herab zu leiden, die aus großen Steinen bestanden, die mit einer Gewalt geschleudert wurden, daß der festeste Reiter dadurch aus dem Sattel fallen mußte. Durch diese Ladungen, gegen welche selbst ihre Schilde keinen gehörigen Schutz gewährten, aufs äußerste gereizt, befahl Cortez, Feuer an die Gebäude zu legen. Dies war nicht sehr schwer auszuführen, da sie, obgleich hauptsächlich aus Stein erbaut, mit Matten, Rohrwerk und anderen brennbaren Stoffen angefüllt waren, die bald in Flammen standen. Aber die Häuser waren durch Wassergräben und Zugbrücken voneinander getrennt, so daß die Flammen nicht leicht die danebenliegenden Gebäuden ergreifen konnten. Dadurch war die Mühe der Spanier unendlich vergrößert und ihr Fortschritt im Werke der Zerstörung war — zum Glück für die Stadt — ein verhältnismäßig langsamer. Sie ließen indes in ihren Anstrengungen nicht nach, bis einige hundert Häuser niedergebrannt und der Jammer einer Feuersbrunst, bei welcher die unglücklichen Bewohner zugleich mit den Verteidigern umkamen, sich noch den übrigen Greueln des Schauspieles angeschlossen hatte.

Der Tag war nun fast zu Ende. Die Spanier waren überall siegreich gewesen. Aber der Feind, wiewohl auf jedem Punkte zurückgetrieben, behauptete noch das Schlachtfeld. Sobald er von den wütenden Angriffen der Reiterei durchbrochen war, sammelte er sich bald wieder hinter den einstweiligen Verteidigungswerken, die in mehreren Zwischenräumen über die Straßen aufgeworfen waren, machte kehrt und erneuerte den Kampf mit unvermindertem Mute, bis das Fortraffen der Schranke durch das Geschütz der Angreifenden ihren Pferden einen freien Durchgang gestattete. So war die Schlacht eine Aufeinanderfolge von Sammeln und Zurückziehen, wobei beide Teile viel litten, obgleich der den Indianern zugefügte Verlust zehnmal größer war als der der Spanier. Aber die Azteken konnten den Verlust von hundert Leben besser ertragen, als ihre Gegner den von einem. Und während die Spanier eine gebrochene und augenscheinlich dünner gewordene

Schlachtordnung zeigten, war an dem mexikanischen Heere, das durch die pflichtmäßigen Aushebungen wuchs, die demselben aus den benachbarten Straßen zuströmten, bei allen Verlusten keine Verminderung zu bemerken. Endlich des Gemetzels satt, und von Hunger und Anstrengung erschöpft, zog der spanische Befehlshaber seine Leute zusammen und ließ zum Rückzug blasen.

Auf seinem Rückwege nach seinem Quartier sah er seinen Freund, den Geheimschreiber Duero, in einer angrenzenden Straße, seines Pferdes beraubt und in hitzigem Kampfe mit einem Haufen Mexikaner, gegen den er sich mit seinem Dolche verzweifelt wehrte. Ergriffen von diesem Anblick, erhob Cortez sein Kriegsgeschrei, und mitten unter die Feinde stürzend, trieb er sie durch die Wut seines Angriffes wie Spreu auseinander; hierauf verschaffte er seinem Freunde dessen Pferd zurück, ließ ihn wieder aufsteigen und, ihren Schlachtrossen die Sporen in die Seite setzend, sprengten sie durch die sich Widersetzenden hindurch und schlossen sich dem Haupttheere an. Die unbezwungenen Azteken hingen sich an die Nachhut ihrer sich zurückziehenden Feinde und beunruhigten sie auf jedem Schritte durch neue Ladungen von Steinen und Pfeilen, und als die Spanier wieder in ihre Festung eingezogen waren, lagerte sich der indianische Schwarm ringsherum und zeigte dieselbe störrische Entschlossenheit wie am vergangenen Abend. Obgleich sie ihrer alten Gewohnheit, in der Nacht untätig zu sein, treu blieben, unterbrachen sie doch die Stille durch beleidigendes Geschrei und Drohungen, die zu den Ohren der Belagerten gelangten. „Endlich haben euch die Götter uns in die Hände geliefert," sagten sie, „Huitzilopotchli hat lange seine Opfer begehrt. Der Opferstein ist bereit. Die Messer sind geschliffen. Die wilden Tiere im Palast brüllen nach ihrem Anteil. Und die Käfige", fügten sie, den Tlascalanern ihre Magerkeit vorwerfend, hinzu, „erwarten die falschen Söhne Anahuacs, die zum Feste gemästet werden sollen!" Diese schrecklichen Drohungen, welche fürchterlich in den Ohren der Belagerten ertönten, die ihren Inhalt nur zu gut verstanden, waren mit jammervollen Klagen um ihren Herrscher gemischt, um dessen Auslieferung sie die Spanier anriefen.

Cortez litt viel an einer bedeutenden Wunde, die er bei dem letzten Treffen an der Hand erhalten hatte. Aber die Angst, die er empfand, wenn er über die düstere Zukunft von ihm nachdachte, muß noch größer gewesen sein. Er hatte den Charakter der Mexikaner verkannt. Ihr langes und geduldiges Ausharren war eine Gewalt gewesen, die sie ihrer Natur auferlegt, welche, wie ihre ganze Geschichte beweist, vermessener und wilder war als die der meisten anderen Stämme Anahuacs. Da der Zwang, den sie sich mehr aus Achtung für ihren Herrscher als aus Furcht so lange angetan, mit einem Male entfernt war, brachen ihre Leidenschaften mit vermehrter Heftigkeit hervor.

Cortez beschloß trotz seiner letzten anmaßenden Behandlung Montezumas, sich seines Ansehens zur Besänftigung des Aufruhres zu bedienen — eines Ansehens, das sich in einem früheren Abschnitt der Empörung so erfolgreich zugunsten Alvarados geltend gemacht hatte. Er wurde in seinem Vorsatze um so mehr am folgenden Morgen bestärkt, als es den Angreifenden mit verdoppelter Anstrengung gelang, die Festungswerke auf einer Seite zu ersteigen und sich einen Eingang in die Umzäunung zu verschaffen. Sie wurden allerdings mit einem so entschlossenen Mut empfangen, daß nicht ein Mann von denen, die hineinkamen, am Leben gelassen wurde. Aber bei dem Ungestüm des Angriffes schien es einige Augenblicke, als könnte der Platz mit Sturm erobert werden.

Nun sandte Cortez zu dem aztekischen Kaiser, um sein Einschreiten bei seinen Untertanen zugunsten der Spanier zu fordern. Aber Montezuma war nicht gesonnen, zu willfahren. Er war seit der Rückkehr des Befehlshabers traurig in seiner Wohnung geblieben. Aufgebracht über die Behandlung, die er erfahren, hatte er noch mehr Ursache, sich gekränkt zu fühlen, da er sich als Verbündeten von denen sah, welche die offenen Feinde seines Volkes waren. Von seinem Gemache aus hatte er die traurigen Auftritte in seiner Hauptstadt angeschaut und einen anderen, seinen mutmaßlichen Thronerben, die Stelle an der Spitze seiner Krieger, die er hätte bekleiden müssen, einnehmen und die Schlachten seines Landes liefern sehen. Voll Gram über seine Lage, entrüstet über die, welche ihn in dieselbe versetzt hatten, antwortete er kalt: „Was habe ich mit Malinche zu schaffen? Ich wünsche nicht von ihm zu hören, sondern nur zu sterben. In welchen Zustand hat mich meine Bereitwilligkeit, ihm zu dienen, versetzt!" Als Olid und Pater Olmedo noch ferner in ihn drangen, einzuwilligen, fügte er hinzu: „Es nützt nichts. Sie werden mir ebensowenig glauben, wie Malinches falschen Worten und Versprechungen. Ihr werdet diese Mauern nicht lebendig verlassen." Als man ihm aber versicherte, daß die Spanier gern fortgehen würden, wenn ihnen ihre Feinde den Weg öffneten, willigte er endlich ein — wahrscheinlich mehr von dem Wunsche beseelt, das Blut seiner Untertanen als das der Christen zu schonen —, mit seinem Volke zu unterhandeln.

Um seinem Erscheinen größeren Eindruck zu verschaffen, legte er seine kaiserlichen Gewänder an. Der Tilmatli, sein weißblauer Mantel, der ihm über die Schultern floß, wurde durch eine reiche Spange von grünem Chalchivitl zusammengehalten. Derselbe kostbare Edelstein und Smaragde von ungewöhnlicher Größe, in Gold gefaßt, zierten in reichlichem Maße andere Teile seines Anzuges. Er hatte goldene Halbschuhe an den Füßen und seine Stirn bedeckte das Copilli oder die mexikanische Krone, die in ihrer Form der päpstlichen Tiara glich. In diesem Aufzuge und von einer Wache von Spaniern und mehreren aztekischen Edelleuten umgeben, den goldenen Stab, das Zeichen der Königswürde, vorangetragen, stieg der indianische Herrscher den mittleren Turm des Palastes hinauf. Seine Anwesenheit wurde augenblicklich vom Volke bemerkt, und sowie das königliche Gefolge längs der Zinnen vorwärts kam, veränderte sich das Schauspiel wie durch Zauberei. Der Klang der Tonwerkzeuge, das wilde Geschrei der Angreifenden verstummte und eine Totenstille herrschte in der noch wenige Augenblicke vorher vom Kriegsgetümmel so wild bewegten Versammlung! Einige warfen sich zur Erde; andere beugten das Knie, und alle wandten sich mit begieriger Erwartung gegen den Herrscher, den man sie gelehrt hatte, mit sklavischer Furcht zu verehren und von dessen Antlitz sie gewohnt gewesen waren, sich wie von dem unaushaltbaren Glanze der Gottheit abzuwenden! Montezuma erkannte sein Übergewicht; und während er so seinem von Ehrfurcht ergriffenen Volke gegenüber stand, schien er alle seine ehemalige Macht und sein Vertrauen wieder zu erlangen, denn er fühlte, daß er noch ein König sei. Mit einer ruhigen Stimme, die man in der stillen Versammlung leicht vernahm, soll er sie, nach den kastilianischen Schriftstellern, so angeredet haben: „Warum sehe ich mein Volk hier in Waffen gegen den Palast meiner Väter? Ist es, weil ihr glaubt, euer Herrscher sei ein Gefangener und ihr ihn zu befreien wünscht? Ist dem so, so habt ihr recht gehandelt. Aber ihr irrt euch. Ich bin kein Gefangener. Die Fremden sind meine Gäste. Ich bleibe nur aus freier Wahl bei ihnen und kann sie verlassen, wann es mir beliebt. Seid ihr gekommen, um sie aus der Stadt zu treiben? Dies ist unnötig. Sie wollen aus eigenem Antriebe fortgehen, wenn ihr ihnen den Weg offen laßt. So kehrt denn nach Hause zurück. Legt eure Waffen nieder. Zeigt mir den Gehorsam, auf den ich ein Recht habe. Die weißen Männer werden nach ihrer Heimat zurückkehren; und alles wird wieder gut gehen in den Mauern Tenochtitlans."

Als Montezuma sich als Freund der verabscheuten Fremden erklärte, durchlief ein Murren die Menge; ein Murren der Verachtung gegen den kleinmütigen Fürsten, der sich für die Beleidigungen und Beschimpfungen so unempfindlich zeigen konnte, um deren Willen das Volk unter Waffen stand! Die angeschwollene Flut ihrer Leidenschaften riß alle Schranken ehemaliger Ehrfurcht nieder, nahm eine andere Richtung und wandte sich gegen das Haupt des unglücklichen Königs, der seinen kriegliebenden Vorfahren so weit entartet war. „Niederträchtiger Azteke," riefen sie, „Weib, Memme, die weißen Männer haben dich zu einem Weibe gemacht, das nur zum Spinnen und Weben taugt!" Diesem bitteren Hohne folgten bald feindlichere Maßregeln. Ein Häuptling, man sagt von hohem Range, hatte mit einem herausfordernden Blicke gegen den Kaiser einen Bogen gespannt oder einen Wurfspieß geschwungen, als in einem Augenblick ein Hagel von Steinen und Pfeilen auf die Stelle niederfiel, wo der königliche Zug versammelt stand. Die Spanier, welche bestimmt waren, seine Person zu schützen, hatten bei dem achtungsvollen Benehmen des Volkes, während sein Gebieter es anredete, die Aufmerksamkeit auf ihn aufgegeben. Jetzt deckten sie ihn rasch mit ihren Schilden. Aber es war zu spät. Montezuma war von drei Wurfgeschossen verwundet, wovon das eine, ein Stein, ihn mit solcher Heftigkeit an den Kopf, nahe an die Schläfe traf, daß er besinnungslos zu Boden stürzte. Die Mexikaner, erschrocken über ihre frevelhafte Tat, wurden von einer plötzlichen Rückkehr ihres Gefühles ergriffen und, ein unseliges Geschrei erhebend, zerstreuten sie sich entsetzt nach verschiedenen Richtungen. Nicht einer von der zahlreichen Menge blieb auf dem großen Platze vor dem Palaste zurück!

Der unglückliche Fürst wurde unterdessen von seinen Dienern nach seinen Gemächern hinuntergetragen. Als er sich von der Besinnungslosigkeit, in die ihn der Wurf versetzt, erholt hatte, ergriff ihn die Erbärmlichkeit seiner Lage. Er hatte die letzte Bitterkeit der Erniedrigung gekostet. Er war von seinem Volke geschmäht, verworfen worden. Die Niedrigsten des Pöbels hatten ihre Hand gegen ihn erhoben. Das Leben hatte keinen Wert mehr für ihn. Vergebens bemühten sich Cortez und seine Offiziere, die Aufregung seines Gemütes zu besänftigen und ihm bessere Gedanken einzuflößen. Er antwortete nicht eine Silbe. War seine Wunde auch gefährlich, so brauchte sie doch bei geschickter Behandlung nicht tödlich zu werden. Aber Montezuma verweigerte alle Mittel, die ihm verordnet wurden. Er riß den Verband so oft ab als er ihm angelegt wurde und beobachtete die ganze Zeit über das entschiedenste Stillschweigen. Er saß mit niedergeschlagenen Blicken, dachte über sein zerstörtes Geschick nach, über das Bild ehemaliger Majestät und gegenwärtiger Erniedrigung. Er hatte seine Ehre überlebt. Aber ein Funke seines alten Mutes schien sich in seinem Busen zu entzünden, denn es war klar, daß er sein Mißgeschick nicht zu überleben gedachte. Von diesem schmerzlichen Auftritte wurden Cortez und sein Gefolge bald durch die neuen Gefahren abgerufen, welche der Besatzung drohten.

ZWEITES HAUPTSTÜCK

Zerstörung des großen Tempels | Mutvoller Geist der Azteken Leiden der Besatzung | Heftiger Kampf in der Stadt | Montezumas Tod

1520

Dem spanischen Quartier gegenüber, nur wenige Ruten davon entfernt, stand der große Teocalli des Huitzilopotchli. Dieser spitzsäulige Bau mit den Sanktuarien darauf erhob sich im ganzen zu einer Höhe von beinahe hundertfünfzig Fuß und gewährte einen hohen Standpunkt, welcher den Palast des Axayacatl, den die Christen bewohnten, vollständig beherrschte. Eine Anzahl von fünf- bis sechshundert Mexikanern, unter denen viele Edelleute und Krieger vom höchsten Range waren, hatten sich in den Besitz des Teocalli gesetzt, von wo aus sie einen solchen Hagel von Pfeilen auf die Besatzung hinabschossen, daß niemand die Verteidigungswerke auch nur einen Augenblick ohne die dringendste Gefahr verlassen konnte; während die Mexikaner unter dem Schirm der Sanktuarien ganz geschützt gegen das Feuer der Belagerten waren. Es war daher offenbar notwendig, den Feind aus seiner Stellung zu vertreiben, wenn die Spanier länger in ihrem Standlager bleiben wollten.

Cortez erteilte diesen Auftrag seinem Kämmerer Escobar, gab ihm dazu hundert Mann mit und befahl ihm, den Teocalli zu erstürmen und die Sanktuarien anzuzünden. Aber dieser wurde bei seinem Versuche dreimal zurückgeschlagen und sah sich nach den verzweifeltesten Anstrengungen genötigt, mit beträchtlichem Verlust und ohne seinen Zweck erreicht zu haben zurückzukehren.

Cortez, der die dringende Notwendigkeit einsah, den Platz zu erobern, entschloß sich, die Stürmenden selbst anzuführen. Er litt damals sehr an der Wunde seiner linken Hand, die er jetzt gar nicht gebrauchen konnte. Er machte indes seinen Arm dienstbar, indem er seinen Schild daran befestigte und so gelähmt, zog er an der Spitze von dreihundert ausgezeichneten Rittern und einigen tausend Mann Hilfstruppen aus.

Im Hofe des Tempels fand er eine zahlreiche Menge Indianer, die bereit waren, ihm den Durchgang streitig zu machen. Er griff sie rasch an, aber die flachen, glatten Steine des Pflasters waren so schlüpfrig, daß die Pferde ausglitten und zum Teil niederfielen. Eilig absteigend, sandten sie die Tiere nach Hause zurück, und nach einem neuen Angriff gelang es den Spaniern ohne große Mühe, die indianischen Krieger zu verjagen und sich einen freien Durchgang nach dem Teocalli zu bahnen. Dies Gebäude war, wie sich der Leser erinnern wird, eine ungeheure Spitzsäule mit einer Grundfläche von ungefähr dreihundert Geviertfuß. Eine steinerne Treppenflucht an einer von den Ecken des Baues führte von außen zu einem Söller oder Stufengange, der um das Gebäude herumging, bis er eine ähnliche Treppenflucht gerade über der vorigen erreichte, die zu einem ähnlichen Ruhepunkte wie dem vorigen führte. Da es fünf solcher Abteilungen des Teocalli gab, mußte man viermal um den ganzen Umfang herum oder fast eine englische Meile machen, um zu dem Gipfel zu gelangen, der, wie man schon weiß, ein offener Platz war, worauf nur die beiden, den aztekischen Gottheiten geweihten Sanktuarien standen.

Nachdem sich Cortez einen Weg zum Angriff frei gemacht hatte, stieg er den unteren Treppengang hinauf, gefolgt von Alvarado, Sandoval, Ordaz und den anderen tapferen Rittern seiner kleinen Schar, und ließ eine Reihe Büchsenschützen und eine starke Abteilung indianischer Verbündeter zurück, um den Feind am Fuße des Denkmals in Schach zu halten. Auf dem ersten Ruhepunkte, sowie auf den verschiedenen Geländergängen darüber und auf dem Gipfel waren die aztekischen Krieger aufgestellt, um den Durchgang streitig zu machen. Von ihrem erhöhten Standpunkte aus entsendeten sie Ladungen leichter Wurfgeschosse, auch schwere Steine, Balken und brennende Dachsparren, welche die Treppengänge entlang hinabpolterten, die hinausteigenden Spanier niederwarfen und Verwüstung in ihren Reihen anrichteten. Den Glücklicheren, die diesen Hindernissen aus dem Wege gingen oder sie übersprangen, gelang es, die erste Erdstufe zu erreichen; wo sie sich auf ihre Feinde warfen und diese nach kurzem Widerstande zum Rückzuge nötigten. Die Angreifenden drängten vorwärts, durch ein rasches Feuer der Büchsenschützen von unten wirksam unterstützt, das den Mexikanern in ihrer schutzlosen Stellung so zusetzte, daß sie froh waren, auf dem breiten Gipfel des Teocalli ein Obdach zu finden.

Cortez und seine Gefährten waren ihnen dicht auf den Fersen und beide Parteien befanden sich bald Antlitz gegen Antlitz auf diesem luftigen Schlachtfelde in tödlichem Kampfe angesichts der ganzen Stadt und der Truppen im Hofe, die, wie nach gegenseitiger Übereinkunft, mit ihren Feindseligkeiten innehielten und in stillschweigender Erwartung nach dem Ausgange des Kampfes über ihnen hinstarrten. Der offene Platz war, wenn auch etwas kleiner als die Grundflächen des Teocalli, doch groß genug, um ein schönes Schlachtfeld für ungefähr tausend Kämpfer abzugeben. Er war mit breiten, flachen Steinen gepflastert. Es stand auf demselben kein Hindernis im Wege, ausgenommen der ungeheure Opferblock und die steinernen Tempel, welche am äußersten Ende des Kampfplatzes vierzig Fuß hoch emporstiegen. Einer von diesen war dem Kreuze geweiht worden. Den anderen hatte noch der Kriegsgott inne. Die Christen und Azteken kämpften um ihre Religionen unter dem Schatten der Tempel einer jeden; während die indianischen Priester, wie sie mit ihren über die schwarzen Mäntel wild herabfallenden Haaren hin und her liefen, mitten in der Luft zu schweben schienen, wie ebenso viele böse Geister der Finsternis, die zum Blutbade antrieben.

Die Parteien wurden handgemein mit der Wut von Menschen, die keine Hoffnung hatten ohne Sieg. Schonung wurde weder verlangt noch gewährt, und zu entfliehen war unmöglich. Der äußere Rand des offenen Platzes war weder durch Brustwehr noch Zinnen geschützt. Der mindeste Fehltritt mußte verderblich werden; und wenn die Streiter in Todesangst miteinander kämpften, sah man sie zuweilen über die steilen Wände des Abgrundes zusammen hinunterstürzen. Cortez selbst soll diesem schrecklichen Schicksale nur kaum entgangen sein. Zwei starke kräftige Krieger ergriffen ihn und wollten ihn mit Gewalt an den Rand der Spitzsäule schleppen. Ihre Absicht gewahr werdend, widersetzte er sich aus allen Kräften und ehe sie ihren Zweck erreichen konnten, gelang es ihm, sich aus ihrer Umklammerung zu reißen und den einen von ihnen mit eigenem Arm über die Mauern zu schleudern! Die Geschichte ist nicht unwahrscheinlich an sich, denn Cortez war ein Mann von ungewöhnlicher Gewandtheit und Stärke. Sie ist oft wiederholt worden, jedoch nicht von Zeitgenossen.

Die Schlacht währte mit fortdauernder Wut drei Stunden. Die Anzahl des Feindes war doppelt so groß als die der Christen und es schien, als wäre es ein Kampf, der durch die Menge und rohe Kraft eher als durch überlegene Kenntnisse entschieden werden müsse; aber dem war nicht so. Die undurchdringliche Rüstung des Spaniers, sein Schwert von unvergleichlicher Härte und seine Geschicklichkeit es zu gebrauchen, gewährten ihm Vorteile, welche die Überlegenheit an Körperkraft und Anzahl weit überwogen. Nachdem die Azteken alles getan, wozu Mut und Verzweiflung den Menschen befähigen, wurde der Widerstand immer schwächer und schwächer von ihrer Seite. Es war einer nach dem andern gefallen. Nur zwei oder drei Priester blieben am Leben, um von den Siegern als Siegesbeute hinweggeführt zu werden. Jeder andere Kämpfende lag als Leiche auf dem blutigen Walplatze hingestreckt oder war von der schwindelnden Höhe hinabgeschleudert worden. Dennoch war der Verlust der Spanier nicht unbeträchtlich. Er belief sich auf fünfundvierzig ihrer besten Leute und fast alle übrigen hatten in dem verzweifelten Kampfe mehr oder weniger Schaden gelitten.

Nun eilten die siegreichen Ritter nach den Sanktuarien. Das untere Stockwerk war von Stein, die beiden oberen von Holz. Als sie in das Innere derselben eindrangen, hatten sie den Schmerz, das Bild der Jungfrau und das Kreuz daraus entfernt zu sehen. Aber in den anderen Gebäuden sahen sie noch die grimmige Gestalt Huitzilopotchlis nebst seiner Räucherpfanne von dampfenden Herzen und die Wände seines Bethauses vom Blute rauchend — nicht unwahrscheinlich von dem ihrer Landsleute! Mit Siegesjauchzen rissen die Christen das gräßliche Ungeheuer aus seiner Wandvertiefung und stürzten es in Gegenwart der entsetzten Azteken. die Treppen des Teocalli hinab. Alsdann legten sie Feuer an das fluchwürdige Gebäude. Die Flammen loderten rasch die schlanken Türme hinauf und verbreiteten ein unheilvolles Licht über Stadt, See und Tal bis zu den entferntesten Hütten in den Gebirgen. Es war der Scheiterhaufen des Heidentums und verkündete den Sturz jener blutdürstigen Religion, die so lange wie eine finstere Wolke über den schönen Gegenden Anahuacs geschwebt hatte.

Nachdem die Spanier dieses gute Werk vollbracht, stiegen sie die gewundenen Abhänge des Teocalli mit freierem und gehobenerem Schritt hinab, als wären sie sich bewußt, daß der Segen des Himmels nun auf ihren Waffen ruhe. Sie schritten nun durch die düsteren Reihen der indianischen Krieger im Hofe, die viel zu erschrocken waren von den entsetzlichen Auftritten, deren Zeugen sie gewesen, als daß sie hätten Widerstand leisten sollen und gelangten sicher nach ihren Wohnungen zurück. In derselben Nacht ließen sie diesem Schlage einen Angriff auf die schlafende Stadt folgen und verbrannten dreihundert Häuser; der Schrecken des Brandes wurde dadurch noch empfindlicher, daß er zu der Stunde eintrat, wo die Azteken, nach ihrem eigentümlichen Grundsatze in der Kriegführung, am wenigsten vorbereitet waren.

In der Hoffnung, die Stimmung der Eingeborenen durch diesen Wechsel der Dinge etwas gedemütigt zu finden, beschloß jetzt Cortez mit seiner gewöhnlichen Staatsklugheit, den gewonnenen Vorteil zu Versöhnungsvorschlägen zu benutzen. Er lud daher den Feind zu einer Unterredung ein, und als die vornehmsten Häuptlinge, von ihrem Gefolge begleitet, auf dem großen Platze versammelt waren, bestieg er das Türmchen, das vorher Montezuma eingenommen hatte und machte Zeichen, daß er sie anreden wolle. Marina nahm wie gewöhnlich als sein Dolmetscher ihren Platz an seiner Seite ein. Die Menge blickte mit gespannter Neugier auf das indianische Mädchen, deren Einfluß auf die Spanier wohlbekannt war und deren Verhältnis mit dem Befehlshaber besonders die Azteken veranlaßt hatte, ihn nach ihrem mexikanischen Namen Malinche zu bezeichnen. Cortez, der durch die sanften wohlklingenden Töne seiner Geliebten sprach, sagte seiner Zuhörerschaft, wie sie jetzt überzeugt sein müßten, daß sie von ihrem Widerstand gegen die Spanier nichts weiter zu hoffen hätten. Sie hätten ihre Götter in den Staub treten, ihre Altäre umstürzen, ihre Häuser verbrennen, ihre Krieger von allen Seiten fallen sehen. „Alles dieses", fuhr er fort, „habt ihr euch durch euren Aufruhr selbst zugezogen. Indes, um der Zuneigung willen, welche der Herrscher, den ihr so unwürdig behandelt habt, noch immer für euch hegt, möchte ich gern meine Hand anhalten, wenn ihr eure Waffen niederlegen und noch einmal zum Gehorsam zurückkehren wollt. Wollt ihr dies jedoch nicht," fügte er hinzu, „so werde ich eure Stadt zu einem Trümmerhaufen machen und keine lebendige Seele darin lassen, sie zu betrauern!"

Aber der spanische Befehlshaber verstand den Charakter der Azteken noch nicht, wenn er sie durch Drohungen einzuschüchtern dachte. Ruhig in ihrem Äußern und langsam in Bewegung zu bringen, waren sie nur desto schwerer zu besänftigen, wenn man sie aufgebracht hatte; und jetzt, wo sie in ihrer innersten Tiefe aufgeregt waren, gab es keine menschliche Stimme, die den Sturm stillen konnte. Es kann indes doch sein, daß Cortez den Charakter des Volkes nicht so sehr mißkannte. Er mag gefühlt haben, daß ein befehlerischer Ton der einzige war, den er mit irgend einer Aussicht auf Wirkung in seiner gegenwärtigen Lage annehmen konnte, wo eine mildere und versöhnlichere Sprache, welche das Bewußtsein einer untergeordneten Stellung verriet, nur zu gewiß ihren Zweck verfehlt haben würde.

Es sei wahr, antworteten sie, er habe ihre Tempel zerstört, ihre Götter in Stücke geschlagen, ihre Landsleute niedergemetzelt. Noch manche andere würden ohne Zweifel unter ihren schrecklichen Schwertern fallen. Aber sie wären zufrieden, solange sie nur für tausend Mexikaner das Blut eines einzigen weißen Mannes vergießen könnten! „Seht umher," fuhren sie fort, „auf unsere Erdstufen und Straßen, seht, wie sie noch gedrängt voll von Kriegern sind, so weit euer Auge reicht. Die Anzahl der Unsrigen ist durch unsere Verluste kaum verringert; die der Eurigen dagegen vermindert sich stündlich. Ihr kommt vor Hunger und Krankheit um. Lebensmittel und Wasser gehen euch aus. Ihr müßt uns bald in die Hände fallen. Die Brücken sind abgebrochen und ihr könnt nicht entkommen! Es werden zu wenige von euch übrig bleiben, um die Rache unserer Götter zu sättigen!" Als sie geendet, sandten sie einen Hagel von Pfeilen über die Zinnen, was die Spanier nötigte, herabzusteigen und in ihren Festungswerken Schutz zu suchen.

Der wilde und unbezähmbare Geist der Azteken erfüllte die Belagerten mit Schrecken. Alles, was sie bis dahin getan und gelitten, ihre Schlachten bei Tage, ihre Wachen bei Nacht, die Gefahren, denen sie getrotzt, selbst die Siege, die sie erfochten, alles nützte zu nichts. Es war zu klar, daß sie nicht länger auf dem alten Aberglauben im Herzen der Eingeborenen zu rechnen hatten, die gleich einem wilden Tiere, das die Bande seines Wächters gesprengt hat, nun in dem vollen Bewußtsein ihrer Stärke sich zu erheben und zu frohlocken schienen. Die Nachricht über die Brücken erscholl wie eine Totenglocke in den Ohren der Christen. Alles, was sie gehört hatten, war nur zu wahr — und sie starrten mit Blicken der Angst und Furcht einander an.

Es erfolgte dasselbe, was zuweilen bei dem Schiffsvolke eines gescheiterten Schiffes geschieht. Im schrecklichen Gefühle der Gefahr ging der Gehorsam verloren. Es brach ein Geist der Meuterei aus, besonders unter den neuen Truppen aus Narvaez' Heer. Sie waren nicht aus Ehrgeiz in das Land gekommen, sondern einfach durch die glänzenden Berichte von seinem Reichtum angezogen, und hatten törichterweise gehofft, in wenigen Monaten, die Taschen schön mit Gold von dem aztekischen König gespickt, zurückzukehren. Aber wie ganz anders war ihr Los gewesen! Von der ersten Stunde ihrer Landung an hatten sie nur Unruhe und Mißgeschick, Entbehrungen jeder Art, beispiellose Leiden erfahren und jetzt hatten sie die Aussicht auf ein noch entsetzlicheres Schicksal. Bitter beklagten sie die Stunde, wo sie die sonnigen Felder von

Kuba wegen diesen kannibalischen Gegenden verlassen hatten! Und aufrichtig verwünschten sie ihre Torheit, daß sie dem Rufe des Velasquez Gehör gegeben und noch mehr, daß sie unter Cortez' Fahnen getreten! Sie verlangten nun mit lärmender Heftigkeit, augenblicklich aus der Stadt geführt zu werden und weigerten sich, länger zur Verteidigung eines Ortes zu dienen, wo sie wie Schafe in den Schlachthäusern eingesperrt seien und nur warteten, bis sie zur Schlachtbank geschleppt würden. Bei allen diesen Dingen lag in dem ordentlichen soldatenmäßigen Benehmen der alten Krieger des Cortez ein Vorwurf gegen sie. Diese letzteren hatten mit ihrem Befehlshaber die glückliche Zeit geteilt, nun wollten sie ihn auch nicht in der bösen verlassen. Es leuchtete in der Tat bei einigem Nachdenken ein, daß die einzige Aussicht zur Rettung nur auf Gehorsam und Einigkeit beruhe und daß selbst diese Aussicht sich unter jedem anderen Anführer als ihrem gegenwärtigen bedeutend vermindern müßte.

So durch Feinde von außen und durch Parteien im Innern bedrängt, war dieser Führer wie gewöhnlich sich selbst treu erfunden. So fürchterliche Umstände, welche einen gewöhnlichen Geist gelähmt haben würden, regten den seinigen nur zu höherer Tätigkeit an und riefen alle seine Hilfsquellen hervor. Er vereinigte, was höchst selten ist, ausgezeichnete Ruhe und Beharrlichkeit in Vorsätzen mit einem unternehmenden Geiste. Seine Geistesgegenwart verließ ihn jetzt nicht. Er überschaute seine Lage ruhig und erwog die Schwierigkeiten, die ihn umgaben, ehe er zu einer Entscheidung kam. Abgesehen von der Bedenklichkeit eines Rückzuges angesichts eines wachsamen und verzweifelten Feindes, war es eine tiefe Kränkung, die Stadt zu übergeben, worin er so lange als Gebieter befohlen; auf die reichen Schätze zu verzichten, die er sich und seinen Anhängern gesichert; gerade das Mittel aufzugeben, durch welches er gehofft hatte, die Gunst seines Landesherrn zu gewinnen und sich Verzeihung für ein regelwidriges Benehmen zu sichern. Diese mußte, wie er wohl einsah, vor allem vom Erfolge abhängen. Jetzt zu entfliehen, hieße sich weiter als je von der Eroberung entfernt bekennen. Welch ein Ende wäre dies für eine so glückverheißend begonnene Laufbahn! Welch ein Widerspruch gegen seine ruhmredigen Verheißungen! Wie würden seine Feinde darüber frohlocken! Der Statthalter von Kuba würde dadurch hinreichend gerächt werden.

Aber wenn solche demütigenden Betrachtungen ihm durch den Sinn gingen, so erschien bei der gegenwärtigen Lähmung seiner Macht der Entschluß, zu bleiben, noch verzweifelter. Bei der täglich abnehmenden Stärke und Anzahl seiner Leute, bei einer solchen Verringerung der Vorräte, daß ein täglich verabfolgter kleiner Mundteil Brot alles war, was dem Soldaten bei seinen außerordentlichen Anstrengungen gewährt werden konnte.

Bei den Breschen, die in seinen schwachen Festungswerken sich täglich erweiterten, endlich bei seinem fast erschöpften Schießbedarf wäre es unmöglich gewesen, den Platz länger — und nur Menschen von so eiserner Körperbeschaffenheit und Natur wie die Spanier, vermochten es so lange — gegen den Feind zu behaupten. Die hauptsächliche Verlegenheit bezog sich auf die Zeit und die Art, wann und wie es passend sein würde, die Stadt zu räumen. Die beste Straße schien die von Tlacopan (Tacuba) zu sein. Denn der Dammweg, der gefährlichste Teil der Straße, war in jener Richtung nur zwei Meilen lang und würde daher die Flüchtlinge weit eher als jeder andere der großen Zugänge auf das feste Land bringen. Vor seinem entschiedenen Abgange nahm er sich indes vor, noch einen Ausfall in jener Richtung zu machen, um die Örtlichkeit auszukundschaften und zu gleicher Zeit die Aufmerksamkeit des Feindes von seinem wirklichen Vorhaben durch den Anschein einer tätigen Unternehmung abzulenken.

Seit einigen Tagen waren seine Arbeiter beschäftigt gewesen, eine Kriegsmaschine seiner eigenen Erfindung zu bauen. Sie hieß eine Manta und beruhte einigermaßen auf dem Grundsatze der „Blendungen", deren man sich in den Kriegen des Mittelalters bediente. Sie war indes verwickelter und bestand aus einem aus leichten Balken und Brettern zusammengesetzten Turme, der zwei Kammern, eine über der anderen, hatte. Diese sollten mit Büchsenschützen angefüllt werden und die Seiten hatten Schießscharten, durch welche ein Feuer auf den Feind unterhalten werden konnte. Der große Nutzen, den man mit dieser Erfindung beabsichtigte, war, den Truppen einen Schutz gegen die Wurfgeschosse, die von den Erdstufen geschleudert wurden, zu verschaffen. Diese Maschinen, von denen drei fertig waren, ruhten auf Walzen und waren mit starken Seilen versehen, an denen sie von den tlascalanischen Hilfstruppen die Straße entlang gezogen werden konnten. Die Mexikaner blickten mit Erstaunen diese Kriegsmaschine an, und als die rollenden Festungen vorrückten und Feuer und Rauch aus ihren Eingeweiden ausstießen, wich der Feind, dem es nicht möglich war, auf die inwendig Befindlichen irgend einen Eindruck zu machen, voll Furcht zurück. Dadurch, daß die Spanier die Mantas unter die Mauern der Häuser brachten, konnten sie wirksam auf die unheilvollen Inhaber der Azoteas feuern, und wenn dies sie noch nicht zum Schweigen brachte, eine Leiter oder leichte Zugbrücke von der Spitze der Manta auf das Dach herablassen, wodurch sie sich einen Übergang nach der Erdstufe verschafften und dann mit den Kämpfern handgemein wurden. Sie konnten sich indes auf diese Weise nicht den höheren Gebäuden nähern, von welchen die indianischen Krieger so schwere Steine und Holzmassen herabwarfen, daß sie die Bretter losschlugen, welche die Maschinen bedeckten oder, gegen deren Seitenwände andonnernd, die schwachen Bauwerke bis in den Grund erschütterten und alle, die darin waren, mit gleichem Verderben bedrohten. Der Erfolg des Versuches war wirklich zweifelhaft, wenn ein Wassergraben sie an weiterem Vorwärtsgehen hinderte.

Die Spanier fanden nun die Versicherung ihrer Feinde nur zu sehr bestätigt. Die Brücke, welche über die Öffnung führte, war zerstört worden, und obgleich die Flußgräben, welche die Stadt durchschnitten, im allgemeinen nicht sehr breit und tief waren, so verhinderte doch das Fortnehmen der Brücken nicht allein die Bewegung der unbeholfenen Maschinen des Befehlshabers, sondern vereitelte auch die seiner Reiterei. Mit dem Entschluß, die Mantas aufzugeben, gab er Befehl, die Öffnung mit Steinen, Balken und anderem Schutt aus den zerstörten Gebäuden auszufüllen und einen neuen Übergang für das Heer zu machen. Während man mit dieser Arbeit beschäftigt war, unterhielten die Schleuderer und Bogenschützen auf der entgegengesetzten Seite der Öffnung ein lästiges Schießen auf die Christen, die bei der Art ihrer Beschäftigung noch schutzloser waren. Als die Arbeit vollbracht und ein gefahrloser Durchgang gesichert war, ritten die Spanier plötzlich auf den Feind los, der, unfähig dem Stoß der in Stahl gekleideten Schar zu widerstehen, so weit zurückwich, bis ein anderer Flußgraben eine ähnliche starke Stellung zu Verteidigung darbot.

Es gab nicht weniger als sieben dieser Gräben, welche die große Straße von Tlacopan durchschnitten, und bei jedem einzelnen wurde derselbe Auftritt wiederholt, indem die Mexikaner einen tapferen Widerstand leisteten und bei einem jeden ihren beharrlichen Gegnern irgend einen Verlust beibrachten. Diese Verrichtungen nahmen zwei Tage fort, wo dann nach unglaublicher Mühe der spanische Befehlshaber die Genugtuung hatte, die Verbindungslinie die ganze Länge des Zuganges hindurch vollständig wiederhergestellt und die Hauptbrücken unter Aufsicht starker Abteilungen von Fußvolk gestellt zu sehen. In diesem Zeitpunkte, als er den Feind bis zum äußersten Ende der Straße, wo sie an den Dammweg stößt, vor sich hingetrieben hatte, wurde er benachrichtigt, daß die durch ihre Widerwärtigkeiten entmutigten Mexikaner mit ihm eine Unterredung über Vergleichsbedingungen zu eröffnen wünschten und daß ihre Häuptlinge dazu seine Rückkehr nach der Festung erwarteten. Hocherfreut über diese Nachricht, ritt er sogleich, begleitet von Alvarado, Sandoval und ungefähr sechzig Rittern, nach seiner Wohnung zurück.

Die Mexikaner schlugen vor, er solle die beiden im Tempel gefangengenommenen Priester freilassen, welche die Überbringer seiner Bedingungen sein und als Vermittler zur Leitung der Unterhandlung dienen könnten. Sie wurden daher mit den erforderlichen Anweisungen zu ihren Landsleuten geschickt. Aber sie kehrten nicht zurück. Das ganze war ein Kunstgriff des Feindes, der sehnlichst wünschte, seinen religiösen Führern die Freiheit zu verschaffen, deren einer ihr Teoteuctli oder hoher Priester war, dessen Gegenwart für den wahrscheinlichen Fall einer neuen Krönung man nicht entbehren konnte.

Cortez, der unterdes auf die Aussicht zu einem baldigen Vergleich sich verließ, war eben im Begriff, mit seinen Offizieren schnell einige Erfrischungen nach den Anstrengungen des Tages einzunehmen, als er die beunruhigende Nachricht erhielt, daß der Feind mit mehr Wut als je wieder unter Waffen stehe; daß er die unter Alvarado bei drei vor den Brücken aufgestellten Abteilungen überwältigt habe und nun beschäftigt sei, sie zu zerstören. Von Scham ergriffen, daß er sich so leicht von seinem Feinde oder vielmehr von seinen übertriebenen Hoffnungen hatte täuschen lassen, warf sich Cortez in den Sattel und, von seinen braven Gefährten gefolgt, jagte er in voller Eile nach dem Kriegsschauplatze zurück. Die Mexikaner wichen vor dem ungestümen Angriff der Spanier; die Brücken wurden wiederhergestellt und Cortez und seine Reiterei ritten die ganze Länge der großen Straße hinab, indem sie den Feind, gleich aufgeschrecktem Wild, an der Spitze ihrer Lanzen vor sich hertrieben. Aber ehe er wieder zurückkehren konnte, hatte er noch den Schmerz, zu sehen, daß der unermüdliche Feind, der sich aus den benachbarten Straßen und Durchgängen gesammelt hatte, wieder mit seinem Fußvolk handgemein sei, das, von Anstrengungen abgemattet, seine Stellung an einer der wichtigsten Brücken nicht behaupten konnte. Jetzt strömten von allen Seiten neue Kriegerschwärme herbei, welche die kleine Schar christlicher Ritter mit einem Schauer von Steinen, Wurfspitzen und Pfeilen überschütteten, die wie Hagel auf ihre Rüstung und auf der ihrer wohlgeschützten Pferde prasselten. Die meisten der Wurfgeschosse glitten allerdings ohne zu schaden von den schönen Panzern aus Stahl oder dickgepolsterter Baumwolle ab, aber dann und wann drang ein besser gezieltes durch die Fugen des Harnisches und streckte den Reiter zu Boden.

Die Verwirrung wurde rings um die abgebrochene Brücke größer. Einige von den Reitern wurden in den Graben geworfen und ihre Kampfrosse jagten wild umher ohne Reiter. In diesem entscheidenden Augenblick tat Cortez selbst mehr als irgend ein anderer, den

Rückzug seines Gefolges zu sichern. Während man die Brücke ausbesserte, stürzte er sich kühn in die Mitte der Wilden, mit jedem Sprung seines Schlachtrosses einen Feind niederschlagend, seine Leute anfeuernd und durch den wohlbekannten Ton seines Schlachtrufes Schrecken unter die Reihen seiner Gegner verbreitend. Niemals hatte er größere Unerschrockenheit gezeigt oder seine Person mehr ausgesetzt; er wetteiferte, sagt ein alter Zeitgeschichtschreiber, mit den Taten des Römers Cocles. Auf diese Weise hielt er die Flut der Angreifenden auf, bis der letzte Mann über die Brücke gelangt war, da er dann, weil einige Balken nachgegeben hatten, sich genötigt sah, über eine Lücke von vollen sechs Fuß Breite unter einem Hagel von Wurfgeschossen zu springen, ehe er sich in Sicherheit bringen konnte. Bei dem Heere lief ein Gerücht, der Befehlshaber sei getötet. Es verbreitete sich, zur großen Freude der Mexikaner, bald durch die Stadt und erreichte die Festung, wodurch die Belagerten in nicht geringe Bestürzung versetzt wurden. Aber glücklicherweise für sie war es falsch. Er erhielt in der Tat zwei starke Quetschungen am Knie, blieb aber sonst unverletzt.

Der Einbruch der Nacht zerstreute die indianischen Heerhaufen, indem sie wie Vögel von böser Vorbedeutung vom Schlachtfelde verschwanden und den lange bestrittenen Paß im Besitz der Spanier ließen. Diese kehrten indes nicht mit dem freudigen Gefühl der Sieger in ihre Feste zurück, sondern langsamen Schrittes und niedergeschlagen, mit zerhackten Waffen, zerstoßener Rüstung und von Blutverlust, Hunger und Anstrengung erschöpft. In diesem Zustande mußten sie noch die Nachricht von einem neuen Unglück, dem Tode Montezumas, erfahren.

Die Kräfte des indianischen Kaisers waren rasch gesunken, seitdem er seine Verletzung erhalten hatte, ebensosehr unter den Leiden eines verwundeten Gemütes als eines kranken Körpers. Er verblieb in dem schon beschriebenen schwermütigen Zustande; war wenig mitteilend gegen seine Umgebung, taub gegen Trost, und schlug hartnäckig sowohl ärztliche Mittel als Nahrung aus. Da einige von den in der Festung anwesenden Rittern, denen sein gutmütiges

Wesen persönliche Anhänglichkeit an ihn eingeflößt hatte, bemerkten, daß er sich seinem Ende nahe, waren sie ängstlich besorgt, die Seele des sterbenden Fürsten vor dem traurigen Lose derer zu bewahren, die in der Finsternis des Unglaubens sterben. Sie gingen daher, angeführt vom Pater Olmedo, zum ihm und flehten ihn an, die Augen über seinen irrigen Glauben zu öffnen und zuzugeben, daß er getauft werde. Aber es scheint, daß Montezuma — was auch dagegen gesagt worden sein mag — niemals in seinem angeerbten Glauben gewankt oder daran gedacht habe, ein Abtrünniger zu werden; denn der verdient sicherlich diesen Namen in seiner gehässigsten Bedeutung, der, sei er Christ oder Heide, seine Religion ohne Überzeugung von ihrer Unwahrheit aufgibt. In der Tat war es ein zu unbedingtes Vertrauen auf sein Orakel, das ihn verleitet hatte, den Spaniern so leicht zu vertrauen. Sein Verkehr mit ihnen hatte ohne Zweifel seinen Wunsch, ihren Glauben anzunehmen, nicht gesteigert; und er mochte wohl das Unglück seines Landes als Strafe betrachten, die seine Götter ihm für seine Gastfreundschaft gegen die auferlegt, die ihre Tempel entweiht und zerstört hatten.

Als der Pater Olmedo daher, an seiner Seite kniend, mit erhobenem Kruzifix ihn inbrünstig anflehte, das Zeichen der Erlösung des Menschen zu umarmen, stieß er den Priester kalt zurück und rief aus: „Ich habe nur noch wenige Augenblicke zu leben und will nicht in dieser Stunde dem Glauben meiner Väter untreu werden." Etwas schien indes schwer auf Montezumas Gemüt zu lasten. Dies war das Schicksal seiner Kinder, besonders dreier Töchter, die er von seinen beiden Frauen hatte; denn es gab gewisse Ehegesetze, welche die rechtmäßige Frau von der Nebenfrau unterschieden. Er rief Cortez an sein Bett und empfahl diese Kinder dringend seiner Sorge, „als die kostbarsten Juwelen, die er ihm hinterlassen könne". Er bat den Befehlshaber, seinen Gebieter, den Kaiser, zu ihren Gunsten einzunehmen und darauf zu sehen, daß sie nicht hilflos gelassen würden, sondern daß ihnen ein Teil ihrer rechtmäßigen Erbschaft zufließe. „Euer Gebieter wird dies tun," schloß er, „wäre es auch nur um der freundlichen Dienste

willen, die ich den Spaniern geleistet und der Liebe, die ich ihnen
bewiesen habe — wiewohl sie mich in diesen Zustand versetzt
hat! Aber deshalb bin ich ihnen doch nicht abgeneigt." So laute-
ten, nach Cortez selbst, die Worte des sterbenden Herrschers.
Nicht lange nachher, am 30. Juni 1520, starb er in den Armen
einiger seiner Edelleute, die seine Person noch immer treulich umgaben. „So," ruft ein eingeborner Geschichtschreiber, einer seiner
Feinde, ein Tlascalaner, „so starb der unglückliche Montezuma,
der das Zepter mit so vollendeter Staatsklugheit und Weisheit geführt hatte und der mehr geehrt und gefürchtet wurde als irgend
ein Prinz seines Geschlechtes, oder vielmehr ein anderer, der jemals
auf einem Throne in dieser westlichen Welt gesessen hat. Mit ihm,
kann man sagen, ist die Königsreihe der Azteken geschlossen und
der Ruhm von dem Reiche gewichen, das unter ihm den Glanzpunkt seines Gedeihens erreicht hatte." Die Nachricht von seinem
Tode, sagt der alte kastilianische Zeitgeschichtschreiber Diaz,
wurde mit wahrhaftem Gram von jedem Ritter und Soldaten im
Heere vernommen, der Zutritt zu ihm gehabt hatte; denn wir alle
liebten ihn wie einen Vater, was kein Wunder ist, da wir gesehen,
wie gut er war. Dieses einfache aber kräftige Zeugnis für sein
Verdienst zu einer solchen Zeit, ist durch sich die beste Wider-
legung des Verdachtes, den man zuweilen über seine Treue gegen
die Christen gehegt.
Es ist nicht leicht, das Bild Montezumas in seinen wahren Farben
darzustellen, da es unter zwei Gesichtspunkten von so entgegengesetzter und widersprechender Art überliefert worden ist. In den
über ihn von den Spaniern bei ihrer Ankunft im Lande gesammelten Berichten wurde er einstimmig als kühn und kriegliebend geschildert, als gewissenlos in der Wahl der Mittel zur Befriedigung
seines Ehrgeizes, als falsch und treulos, der Schrecken seiner Feinde,
als hochmütig in seinem Benehmen, das seinem eigenen Volke
Furcht einflößte. Andererseits fanden sie ihn nicht nur leutselig
und gnädig, sondern geneigt, auf alle Vorzüge seiner Stellung zu
verzichten und sie auf gleichen Fuß mit sich selbst zu setzen, bereit,
sich ihre Wünsche zum Gesetz zu machen; sanft bis zur Weich-

lichkeit in seinem Betragen und beständig in seiner Freundschaft, während sein ganzes Volk gegen sie in Waffens tand. Diese sich so widersprechenden Züge sind dennoch richtig gezeichnet und können nur aus den ungewöhnlichen Umständen seiner Lage erklärt werden.

Als Montezuma den Thron bestieg, war er kaum dreiundzwanzig Jahre alt. Jung und voll Ehrgeiz, sein Reich auszudehnen, war er fortwährend in Kriege verwickelt und soll neun regelmäßigen Schlachten beigewohnt haben. Er war sehr berühmt wegen seiner kriegerischen Tapferkeit, denn er gehörte zu dem Quachictin, dem höchsten Kriegerorden seines Volkes, einem, in den selbst nur wenige ihrer Könige aufgenommen waren. In seinem späteren Leben hat er lieber Ränke als Gewalt gebraucht, die besser mit seinem Charakter und seiner priesterlichen Erziehung übereinstimmten. Hierin war er ein ebenso großer Kunstverständiger wie irgend ein Fürst seiner Zeit, und durch Künste, die ihm nicht sehr zur Ehre gereichen, gelang es ihm, vieles von dem Gebiet seines königlichen Verwandten von Tezcuco an sich zu bringen. Streng in der Rechtsverwaltung, machte er wichtige Verbesserungen in der Einrichtung der Gerichtshöfe. Er führte auch Neuerungen im königlichen Hofstaat ein, schuf neue Ämter, steife Hofförmlichkeiten und ließ eine verschwenderische Pracht walten, wie sie seine rohen Vorgänger nicht kannten. Kurz, er wendete die höchste Aufmerksamkeit auf alles, was das Äußere und den Prunk des Königtumes betraf. Stattlich und anständig, war er sehr auf seine Würde bedacht, und man kann von ihm sagen, daß er ein ebenso großer „Schauspieler der Majestät" unter den rohen regierenden Herren der Neuen Welt gewesen, wie Ludwig der Vierzehnte es unter den gebildeten Fürsten Europas war.

Überdies hatte er einen starken Anstrich von jenem Geiste der Frömmelei, der einen solchen Schatten auf die letzten Tage des französischen Herrschers warf. Er empfing die Spanier als die ihm von seinen Göttersprüchen verkündeten Wesen. Die ängstliche Scheu, womit er ihren angekündigten Besuch vermieden hatte, war auf denselben Gefühlen gegründet, die ihn verleiteten, sich

ihnen bei ihrem Herannahen so blindlings hinzugeben. Ihr überlegener Geist war für ihn ein Vorwurf. Er bewilligte ihnen sogleich
alles, was sie verlangten — seine Schätze, seine Macht, sogar seine
Person. Um ihretwillen gab er seine gewöhnlichen Beschäftigungen, seine Vergnügungen, seine ältesten Gewohnheiten auf. Man
möchte von ihm sagen, er verzichtete auf seine eigene Natur und
veränderte, wie seine Untertanen behaupten, sein Geschlecht und
wurde zur Frau. Wenn wir auch nicht umhin können, den Kleinmut des aztekischen Herrschers zu verachten, so sollte dies doch
durch die Betrachtung gemildert werden, daß dieser Kleinmut aus
seinem Aberglauben entsprang, und daß in dem Wilden Aberglauben dasselbe ist, was religiöser Grundsatz in dem gebildeten
Menschen.

Es ist nicht leicht, das Schicksal Montezumas ohne das Gefühl des
tiefsten Mitleides zu betrachten; ihn zu sehen, wie er von der Flut
der Ereignisse mit fortgerissen wird, die er nicht die Kraft hat abzuwenden oder zu beherrschen; ihn zu sehen, wie er gleich einem
stattlichen Baume, dem Stolze seiner indianischen Wälder, der
hochragend in der Pracht und Majestät seiner Zweige, eben durch
seine Auszeichnung, zum Ziel des Blitzstrahles wird und als erstes
Opfer des Sturmes fällt, der über seine vaterländischen Berge da-
hinfuhr! Als der weise König von Tezcuco seinen königlichen
Verwandten bei dessen Krönung anredete, rief er aus: „Glücklich
das Reich, das jetzt in der Mittagslinie seines Glückes steht, denn
das Zepter ist einem Mann übergeben, den der Allmächtige in
seinem Schutze hat; und die Völker sollen ihn in Ehren halten!"
Ach, der Gegenstand dieser heilverkündenden Anrede mußte es
erleben, sein Reich wie Schnee dahinschmelzen, ein fremdes Geschlecht, gleichsam aus den Wolken, in sein Land strömen zu
sehen; sich als Gefangenen im Palast seiner Väter, als Gefährten
von denen zu finden, welche die Feinde seiner Götter und seines
Volkes waren; sich beschimpft, verachtet in den Staub getreten zu
sehen von dem Geringsten seiner Untertanen, von denen, die
wenige Monate vorher vor seinem Blicke gezittert; seinen letzten
Atem in den Hallen der Fremden — als ein Ausgestoßener in

seiner eigenen Hauptstadt — auszuhauchen! Er war das traurige Opfer des Schicksales — eines Schicksales, ebenso dunkel und unwiderstehlich in seinem Gange, wie das, welches über die Göttersagen des Altertums schwebt!

Montezuma war zur Zeit seines Todes ungefähr einundvierzig Jahre alt, von denen er achtzehn regiert hatte. Seine Persönlichkeit und Sitten sind schon beschrieben worden. Er hinterließ eine zahlreiche Nachkommenschaft von seinen verschiedenen Frauen, wovon die meisten, da sie nach der Eroberung ihr Ansehen verloren hatten, in Dunkelheit verfielen, weil sie sich mit der Masse der indianischen Bevölkerung vermischten. Zwei davon indes, ein Sohn und eine Tochter, die zum Christentum übergingen, wurden die Begründer adeliger Häuser in Spanien. Die Regierung, die gern ihre Dankbarkeit für das von ihrem Vorfahren herrührende ausgedehnte Reich an den Tag legen wollte, verlieh ihnen große Güter und bedeutende erbliche Würden, und die Grafen von Montezuma und Tula, die sich mit dem besten Blute Kastiliens durch Heiraten vermischt haben, deuteten durch ihre Namen und Titel ihre glorreiche Abkunft von dem mexikanischen Königsgeschlechte an.

Montezumas Tod war ein Unglück für die Spanier. Solange er lebte, hatten sie ein kostbares Pfand in Händen, das im äußersten Falle ihnen hätte Nutzen bringen können. Nun war das letzte Glied zersprungen, das sie mit den Eingeborenen des Landes in Verbindung hielt. Aber abgesehen von eigennützigen Gefühlen, waren Cortez und seine Offiziere aus persönlichen Rücksichten sehr von seinem Tode ergriffen, und als sie die kalten Überreste des zum Unglück bestimmten Königs betrachteten, mögen sie wohl eine natürliche Zerknirschung empfunden haben, wenn sie seine frühere blühende Lage mit der verglichen, in welche seine Freundschaft für sie ihn versetzt hatte.

Der spanische Befehlshaber erwies seinem Andenken alle Achtung. Sein in die königlichen Gewänder gekleideter Leichnam wurde anständig auf eine Bahre gelegt und auf den Schultern seiner Edelleute zu seinen Untertanen nach der Stadt getragen. Welche

Ehrenbezeigungen seinen Überresten, wenn überhaupt, erwiesen wurden, ist ungewiß. Ein Klageton, der deutlich in dem westlichen Teile der Hauptstadt gehört wurde, wurde von den Spaniern als die Trauerklagen eines Begräbniszuges gedeutet, der den Körper zur Ruhe bei seinen Vorfahren unter den hohen Schatten des Chapoltepec begleitete. Andere behaupten, er sei nach einem Begräbnisplatze in der Stadt Copalco gebracht und daselbst mit den gebräuchlichen Feierlichkeiten und Trauerzeichen von seinen Häuptlingen, doch nicht ohne einige unwürdige Schmähungen des mexikanischen Pöbels verbrannt worden. Wie dem auch sei, das mit so aufregenden Vorfällen beschäftigte Volk bewahrte vermutlich das Andenken des Fürsten nicht lange, der an ihren letzten vaterlandsliebenden Bewegungen nicht teilgenommen hatte. Auch wäre es nicht auffallend, wenn gerade das Andenken an sein Begräbnis durch die trübseligen Ereignisse verwischt worden wäre, welche nachher die Hauptstadt überwältigten und jeden Markstein von ihrer Oberfläche vertilgten.

DRITTES HAUPTSTÜCK

Kriegsrat | Die Spanier räumen die Stadt | Noche triste oder „Die traurige Nacht" | Schreckliches Gemetzel | Haltgemacht für die Nacht | Belauf der Verluste

1520

Es war nicht länger zweifelhaft, daß die Räumung der Hauptstadt zweckmäßig sei. Es kam nur noch darauf an, die Zeit dazu und die einzuschlagende Straße zu überlegen. Der spanische Befehlshaber berief einen Rat von Offizieren zusammen, um beides zu erwägen. Er hatte den Vorsatz, sich nach Tlascala zurückzuziehen und in dieser Hauptstadt sich den Umständen gemäß über seine künftigen Unternehmungen zu entscheiden. Nach einiger Erörterung vereinigte man sich über den Dammweg vor Tlacopan als den Zugang, auf welchem die Hauptstadt zu verlassen sei. Dieser zwang sie freilich zu einem Umwege, der bedeutend länger war als einer von denen, auf dem sie sich der Hauptstadt genähert hatten. Aber aus diesem Grunde schien es auch wahrscheinlich, daß derselbe, als der am wenigsten vermutete, auch am wenigsten bewacht sein würde, und da der Dammweg selbst kürzer war als jeder der anderen Zugänge, er das Heer früher in verhältnismäßige Sicherheit auf dem festen Lande bringen würde.

Über die Stunde des Abganges herrschte einige Meinungsverschiedenheit. Die Zeit bei Tage würde, wie einige meinten, vorzuziehen sein, weil sie da die Art und Größe ihrer Gefahr sehen und derselben vorbeugen könnten. Die Dunkelheit würde ihren eigenen Bewegungen weit hinderlicher sein, als denen ihrer Feinde, die mit der Örtlichkeit vertraut waren. Es könnten bei Nacht tausend Hindernisse eintreten, die ihr übereinstimmendes Handeln, den Gehorsam für die Befehle des Anführers, ja selbst deren genaue Kenntnis unmöglich machen könnten. Aber andererseits, äußerte man, biete die Nacht manche offenbaren Vorteile dar, da man es mit einem Feinde zu tun habe, der seine Feindseligkeiten

selten über den Tag hinaus ausdehnte. Die letzte Angriffsunter-
nehmung der Spanier habe die Aufmerksamkeit der Mexikaner
abgezogen, und es sei nicht wahrscheinlich, daß sie ein so eiliges
Fortgehen ihrer Feinde voraussetzen würden. Mit Schnelligkeit
und Vorsicht würde es ihnen daher gelingen, möglicherweise über
den Dammweg aus der Stadt zu entkommen, ehe man ihren Rückzug entdeckte; und hätten sie diese Gefahr einmal überstanden,
so sei ihnen für das übrige nicht sehr bange.

Diese Ansichten sollen durch die Ratschläge eines Soldaten namens Botello verstärkt worden sein, der die geheimnisvolle Wissenschaft der Sterndeuterei trieb. Er hatte sich durch einige Prophezeiungen, welche durch die Tat bestätigt wurden, bei dem
Heere Glauben verschafft. Dieser Mensch empfahl seinen Landsleuten, den Platz jedenfalls bei Nacht, als der ihnen günstigsten
Stunde, zu räumen, obgleich er selbst dabei umkommen werde. Der
Erfolg zeigte, daß der Sterndeuter seine eigene Planetenstellung
besser kannte als die der anderen.

Auf jeden Fall wurde entschieden, daß sie die Stadt noch in derselben Nacht verließen.

Des Befehlshabers erste Sorge war für die sichere Fortschaffung
des Schatzes. Viele von den gemeinen Soldaten hatten ihren Anteil an der Beute, wie wir gesehen haben, in goldenen Ketten, Armbändern und anderen Schmucksachen umgesetzt, die sie leicht bei
sich tragen konnten. Aber das königliche Fünftel sowie das von
Cortez selbst und vieles von der reichen Beute der vornehmsten
Ritter war in Barren und Klumpen gediegenen Goldes verwandelt
und in einem der festen Zimmer des Palastes niedergelegt. Cortez
überlieferte den der Krone zugehörenden Anteil den königlichen Beamten und wies ihnen eines von den stärksten Pferden
und eine Wache von kastilianischen Soldaten an, um ihn fortzuschaffen. Dennoch mußte vieles von dem Schatze, was sowohl der
Krone wie einzelnen gehörte, aus Mangel an den nötigen Mitteln
zur Fortschaffung zurückgelassen werden. Das Metall lag in glänzenden Haufen zerstreut am Boden umher und reizte die Habgier
der Soldaten. „Nehmt davon was ihr mögt", sagte Cortez zu

seinen Leuten. „Es ist besser, daß ihr es habt, als die mexikanischen Hunde." „Aber gebt acht, daß ihr euch nicht überladet.
Wer in der finsteren Nacht am leichtesten reist, der reist am sichersten." Seine eigenen vorsichtigeren Anhänger achteten auf seinen
Rat, indem sie sich weniger Gegenstände vom geringsten Umfange
und dennoch vielleicht vom größten Wert bedienten. Aber Narvaez' Truppen, die nach dem Reichtum schmachteten, von dem
sie so viel gehört und bisher so wenig gesehen hatten, bewiesen
nicht solche Vorsicht. Ihnen schien es, als ständen die Goldgruben
Mexikos vor ihnen offen, und auf die trügerische Beute losstürzend,
beluden sie sich gierig mit so viel davon, als sie nicht nur selbst
an ihrem Leibe fortzubringen, sondern was sie in Quersäcken,
Kisten oder irgend einer anderen Art von Fortschaffungsbehältnis,
dessen sie habhaft werden konnten, zu stopfen vermochten.
Nun ordnete Cortez zunächst den Marsch an. Die Vorhut, aus
zweihundert Mann Fußvolk bestehend, stellte er unter den Befehl
des tapferen Gonzalo de Sandoval, unterstützt von Diego de Ordaz, Francisco de Lujo und ungefähr zwanzig anderen Rittern.
Die Nachhut, welche die Hauptmacht des Fußvolkes in sich begriff, war Pedro de Alvarado und Velasquez de Leon anvertraut.
Der Befehlshaber selbst übernahm das Haupther oder das Mitteltreffen, worin das Gepäck, einige von den schweren Kanonen, von
denen die meisten indes bei der Nachhut blieben, der Schatz und
die Gefangenen gingen. Diese letzteren bestanden in einem Sohn
und zwei Töchtern Montezumas, Cacama, dem abgesetzten Herrscher von Tezcuco und einigen anderen Edelleuten, welche Cortez als wichtige Geiseln für seine künftigen Unterhandlungen mit
dem Feinde zurückbehielt. Die Tlascalaner waren ziemlich gleich
unter die drei Abteilungen verteilt; und Cortez hatte unter seinem
unmittelbaren Befehl ungefähr hundert ausgesuchte Soldaten, seine
erprobten und ihm überaus ergebenen Krieger, die mit Christoval de Olid, Francisco de Morta, Alonso de Avila und
zwei oder drei anderen Rittern eine auserlesene Schar bildeten, um
sie da zu verwenden, wo sich eine Gelegenheit dafür darbot.
Der Befehlshaber hatte schon die Erbauung einer tragbaren Brücke

angeordnet, die über die offenen Gräben auf dem Dammwege gelegt werden sollte. Hiemit war ein Offizier namens Magarino mit vierzig Soldaten unter ihm beauftragt, die alle verpflichtet waren, den Übergang bis auf den letzten Augenblick zu verteidigen. Die Brücke sollte abgenommen werden, sobald das ganze Heer eine der Lücken überschritten hatte, und dann zu der nächsten hingeschafft werden. Es gab drei solcher Öffnungen auf dem Dammwege, und sehr glücklich wäre es für die Unternehmung gewesen, wenn die Vorsicht des Befehlshabers für ebenso viele Brücken gesorgt hätte. Aber die Arbeit würde groß gewesen sein, und die Zeit war kurz.

Um Mitternacht waren die Truppen unter Waffen und marschfertig. Der Pater Olmedo las eine Messe; er rief den Schutz des Allmächtigen für die schrecklichen Gefahren der Nacht an. Die Tore wurden geöffnet, und am 1. Juli 1520 zogen die Spanier zum letzten Male aus den Mauern der ehemaligen Festung aus, dem Schauplatze so vieler Leiden und eines so unüberwindlichen Mutes.

Die Nacht war wolkig, und ein feiner Regen, der ohne Unterlaß fiel, vermehrte noch die Dunkelheit. Der große Platz vor dem Palaste war verödet, wie er es allerdings schon seit Montezumas Fall gewesen. Fest und so geräuschlos als möglich verfolgten die Spanier ihren Weg längs der großen Straße von Tlacopan, die noch vor kurzer Zeit vom Schlachtgetümmel widerhallte. Alles war jetzt in Stille versunken, und sie wurden an das Vergangene nur zuweilen durch einige vereinzelte Leichen oder einen dunklen Haufen Erschlagener erinnert, an denen man nur zu deutlich erkannte, wo der Kampf am heißesten gewesen. Als sie an den Gassen und Gängen vorbeikamen, die in die große Straße mündeten, oder die Gräben entlang blickten, deren glatte Oberfläche mit einer Art von schwarzem Glanze durch die Dunkelheit der Nacht leuchtete, konnten sie sich leicht einbilden, die dunklen Gestalten ihrer Feinde im Hinterhalte lauern zu sehen, um auf sie loszuspringen. Aber es war nur Einbildung; und die Stadt schlief ungestört selbst bei dem fortgesetzten Widerhall des Pferdegetram-

pels und dem dumpfen Rasseln des Geschützes und der Gepäck-
züge. Endlich zeigte ein lichterer Raum jenseits der dunklen
Häuserreihe dem Vortrab des Heeres, daß er auf den offenen
Dammweg hinauszukommen im Begriff sei. Sie mögen sich wohl
Glück gewünscht haben, so den Gefahren eines Angriffes in der
Stadt selbst entgangen zu sein, und daß sie nach kurzer Zeit ver-
hältnismäßig sicher am jenseitigen Ufer sein würden. Aber die
Mexikaner schliefen nicht alle.

Als die Spanier nahe zu der Stelle kamen, wo die Straße sich auf
den Dammweg öffnete, und sich anschickten, die tragbare Brücke
über die unbedeckte Lücke zu legen, die sie jetzt sahen, wurden
sie von einigen indianischen Schildwachen bemerkt, die sogleich
die Flucht ergriffen und ihre Landsleute durch ihr Geschrei weck-
ten. Die Priester, die ihre Nachtwache auf dem Gipfel des Teocalli hielten, empfingen augenblicklich die Nachricht und ließen
ihre Muscheln ertönen, während die ungeheure Trommel in dem
verödeten Tempel des Kriegsgottes jene feierlichen Töne verbreitete, die man nur bei Unglücksfällen hörte und die in jeden
Winkel der Hauptstadt drangen. Die Spanier sahen, daß keine
Zeit zu verlieren sei. Die Brücke wurde vorwärts gebracht und
mit aller möglichen Eile instand gesetzt. Sandoval war der erste,
der ihre Stärke prüfte und darüber hinritt, gefolgt von seiner
kleinen Reiterschar, seinen Leuten zu Fuß und den tlascalanischen
Verbündeten, welche die erste Abteilung des Heeres bildeten. Alsdann kam Cortez und seine Reiterhaufen mit dem Gepäck, den
Pulverwagen und einem Teile des Geschützes. Aber ehe sie Zeit
hatten, in dem schmalen Durchgange vorüberzuziehen, ließ sich
ein Getöse hören, gleich dem eines mächtigen, vom Winde bewegten Waldes. Es wurde immer lauter und lauter, während man auf
dem dunklen Wasser des Sees ein plätscherndes Geräusch vernahm,
wie von vielen Rudern. Alsdann kamen einige Steine und Pfeile
hin und wieder unter die forteilenden Truppen geflogen. Sie fielen
jeden Augenblick schneller und heftiger, bis sie sich zu einem
fürchterlichen Hagel verdichteten, während das Heulen und
Kriegsgeschrei von Tausenden von Streitern die Luft erfüllte, die

alle mit einem Male über Land und See zu schwärmen schienen! Die Spanier setzten standhaft ihren Marsch durch diesen Pfeilhagel fort, obgleich die Wilden, die ihre Kanus gegen die Seiten des Dammweges trieben, hinaufkletterten und ihre Reihen anfielen. Aber die Christen, nur ängstlich bemüht, zu entkommen, vermieden jeden Kampf bis auf den der Selbsterhaltung. Die Ritter spornten ihre Pferde vorwärts, schüttelten sich die Angreifenden ab und ritten über ihre hingestreckten Körper fort, während die Leute zu Fuß sie mit ihren guten Schwertern oder durch Stöße mit ihren Gewehren kopfüber wieder den Deich hinuntertrieben.

Aber das Vorrücken von einigen tausend Mann, die wahrscheinlich nicht über fünfzehn oder zwanzig nebeneinander marschierten, erforderte notwendig viel Zeit, und die vorderen Reihen hatten bereits die zweite Lücke auf dem Dammwege erreicht, ehe noch die Nachhut über die erste gekommen war. Hier machten sie halt; da sie keine Mittel hatten, hinüberzukommen, mußten sie die ganze Zeit über unter dem ununterbrochenen Schießen der Feinde aushalten, die rings um diese zweite Öffnung im Wasser dicht angehäuft waren. Hart bedrängt, sandte die Vorhut wiederholte Botschaften an die Nachhut, um die tragbare Brücke zu fordern. Endlich war der letzte Mann hinüber und Magarino und seine handfesten Begleiter suchten das schwere Gerüst zu heben. Aber es saß fest in den Seitenwänden des Deiches. Vergebens strengten sie alle ihre Kräfte an. Das Gewicht von so vielen Menschen und Pferden und vor allem von dem schweren Geschütz hatte die Balken so fest in Steine und Erde eingekeilt, daß es über ihre Kräfte ging, sie herauszuziehen. Dennoch arbeiteten sie unter einem Regen von Wurfgeschossen, bis, nachdem viele von ihnen erschlagen und alle verwundet waren, sie sich genötigt sahen, den Versuche aufzugeben.

Die Nachricht verbreitete sich bald von Mann zu Mann, und kaum war ihr schrecklicher Inhalt begriffen, als sich ein Schrei der Verzweiflung erhob, der für einen Augenblick alles Geräusch des Kampfes übertönte. Jedes Mittel zum Rückzuge war abgeschnitten; kaum daß eine Hoffnung blieb. Die einzige bestand in den

400

MEXIKANISCHER KRIEGER

in Koyoteverkleidung.

Sahagun Ms.

verzweifelten Anstrengungen, die jeder für sich selbst machen konnte. Ordnung und Gehorsam waren zu Ende. Erhöhte Gefahr brachte erhöhte Selbstsucht hervor. Jeder dachte nur an sein eigenes Leben. Vorwärts drängend, trat er den Schwachen und Verwundeten nieder, ohne sich darum zu kümmern, ob es Freund oder Feind sei. Die vorderen Reihen, von der Nachhut angetrieben, waren am Rande des Wassers zusammengedrängt. Sandoval, Ordaz und die anderen Ritter stürzten sich ins Wasser. Einigen gelang es, mit ihren schwimmenden Pferden hinüberzukommen. Anderen mißlang es, und einige, welche das gegenüberliegende Ufer erreichten, rollten, da sie beim Hinaufsteigen stürzten, kopfüber mit ihren Schlachtrossen in den See. Das Fußvolk folgte in Verwirrung aufeinandergehäuft, häufig von den Wurfspießen durchbohrt oder von den Kriegskeulen der Azteken niedergestreckt, während manches unglückliche Schlachtopfer, halb betäubt, an Bord ihrer Kanus geschleppt wurde, um zu einem späteren aber greulicheren Tode aufgespart zu werden.

Das Gemetzel wütete fürchterlich längs des Dammweges. Sein dunkler Umriß bot ein hinreichend deutliches Ziel für die Wurfgeschosse des Feindes, die in der blinden Wut des Sturmes oft ihre eigenen Landsleute niederstreckten. Die, welche dem Deiche zunächst waren, trieben ihre Kanus mit einer Gewalt an die Seite des Deiches hin, daß sie dieselben in Stücke zerschmetterten, sprangen dann ans Land und wurden mit den Christen handgemein, bis beide miteinander die Seite des Dammweges herabgerollt kamen. Aber der Azteke fiel unter seine Freunde, während sein Gegner frohlockend zum Opfer fortgeschleppt wurde. Der Kampf war lang und mörderisch. Die Mexikaner waren an ihren weißen baumwollenen Gewändern kenntlich, welche schwach durch die Finsternis sichtbar waren. Über die Kämpfenden erhob sich ein wildes, mißtönendes Geschrei, in welches sich schrecklicher Racheruf mit Todesächzen mischte, unter Anrufung der Heiligen und der gebenedeiten Jungfrau und Kreischen der Frauen; denn es hatten einige Frauen, sowohl eingeborene als spanische, die Christen ins Feld begleitet. Unter diesen wird eine, namens Maria de Estrada, ganz besonders wegen des Mutes genannt, den sie im Fechten mit Schwert und Schild gleich dem tapfersten Krieger entfaltete.

Die Öffnung des Dammweges war unterdes mit den Trümmern der Gegenstände angefüllt, die hineingezwängt worden waren, Pulverwagen, schwere Kanonen, Ballen reicher Stoffe, die im Wasser umherlagen, Kisten von gediegenen Barren und Leichname von Menschen und Pferden, bis sich über diese traurigen Trümmer allmählich ein Übergang gebildet hatte, auf welchem die Leute aus der Nachhut nach der anderen Seite hinüberklettern konnten. Cortez soll eine durchwatbare Stelle gefunden haben, wo er, das Wasser bis an den Sattelgurt, gehalten und sich bemüht haben soll, der Verwirrung Einhalt zu tun und seine Anhänger auf einem sicheren Pfade nach dem gegenüberliegenden Ufer zu bringen. Aber seine Stimme ging in dem wilden Aufruhr verloren und, indem er zuletzt dem Strome folgte, drängte er mit wenigen treuen Rittern, die nahe in seiner Umgebung blieben, vorwärts nach dem Vortrabe, nachdem er noch vorher seinen Lieblingsedelknaben, Juan des Salazar, fallen und als Leiche neben sich gesehen hatte. Hier fand er Sandoval und dessen Begleiter vor der dritten und letzten Lücke haltend und das Gefolge zum Überschreiten derselben ermutigen. Aber ihre Entschlossenheit wankte. Die Lücke war weit und tief, obgleich der Punkt nicht so dicht vom Feinde besetzt war wie die vorigen. Die Ritter gingen wiederum mit ihrem Beispiel voran, indem sie sich in das Wasser stürzten. Reiter und Fußvolk folgten nach so gut sie konnten, einige schwimmend, andere sich mit Todesringen an den Mähnen und Schweifen der sich abmühenden Tiere anklammernd. Die kamen am besten fort, wie der Befehlshaber vorher gesagt hatte, die am wenigsten belastet waren, und es gab viele der Unglücklichen, welche von dem Gewicht des unseligen Goldes, das sie so sehr liebten, niedergedrückt, damit in den salzigen Fluten des Sees begraben wurden. Cortez blieb mit seinen tapferen Gefährten Olid, Morla, Sandoval und einigen wenigen anderen stets voran und führte seine einzelnen Überreste vom unseligen Dammwege fort. Das Schlachtgetümmel wurde schon schwächer durch die Entfernung; als das Gerücht zu ihnen gelangte, daß die Nachhut gänzlich vernichtet werden würde, wenn sie nicht eiligst Hilfe bekäme. Es erschien fast wie eine verzweifelte Handlung, aber die edlen Herzen der spanischen Ritter hielten sich nicht damit auf, die Gefahr zu berechnen, als der Hilferuf zu ihnen drang. Sie wendeten die Zügel ihrer Pferde und jagten nach dem Kriegsschauplatze zurück, machten sich Bahn durch die Menge, durchschwammen den Graben und stellten sich im dichtesten Schlachtgetümmel auf dem gegenüberliegenden Ufer auf.

Jetzt brach die erste Morgendämmerung über das Wasser hervor. Sie zeigte die gräßliche Verwirrung des Auftrittes, den die Finsternis der Nacht bedeckt hatte. Die dunklen Massen der Kämpfenden, die sich längs des Deiches hinzogen, sah man um den Sieg ringen, bis der Dammweg, auf dem sie standen, zu zittern und hin und her zu wanken schien, wie von einem Erdbeben erschüttert; während die Fläche des Sees, so weit das Auge reichen konnte, von Kanus mit Kriegern gefüllt, verdunkelt war, deren Lanzen und Keulen, mit Klingen von „vulkanischem Glas" beschlagen, im Meere glänzten.

Die Ritter fanden Alvarado ohne Pferd sich mit einer kleinen Handvoll Anhänger gegen eine überlegene Flut von Feinden verteidigen. Sein gutes Streitroß, daß ihn in manchem harten Kampfe getragen hatte, war unter ihm gefallen. Er selbst war an mehreren Stellen verwundet und suchte vergebens, seine zerstreute Schar zu sammeln, die bis an den Rand des Grabens durch die Wut des Feindes getrieben war, der den ganzen hinteren Teil des Dammweges innehatte, wo er jede Stunde durch frische Kämpfer aus der Stadt verstärkt wurde. Das Geschütz war zu Anfang des Treffens nicht müßig gewesen und sein eiserner Regen hatte, den Deich entlang streifend, die Angreifenden zu Hunderten niedergemäht. Doch nichts konnte ihrem Ungestüm widerstehen. Die vorderen Reihen, von den dahinter stehenden vorgestoßen, wurden endlich auf die Kanonen gedrängt und sich über sie wie ein Strom ergießend, stürzten sie, Menschen und Kanonen, in eine gemeinsame Verwirrung. Der entschlossene Angriff der jetzt angekom-

menen spanischen Ritter bewirkte einen augenblicklichen Stillstand und gab ihren Landsleuten Zeit, sich ein wenig zu sammeln.
Aber sie wurden schnell durch die rückkehrende Flut wieder fortgerissen. Cortez und seine Gefährten sahen sich genötigt, sich
wieder in den See zu stürzen — allein nicht alle entkamen. Alvarado stand einen Augenblick am Rande des Ufers, ungewiß,
was zu tun sei. Ohne Pferd, wie er war, sich angesichts der feindlichen Kanus, die rings um die Öffnung schwärmten, ins Wasser
zu werfen, gewährte nur eine verzweifelte Aussicht auf Rettung. Es
blieb ihm nur eine Sekunde Zeit zum Überlegen. Er war ein
Mann von mächtiger Gestalt und die Verzweiflung gab ihm unnatürliche Kraft. Er setzte seine lange Lanze fest auf die Trümmer
ein, die auf dem Boden des Sees umhergestreut lagen, sprang mit
aller Gewalt vorwärts und setzte mit einem Sprunge über die weite
Öffnung! Azteken und Tlascalaner starrten dies mit stummen Erstaunen an und riefen, als sie die unglaubliche Tat gesehen, „dies
ist sicherlich der Tonatiuh — das Kind der Sonne!" Wie breit
die Öffnung gewesen, wird nicht gesagt. Aber sie war so groß,
daß der tapfere Hauptmann Diaz, der sich der Stelle sehr wohl
erinnert, sagt, daß der Sprung für jeden Menschen unmöglich gewesen sei. Andere Zeitgenossen bezweifeln indes die Geschichte
nicht. Sie wurde unbedingt in damaliger Zeit allgemein geglaubt;
ist bis auf den heutigen Tag jedem Einwohner der Hauptstadt
genau bekannt und der Name Salto de Alvarado, „Alvarados
Sprung", den man der Stelle gegeben, verewigt noch eine Tat, die
mit denen der Halbgötter der griechischen Fabel wetteifert.
Cortez und seine Begleiter ritten jetzt nach der vorderen Heeresreihe, wo die Truppen einzeln und unordentlich von dem unseligen Dammwege abzogen. Nur wenige vom Feinde verfolgten sie
oder beunruhigten sie durch Pfeilschüsse vom See aus. Die Aufmerksamkeit der Azteken war durch die reiche Beute abgelenkt,
welche auf dem Schlachtboden umhergestreut lag; zum Glück für
die Spanier, die, hätten ihre Feinde ebenso ungestüm verfolgt wie
sie gekämpft, in ihrem verkrüppelten Zustande wahrscheinlich bis
auf den letzten Mann niedergehauen worden wären. Sie konnten

daher ohne großer Belästigung durch das nahe liegende Dorf oder, wie man es nennen kann, die Vorstadt Popotla gehen.

Der spanische Befehlshaber stieg da von seinem ermüdeten Kampfrosse ab und, sich auf die Stufen eines indianischen Tempels niedersetzend, blickte er traurig auf die gebrochenen Reihen, wie sie bei ihm vorüberzogen. Welch einen Anblick gewährten sie! Die Reiterei, größtenteils ohne Pferde, war mit dem Fußvolke vermischt, das seine schwachen Glieder mit Mühe fortschleppte; ihre zerrissenen Panzer und zerlumpten Kleider, von salzigem Schlamme triefend, ließen durch ihre Risse manche Beule und schreckliche Wunden sehen; ihre glänzenden Waffen beschmutzt, ihre stolzen Helmbusche und Fahnen verschwunden, das Gepäck, Geschütz, kurz alles, was zum Schmuck und zur Rüstung eines glorreichen Krieges gehört, auf ewig verloren. Als Cortez aufmerksam ihre gelichteten und unordentlichen Glieder musterte, suchte er vergebens nach manchem bekannten Gesichte und vermißte mehr als einen teuren Gefährten, der mit ihm Seite an Seite alle die Gefahren der Eroberung bestanden hatte. Obgleich er gewohnt war, seine Gefühle zu beherrschen oder wenigstens zu verbergen, so war dieser Anblick doch zu viel für ihn. Er bedeckte sein Gesicht mit den Händen, und die herabrollenden Tränen verrieten nur zu deutlich den Gram seiner Seele.

Er fand jedoch einigen Trost in dem Anblick mehrerer von den Rittern, auf die er sich am meisten verließ. Alvarado, Sandoval, Olid, Ordaz, Avila waren noch erhalten. Auch hatte er die unaussprechliche Freude, die Rettung der indianischen Dolmetscherin Marina zu erfahren, die ihm so teuer und dem Heere so wichtig war. Sie war mit der Tochter eines tlascalanischen Häuptlings einigen dieses Volkes übergeben worden. Glücklicherweise war sie im Vortrabe gewesen und ihre treuen Beschützer hatten sie sicher durch alle Gefahren der Nacht geleitet. Aguilar, der andere Dolmetscher, war auch entkommen, und nicht ohne geringere Genugtuung erfuhr Cortez die Rettung des Schiffbauers Martin Lopez. Die Sorge des Befehlshabers um das Schicksal dieses, wie es sich zeigte, für den Erfolg seiner späteren Unternehmungen so unentbehrlichen Mannes bewies, daß mitten unter seiner Betrübnis sein unbezähmbarer Geist der Stunde der Rache entgegensah.

Unterdes hatte die vorrückende Heeressäule die benachbarte Stadt Tlacopan (Tacuba), einst die Hauptstadt eines unabhängigen Fürstentums, erreicht. Daselbst machte sie in der großen Straße halt, wie verwirrt und ungewiß, wohin sie sich wenden solle, gleich einem Rudel aufgeschreckten Wildes, das vor den Jägern flieht und, noch das Hundegebell und den Hörnerton im Ohre, sich scheu nach einem Gebüsch oder einer Schlucht umsieht, um sich darin zu verbergen. Cortez, der eiligst zu Pferde gestiegen war und sich wieder an die Spitze gestellt hatte, sah die Gefahr ein, an einem volkreichen Orte zu bleiben, wo die Einwohner die Truppen von den Azoteas aus ohne Gefahr für sich selbst bedeutend beunruhigen konnten. Vorwärts drängend, führte er sie daher schnell ins Land. Dort suchte er seine aufgelösten Heerhaufen wieder zu sammeln und einigermaßen zu ordnen.

Dicht dabei, ihnen zur Linken, erhob sich eine Anhöhe, welche die Aussicht auf eine das Tal gegen Westen begrenzende Bergkette hatte. Sie hieß der Hügel von Otoncalpolco und zuweilen auch der Hügel des Montezuma. Oben auf derselben stand ein indianischer Teocalli mit seinen großen steinernen Außenwerken, die einen großen Raum einnahmen und durch ihre feste Lage, welche die benachbarte Ebene beherrschte, einen guten Zufluchtsort für die erschöpften Truppen versprach. Aber die durch ihre letzten Unfälle entmutigten und betäubten Leute schienen für den Augenblick zu fernerer Anstrengung unfähig, und der Ort war von einem Haufen bewaffneter Indianer besetzt. Cortez sah die Notwendigkeit ein, sie daraus zu vertreiben, wenn er die Reste seines Heeres vor gänzlichem Untergange retten wollte. Der Erfolg zeigte, daß er über ihren Willen noch immer stärker als die Umstände selbst gebot. Er sprach ihnen freundlich zu, und von seinen tapferen Rittern unterstützt, gelang es ihm, den Trägsten etwas von seiner unerschrockenen Stimmung einzuflößen und sie angesichts des Feindes hinaufzuführen. Doch dieser leistete nur geringen Widerstand und überließ nach einigen schwachen Ladungen Wurfgeschosses, die wenig Schaden taten, den Angreifenden das Feld.

Auf dem Platze stand ein Gebäude von beträchtlichem Umfang, das für die verminderte Anzahl der Spanier hinreichende Bequemlichkeit gewährte. Sie fanden daselbst einige Lebensmittel, und mehr noch sollen ihnen im Laufe des Tages einige freundliche otomitische Dörfer in der Nachbarschaft zugeführt haben. Sie fanden auch in den Höfen eine Menge Feuerungsstoffe, die zum Gebrauche des Tempels bestimmt waren. Damit machten sie Feuer zum Trocknen ihrer durchnäßten Kleider und waren eifrig beschäftigt, sich gegenseitig ihre Wunden zu verbinden, die von Vernachlässigung und der langen Anstrengung steif und sehr schmerzhaft geworden waren. Auf diese Weise erfrischt, warfen sich die müden Soldaten auf den Fußboden und in den Höfen des Tempels nieder und fanden bald eine Zeitlang die Vergessenheit, welche die Natur selten, selbst bei den größten Leiden, verweigert. Der von den Spaniern in dieser unglückseligen Nacht erlittene Verlust wird, wie jedes andere Ereignis in der Eroberungsgeschichte, höchst verschieden angegeben. Wenn wir Cortez' eigenem Briefe glauben, überstieg er nicht hundertfünfzig Spanier und zweitausend Indianer. Aber die Tagesberichte des Befehlshabers lassen sich zwar weitläufig über die zu überwindenden Schwierigkeiten und die Wichtigkeit der Erfolge aus, sind aber weniger gewissenhaft in der Angabe seiner Mittel und Verluste. Thoan Cano, einer von den anwesenden Rittern, schätzt die Anzahl der Gebliebenen auf 1120 Spanier und 8000 Verbündete. Aber dies ist eine größere Zahl, als wir für das ganze Heer angenommen haben. Vielleicht kommen wir der Wahrheit am nächsten, wenn wir die Schätzung Gomaras nehmen, der Cortez' Hausgeistlicher war und dem ohne Zweifel nicht nur die Papiere des Befehlshabers, sondern auch andere zuverlässige Quellen zugänglich waren. Ihm zufolge war die Zahl der getöteten und vermißten Christen vierhundertfünfzig und die der Eingeborenen viertausend. Dies, mit dem in den Kämpfen der vorhergegangenen Woche erlittenen Verluste, mag die ersteren auf etwas mehr als ein Drittel und die letzteren auf ein Viertel oder vielleicht Fünftel der ursprünglichen Stärke, mit der sie in die Hauptstadt gekommen, vermindert haben. Den heftigsten Angriffen war die Nachhut ausgesetzt, von der auch wenige entkamen. Sie bestand vorzüglich aus den Soldaten von Narvaez, die gewissermaßen als Opfer ihrer Habgier fielen. Sechsundvierzig Mann von der Reiterei waren niedergehauen, was mit den früheren Verlusten die Anzahl dieser Waffengattung auf dreiundzwanzig herunterbrachte, und überdies zum Teil in einem kläglichen Zustande. Den größeren Teil des Schatzes, das Gepäck, die Papiere des Befehlshabers mit seinen Rechnungen und einem genauen Tagebuche seit ihrer Abreise von Kuba — welches, für die Nachwelt wenigstens, wertvoller gewesen wäre als das Gold — hatte das Wasser verschlungen. Der Schießbedarf, der schöne, kleine Geschützzug, womit Cortez in die Stadt gekommen, war ganz dahin. Es blieb selbst nicht eine Büchse übrig, da die Leute sie fortgeworfen hatten, weil sich sich von allem zu entledigen suchten, was ihr Entkommen in jener schrecklichen Nacht aufhalten konnte. Kurz, von ihrem ganzen Kriegsgerät war nichts übrig, um die Oberherrschaft der Europäer über die Wilden zu sichern, als ihre Schwerter, ihre verstümmelte Reiterei und einige beschädigte Armbrüste.

Die Gefangenen, worunter sich, wie schon erwähnt, die Kinder Montezumas und der Kazike von Tezcuco befanden, sollen alle von den Händen ihrer unwissenden Landsleute in der blinden Wut des Angriffes umgekommen sein. Auch bei den Spaniern waren einige Leute von Ansehen dem blutigen Gemetzel zum Opfer gefallen. Dazu gehörte Francisco de Morla, der an der Seite von Cortez fiel, als er mit diesem zur Hilfe zurückkehrte. Aber der größte Verlust war der von Juan Velasquez de Leon, der mit Alvarado den Befehl über die Nachhut hatte. Dies war der gefahrvollste Posten in jener Nacht, und er fiel, indem er ihn tapfer verteidigte, schon zu Anfang des Rückzuges. Er war ein vortrefflicher Offizier, besaß viele ritterlichen Eigenschaften, obgleich er sich etwas hochmütig benahm, da er einer von den Rittern im Heere war, welche die besten Verbindungen hatten. Als naher

Verwandter des Statthalters von Kuba betrachtete er zuerst Cortez' Ansprüche mit Kälte; aber, sei es aus Überzeugung, daß diesem Unrecht geschehen, oder aus persönlichem Vorzuge, er wurde nachher ein eifriger Anhänger seines Anführers. Der Befehlshaber vergalt es ihm durch ein edles Vertrauen, indem er ihm, wie wir gesehen, einen eigenen, unabhängigen Befehl übertrug, wobei ein Vergehen oder selbst nur ein Irrtum der Unternehmung verderblich werden konnte. Velasquez erwies sich des Vertrauens würdig; und der Verlust keines Ritters im Heere, vielleicht nur Sandoval und Alvarado ausgenommen, würde von dem Befehlshaber so tief beklagt worden sein.

Dies waren die unglückseligen Erfolge dieses schrecklichen Überschreitens des Dammweges; unheilvoller als die durch irgend ein anderes Mißgeschick, das die spanischen Waffen in der Neuen Welt befleckt hat, veranlaßten; und welche die Nacht, in der es sich ereignete, in den Volksjahrbüchern mit dem Namen der Noche triste, „die traurige Nacht", gebrandmarkt hat.

VIERTES HAUPTSTÜCK

*Rückzug der Spanier / Unfälle des Heeres / Spitzsäulen von
Teotihuacan / Große Schlacht von Otumba*

1520

An dem Tage, der auf den Rückzug der Spanier folgte, blieben
die Mexikaner größtenteils ruhig in ihrer Hauptstadt, wo sie
durch Säubern der Straßen und Dammwege von den Toten, welche
daselbst in Haufen umherlagen und ansteckende Krankheiten erzeugen konnten, hinreichende Beschäftigung fanden. Auch mögen
sie wohl ihren gefallenen Kriegern die letzte Ehre erwiesen haben,
indem sie deren Begräbnis durch Opferung ihrer unglücklichen
Gefangenen feierten, die, wenn sie an ihr Schicksal dachten, wohl
das ihrer auf dem Schlachtfelde gebliebenen Gefährten beneidet
haben mögen. Für die Spanier war es sehr glücklich, daß ihnen
bei ihrer Bedrängnis der Feind diese Zeit zu atmen ließ. Aber
Cortez konnte nicht auf ihre Dauer rechnen und da er fühlte, wie
wichtig es sei, seinem wachsamen Feinde den Vorsprung abzugewinnen, befahl er seinen Truppen, sich zur Fortsetzung ihres
Marsches bereit zu halten. Man ließ die Wachtfeuer brennen, um
den Feind besser zu täuschen, und zur bestimmten Stunde brach
das kleine Heer. ohne Trommel- und Trompetenschall, aber mit
erneutem Mute aus den Toren des Teocalli hervor, in dessen gastfreundlichen Mauern sie so zur rechten Zeit Hilfe gefunden hatten.
Der Ort ist jetzt kenntlich durch eine christliche Kirche der heiligen Jungfrau Nuestra Senora de los Remedios geweiht, deren
wundertätiges Bild — das nämliche, welches Cortez' Anhänger
herübergebracht haben sollen — noch jetzt ihren wohltätigen Einfluß über die benachbarte Hauptstadt ausübt.
Es war die Anordnung getroffen, daß die Kranken und Verwundeten im Mitteltreffen auf Sänften oder auf den Rücken der Tamanes fortgebracht würden, während die, welche stark genug
wären zu sitzen, sich hinter die Reiter auf die Pferde setzen soll-

ten. Die dienstfähigen Soldaten wurden vorn und hinten und an den Seiten verteilt und so auf alle mögliche Weise für die Sicherheit der Kranken gesorgt.

Das Heer setzte seinen Rückzug unter dem Schutze der Dunkelheit unbelästigt fort. Aber als der Morgen graute, sahen sie Abteilungen der Eingeborenen sich über die Anhöhen bewegen oder von ferne, wie ein Schwarm Heuschrecken, ihrer Nachhut folgen. Sie gehörten nicht zur Hauptstadt, sondern hatten sich aus der umliegenden Gegend gesammelt, wohin die Nachricht von der Flucht bereits gedrungen war. Der Zauber, welcher bis dahin die weißen Männer geschützt hatte, war verschwunden. Die gefürchteten „Teules" waren nicht mehr unbesiegbar.

Unter der Leitung ihrer tlascalanischen Führer machten die Spanier einen Umweg nach Norden durch Quauhtitlan und um den See Tzompanco (Zumpango) herum, indem sie so ihren Marsch verlängerten, aber sich von der Hauptstadt entfernt hielten. Von den Anhöhen, an denen sie vorüberkamen, rollten die Indianer schwere Steine und schossen Ladungen von Pfeilen und Wurfspießen auf die Köpfe der Soldaten hinab. Einige waren selbst so dreist, in die Ebene herabzukommen und die letzten Züge anzugreifen. Aber sie wurden bald von der Reiterei zurückgeschlagen und genötigt, in den Bergen Schutz zu suchen, wohin die Reiter sie wegen des rauhen Weges nicht verfolgen konnten. Auch war es den Spaniern gar nicht darum zu tun, da sie mehr die Absicht hatten zu fliehen als zu fechten.

Auf diese Weise rückten sie langsam vorwärts, hielten von Zeit zu Zeit an, um die Angreifer zurückzutreiben, wenn sie zu unverschämt und ihnen durch ihre Wurfgeschosse und oft wiederholten Angriffe zu lästig wurden. Des Nachts fanden die Truppen gewöhnlich Obdach in irgend einer Stadt oder einem Flecken, aus denen die Einwohner aus Furcht vor ihrem Herannahen alle Lebensmittel fortzuschaffen bemüht gewesen waren. Bald waren die Spanier dem größten Mangel an Unterhalt ausgesetzt. Ihre Hauptnahrung bestand in wilden Kirschen, welche in den Wäldern oder an der Landstraße wuchsen. Glücklich waren sie, wenn sie wenige Kornähren ungepflückt fanden. Öfter war nichts übrig als die Halme, und mit diesen und anderen gleich ungesunden Speisen waren sie genötigt, ihren unersättlichen Hunger zu stillen. Wenn zufällig ein Pferd getötet wurde, so gab dies ein außerordentliches Gastmahl, und Cortez selbst bemerkt,. daß er zu einer Gesellschaft gehörte, die sich solchen köstlichen Schmaus bereitete und das Tier bis auf die Haut verzehrte.

Die unglücklichen, von Hunger und Anstrengung erschöpften Soldaten sah man zuweilen leblos auf dem Wege umfallen. Andere schleppten sich hinten nach, da sie nicht mit den übrigen Schritt halten konnten und fielen dem Feinde in die Hände, welcher die Spur des Heeres wie eine Herde hungriger Geier verfolgte, immer bereit, auf Sterbende und Tote herabzuschießen. Andere wieder, welche zu weit umherstreiften, um sich Nahrung zu verschaffen, teilten das nämliche Schicksal. Da der letzteren endlich zu viele wurden und Cortez das grausame Los kannte, das ihrer wartete, sah er sich genötigt, strengere Manneszucht einzuführen und sie durch ernstere Strafen als bisher, wiewohl nur zu oft ohne Erfolg, durchzusetzen; so groß war die Gleichgültigkeit gegen Gefahr unter dem überwältigenden Drange der gegenwärtigen Leiden.

Bei diesen verlängerten Trübsalen hörten die Soldaten auf, Wert selbst auf die Dinge zu legen, an welche sie einst bereit waren, ihr Leben zu wagen. Mehr als einer, der seinen goldenen Schatz sicher durch die Gefahren der Noche triste gebracht hatte, gab ihn jetzt als eine unerträgliche Last hin, und der rohe indianische Bauer las mit freudigem Erstaunen die glänzenden Reste der Beute aus der Hauptstadt auf.

Diese schweren Tage hindurch zeigte Cortez seine gewöhnliche Heiterkeit und Seelenstärke. Er war immer da, wo die Gefahr am größten, setzte seine Person schonungslos in Gefechten aus und erhielt in einem derselben eine schwere Wunde am Kopfe, die ihm nachher viel zu leiden gab. Er lebte nicht besser als der gemeinste Soldat und suchte durch sein heiteres Aussehen und seinen Rat den Mut der Schwankenden zu stärken, indem er sie versicherte, daß ihre Leiden bei ihrer Ankunft in dem gastfreundlichen „Brotlande" bald enden würden. Seine treuen Offiziere unterstützten ihn in diesen Bemühungen; und man muß gestehen, daß die gemeinen Soldaten, besonders seine alten Krieger, größtenteils in vollem Maße die Beharrlichkeit und Ausdauer gezeigt haben, die ihrem Volke so eigen sind und die ehrliche Ruhmredigkeit eines alten Zeitgeschichtschreibers rechtfertigen, „daß es kein Volk gebe, das so den Hunger ertragen könne wie die Spanier, und keines, das jemals eine härtere Prüfung bestanden habe als die Soldaten von Cortez". Eine ähnliche Seelenstärke zeigten die Tlascalaner, die in einer harten Schule erzogen und mit allen Beschwerden und Entbehrungen vertraut waren. Obgleich sie sich zuweilen zur Erde warfen und in ihrem verzweifelten Hunger ihre Götter anflehten, sie nicht zu verlassen, so taten sie doch ihre Schuldigkeit als Krieger, und weit entfernt, gegen die Spanier als die Urheber ihrer Not Gleichgültigkeit zu zeigen, schienen sie durch das Gefühl eines gemeinschaftlichen Leidens nur noch desto fester mit ihnen verbunden.

Am siebenten Morgen hatte das Heer den Bergwall erreicht, von wo man die Ebenen von Otompan oder Otumba, wie sie gewöhnlich nach der darin liegenden indianischen Stadt, jetzt ein Dorf, genannt worden, überschaut. Die Entfernung von der Hauptstadt beträgt kaum neun Leguas. Aber die Spanier hatten durch ihren Umweg um die Seen mehr als die dreifache Entfernung zurückgelegt. Ihr Marsch war so langsam gewesen, daß eine ganze Woche darauf ging, von der sie nur zwei Nächte in demselben Quartier geblieben waren, um sich die nötige Ruhe zu gönnen. Daher erreichten sie erst am 7. Juli die Höhen, welche die sich weithin gegen das tlascalanische Gebiet erstreckenden Ebenen beherrschen und die volle Aussicht auf die ehrwürdigen Spitzsäulen von Teotihuacan gewähren, zwei der merkwürdigsten Denkmäler der alten amerikanischen Sittigung, die noch nördlich von der Landenge vorhanden sind. Den ganzen vorigen Tag hatten sie feindliche Haufen wie schwarze Wolken über die Hochlande hinziehen sehen und gehört, wie sie mit geschwungenen Waffen in rachsüchtigem Tone ausriefen: „Lauft nur! Ihr werdet bald da sein, von wo ihr nicht mehr entwischen könnt!" Worte geheimnisvollen Inhaltes, die ihnen am folgenden Morgen vollkommen verständlich gemacht wurden.

Die Denkmäler von San Juan Teotihuacan sind, mit Ausnahme des Tempels von Cholula, wahrscheinlich die ältesten Überreste auf mexikanischem Boden. Sie wurden von den Azteken, ihren Überlieferungen zufolge, bei ihrem Eintritt in das Land gefunden, als Teotihuacan, die Wohnung der Götter, jetzt ein armseliges Dorf, eine blühende Stadt, die Nebenbuhlerin von Tula, der großen toltekischen Hauptstadt, war. Die zwei vorzüglichsten Spitzsäulen waren dem Tonatiuh, der Sonne, und Metzli, dem Monde, geweiht. Die erstere, welche die bedeutend größere ist, fand man nach kürzlich vorgenommenen Messungen sechshundertzweiundachtzig Fuß lang an der Grundfläche und hundertachtzig Fuß hoch, Größen, die denen einiger verwandten Denkmäler Ägyptens nicht nachstehen. Sie waren in vier Stockwerke geteilt, von denen man noch drei erkennt, während die Spur der dazwischenliegenden fast verwischt ist. In der Tat, die Zeit ist so rauh mit ihnen verfahren, und die Baustoffe sind so aus ihrer Stelle verdrängt durch den trügerischen Pflanzenwuchs der Wendekreise, der mit seinem blumigen Mantel das Verderben, das er anrichtet, verhüllt, daß es nicht leicht ist, sogleich die spitzsäulige Form der Bauart zu erkennen. Die ungeheuren Massen haben solche Ähnlichkeit mit den nordamerikanischen Mounds oder künstlichen Erdhügeln, daß einige sich eingebildet haben, sie seien nur natürliche Erhöhungen, von Menschenhänden in eine regelmäßige Gestalt gebracht und mit Tempeln und Erdstufen geschmückt, deren Überreste noch ihre Abhänge bedecken. Aber andere, da sie kein Beispiel von einer ähnlichen Erhöhung in der weiten Ebene, worin sie stehen, wahrnehmen, schließen mit größerer Wahrscheinlichkeit, daß sie ganz von künstlicher Bauart sind.

Das Innere besteht aus Ton, mit Kieseln vermischt, und ist an der Oberfläche mit dem leichten löcherigen Stein, Tetzontli, belegt, den man so häufig in den nahe gelegenen Steinbrüchen findet. Hierüber lag eine dicke Bekleidung von Stuck, der in seiner rötlichen

Farbe dem in den Trümmern von Palenque gefundenen ähnlich sieht. Der Sage nach sollen die Spitzsäulen hohl sein, aber bis jetzt ist der Versuch in der der Sonne geweihten, die Höhlung zu entdecken, fruchtlos gewesen. In dem kleineren Erdhügel hat man auf der südlichen Seite auf zwei Drittel seiner Höhe eine Öffnung gefunden. Sie wird durch einen engen Gang gebildet, der, nachdem er einige Ellen tief gegangen, in zwei Wassergruben oder Brunnen endigt. Der größte von diesen ist ungefähr fünfzehn Fuß tief und die Seiten sind mit ungebrannten Ziegeln belegt; aber zu welchem Zwecke sie gedient, läßt sich durch nichts mehr erkennen. Sie mag zur Aufbewahrung der Asche irgend eines mächtigen Häuptlings bestimmt gewesen sein, gleich der in der großen ägyptischen Spitzsäule entdeckten einsamen Kammer. Daß diese Denkmäler zu religiösem Dienst bestimmt waren, ist kein Zweifel, und es würde nur mit dem Gebrauche des Altertums auf dem östlichen Festlande übereinstimmen, wenn sie ebensowohl als Gräber wie als Tempel gedient hätten.

Deutliche Spuren der letzteren Bestimmung sollen auf dem Gipfel der kleineren Spitzsäule sichtbar sein und in den Resten steinerner Mauern, die ein Gebäude von beträchtlicher Größe und Festigkeit bezeichnen, bestehen. Oben auf der Spitzsäule der Sonne gibt es keine solchen Überreste.

Auf der Spitze des größeren Erdhügels soll ein Tempel gestanden haben, worin sich eine riesenmäßige Bildsäule der Gottheit, der er gewidmet war, der Sonne, aus einem einzigen Steine gefertigt und nach Osten schauend, befand. Die Brust derselben war durch eine Platte von geglättetem Gold und Silber geschützt, worauf die ersten Strahlen der aufgehenden Sonne fielen. Ein Altertumsforscher aus der ersten Hälfte des letzten Jahrhunderts sagt, er habe einige Bruchstücke von der Bildsäule gesehen. Sie stand, dem Berichte gemäß, noch bei dem Einfall der Spanier und wurde von dem unermüdlichen Bischof Zumarraga zerstört, dessen Hand die aztekischen Denkmäler schwerer traf als selbst die der Zeit.

Rings um die größeren Spitzsäulen befindet sich eine große Menge kleinerer, selten über dreißig Fuß hoher, die der Sage nach den

Sternen geweiht waren und zu Grabmälern für die großen Männer des Volkes dienten. Sie sind ebenmäßig in Reihen aufgestellt,
die an den Seiten der großen Spitzsäulen sich schließen und den
Blick nach den Hauptpunkten gewähren. Die Ebene, worauf sie
standen, hieß Micoatl oder „der Pfad des Todes". Wenn der
Landmann den Boden umwühlt, findet er noch viele Pfeilspitzen
und Klingen von Obsidian, woraus der kriegerische Charakter der
ursprünglichen Bevölkerung hervorgeht.

Als das Heer die steilen Bergwände erklomm, welche das Tal
von Otompan einschließen, kamen die Vorposten mit der Nachricht, daß ein gewaltiger Haufe auf der anderen Seite lagere, der
offenbar auf ihr Herannahen warte. Diese Nachricht wurde bald
durch den Augenschein bestätigt, als sie den Kamm der Sierra
überschritten und unten einen mächtigen Schwarm ausgebreitet
sahen, der die ganze Tiefe des Tales ausfüllte und der wegen der
weißen, baumwollenen Panzer der Krieger demselben das Ansehen gab, als sei es mit Schnee bedeckt. Dies waren Mannschaften aus der umliegenden Gegend, und besonders aus dem
volkreichen Gebiete von Tezcuco, die sich auf Bitten Cuitlahuacs,
Montezumas Nachfolgers, zusammengezogen und jetzt auf diesem
Punkte vereinigt hatten, um den Spaniern den Durchgang streitig
zu machen. Jeder angesehene Häuptling war mit dem ganzen
unter seine Fahnen versammelten Kriegsvolke ins Feld gerückt und
entfaltete stolz den ganzen Glanz und rohen Prunk seiner Kriegsrüstung. So weit das Auge reichen konnte, sah man Schilde und
wehende Fahnen, wunderliche Helme, Wälder von glitzernden
Speeren, den glänzenden Federpanzer des Anführers und die
grobe, baumwollene Rüstung seiner Anhänger, alle in wilder Unordnung gemischt und hin und her wogend, wie die Wellen eines
unruhigen Meeres. Es war ein Anblick, der auch das mutigste
Herz unter den Christen mit Furcht erfüllen mußte, die noch
durch die frühere Hoffnung gesteigert wurde, daß sie bald das
freundliche Land erreichen würden, wo ihre beschwerliche Pilgerschaft enden sollte. Selbst Cortez, als er die furchtbare Kriegsschar vor ihm mit seinem eigenen, durch Krankheit aufgeriebenen

und durch Hunger und Beschwerden geschwächten kleinen Schlachthaufen verglich, konnte sich von der Überzeugung nicht losmachen, daß seine letzte Stunde gekommen sei.

Aber er hatte kein Herz zum Verzagen, und gerade aus der höchsten Bedrängnis seiner Lage schöpfte er Kraft. Es gab hier nichts zu bedenken, denn es blieb ihm keine Wahl übrig. Zu entkommen war unmöglich. Er konnte sich nicht nach der Hauptstadt zurückziehen, aus der er vertrieben worden war. Er mußte vorwärts — die feindlichen Reihen durchbrechen oder sterben. Er traf schnell seine Anstalten zum Kampf. Er stellte seine Streitmacht so breit als möglich auf und schützte sie auf jeder Seite mit seiner kleinen, jetzt auf zwanzig Mann zusammengeschmolzenen Reiterschar. Glücklicherweise hatte er den Dienstunfähigen die letzten zwei Tage nicht erlaubt, hinter den Reitern aufzusitzen, weil er die Pferde schonen wollte, so daß diese nun in leidlichem Stande waren; auch hatte das ganze Heer durch den Aufenthalt von zwei Nächten und einem Tage an demselben Orte Kräfte gesammelt. Doch diese Zögerung hatte auch dem Feinde gestattet, sich in so starker Anzahl zu sammeln, um ihnen das weitere Vorrücken streitig zu machen.

Cortez wies seine Ritter an, sich nicht von ihren Lanzen zu trennen und sie auf das Gesicht zu richten. Das Fußvolk sollte mit seinen Schwertern stoßen, nicht schlagen, und sie dem Feinde auf der Stelle durch den Leib rennen. Sie sollten besonders auf die Anführer zielen, da der Befehlshaber wohl wußte, wie viel von dem Leben des Anführers in den Kriegen mit den Wilden abhängt, deren Mangel an Kriegszucht sie auf keinen anderen Befehl achten läßt, als auf den, an welchen sie gewöhnt sind.

Hierauf richtete er an seine Truppen wenige ermutigende Worte, wie er gewöhnlich vor Anfang eines Gefechtes tat. Er erinnerte sie an die Siege, die sie unter Beschwerden erfochten, die fast so abschreckend waren, wie die gegenwärtigen, und machte sie auf den Vorzug aufmerksam, den Kenntnis und Kriegszucht vor Überlegenheit an Zahl haben. Auf die Anzahl komme es nicht an, wo der Arm des Allmächtigen ihnen zur Seite sei. Und er bat sie, sich fest darauf zu verlassen, daß der, welcher sie wohlbehalten durch so manche Gefahr gebracht, sie und seine eigene gute Sache nicht verlassen und dem Tode von der Hand des Ungläubigen anheimgeben werde. Seine Rede war kurz, denn er las in ihren Blicken jene feste Entschlossenheit, welche Worte unnötig macht. Nachdem sie sich daher dem Schutze Gottes, der Jungfrau und des heiligen Jakob inbrünstig empfohlen hatten, führte Cortez seine Scharen gerade auf den Feind los.

Es war ein feierlicher Anblick, wo die dem Unglück geweihte kleine Schar mit festem Blick und ihrem gewöhnlichen unerschrockenen Schritte in die Ebene hinabstieg, um gleichsam von dem weiten Meer ihrer Feinde verschlungen zu werden. Die letzteren stürzten ihnen mit Ungestüm entgegen, ließen die Berge von ihrem kreischenden Geheul und Schlachtruf erschallen und schossen Ladungen von Steinen und Pfeilen ab, die auf einen Augenblick das Tageslicht verdunkelten. Aber als die vordersten Reihen der beiden Heere zusammenstießen, wurde die Überlegenheit der Christen fühlbar, da deren Gegner, vor den Angriffen der Reiterei zurückweichend, durch ihre eigenen Massen, die von hinten auf sie drängten, in Verwirrung gebracht wurden. Das spanische Fußvolk benutzte diesen Eindruck, und es öffnete sich ein breiter Weg in den Reihen des Feindes, der auf allen Seiten wich und seinen Gegnern einen freien Durchgang gestatten zu wollen schien. Aber es war nur, um sich mit vermehrter Stärke gegen sie zu wenden, als sie, wieder gesammelt, sich über die Christen ergossen und das kleine Heer von allen Seiten einhüllten, das mit seinen vorgestreckten langen Schwertern und Wurfspießen fest stand — mit den Worten eines Zeitgenossen — wie eine kleine Insel, gegen welche die tobenden und schwellenden Wogen ihre Wut vergebens üben.

Der Kampf von Mann gegen Mann war ein verzweifelter. Der Tlascalaner schien seine Kraft zu erneuen, da er fast angesichts seiner heimatlichen Berge focht; der Spanier tat dasselbe, weil er das schreckliche Los der Gefangenen vor Augen hatte. Die Reiter haben ihre Schuldigkeit an jenem Tage vollkommen getan; sie drangen in kleinen Abteilungen, von vier bis fünf Mann hoch, tief in die Reihen der Feinde, überritten die gebrochenen Glieder und gaben durch diesen augenblicklichen Vorteil dem Fußvolke Kraft und Mut. Da war nicht eine Lanze, die nicht vom Blute der Ungläubigen rauchte. Unter den übrigen wird des Hauptmannes Sandoval wegen seiner kühnen Tapferkeit ganz besonders gedacht. Sein feuriges Streitroß mit gewandter Reitkunst tummelnd, stürzte er, wenn man es am wenigsten erwartete, in das dichteste Schlachtgetümmel, überwältigte die standhaftesten Krieger und freute sich der Gefahr, gleichfalls als wäre sie sein Element.

Aber diese tapferen Heldentaten dienten nur dazu, die Spanier tiefer und tiefer in die Masse des Feindes zu stürzen, mit kaum mehr Aussicht, sich durch seine dichten, unendlichen Schlachthaufen einen Weg zu bahnen, als sich mit ihren Schwertern einen Durchgang durch die Berge zu hauen. Viele von den Tlascalanern und mehrere Spanier waren gefallen, und nicht einer, der nicht verwundet worden. Cortez selbst hatte einen zweiten Hieb in den Kopf erhalten und sein Pferd war so beschädigt worden, daß er sich genötigt sah, abzusteigen und eines aus dem Gepäckzuge, ein starkknochiges Tier, zu nehmen, das ihn glücklich durch das Schlachtgetümmel trug. Der Kampf hatte nun mehrere Stunden gewährt. Die Sonne stand hoch am Himmel und verbreitete eine unerträgliche Hitze über die Ebene. Durch frühere Leiden geschwächt und geschwächt durch Blutverlust, fingen die Christen an, in ihren verzweifelten Anstrengungen nachzulassen. Ihre durch frische Verstärkungen aus der Nachhut beständig unterstützten Feinde waren fortwährend guten Mutes, und schnell bereit, ihren Vorteil wahrzunehmen, bedrängten sie die Spanier mit verdoppelter Kraft. Die Reiterei wich zurück, drängte auf das Fußvolk, und da dieses sich vergebens bemühte, durch das dichte Gewühl des Feindes zu dringen, der jetzt die Nachhut umzingelte, geriet es in einige Verwirrung. Das Kriegsglück schien sich plötzlich gegen die Christen zu wenden; das Schicksal des Tages bald entschieden zu sein; und alles, was jetzt übrig blieb, war, ihr Leben so teuer als möglich zu verkaufen.

In diesem entscheidenden Augenblicke entdeckte Cortez, dessen rastloses Auge sich im Felde nach irgend einem Gegenstande umgesehen hatte, der ihm ein Mittel, dem nahenden Verderben Einhalt zu tun, darbieten könnte, indem er sich in seinen Steigbügeln hob, in der Ferne, mitten im Gewühl, den Häuptling, der, wie er an seinem Anzuge und kriegerischem Gefolge erkannnte, der Befehlshaber der wilden Streitmacht sein mußte. Er trug ein prächtiges Überkleid von Federarbeit, und ein Helmbusch von schönen Federn, glänzend mit Gold und kostbaren Steinen besetzt, flatterte ihm um den Kopf. Über diesem, an seinem Rücken zwischen den Schultern befestigt, erhob sich ein kurzer Stab, der ein goldenes Netz als Fahne trug, das sonderbare aber gebräuchliche Kennzeichen der Würde eines aztekischen Befehlshabers. Der Kazike, dessen Name Cihuaca war, wurde auf einer Sänfte getragen, und eine Abteilung junger Krieger, deren bunte und schmuckreiche Kleidungen zeigten, daß sie die Blüte der indianischen Edelleute seien, umgab seine Person und das heilige Sinnbild als Wache.
Kaum fiel Cortez' Adlerblick auf diese hohe Person, als er in Siegesfreude erglänzte. Er wandte sich schnell zu den ihn umgebenden Rittern, unter denen sich Sandoval, Olid, Alvarado und Avila befanden, zeigte auf den Häuptling und rief aus: „Da ist unser Ziel! Folgt mir nach und unterstützt mich!" Hierauf erhob er sein Kriegsgeschrei, setzte seinem müden Kampfroß die eiserne Ferse in die Seite und stürzte sich in das dichteste Gedränge. Die Feinde, überrascht und von dem Ungestüm des Angriffes erschrocken, wichen zurück. Die, welche stehen blieben, wurden von seiner Lanze durchbohrt oder vom Gewicht seines Schlachtrosses niedergedrückt. Die Ritter folgten dicht hinterher. Sie sprengten heran mit Blitzeskraft, spalteten die dichten Reihen auseinander, bedeckten ihren Pfad mit Sterbenden und Toten und übersprangen jedes Hindernis, das ihnen im Wege lag. In wenigen Minuten standen sie dem indianischen Anführer gegenüber; Cortez ritt seine Leute um und sprang mit der Stärke eines Löwen auf ihn zu, durchstieß ihn mit seiner Lanze und schleuderte ihn zu Boden. Ein junger Ritter, Juan de Salamanca, der sich dicht an der Seite seines Be-

fehlshabers gehalten hatte, stieg rasch vom Pferde und tötete den gefallenen Häuptling vollends. Hierauf entriß er ihm sein Banner und überreichte es Cortez als Siegeszeichen, worauf er die besten Ansprüche hatte. Alles dies war das Werk eines Augenblickes. Die durch die Schnelligkeit des Angriffes überwältigte Leibwache leistete nur geringen Widerstand, teilte vielmehr durch ihre Flucht ihren Gefährten den eigenen Schrecken mit. Die Nachricht von dem Verluste verbreitete sich bald über das ganze Schlachtfeld. Die bestürzten Indianer waren jetzt nur auf Flucht bedacht. In ihrem blinden Schrecken wurde die Verwirrung nur noch durch ihre Anzahl vergrößert. Sie zertraten einander, in dem Wahne, es sei der Feind in ihrem Rücken.

Die Spanier und Tlascalaner säumten nicht, die wunderbare Veränderung in ihren Angelegenheiten zu benutzen. Ihre Ermüdung, ihre Wunden, ihr Hunger und Durst, alles wurde in ihrem Triebe nach Rache vergessen, und sie verfolgten den fliehenden Feind, indem sie mit jedem Hiebe Tod verbreiteten und alles, was sie in den blutigen Sümpfen Mexikos gelitten hatten, reichlich vergalten. Sie setzten die Verfolgung so lange fort, bis der Feind das Schlachtfeld geräumt hatte; dann kehrten sie, des Gemetzels satt, wieder um, die Beute aufzusammeln, die er zurückgelassen hatte. Sie war groß, denn der Boden war mit den Leichen der Häuptlinge bedeckt, auf welche die Spanier, der Anweisung ihres Befehlshabers gemäß, hauptsächlich gezielt hatten, und die Kleidung derselben entfaltete den ganzen rohen Geschmack prunkhafter Verzierungen, den der indianische Krieger liebte. Als sich seine Leute auf diese Weise für ihre letzten Mißgeschicke einigermaßen entschädigt hatten, rief sie Cortez wieder unter ihre Fahnen; und nachdem sie dem Herrn der Heerscharen ihre Dankgebete für ihre wunderbare Erhaltung dargebracht, traten sie wieder ihren Marsch durch das nun verödete Tal an. Die Sonne stand schon niedrig am Himmel, aber ehe die Abendschatten sich darum gelagert hatten, erreichten sie einen indianischen Tempel auf einer Anhöhe, die eine feste und bequeme Stellung für die Nacht darbot.

Dies war die berühmte Schlacht von Otompan oder Otumba,

wie sie gewöhnlich nach der spanischen Verdrehung des Namens genannt wird. Sie fand am 8. Juli 1520 statt. Die Zahl der ganzen indianischen Streitmacht wird von kastilianischen Schriftstellern auf zweihunderttausend Mann, die der Getöteten auf zwanzigtausend geschätzt! Die, welche mit dem ersten Teile der Schätzung einverstanden sind, werden den zweiten ohne Schwierigkeit gelten lassen. Es ist fast ebenso schwer, eine genaue Berechnung über die Anzahl einer ungeordneten Menge anzustellen wie über Kieselsteine am Strande. Es war jedoch einer der merkwürdigsten Siege, die jemals in der Neuen Welt erfochten wurden. Und dies nicht nur in Rücksicht auf die ungleiche Anzahl der Streitkräfte, sondern auch auf deren ungleiche Beschaffenheit. Denn die Indianer waren in ihrer vollen Kraft, die Christen dagegen von Krankheit, Hunger und lange anhaltenden Leiden erschöpft, es fehlten ihnen Kanonen und Feuergewehre, so wie sich überhaupt die ganze kriegerische Zurüstung, die ihre rohen Feinde so oft in Schrecken versetzt hatte, in einem mangelhaften Zustande befand — ja, es fehlte ihnen sogar der Schrecken eines siegreichen Namens. Aber sie hatten Kriegszucht, verzweifelte Entschlossenheit und unbedingtes Vertrauen zu ihrem Anführer auf ihrer Seite. Daß sie über so viele Widerwärtigkeiten den Sieg davongetragen, läßt uns auf Ursachen derselben Art schließen, welche die Siege der Europäer über die halbgesitteten Horden Asiens herbeigeführt haben. Aber selbst hier muß nicht alles der größeren Manneszucht und höheren Kriegskunst zugeschrieben werden. Denn die Schlacht würde sicher verloren worden sein, wäre nicht glücklicherweise der Tod des indianischen Befehlshabers erfolgt. Und wenn auch die Wahl des Opfers eine Frucht der Berechnung genannt werden mag, so war es doch nur der ungewisseste Zufall, der es den Spaniern zuführte. Er ist wirklich eines der vielen Beispiele vom Glück, das über das Schicksal kriegerischer Unternehmungen entscheidet. Cortez' Glücksstern war im Steigen. Wäre es anders gewesen, so würde nicht ein Spanier jenen Tag überlebt haben, um die blutige Geschichte von der Schlacht von Otumba erzählen zu können.

FÜNFTES HAUPTSTÜCK

*Ankunft in Tlascala / Freundliche Aufnahme / Unzufriedenheit
im Heere / Eifersucht der Tlascalaner / Gesandtschaft aus Mexiko*

1520

Am folgenden Morgen brach das Heer frühzeitig sein Lager ab.
Der Feind hatte, wie es scheint, keinen Versuch gemacht, sich
zu sammeln. Dennoch sah man den Morgen über Scharen von
Plänklern, die sich in ehrerbietiger Ferne hielten, obgleich sie sich
zuweilen nahe genug heranwagten, um die Spanier mit einer Ladung Wurfgeschosse zu begrüßen.
Auf einer Anhöhe entdeckten sie eine Quelle, ein Glückszufall,
dessen man sich nicht oft in diesen dürren Gegenden zu erfreuen
hat und den die Christen wegen der Erfrischung, die sie ihnen
durch ihr kühles und reichliches Wasser gewährte, in dankbarem
Andenken behalten haben. Ein wenig weiter entdeckten sie die
rohen Bauwerke, welche als Bollwerk und Grenze für das tlascalanische Gebiet dienten. Bei diesem Anblick erhoben die Verbündeten einen glückwünschenden Freudenruf, in den die Spanier von
Herzen einstimmten, da sie erkannten, daß sie nun bald einen
freundlichen und gastfreien Boden betreten würden.
Aber auf diese Gefühle folgten rasch andere von anderer Art, und
als sie sich dem Gebiete noch mehr näherten, wurden sie von ängst-
licher Besorgnis über den Empfang von seiten eines Volkes ergriffen,
unter das sie Trauer und Betrübnis bringen würden und das, wenn
es feindlich gesonnen, leicht ihren jetzigen gelähmten Zustand benutzen konnte. „Gedanken gleich diesen", sagt Cortez, „lasteten
ebenso schwer auf meinem Gemüt wie irgend einer, der mich befallen, wenn ich in die Schlacht gegen die Azteken ging." Dennoch
machte er, wie gewöhnlich, gute Miene zum bösen Spiel und
munterte seine Leute auf, ihren Verbündeten zu vertrauen, deren
früheres Benehmen ihnen jeden Grund gebe, auch auf ihre Treue
für die Folge zu bauen. Er warnte sie indes, da ihre eigenen

Kräfte so geschwächt seien, ja sorgfältig jeden Grund zum Argwohn oder zur Eifersucht bei ihren kühnen Verbündeten zu vermeiden. „Seid stets auf eurer Hut," fuhr der unterschrockene Befehlshaber fort, „und wir werden noch immer mutige Herzen und
starke Hände genug haben, um uns mitten durch sie hindurchzu-
bringen!" Mit diesen ängstlichen Vermutungen nahmen die Christen
Abschied von dem aztekischen Gebiet, überschritten die Grenze
und betraten noch einmal den Boden des Freistaates.
Der erste Ort, an dem sie haltmachten, war die Stadt Huejotlipan
mit ungefähr zwölf- bis fünfzehntausend Einwohnern. Sie wurden
vom Volke freundlich begrüßt, das herauskam, sie zu empfangen,
die Truppen in ihre Wohnungen einlud und ihnen jede Erleichterung mit einfacher Gastfreiheit gewährte. Jedoch war diese, wie
einige Spanier sagen, nicht so uneigennützig, als daß sie nicht dafür
eine Vergeltung durch einen Anteil an der in der letzten Schlacht
gewonnenen Beute erwartet hätten. Hier blieben die ermüdeten
Truppen zwei bis drei Tage, als, da die Nachricht von ihrer Ankunft in der nicht über vier oder fünf Leguas entfernten Hauptstadt angelangt war, der alte Häuptling Maxixca, ihr wirklicher
Freund bei ihrer ersten Anwesenheit, und Xicotencatl, der junge
Krieger, der, wie man sich erinnern wird, die Truppen seines
Volkes in ihrem blutigen Treffen mit den Spaniern befehligt hatte,
mit einer großen Versammlung von Bürgern ankamen, die Flüchtlinge nach Tlascala einzuladen. Maxixca umarmte den spanischen
Befehlshaber herzlich und bezeigte ihm das größte Mitleid über
seine Mißgeschicke. Daß die weißen Männer der vereinten Macht
der Azteken so lange habe widerstehen können, sei ein hinläng-
licher Beweis von ihrer wundervollen Tapferkeit. „Wir haben gemeinschaftliche Sache miteinander gemacht", sagte der tlascalanische Große, „und gemeinschaftliche Kränkungen zu rächen; und
mag Wohl oder Wehe kommen, seid versichert, daß wir uns als
treue, redliche Freunde erweisen und euch bis in den Tod beistehen
werden."
Die herzliche Versicherung und Teilnahme von seiten eines Mannes, der mehr als jeder andere Regierende einen Einfluß auf die

öffentlichen Beschlüsse ausübte, verscheuchten die Zweifel gründlich, die Cortez in seinem Innern beschlichen hatten. Er nahm seine Einladung bereitwillig an, den Marsch sogleich nach der Hauptstadt fortzusetzen, wo er so viel mehr Bequemlichkeiten für sein Heer finden werde als in einer kleinen Grenzstadt. Die Kranken und Verwundeten wurden in Hängematten von den freundlichen Eingeborenen auf den Schultern getragen; und als die Truppen näher an die Stadt kamen, strömten die Einwohner haufenweise heraus, ihnen entgegen und ließen ihre freudigen Ausrufungen und wilden Ausbrüche ihres rohen, indianischen Gesanges erschallen. Mitten unter dem allgemeinen Jubel hörte man indes Töne des Jammers und Wehklagens, als einige unglückliche Verwandte oder Freunde die gelichteten Reihen ihrer Landsleute sorglich durchmusterten und so manches teure und bekannte Gesicht darin vergebens suchten, wo sie sich dann, in ihrer Hoffnung getäuscht, abwandten und ihren Kummer in Tönen äußerten, die das Herz eines jeden Soldaten im Heere rührten. Mit dieser gemischten Begleitung von Freude und Leid — dem bunten Gewebe des menschlichen Lebens — zogen Cortez' müde Krieger wieder in die Hauptstadt des Freistaates ein.

Der Befehlshaber und sein Gefolge wurden in dem plumpen aber geräumigen Palast Maxixcas untergebracht. Der Rest des Heeres schlug sein Lager in dem Bezirk auf, dem der tlascalanische Häuptling vorstand. Hier blieben sie mehrere Wochen, bis, dank der Sorgfalt der gastfreundlichen Bürger und solcher ärztlicher Behandlung, die deren geringe Kenntnis zu leisten vermochte, die Wunden der Soldaten geheilt waren und diese sich von der Schwäche erholt hatten, zu welcher sie durch ihre langen und beispiellosen Leiden herabgesunken waren. Cortez war einer von denen, die bedeutend litten. Er verlor den Gebrauch von zwei Fingern an der linken Hand. Außerdem hatte er noch zwei Wunden am Kopfe erhalten, von denen eine durch seine nachherigen Anstrengungen und Gemütsbewegungen so schlimm geworden, daß sie ein bedenkliches Ansehen erhielt. Ein Teil des Knochens mußte herausgenommen werden. Es trat ein Fieber ein und mehrere Tage lang lag der Held, der Gefahren und Tod in ihren schrecklichsten Gestalten getrotzt hatte, auf seinem Bette so hilflos wie ein Kind hingestreckt. Seine vortreffliche Natur siegte indes über die Krankheit, und er konnte endlich seine gewohnte Tätigkeit wieder walten lassen. Mit kluger Großmut vergalten die Spanier die Gastfreundschaft ihrer Wirte, indem sie mit denselben die Beute ihres letzten Sieges teilten, und Cortez erfreute besonders Maxixcas Herz dadurch, daß er ihm das Siegeszeichen überreichte, das er von dem indianischen Anführer errungen hatte.

Aber während die Spanier sich so unter der freundlichen Behandlung ihrer Verbündeten an Körper und Geist erholten und das Vertrauen und die Gemütsruhe wieder gewannen, welche unter ihren harten Bedrängnissen verlorengegangen waren, erhielten sie von Zeit zu Zeit Nachrichten, woraus hervorging, daß ihr letztes Mißgeschick sich nicht auf die mexikanische Hauptstadt beschränkt hatte. Als Cortez nämlich von Mexiko herab Narvaez entgegengezogen war, hatte er eine Menge Gold mitgenommen und dasselbe in Tlascala zur Aufbewahrung gelassen. Diesem war noch eine beträchtliche Summe beigefügt, die der unglückliche Velasquez de Leon bei seiner Unternehmung nach der Küste zusammengebracht hatte, sowie aus anderen Quellen geflossene Beiträge. Bei dem unruhigen Zustande der Hauptstadt hielt es der Befehlshaber für das beste, bei seiner Rückkehr dahin den Schatz unter die Aufsicht einer Anzahl dienstunfähiger Soldaten zurückzulassen, die, wenn sie wieder in marschfähigem Stande wären, ihm nach Mexiko nachkommen sollten. Eine aus fünf Reitern und vierzig Mann zu Fuß bestehende Abteilung aus Vera Cruz war seitdem in Tlascala angekommen, in der Absicht, für die Dienstunfähigen und den Schatz zu sorgen und diese sicher nach der Hauptstadt zu geleiten. Jetzt erfuhr er, daß sie auf dem Wege überfallen, alle niedergemacht worden und der ganze Schatz verloren sei. Zwölf andere Soldaten, die nach derselben Richtung gegangen, waren in der benachbarten Landschaft Tepeaca niedergemetzelt worden, und es kamen fortwährend Anzeigen von irgend einem unglücklichen Kastilianer, der, auf die bisher seinen Landsleuten erwiesene Achtung bauend und unbekannt mit den Unfällen in der Hauptstadt, der Wut des Feindes als Opfer gefallen war.

Diese traurigen Nachrichten erfüllten Cortez' Gemüt mit düsterer Besorgnis um das Schicksal der Niederlassung zu Villa Rica — den letzten Stützpunkt ihrer Hoffnungen. Er fertigte einen zuverlässigen Boten nach jenem Orte ab und hatte die unaussprechliche Freude, hierauf einen Brief von dem Befehlshaber der Besatzung zu erhalten, der ihn von der Sicherheit der Ansiedlung und deren freundschaftlichen Verhältnissen mit den benachbarten Totonaken unterrichtete. Es war die beste Bürgschaft für die Treue der letzteren, daß sie die Mexikaner zu tief gekränkt hatten, als daß diese ihnen verzeihen konnten.

Während Cortez' Angelegenheiten einen so trüben Anblick von außen gewährten, sollte er die kaum weniger ernste Unannehmlichkeit von dem Mißvergnügen seiner Anhänger erfahren. Viele von ihnen hatten sich eingebildet, daß ihre letzten schrecklichen Unglücksfälle der Unternehmung ein Ende machen oder wenigstens für jetzt jeden Gedanken, sie wieder anzufangen, entfernen würden. Aber die so dachten, kannten Cortez wenig. Während er sich auf seinem Krankenbette unruhig umherwarf, ersann er neue Pläne, seine Ehre wiederherzustellen und das Reich wieder zu erlangen, das mehr durch die Unbesonnenheit anderer, als durch seine eigene verlorengegangen war. Dies offenbarte sich, als er wiederhergestellt war, aus den neuen Anordnungen, die er betreffs des Heeres traf, sowie aus den nach Vera Cruz erlassenen Befehlen um neue Verstärkungen.

Die Kenntnis hievon verursachte bei den mißvergnügten Soldaten große Besorgnis. Sie waren größtenteils die ehemaligen Anhänger von Narvaez, welche, wie wir gesehen haben, das Ungemach des Krieges am härtesten betroffen hatte. Viele von ihnen besaßen Eigentum auf den Inseln und hatten sich in diese Unternehmung hauptsächlich in der Absicht eingelassen, sich noch mehr zu bereichern. Aber sie hatten in Mexiko weder Gold noch Ruhm erworben. Ihr gegenwärtiger Dienst machte sie nur mißmutig; und die verhältnismäßig wenigen, welche so glücklich gewesen waren, mit dem Leben davonzukommen, sehnten sich, nach ihren reichen Bergwerken und lieblichen Pachthöfen in Kuba zurückzukehren, indem sie den Tag bitterlich verwünschten, wo sie dieselben verlassen hatten.

Da sie sahen, daß der Befehlshaber ihre Klagen wenig beachtete, fertigten sie eine schriftliche Vorstellung an ihn ab, worin sie ihr Begehren förmlicher kundgaben. Sie stellten die Unbesonnenheit vor, bei der Unternehmung in seinem gegenwärtigen, herabgekommenen Zustande, ohne Waffen, ohne Schießbedarf, ja fast ohne Leute, zu beharren, und dies noch überdies einem mächtigen Feinde gegenüber, der ihm bei der ganzen Kraft seiner früheren Hilfsmittel so weit überlegen gewesen. Es sei Wahnsinn daran zu denken. Der Versuch würde sie alle auf den Opferblock bringen. Das einzige, was ihnen zu tun übrig bleibe, sei, ihren Marsch nach Vera Cruz fortzusetzen. Jede Stunde der Verzögerung könne ihnen Unheil bringen. Die Besatzung dieses Ortes könne aus Mangel an Verteidigungsmitteln überwältigt werden, und dann würde ihre letzte Hoffnung vernichtet sein. Wären sie aber erst einmal dort, dann könnten sie mit größerer Sicherheit die Verstärkungen abwarten, die ihnen von außerhalb zugehen würden, während im Fall des Mißlingens sie um so leichter entkommen könnten. Sie schlossen damit, daß sie auf die Erlaubnis drangen, sogleich nach dem Hafen von Villa Rica zurückzukehren. Dieses Gesuch oder vielmehr diese drohende Vorstellung wurde von allen mißvergnügten Soldaten unterzeichnet und, nachdem es vor dem königlichen Beglaubigten bescheinigt war, Cortez überreicht.

Es war ein bedenkliches Ereignis für ihn. Was ihn am nächsten berührte, war, den Namen seines Freundes, des Geheimschreibers Duero, dessen Verwendung für ihn er hauptsächlich seine Befehlshaberstelle verdankte, an der Spitze der Schrift zu finden. Er war indes nicht einen Augenblick in seinem Vorsatz zu erschüttern; und während alle äußeren Hilfsmittel zu verschwinden schienen und seine eigenen Freunde wankten oder von ihm abfielen, blieb er selbst sich doch stets treu. Er wußte, daß nach Vera Cruz zurückgehen, sein Unternehmen aufgeben heißen würde. War er einmal dort, so würde sein Heer bald einen Vorwand und ein Mittel finden, aufzubrechen und nach den Inseln zurückzukehren. Alle seine ehrgeizigen Pläne würden dadurch scheitern. Der große Fang, den er nun einmal in Händen habe, würde dann auf ewig verloren und er selbst zugrunde gerichtet sein.

In seinem berühmten Briefe an Karl V. sagt er: „Beim Nachdenken über seine Lage fühle er die Wahrheit des alten Sprichwortes, daß das Glück dem Kühnen beistehe. Die Spanier seien die Bekenner des Kreuzes; und im Vertrauen auf die unendliche Güte und Gnade Gottes könne er nicht glauben, daß Gott ihren und seiner guten Sache Untergang unter den Heiden zugeben werde. Deshalb sei er entschlossen, nicht nach der Küste hinab, sondern auf alle Fälle zurückzugehen, um dem Feinde wieder in seiner Hauptstadt Trotz zu bieten."

In demselben entschlossenen Tone antwortete er auch seinen mißvergnügten Anhängern. Er führte jeden Grund an, der ihren Stolz und ihre Ehre als Ritter bewegen konnte. Er rief jene alte kastilianische Tapferkeit an, von der niemand wisse, das sie jemals vor irgend einem Feinde gewankt habe; bat sie, nicht den Glauben an jene großen Taten zu erschüttern, die ihrem Namen in ganz Europa einen Klang gegeben; nicht das halbvollbrachte Unternehmen aufzugeben und es anderen, kühneren und unternehmenderen Leuten zur Beendigung zu überlassen. Wie könnten sie, fragte er, mit nur einiger Ehre ihre Verbündeten, die sie in den Krieg verwickelt, verlassen und sie unbeschützt der Rache der Azteken preisgeben? Schon ein einziger Schritt zurück nach Villa Rica hieße ihre Schwäche verraten. Dies würde ihre Freunde entmutigen und ihren Feinden Vertrauen geben. Er beschwor sie, wieder das Zutrauen zu ihm zu fassen, das sie ihm stets gezeigt, und zu bedenken, daß, wenn sie auch kürzlich Mißgeschicke betroffen, er doch bis dahin alles und mehr als das erfüllt habe, was er ihnen versprochen. Es würde leicht sein, jetzt ihre Verluste wieder einzubringen, wenn sie nur Geduld hätten und in diesem freundlichen Lande so lange verweilten, bis die Verstärkungen, die auf seinen Ruf bereitwillig eintreffen würden, sie in den Stand setzten, angriffsweise zu ver-

fahren. Wenn indes einige so unempfindlich gegen die Beweggründe sein sollten, welche eines tapferen Mannes Herz ergreifen,
daß sie die Bequemlichkeit zu Hause dem Ruhme dieses großen
Unternehmens vorzögen, so wolle er ihnen nicht im Wege stehen.
Mögen solche in Gottes Namen gehen, mögen sie ihren Befehlshaber in seiner Not verlassen. Er werde sich mit dem Dienste
weniger tapferer Geister stärker fühlen, als umringt von einem
Schwarm Falscher und Schwachherziger.

Die mißvergnügte Partei bestand, wie schon erwähnt, hauptsächlich
aus den Truppen von Narvaez. Als des Befehlshabers alte Krieger
diesen Aufruf hörten, wurden sie von Entrüstung ergriffen bei dem
Gedanken, ihn und seine Sache in einem so entscheidenden Augenblicke zu verlassen. Sie verpflichteten sich untereinander, ihm bis
auf die letzte Minute beizustehen; und die Mißvergnügten, durch
diesen edelmütigen Ausdruck des Gefühles ihrer Gefährten zum
Schweigen gebracht, wenn auch nicht überzeugt, willigten darein,
ihr Fortgehen für jetzt aufzuschieben unter der Bedingung, daß
man ihnen kein Hindernis in den Weg legen wolle, wenn sich eine
günstige Gelegenheit dazu darbieten sollte.

Kaum war diese Schwierigkeit beseitigt, als Cortez mit einer noch
ernsteren bedroht wurde, durch die Eifersucht, welche zwischen
seinen Soldaten und ihren indianischen Verbündeten entsprang.
Trotz der Ehrenbezeigungen Maxixcas und seiner Anhänger gab
es andere im Volke, welche ihre Gäste mit scheelen Blicken betrachteten wegen der Widerwärtigkeiten, in welche sie durch dieselben verwickelt worden waren; und sie fragten spöttisch, ob sie
jetzt noch obendrein durch die Anwesenheit und den Unterhalt der
Fremden belästigt werden sollten? Solche Ausbrüche des Mißvergnügens konnten nicht so verheimlich werden, um den Ohren der
Spanier ganz zu entgehen, bei denen sie keine geringe Besorgnis
erregten. Sie kamen allerdings größtenteils von Leuten von ge-
ringerer Bedeutung, da die vier großen Häupter des Freistaates der
Sache von Cortez fest zugetan gewesen zu sein scheinen. Aber sie
erhielten einige Wichtigkeit durch die Unterstützung des kriegerischen Xicotenactl, in dessen Innern noch die Asche jener unver-

söhnlichen Feindlichkeit glimmte, die er so mutvoll auf dem Schlachtfelde gezeigt hatte; Funken dieser feurigen Stimmung leuchteten zuweilen in dem vertrauten Umgang hervor, in welchen er jetzt gegen seinen Willen, mit seinen ehemaligen Widersachern sich versetzt sah.

Cortez, der mit Besorgnis das zunehmende Gefühl der Entfremdung bemerkte, das die Grundlagen, auf welche er den Hebel seiner künftigen Unternehmungen zu stützen dachte, zu unterwühlen drohte, benutzte jedes Mittel, das sich darbot, um das Vertrauen seiner Leute wiederherzustellen. Er erinnerte sie an alle die Dienste, welche sie ohne Unterschied von der großen Masse des Volkes empfangen; sie hätten eine hinreichende Bürgschaft für die künftige Treue der Tlascalaner in deren lang genährtem Hasse gegen die Azteken, den die neueren Mißgeschicke, die sie von derselben Seite erlitten, nur geschärft haben müssen. Und er legte großen Nachdruck darauf, daß, wenn die Tlascalaner irgend eine böse Absicht gegen die Spanier hegten, sie ohne Zweifel ihren neulichen geschwächten Zustand benutzt und nicht gewartet haben würden, bis sie wieder Kräfte und Mittel zum Widerstand gesammelt hätten.

Während Cortez sich auf diese Weise, wiewohl mit etwas zweifelhaftem Erfolge, bemühte, seine eigenen Besorgnisse sowie die seiner Anhänger zu unterdrücken, ereignete sich ein Umstand, der glücklicherweise der Sache ein Ende machte und die Verhältnisse, worin beide Parteien zueinander standen, auf immer feststellte. Hiebei wird es aber nötig sein, einige Ereignisse zu erwähnen, welche in Mexiko seit der Vertreibung der Spanier vorgefallen waren.

Bei dem Tode Montezumas wurde sein Bruder, Cuitlahuac, Herrscher von Iztapalapan, dem bei Übertragung der aztekischen Krone befolgten Gebrauche gemäß zu seinem Nachfolger gewählt. Er war ein tätiger Prinz, von großer Erfahrung in Kriegsangelegenheiten und durch die Stärke seines Charakters wohl geeignet, das wankende Geschick des Königreiches aufrecht zu erhalten. Er schien überdies ein Mann von edlem und, man kann sagen, aufgeklärtem

Geschmack gewesen zu sein, nach den schönen Gärten zu urteilen, die er mit seltenen, ausländischen Gewächsen bepflanzt hatte und welche so sehr die Bewunderung der Spanier in seiner Stadt Iztapalapan erregten. Ungleich seinem Vorgänger, waren ihm die weißen Männer verhaßt, und wahrscheinlich hatte er die Freude, seine Krönung durch die Opferung vieler derselben gefeiert zu sehen. Von dem Augenblick seiner Befreiung aus dem spanischen Standlager an, worin er von Cortez festgehalten gewesen, ging er auf die vaterlandsliebenden Bewegungen seines Volkes ein. Er war es, der die Angriffe sowohl in der Stadt wie in der „traurigen Nacht" leitete; und auf seinen Antrieb war die gewaltige Macht zusammengebracht, die den Spaniern den Durchgang durch das Tal von Otumba streitig machte.

Seit der Räumung der Hauptstadt war er eifrig beschäftigt gewesen, die Beschädigungen, die sie erlitten hatte, wieder gutzumachen — die Gebäude und Brücken auszubessern und sie in den besten Verteidigungszustand zu setzen. Er hatte sich bemüht, die Kriegszucht und Waffen seiner Truppen zu verbessern. Er führte die langen Lanzen bei denselben ein, und indem er die den Christen fortgenommenen Schwertklingen an lange Stangen befestigte, erfand er eine Waffe, die der Reiterei furchtbar sein mußte. Er forderte seine Lehnsmänner weit und breit auf, sich bereit zu halten, der Hauptstadt nötigenfalls zu Hilfe zu eilen, und um sich dieselben geneigter zu machen, befreite er sie von einem Teile der ihnen der Regel nach auferlegten Lasten. Aber er sollte jetzt die Unhaltbarkeit einer Regierung erfahren, die nicht auf Liebe, sondern auf Furcht beruhte. Die Lehnsmänner in der Nähe des Tales blieben ihrer Untertanenpflicht treu, aber andere hielten sich fern, ungewiß, zu was sie sich entschließen sollten; während noch andere, in den weiter entfernten Landschaften, den Gehorsam gänzlich verweigerten, indem sie diesen Augenblick für günstig hielten, das Joch abzuschütteln, das sie so lange gedrückt hatte.

In dieser Bedrängnis sandte die Regierung eine Gesandtschaft an ihre alten Feinde, die Tlascalaner. Sie bestand aus sechs aztekischen Edelleuten, die ein Geschenk an baumwollenem Zeuge, Salz

DAS ZEHNTE JAHRESFEST XOCOTLUETZI
ODER UEI MICCAILHUITL.

Codex Borbonicus 28.

(Fest für die männlichen Toten und den Gott Xocotl.)

und anderen, die letzten Jahre hindurch selten im Freistaate gesehenen Gegenständen überbrachten. Die Vorsteher des Staates, verwundert über dies beispiellos herablassende Benehmen ihrer alten Feinde, riefen den Rat oder Senat der großen Häuptlinge zusammen, um den Abgeordneten Gehör zu geben.

Vor dieser Versammlung taten die Azteken den Zweck ihrer Sendung kund. Sie forderten die Tlascalaner auf, alle früheren Beschwerden in Vergessenheit zu begraben und mit ihnen ein Bündnis einzugehen. Alle Völker Anahuacs sollten gemeinschaftliche Sache machen, um ihr Land gegen die weißen Männer zu verteidigen. Die Tlascalaner würden den Zorn der Götter auf sich laden, wenn sie länger die Fremden bei sich beherbergten, welche ihre Tempel entweiht und zerstört hätten. Wenn sie auf den Beistand und die Freundschaft ihrer Gäste rechneten, so sollten sie sich durch das Schicksal Mexikos warnen lassen, das sie freundlich in seinen Mauern aufgenommen habe und das sie dafür mit Blut und Asche angefüllt hätten. Sie beschworen sie bei ihrer Ehrfurcht vor ihrer gemeinschaftlichen Religion, nicht zuzugeben, daß die weißen Männer in ihrem jetzigen hilflosen Zustande ihren Händen entgingen, sondern sie sogleich den Göttern zu opfern, deren Tempel sie entweiht hätten. Für diesen Fall boten sie ihnen ihr Bündnis an und die Erneuerung jenes freundschaftlichen Handelsverkehres, durch welchen der Freistaat wieder zu den Annehmlichkeiten und der Üppigkeit gelangen würde, deren er so lange beraubt gewesen. Die Vorschläge der Abgesandten machten auf ihre Zuhörerschaft verschiedenartige Eindrücke. Xicotencatl war dafür, sie sofort anzunehmen. Es sei viel besser, sagte er, daß sie sich mit ihren Verwandten verbänden, mit denen, die mit ihnen dieselbe Sprache hätten, die denselben Glauben, dieselben Gebräuche mit ihnen hätten, als sich den grausamen Fremden in die Arme zu werfen, die, was sie auch von Religion sprächen, doch keinen anderen Gott anbeteten als das Gold. Dieser Meinung traten die jüngeren Krieger bei, die sogleich von seiner Begeisterung ergriffen wurden. Aber die älteren Häuptlinge, besonders sein blinder, alter Vater, einer der vier Leiter des Staates, die aufrichtig für die Spanier eingenommen und deren einer, Maxixca, ihr treuer Freund gewesen zu sein scheint, drückten ihre Abneigung gegen das vorgeschlagene Bündnis mit den Azteken kräftig aus. Sie seien stets dieselben, sagte der letztere — mit schönen Worten aber falschen Herzen. Sie böten jetzt den Tlascalanern Freundschaft an, aber es sei Furcht, welche sie dazu treibe, und wenn diese Furcht vorüber sei, würden sie wieder zu ihrer alten Feindschaft zurückkehren. Wer sonst als diese hinterlistigen Feinde habe dem Lande so lange die nötigsten Lebensbedürfnisse entzogen, mit denen sie jetzt in ihren Anerbietungen so verschwenderisch seien? Verdankten sie es nicht den weißen Männern, daß sie nun endlich in den Besitz derselben gelangt? Dennoch würden sie aufgefordert, die weißen Männer den Göttern zu opfern! Die Krieger, die, nachdem sie sich für die Tlascalaner geschlagen, jetzt auf ihre Gastfreundschaft rechneten. Aber die Götter verabscheuten die Treulosigkeit. Und seien denn ihre Gäste nicht dieselben Wesen, deren Ankunft die Göttersprüche so lange vorhergesagt? Laßt uns sie benutzen, schloß er, uns mit ihnen verbünden und gemeinschaftliche Sache mit ihnen machen, bis wir unseren hochmütigen Feind gedemütigt haben.

Diese Rede rief eine scharfe Erwiderung von Xicotencatl hervor, bis die Leidenschaft des älteren Häuptlings über seine Geduld siegte und er, Gewalt statt Vernunft anwendend, seinen jungen Gegner mit einiger Heftigkeit aus dem Ratszimmer warf. Ein dem gebräuchlichen Anstande der indianischen Erörterungen so widerstreitendes Benehmen setzte die Versammlung in Erstaunen. Aber weit entfernt, dem Urheber Tadel zuzuziehen, brachte es den Widerstand zum Schweigen. Selbst die hitzigen Anhänger Xicotencatls wollten nun nicht mehr einen Anführer unterstützen, der sich ein solches Zeichen verächtlicher Mißbilligung von dem ihrer Häupter zugezogen hatte, den sie am meisten verehrten. Sein eigener Vater verdammte ihn öffentlich; und der vaterlandsliebende junge Krieger, der einen schärferen Blick in die Zukunft hatte als seine Landsleute, wurde nun im Rate, wie früher auf dem Schlacht-felde, ohne Beistand gelassen. Das von den Mexikanern ange-botene Bündnis wurde einstimmig verworfen; und da die Abgesandten fürchteten, daß selbst der geheiligte Titel, mit dem sie bekleidet waren, sie nicht vor Gewalt schützen dürfte, flohen sie heimlich aus der Hauptstadt.

Der Erfolg der Verhandlung war von höchster Wichtigkeit für die Spanier, die in ihrem gegenwärtigen geschwächten Zustande, besonders wenn man sie unerwartet angegriffen hätte, vermutlich hilflos gegen die Tlascalaner gewesen wären. Jedenfalls würde die Vereinigung dieser letzteren mit den Azteken über das Schicksal der Unternehmung entschieden haben; da Cortez bei der Dürftigkeit seiner Hilfsmittel nur dadurch, daß er geschickt einen Teil der indianischen Bevölkerung gegen den anderen aufreizte, zuletzt auf einen glücklichen Erfolg hoffen durfte.

SECHSTES HAUPTSTÜCK

Krieg mit den benachbarten Stämmen | Erfolge der Spanier Maxixcas Tod | Ankunft der Verstärkungen | Siegreiche Rückkehr nach Tlascala

1520

Beruhigt durch den Erfolg der Beratschlagungen des tlascalanischen Senates, entschloß sich der spanische Befehlshaber wieder zu tätigen Unternehmungen, als zu dem besten Mittel, den Parteigeist und das Mißvergnügen zu verscheuchen, die unvermeidlich in einem müßigen Leben Nahrung finden. Er beschloß zuerst, seine Truppen gegen einige der benachbarten Stämme zu gebrauchen, die an einige Spanier Hand gelegt hatten, welche im Vertrauen auf ihre freundschaftliche Gesinnung durch ihr Gebiet gegangen waren. Zu diesen gehörten die Tepeacaner, ein oft mit den Tlascalanern in Feindseligkeit verwickeltes Volk, das, wie in einem vorhergehenden Hauptstück bemerkt, vor kurzem zwölf Spanier auf ihrem Wege nach der Hauptstadt ermordet hatte. Eine Unternehmung gegen dasselbe würde sogleich bei den Verbündeten Unterstützung finden und die Würde des spanischen Namens wiederherstellen, die in der Achtung der Eingeborenen durch die letzten Unfälle sehr geschwächt worden war.

Die Tepeacaner waren ein mächtiger Stamm, von demselben Ursprung wie die Azteken, deren Oberherrschaft sie anerkannten. Sie hatten dieselbe auf die Spanier bei deren erstem Marsche in das Land übertragen, da sie durch die blutigen Niederlagen ihrer tlascalanischen Nachbarn eingeschüchtert waren. Aber seit den Unruhen in Mexiko hatten sie sich wieder dem aztekischen Zepter unterworfen. Ihre Hauptstadt, jetzt ein unbedeutendes Dorf, war zur Zeit der Eroberung eine blühende Stadt und lag in den fruchtbaren Ebenen, welche sich weithin gegen den Fuß des Orizaba erstreckten. Die Landschaft enthielt außerdem noch mehrere Städte von beträchtlichem Umfang mit einer kühnen und kriegerischen Bevölkerung.

Da diese Indianer einmal die Oberherrschaft Kastiliens anerkannt hatten, betrachteten Cortez und seine Offiziere ihr gegenwärtiges Benehmen als Empörung, und in einem Kriegsrate wurde entschieden, daß die, welche bei der letzten Ermordung beteiligt gewesen, von Rechts wegen die Strafe der Sklaverei verwirkt hätten. Ehe er indes gegen sie vorschritt, sandte der Befehlshaber eine Aufforderung an sie, sich zu unterwerfen, bot ihnen gänzliche Verzeihung für das Vergangene an, bedrohte sie aber im Weigerungsfalle mit der strengsten Vergeltung. Hierauf sandten die jetzt unter Waffen stehenden Indianer eine verächtliche Antwort zurück und forderten die Spanier zum Kampf mit ihnen heraus, da es ihnen an Opfern für ihre Altäre fehle.

Ohne weiteren Verzug stellte sich Cortez an die Spitze seiner kleinen Abteilungen von Spaniern und einer großen Verstärkung von tlascalanischen Kriegern. Sie waren von dem jüngeren Xicotencatl angeführt, der jetzt gern seine frühere Abneigung aufgeben zu wollen und begierig schien, Unterricht im Kriege von dem Anführer zu nehmen, der ihn so oft im Felde überwunden hatte.

Die Tepeacaner empfingen ihren Feind an ihrer Grenze. Es erfolgte eine blutige Schlacht, in welcher die spanische Reiterei ein wenig durch den hohen Mais behindert war, der einen Teil der Ebene bedeckte. Sie behielten zuletzt den Sieg, und die Tepeacaner wurden, nachdem sie als tapfere Krieger das Schlachtfeld behauptet, doch endlich mit großem Gemetzel in die Flucht geschlagen. Ein zweites Treffen, das einige Tage nachher stattfand, hatte gleich günstige Erfolge, und die siegreichen Spanier mit ihren Verbündeten marschierten geradewegs auf die Stadt Tepeaca zu und zogen in dieselbe mit Siegesgepränge ein. Der Feind versuchte keinen weiteren Widerstand, und die ganze Landschaft, um ferneres Unheil zu vermeiden, beeilte sich, ihre Unterwerfung kundzutun. Cortez schenkte jedoch die beabsichtigte Züchtigung den Orten nicht, die bei der Ermordung beteiligt gewesen. Die Einwohner wurden mit einem heißen Eisen als Sklaven gezeichnet und nach Abzug des königlichen Fünftels unter seine eigenen Leute und seine Verbündeten verteilt. Die Spanier kannten die Einrichtung der

Repartimientos auf den Inseln; aber dies war das erste Beispiel von Sklaverei in Neuspanien. Sie war in der Meinung des Befehlshabers und seiner soldatischen Gewissensräte durch das schwere Vergehen der Partei gerechtfertigt. Das Urteil wurde jedoch von der Krone nicht bestätigt, welche, wie die Gesetzgebung für die Pflanzstaaten häufig beweist, immer dem begehrlichen und habsüchtigen Sinne der Ansiedler entgegen war.

Zufrieden mit dieser Vollziehung seiner Rache, schlug Cortez jetzt sein Hauptquartier in Tepeaca auf, das, in einer angebauten Gegend gelegen, leichte Mittel zum Unterhalt eines Heeres darbot, während dessen Lage an der mexikanischen Grenze ein guter Stützpunkt für künftige Unternehmungen war.

Seitdem die aztekische Regierung den Mißerfolg ihrer Unterhandlungen in Tlascala vernommen hatte, war sie eifrigst beschäftigt gewesen, ihre Grenze nach jener Seite hin zu befestigen. Die gewöhnlich daselbst gehaltene Besatzung wurde verstärkt und große Truppenteile nach derselben Richtung abgeschickt, mit dem Befehl, die festen Stellungen an der Grenze zu besetzen. Das Betragen dieser Truppen war wie gewöhnlich ein anmaßendes und erpressendes und erregte großes Mißvergnügen bei den Bewohnern jener Gegend. Zu den so von den Azteken besetzten Orten gehörte Quauhquechollan, eine Stadt, die den Geschichtschreibern zufolge 30.000 Einwohner hatte und ungefähr zwölf Leguas südwestlich vom spanischen Lager entfernt lag. Sie stand am Ende eines tiefen Tales, lehnte sich gegen eine schroffe Reihe von Hügeln oder vielmehr Bergen und war an den Seiten von zwei Flüssen mit außerordentlich hohen und steilen Ufern eingefaßt. Die einzige Seite, von der die Stadt leicht zugänglich gewesen, war durch eine sehr dicke, über zwanzig Fuß hohe steinerne Mauer beschützt. In diesen sowohl durch Kunst wie von Natur stark verteidigten Platz hatte der aztekische Kaiser eine Besatzung von einigen tausend Kriegern geworfen, während eine noch weit stärkere Macht die Höhen besetzt hielt, welche die Stadt beherrschten.

Der Kazike dieses festen Ortes, des mexikanischen Joches überdrüssig, sandte zu Cortez, forderte ihn auf, ihm zu Hilfe zu kommen und versprach ihm die Mitwirkung der Bürger bei einem Angriffe auf das aztekische Lager. Der Befehlshaber ging bereitwillig auf den Vorschlag ein und sandte Christoval de Olid mit zweihundert Spaniern und einer starken Abteilung von Tlascalanern ab, um den freundlich gesinnten Kaziken zu unterstützen. Auf dem Wege schlossen sich viele Freiwillige aus der indianischen Stadt und aus der nahe gelegenen Hauptstadt Cholula, die alle auf gleiche Weise ihre Dienste anboten, an Olid an. Die Anzahl und der Eifer dieser Hilfstruppen erregte bei dem Ritter Argwohn. Dieser wurde noch verstärkt durch die Vermutung der Soldaten Narvaez', in deren Einbildungskraft wie es schien noch immer die Greuel der Noche triste spukten, und die in der freundlichen Bereitwilligkeit ihrer neuen Verbündeten ein Zeichen von einem hinterlistigen Einverständnisse mit den Azteken sahen. Olid, angesteckt von diesem Mißtrauen, machte einen Rückmarsch nach Cholula, wo er die verdächtigen Häuptlinge, die ihre Dienste am eifrigsten angeboten hatten, festnehmen und unter starker Bedeckung zu Cortez bringen ließ.

Nach einem sorgfältigen Verhör war der Befehlshaber von der Redlichkeit der Verdächtigen überzeugt. Er drückte ihnen sein großes Bedauern über die Behandlung aus, die sie erfahren und machte diese, so viel als möglich, durch freigebige Geschenke wieder gut; und da er jetzt einsah, wie unpassend es sei, eine Sache von solcher Wichtigkeit fremden Händen zu übertragen, stellte er sich selbst an die Spitze seiner übrigen Truppen und vereinigte sich mit seinem Offizier in Cholula.

Er hatte mit dem Kaziken der Stadt, gegen welche er marschierte, verabredet, daß beim Erscheinen der Spanier die Einwohner die Besatzung angreifen sollten. Alles gelang wie er es sich ausgedacht hatte. Kaum waren die christlichen Heerhaufen in der Ebene vor der Stadt vorbeigezogen, als die Einwohner die Besatzung mit äußerster Wut angriffen. Diese gab die äußeren Verteidigungswerke des Platzes auf und zog sich in ihre Quartiere im Hauptteocalli zurück, wo sie einen harten Kampf mit ihren Gegnern zu bestehen hatten. Während der Hitze des Gefechtes ritt Cortez an der Spitze seiner kleinen Reiterschar in die Stadt und leitete den Angriff persönlich. Die Azteken leisteten einen hartnäckigen Widerstand. Da aber fortwährend neue Verstärkungen zur Unterstützung der Angreifenden eintrafen, so wurden die Festungswerke erstürmt und die ganze Besatzung mußte über die Klinge springen. Unterdes waren die auf den nahen Anhöhen aufgestellten mexikanischen Streitkräfte hinabmarschiert, um ihren Landsleuten in der Stadt zu Hilfe zu kommen, hatten sich in der Vorstadt in Schlachtordnung aufgestellt und wurden daselbst von den tlascalanischen Truppen angegriffen. „Sie hatten", sagt Cortez vom Feinde, „wenigstens dreißigtausend Mann zusammengebracht, und es gewährte einen schönen Anblick, eine so stattliche Heerschar zu sehen, die von Gold und Juwelen und bunten Federstoffen glänzte!" Der Kampf zwischen den beiden indianischen Heeren war ein erbitterter. Die Vorstädte wurden angezündet und mitten durch die Flammen stürzten Cortez und seine Scharen auf den Feind los, durchbrachen endlich seine Schlachtordnung und nötigten ihn, sich in den engen Bergpaß zurückzuziehen, von welchem er kürzlich herabgestiegen war. Der Paß war rauh und steil. Spanier und Tlascalaner folgten dem Feinde dicht auf den Fuß und die leichten Truppen, nachdem sie die hohe Wand des Tales erstiegen, fielen in Menge dem Feinde in die Flanken. Die Hitze war ungeheuer groß, und beide Parteien waren so von ihren Anstrengungen erschöpft, daß, wie der Zeitgeschichtschreiber sagt, die eine ebensoviel Mühe hatte zu verfolgen, wie die andere zu fliehen. Zum Töten waren sie jedoch nicht zu müde. Die Mexikaner wurden unter fürchterlichem Gemetzel in die Flucht gejagt. Sie fanden kein Erbarmen bei ihren indianischen Feinden, die eine lange Abrechnung von Kränkungen mit ihnen zu halten hatten. Einige wenige suchten sich höher hinauf in die unwegsamen Gegenden der Sierra zu flüchten. Auch dorthin verfolgte sie ihr unermüdlicher Feind, bis sie auf dem kahlen Gipfel des Bergrückens den mexikanischen Lagerplatz erreichten. Dieser nahm eine weite Bodenstrecke ein. Verschiedene Gerätschaften, schmuckreiche Kleidungen und

Luxusgegenstände lagen ringsumher zerstreut, und die Menge von Sklaven zu ihrer Bedienung zeigte den rohen Prunk, mit welchem die mexikanischen Edelleute ins Feld zogen. Dies war eine reiche Beute für die Sieger, die sich über das verödete Lager verbreiteten und sich mit derselben beluden, bis die herannahende Dunkelheit sie daran erinnerte, hinabzusteigen.

Cortez verfolgte seinen Vorteil durch den Angriff der festen Stadt Itzocan, in der sich ebenfalls eine mexikanische Besatzung befand, und die mitten in einem grünen, von künstlichen Gräben bewässerten Tale und in der ganzen reichen Fülle dieser fruchtbaren Gegend der Hochebene lag. Obgleich tapfer verteidigt, wurde der Ort doch erstürmt und eingenommen; die Azteken wurden über einen Fluß gejagt, welcher unterhalb der Stadt floß, und obgleich die leichten Brücken, welche hinüberführten, auf der Flucht absichtlich oder zufällig abgebrochen waren, fanden die Spanier doch, den Fluß, so gut sie konnten, durchwatend oder durchschwimmend, ihren Weg zum jenseitigen Ufer und setzten die Jagd mit der heißen Gier von Bluthunden fort. Auch dort fanden sie reiche Beute, und die indianischen Hilfstruppen strömten zu Tausenden unter die Fahnen des Anführers, der sie so sicher zum Siege und zur Plünderung leitete.

Bald darauf kehrte Cortez nach seinem Hauptquartier in Tepeaca zurück. Von da aus ordnete er seine Offiziere zu Unternehmungen ab, die gewöhnlich einen guten Erfolg hatten. Besonders marschierte Sandoval gegen eine große feindliche Schar, die zwischen dem Lager und Vera Cruz stand; schlug sie in zwei entscheidenden Schlachten und stellte so die Verbindung mit dem Hafen wieder her.

Der Erfolg dieser Unternehmung war die Unterwerfung jenes volkreichen und gut angebauten Landstriches, der zwischen dem großen feuerspeienden Berge gegen Westen und den mächtigen Seitenwänden des Orizaba gegen Osten liegt. Auch erkannten viele Orte in der benachbarten Landschaft Mixtecapan die Herrschaft der Spanier an, und andere, aus der entlegenen Gegend von Oaxaca, sandten zu ihnen, um ihren Schutz anzusprechen.

Cortez hatte sich durch sein Benehmen gegen seine Verbündeten einen großen Ruf der Uneigennützigkeit und Rechtlichkeit erworben. Die indianischen Städte in dem angrenzenden Gebiet wählten ihn zum Schiedsrichter in ihren Streitigkeiten, und Fälle von bestrittener Nachfolge in ihren Regierungen wurden seiner Entscheidung vorgelegt. Durch seine vorsichtige und gemäßigte Staatsklugheit erwarb er sich allmählich einen Einfluß auf ihre Beschlüsse, den sie den gewaltigen Azteken verweigert hatten. Sein Ansehen breitete sich täglich weiter aus; und es entstand ein Reich im Herzen des Landes, das ein Gegengewicht gegen die riesenhafte Macht bildete, welche es so lange überschattet hatte.

Cortez fühlte sich nun stark genug, die Pläne zur Wiedererlangung der Hauptstadt auszuführen, über welche er von der Stunde seiner Vertreibung an gebrütet hatte. Er hatte die Hilfsquellen des aztekischen Königreiches sehr unterschätzt. Er hatte sich nun durch bittere Erfahrung überzeugt, daß zur Besiegung desselben seine eigenen Streitkräfte samt allen, die er aufzubringen hoffen durfte, nicht hinreichen würden, ohne eine umfassende Unterstützung seitens der Indianer selbst. Überdies würde ein großes Heer große Zufuhren zu seinem Unterhalt erfordern, und diese konnten während einer lange währenden Belagerung nicht ohne eine freundliche Mitwirkung der Eingeborenen regelmäßig erlangt werden. Auf eine solche Unterstützung glaubte er jetzt sicher aus Tlascala und aus den anderen indianischen Gebieten rechnen zu dürfen, deren Krieger so begierig waren, unter seinen Fahnen zu dienen. Seine bisherige Bekanntschaft mit ihnen hatte ihn mit ihrem Volkscharakter und ihrer Kriegführungsart vertraut gemacht; während die Eingeborenen, die unter seinem Befehle gefochten, wenn sie auch wenig aus der spanischen Kriegskunst sich angeeignet, doch gelernt hatten, in Übereinstimmung mit den weißen Männern zu handeln und ihm unbedingt als ihrem Befehlshaber zu gehorchen. Dies war ein großer Fortschritt bei so rohen und ungeordneten Truppen und vermehrte die aus der Anzahl entstehende Stärke bedeutend.

Die Erfahrung hatte gezeigt, daß bei einem künftigen Kampfe mit

der Hauptstadt es nicht hinreichen würde, sich auf die Dammwege zu verlassen, sondern daß er, um seinen Endzweck zu erreichen, den See beherrschen müsse. Er beschloß daher, eine Anzahl von Schiffen zu bauen, gleich denen unter seinem Befehle
zur Zeit Montezumas gebauten und nachher von den Eingeborenen vernichteten. Hiezu standen ihm noch die Dienste des nämlichen erfahrenen Schiffbauers, Martin Lopez, zu Gebote, der,
wie wir gesehen haben, glücklicherweise dem Gemetzel der „traurigen Nacht" entgangen war. Cortez sandte diesen Mann jetzt
nach Tlascala mit dem Auftrage, dreizehn Rennschiffe zu bauen,
die auseinandergenommen und von den Indianern auf den Schultern getragen werden könnten, um sie auf dem See von Tezcuco
zu gebrauchen. Die Segel nebst dem Tau- und Eisenwerk sollten
aus Vera Cruz geholt werden, wo sie seit ihrer Entfernung von
den abgetakelten Schiffen aufbewahrt waren. Es war ein kühner
Gedanke, eine Flotte zu bauen, um sie durch Wälder und über
Berge fortzuschaffen, ehe sie in die für sie bestimmten Gewässer
hinabgelassen werden konnte! Aber er paßte zu dem unternehmenden Geiste von Cortez, der nicht an der Möglichkeit zweifelte, ihn
mit Hilfe seiner zuverlässigen tlascalanischen Verbündeten auszuführen.

Mit nicht geringem Bedauern erfuhr zu dieser Zeit der Befehlshaber den Tod seines guten Freundes Maxixca, des alten Häuptlings von Tlascala, der ihm in der Zeit der Not so treulich beigestanden hatte. Er war als Opfer jener schrecklichen Seuche,
der Pocken, gefallen, die jetzt über das Land strich wie Feuer
über die Steppe, den Fürsten wie den Bauer niederwarf, und zu
der langen Reihe von Leiden, die dem Zuge der weißen Männer
folgten, noch ein neues hinzufügte. Sie wurde, wie man sagt,
durch einen Negersklaven auf der Flotte von Narvaez ins Land
gebracht. Sie brach zuerst in Cempoalla aus. Die armen Eingeborenen, die nicht wußten, wie sie diese ekelhafte Krankheit am
besten behandeln sollten, suchten sich durch ihre gewöhnliche Art
zu helfen, nämlich sich in kaltem Wasser zu baden, wodurch ihr
Übel noch schlimmer wurde. Von Cempoalla verbreitete sie sich

über die benachbarte Gegend, und durch Tlascala hindurch erreichte sie die aztekische Hauptstadt, wo Montezumas Nachfolger, Cuitlahuac, als eines ihrer ersten Opfer fiel. Von dort zog sie sich zu den Ufern des Stillen Meeres hinab, indem sie ihren Pfad mit den toten Körpern der Eingeborenen besäte, die, nach dem starken Ausdruck eines Zeitgenossen, in Haufen umkamen, wie von der Pest befallene Rinderherden. Sie scheint den Spaniern nicht verderblich gewesen zu sein, von denen viele wahrscheinlich die Krankheit schon gehabt hatten und die jedenfalls schon die geeignete Art, sie zu behandeln, kannten.

Den Tod Maxixcas bedauerten die Truppen sehr, die in ihm einen treuen und nützlichen Verbündeten verloren. Mit seinem letzten Atemzuge empfahl er sie seinem Sohne und Nachfolger, als die großen Wesen, deren Ankunft in ihr Land so lange von den Göttersprüchen war vorausgesagt worden. Er drückte den Wunsch aus, in der Bekennung des christlichen Glaubens zu sterben. Kaum erfuhr Cortez seinen Zustand, als er den Pater Olmedo nach Tlascala abschickte. Der Mönch fand, daß Maxixca schon ein Kruzifix als den Gegenstand seiner Anbetung vor seinem Krankenlager hatte aufstellen lassen. Nachdem er ihm, so verständlich er konnte, die Wahrheiten der Offenbarung erklärt, taufte er den sterbenden Häuptling, und die Spanier hatten die Genugtuung, zu glauben, daß die Seele ihres Wohltäters von der ewigen Verdammnis errettet sei, die den unglücklichen, in seinem Unglauben sterbenden Indianer treffen mußte.

Ihre letzten glänzenden Erfolge scheinen die meisten der mißvergnügten Soldaten wieder mit der Fortsetzung des Krieges versöhnt zu haben. Es waren jedoch einige darunter, der Geheimschreiber Duero, Bermudez der Schatzmeister und andere hohe Beamte oder reiche Hidalgos, die mit Widerwillen an einen neuen Feldzug dachten und jetzt laut ihre Forderung ungehinderter Überfahrt nach Kuba wiederholten. Hiegegen machte Cortez, zufrieden mit der Unterstützung, auf die er nun sicher rechnen konnte, keine weitere Einwendung. Nachdem er einmal seine Einwilligung gegeben, tat er alles, was in seiner Macht stand, ihren Abgang zu erleichtern und für ihre Annehmlichkeit zu sorgen. Er ließ die besten Schiffe in Vera Cruz zu ihrer Verfügung stellen, dieselben mit Lebensmitteln und allem zur Reise Nötigen wohl versehen und sandte Alvarado nach der Küste, um die Einschiffung zu beaufsichtigen. Er nahm den höflichsten Abschied von ihnen unter Versicherung seiner unveränderten Achtung. Aber, wie es die Folge zeigte, nahmen die, welche in diesem entscheidenden Augenblicke sich von ihm trennen konnten, wenig Anteil an seinem Schicksal; und wir finden Duero nicht lange nachher in Spanien Velasquez' Ansprüche vor dem Kaiser gegen die seines früheren Freundes und Befehlshabers unterstützen.

Der Verlust dieser wenigen Männer wurde reichlich ersetzt durch die Ankunft anderer, welche das Glück — um keinen höheren Ausdruck zu gebrauchen — ihm zuführte. Der erste von diesen kam in einem kleinen aus Kuba vom Statthalter Velasquez mit Vorräten für die Ansiedlung in Vera Cruz abgesandten Schiffe. Er wußte nichts von den letzten Vorgängen im Lande und von der Niederlage seines Offiziers. Mit dem Schiffe kamen, sagt man, Briefe von Fonseca, Bischof von Burgos, worin Narvaez angewiesen wurde, Cortez, wenn es nicht schon geschehen sei, zur Untersuchung nach Spanien zu schicken. Den Anweisungen des Befehlshabers gemäß ließ der Alkalde von Vera Cruz den Schiffshauptmann landen, der nicht daran zweifelte, daß sich das Land in den Händen von Narvaez befinde. Er wurde dadurch enttäuscht, daß man ihn und seine Leute festnahm, sobald sie den Fuß ans Ufer gesetzt hatten. Darauf versicherte man sich des Schiffes, und da der Schiffsführer und seine Mannschaft ihren Irrtum einsahen, wurden sie ohne Schwierigkeit bewogen, sich zu ihren Landsleuten in Tlascala zu begeben.

Ein zweites, bald nachher von Velasquez abgesandtes Schiff teilte das nämliche Schicksal, und die an Bord Befindlichen willigten auch darein, ihr Glück bei der Unternehmung unter Cortez zu versuchen.

Ungefähr um dieselbe Zeit rüstete Garay, der Statthalter von

Jamaika, drei Schiffe mit bewaffneter Macht aus, um eine Niederlassung am Panuco, einem Flusse, der sich wenige Grade nördlich von Villa Rica in den Meerbusen ergießt, zu begründen. Garay bestand darauf, diese Ansiedlung auszuführen, trotz der Ansprüche von Cortez, der schon in eine freundschaftliche Verbindung mit den Bewohnern jener Gegend getreten war. Aber die Schiffsmannschaft erfuhr bei der Landung eine so rauhe Aufnahme von den Eingeborenen und verlor so viele Leute, daß sie froh waren, wieder zu ihren Schiffen zu gelangen. Eines von diesen scheiterte bei einem Sturme. Die anderen liefen in den Hafen von Vera Cruz ein, um die von Hunger und Krankheit geschwächten Leute sich erholen zu lassen. Hier wurden sie freundlich aufgenommen, mit dem Nötigen versorgt, von ihren Wunden geheilt und durch die lockenden Versprechungen, die ihnen Cortez machte, bewogen, den unglückseligen Dienst ihres Gebieters zu verlassen und unter sein glückliches Banner zu treten. Die so erlangte Verstärkung belief sich auf hundertfünfzig Mann, mit Waffen und Schießbedarf wohlversorgt, und zwanzig Pferden. Durch dieses sonderbare Zusammentreffen von Umständen sah sich Cortez im Besitz der Vorräte, deren er am meisten bedurfte; und dies noch überdies aus den Händen seiner Feinde, deren kostbare Anstalten sich auf diese Weise gerade zum Vorteil des Mannes wendeten, den sie zu verderben bestimmt waren.

Sein Glück blieb hiebei nicht stehen. Ein Schiff von den Kanarischen Inseln, mit Waffen und Kriegsvorräten für die Abenteurer in der Neuen Welt befrachtet, legte in Kuba an. Der Führer desselben hörte daselbst von den neuen Entdeckungen in Mexiko und richtete, in der Hoffnung, dort einen guten Markt zu treffen, seine Fahrt nach Vera Cruz. Er hatte sich nicht geirrt. Im Auftrag des Befehlshabers kaufte der Alkalde sowohl das Schiff als die Ladung; und die Schiffsmannschaft, vom Abenteurergeiste angesteckt, folgte ihren Landsleuten ins Innere. In dem Namen Cortez schien ein Zauber zu liegen, der alle, welche ihn hörten, unter seine Fahne zog.

Nachdem er nun alle Anstalten zur Sicherung seiner neuen Eroberungen getroffen hatte, schien kein Grund mehr vorhanden, seinen Abgang nach Tlascala länger zu verschieben. Daher baten ihn die Bürger von Tepeaca, eine Besatzung bei ihnen zurückzulassen, um sie vor der Rache der Azteken zu schützen. Cortez willigte in das Gesuch, und da er die Lage der Stadt im Mittelpunkte seiner Eroberungen für günstig zur Behauptung derselben hielt, beschloß er, daselbst eine Niederlassung zu gründen. Zu diesem Ende wählte er von seinen Soldaten sechzig Mann aus, von denen die meisten durch Wunden und Krankheit dienstunfähig waren. Er ernannte die Alkalden, Regidores und anderen Beamten einer städtischen Obrigkeit. Er nannte den Ort Segura de la Frontera oder „Sicherheit der Grenze". Er erhielt einige Jahre später von Kaiser Karl V. schätzbare Vorrechte als Stadt; und erhob sich zu einigem Ansehen im Zeitalter der Eroberung. Aber die Bedeutung desselben nahm bald nachher wieder ab. Selbst dessen kastilianischer Name wurde infolge derselben Laune, welche über das Schicksal von mehr als einem Namen in unserem eigenen Lande entschieden hat, durch seinen ehemaligen verdrängt, und das kleine Dorf Tepeacan ist alles, was jetzt noch an die einst blühende indianische Hauptstadt und die zweite spanische Niederlassung in Mexiko erinnert.

Während seines Aufenthaltes in Segura schrieb Cortez jenen berühmten Brief an den Kaiser — den zweiten der Reihe nach —, der so oft auf den vorstehenden Seiten angeführt wird. Er beginnt die Erzählung mit der Abfahrt aus Vera Cruz und stellt in einer kurzen und verständlichen Form die Ereignisse bis zu der Zeit dar, zu welcher wir jetzt gekommen sind. Auf den letzten Seiten sagt der Befehlshaber, nachdem er die Beschwerlichkeiten erwähnt, mit denen er zu kämpfen hat, in seinem bekannten männlichen Geiste, daß er Gefahr und Anstrengung der Erreichung seines Zieles gegenüber geringachte; und daß er die Überzeugung habe, die Spanier werden in kurzer Zeit wieder in ihre frühere Lage versetzt sein und alle ihre Verluste eingebracht haben.

Er macht auf die Ähnlichkeit Mexikos in manchen äußeren Zügen und Erzeugnissen mit dem Mutterlande aufmerksam und ersucht, daß es künftig „Neuspanien des Weltmeeres" genannt werden möge. Er bittet schließlich noch, daß sogleich ein Ausschuß ernannt und abgeschickt werde, um sein Benehmen zu untersuchen und die Richtigkeit seiner Angaben zu bestätigen.

Dieser Brief, der in Sevilla ein Jahr nach dessen Empfang gedruckt wurde, ist seitdem mehr als einmal nachgedruckt und übersetzt worden. Er erregte am Hofe und bei den Freunden der Wissenschaft im allgemeinen großes Aufsehen. Die früheren Entdeckungen in der Neuen Welt hatten die Erwartungen getäuscht, denen man sich nach der Lösung der großen Frage über ihr Vorhandensein hingegeben hatte. Sie hatten nur rohe Stämme ans Licht gebracht, die, wie sanft und unschuldig sie auch in ihren Sitten sein mochten, doch noch in dem ersten Zustande der Bildungslosigkeit standen. Hier empfing man einen zuverlässigen Bericht über ein großes Volk, das, mächtig und zahlreich, eine sorgfältig ausgearbeitete, gesellige Verfassung aufzuweisen hatte, das in den Künsten der Sittigung weit vorgerückt war, einen Boden bewohnte, der reich war an Schätzen aus dem Steinreiche, an mannigfaltigen Pflanzenerzeugnissen, wo Vorräte von Natur- und Kunstgegenständen angehäuft lagen und der zum ersten Male die goldenen Träume zu verwirklichen schien, in welche der große Entdecker der Neuen Welt sich so gern und zu seiner Zeit so trügerisch eingewiegt hatte. Der Gelehrte jenes Zeitalters mochte mit Recht frohlocken über die Offenbarung dieser Wunder, welche so manche schon lange, doch vergebens zu sehen gewünscht hatten.

Mit diesem Briefe zugleich kam ein anderer an den Kaiser, der, wie es scheint, von fast jedem Offizier und Soldaten im Lager unterzeichnet war. Er sprach sich weitläufig über die Hindernisse aus, die Velasquez und Narvaez der Unternehmung in den Weg gelegt, und über den großen Schaden, den dies der Angelegenheit des Königs gebracht. Er hob alsdann die Dienste hervor, welche Cortez geleistet und ersuchte den Kaiser, ihn in seinem Ansehen zu bestätigen und nicht fremde Einmischung gegen einen Mann zu gestatten, der durch seinen persönlichen Charakter, seine genaue Kenntnis des Landes und dessen Bewohner und die Anhänglichkeit seiner Soldaten am besten von allen in der Welt dazu geeignet sei, die Eroberung des Landes zu vollbringen.

Es trug nicht wenig zu Cortez' Verlegenheit bei, daß er noch immer gar nicht wußte, aus welchem Gesichtspunkte sein Benehmen in Spanien betrachtet werde. Er hatte selbst noch nicht gehört, ob seine im vorigen Jahre von Vera Cruz abgesandten Berichte angekommen waren. Mexiko war so weit entfernt von allem Verkehr mit der gesitteten Welt, als wenn es bei den Gegenfüßlern liege. Nur wenige Schiffe waren in seine Häfen eingelaufen und keinem war es gestattet worden, sie wieder zu verlassen. Der Statthalter von Kuba, einer nur wenige Tagfahrten zur See entfernten Insel, wußte, wie wir gesehen haben, noch nichts vom Schicksal seiner Flotte. Bei der Ankunft jedes neuen Schiffes oder jeder Flotte an diesen Küsten war Cortez mit Recht zweifelhaft darüber, ob es ihm Unterstützung für sein Unternehmen oder einen königlichen Auftrag, ihn abzusetzen, bringe. Sein mutiger Sinn rechnete auf das erstere; obgleich das letztere das Wahrscheinlichere war wegen der genauen Bekanntschaft seines Feindes, des Statthalters, mit dem Bischof Fonseca, einem auf sein Ansehen eifersüchtigen Manne, der vermöge seiner Stellung an der Spitze der indianischen Verwaltungsbehörde eine gebieterische Aufsicht über die Angelegenheiten der Neuen Welt führte. Deshalb erheischte es die Klugheit von Cortez, keine Zeit zu verlieren, seine Anstalten eifrig zu betreiben, damit nicht einem anderen gestattet würde, ihm die Lorbeeren zu entreißen, die er jetzt fast sicher in Händen hatte. Konnte er nur die aztekische Hauptstadt sich wieder unterwerfen, so fühlte er, daß er geborgen sein würde; und daß, in welchem Lichte auch sein regelwidriges Verfahren erscheinen möchte, seine Dienste in diesem Falle dasselbe in den Augen der Krone wie des Landes mehr als aufwiegen würden.

Der Befehlshaber schrieb auch an den königlichen Gerichtshof in St. Domingo, um diesen für seine Sache zu gewinnen. Er sandte vier Schiffe nach dieser Insel, um noch fernere Zufuhr von Waffen und Schießbedarf zu erlangen; und um die Habgier von Abenteurern desto besser zu reizen und sie für die Unternehmung heranzulocken, fügte er Proben von den schönen Kunsterzeugnissen des Landes und dessen kostbaren Metallen bei. Die zur Anschaffung dieser wichtigen Zufuhren nötigen Gelder wurden wahrscheinlich aus der in den letzten Schlachten zusammengebrachten Beute und aus dem Golde gewonnen, das, wie schon bemerkt, aus dem allgemeinen Schiffbruch von der kastilianischen Bedeckung gerettet worden war.

Es war Mitte Dezember, als Cortez, nachdem er seine Vorbereitung vollständig getroffen hatte, sich auf den Rückweg nach dem zehn oder zwölf Leguas entfernten Tlascala machte. Er marschierte im Vordertreffen des Heeres und schlug den Weg über Cholula ein. Wie verschieden war sein jetziger Zustand von dem, in welchem er die Hauptstadt des Freistaates kaum fünf Monate vorher verlassen hatte! Sein Marsch war ein Siegeszug, wobei die verschiedenen Banner und Kriegszeichen prangten, die er dem Feinde abgenommen, nebst langen Reihen von Gefangenen und der ganzen reichen, auf manchem schwer erkämpften Schlachtfelde errungenen Beute. Wo das Heer durch Städte und Dörfer zog, strömten die Einwohner heraus, sie zu begrüßen, und als sie in die Nähe von Tlascala kamen, hatte sich die ganze Bevölkerung, Männer, Weiber und Kinder, aufgemacht, ihre Rückkehr durch Musik, Tanz und Gesang zu feiern. Mit Blumen geschmückte Bogen waren über die Straßen gespannt, durch die sie gingen, und ein tlascalanischer Sprecher hielt dem Befehlshaber bei dessen Eintritt in die Stadt eine hochtönende Lobrede über seine letzten Taten und nannte ihn „Rächer des Volkes". Mitten in dieser Pracht und dem Siegesgepränge sah man Cortez und seine Offiziere in tiefer Trauer gekleidet zu Ehren ihres Freundes Maxixca; und diese dem Andenken ihres verehrten Führers erwiesene Achtung rührte die Tlascalaner mehr als alles stolze Gepränge der Siegeszeichen.

Die erste Handlung des Befehlshabers war, den Sohn seines entschlafenen Freundes in der Amtsfolge zu bestätigen, die ihm von einem unehelichen Bruder streitig gemacht worden war. Der Jüng-

ling war erst zwölf Jahre alt; und Cortez vermochte ihn, ohne
Mühe, dem Beispiel seines Vaters zu folgen und die Taufe zu
empfangen. Später schlug er ihn eigenhändig zum Ritter; wahrscheinlich das erste Beispiel von der Verleihung der Ritterwürde
an einen amerikanischen Indianer. Auch der ältere Xicotencatl
wurde bewogen, das Christentum anzunehmen; und das Beispiel
ihrer Regenten hatte die offenbare Wirkung, die Gemüter des
Volkes für den wahren Glauben empfänglich zu machen. Cortez
beeilte damals das Bekehrungswerk nicht weiter, entweder weil
ihm Olmedo dazu riet oder weil seine eigenen Angelegenheiten
ihn zu sehr in Anspruch nahmen, sondern überließ es dem guten
ausgestreuten Samen im stillen zu reifen, bis die Zeit die Ernte
herbeiführen würde.

Während seines kurzen Aufenthaltes in Tlascala förderte er die
Vorbereitungen zum Feldzuge weiter. Er suchte die Tlascalaner
im Dienst zu üben und ihnen einen Begriff von europäischer Manneszucht und Kriegskunst beizubringen. Er ließ neue Waffen anfertigen und die alten in Ordnung bringen. Mit Hilfe des durch
einige kühne Ritter aus dem rauchenden Schlunde des Popocatepetl geholten Schwefels wurde Pulver bereitet. Die Anfertigung
der Rennschiffe ging unter der Leitung von Lopez mit Hilfe der
Tlascalaner glücklich vonstatten. Das Holz wurde in den Wäldern
geschlagen, und Pech, etwas den Indianern Unbekanntes, aus den
Fichten in der nahe gelegenen Sierra de Malinche gezogen. Das
Tauwerk und anderes Zubehör wurde von den indianischen Tamanes aus Villa Rica herbeigeschafft; und um Weihnachten war
die Arbeit so weit vorgeschritten, daß Cortez den Marsch nach
Mexiko nicht länger zu verschieben brauchte.

Guatemozin, Kaiser der Azteken | Vorbereitungen zum Marsch Kriegsgesetzbuch | Die Spanier gehen über die Sierra | Ziehen in Tezcuco ein | Prinz Ixtlilxochitl

1520

Während sich die in dem vorhergehenden Hauptstück erzählten Begebenheiten zutrugen, war in dem aztekischen Reiche eine wichtige Veränderung eingetreten. Montezumas Bruder und Nachfolger, Cuitlahua, war plötzlich an den Pocken gestorben, nach einer kurzen Regierung von vier Monaten — einer kurzen, aber glorreichen, denn sie war Zeuge gewesen von der Niederlage der Spanier und ihrer Vertreibung aus Mexiko. Bei dem Tode ihres kriegliebenden Oberhauptes wurden die Wähler, wie gebräuchlich, zusammenberufen, um den erledigten Thron wieder zu besetzen. In dieser trüben Schicksalsstunde war dies ein Geschäft von großer Verantwortlichkeit. Der Teoteuctli oder hohe Priester flehte den Segen des Allmächtigen auf ihre Beratschlagungen herab. Sein Gebet ist noch jetzt vorhanden. Es war das letzte, bei einer ähnlichen Gelegenheit in Anahuac verfaßte, und einige Auszüge daraus dürften, als eine Probe aztekischer Beredsamkeit, anziehend für den Leser sein.

„O Herr! Du weißt, daß die Tage unseres Herrschers zu Ende sind, denn Du hast ihn unter Deine Füße gestellt. Er verweilt an dem Orte seiner Ruhe; er hat den Weg betreten, den wir alle gehen müssen; er ist nach dem Hause gegangen, in das wir alle folgen müssen — dem Hause ewiger Finsternis, wohin kein Licht dringt. Er ist zu seiner Ruhe abgerufen und niemand wird ihn fürder stören... Alle diese waren die Fürsten, seine Vorgänger, die auf dem kaiserlichen Throne saßen, die Angelegenheiten Deines Königreiches zu leiten; denn Du bist der allgemeine Herr und Kaiser, durch dessen Willen und Antrieb die ganze Welt gelenkt wird; Du bedarfst nicht des Rates eines anderen. Sie legten die unerträgliche Last der Regierung ab und überließen sie ihm, ihrem Nachfolger. Aber er weilte nur wenige Tage in seinem Königreiche — nur wenige Tage hatten wir seine Gegenwart genossen, als Du ihm gebotest, denen zu folgen, die vor ihm das Land regiert hatten. Und er ist Dir große Dankbarkeit dafür schuldig, daß Du ihn von einer so schweren Last befreit und ihm Frieden und Ruhe geschenkt hast... Wer soll jetzt für das Wohl des Volkes und des Reiches sorgen? Wer soll die Richter ernennen, Deinem Volke Recht zu sprechen? Wer soll nun der Trommel und der Flöte zu tönen gebieten und die alten Krieger und die Mächtigen in der Schlacht berufen? Unser Herr und unser Schutz! Wolle Du in Deiner Weisheit einen ausersehen, der würdig ist, auf dem Throne Deines Königreiches zu sitzen; einen, der die schwere Last der Regierung tragen soll; der Dein armes Volk lieben und trösten soll, wie die Mutter ihre Kinder... O, barmherziger Gott, ergieße Dein Licht und Deinen Glanz über dieses Dein Reich!... Ordne es so an, daß Du in allem und durch alle verehrt werdest."

Die Wahl fiel auf Quauhtemotzin oder Guatemozin, wie die Spanier den Namen wohlklingend veränderten. Er war ein Neffe der beiden letzten Herrscher und heiratete seine Base, die schöne Prinzessin Tecuichpo, Montezumas Tochter. „Er war nicht älter als fünfundzwanzig Jahre und für einen Indianer von zierlichem Äußern," sagt jemand, der ihn oft gesehen hatte, „tapfer und so furchteinflößend, daß sein Gefolge bei seinem Erscheinen zitterte."

Er schreckte vor der gefahrvollen Stellung, die man ihm anbot, nicht zurück; und da er das Gewitter sich rings um ihn finster zusammenziehen sah, schickte er sich an, demselben als Mann entgegenzutreten. War er auch noch jung, so besaß er doch viel Erfahrung in Kriegsangelegenheiten und hatte sich bei den blutigen Kämpfen in der Hauptstadt vor allen anderen ausgezeichnet. Er empfand gegen die Spanier eine Art von religiösem Haß, gleich dem, welchen Hannibal den Römern geschworen haben soll und den er auch sicher hegte.

Vermittels seiner Kundschafter erhielt Guatemozin Kenntnis von den Bewegungen der Spanier und deren Absicht, die Hauptstadt zu belagern. Er bereitete sich darauf vor, indem er den unnützen Teil der Bevölkerung fortschickte und seine mächtigen Lehnsmannen aus der Nähe zusammenberief. Er verfolgte die Pläne seiner Vorgänger, die Verteidigungswerke der Stadt zu verstärken, musterte seine Truppen und spornte sie durch Belohnungen an, sich in ihren Dienstübungen auszuzeichnen. Er hielt Anreden an seine Soldaten, um in denselben einen Geist verzweifelten Widerstandes zu wecken. Er munterte seine Lehnsmannen im ganzen Lande auf, die weißen Männer anzugreifen, wo sie nur immer anzutreffen wären, indem er einen Preis auf ihre Köpfe, sowie auf die Personen aller setzte, die man ihm lebend nach Mexiko bringen werde. Und es war für die Spanier nichts Ungewöhnliches, in den Tempeln der eroberten Orte die Waffen und Rüstungen ihrer unglücklichen Landsleute aufgehängt zu finden, die man ergriffen und als Opfer nach der Hauptstadt geschickt hatte. So war der junge Herrscher beschaffen, der auf den wankenden Thron der Azteken berufen war; würdig durch seinen kühnen und großherzigen Charakter, das Zepter dieses Landes in der blühendsten Zeit seines Ruhmes zu führen; und der nun, in dessen Mißgeschick, im wahren Sinne eines vaterlandsliebenden Fürsten es sich zur Aufgabe machte, das sinkende Glück desselben aufrecht zu erhalten oder mit demselben als Held unterzugehen.

Jetzt müssen wir zu den Spaniern in Tlascala zurückkehren, wo wir sie verließen, als sie sich anschickten, wieder ihren Marsch nach Mexiko anzutreten. Ihr Befehlshaber hatte die Freude, seine Truppen leidlich vollständig in ihrer Ausrüstung zu· sehen, die allerdings je nach dem Zustande der von Zeit zu Zeit angekommenen Verstärkungen, verschieden, aber im ganzen doch der des Heeres, mit dem er zuerst in das Land eingedrungen, überlegen war. Seine ganze Streitmacht belief sich beinahe auf sechshundert Mann, wovon vierzig Reiter und zusammen achtzig Büchsen- und Bogenschützen waren. Die übrigen waren mit Schwert und Tartsche und mit den kupferbeschlagenen Piken von Chinantla bewaffnet. Er hatte neun Kanonen von mäßiger Schußweite und war leidlich mit Pulver versorgt.

Als seine Truppen in Marschordnung aufgestellt waren, ritt Cortez durch die Reihen, ermahnte, wie er dies gewöhnlich bei solchen Gelegenheiten tat, seine Soldaten, sich selbst und dem Unternehmen, das sie vorhätten, treu zu sein. Er sagte ihnen, daß sie gegen Empörer marschierten, die einst den spanischen Herrscher als Oberherrn anerkannt; gegen Wilde, die Feinde ihrer Religion. Sie sollten für das Kreuz und für die Krone in die Schlacht gehen und für sich selbst, um ihre Waffen von den Flecken darauf zu reinigen; Rache zu nehmen für ihre Beleidigungen und den Verlust ihrer teuren Gefährten, die auf dem Schlachtfelde oder auf den fluchwürdigen Opferaltären hingeschlachtet worden seien. Niemals sei ein Krieg gewesen, der einen größeren Reiz für einen christlichen Ritter habe; ein Krieg, der ihm Reichtum und Ruhm in diesem Leben und einen unvergänglichen Glanz im künftigen verheiße.

Auf diese Weise berührte der kluge Anführer alle die geheimen Triebfedern der Frömmigkeit, des Ehrgeizes und der Habsucht im Herzen seiner kriegerischen Zuhörerschaft und fachte so den Mut bei den Zaghaftesten an, ehe er sie dem gefahrvollen Unternehmen entgegenführte. Sie antworteten durch den lauten Ruf, daß sie bereit seien, in der Verteidigung des Glaubens zu sterben; und daß sie entweder siegen oder ihre Gebeine bei denen ihrer Landsleute in den Gewässern des Tezcuco zurücklassen wollten.

Das Heer der Verbündeten zog bei der Musterung zunächst an dem Befehlshaber vorüber. Es wird von Schriftstellern verschieden, von hundertzehn- bis hundertfünfzigtausend Mann geschätzt! Die handgreifliche Übertreibung, so wie die Abweichung der Angaben voneinander zeigen, wie wenig man sich auf irgend eine Schätzung verlassen kann. Gewiß ist es jedoch, daß es eine zahlreiche Schar war, die nicht nur aus der Blüte der tlascalanischen Krieger, sondern auch aus der der cholulanischen, der tepeacanischen und der der benachbarten Gebiete bestand, welche sich der kastilianischen Krone unterworfen hatten.

Sie waren nach indianischem Gebrauch bewaffnet; mit Bogen und Pfeilen, dem glatten Maquahuitl und der langen Pike, welche furchtbare Waffe Cortez, wie wir gesehen haben, bei seinen eigenen Truppen eingeführt hatte. Sie waren in Schlachthaufen eingeteilt, von denen ein jeder sein eigenes Banner hatte, welches das demselben eigentümliche Wappen oder Sinnbild zeigte. Die vier großen Häuptlinge des Volkes marschierten in der Vorhut, von denen drei, ehrwürdig durch ihr Alter, an den Abzeichen, womit sie geschmückt waren, den Beweis von mancher glorwürdigen Waffentat erkennen ließen. Ein bunter Federbusch flatterte von ihren Helmen herab, die mit Smaragden oder anderen kostbaren Steinen besetzt waren. Ihr Escaupil oder gepolsterter baumwollener Wams war mit dem zierlichen Überwurf von Federarbeit bedeckt, und auf den Füßen hatten sie mit Gold ausgelegte Halbschuhe. Hinter ihnen gingen vier junge Edelknaben, die ihre Waffen trugen, und vier andere führten ebensoviel Fahnen, auf welchen die Wappen der vier großen Teile des Freistaates prangten. Die Tlascalaner waren, wenn auch außerordentlich genügsam und rauh in ihrer Lebensweise, doch ebenso ehrgeizig, in ihrem kriegerischen Äußeren zu glänzen wie irgend einer der Stämme auf der Hochebene. So wie sie vor Cortez vorbeizogen, grüßten sie ihn durch das Schwenken ihrer Fahnen und durch den Schall ihrer wilden Musik, was der Befehlshaber durch das höfliche Abnehmen seiner Mütze erwiderte. Die tlascalanischen Krieger, und besonders der jüngere Xicotencatl, ihr Anführer, setzten etwas darein, ihren europäischen Gebietern nachzuahmen, nicht nur in ihrer Kriegskunst, sondern auch in unbedeutenderen Dingen kriegerischer Sitte.

Mit Marinas Hilfe hielt Cortez eine Anrede an seine indianischen Verbündeten. Er erinnerte sie, daß er im Begriff sei, sie gegen ihre alten Feinde in den Kampf zu führen und forderte sie auf, ihn auf eine ihres berühmten Freistaates würdige Weise zu unterstützen. Denen, welche zu Hause bleiben, übertrage er die Sorge für die Vervollständigung der Rennschiffe, von welchen der Erfolg der Unternehmung so sehr abhänge; und er bat, daß keiner

seinem Banner folge, der nicht entschlossen sei, dabei bis zur end-
lichen Unterwerfung der Hauptstadt zu verharren. Diese Rede
wurde durch herausforderndes Geschrei oder vielmehr Geheul beantwortet, wodurch sich der Jubel seiner indianischen Verbündeten kundgab, bei der Aussicht, sich endlich für das ihnen so mannigfach widerfahrene Leid zu rächen und ihren stolzen Feind zu
demütigen.

Ehe Cortez aufbrach, machte er eine Sammlung von Verordnungen, wie er sie nennt, oder Vorschriften für das Heer bekannt, die
zu merkwürdig sind, um mit Stillschweigen übergangen zu werden. Die Einleitung setzt auseinander, daß in allen, sowohl gött-
lichen als menschlichen Einrichtungen — wenn diese letzteren
einigen Wert haben sollen — Ordnung das große Gesetz ist. Die
alten Zeitgeschichtschreiber lehrten uns, daß die größten Feldherren vergangener Zeiten ihre Erfolge ganz ebensoviel der Weisheit
ihrer Verordnungen als ihrer Tapferkeit und Kraft verdankten. Die
Lage der Spanier erheische dringend ein solches Gesetzbuch, da sie,
eine Handvoll Leute, sich in der Mitte unzähliger Feinde befänden,
die sehr geschickt seien in der Handhabung ihrer Waffen und in
der Kunst der Kriegführung. Die Schrift erinnerte hierauf das
Heer daran, daß die Bekehrung der Heiden in den Augen des
Allmächtigen das wohlgefälligste Werk sei und eines, das sicher
auf seine Unterstützung rechnen könne; sie fordert jeden Soldaten
auf, dieses als den Hauptzweck der Unternehmung zu betrachten,
ohne welches der Krieg offenbar ein ungerechter, und jede durch
denselben gemachte Eroberung eine Räuberei sein würde.

Der Befehlshaber versicherte aufs feierlichste, daß der Hauptzweck, den er im Herzen habe, der Wunsch sei, die Eingeborenen
von ihrem finsteren Götzendienste zu entwöhnen und sie der Er-
kenntnis eines reineren Glaubens teilhaftig zu machen; und dann
der nächste, für seinen Herrn und Kaiser die Landgebiete wieder
zu erlangen, die ihm von Rechts wegen gehören.

Die Verordnungen verbieten alsdann jede Lästerung gegen Gott
und die Heiligen; ein Laster, das bei katholischen Völkern häufiger als bei protestantischen vorkommt und das vielleicht weniger

aus Gleichgültigkeit gegen die Religion, als aus körperlicher Beschaffenheit entsteht, denn die warme Sonne des Südens, unter welcher die katholische Religion vorherrschend ist, regt das Gefühl zu einem heftigeren Ausdruck der Leidenschaft auf.

Ein anderes Gesetz ist gegen das Spiel gerichtet, dem die Spanier in allen Zeitaltern ganz besonders ergeben waren. Cortez, der auf den starken Volkshang Rücksicht nahm, erlaubt es unter gewissen Beschränkungen; verbietet aber den Gebrauch der Würfel gänzlich. Hierauf folgen andere Gesetze gegen Hader und Zweikampf, gegen persönlichen Spott und ärgerliche Verhöhnung miteinander wetteifernder Heeresabteilungen; Regeln für die vollkommenere Manneszucht der Truppen sowohl im Lager als im Felde. Unter anderen war eine, welche den Hauptleuten bei Todesstrafe verbietet, den Feind ohne Befehl anzugreifen; eine Gewohnheit, die als höchst verderblich und zu oft vorkommend bezeichnet wird, woraus der ungestüme Geist und der Mangel an wahrem kriegerischem Gehorsam bei den kühnen Rittern hervorgeht, die unter Cortez' Banner standen.

Die letzte Verordnung untersagt jedem, sei er Offizier oder Gemeiner, sich etwas von der dem Feinde abgenommenen Beute an Gold, Silber, Federarbeit, Stoffen, Sklaven oder anderen Waren zuzueignen, ohne Unterschied, ob man solche in einer Stadt oder auf dem Schlachtfelde erlange; und legt jedem die Verpflichtung auf, dergleichen dem Befehlshaber oder den zur Empfangnahme angestellten Offizieren zu übergeben. Die Übertretung dieses Gesetzes wurde mit dem Tode und Beschlagnahme des Eigentums bestraft. Ein so strenger Befehl dürfte beweisen, daß, wie groß auch der Einfluß der religiösen Rücksichten auf den Konquistador gewesen, er doch keineswegs gleichgültig gegen den der weltlichen war.

Diese Anordnungen sollten kein toter Buchstabe bleiben. Der spanische Befehlshaber lieferte davon bald nach der Bekanntmachung derselben den Beweis an zweien seiner eigenen Sklaven, die er wegen Plünderung der Eingeborenen aufhängen ließ. Auf ähnliche Weise wurde ein Soldat für ein gleiches Vergehen verurteilt, doch ließ er es zu, daß man ihn wieder abschnitt, ehe die Strafe ganz vollzogen war. Cortez kannte den Charakter seiner Untergebenen sehr gut; sie waren rohe und unruhige Gesellen, die mit einer eisernen Hand geleitet werden mußten. Dennoch strebte er nicht, bei unbedeutenden Veranlassungen sein Ansehen geltend zu machen.

Die Vertraulichkeit, welche ihre eigentümliche Lage, ihre Gefahren und Leiden, an welchen, sowie an dem ganzen Abenteuer überhaupt, alle gleichen Anteil nahmen, zwischen Gemeinen und Offizieren herbeiführte, war sehr unvorteilhaft für kriegerische Manneszucht. Des Befehlshabers eigenes offenes und freisinniges Benehmen schien zu einer solchen Freiheit aufzufordern, die er bei gewöhnlichen Gelegenheiten nicht zu unterdrücken versuchte; vielleicht weil er dies zu schwer oder wenigstens unklug fand, da sie als Ableitung für die Lebhaftigkeit eines ausgelassenen Kriegsvolkes diente, die, wenn sie mit Gewalt unterdrückt würde, hätte in offene Meuterei ausbrechen können. Aber die Grenze seiner Nachsicht war scharf gezogen; und jeder Versuch, sie zu überschreiten oder die festgestellten Vorschriften des Lagers zu verletzen, zog sichere und schnelle Bestrafung des Verbrechens nach sich. Indem er so Strenge durch Nachsicht milderte und den eisernen Willen unter dem offenen Benehmen eines Soldaten verbarg, übte Cortez eine solche Gewalt über seine Bande kühner und sorgloser Abenteurer, wie es ein steifer, um kleinliche soldatische Äußerlichkeiten ängstlich besorgter Zuchtmeister niemals vermocht hätte.

Die am 22. Dezember erlassenen Verordnungen wurden dem versammelten Heere am 26. bekanntgemacht. Zwei Tage nachher waren die Truppen auf dem Marsch, und Cortez, an der Spitze seiner Schlachthaufen, mit fliegenden Fahnen und schallender Musik, zog aus den Toren der freistaatlichen Hauptstadt, die ihn so großmütig in seiner Trübsal aufgenommen und ihn jetzt zum zweiten Male mit den Mitteln zur Vollendung seines großen Unternehmens versorgt hatte. Die Bevölkerung der Stadt, Männer, Weiber und Kinder, schloß sich an die Nachhut des Heeres an, sagten ihren Landsleuten ein letztes Lebewohl und flehten die Götter an, ihre Waffen mit Sieg zu krönen.

Obgleich die indianischen Verbündeten eine große Streitmacht aufgebracht hatten, erlaubte der spanische Befehlshaber doch nur einem kleinen Teile derselben, ihn jetzt zu begleiten. Er beschloß, sein Hauptquartier irgendwo am tezcucanischen See aufzuschlagen, von wo aus er der aztekischen Hauptstadt durch Verwüstung der umliegenden Gegend und Abschneiden der Zufuhren Schaden zufügen und dieselbe so in Belagerungszustand setzen konnte.

Den unmittelbaren Angriff auf Mexiko wollte er bis zur Ankunft der Rennschiffe verschieben, wo er denselben dann mit größerem Vorteil vornehmen könnte. Bis dahin wollte er sich nicht mit einem Überfluß von Menschen belästigen, die zu ernähren ihm schwer gefallen wäre; und er zog vor, sie in Tlascala zurückzulassen, von wo sie die Schiffe, wenn sie fertig wären, nach dem Lager bringen und ihm bei seinen späteren Unternehmungen behilflich sein sollten.

Es boten sich Cortez drei Wege dar, auf denen er ins Tal dringen konnte. Er wählte den beschwerlichsten, der über die Sierra führt, welche die östliche Hochebene von der westlichen trennt und die in ihrer rauhen Steilheit kaum zugänglich für ein Heer ist. Er urteilte sehr richtig, daß er in dieser Richtung würde weniger vom Feinde beunruhigt werden, da dieser natürlich auf die Schwierigkeiten des Bodens als auf seinen Schutz vertrauen würde.

Am ersten Tage rückten die Truppen, mit Cortez an der Spitze seiner kleinen Reiterschar in der Vorhut, fünf oder sechs Leguas weiter vor. Im Dorfe Tetzmellocan, am Fuße der Gebirgskette, welche das Land durchzieht und an ihrer südlichen Grenze den mächtigen Iztaccihuatl oder die „weiße Frau“, weiß vom Schnee der Jahrhunderte, berührt, machten sie halt. In diesem Dorfe fanden sie eine freundliche Aufnahme und begannen am folgenden Morgen die Sierra zu besteigen.

Der Weg war steil und entsetzlich rauh. Dicht verflochtene Gebüsche bedeckten seine Oberfläche, und die Winterregengüsse hatten tiefe, steinige Furchen hineingerissen, über welche das Geschütz kaum fortgeschafft werden konnte, während sich einzelne

Baumzweige quer über den Weg zogen und diesen ebenso beschwerlich für die Reiterei machten. So wie sie höher stiegen wurde die Kälte heftig. Sie wurde von den Spaniern hart empfunden, die sich in letzter Zeit an einen hohen oder doch wenigstens gemäßigten Wärmegrad gewöhnt hatten, obgleich die unendliche Mühe, womit sie sich hinaufarbeiteten, das beste Mittel gewährte, sich zu erwärmen. Das einzige, was in diesen höheren Gegenden wuchs, war die Fichte, deren dunkle Wälder die Seitenwände der Berge bekleideten, bis auch diese in schwache, verkrüppelte Stämme ausgingen. Es war Nacht, ehe die ermüdeten Soldaten den kahlen Kamm der Sierra erstiegen hatten, wo sie dann sogleich ihre Feuer anzündeten und, indem sie rings um ihre Beiwacht herumliefen, ihre erfrorenen Glieder wärmten und ihre Abendmahlzeit bereiteten.

Mit der frühesten Morgendämmerung waren die Truppen wieder auf den Beinen. Es wurde Messe gelesen und sie fingen an, hinunterzugehen, was beschwerlicher und mühevoller war als das Hinaufsteigen am vorigen Tage; denn außer den natürlichen Hindernissen des Weges fanden sie noch ungeheure Baumstämme darauf liegen, die offenbar absichtlich von den Eingeborenen deshalb gefällt waren. Cortez befahl einer Abteilung leichter Truppen, die Hindernisse aus dem Wege zu räumen, und das Heer setzte nun seinen Marsch fort, aber nicht ohne Besorgnis, daß der Feind irgend einen Hinterhalt bereitet habe, um es zu überfallen, wenn es im Passe verwickelt sein würde. Sie bewegten sich vorsichtig vorwärts, das Auge anstrengend, um die dichte Dunkelheit des Waldes zu durchdringen, wo der listige Feind lauern dürfte. Aber sie sahen kein lebendes Wesen, ausgenommen die wilden Bewohner der Wälder und Schwärme von Zopiloten, den gefräßigen Geiern des Landes, die in Erwartung eines blutigen Schmauses den Marsch des Heeres wie ein Haufen böser Geister verfolgten. Als sie hinabstiegen, fühlten die Spanier einen merklichen und höchst willkommenen Unterschied im Wärmegrade. Damit änderte sich auch die Natur des Pflanzenwuchses, und die traurige Fichte wich der kräftigen Eiche, dem weißen Bergahorn und weiter unten dem anmutigen Pfefferbaume, der seine roten Beeren unter das dunkle Laub des Waldes mischte; während sie in noch größerer Tiefe die buntfarbigen Schlingpflanzen ihre prangenden Blüten sich um die Zweige winden und einen sanfteren, üppigeren Himmelstrich verkünden sahen.

Endlich betrat das Heer eine offene Ebene, wo das Auge, ungehindert durch aufschießendes Gehölz oder durch Bergspitzen, das Tal von Mexiko weit und breit überschauen konnte. Da lag es, in goldenem Sonnenschein gebadet, gleichsam schlummernd in den Armen der Riesenberge ausgestreckt, welche gleich einer Phalanx von Schutzgeistern rings um dasselbe emporstiegen. Der prachtvolle Anblick, der für viele der Zuschauer ein neuer war, erfüllte sie mit Entzücken. Selbst Cortez' alte Krieger konnten sich nicht der Bewunderung enthalten, obgleich auf diese bald ein bitteres Gefühl folgte, als sie sich die Leiden ins Gedächtnis riefen, welche sie in diesen schönen aber verräterischen Umgebungen erduldet. „Wir fühlten," sagt der löwenherzige Eroberer in seinen Briefen, „daß uns keine andere Wahl blieb, als Sieg oder Tod; und da wir einmal entschlossen waren, gingen wir so leichten Schrittes vorwärts, als führte unser Weg uns einer Lust entgegen."

So wie die Spanier vorrückten, sahen sie auf den benachbarten Berggipfeln Feuerzeichen brennen, woraus sie erkannten, daß das Land schon sich gegen sie zu erheben im Begriffe stand. Der Befehlshaber forderte seine Leute auf, ihres hohen Rufes eingedenk zu sein; sich mit Ordnung zu bewegen, ihre Reihen geschlossen zu halten und den Befehlen ihrer Offiziere unbedingt zu folgen. Bei jeder Wanderung in den Bergen erwarteten sie, auf die Streitkräfte des Feindes zu stoßen, die ihnen den Durchzug streitig machen wollten. Und als sie unangefochten durch die Engpässe gedrungen waren und den offenen Ebenen sich näherten, waren sie darauf gefaßt, diese von einem furchtbaren Feinde besetzt zu finden, der sie nötigen würde, die Schlacht von Otumba noch einmal zu wiederholen. Aber, obgleich sich von Zeit zu Zeit dunkle Kriegerscharen auf den Höhen sehen ließen, als wenn sie auf ihr Vordringen lauerten, wurden sie doch nicht aufgehalten, bis sie an eine

Barranca oder tiefe Bergschlucht gelangten, durch welche ein kleiner Strom floß, über den eine zum Teil zerstörte Brücke führte. Auf der gegenüberliegenden Seite war ein beträchtlicher Haufen Indianer so aufgestellt, als wollte er den Übergang streitig machen; aber, sei es nun, daß sie ihrer eigenen Anzahl mißtrauten oder daß sie durch das entschlossene Vorrücken der Spanier eingeschüchtert waren, genug, sie fügten ihnen kein Leid zu und waren nach wenigen entschlossenen Angriffen der Reiterei schnell vertrieben. Hierauf setzte das Heer unbelästigt seinen Marsch nach einer kleinen Stadt, Coatepec genannt, fort, wo es zur Nacht haltmachte. Ehe sich Cortez in seine Wohnung begab, machte er noch mit einigen zuverlässigen Leuten seines Gefolges eine Runde im Lager, um sich zu überzeugen, daß alles sicher sei. Er schien ein nie schlummerndes Auge und einen unermüdlichen Körper zu haben. Es war der unbezwingliche Geist in seinem Innern, der ihn aufrecht erhielt.

Angst und Zweifel mögen ihn aber wohl die Nacht hindurch wach erhalten haben. Er befand sich jetzt nur drei Leguas weit von Tezcuco, der weitberühmten Hauptstadt der Acolhuaner. Er nahm sich vor, womöglich sein Hauptquartier daselbst aufzuschlagen. Die zahlreichen Wohnungen in der Stadt würden seinem Heere hinlängliche Bequemlichkeiten gewähren; eine leichte Verbindung mit Tlascala, auf einem anderen Wege als dem, auf welchem er gekommen, würde ihm die Erlangung von Zufuhren aus jenem befreundeten Lande und die sichere Beförderung der Rennschiffe möglich machen, wenn diese so weit fertig wären, um auf den Gewässern des Tezcuco vom Stapel laufen zu können. Aber er hatte hinreichenden Grund, der Aufnahme zu mißtrauen, die er in der Hauptstadt finden dürfte; denn es hatte daselbst, seit der Vertreibung der Spanier aus Mexiko, eine bedeutende Umwälzung stattgefunden, über welche es nötig sein wird, einiges zu berichten.

Der Leser wird sich erinnern, daß der Kazike jener Stadt, namens Cacama, von Cortez während dessen erstem Aufenthalt in der aztekischen Hauptstadt infolge einer beabsichtigten Empörung gegen die Spanier abgesetzt und daß die Krone dem jüngeren Bruder, Cuicuitzca, übertragen worden war. Der abgesetzte Fürst befand sich unter den Gefangenen, die Cortez fortführte; und kam mit den übrigen bei dem schrecklichen Überschreiten des Dammweges in der Noche triste ums Leben. Sein Bruder, wahrscheinlich besorgt, nach der Flucht der Spanier bei seinen Lehnsmannen zu bleiben, die gänzlich für die Azteken gestimmt waren, begleitete seine Freunde auf ihrem Rückzuge und war so glücklich, Tlascala in Sicherheit zu erreichen.

Unterdes machte ein zweiter Sohn Nezahualpillis, namens Coanaco, beim Tode seines ältesten Bruders Anspruch auf die Krone, als auf sein rechtmäßiges Erbteil. Da er mit seinen Landsleuten und den Azteken in ihrer Verabscheuung der weißen Männer von Herzen übereinstimmte, wurden seine Ansprüche vom mexikanischen Kaiser bestätigt. Bald nach seiner Thronbesteigung hatte der neue Herrscher von Tezcuco eine Gelegenheit, seinem kaiserlichen Gönner seine Ergebenheit auf eine wirksame Art an den Tag zu legen.

Eine Abteilung von fünfundvierzig Spaniern, die von den Unglücksfällen in Mexiko nichts wußten, waren im Begriff, eine große Menge Gold dorthin zu bringen, gerade als ihre Landsleute auf dem Rückzuge nach Tlascala waren. Als sie durch das tezcucanische Gebiet kamen, wurden sie auf Coanacos Befehl überfallen, die meisten von ihnen erschlagen und die übrigen als Opfer nach Mexiko gesandt. Die Waffen und Kleider dieser Unglücklichen wurden als Siegeszeichen in den Tempeln aufgehängt und ihre von ihren Leichnamen abgezogenen Häute über die blutigen Altäre gebreitet, als die angenehmste Opfergabe für die beleidigten Gottheiten.

Einige Monate nach diesem Ereignisse machte sich der verbannte Prinz Cuicuitzca, seines Aufenthaltes in Tlascala überdrüssig und sich nach seinem früheren königlichen Hofstaate sehnend, heimlich nach Tezcuco auf den Weg, in der Hoffnung, wie es scheint, daselbst eine Partei für sich zu gewinnen. Aber wenn sich seine Hoffnung darauf richtete, so wurde sie arg getäuscht; denn kaum

MEXIKANISCHER TRÄGER.
Lienzo de Tlaxcala.

hatte er den Fuß in die Hauptstadt gesetzt, als er seinem Bruder verraten wurde, der ihn auf den Rat Guatemozins als einen Landesverräter hinrichten ließ. So standen die Sachen in der Stadt Tezcuco, als Cortez zum zweiten Male sich ihren Toren nahte; und so hatte er wohl recht, zu zweifeln, nicht nur an der Art seiner Aufnahme daselbst, sondern ob es ihm überhaupt ohne Waffengewalt erlaubt werden würde, sie zu betreten.

Diese Besorgnisse wurden am folgenden Morgen zerstreut, als, noch ehe die Truppen alle unter Waffen waren, eine Gesandtschaft vom Herrscher von Tezcuco angemeldet wurde. Sie bestand aus mehreren Edelleuten, von denen Cortez' Gefährten einige kannten. Sie führten eine goldene Fahne als Freundschaftszeichen mit sich, nebst einem nicht sehr wertvollen Geschenk für Cortez. Sie brachten auch eine Botschaft vom Kaziken, worin dieser den Befehlshaber anflehte, sein Gebiet zu schonen, ihn einlud, sein Lager in der Hauptstadt aufzuschlagen und versprach, bei seiner Ankunft Lehnsträger des spanischen Herrschers werden zu wollen.

Cortez verhehlte die Freude, womit er diese Eröffnungen vernahm und forderte ernst von den Abgeordneten Rechenschaft wegen der erschlagenen Spanier; zugleich bestand er auf die sofortige Herausgabe der Beute. Aber die indianischen Edelleute entschuldigten sich, indem sie die ganze Schuld auf den aztekischen Kaiser warfen, auf dessen Befehl die Tat geschehen und der jetzt im Besitz des Schatzes sei. Sie drangen in Cortez, nicht schon an dem nämlichen Tage in die Stadt einzurücken, sondern die Nacht in der Vorstadt zu verweilen, damit ihr Gebieter Zeit habe, ein passendes Unterkommen für ihn anzuordnen. Der spanische Befehlshaber achtete indes nicht auf dies Verlangen, sondern beeilte seinen Marsch und zog zu Mittag am 31. Dezember 1520 an der Spitze seiner Heerscharen in die ehrwürdigen Mauern von Tezcuco, „dem Ruheplatze", ein, wie es nicht unpassend benannt wird.

Ebenso wie früher, als er nach dieser volkreichen Stadt kam, war er über die Einsamkeit und Stille betroffen, welche in allen ihren Straßen herrschte. Er wurde nach dem Palaste Nezahualpillis geführt, der ihm zur Wohnung angewiesen war. Dieser bestand aus einem unregelmäßigen Haufen niedriger Gebäude, der eine ausgedehnte Bodenfläche einnahm, gleich dem königlichen Schlosse, das die Truppen in Mexiko bewohnten. Er war geräumig genug, sagt Cortez, nicht nur, um ein Unterkommen für alle Spanier zu gewähren, sondern für eine doppelt so große Anzahl. Er erteilte bei seiner Ankunft den Befehl, daß die Personen und das Eigentum der Bürger geachtet werden sollen; und verbot jedem Spanier bei Todesstrafe, seine Wohnung zu verlassen.

Seine Befehle reichten indes nicht hin, einige Ausschweifungen seiner indianischen Verbündeten zu verhüten, wenn der Bericht des tezcucanischen Zeitgeschichtschreibers zuverlässig ist, welcher erzählt, daß die Tlascalaner einen der königlichen Paläste bald nach seiner Ankunft in Brand steckten. Er war die Niederlage der Volksurkunden, und diese Feuersbrunst, wie sie auch entstanden sei, ist gewiß beklagenswert für den Altertumsforscher, der in den bilderschriftlichen Urkunden desselben einen Leitfaden für die Wanderungen der geheimnisvollen Stämme, die sich zuerst auf den Hochebenen Anahuacs angesiedelt, hätte finden dürfen.

Beunruhigt über die offenbare Verödung des Ortes, sowie darüber, daß keiner seiner vornehmsten Einwohner ihn zu begrüßen kam, befahl Cortez einigen Soldaten, auf den nahen Teocalli zu steigen, um von da aus die Stadt zu übersehen. Sie kamen bald mit der Nachricht herab, daß die Einwohner im Begriffe seien, in großer Anzahl mit ihren Angehörigen und Besitztümern die Stadt zu verlassen. Einige in Kanus auf dem See, andere zu Fuß in der Richtung nach dem Gebirge. Der Befehlshaber verstand jetzt die Bedeutung der Aufforderung des Kaziken an die Spanier, die Nacht in der Vorstadt zuzubringen, sie bezweckte, Zeit zu gewinnen, um die Stadt zu räumen. Er befürchtete, daß der Häuptling selbst die Flucht ergriffen haben möchte. Deshalb verlor er keine Zeit, Truppen abzusenden, um sich der Hauptzugänge zu versichern, wo sie die Flüchtlinge zur Umkehr nötigen und den Kaziken festnehmen sollten, falls dieser sich darunter befände. Allein es war zu spät. Coanaco war schon weit über den See hinaus nach Mexiko.

Jetzt beschloß Cortez, dieses Ereignis zu seinen Gunsten zu be nutzen und einen anderen Herrscher auf den Thron zu setzen, der seinen Zwecken dienstlicher sein sollte. Er berief eine Versammlung der wenigen noch in der Hauptstadt zurückgebliebenen Männer von Ansehen, und auf ihren Rat sowie nach ihrer scheinbaren Wahl beförderte er einen Bruder des letzten Herrschers zu der Würde, die sie als erledigt erklärten. Dieser Prinz, der darein willigte, sich taufen zu lassen, war ein williges Werkzeug in den Händen der Spanier. Er überlebte dies Ereignis nur wenige Monate und sein Nachfolger war ein anderes Mitglied des königlichen Hauses, Ixtlilxochitl genannt, von dem man indes sagen kann, daß er als Befehlshaber der Heere die Zügel der Regierung bei Lebzeiten seines Bruders geführt hat. Da derselbe ein enger Verbündeter der Spanier bei ihren folgenden Unternehmungen war, zu deren Erfolg er wesentlich beigetragen hat, ist es angemessen, etwas über seine frühere Geschichte zu berichten, die in der Tat in ebenso viele Wunderbarkeiten gehüllt ist, wie die irgend eines fabelhaften Helden des Altertums.

Er war ein Sohn aus zweiter Ehe des großen Nezahualpilli. Einige beunruhigende, wunderbare Erscheinungen bei seiner Geburt und die unheilvolle Stellung der Wandelsterne veranlaßten die Sterndeuter, die sein Horoskop stellten, dem Könige, seinem Vater, den Rat zu geben, dem Kinde das Leben zu nehmen, da, wenn es leben bliebe und groß würde, es bestimmt sei, sich mit den Feinden seines Vaterlandes zu verbünden und dessen Verfassung und Religion zu zerstören. Aber der alte König erwiderte, sagt der Zeitgeschichtschreiber, daß „die Zeit jetzt da sei, wo die Söhne Quetzalcoatl aus dem Osten kommen würden, um das Land in Besitz zu nehmen; und daß, wenn der Allmächtige sein Kind erwählt habe, sich mit ihnen zu dem Werke zu vereinigen, sein Wille geschehen möge".

Als der Knabe älter wurde, zeigte er eine wunderbare Frühreife, nicht nur an Fähigkeiten, sondern auch an unheilvoller Tätigkeit, welche eine beunruhigende Zukunft verkündeten. Im Alter von etwa zwölf Jahren bildete er aus seinen Begleitern, mit ihm von ungefähr gleichem Alter oder etwas älter, ein kleines Heer, mit

dem er die volkstümlichen Kriegsübungen vornahm, Scheinge-
fechte lieferte und zuweilen die friedlichen Bürger angriff, so daß
er die ganze Stadt sowohl wie den Palast in Aufruhr und Verwirrung stürzte. Einige von seines Vaters alten Räten, welche
dies Betragen mit den Prophezeiungen bei seiner Geburt in Zusammenhang brachten, sahen darin so beunruhigende Wahrzeichen,
daß sie den Rat der Sterndeuter wiederholten, dem Prinzen das
Leben zu nehmen, wenn der König nicht einst das Reich der
Zuchtlosigkeit preisgegeben sehen wollte. Dieser mißfällige Rat
wurde dem jugendlichen Übeltäter hinterbracht, der dadurch so
außer sich geriet, daß er sich an die Spitze eines Trupps seiner
jungen Wagehälse setzte, in die Häuser der bösen Ratgeber drang,
sie herausschleppte und ihnen die Garrotte — die in Tezcuco üb-
liche Todesstrafe — erteilte.

Er wurde ergriffen und vor seinen Vater gebracht. Als dieser ihn
über sein ungewöhnliches Betragen befragte, antwortete er kalt,
„er habe nicht mehr getan, als wozu er ein Recht gehabt. Die
schuldigen Minister hätten ihr Schicksal dadurch verdient, daß sie
ihm seines Vaters Gunst zu entfremden gesucht, und zwar aus
keinem andern Grunde, als wegen seiner zu großen Liebe zum
Kriegerstande, dem ehrenvollsten im Staate und dem einzigen, der
eines Prinzen würdig sei. Wenn sie den Tod erlitten, so sei dies
nicht mehr, als was sie ihm zugedacht." Der weise Nezahualpilli,
sagt der Zeitgeschichtschreiber, fand diese Gründe sehr kräftig;
und da er in der Handlung nichts Niedriges und Schmutziges sah,
sondern vielmehr das Aufwallen eines kühnen Geistes, der im
späteren Alter zu großen Dingen führen könnte, begnügte er sich
damit, dem jugendlichen Angeklagten einen ernsten Verweis zu
geben. Ob dieser Verweis eine heilsame Wirkung auf sein zu-
künftiges Benehmen ausübte, wissen wir nicht. Man sagt indes,
daß er, als er älter wurde, einen tätigen Anteil an den Kriegen
seines Vaterlandes genommen und in einem Alter von nur siebzehn
Jahren sich das Ehrenzeichen eines tapferen und siegreichen Feldherrn errungen habe.

Beim Tode seines Vaters machte er seinem Bruder Cacama die

Thronfolge streitig. Das Land war von einem Bürgerkriege bedroht, als die Sache dadurch beigelegt wurde, daß sein Bruder ihm den im Gebirge gelegenen Teil seines Gebietes abtrat. Bei der Ankunft der Spanier erwies sich der junge Häuptling — denn er war kaum zwanzig Jahre alt —, wie wir gesehen haben, sehr freundschaftlich gegen sie, wozu ihn ohne Zweifel sein Haß gegen Montezuma veranlaßte, der die Ansprüche Cacamas unterstützt hatte. Jedoch erst als er zur Herrschaft von Tezcuco gelangt war, zeigte er seine Zuneigung zu ihnen in vollem Maße. Von der Zeit an wurde er der treue Freund der Christen, unterstützte sie durch seinen persönlichen Einfluß und durch die ganze Stärke seiner Kriegsmacht und Hilfsquellen, welche, obgleich sie seit den Lebzeiten seines Vaters viel von ihrem alten Glanze verloren hatten, doch noch beträchtlich waren und ihn zu einem höchst schätzbaren Verbündeten machten. Seine wichtigen Dienste sind von den kastilianischen Geschichtschreibern dankbar verewigt worden; und die Geschichte sollte ihm sicherlich nicht seinen wohlverdienten Ruhm schmälern, den traurigen Ruhm, mehr als irgend ein anderer Häuptling Anahuacs dazu beigetragen zu haben, die Fesseln zu schmieden, worin die weißen Männer seine Landsleute geschlagen haben.

FÜNFTES BUCH

ERSTES HAUPTSTÜCK

*In Tezcuco getroffene Anstalten | Plünderung von Iztapalapan
Vorteile der Spanier | Cortez' staatskluges Verfahren | Fortschaf-
fung der Rennschiffe*

1521

Die Stadt Tezcuco war vermutlich die beste Stelle, welche
Cortez zum Hauptquartier des Heeres wählen konnte. Sie
gewährte alle Bequemlichkeiten zur Unterbringung einer großen
Anzahl von Truppen und bot alle einer großen und volkreichen
Stadt eigentümliche Erleichterung zum Unterhalt. Sie lieferte
überdies eine Menge Handwerker und andere Arbeiter zum Gebrauch des Heeres. Ihr Gebiet, das an das tlascalanische grenzte,
verschaffte ihm ein bequemes Mittel zum Verkehr mit dem Lande
seiner Verbündeten, während seine Nachbarschaft von Mexiko es
dem Befehlshaber ohne große Schwierigkeit möglich machte, sich
über die Bewegungen in jener Hauptstadt sichere Kunde zu verschaffen. Kurz, die Lage des Ortes erleichterte die Verbindung
mit allen Teilen des Tales und machte ihn zu einem trefflichen
Stützpunkte für künftige Unternehmungen.

Cortez' erste Sorge war, sich in dem ihm angewiesenen Palaste zu
befestigen und sein Standlager in einen Verteidigungszustand zu
setzen, der gegen Überrumplung nicht nur von seiten der Mexikaner, sondern der Tezcucaner selbst sichern konnte. Seit der Wahl
ihres neuen Herrschers war ein großer Teil der Bevölkerung, des
Schutzes für Personen und Eigentum versichert, in seine Heimat
zurückgekehrt. Aber der spanische Befehlshaber mißtraute der
Aufrichtigkeit ihrer Unterwerfung, wie sehr sie dieselbe auch
äußerlich zeigten, gar sehr; denn er wußte, daß viele von ihnen
durch Heirat und andere gesellige Verhältnisse zu eng mit den
Azteken verbunden waren, als daß ihre Gesinnung nicht hätte
günstig für sie gestimmt sein sollen. Der junge König indes schien
gänzlich mit ihm einverstanden zu sein; und um sich desselben noch
mehr zu versichern, stellte Cortez mehrere Spanier in seiner Um-

gebung an, welche den vorgeblichen Beruf hatten, ihn in ihrer
Sprache und Religion zu unterrichten, die aber in der Tat zu
Wächtern über sein Betragen dienen und seine Verbindung mit
denen verhüten sollten, die unfreundlich gegen die Spanier gesonnen wären.

Tezcuco lag ungefähr eine halbe Legua weit vom See. Es war
notwendig, eine Verbindung mit demselben zu eröffnen, damit die
Rennschiffe, so bald sie in der Hauptstadt zusammengesetzt sein
würden, in jenes Gewässer hinabgelassen werden konnten. Man
beschloß daher, einen Graben zu ziehen, der von den Gärten Neza-
hualcoyotls, wie sie nach dem alten Könige, der sie angelegt hatte,
genannt wurden, bis an den Rand des Sees reichte. Ein kleines
Flüßchen, das nach jener Richtung hinfloß, mußte zu diesem Endzweck hinreichend vertieft werden; und achttausend indianische
Arbeiter wurden sofort zu diesem großen Werke unter der Leitung
des jungen Ixtlilxochitl verwendet.

Währenddessen erhielt Cortez Botschaften aus verschiedenen benachbarten Orten, welche ihr Verlangen kundgaben, Lehnsträger
seines Landesherrn und unter seinen Schutz genommen zu werden.
Der spanische Befehlshaber verlangte dagegen, daß sie jeden Mexikaner ausliefern sollten, der ihr Gebiet betreten würde. Einige
vornehme Azteken, die als Abgesandte nach jenen Orten geschickt
worden waren, wurden daher in seine Hände geliefert. Er benutzte dies, um sich derselben als Überbringer einer Botschaft an
ihren Gebieter, den Kaiser, zu bedienen. Darin stellte er die Notwendigkeit der gegenwärtigen Feindseligkeiten in Abrede. Die
Menschen, welche ihn am meisten gekränkt, sagte er, seien nicht
mehr am Leben. Er sei bereit, das Vergangene zu vergessen; und
fordere die Mexikaner auf, durch eine zeitige Unterwerfung ihre
Hauptstadt vor den Schrecknissen einer Belagerung zu bewahren.
Cortez hatte nicht die Erwartung, durch diese Aufforderung irgend
eine unmittelbare Wirkung hervorzubringen. Aber er glaubte, sie
werde den Mexikanern im Gedächtnis bleiben, und wenn sich
unter ihnen eine Partei befände, bereit, mit ihm zu unterhandeln,
so werde diese dadurch ermutigt werden, da sie seine Bereitwillig-

keit sahen, in ihre Ansichten einzugehen. Zu der Zeit herrschte indes keine Meinungsverschiedenheit in der Hauptstadt. Die ganze Bevölkerung schien wie ein Mann vom Geiste des Widerstandes beseelt zu sein.

An einer früheren Stelle habe ich erwähnt, daß Cortez beim Eintritt in das Tal den Plan hatte, seine Unternehmung damit zu beginnen, daß er die geringeren Städte unterwerfe, ehe er auf die Hauptstadt selbst losging, die dann, einem stattlichen Baume gleich, dessen Wurzeln eine nach der anderen von ihm abgeschnitten, ohne Stütze gegen die Wut des Sturmes gelassen sein würde. Der erste Angriffspunkt, den er wählte, war die alte Stadt Iztapalapan; ein Ort, seiner eigenen Angabe nach, von fünfzigtausend Einwohnern und in einer Entfernung von etwa sechs Leguas auf der schmalen Landzunge gelegen, welche die Gewässer des großen salzigen Sees von denen des süßen trennt. Er war der Privatbesitz des letzten Herrschers von Mexiko, wo er, wie sich der Leser erinnern wird, die weißen Männer in der Nacht vor deren Einzug in die Hauptstadt bewirtete und sie durch die Pracht seiner fürstlichen Gärten in Erstaunen setzte. Diesem Fürsten waren sie keine Schonung schuldig, denn er hatte die Feindseligkeiten in der Noche triste geleitet. Er lebte allerdings nicht mehr, aber die Bewohner seiner Stadt waren von seinem Hasse gegen die Fremden beseelt und jetzt die treuesten Anhänger der mexikanischen Krone.

Eine Woche nach seiner Ankunft in seinem neuen Standlager übertrug er Sandoval den Befehl über die Besatzung und rückte an der Spitze von zweihundert Mann Fußvolk, achtzehn Reitern und drei- bis viertausend Tlascalanern gegen diese indianische Stadt vor. Ihr Weg lag längs des östlichen Randes des Sees, der mit mancher größeren und kleineren glänzenden Stadt besetzt oder, unähnlich der gegenwärtigen Beschaffenheit desselben, von überhängenden Zypressen- und Zedernhainen beschattet war und mitunter ihren Blicken die weite Fläche seiner Gewässer öffnete, aus denen die Königin des Tales sich prachtvoll erhob, als wäre sie sich stolz ihres Vorzuges vor den schönen, sie umringenden Städten bewußt. Weiterhin streifte das Auge längs der dunklen

Linie des Dammweges hin, der Mexiko mit dem Festlande verband und bei den Spaniern manche bittere Erinnerung erweckte. Sie beschleunigten ihre Schritte und waren bis auf etwa zwei Leguas von ihrem Bestimmungsorte vorgerückt, als sie auf eine starke aztekische Streitmacht stießen, die aufgestellt war, ihnen die Fortsetzung des Weges streitig zu machen. Cortez lieferte ihnen augenblicklich eine Schlacht. Die Wilden zeigten ihren gewöhnlichen Mut; wurden aber nach einem harten Widerstande gezwungen, dem tapferen Mute des spanischen Fußvolkes zu weichen, das an der verzweifelten Wut der Tlascalaner Unterstützung fand, welche der Anblick eines Azteken fast bis zum Wahnsinn entflammte. Der Feind zog sich in Unordnung, dicht von den Spaniern verfolgt, zurück. Als sie eine halbe Legua weit von Iztapalapan angekommen waren, bemerkten sie eine Anzahl Kanus voll Indianer, die an dem Hafendamme zu arbeiten schienen, der die Gewässer des salzigen Sees umschloß. Von dem Drange der Verfolgung fortgerissen, achteten sie wenig darauf, sondern zogen, die Jagd fortsetzend, in buntem Gemisch mit den Flüchtlingen in die Stadt ein.

Von den Häusern standen einige auf trockenem Grund, andere auf Pfählen im Wasser. Die ersteren waren von den Bewohnern verlassen, von denen die meisten über den See in den Kanus, mit Hinterlassung ihres Eigentums, eiligst die Flucht ergriffen hatten. Die Tlascalaner strömten sogleich in die leeren Wohnungen und beluden sich mit Beute; während der Feind ohne Aufenthalt durch diesen Teil der Stadt zog und in den auf dem Wasser errichteten Gebäuden oder in dem Schilf, das aus dem seichten Grunde aufschoß, Schutz suchte. In den Häusern befanden sich auch mehrere von den Bürgern, die darin mit Weib und Kind noch verweilten, weil ihnen die Mittel gebrachen, sich vom Schauplatze der Gefahr zu entfernen.

Von seinen eigenen Leuten und von denen seiner Verbündeten, die er zum Gehorsam zu bringen vermochte, unterstützt, griff Cortez den Feind in diesem seinem letzten Zufluchtsorte an. Beide Parteien fochten bis an den Gürtel im Wasser stehend. Es entspann sich ein verzweifelter Kampf; da die Azteken sich mit der Wut eines Tigers widersetzten, der von den Jägern aufs äußerste bedrängt wird. Es war alles umsonst. Der Feind wurde auf jeder Seite überwältigt. Die Bürger teilten das Schicksal der Soldaten und es erfolgte ein schonungsloses Gemetzel ohne Rücksicht auf Alter und Geschlecht. Cortez suchte demselben Einhalt zu tun. Aber es würde ebenso leicht gewesen sein, den verhungerten Wolf von der Beute abzurufen, die er verschlingt, wie die Tlascalaner, die einmal das Blut des Feindes gekostet hatten. Über sechstausend, Weiber und Kinder inbegriffen, kamen der eigenen Angabe der Eroberer zufolge in dem Kampfe ums Leben.

Währenddessen war die Dunkelheit hereingebrochen, aber durch die Helle der brennenden Häuser verscheucht, welche die Truppen an verschiedenen Teilen der Stadt in Brand gesteckt hatten. Die Insellage der letzteren verhinderte allerdings, daß die Flammen sich von einem Gebäude zum anderen verbreiten konnten; aber die einzelnen Massen warfen einen starken und düsteren Schein auf die Umgebung und vermehrten so das Gräßliche des Schauspieles. Da es nun mit dem Widerstand zu Ende war, überließen sich die Soldaten der Plünderung und raubten so aus den Gebäuden bald jeden tragbaren irgend wertvollen Gegenstand.

Während sie in diesem Zerstörungswerke begriffen waren, ließ sich ein dumpfer Ton wie von Wellenschlag vernehmen, und bald erhob sich ein Geschrei unter den Indianern, daß die Deiche durchbrochen seien! Nun begriff Cortez die Geschäftigkeit der Leute, die er in den Kanus an dem Hafendamme, welcher das große Wasserbecken des tezcucanischen Sees einfriedete, hatte arbeiten sehen. Er war von den verzweifelten Indianern durchstochen worden, die auf diese Weise das Land überschwemmten, indem sie das Wasser des salzigen Sees über die niedrigere Umgebung durch die Öffnung strömen ließen. In großer Bestürzung rief der Befehlshaber seine Leute zusammen und traf eiligst Anstalt zur Räumung der Stadt. Wären sie nur drei Stunden länger geblieben, sagt er, würde nicht eine einzige Seele entkommen sein. Sie wankten unter der Last der Beute und durchwateten mühsam das

Wasser, das sie schnell zu erfassen im Begriff war. Eine Strecke lang wurde ihr Weg vom Scheine der brennenden Gebäude erleuchtet.

Aber als dies Licht mit der Ferne verschwand, wanderten sie unsicheren Schrittes zuweilen bis an die Knie, auch wohl bis an die Wämser im Wasser, das sie nur mit der größten Mühe durchwateten. Als sie an die Öffnung des Deiches gelangten, wurde die Flut tiefer und strömte so heftig aus, daß die Leute sich nicht auf den Füßen erhalten konnten. Die Spanier trotzten der Flut und setzten ihren Weg mit Gewalt hindurch; aber viele Indianer, des Schwimmens unkundig, wurden vom Wasser fortgerissen. Die ganze Beute ging verloren. Das Pulver wurde verdorben; die Waffen und Kleider der Soldaten wurden mit Salzwasser getränkt, und der kalte Nachtwind, der über sie hinstrich, erstarrte ihre müden Glieder, so daß sie dieselben kaum noch zu schleppen vermochten. Als es tagte, sahen sie den See von Kanus voll Indianern umschwärmt, die ihren Unfall vorausgesehen hatten und sie nun mit einem Regen von Steinen, Pfeilen und anderen tödlichen Wurfgeschossen begrüßten. Scharen leichter Truppen, die in der Ferne lauerten, beunruhigten das Heer auf gleiche Weise von den Seiten. Die Spanier hatten keine Lust, sich mit dem Feinde zu messen. Sie wünschten nur ihre gemächlichen Wohnungen in Tezcuco wieder zu erreichen, wo sie am nämlichen Tage, trostloser und angegriffener als nach manchem langen Marsche und mancher harten Schlacht, ankamen.

Das Ende der Unternehmung, so verschieden von ihrem glänzenden Anfange, erregte bei Cortez großen Verdruß. Sein Verlust an Leuten war allerdings nicht groß gewesen, aber dieser Vorfall überzeugte ihn, wie viel er von der Entschlossenheit eines Volkes zu fürchten hatte, das mit einem der alten Holländer würdigem Mute entschlossen war, sein Land lieber im Wasser zu begraben, als sich zu unterwerfen. Dennoch hatte der Feind keinen Grund sich zu freuen, da er außer der Anzahl seiner Getöteten eine seiner blühendsten Städte geplündert und, zum Teil wenigstens, in Trümmer gelegt sah, und zwar eine von denen, welche durch ihre öffentlichen Gebäude die weiteste Annäherung zur Sittigung kundgab. Das sind die Erfolge des Krieges!

Trotz der Mißgeschicke, welche sich in Cortez' Unternehmung mischten, war sie der Sache der Spanier dennoch günstig. Das Schicksal von Iztapalapan verbreitete Schrecken im ganzen Tale. Die Folgen davon zeigten sich bald durch die Botschaften, welche von den verschiedenen Ortschaften abgesandt wurden, die sich beeiferten, ihre Unterwerfung kundzutun. Der Einfluß derselben wurde auch jenseits des Gebirges fühlbar. Unter anderen sandten auch die Bewohner von Otumba, der Stadt, in deren Nähe die Spanier ihren berühmten Sieg erfochten hatten, ihre Huldigung ein und baten um den Schutz der mächtigen Fremdlinge. Sie entschuldigten sich, wie gewöhnlich, wegen des Anteiles, den sie an den letzten Feindseligkeiten genommen, indem sie die Schuld davon auf die Azteken wälzten.

Aber der wichtigste Ort, der ihren Schutz in Anspruch nahm, war Chalco, an der äußersten östlichen Grenze des Sees gleichen Namens gelegen. Es war eine alte Stadt, von einem der mit den Azteken verwandten Stämme bewohnt, und einst deren furchtbarer Nebenbuhler. Da der mexikanische Kaiser ihrer Ergebenheit nicht traute, hatte er eine Besatzung hineingelegt, um sie in Schach zu halten. Die Befehlshaber der Stadt sandten jetzt heimlich eine Botschaft an Cortez, mit dem Anerbieten, sich unter seinen Schutz zu begeben, wenn er sie in den Stand setzen wolle, die Besatzung hinauszutreiben.

Der spanische Befehlshaber zögerte nicht, sondern schickte sogleich eine beträchtliche Streitmacht dazu unter Sandoval ab. Auf dem Marsche wurde seine aus Tlascalanern bestehende Nachhut von einigen leichten Truppen der Mexikaner übel behandelt. Aber er rächte sich dafür durch eine geordnete Schlacht, welche er der Hauptmacht des Feindes nicht weit von Chalco lieferte. Sie war in einer mit grünen Mais- und Magueyäckern bedeckten Ebene aufgestellt. Über das Schlachtfeld geht der Weg, der heutigestags aus der zuletzt genannten Stadt nach Tezcuco führt. Sandoval griff den Feind an der Spitze seiner Reiterei an und brachte ihn in Verwirrung. Aber sie ordneten sich schnell wieder und erneuten die Schlacht mit größerem Mute als je. Bei einem zweiten Versuche war er glücklicher und, indem er ihre Reihen vermittels eines verzweifelten Anlaufes durchbrach, gelang es dem tapferen Ritter nach einem hitzigen aber vergeblichen Kampfe ihrerseits, sie vollständig zu schlagen und vom Schlachtfelde zu vertreiben. Das siegreiche Heer setzte seinen Marsch nach Chalco fort, das die mexikanische Besatzung schon geräumt hatte, und wurde von den versammelten Bürgern frohlockend empfangen, die begierig zu sein schienen, ihre Dankbarkeit für ihre Befreiung vom aztekischen Joche an den Tag zu legen. Nachdem Sandoval, so viel er vermochte, Maßregeln zur dauernden Sicherheit des Ortes getroffen hatte, kehrte er, begleitet von den beiden jungen Gebietern der Stadt, Söhnen des verstorbenen Kaziken, nach Tezcuco zurück.

Sie wurden höflich von Cortez aufgenommen; und zeigten ihm an, daß ihr Vater kurze Zeit vorher in hohem Alter gestorben sei. Noch mit seinem letzten Atemzuge habe er sein Bedauern darüber ausgedrückt, daß er es nicht erlebt habe, Malinche zu sehen. Er glaubte, daß die weißen Männer die von den Göttersprüchen verkündeten Wesen seien, die eines Tages vom Osten kommen und das Land in Besitz nehmen würden; und er hatte es seinen Kindern zur Pflicht gemacht, den Fremden ihre Anerkennung als Oberherren darzubringen, wenn dieselben in das Tal zurückkehren sollten. Die jungen Kaziken drückten ihre Bereitwilligkeit aus, es zu tun; da ihnen dies aber die Rache der Azteken zuziehen müsse, ersuchten sie den Befehlshaber, eine hinreichende Streitmacht zu ihrem Schutze ihnen zu gewähren.

Ähnliche Gesuche ergingen an Cortez von verschiedenen anderen Städten, die geneigt waren, wenn sie es mit Sicherheit könnten, das mexikanische Joch abzuschütteln. Aber er befand sich nicht in der Lage, ihrem Gesuche willfahren zu können. Er fühlte jetzt stärker als je das Unzureichende seiner Mittel zu seinem Unternehmen. „Ich versichere Ew. Majestät," schreibt er in seinem Briefe an den Kaiser, „daß es mir im höchsten Grade schmerzlich ist, nach allen ausgestandenen Mühen und Beschwerden nicht im-

stande zu sein, unseren indianischen Freunden, den treuen Lehnsmannen Ew. Majestät, zu Hilfe zu kommen und sie zu unterstützen."
Seine Macht, weit entfernt, dazu auszureichen, war kaum für seinen
eigenen Schutz hinlänglich. Sein wachsamer Feind beobachtete
jede seiner Bewegungen, und hätte er seine Kräfte durch Aussen-
dung zu vieler einzelner Abteilungen oder durch Verwendung
derselben in zu großer Entfernung zersplittert, so würde der Feind
nicht gesäumt haben, für sich Nutzen daraus zu ziehen. Seine
Unternehmungen waren bisher lediglich auf die Nachbarschaft
beschränkt, von wo seine Truppen, nachdem sie irgend einen
raschen und entscheidenden Streich geführt hatten, eiligst wieder
ins Lager gelangen konnten. Daselbst beobachtete man die äußerste
Wachsamkeit, und die Spanier waren stets so auf einen Angriff
gefaßt, als wenn ihr Lager unter den Mauern Mexikos aufgeschlagen gewesen wäre.
Bei zwei Gelegenheiten hatte der Befehlshaber einen Ausfall gemacht und sich mit dem Feinde in der Umgebung von Tezcuco
eingelassen. Einmal fuhren etwa tausend mit Azteken besetzte
Kanus über den See, um an dessen Ufer eine große Ernte beinahe
reifen indianischen Getreides einzusammeln. Cortez hielt es für
wichtig, sich diese für sich selbst zu sichern. Daher rückte er aus,
schlug sich mit dem Feinde, vertrieb ihn vom Felde und brachte
die reiche Ernte in die Speicher von Tezcuco. Ein anderes Mal
hatte sich ein starker Haufe Mexikaner in einigen nahe gelegenen,
ihnen freundlich gesinnten Städten festgesetzt. Cortez zog
wiederum aus, trieb sie aus ihren Wohnungen, schlug sie in verschiedenen Gefechten und führte die Städte zum Gehorsam zurück. Aber diese Züge nahmen alle seine Hilfsquellen in Anspruch
und ließen ihm keine für seine Verbündeten übrig. In dieser Bedrängnis gewährte sein fruchtbarer Geist eine Auskunft zum Ersatz der ihm fehlenden Mittel.
Da einige befreundete Städte außerhalb des Tales die vielen Wachtfeuer auf den Bergen bemerkten, schlossen sie daraus, daß sich
die Mexikaner in großer Stärke aufgestellt hätten und die Spanier
in ihrem neuen Standlager hart bedrängt sein müßten. Sie sandten

Boten nach Tezcuco, durch welche sie ihre Besorgnis kundgaben und Verstärkungen anboten, welche der Befehlshaber, als er sich auf den Marsch begab, abgelehnt hatte. Er ließ ihnen für die angebotene Hilfe bestens danken, aber indem er dieselbe für sich selbst als unnötig ablehnte, deutete er ihnen an, auf welche Weise ihre Dienste zur Verteidigung von Chalco und der anderen Städte, welche seinen Schutz beansprucht hatten, von Nutzen sein dürften. Aber seine indianischen Verbündeten lebten in tödlicher Feindschaft mit diesen Städten, deren Einwohner zu oft unter aztekischem Banner gefochten hatten, um nicht mit dem Volke jenseits der Berge in wiederholte Kriege geraten zu sein.

Cortez ließ es sich ernstlich angelegen sein, diese Streitigkeiten auszugleichen. Er sagte den feindlichen Parteien, sie sollten sich entschließen, ihre gegenseitigen Kränkungen zu vergessen, da sie jetzt in neue Verhältnisse getreten wären. Sie seien jetzt Untertanen des nämlichen Landesherrn, es verbinde sie ein gemeinschaftliches Unternehmen gegen den furchtbaren Feind, der sie so lange in den Staub getreten habe. Einzeln vermöchten sie nur wenig, aber vereint würden sie ihre geringen Kräfte verstärken und ihren Feind in Schach halten, bis die Spanier zu ihrem Beistand kommen könnten. Diese Gründe siegten endlich, und der kluge Befehlshaber hatte die Freude, die mutigen und feindlichen Stämme ihre lange genährte Eifersucht aufgeben, auf die den Wilden so süße Rache verzichten und einander als Freunde und Kämpfer für eine gemeinschaftliche Sache umarmen zu sehen. Diesem klugen Verfahren verdankte der spanische Befehlshaber ebensoviel für seine späteren Erfolge wie seinen Waffen.

Auf diese Weise wurde die Grundlage des mexikanischen Reiches stündlich loser, da die großen Lehnsträger rings um die Hauptstadt, auf welche es hauptsächlich rechnete, einer nach dem anderen sich ihrer Lehnspflichten entschlugen. Die eigentlich sogenannten Azteken bildeten nur einen kleinen Teil der Bevölkerung des Tales. Diese bestand hauptsächlich aus verwandten Stämmen, Gliedern derselben großen Familie der Nahuatlaken, die ungefähr um die nämliche Zeit auf die Hochebene gekommen waren. Sie waren eifersüchtig aufeinander und wurden einer nach dem anderen von den krieggeübteren Mexikanern bezwungen, die sie oft durch offene Gewalt, stets jedoch durch Furcht in Unterwürfigkeit hielten. Furcht war das große Bindemittel für die widerstrebenden Glieder des Reiches, und dieses ging nun durch den Einfluß einer größeren Macht als der der Azteken schnell seiner Auflösung entgegen. Allerdings war dies nicht das erstemal, daß die besiegten Stämme versucht hatten, ihre Unabhängigkeit wieder zu erlangen. Aber alle solchen Versuche waren an dem Mangel an Übereinstimmung gescheitert. Cortez' hohem Geiste war es vorbehalten, ihre alten vererbten Streitigkeiten zu beseitigen und durch Vereinigung ihrer zersplitterten Kräfte sie zu einer gemeinschaftlichen Tätigkeit zu beseelen.

Ermutigt durch diese Lage der Dinge, erachtete der spanische Befehlshaber den jetzigen Augenblick für günstig, seine Unterhandlungen mit der Hauptstadt schneller zu betreiben. Er benutzte die Anwesenheit einiger vornehmer Mexikaner, die in dem letzten Gefechte mit Sandoval zu Gefangenen gemacht waren, eine zweite Botschaft an ihren Gebieter abzuschicken. Diese war, ihrem wesentlichen Inhalte nach, eine Wiederholung der ersten, mit der erneuerten Versicherung, daß, wenn die Stadt sich der spanischen Krone wieder unterwerfe, Guatemozins Macht bestätigt und die Personen und das Eigentum seiner Untertanen geschont werden sollen. Auf diese Eröffnung erfolgte keine Antwort. Der junge indianische Kaiser hatte einen ebenso unerschrockenen Sinn wie Cortez selbst. Er hatte die ganze Wirkung des fehlerhaften, ihm von seinen Vorfahren überkommenen Regierungsgrundsatzes zu tragen. Aber da er sein Reich unter sich einstürzen sah, suchte er es durch eigene Kraft und Hilfsmittel aufrecht zu erhalten. Er beugte dem Abfall einiger Lehnsträger dadurch vor, daß er Besatzungen in ihre Städte legte. Andere beschwichtigte er durch Befreiung von Abgaben oder durch bedeutende Erleichterung ihrer Lasten, oder dadurch, daß er sie zu ehrenvollen und einflußreichen Stellen im Staate beförderte. Zu gleicher Zeit legte er seinen unversöhnlichen Haß gegen die Christen durch den Befehl an den Tag, daß, wer von ihnen innerhalb seines Gebietes gefangen würde, geradewegs nach der Hauptstadt geschickt werden und daselbst mit allen von dem aztekischen Gottesdienst vorgeschriebenen rohen Gebräuchen geopfert werden solle.

Während sich diese Vorfälle zutrugen, erhielt Cortez die willkommene Nachricht, daß die Rennschiffe fertig seien und auf die Beförderung nach Tezcuco warteten. Er ordnete eine aus zweihundert Mann spanischen Fußvolkes und fünfzehn Reitern bestehende Abteilung zu diesem Dienst ab, die er unter den Befehl von Sandoval stellte. Dieser Ritter war täglich in der Achtung des Befehlshabers und des Heeres gestiegen. Obgleich einer der jüngsten Offiziere im Dienst, besaß er doch die Kaltblütigkeit und das reife Urteil, welche ihn zu den bedenklichsten und schwierigsten Unternehmungen geeignet machten. Da waren allerdings andere, wie zum Beispiel Alvarado und Olid, deren Unerschrockenheit sie gleichfalls zur Ausführung eines glänzenden Handstreiches geschickt machte; aber Alvarados Mut trieb ihn oft zur Verwegenheit oder wurde durch Leidenschaft befleckt; während Olid, finster und zweifelhaft in seinem Charakter, nicht ganz zuverlässig war. Sandoval war aus Medellin gebürtig, dem Geburtsorte von Cortez selbst. Er hing mit Wärme an seinem Befehlshaber und hatte sich bei allen Gelegenheiten seines Vertrauens wert erwiesen. Er war ein Mann von wenig Worten, der seinen Wert mehr durch das, was er tat, als das, was er sagte, kundgab. Sein ehrliches soldatisches Benehmen machte ihn zum Liebling der Truppen und blieb selbst nicht ohne Einfluß auf seine Feinde. Er starb unglücklicherweise in der Blüte seines Alters. Aber er entwickelte Fähigkeiten und Kriegsgeschicklichkeit, die, wenn er länger gelebt hätte, ohne Zweifel seinen Namen denen der größten Feldherren seines Volkes gleichgestellt haben würden.

Sandoval mußte seinen Weg durch Zoltepec nehmen, eine kleine Stadt, wo die schon erwähnte Niedermetzelung der fünfundvierzig Spanier stattgefunden hatte. Der Ritter erhielt Befehl, die Schuldigen womöglich aufzufinden und sie für ihren Anteil an der Tat zu strafen.

Als die Spanier an dem Orte angelangt waren, fanden sie, daß die Einwohner, die von ihrer Ankunft vorher Nachricht erhalten, alle die Flucht ergriffen hatten. In den verlassenen Tempeln entdeckten sie häufige Spuren von dem Schicksal ihrer Landsleute; denn außer ihren Waffen und Kleidern und den Häuten ihrer Pferde fanden sie auch die Köpfe verschiedener Soldaten, auf eine Weise zubereitet, daß sie lange aufbewahrt werden konnten, als Siegeszeichen aufgehangen. In einem benachbarten Gebäude fanden sie mit Kohle auf den Wänden geschrieben folgende Inschrift in kastilianischer Sprache: „An diesem Orte saß der unglückliche Juan Juste mit vielen anderen seiner Gefährten gefangen." Dieser Edelmann war einer von Narvaez' Gefährten und mit ihm ins Land gekommen, um Gold zu suchen, hatte aber statt dessen einen unbekannten und ruhmlosen Tod gefunden. Den Soldaten traten Tränen in die Augen, als sie dies traurige Erinnerungszeichen sahen, und ihr Herz wurde von Entrüstung ergriffen, als sie an das schreckliche Schicksal der Gefangenen dachten. Glücklicherweise waren die Einwohner zu der Zeit nicht anwesend. Einigen wenigen, die ihnen nachher in die Hände gerieten, wurde das Zeichen der Sklaverei eingebrannt. Aber der größere Teil der Bevölkerung, der sich auf die erniedrigendste Weise der Gnade der Eroberer preisgab, indem er die Schuld des Vorfalles auf die Azteken wälzte, wurde vom spanischen Anführer aus Mitleid oder Verachtung geschont.

Nun trat er seinen Marsch nach Tlascala wieder an; aber kaum hatte er die Grenze des Freistaates überschritten, als er die wehenden Banner des Zuges entdeckte, welcher die Rennschiffe brachte, wie er seinen Weg durch die Engpässe des Gebirges nahm. Dieser Anblick gewährte ihm große Freude, denn er hatte einen Aufenthalt von mehreren Tagen in Tlascala befürchtet, ehe die Vorbereitungen zum Marsch beendigt sein könnten.

Es waren im ganzen dreizehn Schiffe verschiedener Größe. Sie waren unter der Leitung des erfahrenen Schiffbauers Martin Lopez mit Hilfe dreier oder vier spanischer Zimmerleute und der freundlichen Eingeborenen erbaut worden, die keinen geringen Grad von nachahmender Geschicklichkeit an den Tag legten. Als die Renn-schiffe fertig gewesen, wurden sie auf den Gewässern des Zahuapan förmlich erprobt. Alsdann wurden sie auseinandergenommen und, da Lopez keine Zeit verlieren wollte, die verschiedenen Stücke, Balken, Anker, Eisenwerk, Segel und Tauwerk, den Tamanes auf die Schultern geladen und unter einer zahlreichen kriegerischen Bedeckung auf diese Weise nach Tezcuco abgesandt. Sandoval entließ einen Teil der indianischen Bedeckung als überflüssig. Er behielt zwanzigtausend Krieger zurück, die er in zwei gleiche Hälften abteilte zum Schutze der Tamanes in der Mitte. Seine eigene kleine Schar von Spaniern verteilte er auf gleiche Weise. Die Tlascalaner in der Vorhut marschierten unter dem Befehl eines Anführers, der sich des Namens Chichemecatl rühmte. Aus irgend einem Grunde änderte Sandoval nachher die Marschord-nung und stellte diese Abteilung in die Nachhut — eine Anord-nung, welche dem kühnen Krieger, der sie anführte, zum großen Ärger gereichte, indem er sein Recht auf die Spitze, als den von ihm und seine Vorfahren stets eingenommenen Platz der Gefahr, behauptete. Er wurde durch Sandovals Versicherung einiger-maßen besänftigt, daß er gerade aus diesem Grunde zur Nachhut versetzt worden sei, da man dort am wahrscheinlichsten vom Feinde werde angegriffen werden. Aber auch da blieb er noch höchst un-zufrieden als er bemerkte, daß der spanische Befehlshaber sich ihm zur Seite hielt, weil er, wie es schien, niemandem gönnen mochte, den Lorbeer mit ihm zu teilen.

Langsam und mühevoll, mit ihrer schweren Bürde beladen, schritten die Truppen auf ihrem Wege über steile Anhöhen und rauhe Bergpässe fort, indem sie, wie man sich vorstellen kann, durch ihre langen Marschlinien dem Feinde manchen verwund-baren Punkt darboten. Aber obgleich kleine Kriegshaufen zuweilen auf den Seiten und im Rücken schwärmend gesehen wurden, blieben sie doch in ehrerbietiger Ferne, da sie eben nicht Lust hatten, sich mit einem so furchtbaren Feinde einzulassen. Am vierten Tage langte der kriegerische Zug wohlbehalten vor Tez-cuco an.

Ihr Herannahen wurde von Cortez und seinen Soldaten mit Freude bemerkt und von ihnen als das Zeichen einer baldigen Beendigung des Krieges jubelnd begrüßt. In ihrem reichsten Schmucke gekleidet, zogen der Befehlshaber und seine Offiziere hinaus, den Zug zu bewillkommnen. Er dehnte sich über einen Raum von zwei Leguas aus und das Fortschreiten ging so langsam vonstatten, daß sechs Stunden vergingen, ehe die Schlußreihen in der Stadt anlangten. Die tlascalanischen Häuptlinge entfalteten ihren gewohnten Prunk im Aufzuge, und ihre sämtlichen Truppen, aus der Blüte ihrer Krieger zusammengesetzt, gewährten einen glänzenden Anblick. Sie marschierten beim Klange der Trommeln und Zinken, und als sie durch die Straßen der Hauptstadt unter dem Jauchzen des Kriegsvolkes zogen, erscholl in der ganzen Stadt der Freudenruf: „Kastilien und Tlascala, lange lebe unser Herrscher, der Kaiser!"

„Es war eine wunderbare Erscheinung," sagt der Eroberer in seinen Briefen, „die wenige jemals gesehen oder wovon sie auch nur gehört haben, die Fortschaffung von dreizehn Kriegsschiffen auf Menschenschultern, beinahe zwanzig Leguas weit über das Gebirge hinweg. Es war in der Tat ein staunenswürdiges Unternehmen, desgleichen man nicht leicht weder in der Alten noch in der Neuen Geschichte antrifft, ein Unternehmen, das nur ein Geist wie der des Cortez ersinnen oder ein kühner Mut wie der seinige so glücklich vollbringen konnte. Als er die Flotte zerstören ließ, die ihn zuerst ins Land brachte, und mit seinem gewöhnlichen Vorbedacht die Erhaltung des Eisen- und Takelwerkes befahl, da sah er wohl den wichtigen Gebrauch schwerlich voraus, zu dem es vorbehalten sein sollte. Er war so wichtig, daß man wohl sagen kann, es habe der glückliche Ausgang seiner Unternehmung von der Erhaltung jener Gegenstände abgehangen.

Er begrüßte seine indianischen Verbündeten mit der größten Herzlichkeit und bekundete seine Erkenntlichkeit für ihre Dienste durch jene Ehrenbezeigungen und Aufmerksamkeiten, von denen er wußte, daß sie ihrem Ehrgeiz höchst schmeichelhaft sein würden. „Wir kommen," riefen die mutigen Krieger, „um unter deinem

Banner zu kämpfen; um für unsere gemeinschaftliche Kränkung Rache zu nehmen oder an deiner Seite zu fallen;" und mit ihrer gewöhnlichen Ungeduld drangen sie in ihn, sie sogleich gegen den Feind zu führen. „Wartet", erwiderte der Befehlshaber trocken, „bis ihr ausgeruht habt, dann sollt ihr eure Hände voll zu tun bekommen."

ZWEITES HAUPTSTÜCK

Cortez besichtigt die Umgebung der Hauptstadt | Besetzt Tacuba
Scharmützel mit dem Feinde | Sandovals Zug | Ankunft von
Verstärkungen
1521

Im Verlaufe von drei oder vier Tagen verschaffte der spanische
Befehlshaber den Tlascalanern die so sehr gewünschte Gelegenheit, ihren sprudelnden Mut in wirksamer Tätigkeit aufbrausen zu
lassen. Er hatte schon eine Zeitlang einen Zug beabsichtigt, um
sich Kenntnis über die Hauptstadt und deren Umgebungen zu
verschaffen und auf dem Wege gewisse Städte zu züchtigen, die
beleidigende und herausfordernde Botschaften an ihn gesendet
hatten und ganz besonders tätig in ihren Feindseligkeiten waren.
Er eröffnete seine Absicht nur wenigen von seinen vorzüglichsten
Offizieren, weil er den Tezcucanern nicht traute, die er im Verdachte des Einverständnisses mit dem Feinde hatte.
Zu Anfang des Frühlings verließ er Tezcuco an der Spitze von
dreihundertfünfzig Spaniern und seinen sämtlichen Verbündeten.
Er nahm Alvarado und Olid mit und vertraute Sandoval die Besatzung an. Cortez hatte Gelegenheit gehabt, Erfahrung von der
Untauglichkeit des ersteren jener Ritter zu einem so schwierigen
Posten während seines kurzen aber unheilvollen Befehles in
Mexiko zu machen.
Aber alle seine Vorsicht hatte nicht hingereicht, seine Absichten
vor dem wachsamen Feinde verborgen zu halten, der sein Auge
auf alle seine Bewegungen gerichtet hielt; der selbst seine Gedanken zu erraten und vorbereitet zu sein schien, deren Ausführung
zu durchkreuzen. Er war erst wenige Leguas vorwärts gerückt, als
er auf eine beträchtliche Schar von Mexikanern stieß, die aufgestellt war, ihm das Weitergehen streitig zu machen. Es fand ein
heftiges Scharmützel statt, wobei der Feind vom Platze gejagt und
den Christen der Weg frei gelassen wurde. Sie schlugen einen sich
weit herumziehenden Weg nach Norden ein, und ihr erster An-

griffspunkt war die Inselstadt Xaltocan, am nördlichen Ende des
Sees gleichen Namens gelegen, jetzt San Christobal genannt. Die
Stadt war ganz mit Wasser umgeben und stand mit dem Festlande
vermittels Dammwege, auf gleiche Weise wie die mexikanische
Hauptstadt, in Verbindung. Cortez, zu Pferde an der Spitze
seiner Reiterei, rückte längs des Deiches vor, bis er durch eine
weite Öffnung, die er darin fand und 'durch welche das Wasser
dermaßen strömte, daß nicht nur das Fußvolk, sondern auch die
Reiterei unmöglich hindurch konnten, sich genötigt sah, haltzumachen. Der See war mit Kanus voll aztekischer Krieger bedeckt,
welche, in Voraussicht der Bewegung der Spanier, der Stadt zu
Hilfe gekommen waren. Sie fingen nun an, eine furchtbare Ladung von Steinen und Pfeilen auf die Angreifer abzuschießen,
während sie selbst durch die leichten Bollwerke, womit sie zu dem
Ende ihre Kanus geschützt hatten, gegen das Gewehrfeuer leidlich
gedeckt waren.

Die heftigen Ladungen der Mexikaner taten den Spaniern und
ihren Verbündeten einigen Schaden und fingen an, sie in Verwirrung zu bringen, da sie schon 'auf dem schmalen Dammwege zusammengedrängt waren, ohne vorwärts gehen zu können, als Cortez Befehl zum Rückzug gab. Hierauf erfolgte ein neuer Hagel
von Wurfgeschossen, begleitet von Verhöhnungen und wildem
herausforderndem Geschrei. Der Schlachtruf der Azteken, ähnlich dem 'Kriegsgeschrei der nordamerikanischen Indianer, war
nach dem eigenen Geständnis des Eroberers ein furchtbarer Laut
in den Ohren der Spanier. In dieser Lage empfing der Befehlshaber glücklicherweise durch einen Ausreißer, einen von den mexikanischen Verbündeten, Kunde von einer Furt, in welcher das
Heer durch den seichten See in die Stadt eindringen könnte. Er
sandte augenblicklich den größeren Teil des Fußvolkes dahin ab,
stellte sich selbst mit den übrigen und mit der Reiterei am Eingange des Durchganges auf, um den Angriff zu decken und jeder
Unterbrechung in der Nachhut vorzubeugen.

Unter der Leitung des indianischen Führers durchschritten die
Soldaten den See ohne große Schwierigkeit, obgleich ihnen an

einigen Stellen das Wasser bis über die Gürtel reichte. Während des Durchganges wurden sie von des Feindes Wurfgeschossen belästigt; aber als sie aufs Trockene gekommen waren, übten sie vollkommene Rache und ließen eiligst alles, was sich widersetzte, über die Klinge springen. Der größere Teil sowie die Stadtbewohner entkamen in den Booten. Nun wurde die Stadt der Plünderung preisgegeben. Die Truppen fanden darin viele Frauen, die man ihrem Schicksal überlassen hatte, und diese sowie eine beträchtliche Menge baumwollener Stoffe, Gold und Nahrungsmittel fielen den Siegern in die Hände, die, nachdem sie die verlassene Stadt in Brand gesteckt, frohlockend zu ihren Gefährten zurückkehrten.

In Verfolg seines weitläufigen Weges zeigte sich Cortez vor noch drei anderen Städten aus denen die Einwohner aus Besorgnis vor seiner Ankunft entflohen waren. Die vorzüglichsten derselben, Azcapozalco, war einst die Hauptstadt eines unabhängigen Staates gewesen. Sie war jetzt der große Sklavenmarkt der Azteken, auf welchen ihre unglücklichen Gefangenen gebracht und zum öffentlichen Verkauf gestellt wurden. Daselbst wohnten auch vorzüglich die Juweliere, und aus dieser Stadt bekamen die Spanier die Goldschmiede, welche die reichen Schätze schmolzen, die sie von Montezuma empfangen. Aber sie fanden daselbst nur wenig kostbare Metalle oder andere wertvolle Gegenstände, da das Volk sorgfältig bedacht gewesen war, seine Habseligkeiten zu entfernen. Sie schonten indes die Gebäude, weil sie daselbst nicht auf Widerstand gestoßen waren.

Die Nächte brachten die Truppen auf freiem Felde in strengster Wachsamkeit zu, denn das Land stand ganz unter Waffen und Feuerzeichen flammten auf jeder Bergspitze, während man in der Ferne zuweilen dunkle Massen von Feinden wahrnahm. Die Spanier durchzogen nun die reichste Gegend Anahuacs. Städte und Dörfer lagen über Berge und Täler zerstreut, mit angebauten blühenden Umgebungen, was eine dichte und fleißige Bevölkerung anzeigte. Im Mittelpunkte dieser glänzenden Umgebung stand die indianische Hauptstadt mit ihrem prachtvollen Kranze von

Spitzsäulen und Tempeln, die die Augen der Soldaten von jedem anderen Gegenstande abzog, als sie um die Ufer des Sees herumzogen. Jeder Zoll Boden, den das Heer betrat, war ihnen bekannt — so bekannt, wie die Plätze ihrer Kindheit, wiewohl mit ganz anderen Gedankenverbindungen, denn sie waren ihrem Gedächtnisse mit blutigen Schriftzügen eingeprägt. Rechts erhob sich der Berg Montezumas mit dem Teocalli auf der Spitze, unter dessen Dach die zersplitterten Reste des Heeres am Tage nach der Flucht aus der Hauptstadt versammelt worden waren. Vor ihnen lag die Stadt Tacuba, durch deren ungastfreundliche Straßen sie in Furcht und Bestürzung gejagt waren; und weit östlich davon streckte sich der traurige Dammweg hin.

Der Befehlshaber hatte die Absicht, sofort auf Tacuba zu marschieren und sein Standlager fürs erste in dieser alten Hauptstadt aufzuschlagen. Er fand unter deren Mauern eine starke Streitmacht gelagert, um ihm den Eingang streitig zu machen. Ohne ihr Anrücken abzuwarten, ritt er mit seiner kleinen Reiterschar im vollen Galopp auf sie zu. Die Büchsen- und Bogenschützen eröffneten ein lebhaftes Schießen auf ihren ausgedehnten Flügeln, und das Fußvolk, mit seinen Schwertern und kupferbespitzten Lanzen bewaffnet und von den indianischen Schlachthaufen unterstützt, setzte den Angriff der Reiterei mit einer solchen Lebendigkeit fort, daß der Feind bald in die Flucht getrieben wurde. Die Spanier eröffneten gewöhnlich das Gefecht mit einem Angriff der Reiterei. Aber wäre die Kriegskunst der Azteken ihrem Mute gleich gewesen, so würden sie, vermittels ihrer langen Speere, wenigstens zuweilen, die Wagschale der Schlacht haben zu ihren Gunsten sinken machen; denn mit der nämlichen furchtbaren Waffe geschah es, daß die Schweizer Bergvölker, nur wenige Jahre vor dem Zeitpunkte unserer Geschichte, die berühmte Ordonnanz Karls des Kühnen, die zu ihrer Zeit am besten ausgerüstete Reiterei, durchbrachen und vollständig überwältigten. Aber die Wilden kannten den Wert dieser Waffe der Reiterei gegenüber nicht. Und allerdings übte die entsetzliche Erscheinung des Kriegsrosses und seines Reiters noch eine geheimnisvolle Macht auf ihre Einbildungskraft, die, vielleicht ebensoviel wie die wirkliche Stärke der Reiterei selbst, zu ihrer Niederlage beitrug. Cortez führte seine Truppen ohne weiteren Widerstand in die Vorstadt von Tacuba, dem ehemaligen Tlacopan, wo er sich für die Nacht einrichtete.

Am folgenden Morgen fand er die unermüdlichen Azteken wieder unter den Waffen und bereit, ihm auf der Ebene vor der Stadt eine Schlacht zu liefern. Er rückte gegen sie aus und nach einem heiß durchfochtenen, wiewohl nur kurzem Kampfe schlug er sie wiederum in die Flucht. Sie flohen nach der Stadt zu, wurden aber mit der Spitze der Lanze durch die Straßen getrieben und genötigt, zusammen mit den Einwohnern die Stadt zu räumen. Diese wurde hierauf der Plünderung preisgegeben, und die indianischen Verbündeten, nicht zufrieden damit, jeden tragbaren Gegenstand aus den Häusern geraubt zu haben, legten darin Feuer an, so daß in kurzer Zeit ein Viertel der Stadt — da die dürftigen Häuser wahrscheinlich aus leichten, brennbaren Stoffen gebaut waren — in Flammen stand. Cortez und seine Truppen taten alles, was in ihren Kräften stand, dem Brande Einhalt zu tun, aber die Tlascalaner waren ein wildes Geschlecht, das sich zu keiner Zeit leicht leiten ließ, und waren ihre Leidenschaften einmal entzündet, so vermochte sogar der Befehlshaber selbst nicht, sie zu zügeln. Sie waren schreckliche Bundesgenossen und wegen ihrer Zuchtlosigkeit zuweilen ebenso schrecklich für den Freund wie für den Feind.

Cortez beschoß, einige Tage in seinem gegenwärtigen Standlager zu bleiben, während welcher Zeit er seine Wohnung in dem alten Palaste der Herrscher von Tlacopan aufschlug. Derselbe bestand aus einer langen Reihe niedriger Gebäude, gleich den meisten königlichen Schlössern im Lande, und bot den spanischen Truppen einen bequemen Aufenthalt. Während er hier verweilte, verging nicht ein Tag, wo das Heer nicht ein oder mehrere Treffen mit dem Feinde zu bestehen hatte. Sie endeten sämtlich zugunsten der Spanier, wenn auch mit mehr oder weniger Verlust auf ihrer und ihrer Verbündeten Seite. Ein Treffen hätte beinahe böse Folgen nach sich gezogen.

In der Hitze der Verfolgung hatte sich der spanische Feldherr auf den großen Dammweg verlocken lassen — denselben, der einst für sein Heer so verderblich gewesen war. Er verfolgte den fliehenden Feind, bis er die äußerste Seite der nächsten Brücke erreicht hatte, die seit dem unglückseligen Vorfall in der Noche triste ausgebessert worden war. Auf diesen Punkt angelangt, kehrten die Azteken sich mit Blitzesschnelle gegen ihn um, und er bemerkte eine frisch angekommene bedeutende Verstärkung in ihrer Nachhut, die sich anschickten, ihren Landsleuten beizustehen. Zu gleicher Zeit schienen in der Hitze der Verfolgung unbemerkt gebliebene Schwärme von Booten wie durch Zauberei aufzutauchen, die das Wasser ringsumher bedeckten. Nun waren die Spanier einem vollkommenen Hagelsturme von Wurfgeschossen ausgesetzt, der sowohl vom Dammwege als vom See kam; aber sie standen unbewegt mitten im Sturme, als Cortez, der seinen Fehler zu spät bemerkte, Befehl zum Rückzug gab. Langsam und mit bewundernswerter Ruhe gingen seine Leute Schritt vor Schritt zurück, indem sie dem Feinde eine entschlossene Stirn zeigten. Die Mexikaner kamen mit ihrem gewöhnlichen, den Widerhall der Küsten weckenden Geschrei heran und drangen auf die Spanier ein mit ihren langen Piken und mit Stangen, an welche die von den Christen eroberten Schwerter befestigt waren. Ein Ritter, namens Volante, der Cortez' Fahne trug, wurde von einem ihrer Schwerter getroffen und, da er in den See stürzte, von den mexikanischen Booten aufgefischt. Er war ein Mann von kräftiger Gestalt; als der Feind ihn fortschleppen wollte, gelang es ihm, sich ihrer Umklammerung zu entwinden und, indem er seine Fahne fest in der Hand hielt, mit verzweifelter Anstrengung auf den Dammweg zurückzuspringen. Endlich, nach einigen harten Kämpfen, wobei viele Spanier verwundet und viele ihrer Verbündeten getötet wurden, gelangten die Truppen wieder ans Land, wo Cortez dem Himmel aus vollem Herzen für das dankte, was er wohl als eine Befreiung durch die göttliche Vorsehung betrachten konnte. Es war eine heilsame Lehre, wiewohl es einer solchen nach dem Vorfall von Iztapalapan nicht hätte bedürfen sollen, um ihn vor der listigen Kriegführung seines Feindes zu warnen.

Es war bei dieser Unternehmung einer von Cortez' Hauptzwecken gewesen, womöglich zu einer Unterredung mit dem aztekischen Kaiser oder mit einigen seiner vornehmen Hofleute zu gelangen und zu versuchen, ob nicht irgend ein Mittel zu einer Ausgleichung zu finden sei, wodurch die Entscheidung durch die Waffen vermieden werden könnte. Die Gelegenheit zu einer solchen Unterredung bot sich dar, als seine Truppen eines Tages sich denen des Feindes, mit einer abgebrochenen Brücke zwischen ihnen, gegenüber befanden. Seinen Leuten vorausreitend, deutete Cortez durch Zeichen seine friedliche Absicht an, sowie seinen Wunsch, sich mit den Azteken zu besprechen. Sie achteten das Zeichen, und mit Hilfe seines Dolmetschers bat er, daß, wenn sich irgend ein großer Häuptling unter ihnen befände, er vortreten und sich mit ihm besprechen möge. Die Mexikaner erwiderten spöttisch, sie seien alle Häuptlinge, und forderten ihn auf, offen zu sprechen, was er ihnen zu sagen habe. Da der Befehlshaber darauf nicht antwortete, fragten sie, warum er nicht seinen Besuch in der Hauptstadt wiederhole, und fügten höhnisch hinzu: „Vielleicht erwartet Malinche nicht, daselbst einen zweiten Montezuma so gehorsam gegen seine Befehle wie den ersten zu finden." Einige von ihnen gaben den Tlascalanern den Spottnamen „Weiber", die, sagten sie, ohne den Schutz der weißen Männer niemals der Hauptstadt so nahe zu kommen gewagt haben würden. Die Feindseligkeit der beiden Völker beschränkte sich nicht auf diese unschädlichen, wiewohl bitteren Scherze, sondern zeigte sich in regelmäßigen Herausforderungen, die täglich zwischen den Hauptanführern stattfanden. Auf diese erfolgten Kämpfe, bei welchen ein Kämpe oder mehrere auf einer Seite fochten, um die Ehre ihrer beiderseitigen Länder zu verteidigen. Es wurde den Kriegern ein offener Kampfplatz eingeräumt, wo diese Kämpfe auf Leib und Leben mit der Genauigkeit eines europäischen Turniers getrieben wurden; sie entwickelten dabei eine den beiden kühnsten Stämmen Anahuacs würdige Tapferkeit und eine Geschicklichkeit in der Handhabung der Waffen, welche die Bewunderung der Spanier erregte.

Cortez war nun sechs Tage in Tacuba gewesen. Er hatte keine Veranlassung, sich länger daselbst aufzuhalten, da die Hauptzwecke seines Unternehmens erreicht waren. Er hatte einige von den Städten gedemütigt, die sich ihm am feindlichsten erwiesen hatten, und den Ruf der kastilianischen Waffen aufgefrischt, der durch ihre früheren Mißgeschicke in dieser Gegend des Tales sehr gesunken war. Er hatte sich auch mit der Lage der Hauptstadt bekannt gemacht, die er in besserem Verteidigungszustande fand, als er sich vorgestellt hatte. Alle Zerstörungen des vergangenen Jahres schienen ausgebessert worden zu sein, und es war selbst seinem erfahrenen Auge nicht bemerklich, daß die verwüstende Hand des Krieges das Land erst so kürzlich heimgesucht hatte. Die aztekischen Truppen, welche im Tale umherschwärmten, schienen gut ausgerüstet zu sein und zeigten einen unüberwindlichen Mut, der bereit zu sein schien, bis aufs Äußerste zu widerstehen. Wahr ist es, daß sie in jedem Gefecht geschlagen worden waren. Im offenen Felde konnten sie gegen die Spanier nichts ausrichten, deren Reiterei sie nie fassen konnten und deren Feuerwaffen leicht durch die wollenen Wämser drangen, welche die festeste Schutzwehr des indianischen Kriegers bildeten. Aber in den langen Straßen und schmalen Gassen der Hauptstadt verwickelt, worin jedes Haus eine Festung war, würden die Spanier, wie die Erfahrung gelehrt hatte, viel von ihrer Überlegenheit eingebüßt haben. Der Befehlshaber sah ein, daß keine Wahrscheinlichkeit vorhanden sei, mit dem mexikanischen Kaiser, der auf die Stärke seiner Kriegsrüstungen vertraute, eine Vereinbarung zu treffen. Er sah die Notwendigkeit ein, auch seinerseits seine Hilfsmittel aufs äußerste anzustrengen, ehe er mit Sicherheit wagen durfte, den Löwen in seiner Höhle anzugreifen.

Die Spanier kehrten auf dem nämlichen Wege zurück, auf welchem sie gekommen waren. Ihr Rückzug wurde von den Eingebornen als Flucht gedeutet. Diese blieben dem Heere stets im Rücken, äußerten sich über dasselbe mit prahlerischer Ruhmsucht

EIN SPANIER ZÜCHTIGT EINEN EINGEBORENEN.

Lienzo de Tlaxcala.

und begrüßten die Truppen mit Ladungen von Pfeilen, die einigen Schaden anrichteten. Cortez nahm seine Zuflucht zu einer ihrer eigenen Kriegslisten, um sich von ihrer Belästigung zu befreien. Er teilte seine Reiterei in zwei bis drei kleine Haufen und verbarg sie zwischen einigen dichten Gebüschen, welche beide Seiten des Weges einfaßten. Der Rest des Heeres setzte seinen Marsch fort. Die Mexikaner, die keinen Hinterhalt argwöhnten, folgten nach, als die Reiterei, plötzlich aus ihrem Schlupfwinkel hervorbrechend, die Seiten des Feindes in Verwirrung brachten, während zugleich die im Rückzug begriffenen Heeressäulen plötzlich umkehrten, rasch angriffen und die Bestürzung des Feindes vollständig machten. Über eine weite und flache Ebene machten sich die erschreckten Mexikaner eiligst davon, ohne Widerstand zu versuchen, während die Reiterei, die sie niederritt und die Flüchtlinge mit ihren Lanzen durchbohrte, die Verfolgung mehrere Meilen weit, auf eine wahrhaft schöne Weise, wie Cortez sagt, fortsetzte. Das Heer wurde nun nicht weiter vom Feinde belästigt.

Bei ihrer Ankunft in Tezcuco wurden sie mit Freude von ihren Gefährten begrüßt, welche während der vierzehn Tage seit ihrem Abgange keine Nachricht von ihnen erhalten hatten. Unmittelbar nach ihrer Rückkehr erbaten sich die Tlascalaner beim Befehlshaber die Erlaubnis, die wertvolle Beute, welche sie auf ihrem Streifzuge gemacht hatten, in ihre Heimat schaffen zu dürfen — eine Bitte, die, wie unangenehm sie ihm auch war, er nicht abschlagen konnte.

Die Truppen befanden sich kaum zwei oder drei Tage in ihrem Standlager, als eine Gesandtschaft von Chalco ankam, um wiederum den Schutz der Spanier gegen die Mexikaner nachzusuchen, die sie von verschiedenen Punkten in ihrer Nachbarschaft bedrohten. Aber die Soldaten waren so erschöpft durch ununterbrochenes Wachen, Eilmärsche, Schlachten und Wunden, daß Cortez ihnen Zeit zur Erholung zu lassen wünschte, ehe er sich in eine neue Unternehmung einließ. Er entsprach dem Gesuch der Chalcaner dadurch, daß er Botschaften an die verbündeten Städte erließ, die er aufforderte, ihrem Bundesgenossen zu Hilfe zu eilen.

Es ist nicht zu vermuten, daß sie den Inhalt seiner Schreiben verstanden. Aber das Papier mit den geheimnisvollen Schriftzeichen diente dem Offizier, der es als Dolmetscher der Befehle des Feldherrn überbrachte, zur Gewährschaft.

Aber obgleich denselben unbedingt Folge geleistet wurde, erschien den Chalcanern die Gefahr doch so dringend, daß sie bald ihre Bitte wiederholten, die Spanier mögen ihnen persönlich zu Hilfe kommen. Nun zögerte Cortez nicht länger: denn er sah die Wichtigkeit Chalcos wohl ein, nicht nur an und für sich selbst, sondern auch wegen seiner Lage, welche einen der großen Zugänge nach Tlascala und Vera Cruz beherrschte, mit welchen Orten den Verkehr unterbrochen zu sehen er nicht Gefahr laufen wollte. Ohne ferneren Zeitverlust sandte er eine Abteilung von dreihundert Mann spanischen Fußvolkes und zwanzig Reitern unter dem Befehl von Sandoval zur Beschützung der Stadt ab.

Der tätige Offizier zeigte sich bald vor Chalco, und verstärkt durch dessen eigene Truppen sowie durch die der Bundesstädte richtete er seinen Angriff zuerst gegen Huaxtepec, einen Ort von einiger Bedeutung, der fünf Leguas oder etwas mehr gegen Süden zwischen Bergen lag. Er war von einer starken mexikanischen Streitmacht besetzt, welche eine Gelegenheit abwartete, um einen Einfall in Chalco zu machen. Die Spanier fanden den Feind in einer Entfernung von der Stadt, zu ihrem Empfange bereit, aufgestellt. Der Boden war gebrochen, mit Strauchwerk verschlungen, ungünstig für die Reiterei, welche daher bald in Unordnung geriet, und Sandoval, dem ihre Bewegung hinderlich war, befahl derselben, nachdem sie einige Verluste erlitten, sich vom Felde zurückzuziehen. An ihrer Stelle stellte er seine Büchsenschützen und Armbrustleute auf, die ein lebhaftes Feuer auf die dichten Reihen der Indianer eröffneten. Der Rest des Fußvolkes, mit Schwert und Pike bewaffnet, griff den Feind von der Seite an, der, betäubt von dem Ansturz, nachdem er eine bedeutende Niederlage erlitten hatte, in Verwirrung zurückwich und den Spaniern das Schlachtfeld überließ.

Die Sieger wollten daselbst ihr Nachtlager aufschlagen. Aber während sie Anstalt zu ihrem Abendessen trafen, wurden sie von dem Geschrei erschreckt: „Zu den Waffen, zu den Waffen! Der Feind kommt!" In einem Augenblick war der Reiter im Sattel, der Soldat griff nach seiner Büchse oder seinem guten Toledo, und das Gefecht wurde mit größerer Wut als vorher erneuert. Die Mexikaner hatten Verstärkung aus der Stadt erhalten. Aber ihr zweiter Versuch war nicht glücklicher als der erste; und die siegreichen Spanier zogen, ihre Feinde vor sich hertreibend, in die Stadt selbst ein, die sie in Besitz nahmen und die schon von den Einwohnern geräumt worden war.

Sandoval bezog das Haus des Ortsgebieters, umringt von Gärten, welche an Pracht mit denen von Iztapalapan wetteiferten und sie an Ausdehnung übertrafen. Sie sollen zwei Leguas im Umfang gehabt haben und waren mit Lusthäusern und vielen Teichen voll verschiedener Arten von Fischen versehen und mit Bäumen, Sträuchern und inländischen und ausländischen Gewächsen geschmückt, von denen man einige wegen Schönheit und Wohlgeruch, andere wegen ihrer heilkräftigen Eigenschaften ausgewählt hatte. Sie waren wissenschaftlich geordnet und die ganze Anlage zeigte einen Grad von Geschmack und Kenntnis in der Gärtnerei, desgleichen in damaliger Zeit nicht leicht gewesen sein würde in den gebildeteren Staaten Europas zu finden. Dies ist das Urteil nicht nur der rauhen Eroberer, sondern wissenschaftlicher Männer, welche diese prachtvollen Anlagen in den Tagen ihres Glanzes besucht haben.

Nach einem Aufenthalte von zwei Tagen an diesem angenehmen Orte, um seinen Truppen wieder Kräfte sammeln zu lassen, marschierte Sandoval auf Jacapichtla, ungefähr zwölf englische Meilen gegen Osten. Dies war eine Stadt oder vielmehr eine Festung, auf einer felsigen, wegen ihrer Steilheit fast unzugänglichen Anhöhe gelegen. Sie hatte eine Besatzung von mexikanischen Truppen, welche auf die Angreifenden, wenn sie es versuchten, die Höhen zu erklimmen, ungeheure Felsblöcke hinabrollten, die, über die Seiten des Abgrundes hinabdonnernd, ihren Weg durch Trümmer und Verwüstung bezeichneten. Die indianischen Bundestruppen bebten vor dem Versuch zurück. Aber Sandoval, unwillig darüber, daß eine Tat zu schwer für einen Spanier sein sollte, befahl seinen Rittern, abzusitzen, und mit der Erklärung, daß „er den Platz nehmen oder bei dem Versuch sein Leben opfern wolle," führte er seine Leute unter dem aufmunternden Rufe „St. Jakob" vorwärts. Mit erneutem Mute folgten sie jetzt ihrem tapferen Anführer hinauf, unter einem Sturme leichter Wurfgeschosse, mit ungeheuren Steinmassen gemischt, welche, in Splitter zerbrechend, die Angreifenden niederwarfen und furchtbare Verheerung in ihren Reihen anrichteten. Sandoval, der am vorhergehenden Tage verwundet worden war, erhielt eine schwere Verletzung am Kopfe, während mehr als einer seiner tapferen Gefährten an seiner Seite niedergeschmettert wurde. Dennoch klommen sie weiter hinauf, indem sie sich an Sträuchen oder hervorragenden Felsstücken aufrecht hielten und sich ebensosehr durch die Stärke ihres Willens als durch ihre körperlichen Kräfte emporzuarbeiten schienen.

Nach unglaublicher Anstrengung standen sie auf dem Gipfel, Antlitz gegen Antlitz mit der erstaunten Besatzung. Einen Augenblick hielten sie inne, um wieder zu Atem zu kommen, alsdann stürzten sie wütend auf ihre Feinde los. Der Kampf war kurz, aber verzweifelt. Die meisten Azteken wurden niedergehauen; einige kopfüber die Brustwehr hinabgeschleudert, und andere, die sich an den Abgrund hinabgleiten ließen, am Ufer eines kleinen Flusses getötet, der sich um den Fuß des Hügels wand, und dessen Wasser so von Blut gerötet wurde, daß die Sieger eine ganze Stunde lang ihren Durst nicht daraus löschen konnten!

Da Sandoval nun den Zweck seines Unternehmens erreicht, nämlich die festen Plätze zur Übergabe gezwungen hatte, welche die Chalcaner so lange in Furcht gehalten hatten, kehrte er siegesfroh nach Tezcuco zurück. Unterdes erachtete der aztekische Kaiser, dessen wachsames Auge alles, was sich zugetragen, aufmerksam beobachtet hatte, die Abwesenheit von so vielen Kriegern in Chalco für eine günstige Gelegenheit, es wieder zu erobern. Er sandte zu dem Ende eine Anzahl Boote mit einer zahlreichen Streitmacht unter dem Befehl einiger seiner tapfersten Häuptlinge über den See. Glücklicherweise erreichten die abwesenden Chalcaner wieder ihre Stadt vor Ankunft des Feindes; aber obgleich sie von ihren indianischen Verbündeten unterstützt waren, beunruhigte sie die Größe der feindlichen Kriegsschar doch so sehr, daß sie wiederum zu den Spaniern nach Hilfe sandten.

Die Boten langten mit Sandoval und seinem Heere zugleich an. Cortez wurde durch die sich widersprechenden Berichte sehr in Verlegenheit gesetzt. Er vermutete, daß sein Stellvertreter eine Nachlässigkeit begangen habe, und unwillig über seine übereilte Rückkehr bei diesem ungewissen Zustande der Sache, befahl er ihm, sogleich mit dem Teile seiner Truppen umzukehren, die schlagfertig waren. Sandoval fühlte sich durch dies Verfahren tief gekränkt, jedoch versuchte er nicht, sich zu entschuldigen; und seinem Befehlshaber stillschweigend gehorsam, stellte er sich an die Spitze seiner Truppen und machte einen schnellen Rückmarsch nach der indianischen Stadt.

Ehe er daselbst anlangte, war eine Schlacht zwischen den Mexikanern und den Verbündeten vorgefallen, in welcher die letzteren, die durch ihre kürzlichen Erfolge ungewöhnliches Vertrauen zu sich gewonnen hatten, Sieger blieben. Es fiel ihnen während des Gefechtes eine Anzahl aztekischer Edelleute in die Hände, die sie Sandoval überlieferten, um als Gefangene nach Tezcuco geschafft zu werden. Daselbst angelangt, zog sich der Ritter, durch die unwürdige Behandlung, die er erfahren, verletzt, in seine Wohnung zurück, ohne sich vor seinem Anführer sehen zu lassen.

Während seiner Abwesenheit hatten Cortez seine eingezogenen Erkundigungen von seinem übereilten Benehmen und von dem Unrecht überzeugt, das er seinem Stellvertreter getan. Es gab keinen im Heer, auf dessen Dienste er einen so hohen Wert setzte, wie offenbar aus den Lagen voll Verantwortlichkeit hervorging, in die er ihn gesetzt hatte; und es gab niemand, vor dem er größere persönliche Achtung gehegt zu haben schien. Bei Sandovals Rückkehr ließ ihn Cortez daher augenblicklich zu sich entbieten; wo er dann mit der Offenheit eines Kriegers demselben eine Erklärung machte, welche die erzürnte Stimmung des Ritters besänftigte — was nicht sehr schwer war, da der letztere einen zu großmütigen Charakter hatte und seinem Befehlshaber und der Sache, welcher sie sich gewidmet, zu aufrichtig ergeben war, um ein kleinliches Rachegefühl in seinem Busen zu nähren.

Während sich diese Vorfälle ereigneten, ging die Arbeit an dem Graben rasch vonstatten, und innerhalb vierzehn Tagen konnten die Rennschiffe fertig sein. Es war während der Zeit die größte Wachsamkeit erforderlich, um deren Zerstörung durch den Feind zu verhüten, der schon drei vergebliche Versuche gemacht hatte, sie auf den Stapelblöcken zu verbrennen. Die Vorsicht, welche Cortez gegen die Tezcucaner selbst anzuwenden für nötig hielt, vermehrte seine Verlegenheit nicht wenig. Zu dieser Zeit erhielt er Gesandtschaften von verschiedenen indianischen Staaten, unter denen einige an den entlegenen Ufern des Mexikanischen Meerbusens lagen, die ihre Unterwerfung anboten und seinen Schutz nachsuchten. Dies verdankte er zum Teil der Vermittlung Ixtlilxochitls, der infolge von seines Bruders Tode nun zur Oberherrschaft von Tezcuco gelangt war. Diese wichtige Stellung vermehrte sein Ansehen und seine Macht im Lande bedeutend, und er benutzte selbige vielfach dazu, die Eingebornen unter spanische Herrschaft zu bringen.

Zur nämlichen Zeit erhielt der Befehlshaber auch die willkommene Nachricht von der Ankunft dreier Schiffe zu Villa Rica, mit zweihundert Mann an Bord, mit Waffen und Schießbedarf wohlversorgt, und mit siebzig oder achtzig Pferden. Diese Verstärkung traf sehr zur rechten Zeit ein. Von welcher Seite sie kam, ist ungewiß, wahrscheinlich aus Hispaniola. Cortez hatte, wie man sich erinnern wird, dorthin um Verstärkung gesandt; und die Behörden der Insel, welchen die oberste Verwaltung jeder Pflanzstaaten oblag, hatten sich ihm bei mehr als einer Gelegenheit gewogen gezeigt, weil sie ihn wahrscheinlich unter allen Umständen für besser als irgend einen andern geeignet hielten, die Eroberung des Landes zu vollbringen.

Die Neuangekommenen fanden bald ihren Weg nach Tezcuco, da die Verbindungen mit dem Hafen jetzt ungehindert offen waren. Unter ihnen befanden sich mehrere Ritter von Ansehen, von denen einer, Julian de Alderete, der königliche Schatzmeister, herüberkam, um den Vorteil der Krone wahrzunehmen.

Auch war ein Dominikanermönch dabei, der eine Anzahl päpstlicher Bullen überbrachte, vermittels welcher denen Ablaß angeboten wurde, die im Kriege gegen die Ungläubigen begriffen waren, und die Soldaten säumten nicht, sich mit der Gnade der Kirche zu stärken.

DRITTES HAUPTSTÜCK

Zweiter Zug auf Kundschaft | Gefechte auf der Sierra | Einnahme
von Cuernavaca | Schlachten zu Xochimilco | Cortez entkommt
aus großer Gefahr | Er zieht in Tacuba ein
1521

Trotz der den Bewohnern von Chalco geleisteten Hilfe, war
diese doch so unwirksam, daß abermals Abgesandte aus dieser
Stadt nach Tezcuco kamen, mit einer bilderschriftlichen Karte,
worauf einige feste Plätze in ihrer Nachbarschaft abgezeichnet
waren, von deren aztekischen Besatzungen sie beunruhigt zu
werden erwarten mußten. Cortez entschloß sich, dieses Mal die
Sache selbst zu betreiben und die Gegend so gründlich zu säubern,
um Chalco womöglich in Sicherheit zu stellen. Er beschränkte
sich nicht auf diesen Zweck, sondern beschloß, vor seiner Rückkehr rings um die großen Seen umherzuziehen und das Land
südlich daran auf dieselbe Weise zu erforschen, wie er es vorher
westlich daran getan hatte. Auf seinem Marsche wollte er seine
Waffen gegen einige der festen Plätze richten, von welchen die
Mexikaner bei der Belagerung Unterstützung erwarten dürften.
Es konnten noch zwei oder drei Wochen bis zur Vollendung der
Rennschiffe vergehen, und erwüchse aus der Unternehmung auch
kein anderer Vorteil, so würde sie doch seinen Truppen tätige Beschäftigung geben, deren unruhiger Geist bei dem einförmigen
Lagerleben in Mißvergnügen ausarten könnte.

Er wählte zu der Unternehmung dreißig Reiter und dreihundert
Mann spanisches Fußvolk; nebst einer beträchtlichen Anzahl
tlascalanischer und tezcucanischer Krieger. Die übrige Besatzung
ließ er unter dem Befehl des zuverlässigen Sandoval, der mit dem
freundlichgesinnten Herrn der Hauptstadt auf die Erbauung der
Rennschiffe achthaben und sie vor den Angriffen der Azteken
schützen sollte.

Am fünften April trat er seinen Marsch an und kam am folgenden
Tage nach Chalco, wo er mit einer Anzahl verbündeter Häupt-

linge zusammentraf. Mit Hilfe seiner getreuen Dolmetscher, Dona Marina und Aguilar, erklärte er ihnen den Zweck seines gegenwärtigen Unternehmens; gab seine Absicht kund, die Einschließung von Mexiko durchzusetzen, und verlangte ihren Beistand dazu mit der ganzen Stärke ihrer Mannschaften. Hiezu gaben sie bereitwillig ihre Einwilligung; und bald erhielt er einen genügenden Beweis von ihrer freundlichen Gesinnung in den Streitkräften, welche sich auf dem Marsch an ihn anschlossen und sich, nach einem aus dem Heere, auf eine größere Anzahl beliefen, als sich jemals vorher unter seine Fahnen gestellt hatten.

Nachdem sie Chalco verlassen, drangen die Truppen in südlicher Richtung in die Einöden der wilden Sierra, die mit ihren zackigen Spitzen als eine furchtbare Schanze dient, das Tal ringsumher zu schützen; während sie mit ihren rauhen Armen manche grüne und fruchtbare Weide umschließt. Als die Spanier durch ihre tiefen Schluchten kamen, wandten sie sich zuweilen um den Fuß einer ungeheuren Klippe oder Felshöhe, auf welcher die Einwohner ihre Städte gebaut hatten, auf dieselbe Weise, wie es das europäische Volk im Lehnszeitalter getan hatte, eine Lage, die, wie malerisch sie auch sein mag, eine Unsicherheit als Veranlassung dazu andeutet.

Die Bewohner dieser luftigen Zinnen benutzten ihre Lage dazu, Steine und Pfeile auf die Truppen hinabzuschleudern, wenn diese durch die engen Pässe der Sierra zogen. Cortez verfolgte seinen Weg trotz der fortgesetzten Feindseligkeiten, womit sie ihn belästigten, bis er beim Umbiegen um den Fuß einer ummauerten Klippe, die mit einer starken Besatzung von Indianern versehen war, so stark ins Gedränge kam, daß er fühlte, wenn er vorbeigehe, ohne die Angreifer zu züchtigen, dies einen Mangel an Kraft verraten würde, der ihn in den Augen seiner Verbündeten herabsetzen müsse. Deshalb machte er im Tale halt und befahl einer kleinen Schar leichter Truppen die Anhöhen zu ersteigen, während er selbst mit dem Haupttheere unten blieb, um gegen eine Überraschung des Feindes auf der Hut zu sein.

Der niedrigere Teil der felsigen Anhöhe war so steil, daß die Soldaten nicht ohne Mühe hinauf konnten und mit Hand und Knie, so gut es gehen wollte, klettern mußten. Aber als sie dem Blick der Besatzung freier ausgesetzt wurden, rollte diese ungeheure Felsmassen hinab, welche, längs des Abhanges aufprallend und in Stücke springend, die vordersten Aufklimmenden quetschten und ihre Glieder auf eine fürchterliche Weise zermalmten. Dennoch arbeiteten sie sich weiter aufwärts, bald, indem sie sich irgend eine Furche zunutze machten, die ein Wintergießbach gerissen hatte, bald, indem sie hinter einer vorspringenden Klippe Schutz suchten, oder hinter einem einzeln aufgeschossenen Baume, der in den Spalten des Berges eingeklemmt war. Es war jedoch alles vergebens. Denn kaum wurden sie dem freien Blicke sichtbar, als die Felslawine mit einer Wut auf ihre Köpfe donnerte, gegen welche stählerne Helme und Panzer ihnen keinen größeren Schutz gewährten, als Spinngewebe. Alle wurden mehr oder weniger verwundet. Acht von ihnen blieben auf der Stelle tot — ein Verlust, den die kleine Schar schwer ertragen konnte —, und dem tapferen Fahnenträger Corral, der voranging, wurde das Banner in seinen Händen zu Fetzen zerrissen. Da nun Cortez sich endlich überzeugte, daß der Versuch unausführbar sei, wenigstens ohne einen größeren Verlust als er daran wagen mochte, gab er Befehl zum Rückzug. Es war hohe Zeit; denn schon war ein großer feindlicher Haufe in vollem Marsche durch das Tal, um ihn anzugreifen.

Er wartete die Ankunft desselben nicht ab, sondern sammelte seine gebrochenen Reihen, setzte sich an die Spitze seiner Reiterei und jagte ihnen kühn entgegen. Auf dem ebenen Boden waren die Spanier zu Hause. Die Indianer vermochten nicht dem wütenden Angriffe zu widerstehen, sondern wichen davor in Unordnung zurück. Die Flucht wurde bald allgemein und die feurigen Ritter überstürzten sie im vollen Galopp oder stießen sie mit ihren Lanzen nieder und rächten sich so einigermaßen für ihre letzte Niederlage. Sie setzten die Verfolgung einige englische Meilen weit fort, bis sich der flinke Feind in das rauhe Dickicht der Sierra geflüchtet hatte, wo hinein ihnen die Spanier nicht folgen mochten. Das Wetter war schwül, und da es dem Lande fast ganz an Wasser fehlte, litten Menschen und Pferde gewaltig. Vor Abend erreichten sie einen von einem wilden Maulbeerhain beschatteten Fleck, wo einige dürftige Quellen dem Heere eine unzureichende Hilfe boten. Nahe dabei erhob sich ein anderer Felsgipfel der Sierra, mit einer stärkeren Besatzung als die, auf welche sie in der früheren Tageszeit gestoßen waren; und nicht sehr weit davon stand eine zweite Festung in noch größerer Höhe, aber bedeutend kleiner als jene. Auch diese war von einem Haufen Krieger besetzt, die, gleich denen der angrenzenden Klippe, sofort ihre Feindseligkeit auf eine tätliche Weise kundgaben, indem sie Wurfgeschosse auf die Truppen hinabschleuderten. Cortez, der das Mißgeschick des Morgens wieder gutzumachen wünschte, befahl, die größere und wie es schien zugänglichere Anhöhe anzugreifen. Aber obgleich zwei Versuche mit großer Entschlossenheit gemacht wurden, so mußten die Angreifenden sich doch mit Verlust zurückziehen. Die felsigen Wände des Hügels waren künstlich behauen und glatt gemacht, um so die natürliche Schwierigkeit des Hinaufsteigens zu vermehren. Nun sank ringsumher der Schatten der Nacht herab; und Cortez führte seine Leute zum Maulbeerhain zurück, wo er sein freies Nachtlager aufschlug, tief gekränkt darüber, daß er an einem Tage zweimal dem Feinde hatte weichen müssen.

Während der Nacht gingen die indianischen Truppen, welche die angrenzende Höhe besetzt hielten, zu ihren Kriegsgefährten über, um diesen bei dem Angriffe beizustehen, der, wie sie voraussahen, am folgenden Morgen würde erneuert werden. Kaum hatte der spanische Feldherr beim Anbruch des Tages diese Bewegung wahrgenommen, als er mit seiner gewöhnlichen Raschheit sich dieselbe zunutze machte. Er schickte eine Abteilung Büchsen und Bogenschützen ab, die verlassene Anhöhe zu besetzen, in der Absicht, sobald dies geschehen, den Angriff gegen die anderen persönlich zu leiten. Es währte nicht lange, so sah man das kastilianische Banner vom Felsgipfel herabwehen, worauf der Befehlshaber seine Leute sogleich zum Angriff führte. Und während die Besatzung ihnen auf dieser Seite entschlossen entgegentrat, richtete die Abteilung auf den benachbarten Höhen ein wohlunterhaltenes

Feuer auf den Ort, das dem Feinde so arg zusetzte, daß er nach sehr kurzer Zeit sich zur Übergabe bereit erklärte.

Als die Spanier in den Platz einzogen, fanden sie, daß sich eine ziemlich weite Ebene längs des Kammes der Sierra hinzog, und daß er nicht nur von Männern, sondern auch von Frauen mit ihren Familien und Habseligkeiten bewohnt war. Die Sieger schonten die Personen und das Eigentum der Besiegten, und die Nachricht von dieser Milde bewog die indianische Besatzung, die am Morgen des vorigen Tages so tapferen Widerstand geleistet hatte, ihre Unterwerfung anzubieten.

Nach einem Aufenthalte von zwei Tagen in dieser einsamen Gegend trat das Heer wieder seinen Marsch in südwestlicher Richtung gegen Huaxtepec an, die nämliche Stadt, die sich Sandoval ergeben hatte. Hier wurden sie von dem Kaziken freundlich empfangen und in seinen prächtigen Gärten bewirtet, welche Cortez und seine Offiziere, die sie vorher noch nicht gesehen hatten, den schönsten in Kastilien an die Seite setzten. Die verwickelten Wildnisse des Gebirges weiter durchziehend, kam das Heer durch Jautepec und mehrere andere Orte, die bei ihrem Herannahen geräumt wurden. Da die Einwohner ihnen aber in bewaffneten Haufen von der Seite und im Rücken folgten und ihnen gelegentlich Schaden zufügten, rächten sich die Spanier durch Verbrennung ihrer verlassenen Städte.

Auf ihrem so durch Feuer bezeichneten Wege stiegen sie die steilen Abhänge der Kordilleren hinab, die gegen Süden weit abschüssiger sind als auf der atlantischen Seite. In der Tat ist eine einzige Tagereise hinreichend, um den Reisenden auf einen mehrere tausend Fuß niedrigeren Boden zu versetzen, als auf welchem er sich am Morgen befand; und er wird so in wenigen Stunden durch die Himmelstriche mehrerer Breitegrade geführt. Der Weg des Heeres ging über manchen mit Lava und schwarzen Schlacken bedeckten Morgen Landes, der den vulkanischen Charakter der Gegend bezeugte; dennoch wechselte dieser oft mit grünen Landflecken und selbst mit Strichen von üppiger Fruchtbarkeit ab, als ob die Natur gestrebt hätte, durch diese ungewöhnliche Anstrengung den Fluch der Unfruchtbarkeit wieder zu vergüten, der anderswo auf dem Lande lastet. Am neunten Tage ihres Marsches langten die Truppen vor der festen Stadt Quauhnahuac an, oder Cuernavaca, wie sie die Spanier seitdem nennen. Sie war die ehemalige Hauptstadt der Tlahuicaner, und an Reichtum und Bevölkerung die ansehnlichste Stadt in diesem Teile des Landes. Sie war den Azteken abgabenpflichtig und hatte eine Besatzung dieses Volkes. Die Stadt hatte eine sonderbare Lage auf einem vorspringenden Stück Land, von Barrancas oder furchtbaren Bergschluchten umschlossen, ausgenommen auf einer Seite, welche die Aussicht auf eine reiche und wohlangelegte Gegend öffnete. Denn, obgleich der Ort auf einer Anhöhe zwischen fünf- und sechstausend Fuß über dem Meeresspiegel lag, so hatte er doch eine nach Süden zu offene und durch die Bergwand so gegen Norden geschützte Lage, daß ihr Himmelstrich so sanft und angenehm wie der einer weit niedrigeren Gegend war.

Vor dieser Stadt angekommen, der südlichsten, welche die Spanier auf ihrem Zuge berührten, sahen sie sich davon durch eine der vorhin erwähnten großen Barrancas getrennt, welche einer jener schrecklichen Spalten glich, die in den mexikanischen Andes nicht selten und ohne Zweifel durch irgend eine furchtbare Umwälzung früherer Zeitalter entstanden sind. Die felsigen Wände der Bergschlucht stürzten so senkrecht ab und waren so nackt, daß sie kaum eine Spur von Kaktus oder den anderen harten Pflanzen zeigten, womit die Natur in diesen unfruchtbaren Gegenden ihre mißgestalteten Formen so anmutig bedeckt. Der Boden der Kluft bot indes einen auffallenden Gegensatz dazu, denn er war buchstäblich stickend voll reichen, wildaufschießenden Pflanzenwuchses; die ungeheuren Felswände, welche diese Barrancas umschließen, schützten sie nämlich vor den kalten Winden der Kordilleren und warfen die scheitelrechten Sonnenstrahlen so zurück, daß sie eine fast erstickende Hitze innerhalb verbreiten, wodurch sie den Boden zu der üppigen Fruchtbarkeit der Tierra caliente reizen. Vermittels dieser Treibhausvorrichtung, sozusagen, können die Bewohner der Städte am Rande derselben oberhalb leicht zu den Pflanzenerzeugnissen gelangen, die man in den schwülen Gegenden der Niederungen findet.

Im Grunde der Schlucht sah man einen kleinen Fluß, der sanft aus den steinigen Eingeweiden der Sierra hervorquoll, in seinem schmalen Bett fortrinnen, der durch seine fortwährende Feuchtigkeit zur üppigen Fruchtbarkeit des Tales beitrug. Über dieses Flüßchen, das zu gewissen Zeiten des Jahres zu einem Strome anschwoll, führten in einiger Entfernung unterhalb der Stadt, wo die abhängigen Wände der Barranca einen bequemeren Durchgang gestatteten, zwei rohe Brücken, welche beide vor der Ankunft der Spanier abgebrochen worden waren. Die letzteren waren nun am Rande der Kluft angelangt, welche zwischen ihnen und der Stadt lag. Sie war, wie schon bemerkt, von keiner großen Breite, und das an ihren Rändern aufgestellte Heer fand sich gerade den Bogenschützen der Besatzung ausgesetzt, auf welche ihr eigenes Feuer wenig Eindruck machte, da sie durch ihre Festungswerke geschützt war.

Von dieser unangenehmen Lage belästigt, sandte der Befehlshaber eine Abteilung ab, um weiter unten einen Durchgang zu suchen, auf welchem die Truppen jenseits festen Fuß fassen könnten. Aber obgleich die Ufer des Waldstromes weniger furchtbar wurden, je tiefer sie kamen, so fanden sie doch kein Mittel, über den Fluß zu setzen, bis sich unerwartet ein Pfad darbot, auf den wahrscheinlich niemand vorher die Kühnheit gehabt hatte sich zu wagen.

Von den Klippen der gegenüber stehenden Seiten der Barranca waren zwei Bäume zu einer ungeheuren Höhe aufgeschossen und hatten, zueinandergebogen, ihre Zweige so zusammen verschlungen, daß sie eine Art von natürlicher Brücke bildeten. Auf diesem Wege, mitten in der Luft, meinte ein Tlascalaner, würde es nicht schwer sein, nach dem gegenüberliegenden Ufer zu gelangen. Dem kühnen Bergbewohner gelang der Versuch und bald folgten einige andere seiner Landsleute nach, die in ihren heimischen Bergen an Körperübungen gewöhnt waren, welche Gewandtheit und Kraft erheischten. Die Spanier folgten ihrem Beispiel. Es war ein gefährliches Beginnen für einen bewaffneten Mann, diese luftige Kunststraße einzuschlagen, die vom Winde hin und her bewegt wurde, worauf ihn Schwindel ergreifen und eine einzige unrichtige Bewegung von Hand oder Fuß in den Abgrund stürzen konnte. Drei von den Soldaten verloren ihre Haltung und fielen hinab. Die übrigen, aus zwanzig oder dreißig Spaniern und einer beträchtlichen Anzahl Tlascalanern bestehend, gelangten glücklich ans jenseitige Ufer. Daselbst stellten sie sich schnell in Reih' und Glied und marschierten in aller Eile nach der Stadt. Der mit den Kastilianern auf dem gegenüber stehenden Rande der Schlucht im Kampf begriffene Feind wurde überrumpelt — was in der Tat auf keine überraschendere Weise geschehen konnte, wenn sie ihren Feind hätten aus den Wolken aufs Schlachtfeld fallen sehen.

Sie leisteten indes tapferen Widrstand, als es zum Glück den Spaniern gelang, eine von den zerstörten Brücken so wiederherzustellen, daß sowohl Reiter als Fußvolk, wenn auch etwas langsam, über den Fluß setzen konnten. Die Reiter, unter Olid und Andreas de Tapia, stellten sich sogleich auf, um ihren Landsleuten beizustehen. Bald nach ihnen folgte Cortez an der Spitze der übrigen Schlachthaufen, und der Feind, von einem Punkte zum anderen getrieben, sah sich genötigt, die Stadt zu räumen und sich in das Gebirge zu flüchten. Die Gebäude in einem Teile der Stadt gingen bald in Flammen auf. Die Stadt wurde der Plünderung überlassen, und da sie einer der reichsten Märkte im Lande war, fanden die Sieger hinreichende Entschädigung für die Mühe und Gefahr, die sie ausgestanden hatten. Bald darauf kehrten die zitternden Kaziken nach der Stadt zurück, erschienen vor Cortez, suchten seinen Groll gegen sie zu verscheuchen, indem sie, wie gewöhnlich, alle Schuld auf die Mexikaner schoben, und unterwarfen sich seiner Gnade. Zufrieden mit ihrer Unterwerfung, verbot er jede Gewalt gegen die Einwohner.

Nachdem der spanische Befehlshaber so den großen Zweck seines Zuges durch die Berge erreicht hatte, richtete er seinen Blick nordwärts, um wieder die furchtbare Bergwand zu überschreiten, die ihn vom Tale trennte. Das steile und beschwerliche Aufsteigen wurde durch Felsstücke und lose Steine, welche im Wege lagen, noch mehr erschwert. Die Bergwände und Gipfel starrten von dichten Fichten und verkrüppelten Eichenwäldern, durch welche die Gegend einen düsteren Eindruck machte.

Das Wetter war schwül, und da es dem steinigen Boden fast ganz an Wasser fehlte, litten die Truppen entsetzlichen Durst. Mehrere von ihnen sanken auf dem Wege ohnmächtig nieder und einige von den indianischen Verbündeten starben aus Erschöpfung. Die Marschlinie des Heeres muß über die östlichen Rücken des Berges geführt haben, Cruz del Marques oder Kreuz des Marquis genannt, von einem ungeheuren, dort errichteten steinernen Kreuze, das die Grenze des von der Krone an Cortez, als Marquis della Valle, verliehenen Gebietes bezeichnete. Ein großer Teil des zuletzt von den Truppen zurückgelegten Weges führte in der Tat durch die fürstliche Länderei, die später dem Eroberer überwiesen wurde. Von diesen Höhen herab genossen die Spanier eine ganz andere Aussicht, als irgend eine, die sie vorher von dem mexikanischen Tale gehabt hatten, das wahrscheinlich durch den Vergleich mit der wilden Landschaft, durch welche sie sich zuletzt winden mußten, in ihren Augen reizender wurde. Es war der angenehmste und volkreichste Teil desselben, denn an keinem anderen lagen Städte und Dörfer so dicht beieinander, als rings um den See von süßem Wasser. Indes von welcher Seite auch betrachtet, bot die zauberische Gegend den nämlichen Anblick natürlicher Schönheit und Bodenpflege, mit blühenden Landhäusern und dem schönen See in der Mitte, dessen dunkle und glatte Oberfläche wie ein Spiegel glänzte, tief eingefaßt in dem ungeheuren Porphyrrahmen, mit welchem die Natur ihn umschlossen hatte.

Der Angriffspunkt, den der Befehlshaber wählte, war Xochimilco oder „das Blumenfeld", so genannt wegen der schwimmenden Gärten, die auf den nahe gelegenen Gewässern gleichsam vor Anker lagen. Es war eine der mächtigsten und reichsten Städte im Tale und eine treue Anhängerin der aztekischen Krone. Sie lag, wie die Hauptstadt selbst, zum Teil im Wasser und stand vermittels nicht sehr langer Dammwege mit dem Lande in Verbindung. Die Stadt bestand aus Häusern wie die der meisten anderen Städte gleicher Größe im Lande, meistenteils aus Hütten oder Baracken von Lehm und leichtem Bambus, untermischt mit hohen Teocallis und steinernen Gebäuden, die den reicheren Ständen gehörten.

Beim Vorrücken stießen die Spanier auf feindliche Plänkler, die nach Abschießung einer leichten Ladung Pfeile sich schnell vor ihnen zurückgezogen. Da sie ihre Richtung gegen Xochimilco nahmen, schloß Cortez, daß sie darauf vorbereitet seien, ihm in bedeutender Stärke Widerstand zu leisten. Dieselbe übertraf seine Erwartungen.

Als er über den Hauptdammweg ging, fand er denselben am äußersten Ende von einem zahlreichen Kriegerhaufen besetzt, der, jenseits einer abgebrochenen Brücke aufgestellt, ihm den Übergang streitig zu machen gerüstet war. Sie hatten eine einstweilige Wand von Schanzpfählen aufgestellt, welche sie vor dem Gewehrfeuer schützte. Aber das Wasser in der Nähe derselben war sehr seicht, und Reiter und Fußvolk setzten schwimmend oder watend, so gut es gehen wollte, unter einem Hagel von Wurfgeschossen bis zum Landungsplatze nahe bei der Stadt hindurch. Hier wurden sie mit dem Feinde handgemein und jagten ihn, Mann gegen Mann, nach einem heftigen Kampfe auf die Stadt zurück. Einige wenige indes, die ihre Richtung nach dem freien Felde nahmen, wurden von der Reiterei verfolgt. Die von dem Fußvolk hitzig verfolgte große Masse wurde durch Straßen und Gassen ohne großen Widerstand weitergetrieben. Cortez, der sich mit wenigen seines Gefolges aus dem Getümmel losmachte, blieb nahe am Eingang der Stadt zurück. Er befand sich daselbst noch nicht lange, als er von einem neuen Haufen Indianer angegriffen wurde, die plötzlich von einem nahen Damme aus in die Stadt strömten. Mit seiner gewöhnlichen Unerschrockenheit warf sich der Befehlshaber mitten unter sie, in der Hoffnung, dadurch ihr weiteres Vordringen aufzuhalten. Aber sein Gefolge war zu schwach zu seiner Unterstützung und er wurde von der Menge der Streiter überwältigt.

Sein Pferd strauchelte und fiel; und Cortez, der einen scharfen Hieb auf den Kopf erhielt, ehe er aufstehen konnte, wurde ergriffen und von den Indianern in Siegesjauchzen fortgeschleppt. In diesem entscheidenden Augenblicke sprang ein Tlascalaner, der die dringende Gefahr des Befehlshabers bemerkte, gleich einem wilden Panther seiner heimischen Wälder, mitten unter die Anstürmenden und suchte ihnen ihre Beute zu entreißen. Zwei von des Befehlshabers Diener kamen gleichzeitig zu Hilfe, und so gelang es Cortez, mit ihrem Beistande und dem des tapferen Tlascalaners, sich wieder emporzurichten und seine Feinde abzuschütteln. In den Sattel springen und seine gute Lanze schwingen, war das Werk eines Augenblickes. Andere von seinen Leuten kamen schnell hinzu, und da das Waffengeklirr zu den Ohren der Spanier drang, die in der Verfolgung begriffen waren, kehrten sie um und trieben nach einem verzweifelten Kampfe die Feinde gewaltsam aus der Stadt. Ihr Rückzug wurde ihnen indes durch die Reiterei abgeschnitten, die aus dem Lande zurückkam, und so zwischen den beiden Heeressäulen eingeklemmt, wurden sie in Stücke gehauen oder retteten sich dadurch, daß sie sich in den See stürzten.

Dies war die größte persönliche Gefahr, in welche Cortez bisher geraten war. Sein Leben war in der Gewalt der Wilden, und er hätte es unfehlbar verloren, wenn sie nicht so begierig gewesen wären, ihn zum Gefangenen zu machen. Derselben Ursache mag auch wohl oft die Erhaltung der Spanier bei diesen Kriegsvorfällen zuzuschreiben sein. Am folgenden Tage forschte er, wie man sagt, nach dem Tlascalaner, der ihm so kühn zu Hilfe gekommen war, und da er nichts von ihm erfahren konnte, schrieb er seine Erhaltung der Gunst seines Schutzheiligen St. Peter zu.

Es war noch nicht dunkel, als Cortez und sein Gefolge wieder in die Stadt eingezogen. Das erste, was der Befehshaber tat, war, daß er einen von den benachbarten Teocallis bestieg, um die umliegende Gegend kennenzulernen. Daselbst hatte er einen Anblick, der einen kühneren Mut als den seinigen bestürzt gemacht haben würde. Die Oberfläche des salzigen Sees war verdunkelt von Kanus, und der Dammweg mehrere Meilen lang mit indianischen Kriegshaufen bedeckt, die augenscheinlich auf dem Marsch gegen das christliche Lager begriffen waren. In der Tat hatte Guatemozin kaum die Ankunft der weißen Männer erfahren, als er seine Streitmacht in voller Stärke aufbot, um der Stadt zu Hilfe zu eilen. Eben waren seine Truppen unterwegs, und da die Hauptstadt nur vier Leguas weit davon lag, mußten sie bald nach Eintritt der Nacht daselbst eintreffen.

Cortez traf sofort Anstalten zur Verteidigung seines Standlagers. Er stellte eine Abteilung Pikenmänner längs des Landungsplatzes auf, woselbst die Azteken sich vermutlich ausschiffen würden. Er verdoppelte die Schildwachen und machte mit seinen vorzüglichsten Offizieren öfters Runden während der Nacht. Er hatte auch noch deshalb Grund wachsam zu sein, weil die Pfeile der Armbrustschützen beinahe erschöpft und die Bogenschützen eifrig beschäftigt waren, Schäfte zu den kupfernen Spitzen zu schneiden und einzurichten, mit denen das Heer in großer Menge versorgt war. Es wurde in jener Nacht im Lager nur wenig geschlafen.

Sie ging indes ohne Beunruhigung von seiten des Feindes vorüber und war, wenn auch nicht stürmisch, doch außerordentlich finster. Aber obgleich die Spanier auf dem Posten nichts sehen konnten, so hörten sie doch deutlich das Geräusch vieler Ruder im Wasser, nicht weit entfernt vom Ufer. Indes machten die an Bord Befindlichen, die Anstalten, die zu ihrem Empfang getroffen waren, befürchtend oder auch wohl vielleicht davon benachrichtigt, keinen Versuch zu landen. Mit Anbruch des Tages waren sie unter Waffen, und ohne abzuwarten, was die Spanier vornehmen würden, strömten sie in die Stadt und griffen sie in ihren Quartieren an.

Die Spanier, die sich auf dem freien Platze rings um einen der Teocallis versammelt hatten, wurden zu ihrem Nachteil in der Stadt angegriffen, wo die engen Straßen und Gassen, von denen viele mit einem weichen, schlüpfrigen Mörtel bedeckt waren, den Bewegungen der Reiterei große Hindernisse in den Weg legten. Aber Cortez ließ eiligst seine Büchsen- und Bogenschützen aufmarschieren und richtete ein so lebhaftes, wohlgezieltes Feuer auf die feindlichen Reihen, daß diese dadurch in Unordnung gebracht und zum Weichen genötigt wurden. Das Fußvolk verfolgte sie mit seinen langen Piken und die Reiterei griff sie eiligst an, so wie die Azteken aus der Stadt kamen, und jagte sie mehrere Meilen weit auf dem festen Lande.

In einiger Entfernung trafen sie mit einer bedeutenden Verstärkung ihrer Landsleute zusammen und vereinigten sich mit ihnen; der Strom der Schlacht wandte sich, und die davon mit fortgerissenen Ritter ließen ihren Rossen die Zügel schießen und ritten im vollen Galopp gegen die Stadt zurück. Sie waren noch nicht weit vorwärts gekommen, als sie auf den Hauptteil des Heeres stießen, der rasch zu ihrer Unterstützung herankam. Hiedurch verstärkt, kehrten sie noch einmal zum Angriff um, und die beiden feindlichen Scharen stießen in gestrecktem Laufe, mit der Gewalt eines Erdbebens, gegeneinander. Eine Zeitlang schien der Sieg zu schwanken, da das mächtige Getümmel unter gegenseitigem Angriff hin und her wogte, und ein verworrenes Geschrei erhob sich zum Himmel, in welchem sich das Kriegsgeheul des Wilden mit dem Schlachtruf des Christen — einem noch fremden Ton auf diesen entlegenen Küsten — mischte. Aber zuletzt behielt kastilianischer Mut oder vielmehr kastilianische Waffen- und Kriegszucht die Oberhand. Der Feind wankte, gab nach, Schritt vor Schritt zurückweichend, bis der Rückzug bald in einer allgemeinen Flucht endigte und die dem fliehenden Feinde nachsetzenden Spanier ihn vom Schlachtfelde trieben, unter einem so schrecklichen Gemetzel, daß er nicht weiter versuchte, die Schlacht von neuem zu beginnen.

Nun waren die Sieger unbestrittene Herren der Stadt. Es war ein wohlhabender Ort, worin sich große Vorräte von indianischen Kunsterzeugnissen von Baumwolle, Gold, Federarbeit und anderen Nutz- und Luxusgegenständen befanden, die den Soldaten eine reiche Beute darboten. Während sie mit der Plünderung beschäftigt waren, überfiel eine aus den Kanus gelandete Abteilung des Feindes die mit Kaufmannswaren beladenen Nachzügler und machte vier von ihnen zu Gefangenen. Dies machte bei den Truppen einen größeren Eindruck, als wenn eine zehnmal größere Anzahl auf dem Schlachtfelde gefallen wäre. Denn es war wirklich etwas Seltenes, daß ein Spanier sich lebendig gefangennehmen ließ. Im gegenwärtigen Falle wurden die unglücklichen Menschen überrumpelt. Sie wurden eiligst nach der Hauptstadt geschleppt und bald darauf geopfert; dabei wurden ihnen Arme und Beine auf Befehl des wilden jungen Häuptlings der Azteken abgeschnitten und an die verschiedenen Städte umhergesandt, mit dem Versprechen, daß dies das Schicksal aller Feinde Mexikos sein sollte!

Von den im letzten Gefechte gemachten Gefangenen erfuhr Cortez, daß die von Guatemozin bereits abgesandten Truppen nur ein kleiner Teil seiner Aushebungen seien, daß seine Staatsklugheit darin bestehe, eine Abteilung nach der anderen zu schicken, bis die Spanier, wie siegreich sie auch den Kampf mit jeder einzelnen bestanden, zuletzt aus Erschöpfung unterliegen und so gleichsam durch ihre eigenen Siege besiegt werden möchten.

Nachdem nun die Soldaten die Stadt geplündert hatten, mochte Cortez keine ferneren Angriffe des Feindes in seinem gegenwärtigen Standlager abwarten. Am vierten Morgen nach seiner Ankunft versammelte er seine Truppen auf einer nahe gelegenen Ebene. Viele von denselben kamen keuchend unter der Last ihrer gemachten Beute. Der Befehlshaber bemerkte dies mit Mißvergnügen. Er sagte, sie müßten jetzt durch eine volkreiche Gegend marschieren, die unter Waffen stehe, um ihnen ihren Durchgang streitig zu machen. Zu ihrer eigenen Sicherheit müßten sie sich so leicht und unbelästigt als möglich bewegen können. Der Anblick so vieler Beute würde die Begier ihrer Feinde reizen und sie gleich einem Schwarme nach ihrem Raube hungernder Adler anziehen. Aber seine Beredsamkeit blieb unwirksam auf seine Leute, die ihm offen erklärten, sie hätten ein Recht auf die Frucht ihrer Siege und würden das, was sie mit Schwertern erbeutet, auch mit denselben zu verteidigen wissen.

Da der Befehlshaber sah, daß sie so fest auf ihr Vorhaben bestanden, wollte er ihrer Neigung nicht länger widerstreiten. Er ließ das Gepäck ins Mitteltreffen bringen und stellte einige Mann

Reiterei dabei auf; die übrigen verteilte er zwischen Vordertreffen und Nachhut, bei welcher letzteren, als dem dem Angriff am meisten ausgesetzten Posten, er auch seinen Büchsen- und Bogenschützen ihren Platz anwies. So vorbereitet, trat er wieder seinen Marsch an, steckte aber vorher die brennbaren Gebäude Xochimilcos in Brand, als Vergeltung für den Widerstand, auf den er daselbst gestoßen war. Die Flamme der brennenden Stadt stieg hoch empor, sandte ihren verhängnisvollen Glanz weit und breit über Wasser und verkündete den Uferbewohnern, daß die unseligen Fremden, die ihre Orakel schon so lange verkündet hatten, wie ein verzehrendes Feuer zu ihnen herabgekommen seien.

Zuweilen ließen sich kleine feindliche Haufen in der Ferne sehen, aber sie wagten nicht, das Heer auf seinem Marsche anzugreifen; noch vor Mittag kam dasselbe nach Cojohuacan, einer großen Stadt, ungefähr zwei Leguas weit von Xochimilco. In diesem volkreichen Teile des Tales konnte man kaum eine solche Strecke reisen, ohne auf eine Stadt von beträchtlichem Umfang zu stoßen, oft die Hauptstadt eines ehemals unabhängigen Staates. Die Einwohner, aus verschiedenen Volksstämmen herrührend und etwas verschiedene Mundarten redend, gehörten zu derselben großen Völkerfamilie, die aus der wirklichen oder eingebildeten Gegend von Aztlan, im fernen Nordwesten, gekommen war. Rings um ihren Bergsee wohnend, fuhren diese unbedeutenden Gemeinden nach ihrer Einverleibung mit dem aztekischen Königreiche fort, einen Geist der Eifersucht in ihrem Verkehr miteinander zu nähren, welcher — wie dies bei den Städten des Mittelländischen Meeres zu den Zeiten der Lehnsherrschaft der Fall war — ihre geistigen Kräfte belebte und das mexikanische Tal auf der Stufenleiter der Sittigung höher erhob als die meisten anderen Gegenden Anahuacs.

Die Stadt, in welcher das Heer jetzt anlangte, war von ihren Einwohnern verlassen worden, und Cortez hielt sich zwei Tage daselbst auf, um seinen Truppen Erholung und den Verwundeten die nötige Pflege zu verschaffen. Er benutzte diese Zeit, die umliegende Gegend zu durchspähen, und begleitet von einer starken

Mannschaft, stieg er auf den Dammweg hinab, welcher von Cojohuacan nach der großen Straße von Iztapalapan führt. Bei dem Durchschnittspunkte, Xoloc genannt, fand er eine starke Befestigungsmauer, hinter welcher eine mexikanische Streitmacht verschanzt lag. Ihre Bogenschützen fügten den Spaniern einigen Schaden zu, als sie in Schußweite kamen. Diese marschierten aber unerschrocken angesichts des Pfeilhagels vorwärts, erstürmten die Festungswerke und trieben den Feind nach einem hartnäckigen Kampfe aus seiner Stellung. Hierauf rückte Cortez ein wenig auf dem großen Dammwege von Iztapalapan vor; am äußersten Ende sah er denselben aber von einem zahlreichen Kriegerhaufen verdunkelt, und da er sich eben nicht unnötig in Feindseligkeiten einlassen mochte, besonders weil sein Schießbedarf fast gänzlich erschöpft war, kehrte er um und zog sich in sein Standlager zurück. Am folgenden Tage setzte das Heer seinen Marsch fort, indem es den Weg nach dem nur wenige Meilen entfernten Tacuba einschlug. Unterwegs hatte es viel von feindlichen Streifparteien zu leiden, die, wütend über den Anblick der Beute, welche die Eindringlinge fortschleppten, sie zu wiederholten Malen von der Seite und im Rücken angriffen. Cortez vergalt es ihnen, wie bei der früheren Unternehmung, vermittels einer ihrer eigenen Kriegslisten, aber mit geringerem Erfolge als vorher; denn indem er den Feind zu hitzig verfolgte, geriet er mit seiner Reiterei in einen Hinterhalt, den sie ihm ihrerseits gelegt hatten. Er war ihrer schlauen Kriegführung noch nicht gewachsen. Die spanischen Ritter wurden in einem Augenblick von ihrem gewandten Feinde eingeschlossen und von dem Rest ihres Heeres getrennt. Aber sie spornten ihre guten Kampfrosse, griffen in festgeschlossener Reihe an, und so gelang es ihnen, den indianischen Kriegshaufen zu durchbrechen und zu entkommen, bis auf zwei Mann, die dem Feinde in die Hände fielen. Es waren die eigenen Diener des Befehlshabers, die ihm den ganzen Feldzug hindurch treu gefolgt waren, und ihr Verlust schmerzte ihn sehr. Als die kleine Schar wieder zum Heere zurückkam, das in einiger Besorgnis während ihrer Abwesenheit unter den Mauern von Tacuba haltgemacht hatte, waren die Soldaten erstaunt über das niedergeschlagene Aussehen ihres Befehlshabers, das seine Gemütsbewegungen verriet. Die Sonne stand noch hoch am Himmel als sie in die ehemalige Hauptstadt der Tepaneken einzogen. Cortez' erste Sorge war, auf den Hauptteocalli zu steigen und die umliegende Gegend zu überschauen. Es war ein wundervoller Standpunkt, von wo aus man die Hauptstadt, die nur kaum etwas über eine Legua davon entfernt lag, und deren unmittelbare Umgebung übersehen konnte. In Cortez' Begleitung befand sich Alderete, der Schatzmeister und einige andere Ritter, die erst vor kurzem unter sein Banner getreten waren. Das Schauspiel war noch neu für sie; und als sie die prächtige Stadt anstaunten mit ihrem breiten, mit Booten und Barken bedeckten See, die rasch hin und her fuhren, wie sie teils mit Waren, Früchten oder Gemüsen für die Märkte von Tenochtitlan beladen, teils ganz mit Kriegern angefüllt hin und her schossen, konnten sie ihre Verwunderung über das Leben und die Tätigkeit des Schauspieles nicht unterdrücken, und sie erklärten, daß nur die Hand der Vorsehung imstande gewesen sei, ihre Landsleute glücklich mitten durch dieses mächtige Reich hindurchzuführen.

Mitten in dem bewundernden Kreise war, wie man bemerkte, Cortez' Stirn allein umwölkt, und ein Seufzer, der sich zuweilen hörbar aus seiner Brust stahl, bezeugte, welche trübseligen Gedanken sein Inneres bewegten. „Tröste dich," sagte einer von den Rittern, indem er sich seinem Befehlshaber nahte und ihn auf seine rauhe Weise über seinen eben erlittenen Verlust beruhigen wollte, „du mußt dir solche Dinge nicht so zu Herzen ziehen, das Kriegsgeschick bringt es so mit sich." Die Antwort des Befehlshabers gab Kunde vom Gegenstande seines Nachdenkens. „Du bist mein Zeuge," sagte er, „wie oft ich mich bemüht habe, jene Hauptstadt zu friedlicher Übergabe zu bewegen. Es erfüllt mich mit Kummer, wenn ich an die Beschwerden und Gefahren denke, die meinen tapferen Gefährten noch bevorstehen, ehe wir sie werden unser nennen können. Aber die Zeit ist gekommen, wo wir Hand ans Werk legen müssen."

Es ist kein Zweifel, daß Cortez mit jedem Manne seines Heeres fühlte, daß er auf einem heiligen Kreuzzuge begriffen sei, und daß, abgesehen von persönlichen Rücksichten, er dem Himmel nicht besser dienen könne, als wenn er das Kreuz auf die blutbefleckten Türme der heidnischen Hauptstadt aufpflanzte. Aber es war auch natürlich, daß er einige Zerknirschung fühlte, als er auf die anmutige Landschaft blickte, und an den nahenden Sturm dachte, und wie bald die sich öffnenden Blüten der Sittigung, die sich seinem Auge darboten, unter dem rauhen Atem des Krieges verdorren müßten. Es war ein erschütternder Anblick, den der große Eroberer gewährte, wie er schweigend über die Verwüstung nachdachte, die er in Begriff stand über das Land zu bringen! Es scheint einen tiefen Eindruck auf seine Soldaten gemacht zu haben, die an solche Beweise seines tiefen Gefühles nicht gewöhnt waren; und es liefert den Stoff zu einer jener Romanzen oder volkstümlichen Gesänge, durch welche der kastilianische Dichter in alten Zeiten die Lieblingshelden seines Vaterlandes zu feiern liebte, und die in der Mitte zwischen mündlicher Überlieferung und Zeitgeschichte so unvergänglich im Gedächtnis geblieben sind wie die Zeitgeschichte selbst.

Tacuba war der Punkt, bis zu welchem Cortez bei seinem früheren Zuge, um die nördliche Seite des Tales herum, gelangt war. Er hatte also jetzt die ganze Runde um den See gemacht; die verschiedenen Zugänge zur Hauptstadt untersucht und mit eigenen Augen die Anstalten besichtigt, die von der gegenüberliegenden Seite zu ihrer Verteidigung getroffen waren. Er hatte keine Veranlassung, länger in Tacuba zu verweilen, dessen Nähe von Mexiko ihm dessen ganze kriegerische Bevölkerung bald auf den Hals ziehen mußte.

Früh am folgenden Morgen trat er wieder seinen Marsch an und schlug den Weg ein, den er bei seinem früheren Zuge nördlich von den kleinen Seen genommen hatte. Er wurde vom Feinde weniger beunruhigt als an den vorhergehenden Tagen; ein Umstand, den er vielleicht einigermaßen der Witterung verdankte, die außerordentlich stürmisch war. Die Soldaten mit ihrer von

Nässe schweren Kleidung wateten mühsam durch schlammige, von Regengüssen überflutete Wege. Einmal, wie ihr soldatischer Zeitgeschichtschreiber uns sagt, unterließen es die Offiziere, ihre Runde im Lager zu machen, und die Schildwachen, die Posten zu beziehen, weil sie sich auf den heftigen Sturm als Schutz verließen; wiewohl das Schicksal Narvaez' sie gelehrt haben mußte, nicht ihr Vertrauen auf die Elemente zu setzen.

Zu Acolman, im acolhuanischen Gebiete, trafen sie Sandoval mit dem freundlich gesinnten Kaziken von Tezcuco und mehreren Rittern, unter denen einige neuerdings von den Inseln angekommen waren. Sie begrüßten ihre Landsleute herzlich und teilten ihnen die Nachricht mit, daß der Wassergraben fertig und die Renn-schiffe, ausgerüstet und bemannt, bereit seien, im See vom Stapel zu laufen. Es schien daher kein Grund mehr vorhanden zu sein, die Unternehmungen gegen Mexiko länger aufzuschieben. Mit dieser willkommenen Nachricht zogen Cortez und seine siegreichen Scharen zum letztenmal in die acolhuanische Hauptstadt ein, nach-dem sie gerade drei Wochen gebraucht hatten, das Tal vollständig zu umkreisen.

VIERTES HAUPTSTÜCK

*Verschwörung im Heere | Die Rennschiffe laufen vom Stapel
Musterung der Streitkräfte | Hinrichtung Xicotencatls | Marsch
des Heeres | Anfang der Belagerung*
1521

Zu derselben Zeit, wo Cortez sich mit der die Belagerung der
Hauptstadt vorbereitenden Erforschung des Tales beschäftigte,
war in Kastilien eine Partei eifrig bemüht, sein Ansehen zu unter-
graben und seine Eroberungspläne gänzlich zu zerstören. Der
Ruf von seinen glänzenden Taten hatte sich nicht nur auf den
Inseln, sondern auch bis nach Spanien und vielen Teilen von
Europa verbreitet, wo die unbesiegliche Willenstärke des Mannes
allgemeine Bewunderung erregte, der gleichsam mit seinem alleinigen Arm so lange einen Kampf mit dem mächtigen indianischen
Reiche durchführen konnte. Die Abwesenheit des spanischen
Herrschers aus seinem Königreiche und die Unruhen im Lande
können allein die stumpfe Gleichgültigkeit erklären, welche die
Regierung bei dem Fortschritt dieses großen Unternehmens zeigte.
Denselben Ursachen mag es beizumessen sein, daß in den Rechts-
streiten von Velasquez und Narvaez, obgleich sie sich auf einen
so mächtigen Fürsprecher, wie den Bischof Fonseca, Vorsitzenden
des indischen Rates, stützten, keine Entscheidung zu erlangen war.
Die Zügel der Regierung waren in die Hände Adrians von
Utrecht, Carls Hofmeister und später Papst, geraten, eines Mannes von Kenntnissen und nicht ohne Scharfsinn, aber langsam und
schüchtern in seiner Staatsklugheit, und jener entschlossenen Tätigkeit ganz unfähig, welche dem kühnen Geiste seines Vorgängers,
Kardinals Ximenes, eigen war.
Im Frühjahr 1521 wurden indes eine Anzahl Verordnungen im
Rate von Indien erlassen, welche die Angelegenheiten Neuspaniens
mit einer wichtigen Veränderung bedrohten. Es wurde befohlen,
daß der königliche Gerichtshof von Hispaniola das bereits gegen
Narvaez eingeleitete Verfahren wegen seiner Behandlung des

Beamten Ayllon aufgeben solle; daß jener unglückliche Anführer aus seiner Gefangenschaft in Vera Cruz befreit, und daß ein Schiedsrichter nach Mexiko gesandt werde, mit der Befugnis, die Angelegenheiten und das Betragen von Cortez zu untersuchen und dem Statthalter von Kuba volle Gerechtigkeit widerfahren zu lassen. Es fehlte am Hofe nicht an Personen, welche dies Verfahren als eine unwürdige Vergeltung der von Cortez geleisteten Dienste mißbilligten und den gegenwärtigen Augenblick nicht für den passendsten hielten, um Maßnahmen zu ergreifen, welche den Befehlshaber entmutigen und ihn vielleicht zur Verzweiflung bringen könnten. Aber der anmaßende Charakter des Bischofs von Burgos setzte sich über alle Einwendungen hinweg, und da die Verordnungen von der Regentschaft genehmigt worden waren, wurden sie von dieser am 11. April 1521 unterzeichnet. Ein Mann namens Tapia, einer der Beamten vom Gerichtshofe zu St. Domingo, wurde zum neuen Bevollmächtigten gewählt, um nach Vera Cruz abgeschickt zu werden. Glücklicherweise traten Umstände ein, welche die Ausführung des Vorhabens für den Augenblick verschoben und Cortez erlaubten, seine Eroberungslaufbahn ungehemmt zu verfolgen.

Aber während es ihm wenigstens für jetzt gestattet war, im Genuß seines Ansehens zu bleiben, ward er von einer ihm näheren Gefahr befallen, welche nicht nur seine Macht, sondern auch sein Leben bedrohte. Dies war eine Verschwörung in seinem Heere, von einer schwärzeren und gefährlicheren Art als irgend eine bisher gebildete. Sie wurde von einem der gemeinen Soldaten, namens Antonio Villafana, aus Altkastilien gebürtig, angezettelt, von dem nichts weiter bekannt ist, als seine Teilnahme an diesem Vorfall. Er gehörte zu den Truppen von Narvaez, diesem im Heere zurückgebliebenen Sauerteig des Mißvergnügens, der bei jeder unbedeutenden Gelegenheit in Unzufriedenheit aufgor und jederzeit bereit war, sich meuterisch zu erheben. Sie waren nach der Ausscheidung ihrer Gefährten in Tlascala freiwillig im Dienst geblieben, aber dies geschah wegen derselben lohnsüchtigen Hoffnungen, welche sie ursprünglich veranlaßt hatten, an dem Unter-

nehmen Anteil zu nehmen — und in diesen hatten sie noch das
Schicksal, sich getäuscht zu sehen. Sie hatten wenig von dem
wahren Sinn für Abenteuer, durch welchen sich Cortez' alte Gefährten auszeichneten; und ihnen galten die unfruchtbaren Sieges-
lorbeeren nur als eine traurige Belohnung für alle ihre Beschwerden
und Leiden.

Zu diesen Menschen gesellten sich andere, welche Grund zu
persönlichem Groll gegen den Befehlshaber hatten; und noch
andere, die dem Erfolge des Krieges mißtrauten. Das trübe Schicksal ihrer Landsleute, die dem Feinde in die Hände gefallen waren,
erfüllten sie mit Schrecken. Sie betrachteten sich als Opfer eines
überspannten Geistes in ihrem Anführer, der mit so unverhältnismäßigen Mitteln einen so wilden und furchtbaren Feind aufs
Äußerste treiben wolle; und sie sträubten sich mit einem Gefühle
von Besorgnis gegen eine solche Verfolgung des Feindes in seinen
eigenen Wohnplätzen, wo ihm Verzweiflung zehnfache Kräfte
verleihen würde.

Diese Leute hätten gern das Unternehmen aufgegeben und sich
nach Kuba zurückgezogen; aber wie vermochten sie dies? Cortez
beherrschte den ganzen Weg von der Stadt bis zur Seeküste; und
ohne seine Erlaubnis durfte kein Schiff den Hafen verlassen. Selbst
wenn er aus dem Wege geräumt würde, waren andere da, seine
vornehmsten Offiziere, die bereit sein würden, an seine Stelle zu
treten und den Tod ihres Anführers zu rächen. Es war also nötig,
auch diese in den Vernichtungsplan zu begreifen; und man beschloß daher, zugleich mit Cortez auch Sandoval, Olid, Alvarado
und zwei oder drei andere, ihm am meisten Ergebene zu ermorden. Alsdann wollten die Verschwörer den Freiheitsruf erheben, und zweifelten nicht, daß der größere Teil des Heeres sich
ihnen anschließen werde, wenigstens genug, daß sie imstande
wären, nach ihrem eigenen Gutdünken zu verfahren. Sie nahmen
sich vor, den Oberbefehl, nach Cortez' Tode, Francisco Verdugo,
einem Schwager von Velasquez, anzubieten. Dieser war ein ehren-
werter Ritter und ihrer Absicht fremd. Aber sie zweifelten kaum,
daß er sich zur Übernahme des ihm gewissermaßen aufgedrungenen

Befehles verstehen, und dies ihnen den Schutz des Statthalters von Kuba sichern dürfte, der aus Haß gegen Cortez geneigt sein würde, ihr Verfahren gelinde zu beurteilen.

Die Verschwörer gingen selbst so weit, die untergeordneten Beamten zu ernennen, einen Alguacil mayor statt Sandoval, einen Oberquartiermeister statt Olid und einige andere. Die zur Ausführung des Anschlages festgesetzte Zeit war bald nach Cortez' Rückkehr von seiner Unternehmung. Es sollte ihm ein angeblich soeben aus Kastilien angekommenes Packet Briefe, wann er bei Tafel saß, überreicht werden, und während er die Briefe öffnete, sollten die Verschworenen über ihn und seine Offiziere herfallen und sie mit ihren Dolchen ermorden. Dies war der schändliche Plan, den man zur Vernichtung von Cortez und seiner Unternehmung ersonnen hatte. Aber soll eine Verschwörung gelingen, so muß, namentlich wenn viele dabei beteiligt sind, nur wenig Zeit zwischen der Bildung und ihrer Ausführung vergehen.

Am Tage vor dem zur Vollführung der Tat bestimmten ging einer von den Verschworenen, da er eine natürliche Scheu gegen das Begehen des Verbrechens fühlte, in die Wohnung des Befehlshabers und erbat sich eine geheime Unterredung mit ihm. Er warf sich ihm zu Füßen, entdeckte alle auf die Verschwörung Bezug habenden Umstände und bemerkte noch, daß man ein Papier in Villafanas Händen finden würde, das die Namen der Verschworenen enthalte. Cortez, bei dieser Eröffnung wie vom Donner gerührt, verlor keinen Augenblick, um sie zu benutzen. Er sandte nach Alvarado, Sandoval und einem oder zwei anderen der von dem Verschworenen bezeichneten Offiziere, und nachdem er ihnen die Sache mitgeteilt, begab er sich sofort mit ihnen, von vier Alguacils begleitet, in Villafanas Wohnung.

Sie fanden ihn in einer Unterredung mit drei oder vier Freunden, die sogleich aus dem Zimmer gebracht und festgenommen wurden. Über dies plötzliche Erscheinen seines Befehlshabers bestürzt, hatte Villafana nur noch Zeit, rasch nach einem Papier, das die Unterschriften der Verschworenen enthielt, in seinem Busen zu greifen und zu versuchen, es zu verschlucken. Aber Cortez hielt ihm den Arm fest und ergriff das Papier. Als er einen flüchtigen Blick auf diese verhängnisvolle Liste warf, war er sehr ergriffen, darauf die Namen von mehr als einem zu finden, der einigen Anspruch auf Achtung im Heere hatte. Er riß die Rolle in Stücke und befahl, Villafana festzunehmen. Er wurde unverzüglich von einem eiligst zusammengesetzten Kriegsgericht, bei dem der Befehlshaber selbst den Vorsitz führte, verhört. Es scheint dabei kein Zweifel über die Schuld des Mannes geblieben zu sein. Er wurde zum Tode verurteilt, und nachdem man ihm Zeit zur Beichte und Sündenvergebung gelassen hatte, das Urteil durch Aufhängung an einem Fenster seiner eigenen Wohnung an ihm vollzogen.

Diejenigen, welche von der Sache nichts wußten, waren über dieses Schauspiel erstaunt; die übrigen Verschworenen wurden von Bestürzung ergriffen, als sie sahen, daß ihr Anschlag entdeckt sei, und befürchteten für sich selbst ein ähnliches Schicksal. Aber sie irrten sich. Cortez verfolgte die Sache nicht weiter. Ein kurzes Nachdenken überzeugte ihn, daß, wenn er es tue, dies ihn in die unangenehmsten, ja gefährlichsten Verlegenheiten verwickeln könnte. Und wie sehr auch die bei dieser schändlichen Tat Beteiligten den Tod verdient haben mochten, so konnte er bei seiner jetzt so beschränkten Truppenanzahl selbst den Verlust der Schuldigen nicht ertragen. Er beschloß daher, sich mit der Bestrafung des Rädelsführers zu begnügen.

Er rief seine Truppen zusammen und erklärte ihnen die Art des Verbrechens, für welches Villafana gebüßt hatte. Er habe nichts eingestanden, sagte er, und das Geheimnis seiner Schuld sei mit ihm untergegangen. Hierauf drückte er seinen Kummer darüber aus, daß sich einer aus ihren Reihen einer so niedrigen Tat fähig gefunden habe, er versicherte, es sei ihm nicht bewußt, irgend einen unter ihnen Unrecht getan zu haben; sei es aber dennoch geschehen, so fordere er sie auf, es frei zu gestehen, da ihm sehr daran liege, ihnen jede ihm zu Gebote stehende Genugtuung zu geben. Aber es fand sich nicht einer unter seinen Zuhörern, worüber er sich auch zu beklagen haben mochte, der seine Klage in einem solchen Augenblick hätte vorbringen mögen; am wenigsten von

allen waren die Verschwörer geneigt dazu, denn sie waren zu
froh, der Entdeckung, wie sie sich einbildeten, entgangen zu sein,
als daß sie aus den Reihen der Mißvergnügten hätten hervortreten sollen. Die Sache ging daher ohne weitere Folgen vorüber.

Cortez Benehmen in dieser schwierigen Lage zeigt von großer
Ruhe und Menschenkenntnis. Hätte er seine Entdeckung oder
auch nur seinen Argwohn gegen die schuldigen Teile merken lassen, so würde ihn dies für den Rest seines Lebens in eine feindliche
Stellung zu ihnen versetzt haben. Es war eine Entdeckung dieser
Art im früheren Teile der Regierung Ludwigs XI., welcher
viele von den Unruhen in seinen späteren Jahren zugeschrieben
wurden. Ist die Maske einmal abgerissen, dann ist es nicht mehr
Zeit, den äußeren Schein zu retten. Jeder Besserung scheint dann
die Tür verschlossen zu sein. Die Entfremdung, die durch Umstände verändert oder durch Güte vielleicht noch aufgehoben werden könnte, verwandelt sich in tiefe, tödliche Erbitterung. Und
Cortez würde sich in seinem eigenen Lager von Feinden umringt
gesehen haben, unversöhnlicher, als die im Lager der Azteken.

Die Verschwörer bestrebten, durch äußere Zeichen der Ergebenheit und anhaltende Erfüllung ihrer Pflichten jeden Argwohn von
sich abzuwenden. Cortez seinerseits war so sorgfältig darauf bedacht, sein natürliches Benehmen beizubehalten, gleich entfernt von
Mißtrauen, wie — was vielleicht schwerer war — von jener absichtlichen Höflichkeit, welche ganz ebenso deutlich Argwohn
gegen die Partei kundgibt, die der Gegenstand derselben ist. Dies
zu beobachten, erheischte keine geringe Geschicklichkeit. Dennoch
vergaß er das Vergangene nicht. Er hatte allerdings die Rolle vernichtet, welche die Liste der Verschworenen enthielt. Aber der
Mann, der einmal die Namen derjenigen, die sich gegen sein Leben
verschworen, erfahren hat, bedarf keiner schriftlichen Urkunde, um
sie lebendig im Gedächtnis zu behalten. Cortez hielt sein Auge auf
alle ihre Bewegungen gerichtet und hütete sich, sie nachher in
irgend eine Stellung zu bringen, wo sie ihm schaden konnten.

Dieser versuchte Angriff auf das Leben ihres Befehlshabers erregte

DAS WAPPEN MEXIKOS.
Aus „Duran, Historia de las Indias de Nueva Espana".

großes Aufsehen im Heere, zu dessen allgemeinen Liebling ihn seine vielen blendenden Eigenschaften und glänzenden kriegerischen Fähigkeiten gemacht hatten. Die Truppen bestrebten sich, ihre Verdammung einer so schändlichen Tat, die aus ihrer Mitte hervorgegangen war, zu bekunden und fühlten die Notwendigkeit, einige wirksame Maßregeln für die Sicherheit eines Mannes zu treffen, mit dem ihr eigenes Schicksal, so wie das des Unternehmens, in so inniger Verbindung stand. Es wurde daher Anstalt getroffen, ihm eine Wache von Soldaten zu geben, die unter den Befehl eines zuverlässigen Ritters namens Antonio de Quinones gestellt wurde. Diese bildeten des Befehlshabers Leibwache für den ganzen übrigen Feldzug, die Tag und Nacht ihn bewachte und ihn sowohl gegen Verrat als gegen das Schwert des Feindes schützte.

Die Spanier erfuhren, wie schon am Schluß des letzten Hauptstückes bemerkt, bei ihrer Rückkehr in ihre Quartiere, daß die Rennschiffe fertig, ausgerüstet, bemannt und zum Dienste bereit seien. Auch der Wassergraben, an welchem achttausend Mann beinahe zwei Monate lang gearbeitet hatten, war vollendet. Dies war ein sehr mühseliges Werk; denn er war eine halbe Legua lang, zwölf Fuß breit und ebenso tief. Die Wände waren durch hölzerne Schanzpfähle oder festes Mauerwerk geschützt. In bestimmten Zwischenräumen waren Dämme und Schleusen erbaut, und ein Teil der Öffnung ging durch den harten Felsen. Auf diesem Wege konnten nun die Rennschiffe sicher in den See geführt werden.

Cortez hatte beschlossen, daß ein so heilverkündendes Ereignis mit der gebührenden Feierlichkeit begrüßt werden solle. Am 28. April standen die Truppen unter Waffen, und die ganze Bevölkerung von Tezcuco war versammelt, um der Feierlichkeit beizuwohnen. Es wurde Messe gelesen, und jeder Mann im Heere sowie der Befehlshaber selbst beichtete und empfing das Abendmahl. Pater Olmedo sprach Gebete, und man erflehte den Segen für die kleine Flotte, die erste dieses Namens wert, welche jemals in den amerikanischen Gewässern vom Stapel gelaufen war. Durch das Abfeuern einer Kanone wurde das Zeichen gegeben, wo dann die

Schiffe, eines nach dem andern den Graben herabgleitend, in guter Ordnung in den See gelangten; und als sie auf seinem weiten Becken erschienen, mit schallender Musik, die königlich kastilianische Flagge von ihren Masten herabwehend, erhob sich ein Ruf der Bewunderung aus der unzähligen Menge von Zuschauern, der sich mit dem Donner des Geschützes und Gewehrfeuers aus den Schiffen und vom Ufer mischte! Es war für die einfachen Eingeborenen ein neues Schauspiel; und sie betrachteten mit Erstaunen die Schiffe, die gleich Seevögeln auf ihren schneeweißen Flügeln leicht über das Wasser forthüpften, als ob sie sich freuten, in ihrem Elemente zu sein. Die ernsten Herzen der Eroberer wurden davon mit einer Wärme des Entzückens berührt, und da sie fühlten, der Himmel habe ihr Unternehmen gesegnet, brachen sie einstimmig in den hohen Lobgesang Tedeum aus. Aber in dieser großen Menge war niemand, den der Anblick tiefer ergriff, als ihr Befehlshaber. Denn er betrachtete ihn gewissermaßen als ein Werk seiner Hände; und seine Brust hob sich vor Freude bei dem Gefühl, daß er jetzt im Besitz einer Macht sei, stark genug, über den See zu gebieten und die stolzen Türme Tenochtitlans zu erschüttern.

Das erste, was der Befehlshaber vornahm, war eine Musterung seiner Truppen auf dem großen Platze der Hauptstadt. Er fand, daß sie sich auf siebenundachtzig Reiter und achthundertachtzehn Mann Fußvolk beliefen, wovon einhundertachtzehn Mann Büchsen- und Bogenschützen waren. Er hatte drei große eiserne Feldstücke und fünfzehn leichtere Kanonen oder kupferne Feldschlangen. Die schwerere Kanone war durch die treuen Tlascalaner kurze Zeit vorher von Vera Cruz nach Tezcuco geschafft worden. Er war wohlversorgt mit Kugeln, mit ungefähr tausend Lasten Pulver und fünfzigtausend nach einem ihm von den Eingeborenen gelieferten Muster angefertigten kupferbespitzten Pfeilen. Das Heer war zahlreicher und besser ausgerüstet als jemals seit der Flucht aus Mexiko und zeigte die gute Wirkung der ihm zuletzt von den Inseln zugekommenen Zusendungen. In der Tat war Cortez, wenn man die Flotte hinzurechnet, niemals vorher so gut imstande gewesen, seine Unternehmungen zu betreiben. Dreihundert Mann waren

zur Bemannung der Schiffe, die sich auf dreizehn oder vielmehr nur
auf zwölf beliefen, abgeschickt worden, eines von den kleineren war
nämlich bei einem Versuch zu langsam segelnd befunden worden,
um sich desselben bedienen zu können. Die Hälfte des Schiffsvolkes war erforderlich, um die Schiffe zu fahren. Es war einigermaßen schwer, dazu passende Arbeiter zu finden, da den Leuten
diese Beschäftigung zuwider war. Cortez suchte solche aus, die
von Palos, Moguer und anderen Seestädten kamen, und trotz ihrer
vielfachen Ansprüche als Hidalgos auf Verschonung von dieser
knechtischen Beschäftigung zwang er sie zum Dienst. Jedes Schiff
war mit einem Stück schweren Geschützes versehen und einem an-
gesehenen Offiziere untergeben, dem Cortez eine Sammlung allgemeiner Vorschriften, betreffend die Leitung der kleinen Flotte, erteilte, über welche er selbst den Befehl zu übernehmen sich vorbehielt.

Er hatte schon zu seinen indianischen Verbündeten geschickt, um
ihnen sein Vorhaben anzukündigen, Mexiko unmittelbar zu belagern, und forderte sie auf, ihre versprochenen Mannschaften im
Verlauf von zehn Tagen spätestens zu stellen. Den Tlascalanern
befahl er, sich in Tezcuco an ihn anzuschließen; die anderen sollten sich in Chalco versammeln, einem für die Kriegsunternehmun-
gen im südlichen Teile des Tales passenderen Zusammenkunftsorte.
Die Tlascalaner, angeführt von dem jüngeren Xicotencatl und unter
ihm von Cchichemecatl, demselben tapferen Kriegsmanne, der die
Rennschiffe nach Tezcuco geleitet hatte, langten innerhalb der vorgeschriebenen Zeit an. Sie waren, Cortez zufolge, fünfzigtausend
Mann stark und gewährten einen herrlichen Anblick, wie sie in
kriegerischem Prunk, unter dem großen volkstümlichen Banner,
worin ein Adler mit ausgebreiteten Flügeln, das Wappen des Freistaates, prangte, stolz einherzogen. Mit einem so wohlgemuten und
männlichen Schritt, als ob sie zur Schlacht gingen, marschierten sie
durch die Tore der Hauptstadt, indem ihr freundlicher Ruf „Kastilien und Tlascala" von den Mauern derselben widerhallte.

Die Beobachtungen, welche Cortez bei seinem letzten Zuge auf
Kundschaft gemacht, hatten ihn bestimmt, die Belagerung damit

zu beginnen, daß er seine Truppen in drei abgesonderte Lager verteilte, die er die Absicht hatte, an den äußersten Enden der Haupt-
dammwege aufzuschlagen. Diese Einrichtung machte es den Truppen möglich, vereint ihre Richtung auf die Hauptstadt zu nehmen
und gewährte ihnen die beste Stellung, um derselben die Zufuhren
aus der umliegenden Gegend abzuschneiden. Der erste dieser
Punkte war Tacuba, welches den unseligen Dammweg der Noche
triste beherrschte. Derselbe wurde Pedro de Alvarado angewiesen,
mit einer Streitmacht, die nach Cortez' eigener Angabe aus
dreißig Reitern, hundertachtundsechzig Mann spanischem Fußvolk und fünfundzwanzigtausend Mann Tlascalanern bestand.
Christoval de Olid befehligte die zweite fast ebenso starke Abteilung, die sich in Cojohuacan aufstellen sollte, einer Stadt, die,
wie man sich erinnern wird, den kurzen Dammweg beherrschte,
der mit dem von Iztapalapan in Verbindung steht. Gonzalo de
Sandoval erhielt die dritte Abteilung, von gleicher Stärke mit den
beiden vorhergehenden, die aber ihre indianischen Mannschaften
von den zu Chalco versammelten Streitkräften zu beziehen hatte.
Dieser Offizier sollte nach Iztapalapan marschieren und die Zerstörung dieser Stadt vollenden, die Cortez bald nach seinem Eintritt ins Tal begonnen hatte. Dies war ein zu furchtbarer Posten, als
daß er hätte im Rücken des Heeres bleiben können. Der Befehlshaber hatte die Absicht, den Angriff mit seinen Rennschiffen zu
unterstützen, worauf dann die folgenden Bewegungen Sandovals
sich nach den Umständen richten sollten.

Nachdem er seine getroffenen Bestimmungen seinen Offizieren mitgeteilt, rief der spanische Befehlshaber seine Truppen zusammen
und hielt eine jener kurzen aufregenden Reden, mit denen er gewohnt war, bei großen Veranlassungen die Herzen seines Kriegsvolkes zu entflammen. „Ich habe den letzten Schritt getan," sagte
er, „ich habe euch zu dem Ziele geführt, nach welchem ihr euch
so lange sehntet. In wenigen Tagen werdet ihr vor den Toren von
Mexiko stehen — der Stadt, aus welcher ihr mit so viel Schmach
getrieben wurdet. Aber jetzt gehen wir unter dem Lächeln der
Vorsehung vorwärts. Zweifelt jemand daran? Dann mag er nur

unseren gegenwärtigen Zustand mit dem vergleichen, in welchem
wir uns vor noch nicht zwölf Monaten befanden, wo wir, zer-
schlagen und entmutigt, Schutz in den Mauern von Tlascala suchten; ja nur mit dem, worin wir noch vor wenigen Monaten gewesen, als wir unser Standlager in Tezcuco aufschlugen. Seit der
Zeit hat sich unsere Stärke beinahe verdoppelt. Wir werden
Schlachten liefern für den Glauben, für unsere Ehre, für Reichtum,
für Rache. Ich habe euch euerm Feinde gegenübergestellt; jetzt
ist's an euch, das übrige zu tun."

Die Rede des kühnen Anführers wurde durch die donnernden
Ausrufe seiner Anhänger erwidert, welche erklärten, daß
jedermann seine Schuldigkeit unter einem solchen Führer tun
werde; und sie verlangten nun, gegen den Feind geführt zu werden. Hierauf ließ Cortez die in Tlascala erlassenen Verhaltungsbefehle für das Heer den Truppen noch einmal vorlesen, mit der
Versicherung, daß sie buchstäblich würden beobachtet werden.

Es war so eingerichtet, daß die indianischen Truppen den spanischen um einen Tagesmarsch voraus sein und ihre Verbündeten an
der Grenze des tezcucanischen Gebietes erwarten sollten. Bald
nach ihrem Aufbruch ereignete sich ein Umstand, der von böser
Vorbedeutung für die Folge war. Es war im Lager von Tezcuco
ein Streit zwischen einem spanischen Soldaten und einem tlascalanischen Häuptling ausgebrochen, wobei der letztere stark verletzt
wurde. Er wurde nach Tlascala zurückgesandt und die Sache ge-
heimgehalten, damit sie nicht dem Befehlshaber zu Ohren komme,
da derselbe, wie man wohl wußte, nicht leicht darüber hinwegge-
gangen sein würde. Xicotencatl war ein naher Verwandter des
Verletzten, und am ersten Rasttage benutzte er eine Gelegenheit,
das Heer mit einer Anzahl seiner Anhänger zu verlassen und sich
nach Tlascala aufzumachen. Es werden noch andere Ursachen zu
seiner Entweichung angegeben. Gewiß ist es, daß er von Anfang
an gegen die Unternehmung eingenommen war und prophezeit
hatte, daß nichts Gutes daraus entstehen werde. Er ließ sich mit
Widerwillen darin ein, da er eigentlich die Spanier im Herzen verabscheute.

Sein Anführergenosse sandte augenblicklich eine Anzeige von dem Vorfalle an den spanischen Befehlshaber, der noch im Lager von Tezcuco stand. Cortez, der sogleich die unglücklichen Folgen dieser Abtrünnigkeit zu einer solchen Zeit einsah, sandte eine Abteilung tlascalanischer und tezcucanischer Indianer dem Flüchtlinge nach mit dem Auftrage, ihn womöglich zur Rückkehr zu seiner Pflicht zu bewegen. Sie holten ihn auf dem Wege ein und machten ihm Vorwürfe über sein Benehmen, dem sie das seiner Landsleute im allgemeinen und das seines eigenen Vaters, besonders des treuen Freundes der weißen Männer, gegenüberstellten. „Desto schlimmer," erwiderte der Häuptling, „hätten sie mich um Rat gefragt, so würden sie niemals die Gefoppten der treulosen Fremden geworden sein." Da die Abgesandten sahen, daß ihre Vorstellungen nur mit Zorn oder verächtlichem Spott aufgenommen wurden, kehrten sie zurück, ohne ihren Zweck erreicht zu haben. Cortez schwankte nun nicht mehr über den Weg, den er einzuschlagen habe. „Xicotencatl", sagte er, „sei stets der Feind der Spanier gewesen, zuerst im Felde und dann im Rat; offen oder geheim, stets derselbe — ihr unversöhnlicher Feind. Es sei unnütz, mit dem falschgesinnten Indianer zu unterhandeln." Er sandte sofort eine kleine Reiterabteilung mit einem Alguacil ab, den Häuptling, wo sie ihn finden möchten, sei es auch in den Straßen von Tlascala, festzunehmen und ihn nach Tezcuco zurückzubringen. Zu gleicher Zeit sandte er Nachricht von Xicotencatls Benehmen an den tlascalanischen Senat mit der Bemerkung, daß Davonlaufen bei den Spaniern mit dem Tode bestraft werde.

Cortez' Abgeordnete richteten seine Befehle pünktlich aus. Sie nahmen den flüchtigen Häuptling fest — ob in Tlascala oder in dessen Nähe ist ungewiß — und brachten ihn als Gefangenen nach Tezcuco, wo auf dem großen Platze ein hoher Galgen zu seinem Empfange aufgerichtet war. Er wurde sogleich nach dem Richtplatze geführt; sein Urteil und die Ursache, wegen welcher er bestraft werde, öffentlich verlesen, und der unglückliche Kazike büßte sein Vergehen mit der schmählichen Strafe eines Missetäters. Sein reiches Vermögen, bestehend in Ländereien, Sklaven und etwas

Gold, wurde sämtlich zugunsten der kastilianischen Krone in Beschlag genommen.

So starb Xicotencatl, in der Blüte seines Lebens — ein so unerschrockener Krieger, als nur jemals einer ein indianisches Heer zur Schlacht geführt hatte. Er war der erste Häuptling, der den Waffen der Eindringlinge mit Erfolg Widerstand geleistet; und wären die Eingeborenen von Anahuac im allgemeinen von einem Geiste wie der seinige beseelt gewesen, so würde Cortez wahrscheinlich nie einen Fuß in die Hauptstadt Montezumas gesetzt haben. Er hatte eine klarere Einsicht in die Zukunft als seine Landsleute; denn er sah, daß der Europäer ein weit mehr zu fürchtender Feind sei als der Azteke. Aber wenn er einmal dareingewilligt hatte, unter dem Banner der weißen Männer zu fechten, so hatte er kein Recht, dasselbe eigenmächtig zu verlassen, und er zog sich dadurch die Strafe zu, welche das Gesetz der wilden Völker sowohl wie das der gesitteten vorschreibt. Man sagt auch in der Tat, daß der tlascalanische Senat zu seiner Verhaftung behilflich war, nachdem er Cortez vorläufig geantwortet, daß auf sein Verbrechen nach ihren eigenen Gesetzen Todesstrafe stehe. Es war aber dennoch ein kühnes Unternehmen, ihn so mitten unter seinem Volke hinzurichten. Denn er war ein mächtiger Häuptling, Erbe eines der vier Gebiete des Freistaates. Seine ritterlichen Eigenschaften machten ihn volksbeliebt, besonders bei dem jüngeren Teile seiner Landsleute; und bei seinem Tode wurden seine Kleider in Stücke gerissen und unter ihnen als heilige Andenken verteilt. Dennoch fand die Vollstreckung des Urteiles keinen Widerstand und hatte keinen Aufstand zur Folge. Er war der einzige Tlascalaner, der jemals den Spaniern die Treue gebrochen.

Dem von Cortez festgesetzten Unternehmungsplane gemäß sollte Sandoval mit seiner Abteilung eine südliche Richtung nehmen, während Alvarado und Olid gegen Norden um die Seen gehen sollten. Nachdem diese beiden Ritter sich in Besitz von Tacuba gesetzt hätten, sollten sie auf Chapoltepec vorrücken und die große, nach Mexiko gehende Wasserleitung zerstören; aber in Acolman, wo sie ihr Nachtlager aufschlugen, entspann sich ein Streit zwi-

schen den beiden Abteilungen über ihre Quartiere. Von Worten
kam es zu Tätlichkeiten, und es erfolgte sogar eine Herausforderung zwischen den Anführern, welche die zornigen Gefühle ihrer
Untergebenen teilten. Dies wurde Cortez schnell berichtet, der sogleich zu den hitzigen Anführern sandte und sie bei ihrer Achtung
für ihn und die gemeinschaftliche Sache beschwor, ihre Streitigkeiten zu beseitigen, die mit ihrem eigenen Verderben und dem
der Unternehmung endigen müßten. Seine Vorstellung wirkte
wenigstens so viel, eine äußerliche Versöhnung der Parteien her-
zustellen. Aber Olid war nicht der Mann, zu vergessen oder leicht
zu vergeben; und war Alvarado auch offen und edelmütig, so hatte
er doch eine so heftige Gemütsart, die viel leichter aufzuregen als
zu besänftigen war. Sie waren nachher niemals wieder Freunde.

Die Spanier stießen bei ihrem Marsche auf keinen Widerstand.
Die ansehnlichsten Städte waren alle von den Einwohnern verlassen, die zur Verstärkung der Besatzung von Mexiko ausgezogen
waren oder mit ihren Familien Schutz in den Bergen gesucht
hatten. Auch Tacuba war auf gleiche Weise verödet, und die
Truppen richteten sich noch einmal in ihren alten Quartieren in
der herrlichen Stadt der Tepenaken ein.

Ihr erstes Geschäft war, die Röhren abzuschneiden, welche das
Wasser aus den königlichen Gräben von Chapoltepec den zahl-
reichen Deichen und Springbrunnen zuführten, die in den Hof-
räumen der Hauptstadt glänzten. Die zum Teil aus Ziegeln, zum
Teil aus Stein und Mörtel gebaute Wasserleitung erhob sich auf
einem starken aber schmalen Deiche, der es über einen Arm des
Sees hinwegführte; und das ganze Werk war eines der schönsten
Denkmäler mexikanischer Bildung. Der Wichtigkeit desselben wohl
bewußt, hatten die Indianer eine große Truppenabteilung zu seinem
Schutze aufgestellt. Es erfolgte eine Schlacht, in welcher beide
Teile bedeutend litten, aber die Spanier Sieger blieben. Ein Teil
der Wasserleitung wurde zerstört, und solange die Belagerung
währte, fand kein Wasser seinen Weg zur Hauptstadt durch diesen
Röhrengang.

Am folgenden Tage stiegen die vereinten Truppen auf den ver-

hängnisvollen Dammweg hinab, um sich womöglich die nächste
Brücke zu sichern. Sie fanden den Deich mit einem ebenso zahlreichen Schwarm von Kriegern bedeckt wie in der Nacht ihres
Unheiles, während die Oberfläche des Sees von einer Menge Kanus
verdunkelt war. Die unerschrockenen Christen strebten unter einem
vollkommenen Wettersturm von Wurfgeschossen vom Wasser und
vom Lande aus, vorwärts zu kommen, aber sie machten nur lang-
same Fortschritte. Über den Dammweg aufgeworfene Verschanzungen hemmten die Reiterei und machte sie fast unbrauchbar. Die
Seitenwände der indianischen Boote waren mit Bollwerken versehen, welche die Bemannung vor den Hakenbüchsen und Armbrüsten schützte; und wann den Kriegern auf dem Deiche von
den Pikenmännern hart zugesetzt wurde, warfen sie sich unerschrocken ins Wasser, als ob es ihr natürliches Element sei, kamen
längs der Deichwände wieder zum Vorschein und schossen ihre
Pfeile und Wurfspieße mit verderblicher Wirkung ab. Nach einem
langen und hartnäckigen Kampfe sahen sich die Christen genötigt,
sich schmachvoll in ihre Quartiere zurückzuziehen, ihre Verbündeten eingerechnet, mit fast ebensoviel Schaden als sie dem Feinde
zugefügt hatten. Voll Verdruß über den Mißerfolg des Gefechtes
warf Olid seinem Genossen vor, daß er sie durch seine übermütige
Verwegenheit darein verwickelt habe und zog am folgenden Morgen seine Truppen nach seinem Standlager zu Cojohuacan zurück.
Die nur zwei Leguas weit voneinander entfernten Lager unterhielten eine leichte Verbindung unter sich. Sie fanden hinreichende
Beschäftigung im Durchstreifen der benachbarten Gegend nach
Lebensmitteln und im Zurückweisen der häufigen Ausfälle des
Feindes, für welche sie sich durch Abschneiden der Zufuhren
rächten. Aber ihre Stellung war unsicher, und sie erwarteten mit
Ungeduld die Ankunft der Rennschiffe unter Cortez. Es war in
der letzten Hälfte des Mai, als Olid sein Quartier in Cojohuacan
aufschlug; und von dieser Zeit kann man auch den Anfang der Belagerung von Mexiko annehmen.

FÜNFTES HAUPTSTÜCK

*Die indianische Flotte wird zerstört | Besetzung der Dammwege
Verzweifelte Angriffe | Anzündung der Paläste | Mut der Belager-
ten | Lagerhütten für die Truppen*

1521

Sobald Cortez die Nachricht erhalten, daß seine beiden Offiziere
sich auf den ihnen angewiesenen Posten befänden, befahl er
Sandoval, auf Iztapalapan vorzurücken. Der Weg führte diesen
durch eine größtenteils freundlich gesinnte Gegend; und in Chalco
wurde sein kleiner Haufen Spanier durch eine furchtbare Schar indianischer Mannschaften verstärkt, die daselbst seine Ankunft erwarteten. Nach dieser Vereinigung setzte er seinen Marsch ohne
Widerstand fort, bis er vor der feindlichen Stadt anlangte, unter
deren Mauern er eine große Truppenzahl zu seinem Empfange
aufgestellt fand. Es erfolgte eine Schlacht, in der die Eingeborenen, nachdem sie eine Zeitlang ihren Platz hartnäckig behauptet
hatten, genötigt wurden, zu weichen und auf dem Wasser oder in
dem Teile der Stadt, der daran stieß, Schutz zu suchen. Der andere
Teil der letzteren wurde eiligst von den Spaniern besetzt.

Unterdessen war Cortez mit seiner kleinen Flotte abgesegelt, in der
Absicht, seines Stellvertreters Angriff zu Wasser zu unterstützen.
Als er sich dem südlichen Ufer des Sees näherte, kam er unter
einer vereinzelten Bergspitze vorbei, die seitdem nach ihm „der
Marquis-Felsen" genannt wird. Sie war von einem Indianerhaufen
besetzt, der die Flotte im Vorbeifahren mit einem Hagel von
Steinen und Pfeilen begrüßte. Cortez, entschlossen, ihre Verwegenheit zu strafen und den See von seinem unruhigen Feinde zu
säubern, stieg augenblicklich mit hundertfünfzig Mann seines Gefolges ans Land. Er stellte sich an ihre Spitze, erklomm trotz
eines fortwährenden Regens von Wurfgeschossen, den steilen Aufgang, und auf dem Gipfel angelangt, ließ er die Besatzung über
die Klinge springen. Eine Anzahl Weiber und Kinder, die daselbst versammelt war, verschonte er.

538

Auf dem Gipfel der Anhöhe befand sich ein Feuerbecken, das dazu diente, den Einwohnern der Hauptstadt ein Zeichen zu geben, wann die spanische Flotte die Anker gelichtet hätte. Ehe Cortez wieder zu seinem Rennschiffe gelangt war, hatten die Kanus und Piraguas des Feindes die Häfen von Mexiko verlassen, und man sah sie in großer Ausdehnung den See verdunkeln. Es waren ihrer mehrere Hundert, alle mit Kriegsvolk angefüllt, und sie näherten sich rasch vermittels ihrer Ruder über die ruhige Wasserfläche.

Cortez, der seine Flotte, um mich seines eigenen Ausdruckes zu bedienen, als „den Schlüssel des Krieges" betrachtete, fühlte, wie wichtig es sei, bei dem ersten Zusammentreffen mit dem Feinde einen entscheidenden Schlag zu tun. Daher bemerkte er mit Verdruß, daß seine Segel aus Mangel an Wind nutzlos seien. Er erwartete ruhig die Ankunft des indianischen Geschwaders, das indes in etwas mehr als Büchsenschußweite die Ruder ruhen ließ, als nähmen sie Anstand, mit diesen Leviathans ihrer Gewässer zusammenzutreffen. In diesem Augenblick kräuselte ein leichter Luftzug vom Lande die Oberfläche des Sees; er steigerte sich nach und nach zu einem frischen Winde, und Cortez benutzte diese freundliche Hilfe, die er, was unter seinen Umständen verzeihlich ist, als eine ihm besonders vom Himmel zugesandte betrachtete, entfaltete seine Schlachtlinie und ging mit vollen Segeln auf die feindlichen Kanus los.

Kaum wurden diese von den Bugspritten ihrer furchtbaren Gegner getroffen, als sie überwältigt und durch den Stoß in den Grund gesenkt oder so beschädigt wurden, daß sie sogleich Wasser zogen und sanken. Das Wasser war bedeckt mit Trümmern zerbrochener Kanus und mit Körpern von Menschen, die mit den Wellen um ihr Leben kämpften und ihre Gefährten vergebens baten, sie an Bord ihrer überfüllten Fahrzeuge zu nehmen. Indem die spanische Flotte durch das Gedränge der Boote hinrauschte, feuerte sie nach rechts und links ihre Ladungen mit fürchterlicher Wirkung ab und machte so die Niederlage der Azteken vollständig. Diese machten keinen Versuch zum Widerstand, kaum daß sie einen einzelnen

Pfeilschuß wagten, sondern strebten aus allen Kräften, den Hafen wieder zu gewinnen, aus dem sie erst vor so kurzer Zeit ausgelaufen waren. Sie konnten weder auf der Flucht noch im Gefecht Stich halten, denn ihr furchtbarer Gegner, auf den Flügeln des Windes getragen, jagte nach Willkür hin und her, verbreitete rings um sich Tod und ließ die Ufer vom Donner seines Geschützes widerhallen. Nur einem kleinen Teile des indianischen Geschwaders gelang es, wieder in den Hafen zu kommen; hier fuhren sie in die Wassergräben und fanden Schutz im Innern der Stadt, wohin es den Rennschiffen mit ihrer schwereren Last nicht möglich war, zu folgen. Dieser Sieg, vollständiger als selbst Cortez' lebhafter Geist ihn geahnt hatte, zeugte von der Überlegenheit der Spanier und machte sie nun zu unbestrittenen Gebietern über den aztekischen See.

Es war fast schon finster, als das den großen südlichen Dammweg entlang segelnde Geschwader vor dem Verbindungspunkte, Xoloc genannt, Anker warf, wo der von Cojohuacan ausgehende Deichzweig mit dem Hauptdeiche zusammentrifft. Der Zugang erweiterte sich auf diesem Punkte so, daß er Raum für zwei Türme oder turmförmige Tempel ließ, die aus Stein gebaut und, von ebensolchen Mauern umgeben, zusammen eine einigermaßen starke Stellung darboten und in dem gegenwärtigen Augenblick von Azteken besetzt waren. Ihre Anzahl war nicht groß, und als Cortez mit seinen Soldaten landete, gelang es ihm ohne Schwierigkeit, den Feind daraus zu vertreiben und sich in Besitz der Schutzwerke zu setzen.

Es scheint anfangs des Befehlshabers Absicht gewesen zu sein, sein Quartier mit Olid in Cojohuacan aufzuschlagen. Aber, war sie es auch, so änderte er jetzt seinen Plan und bestimmte sich verständigerweise für diesen Ort, als die beste Stellung für sein Lager. Er war nur eine halbe Legua von der Hauptstadt entfernt; und während er den großen südlichen Zugang zu derselben beherrschte, hatte er unmittelbare Verbindung mit der Besatzung von Cojohuacan, durch welche er Zufuhren aus der umliegenden Gegend erhalten konnte. Hier also entschloß er sich, sein Hauptquartier auf-

zuschlagen. Er ließ sofort seine schwere eiserne Kanone aus den
Rennschiffen nach dem Dammwege schaffen und sandte an Olid
den Befehl, mit der Hälfte seiner Truppen zu ihm zu stoßen,
während Sandoval angewiesen wurde, seine gegenwärtige Stellung
zu verlassen und nach Cojohuacan vorzurücken, von wo aus er
fünfzig ausgesuchte Leute seines Fußvolkes zu Cortez ins Lager
schicken sollte. Nach diesen Anordnungen beschäftigte sich der
Befehlshaber eifrig mit der Verstärkung der Schutzwerke zu Xoloc
und ließ sie in besten Verteidigungszustand setzen.

Während der ersten fünf oder sechs Tage ihrer Lagerzeit hatten
die Spanier viel vom Feinde auszustehen, der sich zu spät bemühte,
sie an der Einnahme einer der Hauptstadt so nahen Stellung zu
verhindern, die sie, hätten sie mehr von der Kriegskunst verstanden, mehr Bedacht genommen haben würden, sich selbst zu sichern.
Gegen ihren gewöhnlichen Kriegsgebrauch machten die Indianer
ihre Angriffe sowohl des Nachts als bei Tage. Das Wasser wimmelte von Kanus, die aus Furcht vor den Rennschiffen in der Ferne
kreuzten, aber doch nahe genug kamen, besonders im Schutze der
Dunkelheit, um einen Pfeilhagel ins christliche Lager zu senden, der
so dicht fiel, daß er den Boden bedeckte und die Bewegungen der
Soldaten hemmte. Andere rannten längs der westlichen, von der
spanischen Flotte unbeschützten Wand des Dammweges und ließen
ihre Bogengeschütze mit so verderblicher Wirkung spielen, daß die
Spanier sich genötigt sahen, einen einstweiligen Durchbruch in den
Deich zu machen, weit genug, um zwei ihrer kleineren Schiffe
durchzulassen, die, sobald sie hindurchgekommen, bald das innere
Wasserbecken so vollständig beherrschten, wie vorher das äußere.
Dennoch näherten sich die kühnen Wilden auf dem Dammwege
den christlichen Wällen, indem sie auf Bogenschußweite ein solches
Geheul und kreischendes Schlachtgeschrei erhoben, daß es, nach
Cortez' Worten, war, „als ob Himmel und Erde zusammenkommen wollten". Aber sie wurden für ihre Verwegenheit hart bestraft,
da die Geschützstände, welche die Zugänge zum Lager bestrichen,
ein verwüstendes Feuer eröffneten, das die Angreifer zerstreute und
sie in Verwirrung in ihre Quartiere zurücktrieb.

541

Die beiden Hauptzugänge zu Mexiko, der südliche und westliche, waren nun von den Christen besetzt. Es blieb aber noch ein dritter, der große Deich von Tepejacac, gegen Norden, der, da er sich an die Hauptstraße anschloß, welche in gerader Linie durch die Mitte der Stadt ging, als eine Fortsetzung des Deiches von Iztapalapan betrachtet werden konnte. Auf diesem nördlichen Wege blieb den Belagerten noch immer ein Mittel zum Entkommen übrig, und sie bedienten sich desselben jetzt, um ihre Verbindung mit dem Lande offen zu halten und sich mit Lebensmitteln zu versorgen. Alvarado, der dies von seiner Stellung in Tacuba aus bemerkte, benachrichtigte seinen Befehlshaber davon, und dieser befahl Sandoval, sich auf dem Dammwege aufzustellen. Dieser Offizier beeilte sich, dem Befehle nachzukommen, obgleich er an einer schweren Wunde litt, die er von einer Lanze in einem der letzten Scharmützel erhalten hatte; und indem er so die einzige Verbindung der Hauptstadt mit der umliegenden Gegend abschnitt, bewirkte er die Einschließung vollständig.

Aber Cortez begnügte sich nicht damit, die Wirkungen einer langwierigen Einschließung ruhig abzuwarten, welche die Geduld seiner Verbündeten sowie seine Hilfsmittel erschöpfen dürfte. Er beschloß, dieselbe durch tätige Angriffe auf die Stadt zu unterstützen, damit den Belagerten noch mehr Schaden zugefügt und die Zeit der Übergabe beschleunigt werde. Zu diesem Ende befahl er einen gleichzeitigen Angriff von seiten der beiden Befehlshaber auf den anderen Posten auf die ihren Stellungen zunächst liegenden Quartiere.

Am bestimmten Tage waren seine Truppen beim Anbruch des Morgens unter Waffen. Es wurde, wie gewöhnlich, Messe gelesen; und als die indianischen Verbündeten dem prunkvollen und ergreifenden Gottesdienste mit ernster Aufmerksamkeit zuhörten, bemerkten sie mit unverhohlener Bewunderung die andächtige Ehrfurcht der Christen, die sie in ihrer Einfachheit für kaum etwas Geringeres als Gottheiten selbst hielten. Das spanische Fußvolk marschierte im Vordertreffen, geführt von Cortez, den einige gleich ihm selbst von den Pferden abgestiegene Ritter begleiteten. Sie waren noch nicht weit auf dem Dammwege vorgerückt, als sie durch einen der offenen Dammbrüche aufgehalten wurden, über den ehemals eine Brücke geführt hatte. Auf der gegenüberliegenden Seite war ein fester Wall aus Stein und Lehm aufgerichtet, hinter welchem ein starker Haufe von Azteken stand, die auf die Spanier, als diese herankamen, einen dichten Pfeilhagel schossen. Die letzteren bemühten sich vergebens, sie mit ihren Feuerwaffen und Armbrüsten zu verjagen; sie waren hinter ihren Schutzwerken zu sicher.

Hierauf befahl Cortez, daß zwei von den Rennschiffen, von denen auf jeder Seite des Dammweges eines neben ihm hergefahren war, um dem Heer Beistand zu leisten, sich so aufstellen sollten, um die vom Feinde eingenommene Stellung zu bestreichen. Auf diese Weise zwischen zwei wohlgerichtete Feuer gebracht, wurden die Indianer zum Weichen gezwungen. Die Soldaten an Bord der Schiffe sprangen wie Hirsche ans Land und die Wände der Deiches hinan. Ihnen folgten bald ihre Landsleute unter Cortez, die sich ins Wasser stürzten, durch die unverteidigte Öffnung schwammen und sich der Verfolgung des Feindes anschlossen. Die Mexikaner wichen indes mit einiger Ordnung, bis sie an eine zweite, gleich der ersten ehemals überbrückt gewesenen Öffnung des Deiches kamen, die auf gleiche Weise durch ein steinernes Bollwerk befestigt war, hinter welchem die fliehenden Azteken, durch die Öffnung schwimmend und mit neuen Haufen ihrer Landsleute verstärkt, wieder Schutz fanden.

Sie behaupteten ihren Posten, bis sie abermals durch das Geschützfeuer von den Rennschiffen zum Weichen gezwungen wurden. Auf diese Weise wurde ein Durchbruch nach dem anderen erobert, und bei jedem neuen glücklichen Erfolge erhob die Schiffsmannschaft ein Freudengeschrei, das, von den langen Reihen der Spanier und ihrer Verbündeten auf dem Dammwege beantwortet, das Tal bis an seine Grenze widerhallen machte.

Nun hatte Cortez das Ende des großen Zuganges erreicht, wo er in die Vorstadt mündete. Hier machte er halt, um der Nachhut Zeit zu lassen, sich mit ihm zu vereinigen. Diese wurde durch die Arbeit der

Ausfüllung der Durchbrüche aufgehalten, damit Geschütz und Reiterei einen bequemen Übergang fänden und ein solcher auch für das übrige Heer bei seinem Rückzuge gesichert bleibe. Diese wichtige Arbeit wurde den Verbündeten übertragen, welche sie dadurch ausführten, daß sie die Bollwerke auf den Rändern herunterrissen und sie in die Öffnungen warfen, und wenn dies nicht hinreichte — denn das Wasser rings um den südlichen Dammweg war tief —, die großen Steine und den Schutt aus dem Deiche selbst losmachten, der breit genug war, um dies zu erlauben und damit den Haufen vermehrten, bis er sich über den Wasserspiegel erhob.

Die Straße, durch welche die Spanier nun einzogen, war der große Weg, der die Stadt von Norden nach Süden durchschnitt und der nämliche, auf dem sie zuerst in die Hauptstadt gekommen waren. Er war breit und ganz gerade, und man konnte von weitem dunkle Massen von Kriegern wahrnehmen, die sich zur Unterstützung ihrer Landsleute sammelten und bereit waren, den Spaniern weiteres Vordringen streitig zu machen. An den Seiten war er mit Gebäuden eingefaßt, deren platte Dächer auch von Streitern wimmelten, die, so wie das Heer vorrückte, einen unbarmherzigen Hagel von Wurfgeschossen demselben auf die Köpfe schleuderten, der allerdings von dem Panzerrock, ohne zu beschädigen, abglitt, aber doch nur zu oft durch den gewöhnlichen, schon von manchem bösen Riß durchlöcherten Escaupil des Soldaten drang. Um sich vor dieser Plage ferner zu sichern, befahl Cortez seinen indianischen Schanzgräbern, die Hauptgebäude zu schleifen, so wie sie vorrückten; in diesem Zerstörungswerke erwiesen sie sich nicht weniger ungemein brauchbar als bei der Ausfüllung der Durchbrüche.

Die Spanier rückten unterdes, wiewohl langsam, vor, da der Feind vor dem heftigen Gewehrfeuer zurückwich, obgleich er sich zuweilen umkehrte, um seine Wurfspieße und Pfeile gegen seine Verfolger zu schleudern. Auf diese Weise verfolgten sie die große Straße, bis sie durch einen breiten Graben aufgehalten wurden, worüber sonst eine Brücke führte, wovon aber nur noch wenige

Bohlen übrig waren. Diese wurden von den Indianern abgebrochen im Augenblick, wo sie hinübergegangen waren, und sogleich sah man eine furchtbare Reihe Speere über den Rand eines festen Steinwalles sich erheben, der die gegenüberliegende Seite des Grabens schützte. Cortez hatte jetzt nicht mehr seine Rennschiffe zum Beistand, die wegen der Seichtheit der Gräben nicht in die Vorstadt eindringen konnten. Er stellte nun seine Büchsenschützen auf, die unter dem Schutze der Schilde ihrer Gefährten ein Feuer auf den Feind eröffneten. Aber die Kugeln prallten, ohne Schaden zu tun, von den Steinbollwerken ab, während die Angreifenden ihren Gegnern ein nur zu leichtes Ziel darboten.

Jetzt ließ der Befehlshaber die schweren Geschütze auffahren und eröffnete ein lebhaftes Kanonenfeuer, welches bald eine Lücke in die Schutzwerke machte, durch welche die Büchsen- und Bogenschützen ihre hageldichten Ladungen feuerten. Nun wichen die Indianer in Unordnung, nachdem sie ihre Gegner zwei Stunden lang aufgehalten hatten. Diese sprangen in das seichte Wasser, erstiegen das jenseitige Ufer ohne ferneren Widerstand und trieben den Feind die Straße entlang nach dem Platze hin, wo die heilige Spitzsäule ihre riesenhafte Masse hoch über die anderen Gebäude der Stadt erhob.

Dies war ein den Spaniern sehr bekannter Ort. Auf der einen Seite stand der Palast Axayacatls, ihre frühere Wohnung, für manche von ihnen der Schauplatz so vieler Leiden. Gegenüber war die Menge niedriger, unregelmäßiger Gebäude, einst der Wohnsitz des unglücklichen Montezumas; während die dritte Seite des Platzes an das Coatepantli oder die Schlangenmauer stieß, welche den großen Teocalli mit seiner kleinen Stadt heiliger Bauwerke umschloß. Als die Spanier den Platz betraten, standen sie wie niedergebeugt und für den Augenblick von bitteren Erinnerungen überwältigt still. Aber ihr unerschrockener Führer, den ihr Zögern ungeduldig machte, rief ihnen laut zu, vorwärts zu gehen, ehe die Azteken Zeit hätten, sich zu sammeln; und seinen Schild in die eine Hand fassend und mit der anderen sein Schwert über seinen Kopf schwingend, erhob er sein Kriegsgeschrei

„St. Jago" und führte sie sofort dem Feinde entgegen. Die Mexikaner, entmutigt durch die Erscheinung ihres verhaßten Feindes, der trotz aller ihrer Anstrengungen wiederum den Eintritt in ihre Stadt erzwungen hatte, leisteten keinen weiteren Widerstand, sondern zogen sich zurück oder flohen vielmehr zu ihrem Schutz in die heilige Umzäunung des Teocalli, wo die vielen, in dessen weiter Ebene zerstreut liegenden Gebäude manchen guten Verteidigungspunkt boten. Einige in ihre gewöhnlichen seltsamen, blutbefleckten Gewänder gekleideten Priester sah man auf den Erdstufen harren, die sich um die prächtigen Seiten der Spitzsäule wanden, wie sie ihrem Gotte Loblieder sangen und die Krieger unten anfeuerten, sich tapfer für seine Altäre zu schlagen.

Die Spanier strömten durch die offenen Tore auf die freie Ebene, und ein kleiner Teil stürzte die gewundenen Gänge zum Gipfel hinauf. Da war keine Spur mehr von dem Kreuze oder von irgend einem anderen Zeichen des reinen Glaubens, dem er geweiht worden war. Eine neue Bildsäule des aztekischen Kriegsgottes hatte die Stelle der von den Christen zertrümmerten eingenommen und erhob ihre wunderliche, häßliche Gestalt in derselben Wandvertiefung, die ihre Vorgängerin eingenommen hatte. Die Spanier rissen ihr sogleich die goldene Larve und die reichen Juwelen ab, womit sie aufgeputzt war und, nachdem sie die sich widersetzenden Priester die Seiten der Spitzsäule hinabgeschleudert, machten sie sich eiligst wieder auf den Weg zurück zu ihren Gefährten in der Ebene. Es war die höchste Zeit.

Die Azteken, entrüstet über den vor ihren Augen vollführten Frevel und aus dem begeisterten Einfluß des Ortes und der Anwesenheit ihrer Gottheiten daselbst Mut schöpfend, erhoben ein Geheul des Abscheues und wütender Rache, und indem sie sich bis auf einen gewissen Grad in Ordnung stellten, sprangen sie aus gemeinsamen Antrieb auf die Spanier los. Diese letzteren, die nahe am Eingange haltgemacht hatten, bemühten sich, obgleich unerwartet angefallen, ihre Stellung am Tore zu behaupten. Aber vergebens; denn der ungestüme Drang der Anstürmenden trieb sie plötzlich auf den Platz, wo sie von anderen Indianerhaufen angegriffen wurden, die aus den benachbarten Straßen strömten. Auseinandergetrieben und die Gegenwart des Geistes verlierend, versuchten die Truppen es gar nicht, sich wieder zu sammeln, sondern liefen eiligst die große Straße nach Iztapalapan hinab, über den Platz hinweg, indem sie die daselbst aufgepflanzte Kanone dem Feinde überließen. Hier trafen sie bald mit den Verbündeten zusammen, die den Weg hemmten und die, angesteckt vom Schrecken der Spanier, die Verwirrung vermehrten, während die Augen der Flüchtigen, durch die von den Azoteas herab auf sie regnenden Wurfgeschosse geblendet, kaum imstande waren, Freund und Feind zu unterscheiden. Vergebens suchte Cortez den Strom aufzuhalten und die Ordnung wiederherzustellen. Seine Stimme wurde von dem wilden Aufruhr übertäubt, und er wurde gleich Treibholz von der Wut des Stromes mit fortgerissen.

Alles schien verloren; als man plötzlich Laute in einer anstoßenden Straße vernahm, gleich dem entfernten Hufschlag von Pferden, die rasch über das Pflaster galoppieren. Sie näherten sich immer mehr, und bald kam ein Reiterhaufen auf dem großen Platz zum Vorschein. Obgleich er nur von geringer Anzahl war, stürzte er sich doch kühn auf den dichtesten Feind. Wir haben schon oft Gelegenheit gehabt, die abergläubische Furcht zu erwähnen, welche die Indianer vor dem Pferde und dessen Reiter hatten. Und obgleich der lange Aufenthalt der Reiterei in der Hauptstadt die Eingeborenen einigermaßen damit vertraut gemacht hatte, so war doch seitdem eine so lange Zeit vergangen, daß ihr ganzer ehemaliger geheimnisvoller Schrecken in voller Stärke wieder erwachte; und als sie von der furchtbaren Erscheinung so plötzlich seitwärts angegriffen wurden, faßte sie ein tödlicher Schreck und sie gerieten in Unordnung. Diese teilte sich bald den vordersten Reihen mit; als Cortez diesen Vorteil bemerkte, wandte er mit Blitzesschnelle um und hatte diesmal, von seinem Gefolge unterstützt, die Genugtuung, den Feind mit einigem Verlust in die Umzäunung zurückzutreiben.

Es war jetzt die Stunde des Abendgottesdienstes, und da die Nacht sie bald überfallen mußte, versuchte er nicht, seinen Vorteil weiter zu verfolgen. Er ließ daher die Trompeter zum Rückzug blasen, zog seine Truppen in guter Ordnung zurück und nahm das auf dem Platze zurückgelassene Geschütz mit sich. Die Verbündeten verließen zuerst das Feld, worauf das spanische Fußvolk folgte, während die Nachhut von der Reiterei gedeckt wurde, so daß eine umgekehrte Marschordnung als die bei ihrem Einzuge stattfand. Die Azteken hielten sich dicht hinter den letzten Gliedern, und obgleich sie durch öftere Reiterangriffe zurückgetrieben wurden, folgten sie doch von weitem, indem sie ihre Wurfgeschosse wirkungslos abschossen und die Luft mit wildem Geschrei und Heulen erfüllten, gleich einer Herde raubgieriger Wölfe, die sich um ihre Beute betrogen sieht. Es wurde spät, ehe das Heer seine Quartiere in Xoloc erreichte.

Bei diesem Angriff auf die Stadt war Cortez durch Alvarado und Sandoval kräftig unterstützt worden; wiewohl keiner dieser Anführer in die Vorstadt eingedrungen war, vielleicht von den Schwierigkeiten des Überganges abgeschreckt, die für Alvarado größer waren als die, welche sich Cortez entgegenstellten wegen der größeren Anzahl von Durchbrüchen, womit der Deich in seiner Gegend durchschnitten war. Einigermaßen war auch der Mangel an Rennschiffen schuld daran, bis Cortez demselben durch die Absendung der Hälfte seiner kleinen Flotte zur Unterstützung seiner Offiziere abhalf. Ohne ihre Mitwirkung würde der Befehlshaber nicht so weit haben vordringen können, ja es wäre ihm vielleicht überhaupt nicht möglich geworden, in der Hauptstadt Fuß zu fassen. Der Erfolg dieses Angriffes verbreitete Bestürzung nicht nur unter den Mexikanern, sondern auch bei ihren Lehnsleuten, da sie sahen, daß die furchtbaren Verteidigungsanstalten wenig gegen die weißen Männer nützten, die trotz derselben so bald den Weg mitten in ihre Hauptstadt hinein erzwungen hatten. Einige der benachbarten Städte zeigten daher jetzt den Wunsch, sich ihrer Abhängigkeit zu entledigen und baten die Spanier um Schutz. Darunter war das Gebiet von Xochimilco, das von den Eindringlingen so hart behandelt worden war, und einige Stämme der Otomies, eines rohen, aber tapferen Volkes, das an der westlichen

Grenze des Tales wohnte. Ihre Unterstützung war wichtig, nicht so sehr wegen der damit verbundenen Verstärkung, als wegen der größeren Sicherheit, die sie dem Heere schaffte, dessen äußere Posten fortwährend durch diese kriegliebenden Wilden bedroht waren.

Die wichtigste Hilfe, welche den Spaniern in dieser Zeit zukam, war die von Tezcuco, dessen Fürst, Ixtlilxochitl, die ganze Stärke seiner Truppen bis zum Belauf von fünfzigtausend Mann, wenn wir Cortez' Angabe trauen dürfen, zusammenbrachte und sie persönlich dem christlichen Lager zuführte. Der Befehlshaber verteilte sie unter die drei Abteilungen der Belagerer.

Auf diese Weise verstärkt, schickte sich Cortez zu einem zweiten Angriff auf die Hauptstadt an, und zwar ehe diese Zeit hätte, sich von dem ersten zu erholen. Er erließ Befehle an seine Stellvertreter auf den anderen Dammwegen, mit ihm zu gleicher Zeit aufzubrechen und ihn im Angriff zu unterstützen. Dieser wurde genau auf dieselbe Weise angeordnet wie bei dem frühern Einfall, das Fußvolk voran und die Verbündeten und die Reiterei dahinter. Aber zum großen Schrecken der Spanier fanden sie zwei Drittel der Durchbrüche wieder in dem früheren Zustande und die Steine und anderen Stoffe, womit sie ausgefüllt worden, vom unermüdlichen Feinde wieder herausgenommen. Sie waren wiederum genötigt, die Kanone heraufzubringen, die Rennschiffe fuhren an den Seiten hin, und der Feind wurde von einem Posten zum anderen vertrieben, auf dieselbe Weise wie bei dem vorigen Angriff. Kurz, die ganze Arbeit mußte von neuem vorgenommen werden. Erst um ein Uhr nachmittags hatte das Heer in der Vorstadt Fuß gefaßt.

Hier waren ihre Fortschritte nicht so beschwerlich wie früher; denn die Gebäude, von denen aus ihnen der meiste Schaden zugefügt worden, waren niedergerissen. Jedoch konnten sie sich nur Schritt vor Schritt ein Durchgang erzwingen angesichts des mexikanischen Kriegsvolkes, das sich ihrem Vordringen mit demselben Mute wie vorher widersetzte. Cortez, der gern die Einwohner verschont hätte, wenn er sie zur Übergabe auf Bedingungen hätte vermögen können, sah mit Bedauern, wie er sagt, daß sie sich so verzweifelt auf einen Vertilgungskrieg einließen. Er kam auf den Gedanken, daß nichts geeigneter sein würde, ihren Sinn zu erschüttern, als wenn er plötzlich einige der ansehnlichsten Gebäude zerstörte, die sie gewohnt waren, als den Stolz und die Zierde der Stadt zu verehren.

Auf dem großen Platze angelangt, wählte er zum ersten Gegenstande der Zerstörung den alten Palast Axayacatls, sein früheres Quartier. Die große Reihe niedriger Gebäude war allerdings von Stein; aber das Innere sowie die Außenwerke, Türmchen und Dächer von Holz. Die Spanier, bei denen diese Häuser so trübe Erinnerungen hervorriefen, stürzten zu dem Zerstörungswerke mit einer Freudigkeit, gleich der, welche der französische Pöbel bei der Zerstörung der Bastille empfunden haben mag. Fackeln und Feuerbrände wurden nach allen Richtungen hin umhergeschleudert; die niedrigen Teile des Hauses standen bald in Flammen, die, längs der leicht brennbaren Tapeten und des Holzwerkes im Innern hinlodernd, sich schnell bis zum zweiten Stockwerk verbreiteten. Dort griff das Feuer freier um sich und ehe es noch von außen sichtbar war, entsandte es aus jeder Öffnung und Spalte eine dichte Rauchsäule, die wie ein Leichenmantel über der Stadt schwebte. Diese wurde von einem hellen Feuermeer durchbrochen, das den ganzen oberen Teil der großen Häusermasse einhüllte, bis die Stützpfeiler wichen und die lange Reihe turmförmiger Gemächer unter Wolken von Staub und Asche mit einem fürchterlichen Krachen einstürzte, so daß die Spanier für einen Augenblick in ihrem Zerstörungswerk innehielten.

Aber nur für einen Augenblick. Auf der anderen Seite des Platzes, dicht an Montezumas Schloß, standen mehrere Gebäude, die, wie der Leser weiß, für Tiere bestimmt waren. Eines derselben wurde jetzt der Zerstörung geweiht — das Vogelhaus, angefüllt mit allen Gattungen der bunten Bewohner der ausgedehnten Wälder Mexikos. Es war ein luftiges und nach indianischer Mode zierliches Gebäude, das, mit Rücksicht auf seinen Zweck betrachtet, ohne Zweifel einen merkwürdigen Beweis von Ver-

550

feinerung und verständigem Geschmack bei einem Beherrscher von
Wilden lieferte. Die leicht verbrennlichen Baustoffe aus Holz und
Bambus bildeten einen auffallenden Gegensatz gegen die schweren
steinernen Gebäude rings um dasselbe und waren den Eindringlingen für ihren gegenwärtigen Zweck offenbar willkommen. Die
Fackeln wurden darangelegt und der geschmackvolle Bau wurde
bald von den Flammen ergriffen, die ihren verderblichen Glanz
weithin über Stadt und See verbreiteten. Die befiederten Bewohner kamen entweder in den Flammen um, oder die stärker be-
flügelten durchbrachen das brennende Gitterwerk des Vogelhauses,
schwangen sich in die Luft, flatterten eine Zeitlang über der dem
Verderben geweihten Stadt und flogen mit lautem Gekreisch ihren
heimischen Wäldern jenseits der Berge zu.

Die Azteken starrten mit unbeschreiblichem Grauen diese Zerstörung des ehrwürdigen Wohnsitzes ihrer Herrscher und der
Denkmäler ihrer Üppigkeit und ihres Glanzes an. Ihre Wut
steigerte sich fast bis zum Wahnsinn, als sie ihre verhaßten Feinde,
die Tlascalaner, bei dem Zerstörungswerk beschäftigt und darin
von den Tezcucanern, ihren eigenen Verbündeten und nicht selten
ihren Verwandten, unterstützt sahen. Sie machten ihrer Wut in
bitteren Verwünschungen Luft, besonders gegen den jungen Fürsten
Ixtlilxochitl, der an Cortez' Seite an den Gefahren des Tages vollen
Anteil nahm. Von den Hausgiebeln herab stießen die Krieger die
schmählichsten Schimpfnamen gegen ihn aus als er vorbeikam und
nannten ihn einen treulosen Verräter; treulos gegen sein Vaterland
und sein Blut — nicht ganz unverdiente Vorwürfe, wie sein Verwandter, der den Umstand aufzeichnet, offen gesteht. Er achtete
indes wenig auf ihre Schmähungen, sondern verfolgte seinen Weg
mit der störrischen Entschlossenheit eines Mannes, welcher der
Sache treu bleibt, in die er sich einmal eingelassen; als er auf dem
großen Platz angelangt war, rang er mit dem Anführer der aztekischen Truppen, riß ihm eine Lanze aus der Faust, die dieser von
den Christen erbeutet hatte und versetzte ihm einen Hieb mit seiner
Keule oder Maquahuitl, der ihn leblos zu Boden streckte.

Als der spanische Befehlshaber das Zerstörungswerk vollbracht

hatte, ließ er zum Rückzug blasen, indem er die indianischen Verbündeten vorausschickte, die ihm den Weg versperrten. Die durch
ihre Verluste rasend gemachten Mexikaner hingen sich in wilder
Wut an seinen Nachtrab, und obgleich sie durch die Reiterei zurückgetrieben wurden, kehrten sie doch immer wieder um, warfen
sich verzweiflungsvoll unter die Pferde, um die Reiter aus den
Sätteln zu reißen und gaben willig ihr eigenes Leben hin, um ihrem
Feinde nur einen einzigen Hieb beizubringen. Glücklicherweise
war der größte Teil ihres Kriegsvolkes mit den Angreifenden auf
der entgegengesetzten Seite der Stadt beschäftigt, aber auch so gelähmt, bedrängten sie die Spanier unter Cortez so kräftig, daß nur
wenige diese Nacht das Lager erreichten, ohne einige Zeichen des
verzweifelten Kampfes an ihren Körpern davonzutragen.

Am nächsten Tage und mehreren folgenden wiederholte der Befehlshaber seine Angriffe mit ebensowenig Rücksicht auf Ruhe,
als wenn seine Leute aus Eisen gemacht wären. Bei einer Gelegenheit rückte er etwas auf der Landstraße nach Tacuba vor, wo er
drei Brücken eroberte, da er womöglich eine Verbindung mit dem
auf dem anstoßenden Dammwege aufgestellten Alvarado herzu-
stellen wünschte. Aber die Spanier waren auf dieser Seite nicht
über die Vorstadt hinaus durchgedrungen, weil sie daran noch
immer durch die Beschaffenheit des Bodens verhindert waren und
es ihnen vielleicht einigermaßen an einem feurigen Ungestüm mangelte, der den Soldaten erfüllt, wenn er unter den Augen seines Anführers ficht.

Bei jedem dieser Angriffe fanden sie die Durchbrüche durch die
beharrlichen Mexikaner wieder in ihren ursprünglichen Zustand
versetzt und die Gegenstände, womit sie so mühsam ausgefüllt
worden waren, wieder entfernt. Es mag wohl befremdend erscheinen, daß Cortez nicht Maßregeln getroffen, die ihn gegen die
Wiederholung eines Verfahrens sicherten, das seinen Bewegungen
so hinderlich und zeitraubend war. Er bemerkt dies in einem seiner
Briefe an den Kaiser, worin er sagt, um solche Maßregeln zu ergreifen, hätte er entweder sein Quartier in der Stadt selbst aufschlagen, wodurch er von Feinden umringt und in seiner Verbin-

dung mit dem Lande unterbrochen worden wäre, oder eine hinreichende Wache von Spaniern aufstellen müssen — denn von den Eingeborenen sei dabei keine Rede —, um die Durchbrüche des Nachts zu schützen, eine Aufgabe, welche die Kräfte von Leuten überstieg, die am Tage einen so beschwerlichen Dienst hätten.

Und doch schritt Alvarado zu diesem Mittel; er stellte des Nachts eine Wache von vierzig Mann zur Beschützung der dem Feinde zunächst befindlichen Öffnung auf. Diese wurde nach wenigen Stunden von einer ähnlichen Abteilung und diese wiederum von einer dritten abgelöst, während die beiden ersteren auf ihren Posten ausruhten; so daß bei einem Lärmzeichen hundertzwanzig Mann auf dem Fleck bereit waren, einen Angriff abzuwehren. Zuweilen blieb allerdings die ganze Abteilung nahe bei dem Durchbruch im Nachtlager, mit ihren Waffen ausruhend und jeden Augenblick bereit, in Tätigkeit zu treten.

Aber ein Leben so unaufhörlicher Beschwerde und Wachsamkeit war fast zu angreifend selbst für die harten Naturen der Spanier. „Die lange Nacht hindurch", sagt Diaz, der in Alvarados Abteilung diente, „hielten wir unsere schauerliche Wache, trotz Wind, Nässe und Kälte. Da standen wir unter den Schmerzen von Wunden, die wir im Gefechte am vorhergehenden Tage empfangen hatten." Es war die Regenzeit, welche in dem Lande vom Juli bis September währt; und die von den Regenstürmen überschwemmten und durch das fortwährende Betreten so großer Menschenhaufen unebengemachte Oberfläche der Dammwege war in einen Sumpf oder vielmehr Moor verwandelt, welcher die Plage des Heeres auf eine unerhörte Weise vermehrte.

Die Truppen unter Cortez befanden sich kaum in einer besseren Lage. Nur wenige unter ihnen konnten in den rohen Türmen Schutz finden, welche die Schutzwerke von Xoloc einfaßten. Der größere Teil war genötigt, im Freien zu liegen und sich jeder rauhen Witterung auszusetzen. Jedermann, wenn es nicht seine Wunden verboten, mußte den Lagervorschriften zufolge mit seinen Waffen schlafen; und oft wurden sie aus ihrem leisen Schlummer durch den mitternächtlichen Schlachtruf geweckt. Denn Guatemozin wählte oft gegen den bei seinen Landsleuten üblichen Gebrauch die Stunden der Finsternis, um dem Feinde einen Streich zu versetzen. „Kurz," sagt der oben angeführte alte Krieger, „so unablässig fanden während der drei Monate, die wir vor der Hauptstadt lagen, unsere Gefechte bei Tage und bei Nacht statt, daß, wenn ich sie alle aufzählen wollte, die Geduld des Lesers erschöpft werden und er meinen würde, die unglaublichen Taten eines irrenden Ritters in einem Romane zu lesen."

Der aztekische Kaiser leitete seine Bewegungen nach einem geordneten Plane, der sich einigermaßen der Kriegskunst näherte. Er machte nicht selten gleichzeitige Angriffe auf die drei verschiedenen Abteilungen der Spanier, die auf den Dammwegen, und auf die Besatzungen, die an den äußersten Enden derselben standen. Um dies auszuführen, zwang er nicht nur seine eigenen Soldaten aus der Hauptstadt, sondern auch aus den großen benachbarten Städten zum Dienst, die alle auf das wohlbekannte Zeichen der Leuchtfeuer oder der ungeheuren Trommel, welche die Priester auf der Spitze des Tempels rührten, gemeinschaftlich vorrückten. Man hat bemerkt, daß einer dieser allgemeinen Angriffe, entweder zufällig oder absichtlich, am Vorabend des „Johannes-der-Täufer-Tages, dem Jahrestage des zweiten Einzuges der Spanier in die mexikanische Hauptstadt, stattfand.

Ungeachtet der harten Anspannung seiner Kräfte durch dieses unaufhörliche Kriegführen, wußte der junge Herrscher ihnen doch dadurch einigermaßen Erleichterung zu schaffen, daß er verschiedene Abteilungen sich untereinander ablösen ließ. Dies war an den verschiedenen Dienstkleidungen und Kriegszeichen der indianischen Schlachthaufen zu bemerken, die abwechselnd kamen und wieder vom Felde verschwanden. Bei der Nacht wurde in den aztekischen Quartieren strenge Wache gehalten, was bei den Völkern des Tafellandes sonst nicht gebräuchlich war. Die äußeren Posten der feindlichen Heere waren so aufgestellt, daß einer den anderen im Gesicht behielt. Die Mexikaner stellten die ihrigen gewöhnlich in die Nähe eines breiten Durchbruches, und die Lage desselben war durch ein großes Feuer davor bezeichnet. Die Stunden zur Ablösung der Wache wurden durch die gellende aztekische Pfeife verkündet, wo man dann Menschenhaufen sich hinter der Flamme bewegen sah, die auf die zimtfarbigen Gestalten der Krieger einen noch rötlicheren Schein warf.

Während Guatemozin so zu Lande seine Tätigkeit zeigte, war er nicht müßig zu Wasser. Er war allerdings klug genug, sich nicht wieder mit der spanischen Flotte in eine offene Schlacht einzulassen; aber er nahm seine Zuflucht zur List, was der indianischen Kriegführung auch viel angemessener ist. Er versteckte eine große Anzahl Kanus hinter dem hohen Schilf, womit die südlichen Ufer des Sees besetzt waren, und ließ zugleich Pfähle in die nahe dabei befindlichen Untiefen einschlagen. Einige Piraguas, Boote von größerem Gehalt, fuhren dann heraus und ruderten nach der Stelle, wo die spanischen Rennschiffe vor Anker lagen. Zwei der kleinsten Schiffe, in der Meinung, daß die indianischen Kähne den Belagerten Lebensmittel zuführten, setzten ihnen, wie vorhergesehen war, augenblicklich nach. Die aztekischen Boote flohen, Schutz suchend, nach dem Schilfdickicht, wo ihre Gefährten im Hinterhalt lagen. Die ihnen dorthin folgenden Spanier verwickelten sich bald in dem unter dem Wasser befindlichen Pfahlwerk. Augenblicklich sahen sie sich von dem ganzen Schwarme der indianischen Kanus umringt, die meisten von ihnen wurden verwundet, einige, darunter die beiden Anführer, getötet und eines der Rennschiffe fiel — eine nutzlose Beute — in die Hände der Sieger. Unter den Getöteten war Pedro Barbo, Hauptmann der Armbrustschützen, ein tapferer Offizier, der sich bei der Eroberung sehr ausgezeichnet hatte. Dieser Unfall kränkte Cortez sehr. Er war aber eine heilsame Lehre, die ihm während des ganzen übrigen Krieges sehr gut zustatten kam.

So wurde nun der Krieg zu Lande und zu Wasser, auf dem Dammwege, in der Stadt und auf dem See geführt. In welchem Nachteil auch sonst die Hauptstadt des aztekischen Reiches stehen mochte, so blieb sie sich doch selbst treu, und ihres alten Rufes eingedenk, bot sie ihren Feinden in jeder Richtung eine kühne Stirn. So wie in einem Körper, dessen äußere Gliedmaßen abgestorben sind, so sammelte sich das Leben noch im Herzen und schien dort eine Zeitlang selbst stärker als je zuvor zu schlagen.

Es mag auffallend scheinen, daß Guatemozin imstande gewesen sein sollte, für den Unterhalt einer so großen, jetzt in der Hauptstadt zusammengedrängten Bevölkerung zu sorgen, besonders da die Zugänge alle im Besitz des Belagerungsheeres waren. Aber außer den in dieser Rücksicht vor der Belagerung getroffenen Anstalten, und außer der ihnen täglich durch die zum Tode bestimmten Schlachtopfer gelieferten ekelhaften Nahrung erhielten sie auch fortwährend Zufuhren aus der umliegenden Gegend über den See. Dies wurde eine Zeitlang größtenteils unbemerkt betrieben; und selbst als die Rennschiffe Befehl erhielten, Tag und Nacht zu kreuzen und das Wasser von den dazu verwendeten Booten zu säubern, gelang es doch noch vielen unter dem Schutze der Dunkelheit, der Wachsamkeit der Kreuzer zu entgehen und ihre Ladungen sicher in den Hafen zu bringen. Erst als die großen benachbarten Städte von ihrer Lehnspflicht abfielen, begann die Zufuhr aus Mangel an deren Quellen zu fehlen. Diese Abtrünnigkeit wurde häufiger, da sich die Einwohner überzeugten, daß die Regierung, unfähig zu ihrer eigenen Verteidigung, dies noch mehr zu der ihrigen sein müsse; und die aztekische Hauptstadt sah ihre Lehnsträger einen nach dem anderen sich von ihr lossagen, so wie einem im Absterben begriffenen Baume seine Blätter beim ersten Wehen des Sturmes abfallen.

Die Städte, welche jetzt den Schutz des spanischen Befehlshabers ansprachen, versorgten das Lager mit einer unglaublichen Anzahl von Kriegern; einer Anzahl, die, wenn wir Cortez' eigener Schätzung von hundertfünfzigtausend glauben dürfen, nur dazu gedient haben konnte, seinen Bewegungen auf den Dammwegen hinderlich zu werden. Es ist aber wahr, daß die Städte und Dörfer, wovon das Tal wimmelte, eine Bevölkerung hatte — worin noch überdies jeder Mann ein Krieger war —, welche die der gegenwärtigen Zeit bei weitem übertraf. Diese Mannschaften wurden unter die drei Besatzungen an den Enden der Dammwege verteilt; und viele fanden hinreichende Beschäftigung im Durchstreifen des Landes nach Lebensmitteln und noch mehr im Bekriegen der gegen die Spanier noch feindlich gesinnten Orte.

Ferner beschäftigte sie Cortez auch noch durch Erbauung von Lagerhütten für seine Truppen, die dadurch bedeutend litten, daß sie dem unaufhörlichen Regen der Jahreszeit ausgesetzt waren, der, wie man bemerkte, häufiger bei Nacht als bei Tage fiel. Steine und Balken lieferten die Gebäude, die in der Stadt zerstört worden waren; sie wurden auf den Rennschiffen nach dem Dammwege gebracht, und aus diesen Baustoffen wurde längs der beiden Seiten der Werke von Xoloc eine Reihe von Lagerhütten errichtet. Man kann sich einen ungefähren Begriff von der großen Breite des Dammweges an dieser Stelle, einem der tiefsten Teile des Sees, machen, wenn man bedenkt, daß, obgleich die Lagerhütten in gleichlaufenden Linien auf den sich gegenüberliegenden Seiten desselben aufgeführt waren, doch noch Platz genug übrig blieb, daß das Heer dazwischen durchmarschieren konnte.

Durch diese Anordnung wurden den spanischen Truppen und ihren indianischen Dienern, die sich im ganzen auf ungefähr zweitausend Mann beliefen, bequeme Einrichtungen verschafft. Der großen Masse der Verbündeten mit einer kleinen Abteilung Fußvolk und Reiter wurde der nahe gelegene Posten Cojohuacan angewiesen, der im Rücken des Feldlagers zu dessen Schutz und zur Unterhaltung seiner Verbindung mit dem Lande diente. Auf ähnliche Weise wurden die Truppen in den anderen Abteilungen des Heeres unter Alvarado und Sandoval verteilt; doch war das zum Schutz der Truppen auf ihren Dammwegen eingerichtete Obdach nicht von so fester Art wie das für die Abteilung von Cortez.

Das spanische Lager wurde von den freundlich gesinnten Städten in der Nachbarschaft und besonders von Tezcuco mit Lebensmittel versorgt. Dieselben bestanden in Fischen, einheimischen Früchten, besonders in einer auf der Tuna (cactus opuntia) wachsenden Feigenart, und einer Gattung Kirschen oder etwas dieser Ähnlichem, die in dieser Jahreszeit häufig war. Aber ihre Hauptnahrung bestand in Tortillas, Kuchen aus indianischem Mehl, die noch in Mexiko gebräuchlich sind, wozu in den Besatzungsstädten an den Dammwegen mit Hilfe der Eingeborenen Backhäuser gebaut wurden. Nur zu wahrscheinlich ist es, daß die Verbündeten ihre mäßige Kost gelegentlich durch einen Schmaus von Menschenfleisch verstärkten, wozu ihnen das Schlachtfeld unglücklicherweise nur zu oft verhalf und was Cortez, wie sehr es auch sein Gefühl empörte, bei seiner gegenwärtigen Lage in diesem Augenblick nicht zu verhindern vermochte.

So brach denn endlich der so lange drohende Sturm in seiner ganzen Wut über die aztekische Hauptstadt los. Ihre unglücklichen Bewohner sahen die feindlichen Scharen sie ringsumher mit ihren glänzenden Reihen einschließen, die sich so weit erstreckten als das Auge reichte. Sie sahen sich in ihrer äußersten Not von ihren Verbündeten und Lehnsleuten verlassen; den wilden Fremdling in ihre heiligsten Orte dringen, ihre Tempel schänden, ihre Paläste plündern, die schöne Stadt bei Tage verwüsten, deren Vorstädte des Nachts in Brand stecken und sich in festen Gebäuden unter ihren Mauern verschanzen, als wäre er entschlossen, nicht zu weichen, solange noch ein Stein auf dem anderen blieb. Alles dies sahen sie, aber ihr Mut wankte nicht; und obgleich Hungersnot und Pest schon über sie hereinzubrechen begann, boten sie doch noch immer ihren Feinden dieselbe entschlossene Stirn. Cortez, der die Stadt und ihre Bewohner gern verschont hätte, wurde von dieser Entschlossenheit mit Bewunderung erfüllt. Mehr als einmal deutete er vermittels der von ihm freigelassenen Gefangenen an, daß er geneigt sei, ihnen günstige Übergabebedingungen zu gewähren. Einen Tag nach dem anderen erwartete er die Annahme seiner Vorschläge. Aber einen Tag nach dem anderen sah er sich getäuscht. Er sollte nun erfahren, wie treu den Azteken ihr Gedächtnis sei; und daß, wie schrecklich auch ihre gegenwärtige Lage und ihre Furcht vor der Zukunft sein mochte, sie doch alles vergaßen in ihrem Hasse gegen die weißen Männer.

SECHSTES HAUPTSTÜCK

Allgemeiner Angriff auf die Stadt | Niederlage der Spanier | Ihre mißliche Lage | Opferung der Gefangenen | Abtrünnigkeit der Verbündeten | Beharrlichkeit der Truppen

1521

Hungersnot fing nun an, sich in der belagerten Stadt allmählich fühlbar zu machen. Es schien sicher zu sein, daß bei dieser engen Einschließung die zusammengedrängte Bevölkerung zuletzt sich würde zur Übergabe genötigt sehen, auch wenn man keine Waffen gegen sie erhöbe. Aber dies verlangte Zeit, und obgleich standhaft und ausdauernd von Natur, fingen die Spanier doch an, ungeduldig über ihr Ungemach zu werden, das kaum geringer war, als das der Belagerten. In mancher Rücksicht war es selbst ärger, da sie der Kälte und dem durchweichenden Regen ausgesetzt waren, der mit kurzen Unterbrechungen immerwährend fiel und ihre Lage höchst lästig und mißlich machte.

Bei dieser Lage der Dinge fanden sich viele, die ihren Leiden gern ein Ende gemacht und es versucht hätten, den Ort durch einen Handstreich einzunehmen. Andere hielten es für das beste, sich in Besitz des großen Marktes von Tlatelolco zu setzen, der durch seine Lage im nordwestlichen Teile der Stadt Mittel zur Verbindung mit den Lagern Alvarados und Sandovals gewähren konnte. Dieser von geräumigen Säulenhallen eingeschlossene Ort würde Unterkommen für ein zahlreiches Kriegsvolk bieten; und einmal eingedrungen in die Hauptstadt, würden die Spanier imstande sein, den Angriff wirksamer fortzusetzen als aus der Ferne.

Diese Gründe wurden von einigen der Offiziere unterstützt, besonders von Alderete, dem königlichen Schatzmeister, einem Manne von großem Ansehen, nicht nur wegen seines Ranges, sondern wegen der Fähigkeiten und des Eifers, die er im Dienste bewiesen hatte. In Rücksicht auf ihre Wünsche, berief Cortez einen Kriegsrat zusammen und legte demselben die Sache vor. Auf die Ansichten des Schatzmeisters gingen die meisten der feurigen Rit-

ter ein, die sich nach irgend einer Veränderung ihres gegenwärtigen
trostlosen und beschwerlichen Lebens sehnten; und da Cortez es
wahrscheinlich für klüger hielt, den weniger zweckmäßigen Weg
einzuschlagen, als einen halben und widerstrebenden Gehorsam gegen seine eigene Meinung zu erzwingen, ließ er sich überstimmen.
Es wurde ein Tag zum Angriff festgestellt, der von den beiden Abteilungen unter Alvarado und dem Befehlshaber selbst ausgehen
sollte. Sandoval wurde angewiesen, den größeren Teil seiner Truppen vom nördlichen Dammwege zurückzuziehen und sich mit Alvarado zu vereinigen, während siebzig ausgesuchte Soldaten Cortez
zur Verstärkung geschickt werden sollten.
Am bestimmten Morgen rückten die beiden Heere nach der gewöhnlichen Messelesung auf ihren Dammwegen gegen die Stadt
vor. Außer von den Rennschiffen waren sie noch von einer zahlreichen Flotte indianischer Boote, die einen Durchgang durch die
Wassergräben erzwingen sollten, und von einer unzählbaren Menge
Verbündeter unterstützt, die eben durch ihre große Anzahl am
Ende nur dazu dienten, ihre Bewegungen zu erschweren. Nachdem sie den Feind aus der Vorstadt vertrieben hatten, boten sich
ihnen drei Zugänge dar, welche alle auf den Platz von Tlatelolco
ausliefen. Der bedeutendste, viel breitere als die beiden anderen,
konnte eher ein Dammweg als eine Straße genannt werden, da auf
jeder Seite ein tiefer Graben lief. Cortez teilte seine Mannschaften
in drei Teile. Den einen stellte er unter den Befehl von Alderete
mit dem Auftrage, die Hauptstraße zu besetzen; einen zweiten
unter den von Andres de Tapia und Jorge de Alvarado; von
denen der erstere ein Ritter von Mut und Fähigkeit, der letztere
ein jüngerer Bruder Don Pedros und von dem unerschrockenen,
dieser ritterlichen Familie eigenen Mute beseelt war. Diese sollten
durch eine der gleichlaufenden Straßen vordringen, während der
Befehlshaber selbst an der Spitze der dritten Abteilung die andere
besetzen sollte. Eine kleine Schar Reiterei mit zwei oder drei
Feldstücken wurde als Rückhalt vorn an der großen Landstraße
von Tacuba aufgestellt, die den verschiedenen Abteilungen als
Sammelpunkt bezeichnet war.

BARTOLOME DE LAS CASAS.
Nach einem Stich von T. L. Enguidanos.

Cortez gab seinen Hauptleuten die bestimmtesten Befehle, nicht einen Schritt vorwärts zu tun, ohne sich den Rückzug durch Ausfüllung der Deiche und Durchbrüche in dem Dammwege gesichert zu haben. Die von Alvarado begangene Vernachlässigung dieser Vorsicht bei einem erst wenige Tage zuvor auf die Stadt gemachten Angriff hatte so ernste Folgen für sein Heer gehabt, daß Cortez selbst sich in das Quartier seines Untergebenen begab, um ihm einen öffentlichen Verweis wegen seines Ungehorsams gegen die Befehle zu erteilen. Als er indes im Lager ankam, fand er, daß sein des Vergehens schuldiger Offizier das Treffen mit so vieler Tapferkeit geführt habe, daß der beabsichtigte Verweis — obgleich er einen solchen wohl verdient hatte — sich auf einen leichten Tadel beschränkte.

Als diese Vorbereitungen getroffen waren, marschierten die drei Abteilungen zugleich auf die verschiedenen Straßen. Cortez stieg vom Pferde und führte das Vordertreffen seiner Schar an der Spitze seines Fußvolkes an. Die Mexikaner zogen sich bei seinem Vorrücken zurück und leisteten geringeren Widerstand als gewöhnlich. Die Spanier drangen vor, eroberten eine Verschanzung nach der anderen und füllten die Öffnungen sorgfältig mit Schutt aus, um sich ein festes Auftreten zu sichern. Die Kanus unterstützten den Angriff, indem sie die Gräben entlang fuhren und die des Feindes enterten; während eine Anzahl schnellfüßiger Tlascalaner die Erdstufen erkletterte, von einem Hause aufs andere ging, da wo sie aneinanderhingen, und die Verteidiger in die Straßen hinabschleuderten. Der augenscheinlich überrumpelte Feind schien unfähig, die Wut des Angriffes nur einen Augenblick auszuhalten; und die siegreichen, durch das Freudengeschrei ihrer Gefährten in den benachbarten Straßen noch mehr ermutigten Christen waren um so begieriger, zuerst an dem bestimmten Ziele anzulangen.

In der Tat erweckte die Leichtigkeit des Gelingens in dem Befehlshaber die Besorgnis, daß er vielleicht zu schnell vorrücke; daß dahinter wohl eine List des Feindes verborgen sein dürfte, ihn in den Mittelpunkt der Stadt zu locken und dann ihn zu umzingeln oder im Rücken anzugreifen. Überdies hegte er einige Zweifel darüber, ob nicht seine zu feurigen Offiziere in der Hitze der Verfolgung trotz seiner Befehle versäumt haben möchten, die notwendige Vorsicht des Ausfüllens der Durchbrüche zu beobachten. Er ließ daher seine Schar haltmachen, bereit, jeder hinterlistigen Bewegung seines Feindes zu begegnen. Unterdes erhielt er von Alderete mehr als eine Botschaft, daß derselbe beinahe bis zum Markt gelangt sei. Dies vermehrte nur noch des Befehlshabers Besorgnis, er möchte in der Hitze des Vordringens versäumt haben, sich das Feld zu sichern. Er beschloß, keinen anderen als seinen eigenen Augen zu trauen, und mit einer kleinen Truppenabteilung brach er sogleich auf, um den vom Schatzmeister eingeschlagenen Weg in Augenschein zu nehmen.

Er war auf der großen Straße oder dem Dammwege noch nicht weit gekommen, als er sich durch eine zehn bis zwölf Schritt weite Öffnung aufgehalten fand, die wenigstens zehn Faden tief mit Wasser angefüllt war, welches eine Verbindung zwischen den jenseitigen Gräben bildete. Es war ein schwacher Versuch gemacht worden, die Öffnung mit dem Schutt vom Dammwege auszufüllen, aber auf eine zu nachlässige Weise, um den geringsten Nutzen zu gewähren; und wenige einzeln umherliegende Steine und Holzstücke zeigten nur, daß man die Arbeit fast ebenso schnell aufgegeben als angefangen hatte. Zu seiner noch größeren Bestürzung bemerkte der Befehlshaber, daß die Wände des Dammweges in der Nähe dieser Stelle dünner gemacht worden waren, und zwar offenbar erst vor sehr kurzer Zeit. In all diesem sah er die Kunstgriffe des listigen Feindes; und zweifelte nun kaum noch, daß sein hitziger Offizier in eine ihm absichtlich gelegte Falle gegangen sei. In größter Unruhe darüber schickte er sich an, das Übel so schnell als möglich dadurch wieder gutzumachen, daß er seinen Leuten befahl, die gähnende Kluft auszufüllen.

Aber kaum hatten sie ihre Arbeit begonnen, als auf den rauhen Widerhall des fernen Kampfes ein greuliches Kriegsgeschrei und Heulen folgte, das die Wolken förmlich zu zerreißen schien. Hierauf wurde ein heftiger Lärm gehört, wie von den Tritten einer gedrängten Menschenmenge, der ankündigte, daß die Flut der Schlacht die frühere Richtung verändert habe und sich der Stelle zu bewege, wo Cortez und seine kleine Schar standen.

Seine Vermutung erwies sich nur zu sehr begründet. Alderete hatte die fliehenden Azteken mit einer Heftigkeit verfolgt, die mit jedem Schritte vorwärts zunahm. Er hatte sich der Verschanzungen, welche den Durchbruch schützten, ohne große Mühe bemächtigt und gab, als er rasch weitergezogen, den Befehl, die Öffnung zu verstopfen. Aber das Blut der feurigen Ritter war durch die Verfolgung erhitzt, und kein einziger mochte durch die unwürdige Beschäftigung, die Gräben auszufüllen, sich aufhalten lassen, während er so leicht Lorbeeren im Kampfe erringen konnte; und sie alle jagten vorwärts, indem sie sich gegenseitig mit der Versicherung anfeuerten und schmeichelten, die ersten zu sein, die den Platz von Tlatelolco erreichen würden. Auf diese Weise ließen sie sich bis mitten in die Stadt verlocken; als plötzlich das Horn Guatemozins — das heilige Wahrzeichen, das nur in Zeiten außerordentlicher Gefahr ertönte — einen langen und durchdringenden Ton vom Gipfel eines benachbarten Teocallis hören ließ. In einem Augenblick wendeten die fliehenden Azteken, wie von dem Tone toll gemacht, sich gegen ihre Verfolger um. Zu gleicher Zeit strömten unzählige Schwärme von Kriegern aus den anstoßenden Straßen und Gassen auf die Seiten der Angreifenden los, die Luft mit dem wilden, unmenschlichen Geschrei erfüllend, das zu Cortez' Ohren gedrungen war und für einen Augenblick den rohen Mißklang übertönt hatte, der in den anderen Gegenden der Hauptstadt herrschte.

Das überraschte und von der Heftigkeit des Angriffes erschütterte Heer geriet in größte Unordnung. Freunde und Feinde, weiße Männer und Indianer, alles bildete miteinander eine verworrene Masse. Wurfspieße, Schwerter und Kriegskeulen wurden zusammen in der Luft geschwungen. Die Hiebe fielen aufs Geratewohl. In ihrem Drange zu entkommen, traten sie sich gegenseitig nieder. Geblendet durch die Wurfgeschoße, welche jetzt von den Azoteas herab auf sie niederregneten, wankten sie hin, kaum wissend, nach welcher Richtung, oder fielen, von Händen erschlagen, die sie nicht sehen konnten. Sie kamen heran wie ein brausender Waldstrom, der einen steilen Abhang herunterstürzt, und wälzten sich in wilder Flut gegen den offenen Durchbruch, an dessen entgegengesetzter Seite Cortez mit seinen Gefährten stand, von Entsetzen beim Anblick des nahenden Verderbens ergriffen. Die vordersten Reihen stürzten in den Schlund, sich gegenseitig unter das Wasser tretend; einige versuchten vergebens zu schwimmen, andere, mit besserem Erfolge, über die Haufen ihrer erstickten Gefährten fortzuklettern; noch andere fielen beim Versuch, die gegenüberliegenden Wände des schlüpfrigen Deiches zu erklimmen, ins Wasser oder wurden von den Kriegern in den Kanus fortgeschleppt, die das Schreckliche der Flucht noch durch neue Ladungen Pfeile und Wurfspieße vermehrten, die sie auf die Fliehenden abschossen.

Währenddessen behauptete Cortez mit seinen tapferen Gefährten seine Stellung unerschrocken auf der anderen Seite des Durchbruches. „Ich war entschlossen," sagt er, „lieber zu sterben, als meine armen Gefährten in ihrer Not zu verlassen!"

Mit ausgestreckten Händen suchte er so viele als er konnte vom Wassertode und von dem noch schrecklicheren Schicksal der Gefangenschaft zu erretten. Er strebte vergebens, nur etwas Gegenwart des Geistes und Ordnung unter den zerstreuten Flüchtlingen wiederherzustellen. Seine Person war den Azteken nur zu gut bekannt und seine Stellung machte ihn nun zu einem in die Augen fallenden Ziele für ihre Waffen. Wurfspieße, Steine und Pfeile fielen hageldicht um ihn herum, glitten aber ohne Schaden von seinem stählernen Helme und seiner erprobten Rüstung ab. Endlich ließ sich der Ruf „Malinche, Malinche" beim Feinde hören; und sechs von ihnen, starke und riesige Krieger, stürzten plötzlich auf ihn los und strengten sich gewaltsam an, ihn an Bord ihres Bootes zu ziehen. In diesem Handgemenge erhielt er eine schwere Wunde im Beine, so daß er sich desselben eine Zeitlang nicht bedienen konnte. Es schien keine Hoffnung für ihn zu sein; als ein treuer Anhänger, Christoval de Olea, der seinen Befehlshaber in dieser Not erblickte, sich auf die Azteken warf, mit einem Streiche einem der Wilden den Arm abhieb und dann einen anderen mit seinem Schwerte durchbohrte. Er wurde rasch von einem Gefährten namens Lerma und von einem tlascalanischen Häuptling unterstützt, der, über Cortez' hingestreckten Körper hinwegfechtend, noch drei andere der Angreifenden erschlug; der heldenmütige Olea mußte jedoch seine Anhänglichkeit teuer bezahlen, denn er fiel tödlich verwundet an der Seite des Befehlshabers.

Bald verbreitete sich die Nachricht unter den Soldaten, daß ihr Befehlshaber gefangen sei; und da Quinones, der Hauptmann seiner Leibwache, ihm mit noch einigen anderen zu Hilfe eilte, gelang es ihnen, Cortez aus den Händen seiner Feinde zu reißen, die mit ihm im Wasser rangen; sie hoben ihn auf ihre Arme und brachten ihn wieder auf den Dammweg. Einer seiner Edelknaben hatte sich indes eine Strecke lang durch die Menge gedrängt, um ein Pferd herbeizuführen, das sein Herr besteigen sollte. Aber der Jüngling erhielt von einem Wurfspieße eine Wunde am Halse, die ihn an der Ausführung seines Vorhabens verhinderte. Ein anderer seiner Diener war glücklicher. Es war Guzman, sein Kämmerling; aber als dieser den Zügel hielt, während man Cortez in den Sattel half, wurde er von den Azteken aufgegriffen und mit Gedankenschnelle in ihren Kanus entführt. Der Befehlshaber zauderte noch, da er die Stelle nicht verlassen mochte, solange seine Anwesenheit noch von dem mindesten Nutzen sein konnte. Aber der treue Quinones nahm sein Pferd beim Zügel und wendete dessen Kopf von dem Durchbruch ab, indem er ausrief, „seines Gebieters Leben sei zu wichtig für das Heer, als daß es hier geopfert werden sollte".

Es war jedoch keine leichte Sache, durch das Gedränge zu kommen. Auf der Oberfläche des Dammweges, aufgerissen durch die Füße der Menschen und Pferde, versank man bis ans Knie im Morast, und an einigen Stellen war er so beschädigt, daß das Wasser aus den Gräben darüber hinfloß. Die zusammengedrängte Menge taumelte in ihrer Anstrengung, sich aus ihrer gefährlichen Lage zu befreien, wie Betrunkene. Die am Rande Gehenden wurden oft durch das Drängen ihrer Gefährten neben ihnen die schlüpfrigen Wände des Deiches hinabgestoßen und unten von den Kanus des Feindes aufgegriffen, der mit Siegesgeschrei seine wilde Freude über jedes neue ihnen zukommende Schlachtopfer kundgab. Zwei an der Seite des Befehlshabers reitende Ritter glitten aus und rollten den Abhang hinab ins Wasser. Einer wurde gefangen und sein Pferd getötet. Der andere entkam glücklich. Auch der tapfere Fahnenträger, Corral, wurde ebenso vom Glücke begünstigt. Er glitt in den Graben und der Feind war schon seines Fanges gewiß, als es ihm gelang, wieder den Dammweg zu erreichen, während das zerfetzte Banner Kastiliens noch über seinem Kopfe wehte. Die Wilden stießen ein Geschrei wütenden Zornes aus, als sie sich ein Siegeszeichen entgangen sahen, auf welches das Volk von Anahuac, wie wir gesehen haben, den höchsten Wert setzte, und das in ihren Augen einen kaum geringeren hatte, als die Gefangennahme des Oberbefehlshabers selbst.

Endlich gelang es Cortez, wieder festen Boden zu gewinnen und den offenen Platz vor der großen Landstraße von Tacuba zu erreichen. Hier sammelte er unter scharfem Geschützfeuer seine getrennten Scharen, machte an der Spitze eines kleinen Reiterhaufens, der noch nicht ins Gefecht gekommen und daher noch frisch war, einen Angriff und schlug den Feind zurück. Hierauf gab er den beiden anderen Abteilungen den Befehl zum Rückzuge. Die zersprengten Truppen sammelten sich wieder, und indem der Befehlshaber die indianischen Verbündeten vorwärts schickte, stellte er sich selbst in die Nachhut mit einer ausgewählten Reiterschar, um den Rückzug des Heeres zu decken, der mit nur unbedeutendem weiterem Verluste vonstatten ging.

Andres de Tapia wurde nach dem westlichen Dammwege abgeschickt, um Alvarado und Sandoval von dem Scheitern der Unternehmung zu benachrichtigen. Unterdes waren diese beiden Anführer weit in die Stadt vorgedrungen. Durch das Siegesgeschrei ihrer Landsleute in den anstoßenden Straßen ermutigt, waren sie mit großer Anstrengung vorwärts geeilt, um nicht in dem Ruhmeswettlaufe zurückzubleiben. Kaum waren sie zum Marktplatze gelangt, der ihren Quartieren näher lag als denen des Befehlshabers, so vernahmen sie den Ton des furchtbaren Hornes Guatemozins, worauf das übertäubende Geheul der Wilden folgte, das Cortez so erschreckt hatte; bis endlich die Töne des weichenden Kampfes sich in die Ferne verloren. Die beiden Anführer schlossen daraus, daß der Tag für ihre Landsleute schlimm gewesen sein müsse. Bald erhielten sie noch fernere Beweise davon, als die siegreichen Azteken bei ihrer Rückkehr von Cortez' Verfolgung ihre Truppen mit denen vereinigten, die mit Sandoval und Alvarado kämpften und über diese mit verdoppelter Wut herfielen. Zugleich rollten sie einen oder zwei blutige Köpfe der Spanier auf dem Boden entlang, wobei sie den Namen „Malinche" ausriefen. Bei diesem Anblick von Schrecken ergriffen, gaben die beiden Anführer — obgleich sie den Worten des Feindes wenig Glauben schenkten — augenblicklich Befehl zum Rückzuge. In der Tat waren sie nicht imstande, das Feld gegen die wütenden Angriffe der Belagerten zu behaupten, die Schwarm auf Schwarm mit einer Verzweiflung auf sie losstürzten, „von welcher," sagt einer, der zugegen war, „obgleich es mir scheint, als stände es mir jetzt vor Augen, ich dem Leser nur einen schwachen Begriff machen kann. Nur Gott allein kann uns aus den Gefahren jenes Tages gerettet haben." Die wütenden Wilden verfolgten die Spanier bis in ihre Verschanzungen. Aber hier wurden sie zuerst von dem Kreuzfeuer der Rennschiffe empfangen, welche das zur Hemmung ihrer Bewegungen eingepflanzte Pfahlwerk durchbrochen hatten und den Dammweg völlig bestrichen, und dann von dem des kleinen an der Vorderseite des Lagers errichteten Geschützstandes, der unter der Handhabung eines geschickten Feuerwerkers namens Medrano die ganze Länge des Passes bestrich. So von vorn und von der Seite angegriffen, wurden die zerschmetterten Heeressäulen der Azteken genötigt, zurückzuweichen und unter den Festungswerken der Stadt Schutz zu suchen.

Nun herrschte im Lager die größte Angst um Cortez' Schicksal; denn Tapia war auf dem Wege von einzelnen feindlichen Haufen aufgehalten worden, welche Guatemozin daselbst aufgestellt hatte, um die Verbindungen zwischen den Lagern zu unterbrechen. Endlich kam er indes doch an, wiewohl aus mehreren Wunden blutend. Seine Nachricht beruhigte die Spanier zwar in Rücksicht auf die persönliche Sicherheit des Befehlshabers, war aber nicht geeignet, ihre Unruhe in anderen Rücksichten zu vermindern.

Sandoval besonders war begierig, den gegenwärtigen Zustand der Dinge und Cortez' fernere Absichten zu erfahren. Obgleich er an drei Wunden darniederlag, die er in jenem Schlachttage erhalten hatte, entschloß er sich doch, sich persönlich nach dem Quartier des Oberbefehlshabers zu begeben. Es war Mittag — denn die heftigen Vorfälle des Morgens hatten nur wenige Stunden gewährt — als Sandoval wieder sein gutes Streitroß bestieg, auf dessen Stärke und Schnelligkeit er sicher rechnen konnte. Es war ein edles Tier, wohlbekannt im ganzen Heere und seines tapferen Reiters würdig, den es durch alle die langen Märsche und blutigen Schlachten der Eroberung hindurch glücklich getragen hatte. Unterwegs stieß er auf Guatemozins Plänkler, die Jagd auf ihn machten und Ladungen Wurfgeschosse rings um ihn her abschossen, ohne zum Glück eine verwundbare Stelle an seinem Harnisch und an dem seines wohlgerüsteten Rosses zu finden.

Bei seiner Ankunft im Lager fand er die Truppen daselbst niedergeschlagen und von dem sie am Morgen betroffenen Mißgeschicke entmutigt. Sie hatten wohl auch Ursache dazu. Außer den Getöteten und einer langen Reihe Verwundeter waren zweiundsechzig Spanier und eine Menge Verbündeter dem Feinde lebendig in die Hände gefallen, einem Feinde, der nicht dafür bekannt war, einen Gefangenen zu verschonen. Der Verlust von zwei Feldstücken und sieben Pferden setzte ihrem Mißgeschick und der Siegesfreude der Azteken die Krone auf. Dieser in der europäischen Kriegführung so unbedeutende Verlust war hier ein großer, wo Pferde und Geschütz, die mächtigsten Kriegswaffen gegen die Wilden, nicht ohne die größten Kosten und Schwierigkeiten anzuschaffen waren.

Man hatte bemerkt, daß Cortez sich diesen ganzen verhängnisvollen Tag hindurch mit der gewöhnlichen Unerschrockenheit und Ruhe benommen hat. Das einzige Mal, wo man ihn hatte wanken sehen, war, als die Mexikaner die Köpfe einiger Spanier vor ihn hin-

warfen, wobei sie riefen: „Sandoval", „Tonatiuh", der wohlbekannte Beiname Alvarados. Beim Anblick der blutigen Siegeszeichen wurde er leichenblaß, aber im Augenblick gewann er seine
Zuversicht wieder und bemühte sich, den sinkenden Mut seiner
Anhänger aufzurichten. Er empfing nun seinen Stellvertreter mit
einem heiteren Gesicht; aber dennoch war ein Schatten von Trau-
rigkeit unter dieser äußerlichen Fassung sichtbar, welche zeigte, wie
schwer sein Herz von dem trüben Vorfalle der Puente cuidada,
„der unglücklichen Brücke", wie er ihn kummervoll nannte, be-
drückt war.

Auf die ängstlichen Erkundigungen des Ritters nach der Ursache
des Mißgeschickes erwiderte er: „Meiner Sünden wegen hat es
mich betroffen, Sohn Sandoval"; denn mit diesem liebevollen Namen redete Cortez oft seinen liebsten und treuesten Offizier an.
Hierauf erklärte er ihm, daß die unmittelbare Schuld daran die
Nachlässigkeit des Schatzmeisters gewesen sei. In seiner weiteren
Besprechung eröffnete er ihm seinen Entschluß, tätige Feindseligkeiten während einiger Tage zu vermeiden. „Du mußt meine Stelle
vertreten," fuhr er fort, „denn ich bin jetzt zu leidend, um meine
Schuldigkeit zu tun. Du mußt über die Sicherheit der Lager
wachen. Gib besonders genau acht auf das von Alvarado. Er ist
ein tapferer Soldat, ich weiß es wohl; aber ich fürchte, die mexikanischen Hunde möchten ihn einmal zur ungelegenen Zeit heimsuchen." Diese wenigen Worte zeigten, wie der Befehlshaber über
seine beiden Stellvertreter urteilte. Beide waren gleich tapfer und
ritterlich; aber der eine verband mit diesen Eigenschaften eine für
das Gelingen gefährlicher Unternehmungen so wesentliche Umsicht,
woran es dem anderen so sehr fehlte. Der künftige Eroberer von
Guatemala sollte, wie gewöhnlich, aus den bitteren Früchten seiner
Fehler Weisheit sammeln. Unter Cortez' Leitung hatte er gelernt,
ein Soldat zu sein. Als der Befehlshaber seine Verhaltungsmaß-
regeln beendet hatte, umarmte er seinen Stellvertreter liebevoll und
entließ ihn nach seinem Standlager.

Erst gegen Abend erreichte er dasselbe; aber die Sonne, noch über
den westlichen Hügeln sichtbar, warf ihre Strahlen weit über das

Tal und beleuchtete die alten Türme und Tempel Tenochtitlans mit einem milden Glanze, der wenig zu den trüben Kriegsauftritten paßte, worin die Stadt erst vor so kurzer Zeit verwickelt gewesen war. Die Stille der Stunde wurde indes plötzlich von den fremdartigen Tönen der großen Trommel im Tempel des Kriegsgottes unterbrochen, Töne, welche die Noche triste mit allen ihren Schreckensbildern ins Gedächtnis der Spanier zurückriefen, denn jene war die einzige Gelegenheit, bei welcher sie dieselben jemals gehört hatten. Sie deuteten auf eine feierliche Religionshandlung innerhalb der unheiligen Räume des Teocalli; und erschreckt durch die traurigen Klänge, die man meilenweit über das Tal hinweg hören konnte, wandten die Soldaten die Blicke nach der Seite, von welcher sie kamen. Dort sahen sie einen langen Zug, der sich die mächtigen Seiten der Spitzsäulen hinaufwand; denn Alvarados Lager war kaum eine englische Meile von der Stadt aufgeschlagen, und in der durchsichtigen Luft des Tafellandes kann man Gegenstände in großer Entfernung deutlich sehen.

Als die lange Reihe der Priester und Krieger den flachen Gipfel des Teocalli erreicht hatte, sahen die Spanier die Gestalten mehrerer bis zum Gürtel hinab entkleideter Männer, von denen sie einige an der Weiße ihrer Haut als ihre Landsleute erkannten. Sie waren zu Schlachtopfern bestimmt. Ihre Köpfe waren mit Federkränzen festlich geschmückt und sie trugen Fächer in den Händen. Man trieb sie mit Schlägen vorwärts und zwang sie, an den Tänzen zu Ehren des aztekischen Kriegsgottes teilzunehmen. Alsdann wurden die unglücklichen Gefangenen, nachdem man ihnen ihren traurigen Putz abgenommen, einer nach dem anderen auf den großen Opferstein hingestreckt. Auf der gewölbten Oberfläche desselben wurde ihre Brust, dem teuflischen Zwecke des priesterlichen Henkers entsprechend, gehoben, der mit einem starken Hiebe seines scharfen Itzlimessers die Rippen auseinanderschnitt und, mit der Hand in die Wunde fahrend, das Herz herausriß, das heiß und rauchend auf das goldene Räucherfaß vor dem Götzenbilde gelegt wurde. Der Leichnam des geschlachteten Opfers wurde dann die steilen Treppen der Spitzsäule hinabgeschleudert, welche, wie man sich erinnern wird, an einer und derselben Ecke des Gebäudes, eine Flucht unter der anderen, angelegt waren. Unten sammelten die Wilden die verstümmelten Überreste, aus denen sie sich bald ein ein kannibalisches Mahl bereiteten, womit das Werk des Greuels schloß!

Man kann sich vorstellen, mit welchen Empfindungen die bestürzten Spanier diesem schrecklichen Schauspiele zugesehen haben müssen, welches so nahe bei ihnen vorfiel, daß sie beinahe die Gesichter ihrer unglücklichen Freunde erkennen, das Reißen und Zerren ihrer Körper sehen, ihr Todesgeschrei hören — oder wenigstens zu hören glauben — konnten! Und das doch so entfernt war, daß sie ihnen nicht zu Hilfe zu eilen vermochten. Es zitterten ihnen die Glieder, als sie daran dachten, was einst ihr eigenes Schicksal sein könnte; und die Tapfersten unter ihnen, die bisher so sorglos und so leichten Herzens in eine Schlacht wie zu einem Schmause oder in einen Tanzsaal gegangen waren, vermochten von der Zeit an ihrem rohen Feinde nicht entgegenzutreten, ohne daß sie ein banges, der Furcht sehr verwandtes Gefühl beschlich.

Anders war die Wirkung des Schauspieles auf die am Ende des Dammweges versammelten mexikanischen Truppen. Gleich Geiern, von der Witterung fernen Aases lüstern gemacht, erhoben sie ein durchdringendes Geschrei und ihr Ausruf: „So werde es allen ihren Feinden ergehen," erscholl in wilden Tönen den ganzen Deich entlang. Aber die Spanier waren nicht zu überrumpeln; und ehe die wilde Horde zu ihren Reihen gelangt war, eröffneten sie ein so mörderisches Feuer aus ihren schweren Kanonen, unterstützt von ihren Büchsen- und Bogenschützen, daß die Angreifenden genötigt wurden, langsam, aber furchtbar verstümmelt in ihre erste Stellung zurückzuweichen.

Die fünf folgenden Tage vergingen in einem untätigen Zustande, die nötige Zurückweisung der Ausfälle ausgenommen, welche die Soldaten der Hauptstadt von Zeit zu Zeit machten. Die durch ihre Erfolge übermütig gewordenen Mexikaner überließen sich währenddessen dem Jubel, sie sangen, tanzten und schmausten die verstümmelten Überreste ihrer elenden Schlachtopfer. Guatemozin sandte mehrere Köpfe von Spaniern und von Pferden im Lande umher und forderte seine alten Lehnsmannen auf, die Banner der weißen Männer zu verlassen, wenn sie nicht das Schicksal der Feinde Mexikos teilen wollten. Die Priester erfreuten nun die jungen Herrscher und das Volk mit der Erklärung, daß der furchtbare Huitzilopochtli, ihre beleidigte Gottheit, durch die seinem Altare dargebrachten Opfer besänftigt, die Azteken wieder unter seinen Schutz nehmen und ihnen noch vor Ablauf von acht Tagen ihre Feinde in die Hände liefern wolle.

Diese tröstliche Prophezeiung, an welche die Mexikaner vertrauensvoll glaubten, wurde den Belagerungsheeren in Tönen der ausgelassenen Freude und der Herausforderung in die Ohren gedonnert. Wie sehr die Spanier dieselbe auch verachten mochten, so machte sie doch auf ihre Verbündeten einen ganz anderen Eindruck. Die letzteren hatten angefangen, des mit so vielen Gefahren und Leiden verknüpften und schon weit über die gewöhnliche Zeit indianischer Kriege hinaus verlängerten Dienstes überdrüssig zu werden. Sie hegten weniger Vertrauen zu den Spaniern als vorher. Die Erfahrung hatte gezeigt, daß sie weder unbesiegbar noch unsterblich seien, und ihre neueren Mißgeschicke machten sie auch gegen die Fähigkeit der Christen, die aztekische Hauptstadt zu erobern, mißtrauisch. Sie riefen sich die weissagenden Worte Xicotencatls ins Gedächtnis zurück, daß „ein so frevelhafter Krieg dem Volke von Anahuac nicht gut gedeihen könne". Sie fühlten, daß sie ihre Waffen gegen die Götter ihres Vaterlandes erhöben. Die Prophezeiung des Orakels fiel ihnen schwer aufs Herz. Sie zweifelten kaum an deren Erfüllung und wünschten nun sehnlichst, durch eine baldige Trennung von der Sache der Spanier den Blitzstrahl von sich abzuwenden.

Sie benutzten daher den freundlichen Schutz der Nacht, um sich aus ihren Quartieren fortzuschleichen. Ein Trupp nach dem anderen machte sich auf diese Weise in der Richtung nach der Heimat davon. Die zu den großen Städten des Tales Gehörenden, die ihre Lehnspflicht erst vor kurzem übernommen hatten, waren die ersten, sich von derselben loszusagen. Ihrem Beispiele folgten die älteren Verbündeten, die Mannschaften aus Cholula, Tepeaca, Tezcuco und selbst aus dem treuen Tlascala. Einige machten allerdings dabei eine Ausnahme, und unter diesen Ixtlilxochitl, der junge Oberherr von Tezcuco, und Chichemecatl, der tapfere tlascalanische Häuptling, die mit wenigen aus ihrem unmittelbaren Gefolge dem Banner treu blieben, dem sie sich verpflichtet hatten. Aber ihre Anzahl war unbedeutend. Mit Schrecken sahen die Spanier die mächtige Kriegsschar, auf deren Beistand sie rechneten, auf solche Weise durch die Wirkung des Aberglaubens heimlich zusammenschmelzen. Cortez allein behauptete ein fröhliches Ansehen. Er behandelte die Prophezeiung mit Verachtung als eine Erfindung der Priester und sandte den abgehenden Truppen Boten nach mit dem Ersuchen, ihr Fortgehen aufzuschieben oder wenigstens auf dem Wege so lange haltzumachen, bis die Zeit, die bald vergehen würde, die Falschheit der Prophezeiung erwiesen hätte.

Die Angelegenheiten der Spanier hatten, wie man gestehen muß, in diesem entscheidenden Augenblicke ein trübes Ansehen. Von ihren Verbündeten verlassen, mit beinahe erschöpftem Schießbedarf, von den gewöhnlichen Zufuhren aus der Nachbarschaft abgeschnitten, von unausgesetztem Wachen und Anstrengung abgemattet, an Wunden leidend, von denen kein Mann im Heere verschont geblieben, mit einem unfreundlich gesinnten Lande im Rücken und einem tödlichen Feinde vor sich, möchten sie wohl Entschuldigung verdienen, wenn sie in ihrem Vorhaben wankend wurden. Bei Tage waren sie hinreichend beschäftigt durch Aufsuchung von Lebensmitteln im Lande und Behauptung ihrer Stellung auf dem Dammwege gegen den Feind, der jetzt durch seinen Erfolg und durch die Verheißungen seiner Priester doppelt dreist geworden war; während sie bei Nacht durch das Schlagen der unseligen Trommel im Schlafe gestört wurden, deren weit über das Wasser hinschallende Töne die Totenglocke ihrer gemordeten Gefährten läutete. Eine Nacht nach der anderen wurden neue Schlachtopfer zum Opferaltar hinaufgeführt; und während in der Stadt tausend Freudenfeuer auf den flachen Dächern der Gebäude und auf den Vorplätzen der Tempel brannten, konnte man das traurige Schauspiel, das dem Werke der Höllendiener glich und durch den feurigen Glanz hindurch sichtbar war, deutlich unten vom Lager aus unterscheiden. Einer der letzten Dulder war Guzman, Cortez' Kämmerling, der achtzehn Tage lang in Gefangenschaft schmachtete, ehe das Urteil an ihm vollzogen wurde.

Jedoch wankten die Spanier in dieser Prüfungsstunde nicht. Hätten sie gewankt, so würden sie Seelenstärke von einigen ihrer mit ihnen im Lager gebliebenen Frauen haben lernen können, die bei dieser Gelegenheit einen Heldenmut offenbarten, von dem die Geschichte mehrere Beispiele aufbewahrt hat. Eine derselben bezog in ihres Gatten Rüstung häufig statt seiner die Wache, wenn er müde war. Eine andere hat man bei einer Gelegenheit rasch ein Soldatenescaupil anziehen und ein Schwert und eine Lanze ergreifen sehen, um ihre fliehenden Landsleute wieder zu sammeln und sie gegen den Feind zurückzuführen. Cortez wollte diese Amazonen bewegen, in Tlascala zurückzubleiben; aber sie erwiderten stolz: „Es sei die Pflicht kastilianischer Weiber, nicht ihre Männer in der Gefahr zu verlassen, sondern dieselbe mit ihnen zu teilen, und wenn es nötig sei, mit ihnen zu sterben." Und sie erfüllten redlich ihre Pflicht.

Mitten unter den Mißgeschicken und vielfältigen Drangsalen ihrer Lage blieben die Spanier dennoch ihrem Vorhaben treu. Sie ließen in der Strenge der Einschließung nicht im geringsten nach. Ihre Lager hielten noch immer die einzigen Zugänge zur Stadt besetzt; und ihre bei jedem neuen Angriff der Azteken die langen Pässe bestreichenden Geschütze streckten Hunderte von Angreifenden nieder. Ihre Rennschiffe kreuzten noch auf dem Wasser und schnitten die Verbindung mit der Küste ab. Zwar ließ der Verlust der Hilfskanus noch einen Durchgang zur gelegentlichen Einführung von Lebensmitteln in die Hauptstadt offen; aber im ganzen waren diese Zufuhren gering, und die über ihren einstweilen errungenen Vorteil und die trügerischen Verheißungen ihrer Priester jubelnde gedrängte Bevölkerung fing an, in dem Kampfe mit einem inneren Feinde zu unterliegen, der schrecklicher war als der, welcher vor ihren Toren lag.

SIEBENTES HAUPTSTÜCK

Erfolge der Spanier | Fruchtlose Anerbietungen an Guatemozin
Die Gebäude dem Boden gleichgemacht | Schreckliche Hungers-
not | Die Truppen gelangen zum Marktplatz | Wurfmaschine
1521

Auf diese Weise vergingen die von dem Orakel bestimmten acht
Tage; und die am neunten aufgehende Sonne sah die schöne
Stadt noch auf allen Seiten vom unerbittlichen Feinde umlagert.
Es war ein großer Fehler der aztekischen Priester, ein nicht un-
gewöhnlicher bei falschen Propheten, die begierig sind, einen auf-
fallenden Eindruck bei ihren Anhängern hervorzubringen, für die
Erfüllung ihrer Vorhersagung einen so kurzen Zeitpunkt zu be-
stimmen.

Nun ließen die tezcucanischen und tlascalanischen Anführer ihre
Truppen von der Nichterfüllung der Prophezeiung benachrichtigen
und sie ins christliche Lager zurückberufen. Die Tlascalaner, die
auf dem Wege haltgemacht hatten, kehrten beschämt über ihre
Leichtgläubigkeit und mit ihrer alten Erbitterung zurück, die durch
die List, welche sie getäuscht hatte, noch gesteigert war. Ihrem
Beispiele folgten viele der anderen Verbündeten, mit der einem
Volke, dessen Überzeugungen nicht auf Vernunft, sondern auf
Aberglauben gegründet sind, so natürlichen Unbeständigkeit zurück. In kurzer Zeit fand sich der spanische Befehlshaber an der
Spitze einer Hilfsschar, die, wenn auch nicht so zahlreich wie vorher, doch mehr als hinreichend für alle seine Zwecke war. Er
empfing sie mit kluger Milde; und. indem er ihnen vorhielt, daß,
obgleich sie sich durch ihre Entweichung von ihrem Befehlshaber
eines großen Verbrechens schuldig gemacht hätten, er dasselbe doch
in Rücksicht auf ihre vergangenen Dienste übersehen wolle. Sie
müßten einsehen, daß die Spanier dieser Dienste gar nicht bedürfen,
da sie die Belagerung ebenso kräftig während ihrer Abwesenheit
betrieben hätten, als da sie anwesend waren. Aber es sei ihm un-
lieb, daß die, welche die Gefahren des Krieges mit ihm geteilt,

nicht auch Teil an den Siegen desselben nehmen und dem Falle ihres Feindes beiwohnen sollten, der, wie er ihnen mit einem gegründeteren Vertrauen als dem der Priester bei ihrer Prophezeiung verspreche, nicht lange auf sich warten lassen werde. Indes blieben die Drohungen und Ränke Guatemozins nicht ohne Wirkung in den entfernten Landschaften. Ehe noch die Verbündeten sämtlich zurückgekehrt waren, empfing Cortez eine Gesandtschaft aus dem zehn oder zwölf Leguas entfernten Cuernavaca, und eine zweite aus einigen freundlich gesinnten, noch entfernteren Städten der Otomies, die um seinen Schutz gegen ihre furchtbaren Nachbarn baten, welche sie, als Verbündete der Spanier, mit Feindseligkeiten bedrohten. Bei der damaligen Lage der Spanier waren diese weit mehr im Falle Hilfe anzunehmen als zu leisten. Die meisten Offiziere waren daher gegen die Gewährung eines Verlangens, die ihre verminderten Kräfte noch mehr schwächen mußte. Aber Cortez sah vor allen Dingen ein, wie wichtig es sei, nicht seine Unfähigkeit zur Gewährung zu verraten. „Je größer unsere Schwäche ist," sagte er, „um desto nötiger ist es, sie unter einem Anschein von Stärke zu verbergen."

Er sandte sogleich Tapia mit etwa hundert Mann nach der einen, und Sandoval mit einer etwas größeren Truppenanzahl nach der anderen Richtung mit dem Befehle ab, daß sie in keinem Falle länger als zehn Tage fortbleiben sollten. Die beiden Anführer richteten ihren Auftrag pünktlich und erfolgreich aus. Ein jeder von ihnen griff seinen Gegner an und schlug ihn in einer regelmäßigen Schlacht; verheerte das feindliche Gebiet und kehrte zur vorgeschriebenen Zeit zurück. Ihnen folgten bald Abgesandte aus den eroberten Städten, um ein Bündnis mit den Spaniern nachzusuchen; und die Sache endete mit einem Zuwachs von neuen Verbündeten und, was noch wichtiger war, mit der Überzeugung der alten, daß die Spanier nicht nur bereit, sondern auch imstande seien, sie zu schützen.

Das Glück, das sein Zürnen wie seine Gunst selten allein sendet, zeigte sich den Spaniern zu der Zeit ferner dadurch gewogen, daß es ein mit Schießbedarf und anderen Kriegsbedürfnissen beladenes Schiff nach Vera Cruz sandte. Es gehörte zu der von dem romantischen alten Ritter Ponce de Leon nach der Küste von Florida bestimmten Flotte. Die Ladung wurde sogleich von den Hafenbehörden in Empfang genommen und unverzüglich in das Lager befördert, wo sie sehr zur gelegenen Zeit ankam, da man den Mangel an Pulver besonders ernstlich zu fühlen anfing. Mit so erneuerten Kräften beschloß Cortez, wieder angriffsweise zu Werke zu gehen, aber nach einem Plane, der bedeutend von dem bisher verfolgten abwich.

Bei den früheren Beratschlagungen darüber boten sich, wie wir gesehen haben, dem Befehlshaber zwei Wege dar. Der eine, in die Mitte der Hauptstadt vorzudringen und von diesem Punkte aus den Krieg weiterzuführen; der andere, das bisher befolgte Verfahren fortzusetzen. Gegen beide ließen sich ernste Einwendungen machen, denen er durch den jetzt angenommenen abzuhelfen hoffte. Dieser bestand darin, keinen Schritt vorwärts zu tun, ohne vorher für die Sicherheit des Heeres vollständig gesorgt zu haben, nicht nur für den Fall eines Rückzuges, sondern auch für künftige Einfälle. Jeder Durchbruch im Dammwege, jeder Graben auf den Landstraßen sollte auf eine so haltbare Weise ausgefüllt werden, daß die Arbeit nicht wieder zerstört werden könnte. Die Stoffe dazu sollten die Gebäude liefern, die alle, so wie das Heer vorrückte, seien es öffentliche oder nicht, Hütte, Tempel oder Palast, eingerissen werden sollten! Nicht ein einziges Gebäude auf ihrem Wege sollte geschont, sondern alle ohne Unterschied dem Boden gleichgemacht werden, bis nach des Eroberers eigenen Worten „das Wasser in festes Land verwandelt" und für einen ebenen, glatten Boden zu den Bewegungen der Reiterei und des Geschützes gesorgt sei.

Cortez gelangte nur mit großer Mühe zu diesem schrecklichen Entschluß. Er wünschte aufrichtig, die Stadt zu verschonen, „die schönste Sache in der Welt", wie er sie mit Entzücken nennt, und welche das glänzendste Siegesdenkmal seiner Eroberung gewesen sein würde. Aber in einer Stadt, worin jedes Haus eine Festung und jede Straße von Gräben durchschnitten war, die seine Be-

wegungen so hemmten, da lehrte die Erfahrung, daß es töricht sei,
zugleich diese Schonung und die Eroberung der Stadt für möglich
zu halten. Ebensowenig war aber auch eine friedliche Ausgleichung mit den Azteken zu hoffen, die, weit entfernt, durch ihre
bisherigen Leiden und die Aussicht auf bevorstehende niedergeschlagen zu sein, einen ebenso stolzen und unversöhnlichen Sinn als
je zeigten.

Die indianischen Verbündeten vernahmen die Absichten des Befehlshabers mit grenzenloser Freude; und sie entsprachen seinem
Aufruf zum Beistand durch Tausende von Schanzgräbern, die
mit ihren Coas oder im Lande gebräuchlichen Hacken versehen
waren und alle die größte Bereitwilligkeit zeigten, zum großen
Zerstörungswerke behilflich zu sein. In kurzer Zeit waren die
Durchbrüche in den großen Dammwegen so dauerhaft ausgefüllt,
daß sie nie wieder beschädigt wurden. Cortez selbst gab ein Beispiel, indem er eigenhändig Steine und Balken herbeischaffte. Alsdann wurden die Gebäude in der Vorstadt gänzlich geschleift, die
Gräben mit Schutt ausgefüllt und rings um die Stadt wurde ein
weiter Raum für die Bewegungen der Reiterei geöffnet, die frei
und ungehindert darüber hinwegzog. Die Mexikaner sahen diesen
Anstalten zur Verwüstung ihrer Stadt sowie zu ihrer schutzlosen
Bloßstellung gegen den Feind nicht gleichgültig zu. Sie bemühten
sich fortwährend, die Arbeiten der Belagerer zu verhindern; aber
diese letzteren rückten, von dem unausgesetzten Feuern ihrer Kanonen gedeckt, in ihrem Zerstörungswerke immer weiter vor.

Der Glücksstrahl, der erst so kürzlich die Mexikaner beschienen
hatte, verschwand wieder; und der finstere Nebel, der auf einen
Augenblick gehoben war, lagerte sich dichter als vorher auf die
dem Unglück geweihte Stadt. Die Hungersnot mit ihrem gräßlichen Leidensgefolge machte in der zusammengehäuften Bevölkerung rasche Fortschritte. Die für die Belagerung besorgten Vorräte waren erschöpft. Der zufällige Ersatz durch Menschenopfer
oder der durch irgend einen einzeln kreuzenden Ruderkahn von
den benachbarten Küsten herbeigeführte war zu unbedeutend, um
in ausgedehntem Maße gefühlt zu werden. Einige erzwangen eine

dürftige Nahrung aus einem schleimigen Stoffe, den man in geringer Menge auf der Oberfläche des Sees und der Gräben sammelte. Andere stillten den wütenden Hunger durch das Verzehren von Ratten, Eidechsen und ähnlichen ekelhaften kriechenden Tieren, welche die verhungernde Stadt noch nicht verlassen hatten. Ihre Tage schienen schon gezählt zu sein. Aber die Bücher der Geschichte haben manches Beispiel davon aufzuweisen, daß es keine Grenzen für die Leiden gibt, welche die Menschheit zu ertragen vermag, wenn Haß und Verzweiflung sie beseelen.

Während so das Schwert über der Hauptstadt hing, beredete der spanische Befehlshaber, um noch einen Versuch zur Rettung derselben zu machen, drei aztekische Edelleute, die bei einem der letzten Gefechte gefangen worden waren, Guatemozin eine Botschaft von ihm zu überbringen, wozu sie sich nur mit Widerstreben, aus Furcht vor den Folgen für sich selbst, entschlossen. Cortez sagte dem Kaiser, daß jetzt alles getan sei, was tapfere Leute zur Verteidigung ihres Landes vermöchten. Es bliebe den Mexikanern keine Hoffnung auf Rettung mehr. Ihre Vorräte seien erschöpft; ihre Verbindungen abgeschnitten; ihre Lehnsmannen von ihnen abgefallen; selbst ihre Götter hätten sie verraten. Sie ständen allein, die Völker Anahuacs im Bunde gegen sie. Es gebe keine andere Hoffnung für sie, als die durch unmittelbare Ergebung. Er bat den jungen Herrscher um Mitleid mit seinen tapferen Untertanen, die täglich vor seinen Augen dahinstürben; und mit der schönen Stadt, deren stattliche Gebäude schnell in Trümmer sänken. „Kehre zur Unterwerfung zurück," schließt er, „die du einst dem Herrscher von Kastilien gelobt. Das Vergangene soll vergessen sein. Personen und Eigentum, kurz, alle Rechte der Azteken sollen geachtet werden. Du sollst in deiner Würde bestätigt werden und Spanien wird deine Stadt noch einmal unter ihren Schutz nehmen."

Das Auge des jungen Herrschers flammte und seine dunkle Wange rötete sich plötzlich vor Zorn, als er so demütigende Vorschläge vernahm. Aber obgleich in seinem Busen die feurige Gemütsart des Indianers glühte, besaß er doch die Eigenschaft eines „edlen

Ritters", sagt einer seiner Feinde, der ihn genau kannte. Er fügte den Abgesandten kein Leid zu; aber als die Hitze des Augenblickes vorüber war, überlegte er die Sache ruhig und berief einen Rat seiner verständigen Männer und Krieger, um darüber zu beratschlagen. Einige waren dafür, die Vorschläge anzunehmen, da sie die einzige Hoffnung zur Erhaltung darboten. Aber die Priester sahen die Sache anders an. Sie wußten, daß der Sieg des Christentums den Untergang ihres Standes zur Folge haben müsse. „Friede sei gut," sagten sie, „aber nicht mit den weißen Männern." Sie erinnerten Guatemozin an das Schicksal seines Oheims Montezuma und an den Lohn, den er für alle seine Gastfreundschaft empfangen habe; an die Ergreifung und Einkerkerung Cacamas, des Kaziken von Tezcuco; an die Niedermetzelung der Edelleute durch Alvarado; die unersättliche Habsucht der Eindringlinge, die dem Lande seine Schätze geraubt, an ihre Entweihung der Tempel; die Kränkungen und Schmähungen, die sie maßlos auf das Volk und ihre Religion gehäuft hätten. „Ihr solltet lieber", sagten sie, „den Verheißungen eurer eigenen Götter glauben, die so lange über das Volk gewacht haben. Lieber, wenn es nötig sein sollte, wollen wir unser Leben gleich für unser Land opfern, als es in Sklaverei und Leiden unter den falschen Fremden hinschleppen."

In ihrer Beredsamkeit berührten die Priester geschickt die mannigfachen Kränkungen des Volkes und entflammten dadurch das heiße Blut Guatemozins. „Da dem so ist," rief er plötzlich aus, „so wollen wir nur darauf bedacht sein, für die Bedürfnisse des Volkes zu sorgen. Von nun an spreche niemand mehr, dem sein Leben lieb ist, von Übergabe. Wir können wenigstens gleich Kriegern sterben." Die Spanier warteten zwei Tage auf die ihrer Gesandtschaft gewordene Antwort. Endlich erfolgte dieselbe durch einen allgemeinen Ausfall der Mexikaner, die aus allen Toren der Hauptstadt strömten, wie ein Fluß, der seine Ufer durchbrochen hat und Welle auf Welle sich bis in die Verschanzungen der Belagerer wälzte, die sie durch ihre Anzahl zu überwältigen drohten. Glücklicherweise schützte die Stellung der letzteren auf den

Deichen ihre Flanken und die Enge des Passes gab ihrem kleinen
Geschützstande den ganzen Vorteil eines größeren. Geschütz- und
Gewehrfeuer wurde längs der verschiedenen Dammwege ununterbrochen lebhaft unterhalten und stieß Massen von Schwefeldampf
aus, der sich dicht über das Wasser fortwälzte, sich rings um die
indianische Stadt herumlagerte und diese vor der umliegenden
Gegend verbarg. Die Rennschiffe donnerten zugleich gegen die
Seiten der Heeressäulen, die, nach einigen vergeblichen Anstrengungen, sich zu halten, in wilder Verwirrung zurückwichen, bis
sich ihre ohnmächtige Wut in dumpfes Murren innerhalb der
Hauptstadt verlor.

Jetzt verfolgte Cortez beharrlich den zur Verwüstung der Stadt
entworfenen Plan. Einen Tag nach dem anderen zogen die verschiedenen Heeresabteilungen jede in ihr bestimmtes Stadtviertel
ein; Sandoval richtete seine Tätigkeit wahrscheinlich gegen den
nordöstlichen Bezirk. Die, wenn auch im allgemeinen niedrigen,
aus dem löcherigen Tetzontli gebauten Häuser waren so schwer-
fällig und weitläufig, die Gräben in so großer Menge vorhanden,
daß man nur langsam vorschreiten konnte. Es sammelten sich indes
jeden Tag neue Verstärkungen durch die dem Lager aus der umliegenden Gegend zuströmenden Mannschaften, die sich dem Zerstörungswerke mit einem Eifer anschlossen, aus dem ihr dringen-
des Verlangen, das verhaßte Joch der Azteken abzuschütteln,
hervorging. Die letzteren wüteten in ohnmächtigem Zorn, als sie
ihre herrlichen Gebäude, ihre Tempel, alles was sie zu verehren
gewohnt waren, so unbarmherzig niederreißen sahen; ihre mit so
vieler Mühe, und was sie für Kunst hielten, gebauten Wassergräben mit Schutt ausgefüllt, kurz, ihre blühende Stadt in eine
Wüste verwandelt, über welche der übermütige Feind nun siegreich dahinzog. Auf die indianischen Verbündeten häuften sie
manchen Spott. „Fahrt nur fort," sagten sie bitter, „je mehr ihr
zerstört, desto mehr werdet ihr nachher wieder aufzubauen haben.
Wenn wir siegen, sollt ihr für uns bauen, und siegen eure weißen
Freunde, so werdet ihr dasselbe für sie tun müssen." Die Folge
rechtfertigte die Prophezeiung.

In ihrer Wut stürzten sie blindlings auf die Kriegshaufen los, welche die indianischen Schanzgräber deckten. Aber ebensooft wurden sie durch die ungestümen Angriffe der Reiterei zurückgetrieben oder von den langen Chinantlapiken aufgefangen, welche den Belagerern gute Dienste leisteten. Am Schlusse des Tages indes, wenn die Spanier ihre Truppen zurückzogen, wobei sie sorgfältig den großen Schwarm der Verbündeten zuerst das Feld räumen ließen, sammelten sich die Mexikaner gewöhnlich wieder zu einem furchtbaren Angriff. Alsdann strömten sie aus jeder Gasse und jedem Seitenwege, verbreiteten sich über die weite, vom Feinde geräumte Ebene und fielen diesem ungestüm in die Flanke und den Rücken. Bei solchen Gelegenheiten richteten sie auch ihrerseits großen Schaden an, bis ein Hinterhalt, den ihnen Cortez zwischen den an den großen Tempel stoßenden Gebäuden hatte legen lassen, ihnen so viel Unheil zufügte, daß sie genötigt wurden, behutsamer zu Werke zu gehen.

Zuweilen entfaltete der Krieg einen ritterlichen Charakter in dem persönlichen Treffen der Kämpfenden. Es kamen Herausforderungen bei ihnen, besonders bei den eingeborenen Truppen, vor. Diese Zweikämpfe fanden gewöhnlich auf den Azoteas statt, deren breite und ebene Fläche einen guten Kampfplatz abgab. Einmal forderte ein Mexikaner von mächtiger Gestalt, Schwert und Schild schwingend, die er von den Christen erbeutet hatte, seine Feinde zu einem Zweikampf heraus. Einer von Cortez' jungen Edelknaben, namens Nunez, erhielt von seinem Gebieter die Erlaubnis, die prahlerische Herausforderung des Azteken anzunehmen; er sprang auf die Azotea, siegte nach einem harten Kampfe über seinen Gegner, der dadurch im Nachteil stand, daß er mit Waffen focht, die zu gebrauchen er nicht geübt war, und nachdem er ihn durchbohrt hatte, trug er seine Siegesbeute davon und legte sie dem Befehlshaber zu Füßen.

Cortez' Abteilung hatte sich nun gegen Norden bis zur großen Straße von Tacuba durchgearbeitet, die eine Verbindung mit Alvarados Lager eröffnete und in deren Nähe der Palast Guatemozins stand. Dieser war ein weitläufiges steinernes Gebäude, das wohl eine Festung genannt werden konnte. Obgleich von seinem königlichen Besitzer verlassen, enthielt er doch eine starke aztekische Besatzung, die ein einstweiliges Schutzwerk aufgeführt hatte, das aber gegen das Geschützfeuer der Belagerer von geringem Nutzen war. Es war bald in Flammen gesetzt, und seine einstürzenden Mauern sanken in den Staub, gleich jenen anderen stattlichen Gebäuden der Hauptstadt, die der Stolz und die Bewunderung der Azteken und einige der herrlichsten Erzeugnisse ihrer Sittigung waren. „Es war traurig, Zeuge von deren Zerstörung zu sein," ruft Cortez aus, „aber sie gehörte zu unserem Plane, und es blieb uns keine Wahl."

Diese Verrichtungen hatten mehrere Wochen gekostet, so daß darüber der letzte Teil des Juli herangekommen war. Während der Zeit hatte die strengste Einschließung stattgefunden, und die unglücklichen Einwohner litten alle Qualen der Hungersnot. Von Zeit zu Zeit wurden in der Nähe des christlichen Lagers, wo sie Nahrung suchten, einzelne Umherstreifer gefangen. Auf Befehl von Cortez wurden sie freundlich behandelt, der andere zur Befolgung ihres Beispieles zu verleiten und auf diese Weise die Einwohner zu gewinnen hoffte, was ihm den Weg zu ihrer Unterwerfung bahnen sollte. Aber es fanden sich nur wenige bereit, den Schutz der Hauptstadt aufzugeben, und sie wollten lieber das Schicksal ihrer leidenden Landsleute teilen, als sich der Gnade der Belagerer anvertrauen.

Von diesen wenigen Gefangenen hörten indes die Spanier eine trübselige Schilderung der Leiden der gedrängten Bevölkerung im Innern der Stadt. An allen gewöhnlichen Nahrungsmitteln hatte es schon lange gefehlt, und nun fristeten sie ihr Leben so gut sie konnten mittels Wurzeln, die sie aus der Erde gruben, durch das Nagen der Rinde von den Bäumen, durch das Verzehren von Gras, kurz, von allem noch so Ekelhaftem, das nur ihren wütenden Hunger zu stillen vermochte. Ihr einziges Getränk war das brackige Wasser, das aus dem vom Salz des Sees gesättigten Boden drang. Bei dieser ungesunden Nahrung und den dadurch erzeugten Krankheiten schwand die Bevölkerung allmählich hin. Täglich erkrankten und starben Menschen unter den marternden Qualen des Hungers, und die bleichen und abgemagerten Überlebenden schienen nur ihre Zeit abzuwarten.

Von allem diesen überzeugten sich die Spanier, als sie tiefer in das Innere der Stadt vordrangen und sich dem Bezirke von Tlatelolco näherten, den die Belagerten jetzt besetzt hielten. Sie fanden den Boden nach Wurzeln und Unkraut aufgewühlt, die Bäume von ihren grünen Schößlingen, ihrem Laube und ihrer Rinde entblößt. Haufen verhungerter Indianer schlichen in der Ferne wie Gespenster auf dem Schauplatz ihres ehemaligen Lebens umher. Leichname lagen unbeerdigt in den Straßen und auf den Höfen oder füllten die Gräben. Dies war ein sicheres Zeichen der großen Not der Azteken; denn sie hielten das Begraben der Toten für eine heilige und gebieterische Pflicht. In der ersten Zeit der Belagerung hatten sie dieselbe gewissenhaft beobachtet. Später hatten sie noch die Toten sorgfältig dem öffentlichen Anblick entzogen und sie in die Häuser gebracht. Aber die Anzahl derselben hatte sich, so wie ihre Leiden, so furchtbar vermehrt, daß sie gleichgültig dagegen geworden waren, und jetzt ließen sie ihre Freunde und Verwandten auf dem Flecke liegen und faulen, wo sie ihren letzten Atem ausgehaucht hatten!

Beim Eintritt in die Wohnungen bot sich den Truppen ein noch schrecklicheres Schauspiel dar; auf den Fußböden lagen die unglücklichen Gestalten der Bewohner ausgestreckt, einige im Todeskampf begriffen, andere schon in Fäulnis übergegangen; Männer, Weiber und Kinder, die verpestete Luft einatmend und ohne Unterschied durcheinandergeworfen; Mütter mit ihren Säuglingen im Arme, die vor ihren Augen vor Hunger starben, da sie selbst unfähig waren, ihnen die Nahrung der Natur zu gewähren; Männer, von Wunden verstümmelt, mit gräßlich zerschlagenen Körpern, und vergebens beim Eintritt des Feindes fortzukriechen bemüht. Aber selbst in diesem Zustande verschmähten sie, um Gnade zu bitten und starrten die Eindringenden mit der tückischen Wildheit des verwundeten Tigers an, dessen Spur die Jäger bis in seine Waldhöhle verfolgt haben. Der spanische Befehlshaber erließ strenge Verordnungen, daß man diese armen, entkräfteten Opfer schonen solle. Aber die indianischen Verbündeten machten keinen Unterschied. Ein Azteke war unter allen Umständen ein Feind; mit gräßlichem Siegesgeschrei rissen sie ihnen die brennenden Gebäude über die Köpfe ein, und die Flammen verzehrten Lebendige und Tote auf einem gemeinsamen Scheiterhaufen!

Dennoch machten die Leiden der Azteken, wie schrecklich diese auch waren, sie nicht zur Ergebung geneigt. Es gab viele, die bei stärkerer Leibesbeschaffenheit oder durch die günstigeren Umstände ihrer Lage noch ihre ganze gewohnte Körper- und Geistesstärke zeigten und dasselbe ungezähmte und entschlossene Benehmen wie vorher behaupteten. Sie verwarfen hartnäckig alle ihnen von Cortez gemachten Anerbietungen, erklärten, daß sie lieber sterben als sich ergeben wollten, und fügten in einem bittern, frohlockenden Tone hinzu, die Eindringlinge sollten wenigstens in ihren Hoffnungen auf Schätze getäuscht werden, denn diese seien da begraben, wo sie dieselben niemals finden könnten!

Die Weiber teilten diesen verzweifelten — man sollte lieber sagen heldenmütigen — Sinn. Sie waren unermüdlich im Pflegen der Kranken und Verbinden ihrer Wunden; sie halfen den Kriegern in der Schlacht dadurch, daß sie dieselben mit dem indianischen Kriegsbedarf an Steinen und Pfeilen versahen, ihre Schleudern instand setzten, ihre Bogen spannten, kurz, sie entwickelten die ganze Beharrlichkeit und den Mut der edlen Jungfrauen von Saragossa aus unserer Zeit und der von Karthago aus der des Altertums.

Cortez hatte jetzt einen der großen Zugänge betreten, die nach dem Marktplatz von Tlatelolco führten, dem Punkte, gegen welchen auch Alvarado seine Richtung genommen hatte. Es lag ihm nur ein einziger Graben im Wege, aber derselbe war sehr breit und von den mexikanischen Bogenschützen hartnäckig verteidigt. In dieser Lage wurde das Heer eines Abends, als es in seinen Verschanzungen auf dem Dammwege stand, durch einen ungewöhnlichen hellen Schein überrascht, der von dem ungeheuern Teocalli in jenem Teile der Stadt aufstieg, welcher bei seiner Lage gegen Norden am weitesten von ihrer Stellung entfernt war. Dieser dem furchtbaren Kriegsgotte geweihte Tempel stand an Größe nur der Spitzsäule auf dem großen Platze nach; und auf demselben hatten die Spanier mehr als einmal ihre unglücklichen Landsleute zur Schlachtbank führen sehen. Sie vermuteten nun, daß der Feind eben einen seiner teuflischen Gebräuche vollführe, als das immer höher aufsteigende Feuer zeigte, daß das Sanktuarium selbst in Flammen stehe. Bei diesem Anblick brachen die versammelten Soldaten in ein jauchzendes Freudengeschrei aus, indem sie einander versicherten, daß ihre Landsleute unter Alvarado sich in den Besitz des Gebäudes gesetzt hätten.

Dies war in der Tat der Fall. Der tapfere Offizier, der seine Stellung auf dem westlichen Dammwege dem Bezirk von Tlatelolco nahe brachte, hatte die Anweisung seines Befehlshabers buchstäblich befolgt, jedes Gebäude auf seinem Wege niedergerissen und mit dem Schutt derselben die Deiche ausgefüllt. Endlich befand er sich vor dem großen Teocalli in der Nähe des großen Marktes. Er befahl einer Abteilung unter einem Ritter, namens Gutierre de Badajoz, den Ort zu stürmen, der von einem Kriegshaufen, unter welchem sich Priester befanden, die roher und wilder als das Kriegsvolk waren, verteidigt wurde. Die Besatzung stürmte die herumlaufenden Erdstufen hinab und fiel auf die Angreifer mit solcher Wut her, daß diese sich genötigt sahen, sich in Unordnung und mit einigem Verlust zurückzuziehen. Alvarado sandte eine andere Abteilung ab, sie zu unterstützen. Sogleich wurde diese letztere mit einem Haufen Azteken handgemein, der ihre Nachhut angriff, als diese sich die Gänge des Teocalli hinaufbewegte. So zwischen zwei Feinden, oben und unten, eingeklemmt, war die Lage der Spanier bedenklich. Mit Schwert und Schild stürzten sie sich verzweifelt auf die hinaufsteigenden Mexikaner und trieben sie auf den unten gelegenen Hof, wo Alvarado ihnen mit einem so lebhaften Gewehrfeuer zusetzte, daß sie bald in Unordnung gerieten und gezwungen wurden, das Feld zu räumen. Als die Spanier so der Belästigung im Rücken los waren, wendeten sie sich wieder zum Angriff. Sie trieben den Feind die

Spitzsäule hinauf, und auf dem breiten Gipfel angelangt, erfolgte ein heftiges Gefecht, eines von denen, bei welchen der Tod die gewisse Folge der Niederlage ist. Es endete, wie gewöhnlich, mit der Vernichtung der Azteken, die entweder auf der noch vom Blute ihrer eigenen Schlachtopfer feuchten Stelle erschlagen oder kopfüber die Wände der Spitzsäule hinabgestürzt wurden.

Der freie Platz war mit verschiedenen Sinnbildern des rohen volkstümlichen Gottesdienstes geschmückt und mit zwei hohen Tempeln, vor deren grinsenden Götzenbildern die Köpfe mehrerer gefangener, auf ihren Altären geopferter Christen hingebreitet lagen. Waren dieselben auch von ihrem langen geflochtenen Haar und buschigen Bärten überwachsen, so konnten die Spanier doch in den bleichen Gesichtern ihre Gefährten erkennen, die dem Feinde in die Hände gefallen waren. Tränen stürzten ihnen aus den Augen bei diesem traurigen Anblick und dem Gedanken an die gräßliche Todesart, welche ihre Landsleute erlitten hatten. Sie entfernten mit gebührender Sorgfalt die traurigen Überreste und begruben dieselben nach der Eroberungen in geweihter Erde, an einem Ort, worauf nachmals die Märtyrerkirche erbaut wurde.

Sie vollendeten ihr Werk durch die Anzündung der Tempel, damit dieser Ort nicht mehr durch solche abscheulichen Gebräuche befleckt würde. Die Flammen loderten langsam zu den hohen Zinnen hinauf, in welchen Stein mit Holz abwechselte, bis sie sich zuletzt zu einer großen Glutmasse vereinigten und zu einer solchen Höhe aufwirbelten, daß sie von den entferntesten Gegenden des Tales gesehen werden konnten. Dieser Anblick war es, den Cortez' Kriegsvolk begrüßt hatte und der Freund und Feind als Leuchtfeuer diente, indem er den Fortschritt der christlichen Waffen kenntlich machte.

Der Oberbefehlshaber und seine Abteilung machten, ermutigt von diesem Anblick, bei ihrem Einzuge am folgenden Tage entschlossenere Versuche, sich an der Seite ihrer Gefährten unter Alvarado aufzustellen. Der oben erwähnte breite Graben mußte, als das einzige ihm im Wege liegende Hindernis, überschritten werden; und am jenseitigen Rande waren die abgemagerten Gestalten der aztekischen Krieger haufenweise aufgestellt, gleich den traurigen Schatten, die — wie uns die alten Dichter erzählen — an den Ufern des Höllenflusses umherschleichen, um den Übergang streitig zu machen. Sie warfen indes eine Masse von Wurfgeschossen, die keine Schatten waren, auf die Köpfe der indianischen Arbeiter hinab, die sich bemühten, die weite Öffnung mit den Trümmern der umliegenden Gebäude auszufüllen. Diese setzten indes ihre mühsame Arbeit, trotz des Pfeilregens fort, indem immer neu Angekommene die Stellen der Gefallenen einnahmen. Und als endlich die Arbeit vollendet war, flog die Reiterei über den rauhen Boden zum Angriff des Feindes hin, gefolgt vom dichten Haufen von Lanzenträgern, die alles, was sich ihnen widersetzte, mit ihrer unbesiegbaren Phalanx niederstreckten.

Nun befanden sich die Spanier mit Alvarados Abteilung auf dem nämlichen Boden. Bald nachher begab sich dieser Heerführer mit einigen aus seinem Stabe in ihre Reihen und umarmte seine Landsleute und Waffengefährten, zum erstenmal seit dem Anfange der Belagerung, aufs herzlichste. Sie waren jetzt in der Nähe des Marktes, in welchen Cortez mit einigen seiner Ritter sprengte. Er bestand in einer großen Umzäunung, wie der Leser schon gesehen hat, die einen Umfang von manchem Morgen Landes hatte. Sein Umfang war der ungeheuern Menge angemessen, die sich daselbst aus allen Teilen des Tales in den blühenden Zeiten des mexikanischen Reiches versammelte. Er war von Säulenhallen und leichten Häusern zum Unterkommen für die Handwerker und Handelsleute umringt, welche daselbst ihre Erzeugnisse und Waren ausstellten. Die flachen Dächer der Säulengänge waren jetzt mit einer Menge Männer und Weiber bedeckt, die mit stillem Grauen die stahlbekleideten Reiter anstarrten, welche diese Räume, zum erstenmal seit ihrer Vertreibung aus der Hauptstadt, durch ihre Gegenwart entweihten. Die wahrscheinlich zum größten Teil aus unbewaffneten Bürgern bestehende Menge schien von Überraschung ergriffen; wenigstens zeigten sie sich nicht aufgelegt zum Widerstand; und nachdem der Befehlshaber in Muße den Platz beschaut hatte, ließ man ihn unbelästigt zum Heere zurückreiten.

Bei seiner Ankunft daselbst bestieg er den Teocalli, von welchem die Fahne Kastiliens statt der verdrängten Wahrzeichen des aztekischen Aberglaubens jetzt siegreich herabwehte. Der Eroberer schritt zwischen den rauchenden Aschenhaufen auf dem Gipfel umher und übersah ruhig den Schauplatz der Zerstörung unten. Die Paläste, die Tempel, die geschäftigen Märkte des Kunstfleißes und des Handels, die glitzernden Wasserstraßen, bedeckt mit ihren reichen Ladungen aus der umliegenden Gegend, die herrliche Pracht der Haine und Gärten, der ganze Glanz der kaiserlichen Stadt, der Hauptstadt der westlichen Welt, auf ewig verschwunden, und statt dessen eine kahle Wüste! Wie anders war das Schauspiel, das sich ein Jahr vorher seinem Auge darbot, als es die nämliche Gegend von der Höhe des nahen Teocalli herab an Montezumas Seite überflog! Sieben Achtel der Stadt lagen in Trümmern, einige riesenmäßige Tempel vielleicht ausgenommen, welche zu zerstören zu viel Zeit erfordert haben würde. Nur ein Achtel, das den Bezirk von Tlatelolco in sich begriff, war den Azteken geblieben, deren nach allen Verlusten noch große Bevölkerung in einem Raume zusammengedrängt war, der eigentlich kaum für ein Drittel derselben hinreichend gewesen wäre. Es war das zwischen dem großen nördlichen und westlichen Dammwege gelegene Viertel und ist in der neuen Hauptstadt als der Barrio de San Jago und dessen nächste Umgebung zu erkennen. Es war der Lieblingsaufenthalt der Indianer nach der Eroberung, wiewohl heutigestags nur noch einzelne dürftige Wohnungen darauf stehen, welche gleichsam stellenweise die Vorstädte der Hauptstadt bilden. Dennoch zeigt der Platz noch einige schwache Spuren von dem, was er in seinen stolzeren Tagen gewesen; und wenn der wißbegierige Altertumsforscher und zuweilen der Landmann den Boden umwühlt, stößt er auf ein Stück Obsidian, auf die verwitterte Spitze einer Lanze, eines Pfeiles oder auf irgend ein anderes Überbleibsel von Kriegsgerät, welches bekundet, daß die fliehenden Azteken auf dieser Stelle ihre letzte Anstrengung für die Unabhängigkeit ihres Landes gemacht haben. Am folgenden Tage ging Cortez an der Spitze seiner Schlachthaufen zum zweitenmal in den großen Tianguez. Aber diesmal waren die Mexikaner besser auf seine Ankunft vorbereitet. Sie waren in beträchtlicher Menge auf dem geräumigen Platze versammelt. Ein hitziges Treffen erfolgte; aber es war kurz. Ihre Kraft stand nicht im Verhältnis zu ihrem Mute; sie sanken vor dem donnernden Gewehrfeuer hin und ließen die Spanier Meister des eingezäunten Platzes bleiben.

Das erste Geschäft war, einige nicht große Tempel auf dem Marktplatze oder wahrscheinlicher an den Seiten desselben in Brand zu stecken. Als die Flammen emporstiegen, brachen die Azteken über die Vernichtung der Gottheiten, auf deren Schutz sie rechneten, von Entsetzen ergriffen, in jämmerliches Klagegeschrei aus.

Das nächste, was der Befehlshaber unternahm, geschah auf Antrieb eines Soldaten namens Sotelo, eines Menschen, der unter dem großen Feldherrn in den italienischen Kriegen gedient und sich, wie er behauptete, Kenntnis von der Festungsbaukunst, wie sie damals ausgeübt wurde, erworben hatte. Er erbot sich, eine Art von Wurfmaschine zu bauen, um damit Steine von großer Schwere zu schleudern, welche die Stelle der regelmäßigen Belagerungswerkzeuge bei Zerstörung von Gebäuden ersetzen sollte. Da trotz der reichlichen Zufuhren, die von Zeit zu Zeit ihren Weg ins Lager gefunden hatten, es jetzt an Schießbedarf zu mangeln anfing, ging Cortez eifrig auf einen Vorschlag ein, der so gut für sein Bedürfnis paßte. Es wurden Bauholz und Steine herbeigeschafft und eine Menge Hände unter der Leitung des Mannes, der sich selbst Festungsbaumeister nannte, in Bewegung gesetzt, um die gewichtige Vorrichtung zu bauen, die auf einem festen, ebenen Mauerwerk von dreißig Schritten im Geviert und sieben oder acht Fuß Höhe im Mittelpunkte des Marktplatzes aufgerichtet wurde. Dies war das Werk der aztekischen Prinzen und diente zu einem Gerüst, auf welchem Marktschreier und Gaukler ihre wunderbaren Kunststücke zur Unterhaltung des Pöbels machten, der großes Vergnügen an diesen Darstellungen fand.

Die Herstellung der Maschine erforderte mehrere Tage, während welcher die Feindseligkeiten eingestellt und die Arbeiter durch eine starke Abteilung Fußvolk vor Störung geschützt wurden. Endlich war die Arbeit vollendet, und die Belagerten, die in stiller Furcht von ihren nahe gelegenen Dächern den Fortschritt der geheimnisvollen Maschine betrachtet hatten, die den Rest ihrer Hauptstadt in Trümmer legen sollte, sahen nun ihrer Wirkung mit Schrecken entgegen. Es ward ein Stein von ungeheurer Größe auf das Holz gelegt; das künstliche Triebwerk in Bewegung gesetzt und das Felsstück mit fürchterlicher Gewalt von der Wurfmaschine abgeschleudert. Aber statt seine Richtung nach den aztekischen Gebäuden zu nehmen, stieg es senkrecht hoch in die Luft, fiel dann dahin hinab, von wo es gekommen, und zerbrach die verhängnisvolle Maschine in Splitter! Es war ein gänzliches Mißlingen. Die Azteken wurden von ihrer Besorgnis erlöst, und das Kriegsvolk machte manchen lustigen Scherz über das Ereignis, ein wenig auf Unkosten ihres Befehlshabers, der keinen geringen Verdruß über die Täuschung und einen noch größeren über seine Leichtgläubigkeit äußerte.

ACHTES HAUPTSTÜCK

Schreckliche Leiden der Belagerten | Guatemozins Mut | Mörderi-
sche Angriffe | Gefangennahme Guatemozins | Räumung der
Stadt | Ende der Belagerung

1521

Man brauchte nicht zu künstlichen Mitteln zu schreiten, um das Verderben der Azteken zu beschleunigen. Dasselbe schritt stündlich aus mächtigeren Ursachen vorwärts, als solchen, die aus menschlicher Wirksamkeit entspringen. Da lagen sie in ihren engen erstickenden Wohnungen eingesperrt, Vornehme, Geringe und Sklaven, Männer, Weiber und Kinder, einige in Häusern, häufiger in Schuppen — denn dieser Teil der Stadt war nicht der beste —, andere unter freiem Himmel in Kanus oder auf den Straßen, in den kalten Nachtregen schauernd und von der brennenden Tageshitze versengt. Ein alter Zeitgeschichtschreiber erwähnt zweier Frauen von Stande, die drei Tage und Nächte bis an den Hals im Wasser zwischen Schilf, mit nur einer Handvoll Mais zu ihrer Nahrung, geblieben sind. Die gewöhnlichen Lebensmittel hatten sie schon lange nicht mehr. Sie gingen umher, um irgend etwas zu finden, wenn es auch noch so ungesund und ekelhaft war, das ihren nagenden Hunger zu stillen vermöchte. Einige jagten nach Insekten und Würmern an den Ufern des Sees oder sammelten das salzige Kraut und Moos aus dem Grunde desselben, wobei sie wohl zuweilen einen sehnsüchtigen Blick nach den grünen Hügeln jenseits werfen mochten, welche viele von ihnen verlassen hatten, um das Schicksal ihrer Brüder in der Hauptstadt zu teilen.

Zu ihrem Lobe erzählen die spanischen Schriftsteller, daß sie in ihrer Not nicht zur Verletzung der Naturgesetze, sich gegenseitig aufzuessen, getrieben wurden. Aber leider widersprechen dem die indianischen Gewährschaften, welche behaupten, daß manche Mutter in ihren Qualen das Kind verzehrte, das sie nicht länger zu erhalten imstande war. Dies wird in der Geschichte von mehr

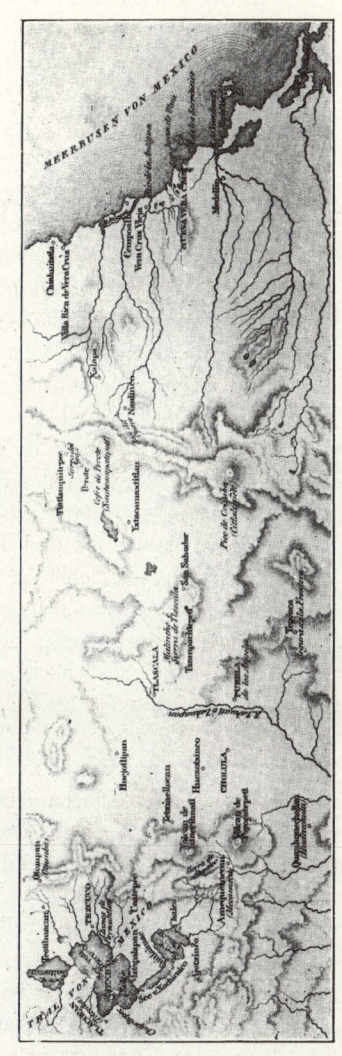

KARTE DES LANDES,

das die Spanier auf ihrem Marsche nach Mexiko durchzogen.

als einer Belagerung berichtet; und hier ist es um so wahrscheinlicher, wo das Gefühl durch die Teilnahme an den Gebräuchen
des volkstümlichen Aberglaubens abgestumpft gewesen sein muß.
Aber dies alles reichte nicht hin, und Hunderte von armen Ausgehungerten starben täglich aus Not und Leiden dahin. Einige
schleppten sich in die Häuser und hauchten ihren letzten Atem
allein aus und in der Stille. Andere sanken auf den öffentlichen
Straßen nieder. An dem Orte, wo sie starben, ließ man sie liegen.
Da war niemand, sie zu begraben oder fortzuschaffen. Die häufige
Wiederkehr solchen Schauspieles machte die Menschen gleichgültig
dagegen. Sie sahen es mit dumpfer Verzweiflung an, indem sie
warteten, bis auch an sie die Reihe kam. Da war kein Klagen, kein
Jammern, nur tiefes, unaussprechliches Weh.
Wenn man in anderen Gegenden der Stadt die Leichname zer-
streut in den Straßen liegen sah, so waren sie hier in Haufen aufge-
türmt. „Sie lagen so dicht," sagt Bernal Diaz, „daß man nicht
anders treten konnte als zwischen Leichen." „Man konnte", sagt
Cortez noch stärker, „den Fuß nicht niedersetzen, ohne auf den
Leichnam eines Indianers zu treten!" Sie waren aufeinandergehäuft,
Lebende zwischen Toten. Sie streckten sich auf die Leichname ihrer
Freunde und schliefen darauf. Der Tod war überall; die Stadt
ein großes Beinhaus, worin alles seinem Untergange und seiner
Auflösung zueilte. Aus der Masse der Fäulnis erzeugte sich durch
abwechselnden Regen- und Sonnenschein ein giftiger Dampf, der
so die ganze Luft verdarb, daß die Spanier, den Befehlshaber
selbst nicht ausgenommen, bei ihren kurzen Besuchen in der Gegend davon unwohl wurden, und der eine ansteckende Krankheit
erzeugte, die mehr Menschen fortraffte als die Hungersnot.
Bei diesen unerhörten und gehäuften Greueln fing der Verstand
der Menschen an sich zu verwirren. Sie nahmen ihre Zuflucht zu
allen den von ihrer Religion vorgeschriebenen abergläubischen Gebräuchen, um der Ansteckung Grenzen zu setzen. Sie forderten
ihre Priester auf, die Götter zu ihrem Beistand anzurufen. Aber
die Orakel waren stumm oder gaben nur dunkle Antworten. Ihre
Gottheiten hatten sie verlassen und an ihrer Stelle erblickten sie

Zeichen von himmlischem Zorn, die ihnen noch größeres Unheil für die Folge verkündeten. Nach der Belagerung erklärten viele, daß sie unter anderen Wunderzeichen auch einen Lichtstrom von blutroter Farbe gesehen, der von Norden in der Richtung von Tepejacac mit einem rauschenden Lärm, gleich dem eines Wirbelwindes, gekommen, der sich rings um den Bezirk von Tlatelolco gezogen und Funken und Feuerflocken ausgeschleudert habe und endlich weit in die Mitte des Sees hineingeschossen sei! Bei dem krankhaften Zustande ihrer Nerven bemächtigte sich ihrer Sinne eine geheime Furcht. Wunderzeichen wurden zu alltäglichen Ereignissen und die allergewöhnlichsten Naturerscheinungen in Wunder verwandelt. Betäubt durch ihr Elend, wurde ihr Verstand irre, und sie wurden zum Spiel der tollsten und abergläubigsten Hirngespinste.

Mitten unter diesen schrecklichen Auftritten blieb der junge Kaiser, allen Berichten zufolge, ruhig und mutvoll. Seine schöne Hauptstadt vor seinen Augen in Trümmer verwandelt, seine Edelleute und treuen Untertanen rings um ihn her sterbend, sein Gebiet einen Fuß nach dem andern ihm entrissen, bis ihm kaum noch so viel davon blieb, um darauf zu stehen; dennoch verwarf er jede Aufforderung, sich zu ergeben, und zeigte denselben unbeugsamen Mut wie zu Anfang der Belagerung. Als Cortez in der vergeblichen Hoffnung, daß die Mißgeschicke die Belagerten geneigt machen würden, einer Ausgleichung Gehör zu geben, einen gefangenen Edelmann bewogen hatte, Guatemozin seine Vorschläge zu überbringen, befahl der junge Herrscher, wie Cortez berichtet, ihn sogleich zu opfern. Wir müssen bedenken, daß es ein Spanier ist, der diese Geschichte erzählt.

Nachdem Cortez in der vergeblichen Hoffnung, daß die Mißgeschicke die Mexikaner zur Unterwerfung beugen würden, die Feindseligkeiten mehrere Tage eingestellt hatte, beschloß er nun, sie dazu durch einen allgemeinen Angriff zu zwingen. Da sie innerhalb eines engen Stadtviertels eingeschlossen waren, begünstigte ihre Lage einen solchen Versuch. Er befahl Alvarado, sich in Bereitschaft zu halten, und gab Sandoval — dem außer dem Dammwege auch die Flotte untergeben war, die außerhalb des Bezirkes von Tlatelolco lag — die Anweisung, den Angriff durch eine Beschießung der nahe am Wasser gelegenen Häuser zu unterstützen. Hierauf führte er seine Truppen in die Stadt oder vielmehr über die schreckliche Wüste hinweg, welche sie jetzt umgab.

Als er in die indianischen Bezirke trat, kamen ihm mehrere Häuptlinge entgegen, die mit ausgestreckten, abgemagerten Armen ausriefen: „Ihr seid die Kinder der Sonne; aber die Sonne ist rasch in ihrem Lauf. Warum seid ihr denn so langsam? Warum zögert ihr so lange, unserem Elend ein Ende zu machen? Tötet uns doch lieber gleich, damit wir zu unserem Gott Huitzilopochtli gehen können, der unser im Himmel wartet, um uns von unseren Leiden ausruhen zu lassen!"

Cortez war gerührt von dieser kläglichen Anrede und antwortete, daß er nicht ihren Tod, sondern ihre Unterwerfung wünsche. „Warum weigert sich euer Gebieter," sagte er, „mit mir zu unterhandeln, da mir doch eine einzige Stunde hinreichen wird, um ihn und sein ganzes Volk zu zermalmen?" Hierauf forderte er sie auf, Guatemozin zu einer Zusammenkunft mit ihm zu bewegen, mit der Versicherung, daß er ruhig kommen dürfe, da seine persönliche Sicherheit nicht gefährdet werden sollte. Nach einigem Zureden übernahmen die Edelleute die Botschaft, und diese wurde von dem jungen Herrscher auf eine Weise empfangen, welche zeigte — wenn die vorher von ihm erwähnte Erzählung wahr ist —, daß das Unglück endlich einige Macht über seinen stolzen Sinn ausgeübt hatte. Er willigte in die Zusammenkunft, jedoch mit der Bestimmung, daß sie nicht schon denselben Tag, sondern am folgenden auf dem großen Platz von Tlatelolco stattfinden sollte.

Sehr zufrieden damit, zog sich Cortez unmittelbar darauf aus der Stadt zurück und nahm wieder seine Stellung auf dem Dammwege ein.

Am nächsten Morgen fand er sich auf dem bestimmten Platze ein, nachdem er vorher Alvarado mit einem starken Haufen Fußvolk daselbst aufgestellt hatte, um sich gegen Verrat zu sichern. Die steinerne Erhöhung in der Mitte des Platzes war mit Matten und Decken belegt und ein Mahl zur Erfrischung des ausgehungerten Herrschers und seiner Edelleute bereit gehalten. Nachdem diese Anordnungen getroffen waren, erwartete er die Stunde der Zusammenkunft.

Aber statt selbst zu erscheinen, sandte Guatemozin seine Edelleute, die nämlichen, welche ihm die Einladung des Befehlshabers überbracht hatten und die nun die Abwesenheit ihres Gebieters mit dessen Unwohlsein entschuldigten. Obwohl Cortez darüber unwillig war, gewährte er doch den Abgesandten einen höflichen Empfang, da er bedachte, daß auf diesem Wege doch noch eine Unterhandlung mit dem Kaiser zustande kommen möchte. Er beredete sie ohne vieles Bitten, von den vor ihnen aufgestellten guten Speisen zu genießen, was sie auch mit einer Gierigkeit taten, welche zeigte, wie lange sie dergleichen entbehrt hatten. Alsdann entließ er sie mit einem gehörigen Vorrat von Lebensmitteln für ihren Gebieter und der dringenden Aufforderung zu einer Zusammenkunft, ohne welche es unmöglich sei, ihre Streitigkeiten zu beseitigen.

Nach kurzer Zeit kehrten die indianischen Abgesandten mit einem Geschenk an nicht sehr wertvollen Baumwollstoffen von Guatemozin zurück, der es noch immer ablehnte, mit dem spanischen Befehlshaber zusammenzukommen. Cortez war zwar sehr unwillig, doch wollte er die Sache nicht gern aufgeben. „Er wird gewiß kommen," sagte er zu den Abgesandten, „wenn er sieht, daß ich euch unverletzt kommen und gehen lasse, die ihr, nicht weniger als er selbst, meine heftigen Feinde den ganzen Krieg hindurch gewesen seid. Er hat nichts vor mir zu fürchten." Er trennte sich wieder von ihnen mit dem Versprechen, am folgenden Tage ihre Antwort entgegenzunehmen.

Am nächsten Morgen kamen die aztekischen Häuptlinge in das christliche Quartier, um Cortez zu benachrichtigen, daß Guatemozin mit ihm zu Mittag auf dem Marktplatz zusammenkommen wolle. Der Befehlshaber stellte sich pünktlich ein, aber ohne

Erfolg. Es erschienen weder der Herrscher noch seine Beamten. Es war klar, daß der indianische Fürst den Versprechungen seines Feindes nicht traute. Es mag der Gedanke an Montezuma ihm durch den Kopf gegangen sein. Nachdem der Befehlshaber drei Stunden gewartet hatte, war seine Geduld erschöpft, und da er erfuhr, daß die Mexikaner eifrig mit Verteidigungsanstalten beschäftigt seien, traf er unmittelbare Vorkehrungen zum Angriff.

Die Verbündeten hatte man außerhalb der Stadt gelassen, da Cortez sie das Wild nicht eher wollte sehen lassen, als bis er bereit war, die Koppel loszulassen. Jetzt befahl er ihnen, zu ihm zu stoßen; und von Alvarados Abteilung unterstützt, marschierte er sofort in die feindlichen Stadtviertel. Er fand diese auf seinen Empfang gerüstet. Seine tüchtigsten Krieger waren im Vordertreffen aufgestellt und deckten ihre schwachen und verstümmelten Gefährten. Man sah mitunter Weiber in den Reihen, sowie mit Kindern untermischt auf den Azoteas zusammengedrängt, von wo sie mit vom Hunger entstellten Gesichtern und stieren Augen trotzige und gehässige Blicke auf ihre Angreifer hinabwarfen.

Beim Herannahen der Spanier erhoben die Mexikaner ein wildes Kriegsgeschrei und schossen Massen von Pfeilen mit ihrem gewohnten Mute ab, während Weiber und Knaben Wurfspieße und Steine von ihrer erhöhten Stellung auf die Erdstufen hinabregnen ließen. Aber die Wurfgeschosse wurden von zu schwachen Händen geschleudert, um großen Schaden zu tun, und als es zum Handgemenge kam, zeigte sich der Verlust an Kraft noch deutlicher bei den Azteken. Ihre Hiebe fielen schwach und unsicher, wiewohl allerdings einige, von stärkerer Natur oder von der Verzweiflung gekräftigt, bis zuletzt ein mörderisches Gefecht unterhielten.

Nun eröffneten die Büchsenschützen ein lebhaftes Feuer, was die Rennschiffe durch anhaltende Ladungen von der anderen Seite erwiderten. Die Belagerten wurden, wie von den Jägern umstelltes Wild, auf allen Seiten geschlagen. Das Gemetzel war fürchterlich. Der Boden war so mit Erschlagenen bedeckt, daß die wütenden Streiter über Menschenhaufen klettern mußten, um sie zu er-

reichen. Der schlammige Boden war mit Blut gesättigt, das wie
Wasser darüber hinfloß und selbst die Gräben purpurn färbte.
Alles war in Aufruhr und schrecklicher Verwirrung. Das gräßliche Geheul der Wilden, die Schwüre und Flüche der Spanier,
das Schreien der Verwundeten, das Kreischen der Weiber und
Kinder, die mächtigen Hiebe der Sieger, der Todeskampf ihrer
Schlachtopfer, der rasche Widerhall des Gewehrfeuers, das Pfeifen der unzähligen Wurfgeschosse, das Krachen und Prasseln bren-
nender Gebäude, welche Hunderte unter ihren Trümmern zermalmten, die verdunkelnden Staub- und Schwefelrauchmassen, die
alles in ihren trüben Wolken umhüllten, bildeten ein selbst für
Cortez' Soldaten schreckliches Schauspiel, wie gestählt sie auch
durch so manches hartes Kriegsgetümmel, und wie vertraut mit
Blut und Gewalttaten sie auch waren. „Das jämmerliche Geschrei
der Weiber und Kinder besonders", sagt der Befehlshaber, „war
schon hinreichend, einem das Herz zu brechen." Er befahl, daß
man sie schonen und allen, die es verlangten, das Leben schenken
solle. Besonders empfahl er dies den Verbündeten und stellte
Leute unter ihnen an, um ihre Heftigkeit zu zügeln. Aber er hatte
ein Triebwerk in Bewegung gesetzt, zu fürchterlich, um aufgehalten zu werden. Es wäre ebenso leicht, den Sturmwind in seiner
Wut zu bändigen, wie die Leidenschaften einer entflammten
Horde von Wilden. „Niemals habe ich ein so unbarmherziges
Menschenvolk", ruft er aus, „oder etwas in Menschengestalt so
ganz von Menschlichkeit entblößt gesehen." Sie machten keinen
Unterschied im Geschlecht und Alter und schienen in dieser
Rachestunde alles ihnen ein Jahrhundert hindurch zugefügte Leid
vergelten zu wollen. Endlich ließ der Befehlshaber, des Gemetzels
satt, zum Rückzug blasen. Es war auch die höchste Zeit, wenn,
seiner eigenen Angabe gemäß — wir wollen hoffen, daß sie übertrieben sei —, vierzigtausend Menschen schon umgekommen waren!
Und doch war ihr Schicksal noch beneidenswert im Vergleich zu
dem der Überlebenden.

In der ganzen darauffolgenden Nacht war keine Bewegung im
aztekischen Quartier zu bemerken. Man sah daselbst kein Licht,

hörte keinen Laut, außer dem dumpfen Stöhnen eines Verwundeten oder qualvoll Sterbenden. Alles war finster und still; es
herrschte die Finsternis des Grabes. Der letzte Streich schien sie
ganz betäubt zu haben. Sie hatten alle Hoffnung aufgegeben und
saßen in dumpfer Verzweiflung, wie Menschen, die den Hieb des
Scharfrichters erwarten. Doch trotzdem zeigten sie keine Neigung,
sich zu ergeben. Jede neue Mißhandlung war tiefer in ihre Seele
gedrungen und erfüllte sie mit einem tieferen Haß gegen ihren
Feind. Vermögen, Freunde, Verwandte, eigener Herd — alles
war fort. Sie achteten das Leben selbst nicht mehr, jetzt, wo ihnen
nichts mehr geblieben war, wofür sie hätten leben sollen.

Ganz anders war der Zustand in dem christlichen Lager, wo
alles, erfreut über die neuen Erfolge, in lebendiger Bewegung mit
der Vorbereitung zum morgenden Tage beschäftigt war. Man sah
Freudenfeuer längs des Dammweges brennen, aus Zelten und
Hütten glänzten Lichter, und die Töne der Musik und Fröhlich-
keit verkündeten über das Wasser fort die Freude der Soldaten,
bei der Aussicht, ihren beschwerlichen Feldzug so bald beendigt
zu sehen.

Am folgenden Morgen stellte der spanische Feldherr wieder seine
Truppen auf, da er beschlossen hatte, den Vorteil des vorigen
Tages zu verfolgen, ehe der Feind Zeit hätte, sich zu sammeln,
und so dem Kriege sofort ein Ende zu machen. Er hatte am Abend
vorher mit Alvarado verabredet, den Marktplatz von Tlatelolco
zu besetzen, und das Abfeuern einer Büchse sollte das Zeichen zu
einem gleichzeitigen Angriff sein. Sandoval sollte den nördlichen
Dammweg besetzt halten, zugleich mit der Flotte die Bewegung
des indianischen Kaisers beobachten und die, wie Cortez wußte,
von letzterem beabsichtigte Flucht auf das Festland verhindern.
Eine solche ihn bewirken zu lassen, würde nichts anderes gewesen
sein, als einen furchtbaren Feind in der Nähe zu behalten, der zu
irgend einer Zeit die Flamme der Empörung im ganzen Lande
entzünden konnte. Er befahl indes Sandoval, der königlichen Person kein Leid zu tun und überhaupt nicht auf den Feind zu feuern,
ausgenommen zur Selbstverteidigung.

Es war am denkwürdigen 13. August 1521, dem Tage des St. Hipolitus — welcher deswegen zum Schutzheiligen des neuen Mexiko gewählt worden ist —, als Cortez seine Kriegsschar zum letztenmal durch die traurigen und verwüsteten Umgebungen der indianischen Hauptstadt führte. Bei seinem Eintritt in den aztekischen Bezirk hielt er an, da er den unglücklichen Bewohnern noch eine Möglichkeit zum Entfliehen lassen wollte, ehe er den verderblichen Schlag ausführte. Er erlangte eine Zusammenkunft mit einigen der Hauptanführer und beschwerte sich bei ihnen über das Benehmen ihres Herrschers. „Er wird gewiß nicht wollen," sagte der Befehlshaber, „daß ihr alle umkommt, wenn er euch so leicht retten kann." Hierauf drang er in sie, Guatemozin zu einer Unterredung mit ihm zu bewegen, wobei er die Beteuerungen für seine persönliche Sicherheit wiederholte.

Die Abgeordneten übernahmen die Botschaft und kehrten bald mit dem Cihuacoatl, einem Beamten von hohem Ansehen bei den Mexikanern, an ihrer Spitze zurück. Er sagte mit einer traurigen Miene, worin sein eigener Verdruß sichtbar war, „Guatemozin sei bereit zu sterben wo er sei, wolle aber keine Unterredung mit dem spanischen Befehlshaber", worauf er in einem Tone der Ergebung hinzufügte: „Ihr mögt nach euerm Gefallen handeln." „So geh denn", erwiderte der Befehlshaber ernst, „und bereite deine Landsleute zum Tode vor; ihre Stunde hat geschlagen."

Dennoch verzögerte er den Angriff noch mehrere Stunden. Aber die Ungeduld seiner Truppen über diesen Aufschub wurde noch durch das Gerücht gesteigert, daß Guatemozin und seine Edelleute sich anschickten, mit ihren Habseligkeiten in den Piraguas und Kanus zu entfliehen, die am Ufer des Sees vor Anker lagen. Von der Fruchtlosigkeit und Unklugheit fernerer Zögerung überzeugt, traf Cortez seine letzten Anstalten zum Angriff und nahm seine eigene Stellung auf einer Azotea, welche den Schauplatz der Unternehmungen beherrschte.

Als die Angreifenden in die Nähe des Feindes kamen, fanden sie ihn in der größten Verwirrung zusammengedrängt, alle Alter und Geschlechter durcheinander in so dichten Massen, daß sie sich einander fast über den Rand des Dammweges hinab ins Wasser darunter drängten. Einige waren auf die Erdstufen geklettert, andere hielten sich nur lose gegen die Wände der Gebäude. Ihre schmutzige und zerrissene Kleidung gab ihrer Erscheinung eine Wildheit, welche den Ausdruck ihrer Wut noch steigerte, als sie mit Blicken, worin Haß und Verzweiflung gemischt war, ihren Feind anstarrten. Sobald die Spanier in Bogenschußweite gekommen waren, schleuderten die Azteken eine Ladung Wurfgeschosse auf sie ab und zeigten so bis zuletzt ihren entschlossenen Mut, obgleich sie die Kraft ihrer besseren Zeiten verloren hatten. Hierauf wurde das verhängnisvolle Zeichen durch Abfeuerung einer Büchse gegeben, worauf rasch der Donner des schweren Geschützes, das Prasseln der Feuergewehre und das höllische Geschrei der Verbündeten folgte, als sie sich auf ihre Schlachtopfer stürzten. Es ist unnötig, diese Erzählung mit einer Wiederholung der Greuel des vergangenen Tages zu besudeln. Einige der unglücklichen Azteken warfen sich ins Wasser und wurden von Kanus aufgefischt. Andere sanken unter und ertranken in den Gräben. Die Anzahl dieser letzteren wurde so groß, daß man aus ihren Leichnamen eine Brücke machte, über welche die Angreifer nach den jenseitigen Ufern gelangen konnten. Wieder andere, besonders die Frauen, baten um Schonung, die, wie uns die Zeitgeschichtschreiber versichern, überall von den Spaniern gewährt, aber gegen Cortez' Befehle und Bitten von den Verbündeten überall verweigert wurde.

Während dieses Gemetzels sah man eine große Anzahl den Kähnen, die längs des Ufers lagen, zueilen und sich über den See davonmachen. Sie wurden aber von den Rennschiffen gehindert, welche die schwache Reihe der Boote durchbrachen und ihre Ladungen rechts und links abfeuerten, da sie von den darin befindlichen Haufen heftig angegriffen wurden. Die Schlacht wütete ebenso wild auf dem See wie auf dem Lande. Viele von den indianischen Schiffen wurden zerschmettert und in den Grund gebohrt. Einigen wenigen indes gelang es, unter dem Schutze des Rauches, der dunkel über das Wasser hinzog, sich einen Weg durch den Tumult hindurchzubahnen und beinahe das jenseitige Ufer zu erreichen.

Sandoval hatte seinen Untergebenen besonders empfohlen, ein wachsames Auge auf die Richtung jedes Schiffes zu haben, in welchem möglicherweise Guatemozin verborgen sein könnte. In diesem entscheidenden Augenblick sah man drei oder vier von den größten Piraguas über das Wasser gleiten und schleunig ihre Richtung über den See hinweg nehmen. Ein Hauptmann namen Garci Holguin, der den Befehl über einen der besten Segler der Flotte hatte, machte sogleich Jagd darauf. Der Wind war günstig, und jeden Augenblick kam er den Flüchtlingen näher, die ihre Ruder mit einer Kraft führten, die nur Verzweiflung allein verleihen konnte. Aber sie war vergebens, und nach einem kurzen Wettlauf kam Holguin einer der Piraguas zur Seite, von der er, entweder wegen ihres Äußern oder weil er Kunde davon erhalten hatte, vermutete, daß sie den indianischen Kaiser trage, worauf er seinen Leuten befahl, ihre Armbrüste gegen das Boot zu richten. Aber noch ehe sie dieselben abschießen konnten, erhob sich ein Geschrei von den darin Befindlichen, daß ihr Gebieter an Bord sei. In demselben Augenblick stand ein mit Schild und Maquahuitl bewaffneter junger Krieger auf, als wollte er die Angreifenden zurücktreiben. Aber da der spanische Hauptmann seinen Leuten befahl, nicht zu schießen, senkte er seine Waffen und rief aus: „Ich bin Guatemozin, führt mich zu Malinche, ich bin sein Gefangener; aber fügt meinem Weibe und Gefolge kein Leid zu."

Holguin versicherte ihm, daß seine Wünsche berücksichtigt werden sollten, und half ihm an Bord des Rennschiffes, wohin ihm sein Weib und seine Begleiter folgten. Diese bestanden aus zwanzig Personen, darunter Coanoca, der abgesetzte Herrscher von Tezcuco, der Herrscher von Tlacopan und mehrere andere Kaziken und Würdenträger, deren Rang sie wahrscheinlich vor den allgemeinen Leiden der Belagerung einigermaßen geschützt hatte. Als die Gefangenen ihre Plätze auf dem Deck des Schiffes eingenommen hatten, forderte Holguin den aztekischen Fürsten auf, dem Gefecht durch den Befehl an seine Leute in den anderen

Kanus, sich zu ergeben, ein Ende zu machen. Aber er erwiderte mit einer betrübten Miene: „Es ist nicht nötig, sie werden nicht länger kämpfen, wenn sie sehen, daß ihr Fürst gefangen ist." Er sprach war. Die Nachricht von Guatemozins Gefangennahme verbreitete sich schnell bei der Flotte und auf der Küste, wo die Mexikaner noch immer im Kampfe mit ihren Feinden begriffen waren. Dieser hörte jedoch plötzlich auf. Sie leisteten keinen weiteren Widerstand, und die auf dem Wasser folgten schnell den Rennschiffen, die ihren gefangenen Herrscher ans Land führten. Es schien, als sei das Gefecht so lange fortgesetzt worden, um die Aufmerksamkeit des Feindes besser abzulenken und die Flucht ihres Gebieters zu verbergen.

Als Sandoval unterdessen Nachricht von der Gefangennehmung erhalten hatte, fuhr er auf seinem Rennschiffe dem Holguins zur Seite und verlangte, daß ihm der Gefangene ausgeliefert werde. Aber der Schiffshauptmann forderte ihn für sich als seinen eigenen Fang. Es entstand ein Streit zwischen beiden, da jeder den Ruhm der Tat und vielleicht das Recht begehrte, sie auf seinem Wappen zu verewigen. Der Streit währte so lange, daß er Cortez zu Ohren kam, der auf der Azotea zu seiner nicht geringen Freude die Gefangennehmung seines Feindes erfahren hatte. Er sandte sogleich an seine streitenden Offiziere den Befehl, ihm Guatemozin vorzuführen, um den Zwist zwischen ihnen zu schlichten. Er empfahl ihnen zugleich, ihren Gefangenen mit Achtung zu behandeln. Alsdann traf er Anstalt zur Zusammenkunft, ließ die Erdstufen mit karmesinrotem Tuch und Matten belegen und eine Tafel mit Lebensmitteln, woran die unglücklichen Azteken so großen Mangel litten, aufrichten. Seine liebenswürdige indianische Geliebte, Donna Marina, war als Dolmetscherin gegenwärtig. Sie hatte ihm während aller unruhigen Auftritte der Eroberung zur Seite gestanden, und jetzt war sie da, um Zeugin von der siegreichen Beendigung derselben zu sein.

Nachdem Guatemozin ans Land gestiegen, wurde er von einer Abteilung Fußvolk zu dem spanischen Befehlshaber begleitet. Er stieg mit einem ruhigen und festen Schritt auf die Azotea und war von den Edelleuten seines Gefolges leicht zu unterscheiden, obgleich sein großes schwarzes Auge nicht mehr mit seinem gewöhnlichen Feuer glänzte und seine Züge einen Ausdruck duldender Ergebung trugen, welcher wenig von dem wilden und feurigen Mute verriet, der in seinem Innern glühte. Sein Kopf war groß, sein Gliederbau ebenmäßig, seine Gesichtsfarbe schöner als die kupferfarbige seines Volkes, und seine ganze Haltung außerordentlich mild und einnehmend.

Cortez trat ihm mit einer würdevollen und absichtlichen Höflichkeit entgegen. Wahrscheinlich kannte der aztekische Herrscher Cortez persönlich, denn er brach zuerst das Stillschweigen durch die Worte: „Ich habe alles getan, was ich vermochte, mich und mein Volk zu verteidigen. Jetzt bin ich in diesen Zustand geraten. Du wirst, Malinche, mit mir verfahren, wie es dir beliebt." Dann legte er seine Hand auf den Griff des Dolches, der in des Befehlshabers Gürtel steckte und fügte mit Heftigkeit hinzu: „Doch stoß mich lieber damit nieder und befreie mich gleich vom Leben." Cortez wurde von dem stolzen Benehmen des jungen Wilden, der in seinem Mißgeschick den eines alten Römers würdigen Mut offenbarte, mit Bewunderung erfüllt. „Fürchte nichts," erwiderte er, „du sollst mit allen Ehren behandelt werden. Du hast deine Hauptstadt wie ein tapferer Krieger verteidigt. Ein Spanier weiß den Mut auch in einem Feinde zu achten." Hierauf fragte er ihn, wo er die Prinzessin, seine Gemahlin, gelassen habe, und da man ihm sagte, daß sie sich noch unter dem Schutze einer spanischen Wache an Bord des Rennschiffes befinde, sandte der Befehlshaber dorthin, um sie zu ihm zu geleiten.

Sie war Montezumas jüngste Tochter und kaum zur Jungfrau herangereift. Bei der Thronbesteigung ihres Vetters Guatemozin war sie mit ihm als rechtmäßige Frau vermählt worden. Sie wird von ihren Zeitgenossen wegen ihrer persönlichen Reize gefeiert, und das Andenken an die schöne Prinzessin Tecuichpo ist noch bei den Spaniern erhalten, da von ihr aus einer späteren Ehe einige der berühmtesten spanischen Familien abstammen. Sie wurde von Cortez gütig aufgenommen, der ihr die ihrem Range gebührenden achtungsvollen Aufmerksamkeiten erwies. Ihre Herkunft machte sie in seinen Augen noch anziehender, und er mag wohl einige Zerknirschung empfunden haben, als er die Tochter des unglücklichen Montezuma vor sich sah. Er lud seine königlichen Gefangenen ein, von den Erfrischungen zu genießen, die ihrem erschöpften Zustande so nötig waren. Unterdessen traf der spanische Befehlshaber seine Anstalten für die Nacht, indem er Sandoval befahl, die Gefangenen nach Cojohuacan zu geleiten, wohin er selbst unmittelbar zu folgen sich vornahm. Die anderen Führer, Olid und Alvarado, sollten ihre Truppen in ihre Quartiere sich zurückziehen lassen. Es war ihnen unmöglich, länger in der Hauptstadt zu bleiben, wo die giftigen Ausdünstungen der unbeerdigten Leichname die Luft pestartig machten. Nur eine kleine Wache wurde aufgestellt, um in den verwüsteten Vorstädten Ordnung zu halten. Es war die Stunde der Vesper, als sich Guatemozin ergab, und die Belagerung war damit als beendigt anzusehen. Die Nacht brach finster herein und es begann zu regnen, ehe die verschiedenen Abteilungen die Stadt geräumt hatten.

Während der Nacht brach ein fürchterliches Gewitter, wie die Spanier selten ein ähnliches erlebt hatten und desgleichen man nur innerhalb der Wendekreise kennt, über das mexikanische Tal los. Der von dem felsigen Hügelkreise widerhallende Donner rollte über die Wasserwüste hin und erschütterte die Teocallis und die gebrechlichen Bauwerke Tenochtitlans — die wenigen, die noch erhalten waren — bis in ihre Grundfesten. Der Blitz schien das Himmelsgewölbe auseinanderzureißen, als wenn seine helleuchtenden Flammen den ganzen Schauplatz einen Augenblick mit einem geisterhaften Schein umkleiden, um ihn wieder in Finsternis versinken zu lassen. Der Krieg der Elemente war im Einklang mit dem Lose der verwüsteten Stadt. Es schien, als wenn die von ihren früheren Wohnsitzen verscheuchten Gottheiten Anahuacs in dem Getöse umherkreischten und heulten, als sie die gefallene Hauptstadt ihrem Schicksal überließen.

Am Tage nach der Übergabe ersuchte Guatemozin den spanischen Befehlshaber, den Mexikanern zu erlauben, die Stadt zu verlassen und ungefährdet in das offene Land zu gehen. Dies bewilligte Cortez sogleich, da er ja sonst keine Anstalten zur Reinigung der Hauptstadt treffen konnte. Er erteilte daher seine Befehle zur Räumung der Stadt und wies sowohl Spanier wie Verbündete noch besonders an, daß keiner den Azteken Gewalt antun oder ihrem Fortgehen irgend ein Hindernis in den Weg legen solle. Die ganze Anzahl der letzteren wird verschieden, von 30.000 bis 70.000 ohne Weiber und Kinder, angegeben, die dem Schwerte, der Pest und der Hungersnot entgangen waren. Gewiß ist es, daß sie drei Tage brauchten, um über die verschiedenen Dammwege zu kommen — ein trauriger Zug; Ehemänner und Frauen, Eltern und Kinder, Kranke und Verwundete, sich gegenseitig unterstützend, wie sie sich mühsam fortschleppten, schmutzig und nur halb mit Lumpen bedeckt, die bei jedem Schritte gräßliche Wunden sehen ließen, die teils noch frisch waren, teils von langer Vernachlässigung eiterten und eine ansteckende Luft mit sich führten. Auf ihren hinfälligen Gestalten und vom Hunger entstellten Zügen las man die ganze Geschichte der Belagerung; und als die vereinzelten Reihen das jenseitige Ufer erreichten, sah man, wie sie von Zeit zu Zeit stillstanden, als wollten sie noch einen Blick werfen auf die noch vor so kurzer Zeit von der kaiserlichen Stadt geschmückte Stelle, einst ihre liebliche und ihnen durch so manche ruhmwürdige Erinnerung teuer gewordene Heimat.

Nach dem Auszuge der Einwohner wurden sogleich Maßregeln zur Reinigung der Stadt getroffen, indem man Tag und Nacht viele Feuer, insbesondere in dem verpesteten Viertel Tlatelolco, brennen ließ, auch die Haufen von Toten, welche faulend in den Straßen lagen, sammelte, um sie zu beerdigen. Wie hoch sich die Anzahl aller im Laufe der Belagerung Umgekommenen belief, ist unmöglich nur annähernd zu schätzen. Die Berichte schwanken zwischen 120.000, als die niedrigste Schätzung, und 240.000 Die Anzahl der gefallenen Spanier war verhältnismäßig klein, aber die der Verbündeten muß groß gewesen sein, wenn des Geschichtschreibers von Tezcuco Behauptung gegründet ist, daß allein von seinen Landsleuten 30.000 umkamen. Daß die Anzahl der innerhalb der Stadt ums Leben Gekommenen ungeheuer gewesen, kann nicht bezweifelt werden, wenn wir bedenken, daß außer ihrer eigenen bedeutenden Bevölkerung sich auch noch die der benachbarten Städte darin zusammengedrängt befanden, die sich nicht Stärke genug zutrauten, dem Feinde zu widerstehen, und Schutz innerhalb der Mauern der ersteren gesucht hatten.

Die daselbst gefundene Beute — das heißt die Schätze an Gold und Juwelen, die einzige Beute, welche großen Wert in den Augen der Spanier hatte — blieb weit hinter ihrer Erwartung zurück. Sie betrug der Angabe des Befehlshabers zufolge nicht über hundertdreißigtausend Goldcastellanos, den Anteil des Landesherrn eingerechnet, der, wenn man die vom Heere freiwillig abgetretenen verschiedenen, merkwürdigen und kostbaren Kunstgegenstände berechnet, sein ihm gebührendes Fünftel weit überstieg. Die Azteken müssen jedoch im Besitz eines weit größeren Schatzes gewesen sein, wenn es auch nur die Trümmer von dem in der Nacht der denkwürdigen Flucht aus Mexiko den Spaniern wieder abgenommenen hätten sein sollen. Einiges von der Beute mag wohl aus der Hauptstadt gesandt, einiges zu Verteidigungsanstalten verwendet und noch mehr in die Erde vergraben oder in den See versenkt worden sein. Ihre Drohungen waren nicht ohne Bedeutung. Sie hatten wenigstens die Genugtuung, die Habsucht ihrer Feinde zu täuschen.

Cortez bedurfte der Anwesenheit seiner indianischen Verbündeten nicht mehr. Er versammelte die Führer der verschiedenen Kriegshaufen, dankte ihnen für ihre Dienste, erwähnte ihres Mutes in den schmeichelhaftesten Ausdrücken, und nachdem er Geschenke unter sie mit der Versicherung verteilt hatte, daß sein Herr, der Kaiser, ihre Treue noch reichlicher belohnen werde, entließ er sie in ihre Heimat. Sie nahmen einen ansehnlichen Teil der Beute mit, die sie aus den Häusern geplündert hatten — die jedoch nicht von der Art war, die Habgier der Spanier zu reizen —, und kehrten in ihrem kurzsichtigen Siegesjauchzen über den Erfolg ihres Unternehmens und den Untergang des aztekischen Herrschergeschlechtes nach Hause zurück.

Groß war auch die Freude der Spanier über diese glänzende Beendigung ihres langen und beschwerlichen Feldzuges. Allerdings fanden sie ihre Hoffnung durch den geringen Ertrag des in der eroberten Stadt gefundenen Schatzes getäuscht. Aber der Soldat ist gewöhnlich zu sehr mit der Gegenwart beschäftigt, um sehr auf die Zukunft zu achten, und zeigte sich auch später ihre Unzufriedenheit auf eine lautere Weise, so dachten sie jetzt doch nur an ihren Sieg und überließen sich dem Jubel. Cortez feierte das Ereignis durch ein Gastmahl, so kostbar als es die Umstände erlaubten, wozu alle Ritter und Offiziere eingeladen waren. Ihr Gelage war laut und währte lange; sie trieben dasselbe bis zu solcher Ausgelassenheit, daß sich Pater Olmedo zu einer Ermahnung veranlaßt sah, worin er sie erinnerte, daß dies nicht die schickliche Weise sei, ihre Dankbarkeit für die ihnen von dem Allmächtigen erwiesene Gnade an den Tag zu legen. Cortez gab zu, daß der Vorwurf begründet sei, bat aber um einige Nachsicht mit der ausgelassenen Freude eines Soldaten in der Stunde des Sieges. Der folgende Tag wurde zu einer schicklicheren Feier ihrer Erfolge bestimmt.

Es wurde ein feierlicher Umzug des ganzen Heeres, mit dem Pater Olmedo an der Spitze, gehalten. Die beschmutzten und zerrissenen Fahnen Kastiliens, welche über so manches Schlachtfeld geweht hatten, beschatteten jetzt die friedliche Kriegerschar, als sie langsam dahinschritt, die Litanei hersagte und das Bild der Jungfrau und das Gnadenzeichen der Erlösung emporhielt. Der ehrwürdige Pater hielt eine Rede, in welcher er die Truppen in wenigen Worten an ihre große Ursache zur Dankbarkeit gegen die Vorsehung erinnerte, dafür, daß diese sie wohlbehalten durch ihre lange und gefährliche Wanderung geführt, und indem er sie auf die ihnen überkommene Verantwortlichkeit in ihrer gegenwärtigen Lage aufmerksam machte, ersuchte er sie, das Eroberungsrecht nicht zu mißbrauchen, sondern die unglücklichen Indianer mit Menschlichkeit zu behandeln. Hierauf wurde dem Oberbefehlshaber und den vornehmsten Rittern das Abendmahl gereicht, und die Andachtsübung schloß mit einem feierlichen Dankgebet zum Gott der Schlachten, der ihnen die Kraft verliehen, das Banner des Kreuzes siegreich diesem rohen Volke zuzuführen.

So fiel denn nach einer fast dreimonatigen, in bezug auf Ausdauer und Mut der Belagerten in der Geschichte unerreichten und an Härte der verursachten Leiden selten übertroffenen Belagerung die berühmte Hauptstadt der Azteken. Unerreicht kann man wohl sagen an Beharrlichkeit und Mut, wenn wir bedenken, daß während der ganzen Einschließung ihnen die ehrenvollsten Bedingungen zur Übergabe offen blieben und sie jeden Vorschlag des Feindes streng zurückwiesen, indem sie ohne Ausnahme lieber sterben als sich ergeben wollten. Es waren mehr als drei Jahrhunderte verflossen, seitdem die Azteken als eine arme wandernde Horde aus dem fernen Nordwesten auf die Hochebene gekommen. Daselbst bauten sie ihre elenden Hütten auf der Stelle — wie uns die Überlieferung berichtet —, die ihnen vom Orakel vorgeschrieben war. Ihre Eroberungen, zuerst auf die unmittelbare Nachbarschaft beschränkt, erstreckten sich allmählich über das Tal, hierauf überschritten sie das Gebirge, verbreiteten sich über das ausgedehnte Tafelland, gingen dessen steile Wände hinab und schritten vorwärts bis zum Mexikanischen Meerbusen und den fernen Grenzen Mittelamerikas. Ihre ärmliche Hauptstadt, die mit der Erweiterung ihres Gebietes Schritt hielt, war unterdessen zu einer blühenden Stadt aufgewachsen, mit Gebäuden, Kunstdenkmälern und einer zahlreichen Bevölkerung angefüllt, die sie zum ersten Range unter den Hauptstädten der westlichen Welt erhoben. Zu dieser Zeit kam ein anderer Stamm aus dem fernen Osten, Fremde wie sie selbst, herüber, dessen Ankunft ebenfalls von dem Orakel vorhergesagt war, der sie bei seinem Erscheinen auf der Hochebene im Glanzpunkt ihres Gedeihens angriff und sie auf immer von der Völkerliste ausstrich! Die ganze Erzählung hat mehr das Ansehen von einer Fabel als von Geschichte, einer romanhaften Sage, einem Feenmärchen!

DIE WICHTIGSTEN QUELLENSCHRIFTEN FÜR PRESCOTTS DARSTELLUNG

CAMARGO, DIEGO MUNOZ: Historia de Tlascala. M. S.

Adeliger tlascalanischer Mestize, der in der letzten Hälfte des XVI. Jahrhunderts lebte. Im christlichen Glauben erzogen und des Kastilianischen mächtig.

Seine „Historia de Tlascala" enthält viele merkwürdige und zuverlässige Nachrichten über soziale und religiöse Einrichtungen des Landes zur Zeit der Eroberung. Der alte tlascalanische Haß gegen die Azteken bei ihm noch lebendig.

CLAVIGERO (Abt): Storia Antica del Messico. Erste Ausgabe: Cesena 1780. Deutsche, englische und spanische Übersetzungen.

Aus Vera Cruz gebürtig, Mitglied der S. J., seit 1767 in Italien. Seine Schrift umfaßt dasselbe Gebiet wie das Werk Torquemadas, ist aber gründlicher und kritischer als dieses.

DIAZ, BERNAL DEL CASTILLO: Historia Verdadera de la conquista de la Nueva Espana. Madrid 1632.

Geboren in Medina del Campo in Altkastilien; kam 1514 als Abenteurer nach Amerika. Zuerst Soldat unter Cordava, dann unter Grijalva, endlich unter Cortez, den er von Anfang an bis zur endgültigen Übergabe der Hauptstadt als einer seiner Getreuesten bei allen Ereignissen begleitete; nachdem er auch späterhin noch viele Abenteuer bestanden hatte, finden wir ihn 1568 als Regidor in Guatemala, wo er auch seine Erinnerungen niederschrieb. Er starb arm, wie fast alle Gefährten Cortez'. Sein Werk wendet sich gegen die parteiische Darstellung Gomaras. Aber wenn er auch seinen Anführer oft tadelt, so ist doch seine Bewunderung für ihn grenzenlos. Er ist der getreueste Schilderer der Ereignisse.

GOMARA, FRANZISCO LOPEZ DE: Cronica de la Nueva Espana. Madrid 1553. Antwerpen 1554.

Sevillaner, Hausgeistlicher bei Cortez, dann in dessen Sohnes Diensten. Aus dieser Stellung erklärt sich die einseitige Parteinahme für Cortez. Ausgezeichneter Stilist.

HERRERA, ANTONIO DE: Historia general de las Indias occidentales.

Geboren 1549 in Cuella in Altspanien. Nach Beendigung seiner Schulstudien begab er sich zur weiteren Ausbildung nach Italien, wo er in die Dienste Vespasiano Gonzagas, des Bruders des Mantovaner Herzogs, trat. Auf seinem Sterbebette empfahl ihn Gonzaga der Gunst Phillipps II., der ihn zum Geschichtschreiber von Indien ernannte. Starb 1625 im Alter von 76 Jahren.

Sein bedeutendstes Werk ist die „Historia general de las Indias occidentales", die von 1492 bis 1554 reicht und in 8 Dekades eingeteilt ist. Vier von diesen erschienen 1601, die übrigen vier 1615. 2. Auflage 1730. Übersetzungen in die meisten europäischen Sprachen. Die Form der Jahrbücher schadet dem Fluß der Erzählung. Einfacher, klarer Stil. Große Stoffülle.

IXTLILXOCHICHTL, FERNANDO DE ALVA: Historia Chichemeca.

Geborener Tezcucaner, lebte zu Anfang des XVI. Jahrhunderts. Bekleidete das Amt eines Dolmetschers beim Statthalter. Großer Kenner der Schriftbilder und Altertümer. Verschiedene Werke in kastilianischer Sprache, von denen das genannte das bedeuendste ist.

LAS CASAS, BARTOLOME DE: Historia general de las Indias.

Geboren 1474 in Sevilla. Studierte zu Salamanca und begleitete 1502 Oviedo nach der Neuen Welt. Trat 8 Jahre später in S. Domingo in den Priesterorden ein. Bekleidete nach der Eroberung von Kuba ein Pfarramt auf dieser Insel. Warmer Fürsprecher der Eingeborenen, weshalb er den Titel „Oberschutzherr der Indianer" erhielt. Als Mitglied des Dominikanerordens begann er 1527 sein großes Geschichtswerk „Historia general de las Indias", das er bis wenige Jahre vor seinem Tode fortsetzte. Für seine Verdienste sollte er zum Bischof von Cuzco ernannt werden, aber in seiner Uneigennützigkeit schlug er das reiche Bistum aus, um 1544 das viel ärmere Bistum von Chiapa zu übernehmen. Hier verweigerte er jedem Pflanzer, der einen Indianer als Sklaven hielt, das Sakrament, wodurch er sich die Mißbilligung nicht nur der Pflanzer sondern auch seiner geistlichen Mitbrüder zuzog. So in seiner Wirksamkeit gehindert, kehrte er wieder in seine Heimat zurück, wo er 1566 im Alter von 92 Jahren in seinem Kloster Atoka bei Madrid starb.

Seine dreibändige „Historia general de las Indias" umfaßt die Geschichte der Pflanzstaaten von der Entdeckung durch Kolumbus an bis zum Jahre 1520. Den Stil des Werkes charakterisiert Prescott als „geschmacklos, unzusammenhängend und ungemein weitläufig". Versöhnend wirkt seine natürliche Gerechtigkeit, die ihn auch als Historiker für die Sache der unterdrückten Eingeborenen eintreten läßt. Cortez hat er tief verachtet, dagegen war er mit Velasquez befreundet. Herrera hat dem Werke de las Casas viel entnommen.

MARTYR, PETER (Pietro Martire de Angleria): D e c a d e s d e O r b e n o v o. Paris 1587.

Geboren in Arona in Norditalien, kam 1487 in Begleitung des spanischen Gesandten in Rom, des Grafen von Tendilla, nach Kastilien. Übernahm auf Wunsch der Königin Isabella den Unterricht junger Hofedelleute, und starb 1525 im Alter von siebzig Jahren.
Seine Schriften, unter denen seine Briefe an erster Stelle genannt werden müssen, sind der „beste Spiegel des Zeitalters", in dem er lebte. Zuerst Zuhörer bei den Sitzungen, dann Mitglied des Rates von Indien, war er über alles, was sich auf die Pflanzstaaten bezog, unterrichtet. Der Briefwechsel von Kolumbus, Cortez und anderen Entdeckern wurde ihm zur Durchsicht übergeben. Er machte auch die persönliche Bekanntschaft mit diesen Männern.
Seine in lateinischer Sprache geschriebene „Decade de Orbe novo", in der er die Ergebnisse seiner Untersuchungen über die amerikanischen Entdeckungen aufnahm, erschienen erst nach seinem Tode. Die beste Ausgabe des Werkes ist die bei Hakluyt 1587 in Paris erschienene. Der besondere Wert und Reiz seiner Schriften liegt darin, daß sie die Gesinnung des kastilianischen Hofes im Verlaufe der Entdeckung zeigen.

OVIEDO Y VALDES, GONZALA FERNANDEZ DE: H i s t o r i a d e l a s I n d i a s O c c i d e n t a l e s.

Geboren 1478. 1518 von Ferdinand d. K. zum Aufseher der Goldgießereien in den amerikanischen Pflanzstaaten ernannt. 1526 gab er in Madrid seinen „Sumario" heraus, einen Bericht über Westindien, hauptsächlich naturwissenschaftlichen Charakters.
1535 erschien der erste Band seiner „Historia de las Indias Occidentales" (das ganze Werk umfaßt 3 Teile). Oviedo starb 1557 in Valladolid als Zeitgeschichtschreiber von Indien.
Im Gegensatz zu Las Casas kein Mitgefühl mit den Eingeborenen, unbedingter Bewunderer der spanischen Heldentaten. Außer diesen Werken hat Oviedo noch eine sechsbändige Sammlung erfundener Gespräche bedeutender Spanier der Zeit über ihre persönliche Geschichte, ihre Familie und Herkunft unter dem Titel „Quincuagenas" hinterlassen.

SAHAGUN, BERNADINO DE: Historia Universal de Nueva Espana. Mexiko 1829.

Sahagun wurde in einem Ort gleichen Namens in Altspanien geboren und kam 1529 als Heidenbekehrer nach Mexiko, wo er 1590 starb. Er schrieb sein Werk in mexikanischer Sprache und erst mit 80 Jahren begann er es ins Kastilianische zu übersetzen. In zweisprachiger Ausführung wurde es nach Madrid gesandt, wo es aber mehr als 200 Jahre spurlos verschwand. Ende des 18. Jahrhunderts von Munoz aufgefunden, wurde es von diesem abgeschrieben. Eine Abschrift gelangte in die Hände des Lord Kingsborough, der sie 1830 im Druck erscheinen ließ, ohne zu wissen, daß das Werk ein Jahr früher in Mexiko mit Anmerkungen von Bustamente erschienen war. Die ersten 11 Bücher beschäftigen sich mit den sozialen Einrichtungen Mexikos, das 12. mit der Eroberung. Besonders wichtig sind die Nachrichten Sahaguns über alle Angelegenheiten des religiösen Lebens.

SOLIS, DON ANTONIO DE: Conquista de Méjico. Madrid 1684. Übersetzungen in fast alle Hauptsprachen Europas.

Geboren 1610 zu Alcala de Henares. Studierte an der Hochschule von Salamanca und begann seine literarische Laufbahn als Bühnendichter. 1661 wurde er zum Geheimschreiber der verwitweten Königin, dann zum Geschichtschreiber von Indien ernannt. 1666 empfing er die Priesterweihe. Starb am 13. April 1686. Glänzender Epiker und Stilist, aber parteiisch für die spanische Sache bis zum Fanatismus.

TORIBIO, BENAVENTE DE (indischer Beiname: Mottolinia = armer Mann): Historia de los Indios de Nueva Espana. M. S.

Einer von den zwölf Franziskanerbekehrern, die auf Verlangen Cortez' unmittelbar nach der Eroberung nach Neuspanien geschickt wurden. Durchreiste zu Fuß mehrere Teile von Mexiko, Guatemala und Nikaragua. Ein großer Wohltäter der Eingeborenen, trotzdem ein erbitterter Gegner von Las Casas. Starb, unbekannt wann, im Franziskuskloster zu Mexiko. Sein dreiteiliges Geschichtswerk „Historia de los Indios de Nueva Espana" behandelt folgende Themen: 1. Religion, Gebräuche und Opfer der Azteken, 2. Bekehrung zum Christentum und ihre Art, die Kirchenfeste zu feiern, 3. Geist und Charakter des Volkes, seine Zeitrechnung und Sterndeutung, verbunden mit Nachrichten über die vorzüglichsten Städte und Handelserzeugnisse des Landes.
Das Werk enthält unter einer Masse von Unglaublichkeiten viele wertvolle Angaben über die aztekischen Altertümer.

TORQUEMADA: Monarchia Indiana. Erste Ausgabe: Sevilla 1615. Verbesserte Ausgabe: Madrid 1723.

Provinzial des Franziskanerordens, kam um die Mitte des XVI. Jahrhunderts nach Neuspanien, wo er sich 50 Jahre hindurch aufhielt. Seine Schrift ist ein sehr gründliches und vielbenütztes Quellenwerk.

NEUERE LITERATUR ÜBER MEXIKO.

CHAVERO A.: Antiguedades Meüicanas. 2 Bände. 1892.

HAEBLER K.: Die Religion des mittleren Amerikas. Münster 1899.

HEGER FRANZ: Altmexikanische Reliquien aus dem Schlosse Ambras in Tirol. Wien 1892.

HOCHSTETTER, FERDINAND V.: Über mexikanische Reliquien aus der Zeit Montezumas in der k. k. Ambraser Sammlung. Wien 1884.

KINGSBOROUGH LORD: Antiquities of Mexico. 9 vols. folio. 1831—1848.

KRICKEBERG W.: Amerika. (In Buschans illustrierter Völkerkunde, 3. Auflage.)

LEHMANN W.: Altmexikanische Kunstgeschichte. Ein Entwurf in Umrissen. (Orbis pictus VIII.) Verlag Wasmuth, Berlin.
— Altmexikanische Mosaiken und die Geschenke Motecuzomas an Cortez. Braunschweig 1906.

LÖWENBERG J.: Geschichte der geographischen Entdeckungsreisen im Altertum und Mittelalter bis zu Magellans erster Erdumsegelung. Leipzig und Berlin, Otto Spamer, 1881.

MÜLLER, BARON J. W. VON: Beiträge zur Geschichte, Statistik und Zoologie von Mexiko. (Brockhaus, 1865.)

NUTTAL ZELIA: Das Prachtstück altmexikanischer Federarbeit aus der Zeit Montezumas im Wiener Museum. Berlin 1887.

PENAFIEL A.: Mommentos del arte Mexicono Antiquo. 3 vols. Berlin 1890.

PREUSS K. TH.: Menschenopfer in Mexiko. (Globus Band 86, 1904.)

RÖCK FRITZ: Der kostbarste Kopfschmuck der Welt. Die Federkrone des „weißen Heilands" im Naturhistorischen Museum. (Wochenausgabe des „Neuen Wiener Tagblattes" Nr. 33, vom 14. August 1926.)

— Der Sinn der aztekischen Menschenopfer. (Zeitschrift „Völkerkunde", Heft 4—6, 1926, mit einer Farbendrucktafel.)

— Vergleichende Betrachtungen zum Kalender der alten Mexikaner. („Der neue Pflug", 1927.)

— Der „weiße Heiland" in Mexiko. Wie der Eroberer Cortez als Gott empfangen wurde. (Wochenausgabe des „Neuen Wiener Tagblattes" Nr. 32, vom 7. August 1927.)

SELER EDUARD: Gesammelte Abhandlungen zur amerikanischen Sprach- und Altertumskunde. 5 Bände.

SELER CÄCILIE: Frauenleben im Reiche der Azteken. Berlin 1919.

SPENCE LEWIS: The Civilization of Ancient Mexico. Cambridge 1912.

SPINDEN HERBERT: Ancient Civilizations in Mexico and Central America. (American Museum of Natural History, Handbook Series Nr. 3.) New York 1917.

STREBEL HERMANN: Alt-Mexiko. Archäologische Beiträge zur Kulturgeschichte seiner Bewohner. 2 Bände. Hamburg und Leipzig 1885—1889.

UHLE MAX: Zur Deutung des in Wien verwahrten Federschmuckes. Berlin 1891.

INHALTSVERZEICHNIS

ERSTES BUCH

618